U0940929

2020 上海信息化年鉴

《上海信息化年鉴》编纂委员会　编

上海文化出版社

长风万里
伟美物

幸福长三角·浙江卡

徽情皖韵
长迎客

幸福长三角·安徽卡

江海涌金
弄新潮

幸福长三角·上海卡

古镇烟雨
总关情

幸福长三角·江苏卡

扫码办理区域卡

扫码办理星耀卡

《2020上海信息化年鉴》编纂委员会

《2020上海信息化年鉴》编辑部

主　　编：张晓莺

副 主 编：邵　娟

编　　辑：李　燕　李丹文　蔡晶静　殷晓磊
　　　　　魏百慧　王　婷

承办单位：上海市经济和信息化发展研究中心

2019 年 6 月 26 至 28 日，2019 世界移动大会在上海举行。本次大会以“智联万物”为主题，来自世界各地超过 500 家企业展示了包括终端、网络基础设施、软件等在内的产品、服务和技术。

2019 年 8 月 29 至 31 日，2019 世界人工智能大会在上海举办。展会上，人工智能新技术、新应用、新思路亮点纷呈。

中国(上海)自由贸易试验区临港新片区 无人驾驶展区
AUTOMATIC DRIVING EXHIBI

AI合成主播
变声变脸

WAIC
2019 世界人工智能大会
AI企业芯片集锦
华为
华为
高通
华为
华为
地平线

"如果没有 IBM 和 IBM 提供的技术，
我们无法登上月球。"
- 美国宇航局飞行指挥官 Gena Kranz

WAIC 2019 世界人工智能大会
WORLD ARTIFICIAL INTELLIGENCE CONFERENCE

2019年9月17至21日，以“智能、互联——赋能产业新发展”为主题的第二十一届中国国际工业博览会在上海举行。

2019 年，上海深入推进“一网通办”改革。图为上海交通大学李政道研究所李政道学者 Jason Evans 在“一窗受理、一并发证”的“外国人工作、居留单一窗口”填写申请表格。

2019 年 1 月 10 日，上海公安机关研发的微信报警平台开通试运营，市民可在微信小程序中搜索“上海 110”进行微信报警。

2019 年，上海开放大学全面开展示范性开放智慧学习中心建设工作，搭建智慧教室样板间，将传统教室建设为不同形式的智慧教室，提供智能环境、智能学习、智能管理、智能服务等多项功能。

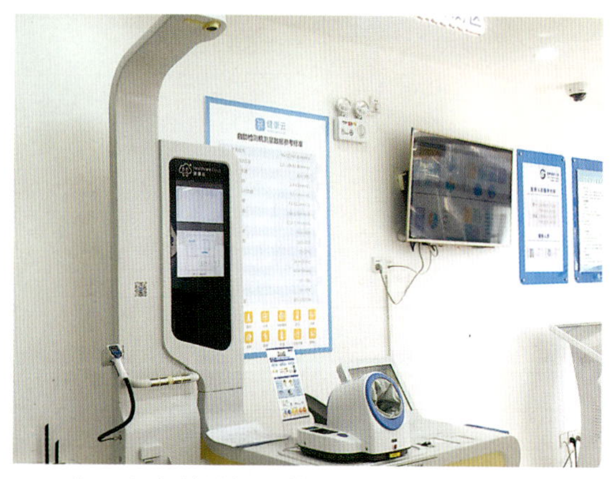

2019 年，上海首批智慧健康小屋落成并通过验收。图为宝山区智慧健康小屋。

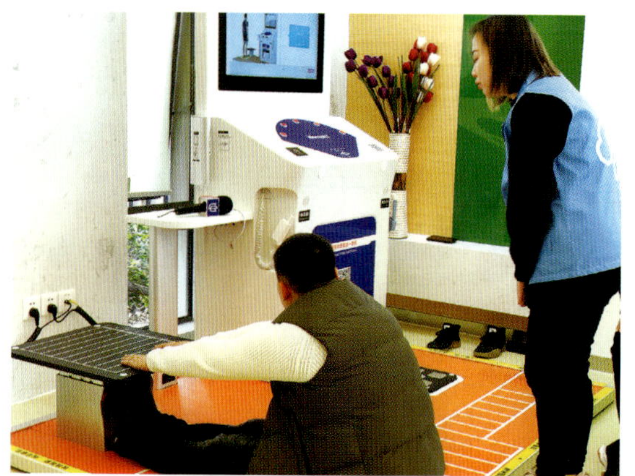

2019 年，上海建成 85 家智慧健康驿站。图为长阳创谷的智慧健康驿站，可提供 11 项自助健康检测、11 项自助体质检测和 15 项健康量表自评服务。

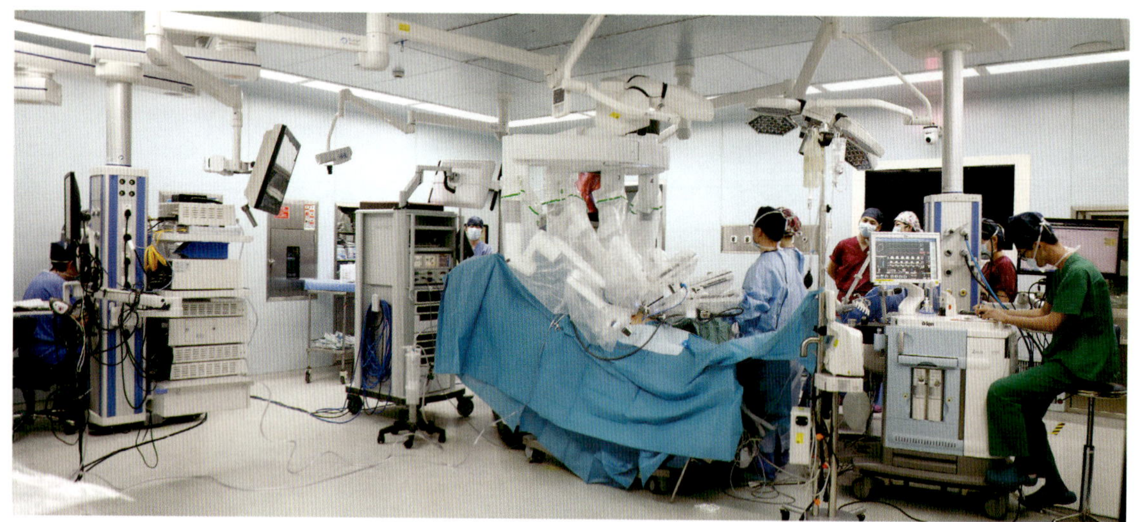

2019 年 12 月，上海市第一人民医院完成上海首例第四代达芬奇机器人手术。至此，上海医用手术机器人“战队”增添一位升级换代的“硬核”新成员。

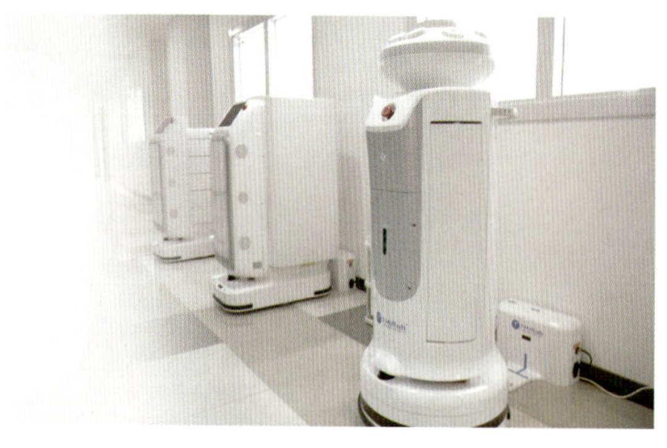

2019 年 11 月，上海交通大学医学院附属仁济医院科研综合楼正式竣工投用，宣告国内首个“5G+”智能机器人管理系统在这栋科研平台大楼投入应用，仁济医院“智慧医院”建设工程再添“智慧楼”。

2019年，一系列基于人工智能的共享单车管理新举措上线。图为人工智能系统监控共享单车数量变化和行人行为。

2019年，国网上海电力致力于满足多元化、个性化、智慧化的供电需求。图为国网上海电力线路运维人员应用无人机开展重要输电走廊高空巡视。

2019年11月11日，5G智能环卫车在上海市崇明区亮相，其为纯电动新能源车，可实现无人驾驶。

2019年12月，我国首套无人驾驶智能沥青道路摊铺压实设备在上海朱建路道路改建项目现场“首秀”。

2019年，在第二届长三角国际文化产业博览会现场，展商纷纷运用5G、4K、AR/VR等新技术展示产品。图为江苏省利用5G技术，把大运河流经城市的风光实时传送到文博会现场。

2019年12月5日，第五届中以创新合作大会暨第三届中以创新创业大赛总决赛举行。此次大赛聚焦生命科学、智能技术、清洁技术等领域，吸引了中以两国600余家企业参赛、观摩。

目录

Contents

第三编　政务领域信息化

第四编 公共服务信息化

第五编　经济领域信息化

第六编　城市管理信息化

第七编　信息安全

第八编　信息化环境

第九编　区信息化建设

附 录

索 引

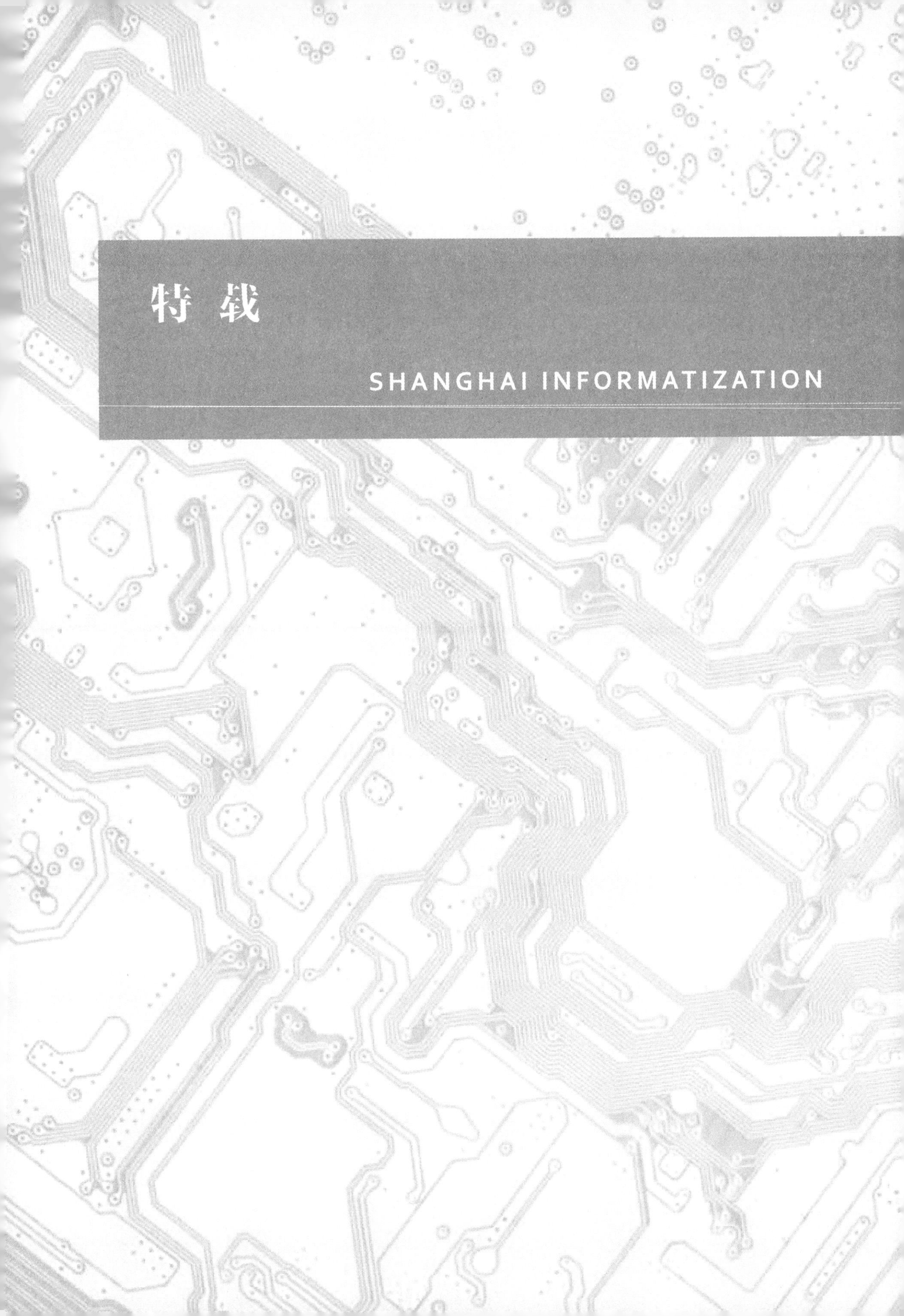

特 载

SHANGHAI INFORMATIZATION

2019年上海市国民经济和社会信息化工作综述

加快推进新型数字基础设施建设，支撑新型智慧城市发展

为全面落实中央加快新型基础设施建设部署，积极把握机遇期，2019年上海市在巩固"宽带城市""无线城市"建设基础上，加快推进以人工智能、物联网、5G、数据中心等为代表的新型信息基础设施建设，为全市"一网通办"政务服务、"一网统管"城市治理以及新旧动能转换提供基础支撑。

持续加快部署千兆宽带网络。至2019年年末，全市千兆接入能力覆盖家庭数达到959万户，比2018年年末增加59万户；光纤到户能力覆盖家庭数达959万户，家庭宽带用户平均接入带宽达181 Mbps。固定互联网宽带接入用户890.2万户，同比增长15.2%，网络速率在100 Mbps以上的用户为723.0万户，同比增长49.5%，占比达到81.2%；接入带宽1 000 Mbps以上用户为24.7万户，占全国1 000 Mbps以上的用户总数的比例为28.3%。IPTV用户560.6万户，同比增长37.1%，用户规模稳步扩大。

稳步推进4G网络优化与5G网络建设。2019年全市完成1 325处4G弱覆盖区域排摸及44条重点线路4G网络优化覆盖。全年完成建设16 672个5G宏基站和14 614个5G室内小站，重点场所、中心城区和郊区重点区域实现5G网络全覆盖。应用推广方面，在智能制造、健康医疗、智慧教育等十大领域推进234项5G应用项目，推动以行业示范应用带动5G产业链、业务链、创新链融合发展。发布《上海市人民政府关于加快推进本市5G网络建设和应用的实施意见》《上海5G产业发展和应用创新三年行动计划（2019—2021年）》以及《5G+智能制造白皮书（2019）》《5G+智慧医疗白皮书（2019）》《5G+智慧地铁白皮书（2019）》，全面加快推动全市5G规模部

署与应用创新。

进一步部署新型城域物联专网。在杨浦、虹口、静安、普陀、嘉定等区数十街镇部署消防水压、门磁感应、燃气报警、环境指数等三十余类智能传感终端累计超过50万个。发布《新型城域物联专网建设导则(2019版)》,在物联感知、数据规范及算法、平台接入、安全保护四方面进一步完善建设、互联互通等规范要求,持续推进完善基于物联专网的测试评估导则和政府购买服务管理办法等规范。

通信行业稳步有序发展。2019年上海通信行业完成电信业务总量2 244.0亿元,同比增长56.7%。电信业务收入581.2亿元,同比增长1.7%,其中非话音业务收入513.3亿元,占电信业务收入的比例为88.3%,电信利润总额102.6亿元,同比增长1.7%,固定资产投资完成额166.5亿元,同比增加30.9%。基础通信服务方面,全市移动电话用户4 007.9万户,同比增加7.7%,其中4G用户3 599.7万户,同比增长10.2%,占比89.8%,全国排名第一;5G用户46.9万。增值电信业务方面,上海规模以上增值电信企业①完成业务收入2 976亿元,同比增长39%,其中信息服务收入比重最高,收入总额达2 818亿元,信息服务收入占增值电信业务收入的95%。截至2019年年底移动电信基站物理站址2.2万个,同比增长5.7%;移动电话基站达到16.5万个,同比增长48.8%,全市宽带通信基础设施供给能力不断加强。

超级计算中心服务能力全面提升。2019年上海超级计算中心完成高性能计算平台升级改造,全机CPU核数达到35 840个,"魔方3"7月1日试运行,已开通账户544个,是目前国内采用通用芯片能力较强的主机之一。主机"魔方2"使用率达到85%,提供6 240万核小时的计算资源,累计用户数1 365个,中心服务能力和竞争力全面增强。2019年信息管道建设开工272沟公里(除架空线以外),信息管道楼宇接入219栋,信息管线在中心城区道路覆盖率达90%以上,近郊区覆盖率为50%—60%,城市公共信息基础设施服务能力全面提升,满足上海经济和社会发展的需要。

智慧产业再上新台阶,加快推进数字产业化发展进程

随着信息技术在经济社会各领域的深化应用以及产业发展环境的持续优化,目前上海市基本形成"以应用促产业,以产业带应用"的智慧产业发展格局,以人工智能、工业互联网、大数据、集成电路等为代表的新一代信息技术产业发展进入快车道,

① 指上年度互联网和相关服务收入500万元以上的企业

数字产业化进程加快。

人工智能应用多点开花,人工智能产业发展迈上新台阶。2019 年人工智能产值超过 1 400 亿元,全市人工智能重点企业 1 116 家,其中产业技术类企业占 9.68%,基础类企业占 17.20%,产品类企业占 13.53%,应用类企业占 59.59%,总体上全市人工智能产业呈现出应用主导、技术支撑、多领域全面赋能的特点。目前,全市在人工智能产业布局方面,已基本形成上海马桥人工智能创新试验区、浦东张江智能产业+科创融合发展、徐汇滨江人工智能国际总部基地、自贸区新片区智能产业集聚区等产业发展格局。在人工智能创新应用方面,成功启动创建全国首个人工智能创新应用先导区与上海国家新一代人工智能创新发展试验区,为全市人工智能创新技术新产品示范应用提供优质平台服务。围绕全市人工智能生态营造,成功举办 2019 世界人工智能大会,发布两批“上海市人工智能应用场景”,成立上海人工智能产业投资基金与发展联盟,并形成《关于支持上海市落实国家战略建设具有国际竞争力的人工智能创新发展高地行动计划》(以下简称“人工智能‘上海方案’”)与上海人工智能创新生态行动方案,全力推动上海人工智能产业关键产品、技术攻关与创新生态发展。

全面推进工业互联网赋能经济高质量发展。上海两化融合发展水平居全国第二,产业数字化转型成效在长三角区域排名第一,累计推动 4 274 家企业开展两化融合自评估、115 家企业通过贯标评定,两项数据较 2018 年翻一番。长三角 G60 工业互联网创新应用体验中心已落户松江,并正式启动建设,成为上海市经济和信息化委员会(以下简称“市经济信息化委”)联合松江区人民政府、临港松江科技城共同打造的国家级工业互联网创新应用体验中心,有力推动工业互联网的长三角一体化发展。长三角“一市三省”获批工业和信息化部“长三角工业互联网一体化发展示范区”,发布长三角工业互联网一体化发展示范区建设规划,稳步推进长三角区域工业互联网协同发展。聚焦电子信息、生物医药、装备制造、汽车、钢铁化工等重点领域,已培育形成 15 个具有全国影响力的工业互联网平台,显著带动企业降本减存与提质增效。12 个重点项目入选 2019 国家工业互联网高质量专项,数量列全国第一梯队。

大数据产业进入成熟发展阶段。全市大数据核心产业总产值超过 2 000 亿元,核心企业数量超过 700 家,从业人员超过 10 万人,呈现应用牵引、技术驱动、全面赋能的特点。政策体系持续完善,启动大数据供应商培育计划,建立上海市大数据服务供应商推荐目录,重点支持重点企业科创板上市,同期统筹建设大数据储备项目库,静安、杨浦、徐汇、嘉定、松江、宝山等区行业领军企业、上海大数据企业、初创企业实现协同集群发展。在大数据开放应用方面,全市公共数据开放平台已开放 3 500 多项政府数据集，实现各市级部门的主要业务领域的全覆盖；成功举办第五届上海开放数据创新应用大赛（SODA），普惠金融、医疗、交通等社会热点领域的大数据创新应用全面进入新阶段，有力促进经济社会创新发展。着力推进一系列产业政策体系、大数据技术标准、产业交流合作平台等建设，上海市大数据发展生态持续完善，全面推进行业创新应用。

2019 年上海集成电路产业销售收入达到 1 706.56 亿元，同比增长 17.7%。其中 IC 设计业销售规模达到 715.31 亿元，同比增长 48.4%，利润总额 31.69 亿元，同比增长 57.3%；芯片制造业 389.75 亿元，同比减少 2.2%，利润总额 42.21 亿元，同比增长 49.9%；封装测试业 382.54 亿元，同比增长 3.7%，利润总额 11.43 亿元，同比下降 20.2%；设备材料业为 218.96 亿元，同比增长 8.8%。根据 2019 年产业发展势头，2020 年上海集成电路产业销售规模预计突破 2 000 亿元，全面完成上海集成电路产业发展“十三五”规划的发展目标。截至 2019 年年底，上海集成电路产业累计总投资额为 379.22 亿美元，其中 2019 年净增投资支出为 9.38 亿美元；累计总注册资金额为 211.55 亿美元，其中 2019 年净增注册资金额为 7.36 亿美元；从事 IC 研究开发、设计、制造生产、推广应用、配套服务和专业教育培训的企事业单位共有 632 家；集成电路产业的从业人员总数达 211 873 人，管理人员、专业技术人员、生产和其他人员分别占比 3.7%、37.5%和 58.8%。

2019 年 5 月，市经济信息化委和上海市文化和旅游局（以下简称“市文旅局”）、上海电视台联合印发《上海市超高清视频产业发展行动计划（2019—2022）》，计划指出，到 2022 年，上海超高清视频产业规模预计突破 4 000 亿元，全面推进超高清视频产业发展壮大。为有序推进全市超高清视频产业发展及创新应用，在市经济信息化委、市文旅局的指导下，成立上海市超高清视频产业联盟、金桥和市北两大超高清视频产业示范基地，协同政、产、学、研等各方力量推动开展技术攻关、产业链上下游合作、行业应用落地等一系列项目和活动，推进上海建设成为全球领先的超高清视频芯片研发、标准专利、创新应用中心。目前，全市高清视频产业领域重点企业已在智慧视频服务、5G 部署应用、物联感知、大数据公共服务建设等领域取得丰硕成果，有力地支撑全市新型数字基础设施及新型智慧城市建设。

智慧生活服务持续深化，积极营造和谐普惠家园

以满足市民智慧化生活需求为导向，在政府、企业、市民等社会各界的共同努力

下，2019 年全市智慧城市建设持续丰富和拓展智慧生活应用场景，与市民生活密切相关的气象服务、文化旅游、智慧教育、健康医疗、城市交通等领域信息化应用不断深化，极大提升市民群众生活满意度，推进打造智慧和谐的精致家园。

市、区两级卫生信息平台联动性进一步增强，医疗卫生服务智慧化应用持续向纵深推进。从各区情况来看，"健康静安""闵行区捷医平台"等健康服务平台升级，线上线下医疗健康服务资源整合与信息查询功能不断完善，全市"智慧健康家园"、"智慧健康小屋"、健康监测一体机等智能健康监测设施与设备覆盖范围不断扩大，有效协助市民实现自我健康管理。智慧教育领域，持续推进教育城域网、教育云网融合等教育信息化基础设施建设，举办 2019 年世界人工智能大会教育行业主题论坛，并发布《人工智能助力教育健康发展倡议书》，为深化智慧教育创新应用创建有力基础；大力推进教育行政权力和公共服务事项接入"一网通办"及"随申办市民云"移动平台，全面拓展教育公共服务渠道，提升智慧教育综合服务水平。

智慧交通应用向纵深推进，综合服务能力全面提升。全市所有公交线路实时到站信息发布工作已实现全覆盖，电子站牌、站杆设置 9 000 余座，为广大市民提供更优质的公交出行信息服务。上海市交通综合业务平台全面投入使用，涵盖交通规划、交通建设、交通设施及路政养护、道路运输、水路运输、轨道交通，全行业共计 66 个行政审批大项及机动车维修经营备案事项，进一步优化全市交通综合管理能力。"上海交通"APP 完成升级改造，并推出"进博会交通"APP，为观众提供出行导航、进博会 3D 导览、交通攻略、资讯消息和停车预约等服务，优化市民与海外参展观众出行体验。车联网、V2X(Vihicle to everything，车用无线通信)等新兴技术在自动驾驶领域得到创新应用，启动上海市自动驾驶监测与评估系统，稳步推进基于交通神经元、交通感知网络的智能网联汽车安全预警、可视化监管的系统。

智慧文化旅游服务能级全面提升。"文化上海云"平台累计注册用户数 5 609 328，2019 年全年发布活动 202 744 条，新增可预约活动 79 756 条，累计活动总量 43.8 万余条，累计场馆总量 4 319 家，一站式公共文化服务效能持续增长。上海旅游信息管理与发布平台采集汇聚约 40 万条相关数据，为上海旅游产业运行态势分析研判提供数据支撑。以"功能综合化、服务智能化、设施人性化、形象时尚化"为核心，建设有效提供旅游者咨询、旅游者服务、旅游者体验的市民游客公共空间，全市 16 个区 63 家旅游咨询点配置 130 台翻译机，提供 28 种语言翻译服务，全年累计配送触摸屏 37 台，触摸屏全年点击量 4 824 万次，旅游 E 点通触摸屏共有 350 台，文化旅游智慧化服务水平再度升级。

面向基层的社区治理平台“社区云”建设工作全面推进，上海市养老服务平台提供精准详实的养老服务信息资源，全面促进养老服务管理精细化、科学化。民政业务数据海归集整合 1 779 万个自然人和 2. 08 万个法人组织对象数据，数据量达 4. 5 亿条，为进一步挖掘民政数据资源应用价值奠定基础。新版社会保障卡正式换发，2019 年度全市共申领新版社会保障卡 945. 98 万张，制发 994. 01 万张，累计申领 1 231. 36 万张、制发 1 167. 66 万张，上海市民信息服务网“962222”网站注册人数达 244. 66 万，微信公众号关注人数 133. 91 万，热线咨询量突破 50 万，充分发挥社会保障卡便民、利民、惠民的作用，为市民提供更高效便捷的服务。人工智能和历史观测预报大数据投入智能网格预报气象服务，“城市精细化管理气象先知系统”完成研发，有效提升气象预报精准度，为气象防灾减灾、服务百姓民生提供有力支撑。上海邮政上线包裹快递业务智能跟单系统、新一代寄递业务平台邮速整合生产功能和寄递翼 CRM (Customer Relationship Management，客户关系管理)系统等平台，全面提升全市邮政业务的综合服务能力。

积极推进城市治理“一网统管”，全面提升城市精细化管理水平

城市综合治理领域，全市积极运用前沿技术推动城市管理手段、模式、理念创新，基于“城运云”“城市大脑”整合各部门数据、系统和网络，加快推进上海城市治理“一网统管”，实现从数字化到智能化再到智慧化，全面赋能城市治理现代化水平提升，开创超大型城市治理现代化新局面。

着力推进城市综合管理信息平台建设，加快实现城市治理“一网统管”。按照“再造流程、闭环管理”“感知泛在、智慧研判”“线上线下、一网统管”的总体思路，加快推进城市综合管理信息平台建设，目前市、区、街镇三级标准基础平台已完成了原型系统开发，在市电子政务云进行了集中部署，通过政务外网实现调用和共享。原型系统已汇聚城市部件、地下管线、工地、住宅小区、历保建筑、玻璃幕墙和实时的城管执法车辆、网格巡逻人员等数据，把适合街镇统筹的综治、市场监管、公安非警情等业务纳入“一张网”，并把与街镇密切相关的智能应用进行分层部署。目前，已设计开发完成违法建筑治理、历史建筑保护、燃气安全、群租治理、深基坑安全、玻璃幕墙管理、架空线入地、房屋修缮监管、进博会保障 9 个应用场景。

智慧公安稳步推进，城市公共安全智能化管理能力有效增强。围绕城市动态、城市环境、城市交通、城市保障供应、城市基础设施 5 个维度，基于市电子政务云的

智慧公安城市运行云整合，接入公共安全、绿化市容、住建、交通、应急、民防、规划资源、生态环境、卫生健康、气象、水、电、气、网等领域 22 家单位的多个业务系统，形成纵向到底、横向到边，覆盖面广、穿透力强的市级综合应用系统。目前，智慧公安建设已基本形成大数据分析研判、智能图像应用、关注人员发现管控、风险洞察四大应用体系，有力推动公共安全信息化建设成果更好地转化为现实战斗力。目前，全市范围“神经元”建设及应用取得阶段性成果，智能阻车路障、车底探测、人证核验等感知设备在 100 余个入沪通道卡口得到有效应用，完成 65 个客货运码头、26 个长途客运站、57 座轨道交通换乘车站等客货运码头、水路卡口建设，总体完成 80%封闭式小区和 50%开放式小区、50%商务办公楼宇智能安防建设，应用领域已形成对人员聚集风险的客流监测、高层建筑玻璃幕墙坠落风险的研判预警、渣土车未盖顶、机动车套牌等异常情况的预警等场景模型。“公安大脑”建设持续深化，目前已形成 PB(拍字节)级数据存储和实时计算能力，为警务工作提供多元、多维、多效的数据支持。

积极推进全市建设工程智能化管理。依托上海市“一网通办”推进社会投资项目联审共享平台建设，截至 2019 年年底，全市社会投资项目实现了从土地取得到竣工验收及不动产登记全流程的一次申报、一口受理、一次发证、一网通办，社会投资项目联审共享平台已办理新改扩项目 3 276 个、装饰装修项目 1 187 个，交通工程项目 30 个，配套办理的市政接入服务 510 个，已建工程市政接入服务办理 1 334 个。大力推进 BIM(Building Information Modeling，建筑信息模型)技术在重大工程、重点区域及保障性住房中的应用，截至 2019 年第三季度末，新增报建项目 1 674 个，应用 BIM 技术的项目数量 525 个，项目总投资 6 480 亿元；满足规模以上项目 611 个，满足应用 BIM 技术条件的项目数 545 个，其中应用 BIM 技术项目 509 个，占比 93%。住房公积金综合业务服务和管理平台上线运行，月均处理业务 300 余万笔。

持续推进市容环境智能化监管建设，城市环境持续改善。为解决渣土车右转事故频发的顽症，全市开展渣土车驾驶行为及右转盲区监管系统建设，并启动政企共治监管模式，引入第三方监管平台，实现渣土车运行的智能安全监管，有效地扼制事故发生，规范驾驶员驾驶行为。徐汇、虹口、奉贤等区纷纷开展生活垃圾分类相关平台建设，有效提升生活垃圾分类投放、分类收集、分类运输和分类处置的监管水平。闵行、长宁、徐汇等区持续完善市容景观智慧监管，城市店招店牌、景观照明等市容环境得到有效改善。持续推进行业智慧公园示范建设，手机扫码一站式入园、人脸识别快速二次入园、停车场视频监控、大客流实时监控分析等广泛应用于上海辰山植物园、上海动物园、共青森林公园等园区。建立上海智慧公厕管理服务平台，基本实现现代都市“智慧公厕”的精细化、数字化、网络化管理。

深入推进产业创新转型升级，有力促进数字经济蓬勃发展

随着新型数字基础设施建设的落实推进，全市数字经济和实体经济趋于深度融合，加快推动新旧动能转换，智能制造、电子商务，以及银行业等领域新业态、新模式、新应用层出不穷，传统产业转型升级与创新应用能力全面提升，推动上海经济高质量发展。

工业互联网发展迅速，推进智能制造深度应用。2019 年，上海智能制造及相关产业规模超 900 亿元，其中，机器人及系统集成突破 400 亿元，智能仪器仪表及传感器产值 103.28 亿元，同比上升 2.2%，智能制造关键装备及核心部件首台（套）突破 40 余项。上海蝉联国内先进制造业城市发展指数第一名，在《2019 年世界智能制造中心城市潜力榜》中排名世界第二。智能制造“十百千”工程已培育 10 家 10 亿元规模、1 至 2 家 100 亿元规模的智能制造系统解决方案供应商，系统解决方案供给能力显著提升；培育 100 家智能制造示范工厂，推动 1 000 家规模以上制造业企业实施智能化转型。围绕汽车、生物医药、高端装备、电子信息、民用航空等重点领域，累计建成国家级智能制造示范工厂 14 个、市级示范工厂 80 个，推动规模以上企业实施智能化转型 500 余家，实现重点行业生产效率提高 50%，能源利用率提升 30%。涌现出以 ABB 机器人未来工厂、超级智能工厂为代表的机器人项目，汽车、生物医药等重点行业加快重组，全面推进智能制造资源整合与关键核心技术自主创新。在生态营造方面，发布《上海市智能制造行动计划（2019—2021 年）》，通过实施六大重点行动，全面构建智能制造生态体系；召开 2019 智能制造大会，设立长三角智能制造品牌培育基地和公共服务平台，成立长三角智能制造协同创新发展联盟，积极促进长三角智能制造协同发展。

电子商务稳步有序发展。2019 年全市实现电子商务交易额超 3.32 万亿元，同比增长 14.7%，继续位列各城市排名首位。其中，B2B（Business to Business，企业对企业）交易额近 2 万亿元，同比增长 7.8%；网络购物交易额 1.32 万亿元，同比增长 27%，商品类网络购物交易额 6 066 亿元、同比增长 27.9%，服务类网络购物交易额 7 122 亿元、同比增长 26.2%。在园区建设方面，电子商务示范园区基地建设继续引领全国，普陀中环商贸区在商务部示范基地年度评估中被评为 A 类，嘉定电子商务产

业园、唐镇电子商务创新港、临空经济园、万香国际创新港被评为B类。全市68家企业获评年度电子商务示范企业。电子商务新业态、新模式发展成熟,线上线下融合方面,上海成为全国消费领域新技术的试验点和孵化场,形成智能盒子、机器人餐厅、刷脸购物、无人零售店等一批新型零售典型场景;生活服务电商方面,旅游、生鲜、餐饮等电商进一步打造形成满足市民群众全渠道、多元化、个性化需求的生活服务生态圈;专业服务和跨境电商方面,涌现出电商代运营、数字营销、社交导购等一批新模式应用。

证券期货基金行业信息化建设持续深化,有力推动智慧金融、金融科技等新金融发展。大数据、人工智能等信息技术在金融行业得到深入应用,证券、基金、期货等行业重点企业积极探索基于信息化应用的业务管理模式与流程的创新,纷纷发力大数据应用、交易结算系统整合、智能安全风控建设、智能投资服务等领域发展,全面促进技术与业务融合,以信息化、智能化、智慧化促进业务发展。

2019年,上海市通信设备制造业受国际经济形势影响,且行业整体结构调整、转型升级特征显著,市内重要企业纷纷备战5G产业生态发展,全年工业总产值1 733.04亿元,同比下降1.2%,销售收入1 817.42亿元,同比下降1.1%,总体较2018年略有下降,但整体发展平稳;全年利润总额48.98亿元,同比上升20.1%。随着国内加快核心零部件产品的研发和使用,以及5G应用场景的规模落地需求,上海通信设备制造业发展正持续复苏。物联网、电子商务、人工智能等新技术、新模式在农业领域的应用持续深化,生猪规模化养殖、水产养殖、农产品电子商务等新业态不断涌现,农业生产智能化水平全面提升。根据全国县域数字农业农村发展水平评价情况,上海数字农业农村发展总体水平为62.2%,与全国前100的县(市、区)平均发展水平一致,其中数字农业农村发展水平超过60%的区5个,占比55.6%,所有区均高于40%。

持续深化“一网通办”政务服务改革,全市营商环境进一步优化

2019年是上海市“互联网+政务服务”攻坚克难的关键阶段,“一网通办”改革有序有力推进,智慧政务工程成效初步显现,政务服务“线上进一网、线下进一窗”基本实现,推动构建更大力度、更实举措、更优服务、更高效能的服务型政府,打响上海“一网通办政务服务品牌”。

政务服务“一网通办”坚持需求导向、效果导向,深化“放管服”改革。“一网通办”总门户个人实名用户注册量突破1 008万,法人用户注册量超过199万,平台累计办

件量已超 2 489 万件，其中“最多跑一次”办件量为 1 377. 1 万件，占总量的 55. 32%，受益覆盖面不断扩大；平台接入平台事项持续增加，接入政务服务事项达 2 035 个，其中 1 400 个事项具备全程网办能力，1 839 个事项具备“最多跑一次”能力，实现行政审批事项全覆盖；移动端“随申办”APP 建设持续深化，接入 637 项高频移动端办理事项，月活跃用户数超 300 万，进一步优化用户体验；全市所有审批事项减材料达到 50. 5%，100 个事项实现“零材料提交”，“减时限”达到 59. 8%，扎实推进“减材料”“减时限”工作；1 个市级和 16 个区级数据共享交换平台建成，累计实现数据共享交换 5. 15 亿余次，调用国家数据 304 万次，有效推进数据共享。

市民服务渠道不断完善。“一网通办”总客服“12345 市民服务热线”共受理市民诉求 5 063 211 件，诉求量同比增加 642 259 件，增速为 14. 53%，其中电话受理类诉求 4 639 242 件，占 91. 63%；手机客户端受理诉求 322 786 件，占 6. 38%；网站受理诉求 41 746 件，占 0. 82%；其他渠道共受理诉求 59 437 件，占 1. 17%。市民诉求类型主要为咨询类、求助类、意见建议类等，诉求内容主要涉及治安交通、人力保障、住房保障、工商消费、民政、交通港口、卫生计生、司法行政、机关事务管理、城乡建设等方面，安全监管类和公用事业类等诉求量较 2018 年有所下降，通过及时分析解决市民诉求，有效提升用户满意度。

扎实推进网络安全工作，为新型智慧城市建设保驾护航

2019 年，在国家以及上海市委、市政府总体统筹部署下，上海市网络安全建设稳步有序推进，网络空间治理、关键信息基础设施安全保护、个人信息保护和数据安全管理等工作不断强化，网络安全产业发展环境不断优化，为新型智慧城市建设筑牢网络安全屏障。

全市网络安全产业进入发展黄金期。2019 年，上海范围内从事网络安全产品销售、集成和服务的企业、机构、科研院所等单位约 250 家，涵盖安全防护、安全集成、安全运维、安全评估、安全咨询与培训等类别，产值超过 75 亿元，较上年增长 26%。由于网络安全大检查和等保 2. 0 规范的发布，网络安全检测、咨询服务快速增长，防火墙、安全检测工具、身份管理和访问控制等传统安全防护类产品需求稳定，代码检测、数据安全防护、云安全服务等增长明显，网络安全态势感知、安全日志分析、自动化安全运维管理平台等产品不断发展，移动应用安全需求持续上升。上海市信息安全高技能人才培养基地年度各类培训人数近 1 500 人，但网络安全人才需求缺口仍然巨

大，加大网络安全人才队伍建设成为网络安全产业发展的迫切需求。

各领域网络安全综合防护及保障能力提升。目前，已上线移动端“法人一证通”APP V1.0，平台实现了法人数字证书管理和电子签名应用等功能，支持“一网通办”用户相关政务业务全程线上办理；上海市电子印章公共服务平台上线运行，全年累计发放法人电子印章434万枚、个人电子印章35万枚，并积极探索电子印章在电子商务和社会公共服务领域的推广应用。2019年，全市持续强化电子政务、传统金融及互联网金融、轨道交通、医疗卫生等各类关系国计民生的主要信息系统安全测评工作，重点信息系统安全防护水平全面提升，为上海市各类重要信息系统的安全稳定运行和智慧城市建设提供了重要的安全保障。全市重点企业在信息安全核心技术和产品研发、云计算服务平台建设、信息安全人才队伍建设、知识产权申报等领域取得丰硕成果，为全市新型智慧城市建设筑牢网络安全屏障，为我国“网络强国”战略实施打造坚实基础。

创新网络安全宣传形式，加强全民网络安全宣传教育。没有网络安全就没有国家安全，为进一步加强全民网络安全意识及素质，2019年9月16—22日成功举行“2019年国家网络安全宣传周(上海地区活动)”。宣传周以“网络安全为人民，网络安全靠人民”为主题，举办网络安全高峰论坛、网络安全嘉年华、网络安全“三进”活动(网络安全进农村、网络安全进楼宇、网络安全进校园)、全民网络安全知识大比拼、长三角首席安全官(CSO)评选、ISG网络安全技能竞赛、主题日等活动。宣传周覆盖全市大中小学生、企业员工、普通市民等各类人群，通过创新宣传形式，强化市民体验，全民网络安全意识得到进一步提升，同时进一步加强上海与江苏、浙江两地区域联动，积极推动长三角网络安全工作 体化发展。

新型智慧城市发展环境持续优化，积极营造多元融合的生态圈

上海新型智慧城市建设已全面进入服务为内核、成效为标尺的新阶段，为持续营造智慧城市发展的良好生态，在市委、市政府领导下，结合新型智慧城市发展新理念、新模式，2019年全市持续深化政策制定、宣传推广、人才队伍建设、平台支撑等领域的建设，各项工作稳步有序推进。

不断完善智慧城市及信息化领域政策体系，稳步推进各项工作有序开展。信息基础设施方面，发布《上海市人民政府关于加快推进本市5G网络建设和应用的实施意见》《上海5G产业发展和应用创新三年行动计划(2019—2021年)》《关于加强本市互联网数据中心统筹建设的指导意见》，以及《上海市互联网数据中心建设导则(2019

版)》《新型城域物联专网建设导则(2019 版)》等政策及标准要求，对 5G 网络建设及应用、物联网建设及应用以及数据中心建设等提出明确要求，全面指导全市新型数字基础设施建设。人工智能产业发展方面，制订人工智能“上海方案”，发布上海人工智能创新生态行动方案，制定智能驾驶、智慧医疗、智能制造等重点领域相关标准，促进行业快速健康发展，全力打响上海人工智能“一流创新生态”标志性品牌。制造业信息化方面，发布《上海市智能制造行动计划(2019—2021 年)》，聚焦智能制造应用端，加大政策力度持续推进汽车、电子信息、民用航空、生物医药、高端装备、绿色化工及新材料等重点行业智能化转型；同时制定“市级工业互联网创新应用效益评估标准”“市工业互联网标杆园区建设指南和评估指标体系”，为加快全市制造业转型升级，加快数字经济高质量发展创造有利条件。

信息化领域行业协会深化业务拓展，专业服务能力持续提升。智慧城市、物联网、集成电路、制造业、软件行业、信息安全等领域行业协会、专业研究机构、培训机构，在市经济信息化委等相关委办局指导下，紧跟信息化发展趋势，积极发挥在全市智慧城市领域信息基础设施建设、智慧化应用以及生态环境营造等方面的专业服务资源优势，深入推进全市信息化及智慧城市领域相关专业领域研究、宣传推广以及人才培养等工作，并结合 5G、物联网、人工智能等数字基础设施建设以及重点领域智慧应用场景建设开展相关专题研究，有力支撑智慧城市建设。为深化全市新型智慧城市政企合作，加强政府、企业、市民等主体多元融合，搭建专业化服务平台，积极发挥政府与企业之间的桥梁与纽带作用。

持续开展一系列宣传体验活动，增强政府、企业、市民等主体推进智慧城市建设的凝聚力。2019 年 8 月，以“智联世界，无限可能”为主题举办 2019 世界人工智能大会，围绕前沿算法、类脑智能、AI 芯片、无人驾驶、智能机器人、AI + 5G、AI + 教育、AI + 医疗、AI + 工业以及投融资等热门领域，推出 10 场主题论坛以及系列行业论坛和“十大”特色活动，吸引来自全球 60 多个国家和地区超过 8 万人注册专业观众，累计超过 24 万人次参加会展体验，为上海加快建设人工智能发展的“上海高地”，全力打造要素齐全、开放协同的良好生态创造巨大的发展契机。2019 年 12 月，举办主题为“智慧城市——重塑城市未来”的 2019 上海智慧城市体验周。体验周以响应百姓心声为出发点，体现“注重宣传引导、深化应用体验、充分感知互动、落实便民惠民”的特点，重点聚焦破解城市发展难题、提升城市治理精细化水平、推动数字经济蓬勃发展、促进数据共享开放等重点方向，策划 9 场特色活动，充分发挥各区和企业的积极性，增强市民智慧感知体验度与满意度。

上海产业经济和信息化建设 2019 年工作总结和 2020 年工作要点

2019 年工作总体情况

2019 年，上海市深入贯彻习近平总书记考察上海重要讲话精神，坚持稳中求进工作总基调，坚持以供给侧结构性改革为主线，以“三项新的重大任务”为突破口，围绕加快“五个中心”和“四大品牌”建设，聚焦产业经济高质量发展，聚焦智慧城市高效率运行，聚焦企业服务优质化供给，聚焦制度环境精准化配套，各项工作取得成效。

一是注重高端产业引领，实体经济高质量发展聚力增能。

聚焦重点项目建设，加强招商引资统筹。制定《关于加强投资促进工作推进经济高质量发展的若干意见》，上线全市统一的投资促进平台，发布新版“上海产业地图（投资促进导引）”。加快推进中芯国际、华力二期等一批重大项目建设。建立全市产业投资项目大数据平台，将拟落户项目纳入市服务企业联席会议机制，完善项目早开工早竣工早投产“绿色通道”。

加快产业创新转型，持续打响“上海制造”品牌。瞄准产业价值链高端环节，承接国家重大战略。C919 首飞，ARJ21 商业运营，3. 0T 磁共振成像系统指标达到国际先进，获“上海品牌”认证的“上海制造”企业数占总量近一半。成功举办 2019 世界人工智能大会，入选国家新一代人工智能创新发展试验区、创新应用先导区。

扎实推进服务经济，促进产业融合增效。软件和信息服务业方面，推动市西软件信息园加快建设，举办全国新型信息消费大赛，创建综合型信息消费示范城市，实现 2019 年全年软件信息服务业营收实现两位数增长。生产性服务业方面，认定 27 家示范企业、14 个示范项目、7 个示范平台，深化实施产业电商“双推”工程，全年生产性服务业营收超过3万亿元、增长9%左右。创意设计产业方面,开展“设计100+”行动,推出一批优秀设计项目、产品、服务;开展“时尚100+”行动,打造一批时尚品牌、场所、地标;开展上海品牌经济提升工程,推动品牌数据库建设,创意设计总产出两位数增长。

二是注重优化统筹协同,智慧城市高效率运行深入赋能。

建设新型信息基础设施,打造“双千兆宽带城市”。加强5G基础设施建设,印发《关于加快推进本市5G网络建设和应用的实施意见》,完成超过1.6万个5G基站建设,实现5G网络中心城区和郊区重点区域全覆盖。推广5G应用示范,商飞5G工厂、智慧家庭等试点示范加快推进。

加强信息技术深入应用,助力城市现代化治理和公共服务水平提升。在公共服务领域,推动教育、卫生等行业云建设,推动“一部手机游上海”等APP上线运行,整合全市范围内“食、住、行、游、购、娱”等各项文旅资源;所有市级公立医疗机构医学影像检查资料和医学检验结果实现互联互通互认;在“AI+”交通、医疗、城市管理等领域,发布首批人工智能应用场景试点单位和第二批人工智能应用场景需求。发布《上海市公共数据开放暂行办法》,2019年年内开放数据集达3 500项,鼓励政企数据融合创新,形成开放融通生态。

大力发展工业互联网,新一代信息技术与实体经济深度融合。加强统筹推进,联合打造长三角工业互联网一体化发展示范区。建成一批工业互联网标识解析二级节点,上线全国首个双语工业互联网平台开发者社区,创建国家工业互联网检测评估中心。促进应用深化,支持宝钢等打造“5G+AI+工业互联网”融合应用新模式,构建临港新片区、松江G60、嘉定、宝山等为支点的实践基地。优化制度保障,建成全国首个工业互联网孵化器;培育3个工业互联网人才实训基地,两化融合管理体系贯标自评估企业数超过4 000家,通过评定企业超过100家。

三是注重强化体系建设,企业服务优质化供给持续推进。

落实“民营经济27条”,完善企业服务机制。出台高新技术企业、民企总部等17个配套政策、9个实施方案,虹口、长宁等11个区制定相关政策意见,建立市、区领导联系重点民营企业工作机制。帮助企业降本增效,贯彻小微企业税收优惠、减征“六税两费”等政策,新增减税近千亿元;支持民企提升自主创新能力,加快创新研发及产业化。优化金融供给缓解融资难题,中小企业千家百亿信用融资计划提前完成100亿元目标。

协同各类企业发展需求,加强精准对接服务。深化市企业服务云建设,市服务企业联席会议相关成员单位、16个区和近600家专业服务机构主动对接服务云开设旗舰店;市企业服务云注册用户超过50万个,服务店铺总数超过600个,完成服务超过20万个。编印2019年惠企政策清单、涉企公共服务清单。

四是注重深化改革开放,制度环境精准化配套更趋完善。

对接实施“三项新的重大任务”,增强发展新动力。聚焦临港新片区产业高质量发展,制定临港新片区产业发展规划和享受所得税优惠政策重点产业目录。在洋山港和东海大桥,推出“无人驾驶重卡”示范运营。协同发展绿色生态一体化示范区,启动编制产业发展规划、产业指导目录和项目准入标准。推进优质企业科创板上市,加强中国国际进口博览会服务保障。

加强开放协同发展,促进职能转变环境优化。发挥展会平台外溢效应,依托中国国际进口博览会、中国国际工业博览会、上海国际信息化博览会等,加强主题策划、招商对接,提升国内外项目、技术、信息等高端要素集聚浓度。深化“放管服”改革,开展东西部扶贫协作和对口支援工作,加强对口地区产业信息化合作。

2020年工作考虑及重点任务

2020年,将坚持稳中求进工作总基调,坚持新发展理念,将强化“四大功能”作为经济信息化工作的突破口和重要着力点,着力稳增长招项目优结构,加快集成电路、人工智能、生物医药等产业创新突破,推动产业基础高级化、产业链现代化,促进5G、大数据、人工智能、区块链等与实体经济深度融合,持续推动经济高质量发展。

一是聚焦硬核科技、数字赋能、健康时尚、绿色生态等产业集群,着力打造集群经济,构建战略优势。在汽车、电子两个万亿级产业基础上,聚焦集成电路、民用航空等领域,打造硬核科技产业集群;聚焦“AI + ”“5G + ”“大数据 + ”等赋能产业,打造数字赋能产业集群;聚焦生物医药、绿色食品、时尚创意等产业,打造健康时尚产业集群;聚焦节能环保、新能源汽车等领域,打造绿色生态产业集群。实施生物医药、绿色化工等先进制造业集群培育行动,深入推动国家新型工业化产业示范基地建设,推动建设特色产业园区。

二是聚焦加强产业发展、投资促进、企业服务“三个统筹”,着力打造创新经济,加快动能转换。推动工业经济稳定运行,加强产业链对接,进一步拓展有效需求,努力培育新的消费增长点。建好“人工智能 + 交通”、医疗、传感等“中国赛道”,以应用带动产业落地;聚焦浦东、临港新片区等重点产业基地建设,加强生物医药跨区域产业布局。大力支持装备首台套、材料首批次、软件首版次应用，提升产业基础能力与产业链水平。打造全市投资促进服务平台，加强投资促进服务保障。打响“上海市企业服务云”品牌，推动国家级、市级服务机构全体上云服务。

三是聚焦“一网通办、一网统管”深化智慧城市建设，着力打造数字经济，强化引领赋能。围绕居家养老、课后看护、看病停车等“老小旧远”问题，实施数字惠民专项计划。实施智慧交通等领域“5G+”应用项目，加快5G示范区建设。推进产业数字化转型，推动超200家企业智能化转型，打造智能制造标杆工厂、智能制造示范工厂；推进数字产业化发展，加强智能硬件、汽车电子、金融科技、区块链、大数据等产业集聚布局。

四是对接实施“三大任务、一大平台”，加快自贸区新片区功能型、标杆性、旗舰型重大项目集聚。围绕功能型总部经济、特色型服务经济、融合型数字经济、前沿型创新经济、生态型湖区经济，在长三角一体化示范区引进一批重大产业项目。加强科创板对接，落实推进“科创企业上市贷”。做好中国国际进口博览会服务保障。

2020年，要通过提高创新浓度、投资强度和经济密度，确保“十三五”圆满收官，为制造强国、网络强国建设贡献“上海智慧”，为提升城市能级和核心竞争力注入发展新动能。

第一编　信息基础设施

SHANGHAI INFORMATIZATION

综　述

2019年，上海市信息基础设施建设围绕提升城市能级和核心竞争力，围绕加快建设“五个中心”、全力打响“四大品牌”，聚焦基础设施、应用牵引、产业集聚，努力强化新一代信息基础设施核心能力，加快推进世界级信息通信枢纽建设，打造“双千兆宽带城市”，全力打造5G（5th Generation Mobile Networks，第五代移动通信技术）网络建设先行区、创新应用示范区和产业链企业集聚区。

做好顶层设计，加强前瞻研究，制定指导性文件。上海市人民政府（以下简称“市政府”）正式印发《关于加快推进本市5G网络建设和应用的实施意见》，加快推动5G规模部署，提升5G产业链协同创新与集聚发展能力。发布《上海5G产业发展和应用创新三年行动计划（2019—2021年）》，聚焦十大重点垂直领域，推动5G应用创新。发布《5G＋智能制造白皮书（2019）》《5G＋智慧医疗白皮书（2019）》《5G＋智慧地铁白皮书（2019）》，盘点制造、医疗、交通行业的转型需求和技术模式，并构建相应的5G技术应用场景，为5G助力行业智慧化转型提供实践指南。启动临港新片区信息基础设施规划方案编制，启动上海市信息基础设施发展“十四五”规划预研。

加快推进5G网络建设和4G网络优化。2019年完成建设16 672个5G宏基站，14 614个5G室内小站，实现5G网络中心城区和郊区重点区域全覆盖。开展移动通信网络质量提升大会战，排摸全市1 325处4G弱覆盖区域及44条重点线路优化清单，逐一攻克弱覆盖区域。完成市委大院、世博中心、世博展览馆、国展中心、虹桥火车站等重点场所5G建设，协调市政府、上海市人民代表大会常务委员会（以下简称“市人大”）、中国人民政治协商会议上海市委员会（以下简称“市政协”）办公地5G建设。上海市经济和信息化委员会（以下简称“市经济信息化委”）会同上海市国有资产监督管理委员会（以下简称“市国资委”）、上海市教育委员会（以下简称“市教委”）协调12家在沪央企、16家市属国企、17所高校逐步开放5G站址资源，支持5G网络建设和应用。市经济信息化委会同上海市住房和城乡建设管理委员会（以下简称“市住建委”）在虹口区率先开展利用道路综合杆布设5G基站、综合电源箱、地埋式光交箱等试点，完成35处综合杆5G基站建设。市经济信息化委会同上海市交通委员会（以下简称“市交通委”）结合高速ETC（Electronic Toll Collection，电子不停车收费系统）改造，制定行业标准，并利用300余个高速龙门架、高架龙门架等市政设施进行基站建设。发布《关于做好电力卓越服务支持5G网络建设的意见》，协调上海电力股份有限公司（以下简称“上海电力”）设立5G基站电表新装、电力增容绿色通道，确保各环节快速审批、快速实施。完成了1 624处直供电扩容、533处非直供电改直供电。推进中国广播电视网络有限公司（以下简称“中国广电”）在虹口足球场率先启动首批5G测试基站部署。规范公安系统、教育系统“伪基站”、屏蔽器建设使用。市经济信息化委会同上海市公安局（以下简称“市公安局”），排查出全市共有235处区域4G网络受公安系统“伪基站”信号干扰后，迅速关闭了相关“伪基站”设备（或调整相关参数），大大降低了干扰；排摸116个使用屏蔽器的学校清单，市经济信息化委会同市教委协调上海市教育考试院和相关学校，制定规范使用屏蔽器的制度，并将之纳入普通高中学校建设标准之中。

加强5G应用推广。聚焦十大领域，明确“十百千”目标，以行业示范应用带动5G产业链、业务链、创新链融合发展，在智能制造、健康医疗、智慧教育等十大领域推进234项5G应用项目，包括中国商用飞机有限责任公司、中国航发商用航空发动机有限责任公司、上海外高桥造船有限公司、中国烟草机械集团有限责任公司、上海工业自动化仪表研究院有限公司、洋山港智能重卡、复旦大学附属华山医院（以下简称“华山医院”）、上海市第一人民医院、上海市徐汇中学等标杆示范应用。组织开展第二届“绽放杯”5G应用征集大赛上海分赛暨上海5G应用创新大赛，2019年3月向全市公开征集5G应用项目，共收到申报项目141个，30支入围决赛的队伍角逐桂冠，产生一等奖3名、二等奖5名、三等奖10名，并全部入围全国总决赛复赛。推进虹口区、徐汇区、浦东区、普陀区、崇明区5个5G示范区建设。

加大信息化发展专项资金支持。组织2019年度上海市信息化发展专项资金（新一代信息基础设施建设）项目申报，共征集107个项目，经专家评审，支持22个项目，拟支持资金合计7 960万元。

加强互联网数据中心统筹建设。市经济信息化委会同上海市发展和改革委员会（以下简称“市发展改革委”）发布《关于加强本市互联网数据中心统筹建设的指导意见》，对全市新建IDC（Internet Data Center，互联网数据中心）提出了统筹空间、规模和用能的总体要求。组织编制并发布《上海市互联网数据中心建设导则（2019版）》，对新建IDC的选址规划、规模功能、安全节能、资源配套、建设主体、评估监测等多方面提出具体要求。完成2019年第一批新建互联网数据中心项目征集、建设导则符合性评估、结果发布等工作。

推进L根镜像服务器节点落沪。市经济信息化委会同上海市委网络安全和信息化委员会办公室（以下简称“市委网信办”），协调中国互联网络信息中心，引进国际互联网域名解析L根镜像服务器节点落户中国电信股份有限公司上海分公司（以下简称“上海电信”），同时还开通了.CN国家顶级域名服务器，这是上海市设立的第一个对我国全网提供服务的根镜像服务器，也是工业和信息化部（以下简称“工信部”）除北京外在国内批准设立的首批根镜像服务器之一，有助于完善我国国家域名服务体系布局、提高区域网络访问效率、提升互联网运行安全性和稳定性。

做好信息通信架空线入地及市容环境保障工作。市经济信息化委会同市发展改革委、上海市财政局（以下简称“市财政局”）落实《上海市信息通信架空线入地整治项目市级资金管理办法》，进一步完善资金申请流程，强化项目资金保障。完成2019年度市级资金预算执行合计10 228.98万元、2020年市级资金预算合计34 225.7万元。按全市统一部署，完成约120公里道路信息通信架空线入地工作。配合“双迎”（迎国庆、迎进博会）市容环境保障工作，完成全市20 510个光缆交接箱、231个井盖的清洁整饬。

推进公话亭升级改造。按照新一代信息基础设施功能布局相融合的总体规划，结合上海市重要区域、重点道路全要素整治要求，完善公话亭升级改造方案，重点完成14条重点道路共32个公话亭的整治升级工作（18个拆除、14个升级改造），把公用电话亭升级改造为智能信息服务热点和市政道路的新风景线。

服务第二届中国国际进口博览会（以下简称“进博会”）。结合上海实际和5G应用发展趋势，聚焦国家会展中心及其周边区域，打造涵盖安全保障、交通服务、展会服务、宣传服务在内的四大5G主题场景、17个5G应用项目，实现5G对进博会的全方位赋能。

进一步部署新型城域物联专网。组织电信科学技术第一研究所（以下简称“电信一所”）、华东师范大学（以下简称“华师大”）、中国电子科技集团有限公司

（以下简称“中电科”）、东方明珠新媒体股份有限公司（以下简称“东方明珠”）等30余家产、学、研、用、测单位和物联网上下游企业，修订并发布《新型城域物联专网建设导则（2019版）》，在物联感知、数据规范及算法、平台接入、安全保护四方面进一步完善建设、互联互通等规范要求，推进基于物联专网的测试评估导则和政府购买服务管理办法等规范的编制。加快在杨浦、虹口、静安、普陀、嘉定等区的数十个街镇部署消防水压、门磁感应、燃气报警、环境指数等30余类智能传感终端累计超过50万个。依托中电科、东方明珠等企业推进神经元感知综合服务平台版本升级更新，加强与区域城市运营管理平台对接，面向公共安全、公共管理、公共服务提供物联应用服务。协调促进中电科等企业加快物联网龙头公司整合组建。

拓展网络感知度评估体系建设。发布基于个人用户感知的固定宽带及公用移动通信感知度测评报告，促进区域和行业管理部门提升优化网络服务质量的主观能动性。试点针对5G网络质量的测评。在长三角主要城市试点开展通信用户感知综合评估评价工作，初步研究形成长三角移动通信用户感知度测评标准。

强化工作导向和舆论宣传。2019年2月，在虹桥火车站举行“5G火车站启动建设暨华为5G DIS室内数字系统首发仪式”。3月，在虹口区举办“全球双千兆第一区”开通仪式，中国移动通信集团上海有限公司（以下简称“上海移动”）宣布5G首发；上海工程技术大学5G+人工智能应用联合创新实验室揭牌，全国首个5G高校建成启用。4月，组织召开“2019上海5G创新发展峰会”，中国联合网络通信股份有限公司与上海市政府签署5G战略合作协议，并宣布5G首发；华山医院5G智慧医疗应用示范基地落地；协调落实市经济信息化委、江苏省工业和信息化厅、南通市政府三方签署“沪苏（通）大数据基础设施及产业发展战略合作协议”，推动区域数据中心建设发展模式创新。5月，上海市政府与中国电信集团有限公司（以下简称“中国电信”）签署5G战略合作协议，中国电信在沪举行“共建双千兆示范城市暨中国电信智慧家庭生态合作大会”并宣布5G首发。6月，上海市徐汇中学“5G+MR（Mixed Reality，混合现实）科创教育实验室”揭牌。8月，结合2019世界人工智能大会举办“智想5G，融创未来”为主题的5G+AI（Artificial Intelligence，人工智能）主题论坛；配合工信部做好“5G+工业互联网”全国现场工作会议会务组织工作。9月，集5G技术展示、联创平台、场景应用、科学普及等诸多功能于一体的虹口5G全球创新港完成建设并开港；5G创新应用发展高峰论坛在嘉定区举办。

（王慧婷）

第一章　基础信息网络

概　述

加快部署千兆宽带网络，至2019年年末，千兆接入能力覆盖家庭数达到959万户，比上年年末增加59万户。光纤到户覆盖家庭数达959万户，比上年年末增加3万户。家庭宽带用户平均接入带宽达181 Mbps，比上年年末增加42 Mbps。4G用户数达3 583万户，比上年年末增加331万户。互联网省际出口带宽达21 860 Gbps，比上年年末增加5 768 Gbps；互联网国际出口带宽5 076 Gbps，比上年年末增加1 512 Gbps。IPTV用户数达557万户，比上年年末增加159万户。

（王慧婷）

一、数据通信网

2019年，在双G双提、同网同速、提速降费等专项行动推进下，结合5G商用发展，宽带通信基础设施供给能力不断加强，通信基础设施布局逐步提升。截至2019年年底，移动电信基站物理站址2.2万个，比上年年末增长5.7%；移动电话基站达到16.5万个，比上年年末增长48.8%，其中4G基站9.4万个，增长52.4%，新建5G基站1.8万个。互联网宽带接入端口2 028.6万个，比上年年末增长6.8%，其中FTTH/O（Fiber To The House/Office，光纤到户/办公室）端口1 827.8万个，比上年年末增长8.6%。

（胡永龙）

二、广播电视网络

截至2019年年底，上海市有线电视覆盖用户数达756万户，数字电视用户数746万户，超高清电视用户数39万户，传输标清节目92套、高清节目70套、超高清节目1套。NGB(Next Generation Broadcasting Network，下一代广播电视网)网络完成覆盖714万户，高清用户规模达424.5万端，宽带用户规模近71.4万户。

2019年，上海市级电视调频发射台和中波发射台共发射15个调频广播频率、8个中波频率、3个地面模拟电视频道、7个地面数字电视频道，节目包含29套模拟广播节目、3套模拟电视节目、21套数字电视节目，发射信号覆盖全市范围。9个区级广播电视台共发射10套调频广播节目、9套电视节目，信号覆盖所在区。

2019年，上海广播电视台拥有广播电视光缆长度超过700公里，连接东方明珠塔、上海国际会议中心、世博中心中国馆、上海大剧院、上海展览中心、上海体育场、上海东方体育中心和国家会展中心(上海)等上海标志性建筑，以及政治、文化、娱乐的重要场馆，全面承担广播、电视、网络电视和新媒体节目传输工作。

(殷　炯)

第二章　网络传输和计算设施

概　述

2019年，上海以架空线入地和合杆整治任务为发展契机，科学规划信息通信管线，优化管道网络建设布局。在重大信息基础设施建设方面，完成了上海超级计算中心高性能计算平台升级改造，有效缓解了上海市及长三角地区对计算能力的迫切需求；积极承担国家和地方重大科技计划项目，推动联盟建设，有力支撑了上海市大数据“五位一体”发展战略。

一、信息通信管线

【概况】 2019年，上海市信息管线有限公司(以下简称“市信息管线公司”)围绕上海市信息投资股份有限公司中长期战略规划和三年行动计划，以架空线入地和合杆整治任务为发展契机，聚焦城市精细化管理建设，提升信息基础设施服务能级。

【管道网络建设】 根据《上海市推进新一代信息基础设施建设助力提升城市能级和核心竞争力三年行动计划(2018—2020)》，市信息管线公司配合市政重大项目建设，主动沟通协调，推进与各区的战略合作，落实新一代通信基础设施的集约化建设“三统一”，积极发挥总牵头、总协调作用，维护公司建设主体地位。

根据《长三角区域一体化发展纲要》《张江人工智能生态圈建设》《临港市级重点项目规划》等发展规划，依托专业设计单位，开展《2019—2020信息管网规划》《外高桥保税区信息技术规划》《上海城市公共光纤网三期规划》的编制，深入分析公司管道网络现状及市场需求，结合未来发展和5G建设需求，对254处“栓塞”管道提出优化方案，为公司建设提供科学规划，对管网布局进行优化，进一步提升信息基础设施服务能级。配合市政建设，完成闵行九星市场、三林滨江、临港主城区、浦东世博园区等区域的信息管道建设。

在配合市政搬迁建设方面，完成了北横通道、东西通道(浦东段)、军工路快速通道、济阳路快速通道、北翟路快速通道、武宁路快速通道、杨树浦路改建、交通路金昌路改建、虹桥商务区会展中心外围配套道路、G228公路、G320公路、S7公路、G1501公路、龙东大道改建工程、沿江通道浦西段新建工程、崇明东滩基础设施开发项目、昆阳路—浦卫公路(含昆阳路越江)、崧泽高架西延伸、嘉松公路、沪南公路、大叶公路；昌平路—恒通路跨苏州河桥梁新建工程，大芦线航道整治二期工程，周家嘴路、龙耀路、沿江通道、江浦路、银都路越江隧道，轨道交通10、13、14、15、18号线等重点项目的信息管道搬迁建设。

2019年信息管道建设开工272沟公里(除架空线以外)，信息管道楼宇接入219栋，信息管线在中心城区道路覆盖率达90%以上，近郊区覆盖率约50%—60%，金山、崇明、奉贤、浦东南片区约30%，市信息管线公司作为全市信息基础设施服务提供者的功能性主体地位凸显。

【架空线入地】 2019年是上海市架空线入地和合杆整治任务的关键之年，面临任务重、时间紧、施工要求高等诸多困难，市信息管线公司高度重视、聚焦难点、突出重点、专项保障、全力以赴，从理顺工作机制、强化标准规范、分解细化目标、保障施工措施、加强外部协调等方面多措并举，同步推进，确保完成全年架空线入地和合杆整治100公里任务。2019年完成147公里架空线入地沿线管道开工建设，其中120.46公里已完工。

(王迪戎)

二、上海超级计算中心

【概况】 上海超级计算中心(以下简称“上海超算中心”)在市经信工作党委、市经济信息化委领导下，聚焦学习贯彻落实党的十九届四中全会精神以及习近平总书记考察上海重要精神，贯彻落实党中央、市委和上级党组织关于基层党建工作部署，认真开展“不忘初心、牢记使命”主题教育，加快完成中心过渡期的资源升级改造建设，全面提升高性能计算能力，提升中心服务能力和竞争力。

【高性能计算平台升级改造】完成高性能计算平台升级改造，有效缓解了上海市及长三角地区对计算能力的迫切需求。2019年，上海超算中心计算平台升级改造项目进入实质性建设阶段，主机方面完成了应用队列配置以及所有用户账号的开设等工作；全机CPU核数达到35 840个，运算峰值3.3P的“魔方3”，是同期国内采用通用芯片能力较强的主机之一，2019年7月1日开始试运行。“魔方3”试运行以来，开通账户544个，使用机时约45万核小时。12月12日主机项目通过专家验收。网络方面，过渡期改造项目中全部采用支持或兼容IPv6协议的国产设备，网络架构充分考虑网络的冗余、容错和备份能力，保证系统的可靠运行。同时涵盖安全计算环境、安全区域边界、安全通信网络和安全管理中心4个方面，实现信息安全的机密性、完整性、可用性、可控性和不可否认性的安全目标。7月15日网络设备进入试运行状态。12月30日网络项目通过专家验收。主机“魔方2”使用率达85%，提供6 240万核小时的计算资源，累计用户数1 365个。

【重大科研计划项目承担】上海超算中心在研项目共16个，其中国家科技部重点研发计划项目6个、地方科研任务10个。

【大数据联盟建设】作为大数据联盟秘书长单位，上海超算中心积极承担全市大数据“五位一体”发展战略中大数据联盟的日常工作。2019年组织“魔方大数据系列论坛”13次；主办2019年中国(上海)大数据产业创新峰会。2019年上海大数据联盟会员已达680家，逐步建立、完善上海的大数据产业发展生态圈。

【市场化服务深化】2020年，新冠肺炎疫情爆发。为保障科研工作者尽快认知病毒、研发药物，上海超算中心联合甘肃省计算中心、江西省计算中心、苏州超级计算中心、昆山超级计算中心等兄弟单位，通过互联互通合作研究机制，统筹协调了大规模免费计算资源，为各单位对新冠肺炎治疗、研究提供药物虚拟筛选和分子动力学模拟支撑。除战“疫”之外，上海超算中心的计算资源在春节期间仍然保障7×24小时运转，为全市其他公共服务如环境监测预报(PM2.5)、气象预报等提供算力支撑。

上海超算中心是国内首家高性能计算公共服务平台，自2000年成立以来，支撑了大量基础科学、公益事业、工业工程的研发工作，如上海市的环境监测预报(PM2.5)、气象预报、支线客机ARJ21、大型客机C919、国产汽车等。在历次突发公共卫生事件如SARS、禽流感等的药物研制中也发挥了重要作用。

【社会科普职能履行】 在履行公共服务平台职能的同时，积极承担向社会普及高性能计算、云计算、大数据等科学知识的职能。2019年接待参观人员14 010人次，开展讲座21场，针对青少年科普活动，提供“参观＋课程”的计算机主题实践活动。其间，积极参与上海科技节和全国科普日活动，如参与地铁站“科普缤纷秀”活动、大科学装置科普定向赛和“探秘张江”科学之夜—亲子科技嘉年华活动。中心的科普活动得到了社会的肯定，科普接待团队获得浦东新区基地联合会先进个人、浦东新区科技节先进集体、上海市科技日先进集体和个人等荣誉称号。

（戴松筠）

第三章 信息基础设施管理

概述

2019年，上海科学配置无线电频谱资源，做好无线电台站和设备管理工作，维护空中电波秩序和频率使用安全，加强无线电管理领域法治建设，推进无线电监管能力建设，加强无线电管理业务培训和宣传。同时深入贯彻落实中央新闻舆论宣传管理工作相关政策和文件精神，完善新业态规范管理，完成"上海市广播电视监管系统"二期项目及"上海市非法广播监测系统"项目建设，大大提升了信息化监测监管能力。市文旅局与市经济信息化委、上海广播电视台联合印发产业行动计划，设立产业示范基地，加快推动上海超高清视频产业发展。

一、无线电管理

【概况】 2019年，上海市无线电管理机构坚持以习近平新时代中国特色社会主义思想为指导，深入贯彻习近平总书记考察上海重要讲话精神，切实落实市委、市政府决策部署，坚持稳中求进总基调，坚持高质量发展主旋律，着力提升频谱资源使用效率和效益，加强无线电台站和无线电发射设备事中事后监管，维护良好空中电波秩序，保障重大活动无线电安全，强化技术设施建设，提高技术手段能力，积极服务全市经济社会发展和城市治理现代化，各项工作取得显著成效。

【重大活动用频需求保障】 积极创新举措，协调有关部门，整合空闲频率资源供第二届进博会等重大活动临时使用。同时，打破常规，启用部分尚未规划和多种业务共用的频率，科学分析、精心安排、合理规划，满足各类活动短时集中的用频需求。为各类用户提供频率使用便利化服务，在第二届进博会期间，面向各相关管理部门、保障单位以及参展商、服务商等发布《关于做好中国国际进口博览会期间无线电管理工作的通知》以及《中国国际进口博览会无线电业务办理须知》，采用预先告知措施，统筹配置无线电频谱资源。

【频率资源规划和使用监管】持续开展频率使用率评价，加强频谱资源的规划和使用监管，编制 1.8 GHz 和 1.4 GHz 宽带专网频率使用评价总体方案，全面开展全市区域 30 MHz—6 000 MHz 范围的频谱数据采集工作，研究完善专网无线电业务频率使用率评价标准与方法，对公众移动通信系统各频段的区域覆盖进行分析评估，查找覆盖盲区、提供解决方案。在频率使用审批中，积极挖掘频率资源潜力，截至 2019 年 11 月底，受理频率使用许可 159 起，涉及 400 MHz 专用对讲机、微波传输、雷达、短波、GNSS (Global Navigation Satellite System，全球导航卫星系统)基准站系统、800 MHz 数字集群系统、宽带专用网络等，指配频率 355 组。通过对 800 MHz 系统细致到块的分析与评估，将该频段资源进行合理化回收与精细化重耕，保证重点行业集群系统在有限的频率资源内的用频需求。针对专用对讲机频段密集型城区用户多、环境复杂的特点，通过严格控制天线口辐射功率等技术手段，以及创新性地采用分层、分区、分材质的三位一体复用评估体系，多措并举，大大缩短复用距离，复用次数最高达到 65 次，频谱潜力得到充分释放。

【重点频率监测分析】完善无线电监测制度，规范监测流程，提高监测数据分析处理能力，提升监测工作整体水平。截至 2019 年 11 月底，累计监测时长 22 156 站小时，出动监测车 280 车次，监测人员 946 人次，处理各类干扰 87 起，电磁环境测试任务 20 次。根据国家无线电管理局要求，利用全市无线电监测网对 223 MHz—235 MHz、361 MHz—368 MHz、694 MHz—806 MHz、2 155 MHz—2 165 MHz 等 17 个重点频段进行监测，累计监测时间 14 256 小时，排查信号 510 个。完成 11 个外事用频指配监测，累计监测时长 788 小时。

【5G 基站干扰协调】按照市领导批示精神和工信部要求，对 5G 基站干扰情况进一步排摸，举一反三，与国家无线电管理局密切沟通，持续跟进相关卫星业务“换星移频”进展，加紧落实干扰缓解技术措施。建立干扰协调领导小组，成员

包括东部战区、上海市文化和旅游局(以下简称“市文旅局”)、上海市通信管理局(以下简称“市通管局”)和各电信运营企业。指导上海电信、中国联合网络通信有限公司上海市分公司(以下简称“上海联通”)达成上海市“干扰协调实施办法”,提出干扰识别、应对方法和技术改造要求,明确由上海电信牵头、上海联通配合组织实施。经协调“换星移频”及技术改造,恢复开启 359 个 5G 基站,对广电的干扰问题基本得到解决,保障新中国成立 70 周年庆祝活动期间舆论宣传和意识形态阵地安全,实现“零干扰”。

【无线电设台许可】开展新申请设置基站行政指导,全年预审共计 73 批 10 781 个基站数据,并将数据预审结果及时反馈各运营商。发起净空意见征询,对拟建于机场净空保护区内的 206 个基站,向当地民用航空管理机构发起净空意见征询。受理设置、使用无线电台(站)许可 696 起,核发无线电台(站)执照 9 102 个。受理无线电发射设备进关核准 143 起,涉及无线电发射设备 51 297 台。受理无线电台(站)识别码核发 225 起。组织业余无线电台操作证书考试 8 次,累计换发业余电台操作技术能级证书(A级)383 张。进一步落实事中事后监管要求,坚持分类分级的台站批后监管思路,重点对 2018 年新设台站、重点台站进行了批后检查,共完成无线电台(站)现场勘验 538 个,检查检测 790 个。同时,将无线电管理政策宣传贯穿事中事后监管过程,进一步提升设台单位对相关规章制度的认知度。

【重点台站保护】为有力保障民航、广电、海事、气象等重要行业无线电台站建设,与上海市规划和自然资源管理局等部门开展《上海市重点无线电台站布局和保护专项规划》编制工作,建立形成核心区、协调区和边缘区等台站建设管控区域,有效弥补重点台站布局保护与城乡规划相衔接的空白,着力解决重点台站电磁环境保护与城乡建设发展之间的矛盾,逐步形成符合上海城市特点、可操作的重点台站布局和保护模式。

【5G 发展政策引导】为落实《上海市无线电管理办法》《关于加快推进本市 5G 网络建设和应用的实施意见》,加强 5G 网络规划布局和统筹建设,开展《上海市 5G 移动通信基站布局规划导则》编制工作,逐步实现三大目标:一是从 5G 技术和演进趋势出发,科学预算,呈现 5G 基站上海市布局概览;二是结合上海市产业地图,聚焦应用,明确 5G 网络产业赋能路径;三是探索上海市、区二级管理协同,市、区联动,构建起具有上海特色的 5G 基站布局规划体系。

【台站分级管理】编制发布《上海市无线

电台站分级目录》(以下简称“《目录》”),在厘清现有台站基本分类结构和设置使用的行业分布情况基础上,按照“聚焦重点、科学分级、行政高效、管控有力”原则,综合评估各类台站行业应用、功能作用发挥、电磁环境要求和设置使用趋势等特性要求,明确不同管理层级台站的管理措施,形成更加科学规范、公开透明的台站管理框架,合理配置管理资源、提高台站管理效能。相关部门根据目录要求开展监管工作,并根据实际情况适时对《目录》和分级管理措施进行适应性调整。

【无线电发射设备源头管理】 落实无线电发射设备销售备案的相关要求,指导设备销售企业及时备案,审核完成了389家企业、28 567个设备型号的备案申请。对上海市主要无线电发射设备销售市场展开检查,重点检查是否办理销售备案及是否存在销售无型号核准的无线电发射设备等问题,通过张贴海报、发放宣传资料等方式,现场普法释理,进一步规范了无线电发射设备销售活动。完成国家无线电管理局下达的无线电发射设备型号核准随机抽查任务,完成对6家生产厂家共计7个指定型号设备的随机抽样工作,为从源头规范无线电发射设备打下了坚实基础。

【“黑广播”“伪基站”查处】 完善与公安、文广等部门的联合工作机制,充分发挥无线电管理技术优势,会同上海市无线电监测站定位查处“黑广播”36起,出具“黑广播”检测报告4份,涉及设备14台,出具“伪基站”检测报告7份,涉及设备8台。根据线索开展现场执法检查14次,排查解决移动通信干扰问题,对1家擅自设置手机信号放大器的企业实施行政处罚,有力打击违法犯罪行为,切实维护了无线电波秩序。

【重大活动无线电安全保障】 适时组建各类重大活动无线电安全保障工作团队,结合历年重大任务保障经验,审时度势制订保障工作方案,并针对多种突发情况提前做好相应应急预案,确保万无一失。2019年完成第二届进博会、篮球世界杯、网球大师杯、F1(FIA Formula 1 World Championship,世界一级方程式锦标赛)上海站、崇明国际女子自行车赛、MXGP(Motocross World Championship,世界摩托车越野锦标赛)中国大奖赛、WEC(World Endurance Championship,世界耐力锦标赛)等10余项重大活动和外事接待无线电安全保障工作,受理临时频率使用申请33起,指配临时频率1 000组,出动监测保障人员178人天,出动监测车74台次。组织出动执法人员和技术人员274人次、监测车辆76台次。对重点地区和考场开展严密监测,依法查处各类利用无线电设备实施作弊的行为，营造公平竞争的考试环境，先后完成高考、建造师、法律职业资格等18场考试保障。

【“放管服”提升行政审批效率】为切实提高企业和群众办事便捷度、体验度和满意度，积极开展“双减半”工作，梳理并压减审批承诺时限，精简申请材料。设置、使用无线电台（站）许可新办、延续和无线电台（站）识别码核发新办均由原来的30个工作日缩减至15个工作日，无线电发射设备进关核准新办承诺时限由20个工作日缩减至10个工作日，压缩率均达50%，台站注销和告知承诺仍为当场办结。频率许可行政审批时间由原先规定的20个工作日减至10个工作日。特别是在特斯拉超级工厂频率审批中，通过流程优化实现了“不见面审批”新模式，将审批时间缩短了75%。

【“一网通办”政务服务推进】按照上海市委、市政府部署要求，大力推动“互联网+政务服务”，进一步提升企业和广大人民群众的获得感、满意度。建立“一网通办”政务服务标准化体系，梳理完成行政审批事项有关信息和业务流程等。制订形成“一个目标，两个阶段，三项任务”的频率信息化系统规划，分步实施频率审批、频率占用费管理、批后监管等系统上线，推动台站管理系统、基站信息管理平台等与“一网通办”行政审批管理系统的对接工作，逐步实现频率、台站等数据及相关系统与行政审批系统的无缝互访及业务协同。

【无线电管理法治体系完善】落实行政执法公示、执法全过程记录、重大执法决定法制审核三项制度，编制完成《上海市经济和信息化委员会行政处罚程序规定（暂行）》。并按照“一案一卷”模式，调整完善执法文书格式，修订规范了30余种行政处罚文书格式，形成了制度完备的执法流程闭环。

【无线电信访投诉处理】按照规范流程，及时有效办理各类无线电相关的信访投诉。截至2019年11月，受理来自12345市民热线、委门户网站投诉、政协提案、国家信访系统、书面来信等渠道信访投诉案件共计1 194件，主要涉及基站投诉、黑广播投诉、干扰投诉、行政许可、无线电发射设备销售备案等问题。重点处置了群众反映强烈的违规建设开通基站问题，先后责令相关运营商对4个基站进行限期改正。

【频率占用费收缴和使用】集中向上海市各用户单位发出频率占用费缴费通知单。截至2019年11月，共完成269个单位的频占费收缴工作，收缴资金总额771万元。为进一步强化频占费资金规范使用，根据国家和上海市有关部门规定，研究制订了《上海市无线电频率占用费转移支付资金使用管理办法》，明确资金使用原则、管理制度和工作流程。按照上述管理办法，先后完成两批2019年项目立项工作，包括46个项目，涉及资金4 466万元；完成2020年项目申报工作，包括30个项目，涉及资金3 279万元。立项和申请项目主要涵盖无线电基础和技术设施建设类项目，支撑全市无线电日常管理和重大活动保障所必须的运行维护项目，以及无线电专项监管类项目。

【无线电管理“十三五”规划任务落地落实】在监测方面，建成无线电管理统一监测平台，完成了2个一类固定监测站建设、3个老站升级改造、7个小型站新建。建成海基天基监测系统，建成水域监测固定站4个。在检测方面，以服务监管为核心，推动产业发展为辅，提供公益服务为补充，全面建设检测工作体系。填补检测空白，完成基本移动检测能力建设。对接信息化建设，形成基础实验室专用信息管理系统和在用设备检测标准数据库，提升了检测工作智能化水平。设立上海无线电检测联盟和开放实验室项目。在信息化建设方面，推进无线电管理一体化信息平台建设，完善基础信息平台的网络安全建设，统一制定相应的安全标准和架构统一的网络安全防范体系，优化并完善信息安全服务体系。

【无线电管理“十四五”规划预研】深入总结上海无线电事业发展历程和经验成果，经过深入调研，初步形成了上海市无线电管理“十四五”规划整体思路。计划在“十四五”期间，着力提升频谱资源使用效率和效益，加强无线电台（站）和无线电发射设备事中事后监管，维护良好空中电波秩序，保障重大活动无线电安全，强化技术设施建设和提高技术手段能力，维护频谱资源使用权益，服务经济社会发展和国防建设，助力上海全球卓越城市建设、科技创新中心建设及首个“双千兆之城”建设，探索5G时代的无线电管理新方法、新思路、新模式，秉持“融合、协同、创新”理念，平衡好频谱资源、科技发展与战略部署三者之间的关系。

【无线电科普宣传】着力构建无线电宣传工作机制，结合年度重点工作和保障任务，编制年度宣传工作方案。以“无线促发展、管理保有序”为主题，积极开展“约会”无线电科学、“触发信号”无线电科普在行动、“区域联动”无线电专题活动等活动。2019年先后组织开展青少年无线电科普基地参观活动13次及多场无线电科普进社区、进校园活动，取得了良好的社会效应。进一步强化与主流媒体合作，不断加大与《上海信息化》《中国电子报》等行业权威媒体的合作力度，编辑出版“上海无线电专刊”和“上海5G专刊”。以F1中国大奖赛、高考无线电保障、军地无线电监测演练等为契机，持续做好日常宣传。

【无线电专业队伍建设】组织开展2019年度军地无线电监测技术培训与干扰排查竞赛活动，提升干扰排查能力，丰富实战经验，强化军地无线电监测协调机制。举办“无线电管理政策解读”培训活动，采用理论结合实际形式，开展以法规宣贯、专业技术为主的培训，提升无线电管理、从业队伍的知识结构及专业技术能力。面向市、区无线电管理及重要台站使用单位，开展无线电管理法规宣贯和解读活动，结合上海市无线电监测特点，开展监测设备实际操作，增强对无线电信号的辨识、分析和查找能力，提高无线电干扰排查及应急处置能力。先后开展2次业余无线电应急通信演练，进一步提高业余无线电爱好者的无线电应用水平和应对突发情况快速启动应急通信的操作技能。

（张　斌）

二、 广播电视管理

【“上海市广播电视监管系统”二期项目建设】2019年，市文旅局完成了“上海市广播电视监管系统”二期项目建设，实现了以下功能：通过电视剧管理、重点网络影视剧管理、预警、舆情信息管理等业务模块，利用技术手段对信息和数据进行总体规划，实现管理工作标准化、流程化；通过提供电视剧、动画片的备案公示、变更申请、审查信息及重点网络影视剧的规划备案、上线备案信息等功能，实现电视剧、动画片、重点网络影视剧的备案流程可视化管理，直观显示备案、发行等动态信息；通过备案内容相似度预警信息，为相关管理工作提供有效辅助；通过数据串联，以剧为维度串联备案、变更、转出转入、制作许可证、发行许可证、播出的整体生命周期，进行数据化统计，对行业发展进行有效管理。系统通过大数据统计分析，对全市电视剧、动画片、重点网络影视剧备案信息进行汇总并形成可视化图表。以调控科学化、管理精准化为设计理念，依托综合数据统计分析功能，提升广播电视和网络视听综合管理能力。

（陈　杏）

【上海市非法广播监测系统建设】2019年，上海市广播电视监测中心围绕人工智能等关键技术研究应用，建设“上海市非法广播监测系统”，构建全市网格化监测网，完善非法广播发射源定位分析、覆盖范围测算、形成自动监测及数据报告机制等功能建设。项目部署的监测终端探测器具备网格化、小型化、无人值守运行等能力，结合GIS(Geographic Information System，地理信息系统)技术实现对非法广播的快速侦测及定位等功能，并利用智能语音识别技术对监测终端探测器采集的音频数据进行辅助分析，实现非法广播的及时有效发现、判定，提升非法广播监测效率，为无线广播的信息化监管提供有力支撑。

（卢南琼）

【上海超高清视频产业发展促进】市文旅局与市经济信息化委、上海广播电视台联合印发《上海市超高清视频产业发展行动计划（2019—2022）》，明确到2020年年底之前，上海广播电视台开播1个综合性4K频道，2022年年底前，开播4个4K超高清电视付费直播频道。东方有线网络4K电视用户达到260万户。4K超高清视频内容制播能力大大提升，实现节目制作能力超过1 460小时/年等。联合市经济信息化委，授牌金桥集团、市北高新为上海超高清视频产业示范基地。金桥集团立足于开发区产业优势基础、着眼于超高清视频发展未来，率先启动、深入研究，将超高清视频产业定位于继移动视频产业后金桥下一轮产业发展的主引擎和增长极；北高新建立涵盖超高清产业核心层、服务层、应用层全产业链的平台，形成具有核心竞争力、资源要素集聚的产业生态圈。

（毛占刚）

第二编 信息产业

SHANGHAI INFORMATIZATION

综　述

电子信息产业作为上海的支柱性产业，在全市经济发展中扮演着重要角色。近年来，上海电子信息产业逐步形成了完整的产业链、先进的技术储备、良好的产业公共服务平台和国际合作经验，令上海在新一代信息技术和制造技术融合发展领域具备了得天独厚的优势。2019年，上海信息产业加速发展，新旧动能顺利转换。其中电子信息制造业全年实现工业总产值6 141亿元，投资稳步提升，产业形势逐步回暖，发展态势趋于平稳。新一代信息技术体系不断完善，产业加速向中高端迈进，结构调整成效显著。软件和信息服务业效益稳步提升，突破万亿元产业规模，实现营收10 002.79亿元，同比增长15%，有力拉动了全市服务业增长。

第一章　电子信息制造业

概　述

2019年,上海市电子信息制造业呈现加速发展态势,新旧动能转换顺利,传统产业不断升级,进一步向高质量发展目标迈进。

一是产业呈现平稳发展态势。电子信息制造业深化供给侧结构性改革,全年实现工业总产值6 141亿元,占6个重点发展行业比重26.4%。产业虽面临下行压力,但投资稳步提升,产业形势逐步回暖,发展态势趋于平稳,未来发展动能可期。新一代信息技术体系不断完善,产业加速向中高端迈进,全年实现工业总产值3 593.07亿元,增速高出电子信息制造业2个百分点,结构调整成效显著。核心环节形成突破,促进产业链整体跃升,在前期培育积累下,全年通信设备制造业利润总额达49亿元,同比增长20.1%;电子计算机制造业利润总额达9亿元,同比增长32.8%;电子器件制造业利润总额达64亿元,同比增长37.7%。

二是坚持规划引领,加强产业发展顶层设计。制定超高清行动计划:发布《上海市超高清视频产业发展行动计划(2019—2022)》,明确加快核心芯片、器件和设备技术突破,完善4K产业链,布局8K创新链,同时要在2022年前开通若干个4K频道,丰富内容供给。制定5G(5th Generation Mobile Networks,第五代移动通信技术)行动计划:编制发布《上海5G产业发展和应用创新三年行动计划(2019—2021年)》,明确要产业规模大幅提升,重点环节加快突破,创新应用广泛部署,发挥上海5G研发集聚、网络先行、场景丰富、人才汇聚等优势,做强强项、补齐短板,带动5G全产业链融合发展。编写汽车电子行动计划:编制《上海汽车电子产业发展和应用创新三年行动计划(2020—2022)》初稿,重点聚焦汽车电子四大方面18个重点方向，突破技术，加速研发，推动应用，完善生态。

三是坚持政策先行，打造电子信息政策高地。启动集成电路长期信贷专项：启动中长期低息研发贷款专项项目，支持IGBT（Insulated Gate Bipolar Transistor，绝缘栅双极型晶体管）特色工艺、CPU（Central Processing Unit，中央处理器）、光刻胶、离子注入机等14个项目中长期低息研发贷款。落实软集产业化专项：重点支持集成电路、新一代通信、新型显示、超高清视频、汽车电子、物联网及智能硬件、智能健康医疗7个电子信息重点发展领域，有效引导社会资金投入核心技术研发攻关，培育出恒玄科技（上海）股份有限公司、上海奕瑞光电子科技股份有限公司、上海三思科技发展公司等行业龙头企业。

四是坚持围绕中心，积极服务平台。推动长三角联动发展：推动成立了长三角集成电路设计与制造协同创新中心、长三角集成电路产业公共服务机构联盟和平台，为长三角地区产业链上的企业提供全方位、多层次的合作机会，更大范围地构建公平公正、开放包容的集成电路发展环境。充分利用中国国际进口博览会（China International Import Expo，简称“进博会”）平台：组织企业积极参加展会，以进博会平台为依托，结合“一带一路”相关活动，展示发布创新产品、技术，鼓励企业交流合作，放大进博会溢出效应，拓展外贸销售渠道，打开市场。

五是坚持载体打造，完善电子信息空间布局。提升上海集成电路设计产业园能级：完成了园区内配套商业设施主体工程建设，新增重点企业约20家。推动设立上海智能传感器产业园：上海智能传感器产业园区正式挂牌运行。筹划扩展临港新片区集成电路产业创新发展新基地：中国（上海）自由贸易试验区（以下简称“上海自贸试验区”）新片区加快筹划建设集成电路综合性产业创新基地，打造集成电路技术创新和产业发展的新高地。挂牌成立上海超高清视频产业基地：在浦东、金桥、静安市北挂牌成立上海市超高清视频产业示范基地，推动园区完成超高清基地方案编制，研究制订专项扶持政策。挂牌成立智能网联自动驾驶测试区：推动上海临港自动驾驶示范区获得交通运输部、工业和信息化部（以下简称“工信部”）联合颁发的“智能网联自动驾驶测试区”。

六是坚持核心攻关，推动重点领域实现系列突破。

5G技术与应用突破：5G通信模组产品达到世界领先水平，上海移远通信技术股份有限公司率先发布全球首批5G模组，全球超过100家厂商选择相关产品；上海创远仪器技术股份有限公司研发出国内首套5G扫频仪，支持运营商和系统设备商5G网络建设；物联网与人工智能、5G等技术融合发展，推动了“5G＋AIoT（人工智能物联网）”应用加快落地。

新型显示在专业显示和核心材料装备领域取得突破：专业显示领域掌握全球话语权，上海天马微电子有限公司在航空航海显示、高端医疗、车载显示等多个领域达到全球领先水平，市场占有率达到国内第一；AM - OLED（Active Matrix/Organic Light Emitting Diode，主动矩阵有机发光二极体面板）蒸镀源达到国际领先，支撑我国主要面板企业大幅度提升产品良率。有机发光材料突破国外垄断，实现部分高端关键材料自主供给。硅基OLED（Organic Light Emitting Diode，有机发光半导体）技术达到国际领先水平，上海视欧光电科技有限公司在近眼显示领域实现规模产业化。

超高清视频突破创新应用：东方明珠新媒体股份有限公司（以下简称“东方明珠新媒体”）成立8K超高清影像实验室；仁济医院成功采用超高清+5G实现内窥镜影像实时传输的全高清手术直播；C919大飞机运用5G+8K超高清技术实现应用缺陷检测；上海极清慧视科技有限公司实现80 km/h高速移动状态下的8K超高清视频直播；虚拟现实硬件逐步完善，上海乐相科技有限公司旗下的大朋VR（Virtual Reality，虚拟现实）设备出货量达到国内领先。

汽车电子核心元器件取得突破：核心芯片技术水平与国际抗衡，流媒体处理芯片、光电芯片等多款芯片达到国际先进水平；终端产品持续冲击国际品牌，联合汽车电子有限公司、上海欧菲智能车联科技有限公司、科博达技术股份有限公司、上海禾赛光电科技有限公司等企业相关产品实现国际市场突破；系统开发有望弯道超车，上海汽车变速器有限公司、京西重工（上海）有限公司、上海几何伙伴智能驾驶有限公司等企业的系统产品有望超越国际品牌；应用研究独树一帜，泛亚汽车技术中心有限公司、上海蔚来汽车有限公司、上海汽车集团股份有限公司等主机厂持续围绕“四化”进行技术突破；配套建设领先国际，联合汽车电子有限公司、上海机动车检测中心技术有限公司、昆易电子科技（上海）有限公司等企业相关配套产品走在了国际前沿。

医疗健康电子稳步推进应用：上海远心医疗科技有限公司结合可穿戴技术、大数据技术推出远程实时7天Holter（动态心电图），已在100多家医院应用；万达信息股份有限公司的全民健康一体化平台市场占有率居全国第一，拥有1个国家平台、5个省级平台、100多个地市级平台、1 000多个区县级平台，服务全国6亿人；上海微创电生理医疗科技股份有限公司推出了国内唯一完整心脏电生理诊疗平台，产品出口12个国家；长宁区、卫宁健康科技集团股份有限公司等单位的43个项目入选国家智慧健康与养老试点示范、产品及服务推广目录征选，同比增长50%。

（罗　萍）

一、集成电路产业

概况

集成电路是关系国家安全和国民经济命脉的战略性、基础性、先导性产业。上海一直高度重视集成电路产业发展，2019 年上海集成电路产业销售收入达到 1 706.56 亿元，同比增长 17.7%，继 2014 年以来第六年实现两位数增长。其中，IC 设计业营业收入达 715.31 亿元，同比增长 48.4%；芯片制造业营业收入为 389.75 亿元，同比下降 2.2%；封装测试业营业收入为 382.54 亿元，同比增长 3.7%；设备材料业营业收入为 218.96 亿元，同比增长 8.8%。2019 年上海集成电路产业及各行业营业收入及增长率见表 2－1。2019 年上海集成电路产业链结构见图 2－1。

表 2－1　2019 年上海集成电路产业各行业营业收入及增长率

行业	2019 年营业收入（亿元）	2018 年营业收入（亿元）	2019/2018 同比增长率(%)
设计业	715.31	482.0	48.4
芯片制造业	389.75	398.4	－2.2
封装测试业	382.54	368.9	3.7
设备材料业	218.96	201.2	8.8
合计	1 706.56	1 450.5	17.7

数据来源：上海集成电路行业统计网(SICS)

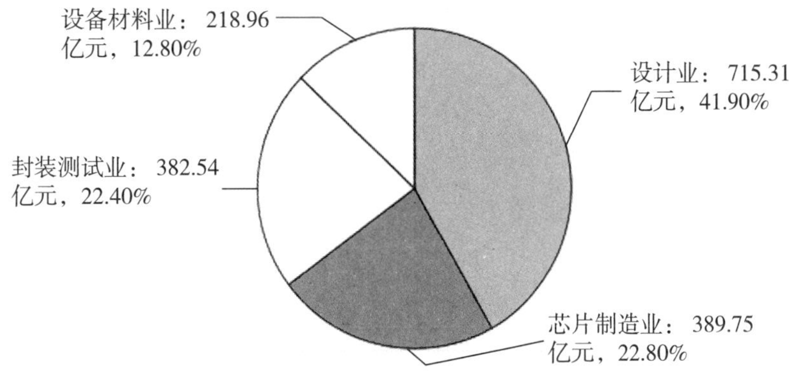

图 2－1　2019 年上海集成电路产业链结构

截至2019年年底，上海集成电路产业累计总投资额为379.22亿美元，其中2019年净增投资额为9.38亿美元；累计总注册资金额为211.55亿美元，其中2019年净增注册资金额为7.36亿美元。

截至2019年年底，上海从事IC研究开发、设计、制造生产、推广应用、配套服务和专业教育培训的企事业单位共有632家，比2018年增加57家。同期，上海集成电路产业的从业人员总数达211 873人，比2018年增加34 928人。从业人员中，管理人员为7 818人，专业技术人员为79 552人，生产和其他人员为124 503人，分别占从业人员总数的3.7%、37.5%和58.8%。

集成电路技术是信息社会的基础，也是国家综合实力的关键标志之一。为了加快集成电路领域关键核心技术的攻关，加强集成电路“卡脖子”技术领域人才培养，2019年6月，教育部批准复旦大学“国家集成电路产教融合创新平台”项目建设。该创新平台以复旦大学微电子学院为建设主体，联合国内龙头企业，建立合作共赢的融合模式，打造长三角地区新型产教融合创新平台。针对我国集成电路发展中的关键“卡脖子”难题，深入研发新一代节点集成电路共性技术。2019年10月18日，国家集成电路创新中心牵头制定的《中国集成电路技术路线图（初稿）》发布，这是我国首次发布集成电路技术路线图。

2019年，上海集成电路产业的技术创新依然体现于两方面：一是继续沿着摩尔定律（More Moore）向前推进，最先进的芯片制造技术已经从14纳米提升到12纳米；二是继续扩展泛摩尔定律（More than Moore）的技术内容，不依赖特征尺寸缩微的特色制造工艺和高端先进封装工艺继续扩展，多种特色技术不断涌现，并导入量产。

2019年，上海集成电路设计领域12纳米技术趋向成熟并扩展应用。紫光展锐科技有限公司（以下简称“紫光展锐”）研发的5G SoC（System on Chip，系统级芯片）移动平台“虎贲T7520”采用6纳米EUV（Extreme Ultra Violet，极紫外光刻）工艺技术，以先进工艺、新一代低功耗设计、大幅提升的AI算力和多媒体影像处理能力，提升5G智能应用体验。中芯国际集成电路制造有限公司（以下简称“中芯国际”）在14纳米量产基础上，下一代FinFET（Fin Field - Effect Transistor，鳍式场效应晶体管）技术“N+1”工艺已经进入客户导入阶段。上海华力微电子有限公司（以下简称“上海华力微电子”）28纳米HKC Plus（高介电常数金属栅级工艺）工艺技术在原有基础上进一步提升性能并降低功耗。中微半导体设备（上海）有限公司（以下简称“中微半导体”）自主研制的5纳米等离子体刻蚀机通过台积电（中国）有限公司(以下简称"台积电(中国)")验证,用于全球首条5纳米晶圆生产线;同时中标长江存储科技有限责任公司9台刻蚀设备。上海微电子装备(集团)股份有限公司的SSB300系列光刻机产品(高亮度LED光刻机)成功入选工信部、中国工业经济联合会联合公布的第四批制造业单项冠军企业(产品)名单。盛美半导体设备(上海)有限公司(以下简称"盛美半导体")首次推出单片槽式组合清洗机(Tahoe)设备;首台前道铜互连电镀机成功进入前道大马士革工艺客户端。

2019年7月22日,筹备8个月的科创板鸣锣开市。此后7家上海集成电路企业先后在科创板上市,1家提交注册,1家通过科创板首轮问询。截至2020年3月18日,上海集成电路企业登陆科创板名单见表2-2。

表2-2 上海集成电路企业登陆科创板名单

序号	公司	审核状态
1	澜起科技股份有限公司	注册生效
2	乐鑫信息科技(上海)股份有限公司	注册生效
3	中微半导体设备(上海)股份有限公司	注册生效
4	安集微电子科技(上海)股份有限公司	注册生效
5	晶晨半导体(上海)股份有限公司	注册生效
6	上海晶丰明源半导体股份有限公司	注册生效
7	聚辰半导体股份有限公司	注册生效
8	上海硅产业集团股份有限公司	提交注册
9	芯原微电子(上海)股份有限公司	中止(财报更新)

IC设计业

【概况】2019年,上海集成电路设计业(以下简称"IC设计业")销售收入为715.31亿元,比2018年的482亿元增长48.4%。其中,出口金额为15.67亿美元(折合108.12亿元)。实现利润总额31.69亿元,同比增长57.3%。2011—2019年IC设计业的销售收入、增长率及占上海集成电路产业链比重见表2-3。

表 2-3　2011—2019 年 IC 设计业销售收入、增长率及占上海集成电路产业链比重

年份	2011 年	2012 年	2013 年	2014 年	2015 年	2016 年	2017 年	2018 年	2019 年
销售收入(亿元)	149.5	171.2	210.3	240.9	303.50	365.24	437.45	482.0	715.31
增长率(%)	32.1	14.5	22.8	14.7	26.0	20.3	19.8	10.2	48.4
占上海集成电路产业链比重(%)	23.7	25.2	28.8	29.3	31.9	34.7	37.1	33.2	41.9

数据来源：上海集成电路行业统计网(SICS)

【企业发展】2019 年，上海拥有 IC 设计企业 285 家，营业收入超亿元的 IC 设计企业有 60 家，其中营业收入超 10 亿元的有 18 家。2004—2019 年上海集成电路设计业营业收入超亿元的企业数量见图 2-2。

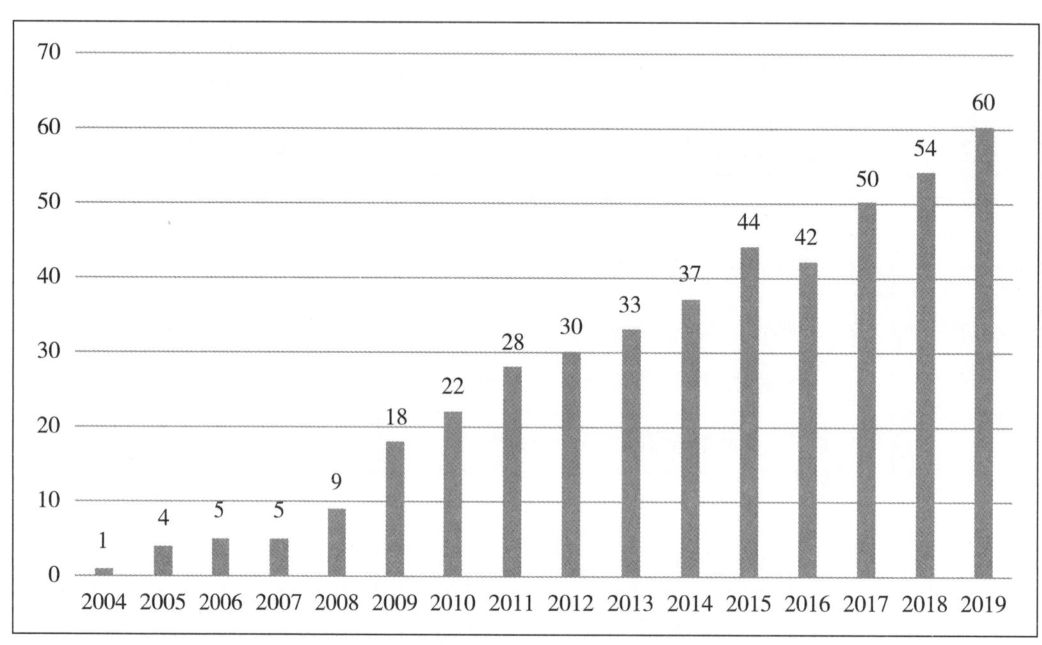

图 2-2　2004—2019 年上海集成电路设计业营业收入超亿元企业数量

【技术及产品发展】2019 年，上海集成电路设计业的主流设计技术为 40—28—16/14 纳米，智能移动终端芯片设计 12 纳米技术趋向成熟并正在扩展应用，先进产品已经达到 6 纳米设计水平。数模混合电路芯片的设计技术普遍采用 0.18—0.11 微米嵌入式存储器(eEEPROM/eFLASH)或嵌入式处理器(eCPU) SoC (System on Chip，系统级芯片)技术。模拟电路芯片普遍采用 0.35—0.13 微米 BCD(Binary-Coded Decimal，二-十进制代码)技术。

上海IC设计企业较多,集成电路产品分布跨度大、涉及种类多,大致可以分成十几个大类,如移动智能终端、无线通信及互联网、智能卡、电源管理、显示驱动、电能计量及电力线载波通信、音视频多媒体、数字电视及机顶盒、微控制器(MCU)、存储器芯片、信息安全及安全防护、I/O接口及保护电路等各类芯片。近年来,人工智能类、MEMS(Micro - Electro - Mechanical Systems,传感器)、汽车电子及高端通用芯片CPU与FPGA(Field - Programmable Gate Array,现场可编程门阵列芯片)等新兴领域产品发展迅速。

芯片制造业

【概况】 2019年,上海芯片制造业实现营业收入389.75亿元,比2018年下降2.2%,其中境外代工营业收入25.92亿美元,同比增长5.7%。上海芯片制造业实现利润总额42.21亿元,同比增长49.9%。2011—2019年上海芯片制造业的营业收入及增长率见表2-4。

表2-4 2011—2019年上海芯片制造业营业收入及增长率

年份	2011年	2012年	2013年	2014年	2015年	2016年	2017年	2018年	2019年
销售规模(亿元)	127.8	134.6	151.9	186.27	215.86	261.99	281.95	398.4	389.75
增长率(%)	-4.2	5.3	12.9	22.7	15.9	21.4	7.6	41.3	-2.2
占上海集成电路产业链比重(%)	20.4	19.8	20.8	22.7	22.7	24.9	23.9	27.5	22.8

数据来源:上海集成电路行业统计网(SICS)

【企业发展】 上海是我国自主芯片制造企业最为集中、工艺技术水平较为先进的产业基地。上海集成电路芯片制造企业不断提升芯片制程技术、扩大高阶制程产能,满足日益旺盛的晶圆制造需求。

2019年,中芯国际(含中芯南方)14纳米顺利量产,上海华虹(集团)有限公司(以下简称"华虹集团")28纳米工艺技术持续优化并实现量产,上海积塔半导体有限公司(以下简称"积塔半导体")特色工艺生产线迎来首台光刻设备搬入,这些重大工程的持续推进对上海晶圆代工业产业规模、技术升级做出重要贡献。

上海芯片制造企业主要包括:中芯国际、华虹集团上海华力微电子、上海华力集成电路制造有限公司(以下简称"上海华力集成电路")、上海华虹宏力半导体制造有限公司(以下简称"上海华虹宏力")、华虹半导体(无锡)有限公司、台积电(中国)、积塔半导体、上海新进半导体制造有限公司和凸版中芯彩晶电子(上海)有限公司。此外,还有上海集成电路研发中心(ICRD)、上海微技术工业研究院等专业工艺技术研发机构。2019年上海芯片制造业晶圆生产线的分布、工艺技术水平及计划产能见表2-5。

表 2-5　2019 年上海芯片制造业晶圆生产线分布、工艺技术水平及计划产能

企业	生产线编号	晶圆尺寸（英寸）	工艺技术水平	计划产能（万片/月）
中芯国际集成电路制造（上海）有限公司		12	28—14 纳米	3.5
		12	28 纳米	3.5，建设中
	Fab8	12	65—40—28 纳米	1.5
	Fab1	8	0.35—0.11 微米	12.0
	Fab2			
	Fab8B	8	CMOS - MEMS 芯片	5.0
	Fab3B	8	0.13—90 纳米铜互连	3.0
	Fab9	8	CMOS 图像传感器芯载彩色滤膜制作	1.0
上海华虹（集团）有限公司	华虹一厂	8	0.35—0.095 微米	6.5（上海华虹宏力运营）
	华虹二厂	8	1.0—0.18 微米	6.0（上海华虹宏力运营）
	华虹三厂	8	0.35 微米—0.09 微米	5.3（上海华虹宏力运营）
	华虹五厂	12	65—28 纳米	3.8（上海华力微电子）
	华虹六厂	12	28—14 纳米	4.0（上海华力集成电路）
	华虹七厂	12	90—65 纳米	4.0（上海华虹宏力运营）
上海积塔半导体有限公司		12	65 纳米 BCD	5.0（在建）
		8	0.18—0.11 微米 BCD	6.0（在建）
上海积塔半导体有限公司（上海先进半导体制造有限公司）	Fab1	8	0.50—0.25 微米数模混合	2.6
	Fab2	6	1.0—0.8 微米 BCD/BiCMOS/IGBT	4.2
	Fab3	5	4.0—1.25 微米模拟	0.7
台积电（中国）有限公司		8	0.35—0.13 微米	13.0
上海新进半导体制造有限公司		6	3.0—0.5 微米数模混合	6.0
上海新进芯电子有限公司		6、8 混合	0.6—0.18 微米数模混合	3.0

资料来源：上海集成电路行业统计网（SICS）

【技术发展】中芯国际是世界领先的集成电路晶圆代工企业之一，也是我国内地规模最大、技术最先进的集成电路晶圆代工企业。中芯国际向全球客户提供0.35微米到14纳米不同技术节点的晶圆代工与技术服务，包括逻辑芯片、混合信号、射频收发芯片、高压芯片、电源管理、嵌入式闪存芯片或嵌入式EEPROM（Electrically Erasable Programmable Read - Only Memory，电可擦可编程只读存储器）SoC芯片、CMOS（Complementary Metal Oxide Semiconductor，互补金属氧化物半导体）图像传感器芯片及微机电系统等。

华虹集团上海华力微电子拥有中国大陆第一条全自动12英寸集成电路芯片制造生产线，工艺技术覆盖55—40—28纳米各节点，月产能达3.5万片。在浦东康桥的上海华力集成电路12英寸生产线，设计月产能4万片，肩负国家“909”工程二次升级改造重任，工艺技术从28纳米起步，最终具备14纳米三维工艺的高性能芯片生产能力。

上海华力可以提供广泛的工艺技术平台及配套IP解决方案，全面应用于手机通信、消费类电子、智能卡、物联网、可穿戴电子及汽车电子等终端产品。同时也专注于差异化路线，重点布局射频、高压、嵌入式闪存、超低功耗和图像传感器等特色工艺平台。

华虹集团旗下上海华虹宏力在上海金桥和张江共有三条8英寸生产线，月产能17.8万片，工艺技术覆盖1微米至90纳米各节点，其嵌入式非易失性存储器（eNVM）、功率器件、模拟及电源管理及射频等差异化工艺平台在全球业界极具竞争力，并拥有多年成功量产汽车电子芯片的经验。

封装测试业

【概况】2019年，上海集成电路封装测试业销售规模为382.54亿元，同比增长3.7%，占上海集成电路产业链的比重为22.4%。上海集成电路封测业出口金额为37.61亿美元，同比下降20.7%，全行业实现利润总额11.43亿元，同比下降20.2%。2011—2019年上海集成电路封装测试业的销售规模及增长情况见表2－6。

表2－6 2011—2019年上海集成电路封装测试业销售规模及增长情况

年份	2011年	2012年	2013年	2014年	2015年	2016年	2017年	2018年	2019年
销售规模（亿元）	287.0	293.9	295.3	310.27	332.19	312.81	310.3	368.9	382.54
增长率（%）	14.8	2.4	0.5	5.1	7.06	－5.8	－0.8	18.9	3.7
占上海产业链比重（%）	45.5	43.2	40.5	37.8	35.0	29.7	26.3	25.4	22.4

资料来源：上海集成电路行业统计网（SICS）

【企业发展】近年上海集成电路封装测试业销售规模及企业数量有所波动。上海集成电路封装测试企业基本以外资控股为主，从事集成电路封装测试的外资企业主要有日月光封装测试（上海）有限公司、安靠封装测试（上海）有限公司、晟碟半导体（上海）有限公司、捷敏电子（上海）有限公司和葵和精密电子（上海）有限公司等。从事集成电路封装测试的中外合资企业主要有环旭电子股份有限公司、环维电子（上海）有限公司、紫光宏茂微电子（上海）有限公司、上海芯哲微电子科技有限公司等。从事集成电路封装测试的内资企业主要有上海华岭集成电路技术有限责任公司、闳康技术检测（上海）有限公司、上海纪元微科电子有限责任公司、上海伟测半导体科技有限公司、上海旻艾半导体有限公司等。近年来，这些企业积极引进世界先进的封装形式和测试技术，推动企业从传统封装形式向先进封装形式快速转型，为上海集成电路封装测试业进入新一轮发展奠定了技术基础。

【技术发展】上海集成电路封装技术除了传统的封装形式，如DIP(Dual Inline-pin Package，双列直插式封装)、SOP(Small Out - Line Package，小型封装)、SSOP(Shrink Small - Outline Package，超小型封装)、QFP(Quad Flat Package，四边引脚扁平封装）和QFN（Quad Flat No-leadPackage，四边无引脚扁平封装）之外，先进封装形式也占相当比重，主要的先进封装形式有BGA（Ball Grid Array，球形列阵结构）、PGA（Pin - Grid Array，针栅阵列封装）、PBGA（Plasric Ball Grid Array，塑料球栅阵列封装）、FC(Flip Chip，倒装焊封装)、CSP(Chip Scale Package，芯片级尺寸封装)、WLP (Wafer - Level Package，晶圆级封装)、MCP(Multi - Chip - Package，多芯片封装)、MCM（Multi - Chip Module，多芯片组装）等，有些先进封装形式已占据行业主流地位，更先进的3D/2.5D叠层式封装也进行了批量试产。

设备材料业

【概况】根据上海集成电路行业统计网(SICS)对上海36家半导体设备材料企业的跟踪统计，2019年上海半导体设备材料制造业的销售规模为218.96亿元，同比增长8.8%。2011—2019年上海半导体设备材料制造业销售收入及增长率见表2-7。

半导体设备材料是集成电路产业发展的基础。长久以来，自主技术创新是推动上海半导体设备材料业快速发展的两大主要动力之一，也是培育上海半导体设备材料企业不断成长壮大的源泉。同时离不开国家政策支持，近年来，由国家科技重大专项、国家和上海市政府各主管部门支持的高端装备和关键配套材料研发项目陆续取得丰硕成果，这些产品进入国内甚至国外部分大生产线实际应用。

表 2-7　2011—2019 年上海半导体设备材料制造业销售收入及增长率

年份	2011 年	2012 年	2013 年	2014 年	2015 年	2016 年	2017 年	2018 年	2019 年
设备材料合计销售收入(亿元)	65.9	68.3	72.8	84.52	98.61	112.56	150.91	201.2	218.96
增长率(%)	19.6	3.6	6.6	16.0	16.8	14.2	34.1	33.3	8.8
占上海产业链比重(%)	10.5	10.2	10.0	10.3	10.4	10.7	12.8	13.9	12.8
其中，设备业销售收入(亿元)	18.30	22.33	21.0	24.91	36.85	39.01	82.68	125.75	152.71
增长率(%)	30.6	22.0	-6.0	18.6	48.0	5.9	111.9	52.1	21.4
其中，材料业销售收入(亿元)	47.60	45.97	51.8	50.61	61.75	73.55	68.23	75.45	66.26
增长率(%)	4.8	-3.4	12.7	-2.3	22.0	19.1	-7.2	10.6	-12.2

数据来源：上海集成电路行业统计网(SICS)

【企业发展】 截至 2019 年年底，上海共有半导体设备材料制造企业 39 家。其中，规模较大的本土(内资或内资控股)半导体设备制造企业共 11 家，世界著名半导体设备厂商在上海设立的分公司(或分支机构)主要有 8 家。规模较大的本土(内资或内资控股)半导体材料制造企业共 5 家，世界著名半导体材料(或辅料)厂商在上海设立的分公司(或分支机构)主要的有 8 家。

中微半导体设备(上海)有限公司(以下简称“中微半导体”)是面向全球的高端半导体设备公司，也是国内最大的纳米级介质刻蚀机的研发和制造厂商，涉足半导体芯片前端制造、先进封装、LED(Light Emitting Diode，发光二极管)生产、MEMS 制造及其他微观制程的高端设备领域。近年公司发展迅速，介质刻蚀设备的技术水平达到国际领先水平。此外，还发展用于先进高端 3D/2.5D 堆叠封装的 TSV(Through Silicon Via，硅通孔)刻蚀机和用于 LED 外延生长的 MOCVD(Metal-organic Chemical Vapor Deposition，基于金属有机化合物化学气相沉淀的气相外延生长技术)设备。中微半导体研制生产这三大类高端装备为我国推进高端装备自主化做出了卓著贡献，其自主研发的等离子体刻蚀设备和硅通孔刻蚀设备已在国际主要芯片制造和封装测试厂商生产线上应用于45纳米到5纳米加工工艺和最先进的封装工艺。2019年，在亚洲、欧洲地区40多条国际领先生产线上运行的中微反应台（包括介质刻蚀、TSV和MOCVD）超过1 100个。中微开发的用于LED和功率器件外延片生产的MOCVD设备不仅在客户生产线投入量产，而且在国内蓝绿光半导体照明芯片制造领域占据主流市场地位。

上海微电子装备（集团）股份有限公司主要从事极大规模集成电路前道工艺光刻机、先进封装光刻机、LED芯片制造光刻机和平板显示光刻机的研发和生产，是国内唯一一家光刻机整机研发制造企业。此外，还从事晶圆对准和键合、激光加工、液晶配向等工艺设备的研发和制造，并全力推进28纳米浸没式ArF（Argon Fluoride，氟化氩）光刻机的研发。

盛美半导体与国内厂家密切合作，2019年首次推出单片槽式组合清洗机（Tahoe）设备，并获得主流晶圆厂验证，有望在未来几年解决困扰集成电路制造多年的硫酸用量大、处理难的难题；盛美半导体首台前道铜互连电镀机成功进入前道大马士革工艺客户端，并向国内最大的先进封装客户销售多台先进封装电镀机。

安集微电子科技（上海）股份有限公司主营业务为关键半导体抛光材料的研发和产业化，产品包括不同系列的CMP（Chemical Mechanical Polishing，化学机械抛光）抛光液和光刻胶去除剂，主要应用于集成电路芯片制造和先进封装领域。其生产的CMP抛光液在国内市场占有率超过50%，并获得国外一流集成电路制造厂商认可，完善了国内集成电路制造用CMP抛光液国产材料供应链，降低了生产成本，提升了市场竞争力。

上海新阳半导体材料股份有限公司专注集成电路及半导体器件电镀化学品和电镀生产线设备的研发与生产，形成了拥有完整自主可控知识产权的电子电镀和电子清洗两大核心技术，已申请授权国家专利210项，其中国内发明专利102项、国际发明专利8项，用于晶圆电镀与晶圆清洗的第二代核心技术达到世界领先水平。公司开发研制出140多种电子电镀与电子清洗系列功能性化学材料，产品广泛应用于集成电路制造、3D-IC先进封装、IC传统封测等领域，满足芯片铜制程90—28纳米工艺技术要求，相关产品成为多家集成电路制造公司28纳米技术节点的基准材料（Base Line）。立项研发集成电路制造用高分辨率193纳米ArF光刻胶及配套材料与应用技术，拥有完整自主可控知识产权的高端光刻胶产品与应用。

上海至纯洁净系统科技股份有限公司致力于为高端先进制造业企业提供高纯工艺系统的解决方案，涵盖整个系统的设计、选型、制造、安装、测试、调试和系统托管服务，广泛应用于半导体、微电子、生物医药、光伏、光纤、TFT－LCD(Thin Film Transistor－Liquid Crystal Display，薄膜晶体管液晶显示器)、LED等领域。主要的半导体设备产品有：单片湿法清洗设备，工艺技术节点最高已经达到14纳米先进工艺；槽式湿法清洗设备；晶圆再生技术；金刚石研磨砂轮，已经在国际一线大厂中大量使用；特气气瓶柜、高纯化学品送液柜及相关系统集成，为上海华力、中芯国际、睿力、长储、力晶、南京台积电、无锡海力士等提供高纯工艺系统相关的产品和服务。

上海硅材料生产企业共有6家，即上海新傲科技有限公司、上海新昇半导体科技有限公司、上海申和热磁电子有限公司、上海晶盟硅材料有限公司、上海合晶硅有限公司及上海超硅半导体有限公司。相关重大项目持续推进，形成了较完善的硅材料研发、生产新布局，提升了上海在全国硅材料研发生产领域的地位。

(陈爱琳)

中微半导体设备(上海)股份有限公司承担的“刻蚀机用光纤温度传感器和设备前端模块的研发、验证与产业化”项目于2019年7月25日通过上海市科学技术委员会(以下简称“市科委”)验收。项目研制了两种应用于半导体设备上的零部件：光纤温度传感器和设备前端模块(Equipment Front End Module，简称EFEM)。光纤温度传感器能够产业化应用于中微半导体的CCP(Capacitively Coupled Plasma，电容耦合等离子体)刻蚀设备上，用于刻蚀机台温度测量和控制；光纤温度传感器点式测量具有实时、准确、绝缘优势，受到微波能、电力系统等诸多行业青睐。该项目研制的国产12英寸EFEM设备能够实现对晶圆高效传送定位、兼容多种通讯协议、可远程检索与控制等功能，并完成五轴单臂双叉手机器人传送，为后续产业化打下基础。

(王卓曜)

二、通信和网络设备制造业

概况

2019年，上海市通信设备制造业整体结构调整、转型升级特征显著，全行业备战5G产业生态发展，总产值较上年略有下降，但总体平稳。随着国内加快核心零部件研发使用、5G应用场景规模落地需求，上海通信设备制造业发展持续复苏。上海市通信设备制造业2019年1—12月发展情况见表2－8。

表 2-8　上海市通信设备制造业 2019 年 1—12 月发展情况

通信设备制造业	工业总产值		销售收入		利润总额	
	1—12 月（亿元）	同比（%）	1—12 月（亿元）	同比（%）	1—12 月（亿元）	同比（%）
	1 733. 04	－1. 2	1 817. 42	－1. 1%	48. 98	20. 1%

数据来源：上海市统计局

重要企事业单位

【上海诺基亚贝尔股份有限公司】上海诺基亚贝尔股份有限公司（以下简称“诺基亚贝尔”）是国务院国有资产监督管理委员会（以下简称“国资委”）直接监管的央企中唯一一家中外合资企业，也是诺基亚在华独家运营平台。作为由中央和国务院决策成立的我国通信信息和高科技领域第一家中外合资企业，上海贝尔股份有限公司（以下简称“上海贝尔”）通过引进、消化吸收、再创新，响应“一带一路”倡议，在技术创新和国际化发展合作方面走出了中央企业独特的发展道路，为我国通信网络和通信技术实现跨越式发展做出了积极贡献，并有效带动了中国通信产业的群体崛起。2017 年 7 月 1 日，上海贝尔与诺基亚在中国的业务完成整合，组建成立了新的上海诺基亚贝尔股份有限公司（以下简称“诺基亚贝尔”）。

诺基亚贝尔拥有员工约 15 000 人，业务遍及 50 多个国家和地区，为全球电信运营商和各领域行业信息化提供端到端信息通信解决方案和高质量服务，在移动网络、固定网络、IP 网络、光网络、软件应用及 5G、物联网、云计算等下一代网络技术领域成为领先者。

诺基亚贝尔扎根中国创新，同时也是诺基亚全球研发的重要组成部分。诺基亚贝尔的研发人员超过 10 000 名，拥有 6 个产品研发中心和贝尔实验室强大的全球创新资源。作为国家创新型企业和国家企业技术中心，诺基亚贝尔积极参与国家创新战略《国家中长期科学和技术发展规划纲要》的实施，充分利用中国的创新生态和全球资源优势，提升世界级创新水平，成为互联世界的创新领导者。

诺基亚贝尔为运营商提供端到端网络，通过自动化提高运营敏捷性和效率，为当前和未来商业模式提供智能化、个性化客户体验。同时致力于数字化、自动化，在满足大规模数据联接的同时，确保企业关键任务不间断地平稳安全运行，并提供超大规模的网络和分析解决方案。

（林文琦）

【上海大唐移动通信设备有限公司】 2019年,上海大唐移动通信设备有限公司(以下简称"上海大唐")进入5G商用元年。整个通信行业,包括运营商、中国铁塔股份有限公司(以下简称"铁塔公司")均大幅缩减传统领域投资,互联网共享热潮渐渐褪去,5G及物联网应用迎来井喷式增长,移动通信市场再一次进入转型升级期。上海大唐在网建、网维、网优,以及系统集成、综合代维、移动配套等业务的基础上,重点围绕物联网、智能终端、定位监控等领域进行业务开拓和产品开发推广,同时加大人工智能领域投入,积极布局相关产品。

产品与解决方案

围绕打造核心竞争力,集中有限的资源,在产品开发及配合集团战略以5G产业为核心基础之上,积极面向未来5G应用,向智能化应用产业方向开拓尝试。

产品研发与自主知识产权方面:环境监测产品实现了上海大唐自主研发的软硬件相结合的新产品导入。启动了自主研发电动车位置跟踪产品和智能安全帽,并形成相关产品与解决方案。围绕智能化应用展开技术研发与市场探索,完成了NB-IoT(Narrow Band Internet of Things,基于蜂窝的窄带物联网)物联网模组、智能井盖(含水位监测)、电动自行车追踪器、智能定位安全帽、水质监测浮标等产品的研发。2019年,上海大唐取得软件著作权3项,授权专利17项,其中发明专利14件。

围绕5G应用开展物联网业务探索实践:围绕"物联,数联、智联"三位一体的新型城域物联专网,推出智慧井盖、水位监测、垃圾桶满溢传感器、环境监测传感器、地磁等多款物联网终端及相关解决方案。夯实与铁塔公司的战略合作伙伴关系,上海大唐烟火识别系统独家中标铁塔公司丽水市分公司的"2019年秸秆焚烧烟雾监测系统采购项目",作为上海大唐物联网新业务市场拓展的重大突破,该项目拓展了上海大唐与铁塔公司在物联网领域的合作范围,系统在江苏、吉林、山西、甘肃、江西等多个省份部署实施。携手中移物联网有限公司共同开发智慧门锁、智能家居等多款产品,开展海南智慧社区项目建设,涉及智慧井盖、烟感、水质监测、充电桩、监控等多类物联网应用,入围上海移动物联网战略合作伙伴,为后续业务转型5G及物联网开辟新路径。

配套产品与工程服务

聚焦移动通信领域,围绕无线通信主设备的延伸服务产业和配套产品开拓部署。

配套产品:机房配套产品是公司的重点布局产品,其中铁塔的通信位置服务模块市场占有率超过60%,深度参与铁塔微站电源的标准制度。新上线光电一体箱、分体计量、铁甲机房等配套类产品；终端类产品首次完成规模供货；NB-IoT模组入围中国联合网络通信有限公司(以下简称“中国联通”)集采；分路计量产品领跑铁塔市场，凭借优良的产品质量、稳定可靠的产品性能、具有竞争力的产品报价策略，上海大唐在近30家厂商中脱颖而出，市场份额达18%，稳居全国第一。在巩固传统运营商市场基础上，汽车行业取得重大突破，智能模组产品进入上海通用、武汉电动汽车等乘用车前装市场，为上海大唐扩大模块类销售打下基础。

系统集成：上海大唐参与了湖北5G网络的建设，在湖北联通试验网项目中积极开展5G室分站点的勘察、设计和施工工作，并在集团统一组织下有序开展市场化工作。通过混合经营模式，业务经营质量有所提升，传统市场和区域深耕细作，进一步巩固了传统室分、有线宽带业务的市场份额。上海大唐积极参与第七届世界军人运动会的通信保障工作，系统集成服务部湖北业务区的全体人员及施工人员圆满实现“零网络事故、零安全事件、零客户投诉”保障目标，获得第七届世界军人运动会通信保障优秀合作单位奖。

综合代维：综合代维市场增长稳健，实现收入、利润双增长态势，先后被中国通信企业协会评为“2018—2019年度通信网络维护服务支撑先进单位”和“2018—2019年度通信网络运营维护服务用户满意企业”“中国铁塔三星级代维单位”荣誉称号。业务站址规模和金额位列中国铁塔代维单位第二梯队。

“服务+方案+产品”理念取得重大突破：一体化机柜空调在多省份开展试点，并率先在江苏形成小规模订单，为业务市场规模稳固拓展、产品推广、客户深度合作打下坚实基础。

技术创新走差异化道路。业务部门配合中国铁塔集团响应国家绿色环保、节能减排号召，开展梯次电池利用项目，积极探索和完善梯级电池“端到端”服务方案和理念，并与山东省铁塔合作，率先在山东建立梯级电池分拣中心雏形，推行梯次电池利用试点，得到铁塔集团和山东省铁塔一致认可和肯定；机房节能减排削峰填谷智能控制器已完成产品研发，模拟测试和基站测试环节，为铁塔新业务拓展迈出坚实一步。

(王　满)

【上海华湘计算机通讯工程有限公司】 上海华湘计算机通讯工程有限公司(以下简称“华湘”)成立于1993年，坚持“产业报国，以国家观念为基础来经营事业”的企业宗旨，是上海市高新技术企业，拥有军工四证。2019年营业收入9 705.91万元，实缴税收1 645.51万元，研发投入652.81万元，新产品销售收入占总销售收入的60%以上。华湘主要客户为国内外各大通讯设备制造商、部分国外通讯公司及航空、航天、电子部等各大科研院所，并成为他们的定点研发生产基地。2019年，华湘有8项实用新型专利获得授权；申请了10项实用新型专利和2项软件著作权；7项产品的企业标准在区质量技术监督局备案；通过上海市“专精特新”企业复审；公司负责人荣获“2018—2020年徐汇区学科带头人”称号。

（柳　弘）

【锐嘉科集团】 锐嘉科集团有限公司（以下简称“锐嘉科”）于2006年7月在上海创立，专注数字智能化产业，致力于成为全球领先的智慧城市解决方案供应商，自主研发人工智能、大数据、物联网等产业互联网技术，用“智能+”科技为行业赋能，提升行业工作效率和质量，为行业及政企客户提供技术领先的智能系统产品和服务。

2019年5月，锐嘉科智能门禁产品荣获第七届TopDigital创新盛典品牌公司组金奖。

7月，上海大学人工智能行业校友会成立大会暨首届人工智能行业校友高峰论坛在移动智地·大虹桥总部基地举办，上海大学——锐嘉科集团人工智能联合研究中心揭牌成立。

10月，锐嘉科承办的全球智能物联网产业发展峰会在济南高新区创新谷成功举办，300位观众见证了移动智地·济南智能科技产业园企业入驻签约仪式，来自人工智能、物联网、智慧城市等领域的重量级嘉宾在主题演讲和圆桌论坛环节带来前沿技术与观点分享。

12月，锐嘉科荣获由上海市工业经济联合会、上海现代服务业联合会、上海市商业联合会、上海市企业联合会、上海市电子商务行业协会联合主办的爱姆意杯上海品牌微视频大赛“品牌诠释大奖”。

（俞宵凌）

【上海易景信息科技有限公司】 上海易景信息科技有限公司（INNOVATECH，以下简称“易景”）创立于2008年7月，总部位于上海，下设中国香港、深圳、重庆、宜宾、南京等子公司，是一家从事2G、3G、4G移动通信终端产品、物联网模块（IoT）及系统、智能硬件产品及行业性定制产品设计开发的高新技术企业。

2019年4月，易景入局TWS（True Wireless Stereo，真正无线立体声）耳机市场，真正做到了声来无“线”制。5月，以“融合时代、跨界创新”为主题的首届中国国际智能终端产业发展大会在四川省宜宾市国际会展中心召开，易景作为“宜宾制造”的智能终端产业代表受邀参会，携AI+IoT智能硬件、儿童智能教育、可穿戴设备、物联网等多品类智能终端产品亮相展会现场。7月30日—8月1日，易景亮相IOTE 2019(2019第十二届国际物联网博览会)深圳站，与业界知名企业共同探讨前沿技术，展示物联网产品。8月，易景发布新品ONEGO“太空猫”智能语音机器人。9月，易景众筹的智能黑科技新品小魔豆AI百变机器人上市。

（黄凤娟）

【上海影创信息科技有限公司】上海影创信息科技有限公司(以下简称“影创科技”)于2014年8月在上海成立，主要业务为MR、AI、量子计算领域基础科学与应用等硬科技研发。影创科技核心团队由来自哈佛大学、剑桥大学、斯坦福大学、德州A&M、北京大学、清华大学、上海交通大学等国内外著名高校的博士、博士后组成，大多具有ASML、西门子、罗切斯特光学、华为、龙旗等国内外著名科技企业的工作经验。

承接教育部课题。影创科技和教育部、各高校强强联合，共同打造了产学研创新基金“北创助教”基金，支持高校在新能源汽车、智能制造教学创新、MR全息教学应用等相关领域开展科研及教育创新研究，推动高校互联网应用创新科研与教学改革，促进新型信息技术与教育深度融合，已与200多所高校达成合作。

承办人社部技能大赛。作为承办方之一，影创科技冠名承办了人力资源和社会保障部(以下简称“人社部”)“2019年中国技能大赛——全国电子信息行业新技术应用职业技能竞赛”。

设立人社部博士后科研工作站。人社部、全国博士后管委会办公室批准影创科技建设“上海浦东新区企业博士后科研工作站分站”。影创科技近年在混合现实、人工智能与量子计算领域取得了一定成就，该博士后工作站将致力于相关技术领域深度研发，形成核心技术，达到国际先进水平。

MR光波导元件及SLM量产项目落地青岛即墨。青岛即墨项目投资达2亿元，是影创科技多年技术积累的结晶，承担相关设计、研发、生产、销售等重要职能。作为中国第一个、世界第三个实现光波导元件和SLM(Spatial Light Modulator，空间光调制器)量产的公司，影创科技致力于光学技术产业化应用，推动中国智造升级，引领世界先进水平。

与江西省政府签订50万台投资合作协议。影创科技与江西省人民政府(以下简称“江西省政府”)签订战略合作协议，计划3年内在教育、工业、医疗、文旅等领域销售50万台设备，促进双方在AR(Augmented Reality，增强现实)、MR行业发展。

与江西省政府、高通成立联合创新

中心。2019年10月20日，江西省政府、美国高通公司(以下简称“高通”)、影创科技在南昌签约，宣布携手成立联合创新中心。联合创新中心可以有效整合高通和影创科技的技术优势、平台资源，拓宽江西企业的研发及自主创新能力，从而促进无线头盔、VR/AR/MR眼镜及物联网产业蓬勃发展，是促进江西新兴战略产业发展和传统产业升级转型的重要举措。

联合信通院、诺基亚贝尔发布《5G云化虚拟现实白皮书》。在2019国际虚拟现实创新大会上，影创科技联合中国信息通信研究院(以下简称“信通院”)、诺基亚贝尔共同发布《5G云化虚拟现实白皮书》，围绕5G时代云化虚拟现实业务研讨关键技术指标、典型应用场景、产业发展思路、产业变革影响。

与国家图书馆达成战略合作。影创科技与国家图书馆达成战略合作，共同建设国家数字图书馆，全面推动数字技术在图书馆与公共文化服务中的创新应用。这一方面能更好地保护古籍，从根本上避免古籍遭受虫噬鼠咬、水火之患；另一方面大力促进图书馆行业信息化建设和服务创新，推动中国图书馆事业和公共文化服务繁荣发展，为建设文化强国做出贡献。

与三大运营商达成合作。2019年，影创科技当选中国移动5G终端先行者产业联盟理事单位，入选中国联通5G应用创新联盟成员；影创MR眼镜设备入选中国电信“5G智慧家庭联盟”智慧家庭终端。

(王　潇)

【上海博达数据通信有限公司】上海博达数据通信有限公司(以下简称“博达”)成立于1994年，位于上海自贸试验区，是业界领先的网络数据通信设备提供商和整体网络解决方案供应商，主营交换机、路由器、无源光网络、无线产品、工业产品和网络安全产品等网络数据通信产品，产品广泛应用于运营商、政府、金融、教育等诸多领域，并进军亚洲、美洲、欧洲等海外市场。

教育信息化。博达公司参与建设的山西太原南海中学校园网整体网络采用“核心层到接入层”二级结构，采用业界先进的分布式多级交换矩阵架构，搭载自主知识产权的BDROS操作系统。项目技术设施达到一类标准，完善了学校的现代化信息中心形成“五网(国际互联网、信息中心局域网、校园信息网、闭路电视网、室内外监控网)”“五室(多媒体综合电教室、多媒体阶梯教室、电子备课室、信息资料室、演播室)”网络的纵横连接，实现了对用户、应用、内容深入分析，及上网行为管理、内容审计、上层业务优化等功能。项目建成后运行稳定可靠，为学校教学、办公、安防监控提供了强大支撑。

高铁站智能化。博达高铁站客服系统、视频监控系统项目提供的智能网络连接解决方案包括高端数据中心级核心交换机、高端机框式核心交换机、新一代汇聚万兆交换机、万兆接入交换机、全千兆接入交换机以及多业务核心路由器等通信设备，其配备的客服系统、视频监控系统核心端全部采用核心级交换机做双机热备，采用大容量机框式核心交换机S6806，每台都留有富余机框以便扩容。做到铁路局核心端两条链路互为备份，保证核心链路不间断传输数据，保障核心端实时不间断稳定通信，保证了以后业务增长后设备的可扩展性。博达助力高铁站客服信息系统集成项目，有力保证车站客票系统稳定运行。通过提供高品质的综合网络连接解决方案，满足高铁站及未来通信发展需求，连接新时代的“中国速度”。

医疗信息化。2019年，博达公司高速骨干网、无线接入平台，配合智慧医疗系统全方位提高医院服务水平和核心竞争力。项目涉及医院数据网、设备控制网、视讯网三网网络设备，通过多级交换架构，提供大容量转发能力，结合多种高可靠性技术，承载视频监控数据业务。基于该解决方案的医疗网络满足整个医院实现一院两区医疗服务信息互通共享，助力医生提升诊疗能力及服务水平，同时保障网络性能、安全、稳定，提高医院工作效率，为病人提供了更加人性化的服务。

（邓美梅）

【华勤通讯技术有限公司】华勤通讯技术有限公司（以下简称“华勤”）创建于2005年，是全球领先的多品类智能通讯终端研发设计企业（Original Design Manufacture，简称ODM），产品涵盖智能手机、平板电脑、笔记本电脑、服务器及IoT产品。公司总部位于上海，并在西安、无锡、东莞、南昌、深圳、中国台湾、日本、中国香港、美国、印度等国家和地区设有研发中心、制造基地、运输中心等多类型分支机构。

截至2019年，华勤拥有员工26 000余人，其中职员5 100余人（研发人员占60%），拥有近2 000项授权专利。华勤设计制造的产品远销亚洲、非洲、拉美、欧洲等100多个国家和地区，覆盖全球80多个运营商，服务全球数亿位消费者，让来自不同发展程度的国家和地区消费者平等享受无线移动生活。

2019年，华勤入选中国电子信息行业联合会发布的2019年（第三十三届）中国电子信息行业百强企业，取得第31名的佳绩，连续四年稳步上升，稳居ODM榜首；入选“2019中国民企500强”第311名，成为唯一入围的ODM企业；入选“中国民营企业制造业500强”第178位，稳居ODM第一名；收揽中国电子信息行业联合会、工信部电子第五研究所发布的“2019年电子信息行业自主创新成果”中“创新技术”“创新成功”“创新应用”三大奖项；并获得“2019中国电子信息行业社会贡献影响力企业”、华为“优秀项目团队”、联想“Outstanding Serviceability”“2019联想全球供应商大会杰出服务奖”、微软“Microsoft ODM Partner”“Million Units Device Shipment”两项重量级大奖、英特尔“2019年行业特别贡献奖”、小米“最佳品质奖”、“2019中国智造‘金长城’奖-年度卓越创新研发企业”等多项荣誉。

（朱群英）

【上海汇珏网络通信设备股份有限公司】 上海汇珏网络通信设备股份有限公司（以下简称“汇珏”）创立于2002年，是一家集研发、生产、销售于一体的服务型高新技术企业，下设汇珏智能、海安汇珏、海安光易、南通钣金、扬州智慧杆塔、汇珏配电6家子公司，在全国各省市设立30多个办事处，形成了以上海为中心、覆盖全国的营销服务网络体系，2019年销售收入约5.66亿元。

经过多年发展，汇珏形成了“以智能ICT（Information Communication Technology，信息通信技术）网络通信设备设计制造为核心、物联网智能网络通信系统集成应用为动力”的两大业务主线，产品及服务覆盖智慧ICT网络解决方案、智能配电解决方案、智慧无线解决方案、光网络解决方案、数据中心解决方案、智慧城市一站式服务六大方向。在中国通信行业享有较高声誉，实现了产品多元化创新和商业模式服务化升级，先后获得“高新技术企业”“服务型制造示范”“上海市著名商标”“上海名牌产品”等荣誉。

2019年，汇珏根据上海市架空入地和合杆整治指挥部《上海市道路箱体整治工作的实施方案》《上海市道路合杆整治技术导则》工作精神，在上海市住房和城乡建设管理委员会（以下简称“市住建委”）、市经济信息化委支持下，开展智能地埋光交试点工作。

2019年上半年，在上海市黄浦区人民路露香园路建设完成地上通讯光缆交接箱改造为地埋式通讯光缆交接箱项目。地埋柜（地埋光交产品）采用双层不锈钢结构，分为内箱与外箱；内箱（设备箱）采用IP68防护等级设计，可翻转操作结构；外箱为保护层，直接与土壤接触，防腐强度高，防止雨水、灰尘、泥土进入内箱；最上层采用SMC（Sheet Molding Compound，片状模塑料）材质井盖，承载能力超过2吨，并可根据场景需求定制美化；可适用于无源产品（如光交箱）或弱电有源柜体；无线NB-IoT物联网智能监控模块，可针对地埋光缆交接箱实时监控柜体状态；内箱设有防水罩，通过气压原理，可实现箱体完全防水。

地埋式通讯光缆交接箱无需专门报建，选址容易；机柜埋入地下，不影响交通与周边环境协调，有利于美化市容；合并架空光缆转入地下，有效解决了城市黑色污染问题；利用地下的冬暖夏凉环境，可增加设备使用寿命；免除高空作业风险，杜绝架空箱遭遇恶劣天气、壁挂箱遭遇承载建筑老化所造成的安全隐患。

交通运输部于2019年4月2日成立“深化收费公路制度改革取消高速公路省界收费站工作总指挥部”，加快推进取消高速公路省界收费站工作。汇珏ETC（Electronic Toll Collection，电子自动收费）门架系统一体化智能机柜应运而生，集光纤熔接分配单元、电源供配电模块、电池备电、消防安全、智能监控功能于一体，并预留一定空间供客户安装交换机、ETC等设备，为高速公路主线ETC门架系统中监控摄像头延伸、解决监控死角盲区问题提供了解决方案。

2019年下半年，汇珏ETC门架系统一体化智能机柜在在河南兰尉高速等地投入应用，机柜融合物联网、大数据、人工智能等技术，集配电数据采集、设备环境监测、故障智能告警、网络派单功能于一体，可完全替代传统人工巡检，自动对配电室内环境及设备实时监测记录并进行数据分析，对运行及风险进行告警并出具解决方案，帮助用户大幅降低配电室事故风险和运维成本。该产品选用即插即用的模块化组件，安装便捷、安全可靠，可在不影响配电设施正常工作的情况下对配电室进行运维升级。

（张　芳）

【上海移为通信技术股份有限公司】上海移为通信技术股份有限公司（以下简称“移为通信”）属于物联网中的无线M2M（Machine To Machine，机器对机器）行业，成立于2009年6月11日，并于2017年1月在深圳创业板上市。

移为通信主营业务为嵌入式无线M2M终端设备的研发和销售，通过在机器内部嵌入通信模块，以蜂窝通信、ZigBee（紫蜂，一种低速短距离传输的无线网上协议）、RFID（Radio Frequency Identification，射频识别技术）、蓝牙、有线网络等通信接入方式为用户提供综合信息化解决方案，满足用户在监控、指挥调度、数据采集测量等领域的信息化需求。

移为通信主要产品包括车载追踪通讯产品、物品追踪通讯产品、个人追踪通讯产品和动物溯源识别追踪通讯产品。产品通信主要基于电信运营商移动通信网络，通信制式以2G、3G、4G、eMTC/NB－IoT为主。

移为通信的研发和运营总部位于上海，具有基于芯片级的开发设计能力、传感器系统和处理系统集成设计能力。研发技术团队可以直接基于基带芯片、定位芯片进行硬件设计开发，通过传感器、处理系统整体设计，提升不同类型的传感器集成能力。

移为通信于 2012 年 7 月成立合肥研发中心，2015 年 8 月成立深圳研发中心。上海、合肥、深圳三大研发中心均为高新技术企业，并于 2018 年在上海漕河泾开发区内新建 2 000 平方米研发中心，举集团之力打造以市场为导向，集研发、设计、制造、系统集成于一体的企业技术中心。2019 年被评为“上海市企业技术中心”。

移为通信先后获得“高新技术企业”“上海市科技小巨人企业”“上海市高新技术成果转化项目百佳”“专精特新企业”“上海民营服务业企业 100 强”“上海市企业技术中心”“上海市专利工作试点单位”等多项荣誉。移为通信 2019 年 2 月 20 日公布的 2019 年度业绩快报，2019 年营业总收入达 6. 29 亿元，较上年增长 32. 18%；利润总额 1. 72 亿元，较上年增长 27. 49%。

（马　玲）

【比亚迪股份有限公司】 比亚迪股份有限公司（以下简称“比亚迪”）创立于 1995 年 2 月，在中国香港、深圳两地上市，年营业额超过 1 300 亿元，员工超过 22 万人，拥有电子、汽车、新能源、轨道交通四大产业。上海比亚迪有限公司（以下简称“上海比亚迪”）位于松江区车墩镇，成立于 2002 年 8 月，员工 6 500 余人，占地面积逾 57 万平方米，2019 年产值 25 亿元，纳税 4 900 万元，业务涉及锂电池制造、太阳能光伏、汽车造型设计、轨道通信讯号等行业，是集研发、生产和销售为一体的高新技术企业。

技术研发。比亚迪成立了专门的通讯信号研发中心，致力于为城市、旅游景区、机场等提供数字化轨道交通、智能控制等解决方案，为人们打造安全、高效的出行生态。基于 20 余年技术沉淀，比亚迪掌握了数字化智控系统通信、微波射频、安全硬件、安全系统、软件工程、半实物仿真、大数据云计算、人工智能等多项核心技术，积极开发探索涵盖轨道交通、智能监控、智慧生态、智能交通的高效智能产品，并投入实际应用。

“云驰”产品。基于通信、控制和系统集成等核心技术，集地面控制系统、LTE 网络系统、融合定位系统、ATS（Automatic Train Control，列车自动控制）中心库系统、车载控制系统于一体，面向立体交通提供集约、安全、智能、高效的信号系统，兼容 CBTC（Communication Based Train Control Syste，基于通信的列车自动控制系统）级别、互联互通的全自动运行级别系统，在云轨、云巴上全面应用，持续为乘客、乘务员、车辆提供全面安全便捷的保障。

“云腾”产品。融合了感知技术、精准定位与导航技术、V2X 技术、决策与控制技术，通过一个硬件平台、一套软件系统，实现车辆在限定区域的无人驾驶、行车控制、路径规划、多车协同调度和云支付等应用需求。

"云联"产品。采纳 EAM&PHM（设备管理系统模块）理念，通过物联网技术连接，实现采集设备状态、健康评估、故障维修的完整闭环，适用于智慧园区、智慧城市等应用领域的智慧信息系统。加上自主开发的大数据平台，比亚迪可为各行业用户提供"云 + 端"系统解决方案。

上海徐泾东宽带集群项目。上海徐泾东站共有 9 个出入站口，其中有 7 个站口直接与上海国家会展中心出入口合设。2019 年 11 月第二届进博会召开期间，徐泾东地铁站达到几万级客流，无线环境复杂，上海申通地铁集团有限公司（以下简称"申通"）下属运营分公司需安排人员在各地面出入站口、站厅层、OCC（Operating Control Center，运行控制中心）指挥中心布控人员，进行客流疏散和应急疏导，利用宽带集群技术实现多媒体高精度定位通讯及管理。2019 年 6 月，比亚迪针对申通需求及徐泾东站特点设计完善方案，7 月完成了部分区域的功能展示。

比亚迪宽带集群调度系统可支持公网及专网，可采用 CPE（Customer Premise Equipment，客户前置设备）作为 5G 接入端设备，通过 WiFi（Wireless Fidelity，无线局域网）AP（Wireless Access Point，无线接入点）方式让手持终端接入 5G 高速网络，实现集群视频对讲、无线数据交换。地铁站务员可利用手持移动终端在站内各区域与指挥室实现无障碍可视对讲，直接呈现现场画面，助力指挥员针对现场情况做出更精准的判断决策，从而准确、高效地指导站务人员做好大客流疏导工作，保障乘客良好体验，快速响应各类突发应急情况，大幅提升运营工作效率。

比亚迪人员定位系统利用 UWB（Ultra Wide Band，超宽带）技术，采用 TDOA（Time Difference of Arrival，到达时间差）定位算法实现高精度实时定位。在发生突发事件等紧急情况下，指挥室人员可启动相关预案，结合定位手环，动态展示站务人员、维保人员路线轨迹，实时同步其站位布岗情况，同时联动移动摄像头，实时跟进现场状况，第一时间了解并处理突发情况。

比亚迪宽带集群调度系统、人员定位系统得到用户充分肯定。2019 年 10 月 31 日，申通与比亚迪、上海电信等企业共同发布《5G + 智慧地铁白皮书（2019）》，并签订《5G + 智慧地铁创新应用战略合作意向书》。

（郑红英）

【视辰信息科技（上海）有限公司】 视辰信息科技（上海）有限公司（以下简称"视 + AR"），于 2012 年成立于上海，

2017年被认定为国家高新技术企业，是全球领先的增强现实开放平台公司，也是中国AR应用平台标准的牵头制定单位。

作为中国最早成立的AR公司之一，视+AR始终坚持AR技术自主研发、自主创新。2015年，公司自主研发出中国首款AR引擎EasyAR，具备全球领先的图像识别跟踪、物体识别跟踪、大场景空间计算、SLAM（Simultaneous Localization and Mapping，同步定位与建图）、姿态识别、手势识别、三维重建等人工智能增强现实核心技术。2019年，EasyAR发展成为中国最大的AR技术平台，市场渗透率达60%，在全球拥有超过10万名开发者。

视+AR致力于推动AR技术创新应用，助力企业数字化转型。2019年，视+AR在多个垂直领域的市场占有率位居前列，涵盖汽车、文旅、零售、银行金融、广告、教育、游戏、制造、移动互联网等多个行业。截至2019年，视+AR与全球1 500多家知名企业和机构建立了合作，如微软、招商银行、汽车之家、工商银行、Visa、腾讯、支付宝、交通银行、中国联通、CCTV、华为、联合利华、奔驰、上海交通大学、中科院自动化所模式识别国家重点实验室等。

视+AR近年大力发展空间计算技术，构建AR Cloud（增强现实云）空间地图，全面推动5G+AR Cloud技术在智慧城市、智慧旅游、金融等领域落地应用，率先建成中国最大的AR Cloud，为AR大规模应用完善基础设施。

浦东新区人工智能示范应用场景。2019年世界人工智能大会（WAIC 2019）期间，视+AR承担了浦东新区人工智能应用示范场景——智慧商业建设，与世博源合作，利用AR Cloud空间计算技术在世博源成功落地全国首个规模三十万平方米的AR智慧商业应用。

818全球超级车展。通过AR、AI、Web3D（网页版虚拟现实）等技术，打破时间、空间和地域限制，构建360度全景多维可视步进式场景，真实还原近百家入驻品牌形象和线下车展氛围，智能推荐最佳浏览路径，真实车模、汽车编辑、行业KOL（Key Opinion Leader，关键意见领袖）多角度解读产品性能，让消费者足不出户即可实现沉浸式观展乐趣。项目上线一周，累计浏览独立用户突破1亿人，经销商互动询价达21.9万人。与此同时，各项互动数据再创新高，活动领取红包用户数达到44 003人，大转盘中奖用户数28 113人，参与挖宝活动262 792人，开启挖宝宝箱34 282个，在热门城市中，深圳、广州、北京位列前三名。

EasyAR Sense 4.0。2019年，视+AR发布AR引擎EasyAR Sense 4.0。EasyAR Sense 4.0提供免费个人版、月付费专业版、定制化功能企业版三种订阅模式，其不仅包含了EasyAR Sense

3. x 版本中的所有功能,而且增加了新算法组件和平台支持,如稀疏空间地图(Sparse Spatial Map)提供了扫描环境实时生成稀疏 3D 点云地图的能力;稠密空间地图(Dense Spatial Map)支持扫描环境实时生成 3D 网格地图,并实现碰撞、遮挡等效果;运动跟踪(Motion Tracking)能力让虚拟物体在空间更加稳定,降低了相机运动带来的漂移,开启 AR 空间计算时代。

(沈　青)

【上海迅时通信设备有限公司】 上海迅时通信设备有限公司(以下简称“迅时”)是新一代智慧通信设备和解决方案提供商,自 2003 年成立以来,始终以研发为核心,坚持自主创新,凭借多年技术积累具备了完整产品线和丰富的融合通信实践经验,为各大电信运营商、政企业用户提供面向未来的智慧通信产品及服务。

迅时智慧通信产品包括 IP 电话交换机(IP - PBX)、语音网关、数字中继网关、IP 话机、企业级 SBC、本地再生网关、集中网管监控系统、录音系统、会议系统、话务台系统、手机 APP、UC 客户端等,同时提供丰富的智慧通信解决方案,包括 AI 智能电话交互、应急指挥调度、移动办公协作等。

在“以客户为中心,聚焦客户价值”核心思想指导下,迅时为公安、武警、检察院、法院、轨道交通、医疗、物流、教育、车联网、酒店等行业客户提供专业解决方案,在国内外获得广泛应用。迅时产品畅销全球 50 多个国家和地区,在海内外拥有 1 200 多家合作伙伴,包括微软、思科、塔迪兰、华为、中兴、科大讯飞等。迅时始终贯彻开放、共享理念,与 ICT 解决方案合作伙伴一起创新集成。

2019 年 6 月,迅时发布 OM8000 大型融合通信平台。该平台是迅时新一代 IP 语音核心交换设备,满足单点 8 000 分机以下、分布组网数万分机的政府机构、集团企业大容量电话部署需求,提供语音通话、视频通话、高速传真、电话会议、电话录音、移动分机等一体化融合通信解决方案。OM8000 具有强大的呼叫处理能力,支持 8 000 用户接入、800 路同时通话。同时,在稳定性、可靠性、安全性、扩展性及配置灵活性等方面表现优异。

2019 年 12 月,迅时发布本地再生网关。为保证语音基本呼叫及各种语音业务的连续性、可靠性,企业本地或分支机构需要部署迅时本地再生网关:当云服务商通信发生故障或总部和分支之间网络断开时,可以接替云端或总部的语音服务器,承担本地语音的呼叫管理功能。而当通信故障恢复后,所有呼叫仍由总部或云端语音服务器处理。

(赵　艳)

【翱捷科技(上海)有限公司】 翱捷科技(上海)有限公司(以下简称"ASR")成立于2015年4月,注册资本3.75亿美元。是一家专注于移动智能通讯终端SoC、物联网、卫星导航及其他消费类电子芯片的平台型公司,产品覆盖2G、3G、4G、5G及IoT在内的多制式通讯标准,包括移动通信基带芯片、射频芯片、电源管理芯片LoRa(Long Range,超长距低功耗数据传输)芯片、WLAN(Wireless Local Area Networks,无线局域网)芯片、GPS(Global Positioning System,全球定位系统)芯片、Bluetooth(蓝牙)芯片等多个领域,提供完善的系统芯片SoC解决方案。

2019年2月,ASR成功收购人工智能企业上海智擎信息科技有限公司全部产品线、人员及IP。2019年4月,ASR旗下移动智能终端芯片8751C通过中国移动芯片平台入库认证。2019年6月,ASR旗下具有高性能、多制式、低功耗、高集成度的4G多模物联网芯片成功量产。2019年7月,ASR旗下WiFi芯片量产。2019年9月,ASR携旗下终端芯片、多模数据通信芯片、IoT物联网三大类芯片亮相第二届全球IC企业家大会暨第十七届中国国际半导体博览会(IC China 2019)。2019年10月,ASR旗下4G多模数据通信芯片1802S(L)入选第十四届"中国芯"优秀技术创新产品。2019年12月,ASR旗下面向LoRa室内应用的LoRa + WiFi单通道网关和LoRa D2D协议荣获"维科杯·OFweek2019中国物联网行业创新技术产品奖"。此外,ASR积极响应国家和上海市大力发展集成电路产业的号召,相继获批承担了"国家新一代宽带无线移动通信网国家科技重大专项""上海市软件和集成电路产业发展专项""上海市战略性新兴产业项目"等多个国家和上海市重大项目。

(陈俊龙)

【上海博息电子科技有限公司】 上海博息电子科技有限公司(以下简称"博息")是国内为数不多致力于热学新材料应用的材料研发公司,2013年在上海成立材料应用实验室,2015年在泰州成立材料制造基地,以碳材料、硅类材料、聚合物材料为主线,针对市场应用需要研发多功能复合、高热流密度的超薄材料和散热系统。

随着5G时代到来,高速传输射频电路周边对于散热 + EMI(Electro Magnetic Interference,电磁干扰)复合功能材料的需求日渐显现,2019年,博息推出了三款兼顾高导热(导热率为紫铜2—4倍)和高频EMI防护特性的材料,为集成电路设计师提供了更高性能、更节省空间、更经济的材料选择。

(陈 冰)

三、消费电子产业

概况

2019年,国家和上海市政府相继出台了扶持超高清视频产业发展的政策措施。2月,工信部、国家广播电视总局(以下简称"广电总局")、中央广播电视总台联合印发《超高清视频产业发展行动计划(2019—2022年)》;5月,市经济信息化委、上海市文化和旅游局(以下简称"市文旅局")、上海广播电视台(以下简称"SMG")联合印发《上海市超高清视频产业发展行动计划(2019—2022)》,计划到2022年,上海超高清视频产业规模突破4 000亿元。

在市经济信息化委、市文旅局的支持指导下,上海市信息家电行业协会牵头,联合上海市超高清视频产业链上下游企业,发起成立了上海市超高清视频产业联盟,并由两委共同授牌成立金桥、市北两大超高清视频产业示范基地,不断建设完善组织结构和产业服务能力,以将上海建设成为全球领先的超高清视频产业内容中心、芯片研发中心、标准专利中心、创新应用中心为目标,协同政、产、学、研等各方力量,推动开展技术攻关、产业链上下游合作、行业应用落地等一系列项目活动。

东方有线网络有限公司

【概况】2019年,全国广电网络企业运营环境严峻,面对激烈的市场竞争形势,东方有线网络有限公司(以下简称"东方有线")以用户体验为核心,以业务创新为导向,严管理、抓质量、促效益,进一步优化产品结构、完善用户体验、提升网络价值、加快技术升级、强化运维管理、加强成本管控。积极应对行业调整和市场变化,聚焦公司"五新"战略、智慧广电(雪亮工程)等重大专项工作,各项经济指标总体平稳,总体经营情况良好。同时,以高度的政治责任意识,严守安全底线,全力确保新中国成立70周年、进博会等各类重大安全保障任务圆满完成。截至2019年年底,实现全市居民有线电视覆盖746万户、宽带用户71.4万户、高清用户424.5万户。

【智慧城市业务较快发展】近年来,上海智慧城市建设不断提速,视频监控市场保持较快增长态势,并向联网化、智能化、高清化方向发展。东方有线在智慧公安、智慧社区应用方面取得良好成绩。2019年,东方有线深化智慧城市信息化应用,在松江、青浦、嘉定、奉贤、金山、虹口、普陀、闸北等辖区开展区级政务网项目，并在此基础上拓展“雪亮工程”各项应用。针对重点项目做好项目管理，加强支持协调力度，积极落实合同签约及项目实施，2019 年保持较好增长势头。

【架空线入地稳步推进】 根据上海市政府第 175 次常务会议精神，为进一步加强城市精细化管理，上海加快推进重要区域、内环内主次干道及内外环间射线主干道架空线入地及合杆整治工作，目标是 2018—2020 年三年期间完成 470 公里的道路架空线整治入地工作。东方有线 2018 年成立专项工作组，按照市委、市政府要求，采用新工艺、新技术、新材料，结合业务开展需求和网络升级规划，全力以赴做好架空线入地和合杆整治专项工作。2019 年，东方有线各部门集中相关资源，根据年度计划任务清单排摸基础信息编制“一路一方案”，明确各项工作执行部门及完成时间点。截至 12 月底，东方有线实际完成 110.33 公里道路架空线入地。

【5G 部署应用先行先试】 2019 年上半年，东方有线按计划启动 5G 部署及应用研究项目，并起草中国广电 5G 试验网(上海)建设方案，对核心网建设提出明确需求。结合东方有线未来业务发展，协同各区分、子公司对基站进行初步选点，涵盖重点区域、业务赋能区域两大类型场景。东方有线进行了设备、工程设计、施工、验收的相关技术标准准备，形成了相关技术规范文档。同时，基于 5G 技术特点及现有业务情况，开发了十大应用场景。东方有线积极进行业务试验，通过虹口足球场、梅赛德斯-奔驰文化中心的基站部署，打通中国广播电视网络有限公司的核心链路，为后续大规模建设及应用提供重要参考。

上海索广映像有限公司

【概况】 2019 年，上海索广映像有限公司(以下简称“索广映像”)以“同心协力”为口号，提升生产品质和技术实力，与索尼(中国)有限公司(以下简称“索尼”)在法务、通商、计算机信息安全等方面加强合作，对市场环境风险变动做出迅速灵活反应。2019 年全年实现产品销售总量 214 万台，其中液晶彩色电视机及模组 200 万台，专业机及光机组件 14 万台；销售收入 101 亿元，上缴税收 2 亿元。

【前沿产品开发】 索广映像的超高清终端显示设备开发技术始终走在全球前列，借助强大技术实力，参与设计并导入生产了一系列具有国际领先水平的索尼品牌超高清 OLED 电视和液晶电视。其中 OLED 电视凭借索尼独创的“音画合一”技术，全年销量占据 OLED 电视市场份额的 41.58%，最高一周达到 60.75%。紧跟世界电视分辨率发展潮流，2019 年开发生产了 8K HDR（High Dynamic Range，高动态范围成像）液晶电视 Z9G。

【产品类别拓展】索广映像始终致力于高附加值专业产品研发生产。2019 年，索广映像一方面继续保持激光投影机产品优势，导入新一代数字激光光源投影机 Plutus 系列产品，可以显示 WUXGA（Widescreen Ultra eXtended Graphics Array，宽屏超级扩展图形阵列）（1 920×1 200）高分辨率图像，亮度达 6 000 流明，寿命 20 000 小时；另一方面，拓展新领域，导入符合 ISO13485 的医用高清液晶监视屏组件（Hybird）。与此同时，为了适应现代化生产对先进品质管理与监测手段的要求，索广映像还引进 XMES（生产制造执行系统），对原生产实时管理系统（CF－2）进行升级，使产品制造过程中的信息能及时共享，确保产品品质。

【专利技术开发】在产品创新开发同时，索广映像高度重视自主知识产权和软件著作权，不断提升产品附加价值和技术实力。除申报 2019 年上海市重点企业技术改造项目外，在知识产权和软件著作权方面共申报自主研发技术专利 11 项，其中 2 项实用新型专利和 4 项软件著作权获得授权证书，还有 5 项专利在申报受理中，包括 3 项在审中的发明专利和 2 项申请中的实用新型专利。

上海索广电子有限公司

【概况】2019 年，上海索广电子有限公司（以下简“索广电子”）以“将高品质和具有魅力的产品及时送达客户手中”为使命，提出“向前一步”年度经营口号，秉承“信赖”“自律”开展业务。

【高品质新型摄像机导入】2019 年，索广电子导入了广受用户好评的 PXW－FS7M2 后续型号 PXW－FX9 系列数码摄像机。全新 PXW－FX9 系列数码摄像机搭载全画幅 6K Exmor R 背照式感光元件，采用混合型高速对焦系统，无论图像处理速度还是自动聚焦速度都获得巨大提升。PXW－FX9 全系列采用全新的超高分辨率液晶屏取景器，屏幕解像度从传统 960×540 提升至 1 280×720，并借助内置 WiFi 实现了监控、远程控制等多种功能。该系列还应用诸多新技术，实现各类新功能，如双原声 ISO（International Standards Organization，感光度）技术、新的外接 BOB（Bi－Directional Optical Sub－Assembly On Board，将 BOSA 光收发组件直接封装到设备上）功能等，将用户拍摄体验提升至全新高度。此外，无论是移动、手持、肩扛还是使用稳定器拍摄，PXW－FX9

系列产品都能提供品质一致的优异效果。

【投影机生产线改造】为进一步提高生产场地利用率及生产效率,索广电子以技术开发中心为主导,对 3 条投影机生产线进行改造。每条生产线含 20 多个工位,涉及 10 多种设备,由于已使用超过 8 年时间,很多工位设备出现老化,存在精度降低、故障多发等问题,维护时间、成本逐年增加。技术中心人员结合开发经验对生产线进行了改造,生产效率得到显著提高。

上海仪电数字技术股份有限公司

【概况】作为上海市超高清视频产业联盟的首批理事单位之一,上海仪电数字技术股份有限公司(以下简称“仪电数字”)积极推动上海市超高清视频产业发展,努力发挥终端产品研发优势。

【超高清融合系列终端研制】2019 年,仪电数字承担了市经济信息化委软件和集成电路专项“超高清融合终端”产品研制任务。该项目硬件方面采用国产 SoC 超高清解码芯片,运行最新的国产智能电视操作系统 TVOS 3. x、国产视频编码标准 AVS2(Audio Video Coding Standard 2,第二代数字音视频编码)。该终端可解码播放 36 Mbps 以上高码率 4K 超高清视频,内置蓝牙及 WiFi 模块,支持蓝牙语音遥控,可实现语音识别与操控。应用服务方面融合了影视类如“银河奇异果”“芒果 TV”“SiTV(文广互动)”、娱乐类如“QQ 音乐”、少儿教育类如“空中课堂”“文广学堂”等视频应用,以及上海各区智慧社区服务应用。该项目增强了上海在全国超高清建设方面的领先优势,健全了上海超高清视频产业链,项目成果惠及上海及其他省份高清视听娱乐行业,推动文化、信息、电子等相关产业快速发展。

上海国茂数字技术有限公司

为响应上海市委、市政府《关于全力打响上海“四大品牌”率先推动高质量发展的若干意见》,上海国茂数字技术有限公司(以下简称“上海国茂”)结合上海市“五个中心”建设和“四新”经济发展要求,持续走专业化、精细化、特色化、新颖化发展之路,获得 2019—2020 年度上海市“专精特新”中小企业称号。2019 年,上海国茂狠抓新品研发、创新管理、市场开拓、产品质量提升和品牌培育工作,进一步提高产品核心竞争力。

相舆科技(上海)有限公司

2019 年,相舆科技(上海)有限公司(以下简称“相舆科技”)持续加大研发力度,与森兰人工智能、涂鸦智能家居等独角兽机构展开技术合作,为 AIoT、Smart Home(智能家居)行业提供了创新、灵活、智能、可靠的底层接入。

2019年，相舆科技持续推广和建设应用市场，在智慧教育、学校建设等领域大放光彩。尤其是阶梯教室、智慧教室建设或改造翻新，传统墙插座根本不能满足教学课题需求，拖线板、排插随处可见，教务安全管理冲突尖锐。在与高校的合作中，清华大学、北京大学、复旦大学、上海交通大学一致采用XPOWER，解决相关痛点。随后，南航、北邮、政法、华师大等更多高校相继选用，成为高校智慧化的新亮点。

在房地产精装修楼盘领域，XPOWER逐渐受到欢迎，保利、绿地、朗诗、红星、海马、旭辉、协信、阳光城等纷纷批量采购，从最初样板房试点、局部试点，逐步进入各大地产巨头楼盘集采目录。随着这些楼盘交付入住，XPOWER进入上万户家庭的生活。迎着家具行业电气化、智能化风口，XPOWER进入欧派、震旦、IKEA等家具巨头集采目录。2019年被上海中心、进博会、钓鱼台国宾馆等地标项目选用。在上海中心等案例中，相舆科技因解决了灵活用电需求问题，得到用户高度评价。进博会期间，XPOWER给中外媒体记者在灵活用电上提供了很大方便，主办方为此专门发函致谢。

上海泰金电子科技有限公司

2019年，上海泰金电子科技有限公司（以下简称“泰金电子”）重点专注产品应用拓展。

北京保障房项目顺利完成50个社区人脸识别门禁系统的开通，服务用户8万多人。在该项目中，泰金电子成功开发应用了系统本地化部署、Server和Oracle数据库转换对接、身份证保障卡人脸综合识别、无操作人脸识别开门、SIP（Session Initiation Protocol，会话初始协议）转电话服务、残疾人专用通道人脸识别自动开门等技术，为泰金电子平台设备升级、进一步拓展市场打下扎实基础。其特有的第三方开门接口，在保障安全的前提下，拓展了多方应用的安全对接，得到北京市保障性住房建设投资中心的高度重视，央视新闻对此进行了专题报道。

湖北黄石公安平台数据对接成功，在新冠肺炎疫情爆发前开通了2个社区人脸识别门禁系统应用，得到当地公安和合作伙伴认可，并要求在条件允许情况下继续扩大使用范围；

智能动态人脸识别系统在沈阳意大利风情小镇大型社区顺利运行1年多，在促进泰金电子联智云平台与其他大型物业平台对接方面迈出重要一步，同时，研发产品经受住了东北地区零下20摄氏度低温环境的检验，为日后产品多样化、多广度开发积累了宝贵经验。

移康智能科技（上海）股份有限公司

移康智能科技（上海）股份有限公司

（以下简称“移康智能”）坚持自主研发与创新，重视产品专利，在新品开发、专利拥有方面硕果累累，包括AI智能门D1、猫眼一体化设计物联网智能锁E6800、移动网络与局域网络双网智能猫眼S2（叮咚6）。

AI智能门D1通过人工智能智能门及其完整控制体系建设，实现人脸识别自动开门、远程开门等多项功能，让用户享受安全便捷的生活，该产品填补了国内人工智能智能门领域的技术空白，处于国际先进水平。业界首创的智能锁E6800采用物联网集成猫眼一体化设计，结合智能WiFi物联网感应锁体和智能物联网传感器，实时掌控家门状态。支持WiFi和4G网络自动切换、断电不断网的叮咚6首次在智能猫眼中采用高通骁龙4G移动网络服务功能，无WiFi信号时自动切换至4G，为用户24小时守护家门安全。

移康智能注重知识产权建设、专利拥有与管理，成立了专门的知识产权部，引进ISO9001体系认证，建立知识产权管理及保护制度，狠抓员工岗位制度规范化，制度体系框架初步形成。2019年12月，移康智能荣获上海市闵行区人民政府颁发的“2019年度闵行区最具创新活力企业”奖。

2019年，移康智能在创新产品开发、自主知识产权的专利拥有方面取得骄人业绩，得到多方认可。1月，其人工智能自动门锁系统被上海市高新技术企业（产品）认定办公室认定为“2019上海市高新技术成果转化项目”；8月，其AI智能门D1荣获世界人工智能大会组委会颁发的“2019世界人工智能大会创新成果奖”，并在2019世界人工智能大会期间展示；12月，其猫眼一体化设计物联网智能锁E6800荣获中国台湾创意设计中心颁发的“2019金点设计奖——产品设计类人工智慧及机械设备”；同月，其AI智能门D1经《上海市创新产品推荐目录》编审委员会会议审议，入选市经济信息化委“2019年上海市创新产品推荐目录”。

蓝硕文化科技(上海)有限公司

【概况】蓝硕文化科技（上海）有限公司（以下简称“蓝硕科技”）一直以自主开发、拥有专利为企业发展的重中之重，致力于视觉显示系统的新品研发。

【创意视觉显示系统开发】在2019年新中国成立70周年庆典的70组彩车方阵中，有4辆彩车为蓝硕科技参与制作，分别为陕西彩车、辽宁彩车、重庆彩车、中华文化彩车。为突出其各自特色，蓝硕科技针对性地开发了各家独有的创意视觉显示系统。

【智慧显示体验中心建设】2019年，蓝硕科技将一部分精力投入与各种体验店的合作，并以“一城一店”模式打造不同的视觉显示系统，京东全球首个以“无界零售”为基本模式的自营大型互动体验店就是其中之一。蓝硕科技通过多元化的交互体验方式、创意声光电数字化视效，助力京东超级电器体验店吸引消费者驻足观看与体验。

（解　放）

第二章　信息服务业

概　述

2019年，上海信息服务业在市委、市政府领导下，坚持稳中求进工作总基调，坚持高质量发展主旋律，聚焦稳增长、抓创新、促融合、强统筹、优制度，布局实施“四个重点”专项，确保“稳增长”，积蓄发展动能，优化产业结构，提升服务水平，延续平稳发展态势，产业规模突破“万亿元”，核心产业继续保持快速增长。

一、软件和信息服务业

【概况】2019年，上海信息服务业及相关产业规模达到10 002.79亿元，产业增加值2 863.12亿元，同比增长15%，占全市增加值的7.5%，占第三产业增加值的10.3%。截至2019年年底，全行业从业人员(不包括带动产业)78.5万人，全市规模以上信息服务企业超过2 000家，占全市服务业的比重超过10%。其中，2019年经营收入超亿元企业779家，超百亿元企业9家。2019年软件和信息服务业与其他主要服务业的增加值对比情况见图2-3。

【软件产业运行良好】2019年，上海市软件产业运行良好，吸纳就业人数稳步增加，全年实现营业收入5 736.58亿元，比上年同期增长11.5%。实现利润812.2亿元，比上年同期增长11.2%。从业人员达54.1万人，人均年产值突破100万元。软件企业自主研发投入力度不断加大，技术投入趋势基本稳定，研发能力不断提升。上海软件出口额达到48.62亿美元，同比增长

16.1%。出口前三的国家是美国、德国和日本，出口方式主要是信息技术外包。中国银联股份有限公司、上海华东电脑股份有限公司、上海宝信软件股份有限公司等10家软件企业入选2019年中国软件业务收入前百家企业。基础软件领域稳步发展，普元信息技术股份有限公司在上海证券交易所科创板上市。应用软件领域增长较快，在工业控制、轨道信号控制、交通物流等行业持续保持领先地位。电子商务渗透率不断提升，电子商务交易支撑软件规模不断扩大。2019年上海软件产业主要指标完成情况见表2-9。

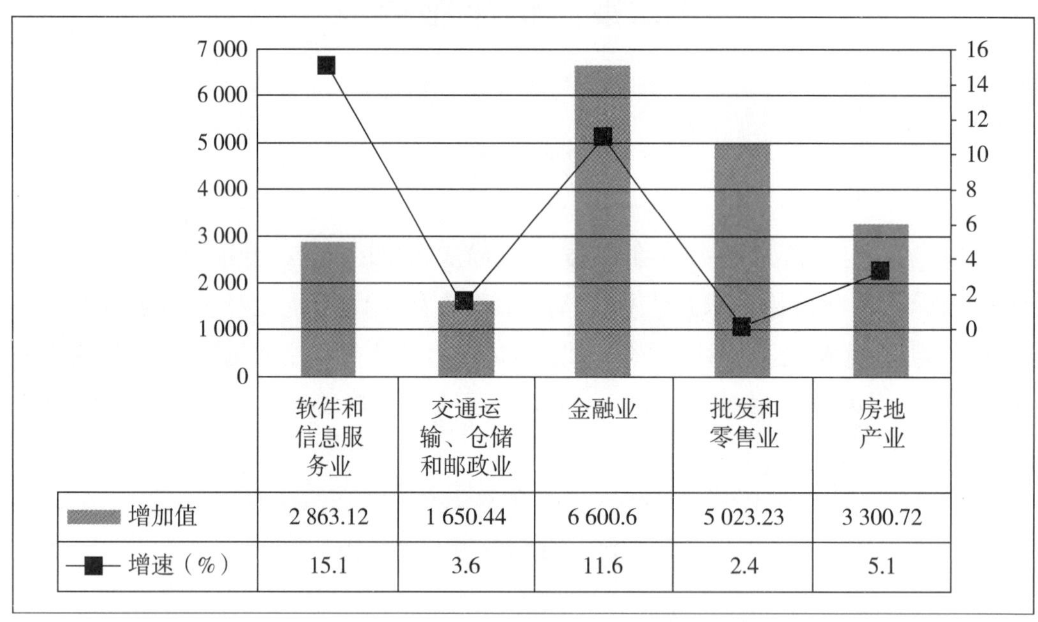

图2-3　2019年软件和信息服务业与其他主要服务业的增加值对比情况

表2-9　2019年上海软件产业主要指标完成情况

主要指标	单位	绝对值	增长(%)
营业收入	亿元	5 736.58	11.5
利润总额	亿元	812.2	11.2
软件出口	亿美元	48.62	16.1
超亿元企业数	家	545	—

【互联网信息服务业新兴领域快速崛起】 2019年，上海互联网信息服务业实现营业收入2 924.74亿元，比上年同期增长17.6%。上海共有20家互联网企业入

选2019年中国互联网企业100强，在产业规模和头部企业数量上均位居全国第二。

数字内容领域：推动网络视听、网络文学、网络游戏等数字内容产品和服务发展，上海成为全国数字内容服务行业门类最全、龙头企业最多的地区之一，拥有全国网络文学90%的市场份额，网络游戏占全国比重超过30%，国内三成以上的电子竞技赛事在上海举办。

金融信息服务领域：形成了第三方支付、互联网保险、消费金融、互联网票据等丰富的新兴金融业态，上海占有国内第三方支付60%的市场份额。

本地生活服务领域：拥有一批极具创新活力的新兴企业，部分企业在其所属细分领域崭露头角，如生鲜电商领域的叮咚买菜、生活方式分享服务领域的小红书等。

【集聚发展布局趋于合理】上海拥有5个国家级信息服务产业基地，35个经认定的市级信息服务产业基地，形成了“一中四方”错位发展的产业布局。同时，积极推动重点园区升级扩容，为产业发展谋划新空间，重点支持浦东软件园、市北高新园、紫竹园区等园区建设。2019年，上海市13个区的软件和信息服务业收入超过100亿元，其中排名前三的浦东区、长宁区、徐汇区软件和信息服务业营业收入占全市软件和信息服务业收入比重超过60%。浦东新区依托浦东软件园、陆家嘴软件园等载体，在工业互联网、网络视听、金融信息和产业电商等细分领域集聚了一批领军企业。长宁区把握全市首个“互联网＋生活性服务业”创新试验区建设机遇，培育了一批对接商贸流通、健康医疗、教育服务、生活服务等领域的服务平台。徐汇区紧密依托西岸、枫林、漕河泾开发区、仪电集团等载体，引大引强，提升产业整体能级。同时，随着城市外围交通、商务配套的不断完善，上海市软件和信息技术服务业发展呈现向外围扩散的趋势。青浦区、杨浦区、嘉定区把握新一轮产业发展机遇，实现了快速增长。

【优势企业受资本青睐】2019年，上海公开发布的软件和互联网产业投融资共计451笔，主要分布在应用软件、互联网教育、云计算、金融、垂直电商等领域。有153笔公布了具体投资金额，涉及金额超过400亿元。从公布投资总额来看，139个项目的投资金额超过1 000万元，投资超过5 000万元的有97个，超过1亿元的有44个。同时，细分领域优势企业更受资本青睐，获得投资金额较高。如以全新商业模式发起设立的生态圈第三方智慧服务平台欧冶云商股份有限公司2019年完成了超20亿元的第二轮股权融资，投后估值过百亿元，成为产业互联网领域又一独角兽企业；千寻位置网络有限公司（以下简称“千寻位置”）基于北斗卫星系统基础定位数据，利用遍及全国超过2 500座北斗地基增强站及自主研发的智能算法，通过互联网技术进行大数据运算，提供厘米级定位、毫米级感知、纳秒级授时的精准时空服务，全球用户规模超过3.9亿人，应用领域涵盖智能城市、产业升级、智能驾驶、大众消费、公共安全等，2019年完成了10亿元A轮融资。

【企业外向能力提升】 2019年，上海软件出口额达到48.62亿美元，同比增长16.1%，上海软件出口连续两年高于软件产业增速。同时，紧跟国家战略步伐，通过“一带一路”信息产业智能业务合作平台建设，精准匹配“一带一路”国家和地区与我国企业的合作需求，助推企业海外发展。平台业务覆盖国际上超过750 000家企业、超过100个相关机构与平台。一批龙头企业积极布局“一带一路”沿线，如银联国际有限公司与老挝、印尼、泰国、阿联酋、乌兹别克斯坦5国主流机构在北京签署合作协议，内容涵盖银联卡传统发卡、数字化发卡及银行卡支付转接系统建设等；阅文集团与新加坡电信集团建立战略合作关系，在东南亚网络文学服务及内容平台业务方面进行合作，携手探索东南亚市场发展潜力；盛趣游戏以“原创IP出海+全球IP合作”方式深挖细分市场，在全球市场推出更多元化的精品游戏。

【新技术带动新业态】 2019年，上海信息服务业创新紧跟技术发展热点，不断加快产品化进程，推进技术应用场景落地，推动行业创新发展，取得了丰硕成果。工业互联网、大数据、云计算、区块链、人工智能等新兴技术的蓬勃发展为上海软件行业注入了新的活力，并为行业带来了新的增长点。

信息技术应用创新：上海召开千人规模的全国信创大会，组织70多家企业发起成立上海信息技术应用创新联盟，搭建信创软硬件公共服务平台；建设上海金融信息技术应用创新联合攻关基地，联合中国人民银行上海总部、上海市国有资产监督管理委员会召开金融领域信息技术应用创新推进工作会议，印发国产软硬件金融行业应用案例集。

云计算应用创新：重点支持优刻得科技股份有限公司（以下简称“优刻得”）、上海浪潮云计算科技有限公司（以下简称“浪潮云计算”）等云计算龙头企业为中小企业提供多样化云服务。推广落实云计算服务标准。鼓励引导上汽集团、振华港机、汇付天下等龙头企业的业务系统和管控系统上云。评选发布云计算应用示范项目和培育项目。以优刻得、浪潮云计算、七牛、有孚、网宿等为代表的领军企业蓬勃发展，形成千亿元级产业规模。

区块链技术应用创新：推动建设面向大宗商品供应链金融、航运物流、社会治理、跨境支付等领域的区块链技术研究及应用示范项目；支持万向、平安、信息发展、众安在线、同济大学、复旦大学针对保险、食品溯源等场景，开展区块链关键技术及项目研发；推动区块链产业在黄浦、虹口、浦东等区集聚发展。

网络安全产业创新：夯实工业信息安全功能支撑，推动上海工业控制系统安全创新功能型平台建设，助推上海工业自动化仪表研究院有限公司（以下简称“自仪院”）获批全国首个国家工业控制系统安全质量监督检验中心。推动新兴技术安全保障，成立上海市人工智能产业安全专家咨询委员会；成立上海数据治理与安全产业发展专业委员会，提升企业数据治理水平，形成专业的研究能力、服务能力和支撑能力。

（叶月明）

二、电信传输服务业

概况

2019 年，上海通信行业完成电信业务总量 2 244 亿元，同比增长 56.7%。电信业务收入 581.2 亿元，同比增长 1.7%，增速与上年基本持平。非话音业务收入 513.3 亿元，占电信业务收入的比例为 88.3%，占比进一步提升 0.9 个百分点。电信利润总额 102.6 亿元，同比增长 1.7%。固定资产投资受 5G 商用刺激，完成额 166.5 亿元，同比增加 30.9%。

【电信业务此消彼涨】2019 年，上海固定电话主叫通话时长为 86.6 亿分钟，同比下降 25.3%，降幅较上年继续扩大。移动电话通话时长为 887.8 亿分钟，同比下降 11.1%。移动短信业务量达 758.1 亿条，同比增长 48%，各类服务登录和身份认证等行业应用短信占比 91.9%；移动互联网接入流量 231 299.8 万 GB，同比增长 70.2%，其中手机上网流量 229 821.8 万 GB，同比增长 71.2%。月户均手机上网流量 7 038.8 MB，同比增长 31.1%，但仍低于全国 8 498.1MB 的平均水平。

【各类业务用户规模变动】2019 年，全市固定电话用户 643.4 万户，同比下降 1%；移动电话用户 4 007.9 万户，同比增加 7.7%，其中 3G 用户 137.9 万户，同比下降 61.9%；4G 用户 3 599.7 万户，同比增长 10.2%，占比 89.8%，全国排名第一；5G 用户 46.9 万；手机上网用户 3 181 万户，同比增长 5.7%。固定电话普及率、移动电话普及率分别为 26.6 部/百人、165 部/百人，分列全国排名第一、第二。固定互联网宽带接入用户 890.2 万户（加上宽带接入网试点企业用户合计为 1 087.9 万户），同比增长

15.2%，其中FTTH/O（Fiber To The Home/Office，光纤到户/办公室）用户为825万户，同比增长18.6%，占比达92.7%。速率在100 Mbps以上的用户为723万户，同比增长49.5%，占比达81.2%。速率在1 000 Mbps以上用户为24.7万户，占全国1 000 Mbps以上用户总数的比例为28.3%。IPTV用户560.6万户，同比增长37.1%。2019年上海市各行政区通信业发展见表2-10。

表2-10　2019年上海市各行政区通信业发展

行政区＼指标	固定电话用户普及率（%）	移动电话用户普及率（%）	固定互联网宽带接入用户普及率（%）	固定互联网宽带接入用户中FTTH/O用户占比（%）
浦东新区	17.7	121.8	83.5	94.8
黄浦区	34.6	161.2	92.6	91.6
徐汇区	25.8	165.2	98.1	91.9
长宁区	26.9	136.1	109.3	92.9
静安区	25.6	149.0	94.6	93.8
普陀区	18.8	122.9	98.1	94.2
虹口区	22.2	133.0	129.7	92.5
杨浦区	16.4	109.3	98.5	93.1
闵行区	15.5	132.6	91.9	96.5
宝山区	13.0	119.2	91.0	97.1
嘉定区	16.7	137.6	101.0	96.3
金山区	12.5	115.7	93.6	94.0
松江区	11.8	129.5	112.4	94.5
青浦区	11.7	118.5	78.0	94.0
奉贤区	11.0	128.5	94.1	94.7
崇明区	10.6	116.7	86.8	95.3

【互联网网站和接入服务发展】根据工信部ICP/IP地址/域名信息备案管理系统统计数据，截至2019年年底，上海市共有22.41万个网站主办者开办了33.7万个网站。其中，28.56%的主体将网站服务器放在上海，71.44%的主体将网站服务器放在外省；网站主办者中，89.5%为单位主办者，10.50%为个人主办者。2019年全年上海市网站数量较2018年实际减少5.45万个，平均每月减少网站

4 540 个。网站备案信息中涉及各类型前置审批的网站共计 1 273 个。

2019 年年底，上海共有 136 家接入商开展网站接入服务，共为 24.41 万个网站主办者的 30.05 万个网站提供了专线、服务器托管、虚拟主机等各种形式的接入服务。其中，接入网站数量超过 1 万个的接入服务单位 3 家。3 家接入服务单位接入的网站总数达 15.8 万个，占上海接入服务单位接入网站总数的 52.58%。上海接入网站数量最多的接入服务单位为上海美橙科技信息发展有限公司，接入网站数达 7.7 万个。上海市主要互联网接入服务单位见表 2－11。

表 2－11　上海市主要互联网接入服务单位

单位名称	主体数量(个)	接入网站数量(个)
上海美橙科技信息发展有限公司	65 204	77 062
优刻得科技股份有限公司	57 043	67 750
上海臣翊网络科技有限公司	10 820	13 176

【增值电信业务发展】 截至 2019 年年底，上海市通信管理局(以下简称“市通管局”)合计向 3 214 家增值电信企业颁发了 3 512 个许可项目，许可项目同比增长 38%。其中，信息服务业务数量占所有业务许可总量的 74%。增值电信业务收入方面，上海规模以上(指上年度互联网和相关服务收入 500 万元以上的企业)增值电信企业完成业务收入 2 976 亿元，同比增长 39%。其中，信息服务收入比重最高，收入总额达 2 818 亿元，信息服务收入占增值电信业务收入的 95%。2019 年上海增值电信业务许可证发放情况见表 2－12。

表 2－12　2019 年上海增值电信业务许可证发放情况

<table>
<tr><td>在线数据处理与交易处理业务</td><td>338</td><td colspan="2">存储转发类业务</td><td>—</td></tr>
<tr><td>国内多方通信服务业务</td><td>—</td><td colspan="2">呼叫中心业务</td><td>—</td></tr>
<tr><td>国内互联网虚拟专用网业务</td><td>3</td><td colspan="2">互联网接入服务业务</td><td>26</td></tr>
<tr><td>互联网数据中心业务</td><td>5</td><td colspan="2">信息服务业务</td><td>753</td></tr>
<tr><td>无线寻呼业务</td><td>—</td><td rowspan="2">其中</td><td>仅限互联网信息服务</td><td>753</td></tr>
<tr><td>模拟集群通信业务</td><td>—</td><td>不含互联网信息服务</td><td>——</td></tr>
<tr><td>固定网国内数据传送业务</td><td>——</td><td colspan="2">互联网域名解析服务业务</td><td>——</td></tr>
</table>

注：其中无线寻呼和模拟集群通信比照增值电信业务管理。

(胡永龙)

中国铁塔股份有限公司上海市分公司

【概况】 中国铁塔股份有限公司上海市分公司（以下简称“上海铁塔”）于 2014 年 11 月 18 日成立，立足资源共享，多、快、好、省地推进 5G 建设及重大项目通信覆盖，基于站址资源提供跨行业共享业务与专业化电力保障服务，为上海信息通信基础设施建设发展和“智慧城市”“科创中心”战略落地，提供强大支撑和有力保障。

作为城市通信基础设施建设主力军，上海铁塔成立五年来投资超 45 亿元用于上海市通信基础设施建设，累计建设基站项目超 5.5 万个，承建地铁信号覆盖总里程 182.38 公里，楼宇及大型场馆室内信号分布项目 1 200 余个，总覆盖面积超 7 800 万平方米。通过集约建设和资源共享，建设规模超行业过去 10 年总量，提速降费力度进一步加大。按照配置、规格、品质“三最高”标准，全力做好基站运行维护工作，圆满完成进博会、世界人工智能大会等 30 余次重大活动保障和极端天气应急保障，确保移动通信网络稳定。在大力推动全市移动通信网络覆盖的同时，深化共建共享，共享比例从原有的 13%大幅提升至 53%，相当于少建铁塔 1.1 万座，节约行业投资近 36 亿元，节约土地近 1 273 亩。随着上市和“三步走”战略的顺利完成，上海铁塔进入转型发展新阶段。

2019 年是上海铁塔实施“一体两翼”战略与“新三年”规划的起步之年，也是推进专业化经营、促进价值创造和管理提升的关键年，上海铁塔全面发力“新基建”，助力上海打造世界级信息基础设施标杆城市，打响“双千兆宽带城市”品牌。

【5G 基站建设】 2019 年是 5G 商用元年，上海铁塔作为 5G 建设主力军，发挥统筹作用，充分共享存量站址和社会资源，完成了陆家嘴、外滩、徐汇滨江、国家会展中心、浦东机场卫星厅等一系列标志性地址的 5G 建设交付。2019 年完成 5G 基站建设超过 1.7 万个，提前达成 2019 年年底前全市建设 1 万个 5G 基站的任务目标，为上海率先实现 5G 商用奠定了基础。

【两翼业务发展】 2019 年，上海铁塔成立了铁塔能源有限公司、铁塔智联技术有限公司两个专业化子公司，在深化行业共享的同时积极拓展社会共享，努力实现价值跨越，紧密围绕国家战略方向、行业发展方向、市场需求方向，推进公司创新发展。为社会提供备电、发电、换电、售电及动力电池回收等多元化能源服务，在绿色发展指引下不断探索新模式、形成新动能，实现基站电力保障向社会共享服务的延伸。与长三角三省一市政府、上海信投、铁路局、绿地集团、国网电力、中国邮政等33家单位签订战略合作协议，涵盖绿化市容、市政、环保、气象、地震、海事、公安与应急管理等多个领域，推动跨行业、跨领域资源共享，共创互利共赢新局面。

【公司荣誉】上海铁塔成立以来荣获上海市五一劳动奖状、上海市经信系统先进基层党组织、上海市经信系统百强党支部建设示范点、上海市经信系统模范职工之家、上海市标杆青年突击队等集体荣誉，并涌现出中央企业优秀共产党员、上海市三八红旗手、上海市经信系统优秀共产党员、中国铁塔优秀共产党员、劳动模范等标杆先进人物。

（铁　塔）

中国电信股份有限公司上海分公司

【5G商用牌照获得】2019年6月6日，工信部向中国电信股份有限公司（以下简称“中国电信”）等4家运营商颁发5G牌照，中国正式进入5G商用时代，成为全球首批5G发牌的国家之一。10月31日，上海举行5G商用启动仪式，标志着上海正式进入5G时代，中国电信股份有限公司上海分公司（以下简称“上海电信”）正式推出5G套餐、5G会员权益和5G特色应用。

【5G网络和平台建设】2019年，上海电信以客户需求为引导、以行业应用为驱动，积极开展5G网络和平台的规划、建设、运营工作，为5G商用做好准备。

网络建设。上海电信5G建设关注抓选址、抓开通、抓协同，建立完善管控机制，完善客户应用对接机制，全量承接各种覆盖目标。完成上海市政府五大5G应用示范区、浦东陆家嘴、虹桥商务区、临港园区等重点区域的5G网络建设任务。

网络测试。上海电信完成了上海电信信息园区NSA（Non-Standalone，非独立组网）实验网络环境部署，制定相应测试规范及测试用例；完成主要设备厂家CPE（Customer Premise Equipment，客户终端设备）的性能与功能验证；推进室分多场景覆盖方案探索，开展室内、地铁等场景技术方案交流和调研，实现5G室内的低成本有效覆盖。

网络升级。上海电信进行LTE核心网4G NSA功能部署，完成了MME（Mobility Management Entity，移动性管理实体）、PGW（Packet-Data-Network GateWay，分组数据网络网关）等版本升级，及4G锚点站升级等。

平台能力。上海电信完成了虹桥商务区核心区域5G SA（Standalone，独立组网）基站建设50个；完成智慧会展、无人机飞控网和5G PaaS（Platform as a Service，平台即服务）等应用平台的示范应用。

【"双千兆宽带城市"领跑】上海电信发挥"千兆宽带全城覆盖"的优势，领跑千兆宽带和千兆5G的"双千兆"发展步伐，启动包括临港产业园区、陆家嘴金融区、虹口区、虹桥商务区、国家会展中心等在内的一批"双千兆示范区"建设项目。2019年5月30日，上海电信与上海市政府签署《加快5G引领的新一代信息基础设施建设战略合作框架协议》，加快新一代信息通信技术布局，加快推进基于5G的创新和研发平台，助力上海科创中心建设；加快5G应用落地，助力上海打造全球领先的5G应用创新策源地；基于5G+光网"双千兆"，构建高速、智能、泛在的新一代基础设施，推进城市精细化管理、美丽家园、智慧家庭等领域的智能应用，助力上海打造"双千兆宽带城市"。

【"全球双千兆第一区"建设助力】2019年，上海电信助力虹口打造"全球双千兆第一区"。3月26日，上海电信与岳阳医院合作，推进智慧医疗应用，打造首个"双千兆智慧医院"。4月4日，上海电信与虹口区科委签署《"5G+光网双千兆"创新应用示范建设战略合作协议》，在区内光网千兆宽带已经全覆盖的基础上，推动以5G为核心的新一代信息技术在虹口区先试先用，助力虹口区实现"全球双千兆第一区"的建设目标。9月10日，全球首个综合性5G应用展示及联创平台——"5G全球创新港"在上海北外滩滨江开港，上海电信的"5G+智慧党建"和"5G+警务立体巡防示范应用"2个项目，作为虹口区十大5G应用成果进行现场演示，为打造"全球双千兆第一区"添砖加瓦。

【学校联网攻坚行动推进】上海电信积极联合各级教育管理部门，发挥中国电信云网融合优势，参与"互联网+教育"平台建设，推动教育上云，同步启动"数字校园天翼行活动"，加快"互联网+教育"应用的推广和普及。2019年3月13日，中国电信与教育部联合召开"学校联网攻坚行动推进视频会"，并启动"数字校园天翼行助力学校联网攻坚行动"。12月31日，上海市政府采购网发布《上海教育云网融合合作服务商(第一批)遴选结果公告》，上海电信成功中标"上海教育云网融合合作服务商项目"，为上海教育行业云发展、攻坚云网融合新高地打下了根基。

【央视国际传媒港新媒体智慧应用】2019年9月26日，上海电信与中央广播电视总台长三角总部签订产业合作意向书，共同推动媒体科技革命新形势下的传媒改革和产业发展，共同推动央视国际传媒港新媒体智慧应用，在产业运营、5G+光网双千兆新媒体智慧应用、基于大数据和人工智能的媒体应用、卫星通信、重大活动保障及更广阔的领域加强交流与合作，共创发展契机。

【L根服务器上海镜像节点上线】2019年9月3日，中国互联网络信息中心（CNNIC）、上海市委网络安全和信息化委员会办公室（以下简称“市委网信办”）、市经济信息化委、上海电信举行L根服务器上海镜像节点上线发布会，根服务器镜像首次落户上海，结束了上海没有根服务器镜像的历史。落户上海的L根服务器镜像节点于2019年6月批复设立，在中国电信支持下，CNNIC、互联网名称与数字地址分配机构（ICANN）、市委网信办、市经济信息化委联合完成了L根服务器上海镜像节点上线工作，部署在电信核心机房。L根服务器上海镜像节点的上线，不仅提升了区域用户的根解析响应时间和解析成功率，而且提升了网络的弹性和强壮度，提高了网络安全程度，对提升上海、华东地区乃至全国互联网解析速度、安全水平具有重要意义。

【5G智慧地铁打造】2019年10月31日，上海电信与申通地铁集团签订“5G+智慧地铁创新应用战略合作”意向书，由上海地铁联合上海电信、卡斯柯、华为、上海通服等合作伙伴共同打造的“进博会5G+智慧地铁平台”正式上线。该平台基于上海电信5G技术，可实现地铁2号线、10号线、17号线“进博三线”间的运营协调，以及徐泾东站、虹桥火车站站、诸光路站“进博三站”之间的联动指挥，形成进博会相关“三线三站”的区域化联合指挥体系，运营方依托5G可实现客流管理、站点管理、运维管理等效率提升。同时，市经济信息化委、上海电信、申通地铁共同发布《5G+智慧地铁白皮书（2019）》，展现智慧运营、智慧服务、智慧维保三大5G应用场景，为5G网络技术助力地铁智慧化转型提供实践指南。

【架空线入地整治】根据《上海市通信架空线入地整治管理办法》要求，上海电信加强城市精细化管理，以内环内重点区域、重要道路，进博会场馆周边为重点，围绕电信箱体“减量化”“规范化”“小型化”“隐形化”的“四化”整治原则，开展架空线入地整治工作，营造“线清、杆合、箱隐、景美”的市容环境。2019年全年完成进博会周边及全市主要154条道路119.41公里的架空线入地和合杆整治；完成重要路段、进博会路段整治1 030个；打赢箱体整治攻坚战，搬迁电信箱体7个，喷漆整治箱体外观35个，清理架空线入地360.74公里，为上海市治理“黑色污染”贡献了力量。

【雄安新区考察远程视频连线】2019年

1月16日，中共中央总书记、国家主席、中央军委主席习近平在河北雄安新区考察调研。考察期间，习近平通过中国电信会易通（4G版）视频会议软件与建筑工地的工人远程视频连线。该产品是由上海电信下属企业上海理想信息产业（集团）有限公司开发，采用SaaS云服务模式，融合了音频、视频、数据等网络通信技术，可实现多方、远距离、实时沟通的网络会议服务系统。产品交互内容包括视频、语音、文字、白板等形式，界面简单易用，连接快速实时，数据传输安全。

【应急通信保障】 根据工信部、中国电信和市通管局下达的各类应急通信保障任务要求，上海电信2019年全年完成华东大区应急通信演练、跨区灾情支撑400余项，完成各项保障任务370余次，其中重大活动39次。

（张　军）

中国移动通信集团上海有限公司

【概述】 中国移动通信集团上海有限公司（以下简称“上海移动”）2019年全面加强党的建设，坚持以习近平新时代中国特色社会主义思想和党的十九大，十九届二次、三次、四次全会精神为指导，发挥党委“把方向、管大局、保落实”作用，扎实开展“不忘初心、牢记使命”主题教育，临时党支部、党员攻坚队、突击队等在急难险重工作中先锋作用凸显，获得市级以上荣誉60余项。公司坚持稳中求进，以“三融”“三力”推动高质量发展。个人市场企稳改善，客户保持平稳增长；家庭市场实现规模跨越增长，客户份额实现三分天下；政企市场成为增收主力军，政企专线保持较快增长，实现了收入规模持续提升、数字化转型成效初显、连接数量提前翻番、盈利能力本地领先，并成功打造政企、家庭多轮增长动能。“双千兆”形成示范，全面推进“5G+”战略计划落地，推动5G技术融入百业、服务大众，率先部署首个省级NSA核心网及5G SPN（Slicing Packet Network，切片分组网）传输网，重点打造“1+6+20+70”5G网络，实现主城区、郊区业务热点区域、垂直行业应用区域5G连续覆盖。基础能力逐步强化，在临港地区建设中国移动全国首个国际海光缆与超大数据中心一体化信息基础示范基地。楼宽资源同比增长45%，全网MR（Measuring Report，测量报告）覆盖率同比提升0.58个百分点，4G语音满意度行业领先，家庭宽带端到端质量及集团客户专线服务质量有效提升。管理效能稳步提升，制度建设全面深化，降本增效做深做实，智慧审计建设推进，全面推进法治移动建设，细化党政同责安全生产体系，公司流程标准化率达100%。

【长三角一体化发展助力】上海移动充分发挥中央企业的技术优势和信息优势，助力推动长三角各行各业融合、融通、融智，激发高质量发展新动能。作为长三角5G创新发展联盟及上海市5G创新发展联盟理事长单位，持续依托联盟平台深化行业影响力。加强在临港的5G网络、数据中心等新一代信息基础设施建设布局，引领长三角“新连接”建设。携手上海市第一人民医院建设5G远程医疗诊断与指导平台，实现优势医疗资源和能力对江苏省东台市人民医院共享输出。打造5G高空救援示范项目，并于2019年8月27日完成首次长三角批量伤员地空联合5G应急救援演练。

【上海5G标杆城市打造】上海移动积极落实《上海5G产业发展和应用创新三年行动计划（2019—2021年）》，推动5G融入百业、服务大众。加强前瞻性资源布局，部署首个省级NSA核心网及5G SPN传输网，实现“极速双千兆”，打通全球首个基于5G网络的手机间通话，在虹口区建成“全球双千兆第一区”。打造5G+4G精品网络，实现主城区、郊区业务热点区域、垂直行业应用区域5G连续覆盖。推动5G+AICDE（AI人工智能、IoT物联网、Cloud Computing云计算、Big Data大数据、Edge Computing边缘计算）融合创新，承办2019世界人工智能大会（WAIC 2019）“5G+AI主题论坛”，强化多领域5G联合创新和融合服务能力。深化5G+Eco（Ecology环保、Conservation节能、Optimization动力，简称“生态产业”）共建共享，形成医疗、电力物联网、科创教育等多个联合实验室。加快5G+X场景应用落地，聚焦六大行业，发布5G+智慧交通、智慧港口、人居生态岛等5G行业应用示范项目。

【上海新型智慧城市建设推进】上海移动主动融入上海地方经济社会发展，发挥企业技术和资源优势，通过加大5G、云计算等新兴技术对产业的数字化赋能，推动智慧社会建设、服务数字产业发展，打造智能生活方式，助力强化上海科技创新策源功能。构建政务云业务保障体系，服务百余家政府客户，承载“一网通办”“电子证照库”“房地产交易”等600余个市区重要应用系统；“雪亮工程”在青浦、松江、嘉定、闵行等区施工落地，助力提升上海治安防控能级；以5G商用为契机，打造“5G+极光宽带”双千兆产品，着力推动超高清视频、沉浸式体验等智慧家庭应用与服务创新，积极推广智慧家庭一体化解决方案，提供大屏小屏联动、有线无线协同的全屋智能生态服务。

【临港新片区信息化建设】上海移动积极对接上海“三项新的重大任务”，紧抓临港新片区组建历史机遇，成立“中国移动通信集团上海有限公司自贸区分公司”及“临港新片区发展服务中心”，扎根新片区，统筹服务新片区发展。大力推进新片区5G网络、数据中心等新型基础设施建设和应用发展，重点做好沪芦高速、绕城高速、临港新城及洋山港等区域的5G覆盖，2019年累计开通新片区内5G站点287个，实现重要网点精准覆盖；在新片区建设中国移动的全国首个国际海光缆与超大数据中心一体化信息基础示范基地，总装机容量达3万个IDC机架；携手合作伙伴打造洋山深水港智能重卡、5G龙门吊远程控制系统等一批信息化标杆示范项目，赋能5G智慧港口建设。

【企业社会责任承担】2019年，上海移动深入践行“以人民为中心”的发展思想，坚持“客户为根、服务为本”服务理念，开展“领先工程”服务质量提升攻坚战，提升用户感知。全面保障网络及信息安全，圆满完成新中国成立70周年、第二届进博会等重大保障任务，建立完善统一监测一键处置平台、恶意软件检测平台等，进一步加强基础安全防护能力建设，做好防范治理电信网络诈骗、网络安全威胁治理、电话用户实名登记等工作，连续两年获评“公安部网络安全管理优秀团队”。贯彻落实国家及行业政策，根据工信部统一部署有序开展“携号转网”服务，持续深化网络“提速降费”，积极落实垃圾分类专项工作，策划开展“绿色上海，和你一起”重点公益项目，品牌影响力持续扩大。

（蒋晓馨）

中国联合网络通信有限公司上海市分公司

【概况】2019年，中国联合网络通信有限公司上海市分公司（以下简称“上海联通”）以习近平新时代中国特色社会主义思想为指导，在上海市委、市政府和集团公司领导下，深入贯彻落实党的十九大及历次全会精神，全面落实集团聚焦战略和“五新”联通要求，贯彻新发展理念，深化互联网化转型，践行高质量发展，抢抓数字化服务新机遇，加快运营商转型，努力打造系统内“党建和党风廉政建设示范区”和“‘五新’联通示范区”。上海联通主动对接上海经济建设和社会发展，助力地方基础设施能级提升，全面对接上海“五个中心”和“四大品牌”建设，为打造全球卓越城市和建设社会主义现代化国际大都市、推动智慧城市建设贡献力量，助力城市管理、公共服务和民生质量提升。

2019年，上海联通各项业绩指标达到预期，全年累计完成主营收入106.67亿元，收入增长高于行业平均水平。创新业务聚焦新兴动能培育，构筑5G先发效应和领先优势，构建“连接+计算+

应用”一体化行业 ICT 解决方案，打造张江人工智能岛标杆项目，成为工信部授牌的全国首个国家人工智能产业创新发展先导区，中国商飞“5G 智能工厂项目”被工信部评为“工业互联网试点示范”；扩大物联网生态圈，完成连接、部件、网络、平台、应用五大项 40 类产品的能力框架搭建，物联网连接规模提前实现“物超人”目标；建立“数据基础 + 数据平台 + 融合应用服务”三层大数据产品体系，结合人工智能技术，能力不断完善。坚持围绕经营，强化网络支撑，高起点、高规格超前部署 5G 网络建设，全年开通自建基站超 6 000 个，网络感知持续向好；强化网络资源布局，构造政企精品网；坚持云网深度融合，助力网络云化演进；积极推进网络自动化向网络智慧运营转变，持续提升业务运营支撑的监管能力。

【5G 行业应用推进】2019 年，5G 商用序幕拉开。上海是中国联通首批 5G 试点城市，上海联通一直致力于与产业链合作伙伴共同探索 5G 行业应用。

工业领域：2019 年 2 月 28 日，中国联通联合中国商用飞机有限责任公司(以下简称“中国商飞”)在上海飞机制造有限公司(以下简称“上飞”)举行 5G 智慧厂区及基于 5G 的十大工业场景发布会。这个真正意义上的 5G 智慧厂区是上海联通在 5G 应用领域诸多“第一”中最闪亮的标杆项目。在上飞园区内，上海联通完成了 5G 网络覆盖和 MEC(Multi-access Edge Compute，边缘计算网络)节点部署，实现了数控车间的全连接，及复合材料全生命周期管控、工业双相机对现场图像数据与云端数模的快速对比、AR 远程设备巡检维护等，实现了 5G 在工业场景应用的真正落地。此外，上海联通 5G 助力的“一键炼钢”，让炼钢工人在千里之外轻点按键，就能实现从转炉冶炼到出钢的全流程自动化。中国联通携手中国宝武钢铁集团有限公司(以下简称“宝武集团”)探索多种创新合作模式，基于 5G 攻克了一批工业技术应用的共性关键技术瓶颈，极大缩短产品研制周期，降低运营成本，提升生产效率。

教育领域：2019 年 3 月 19 日，全国首个 5G 高校建成启用暨 5G + 人工智能应用联合创新实验室揭牌仪式在上海工程技术大学(以下简称“工程大”)举行。上海联通率先在工程大实现校园 5G 全覆盖；搭建首个区域内部边缘云计算节点，实现云游戏、视频加速等 5G 关键应用；工程大区域成功实现终端 5G 高速上网、8K 视频播放等移动宽带互联网业务，标志着 5G 技术进一步成熟。实验室围绕基于自主知识产权 AVS2 的 8K 视频编解码、数字版权保护、人工智能及大数据等技术应用需求，开展基于 5G 网络特性的行业应用研究合作。

医疗领域：2019 年 4 月 11 日，上海首家 5G 智慧医疗应用示范基地揭幕仪式暨复旦大学附属华山医院神经外科超高清手术直播在联通大厦举行，现场通过联通 5G 技术进行两台远程手术的 4K 高清即时直播。手术直播场景仅仅是上海联通和华山医院在 5G 智慧医疗领域合作的第一站，双方在 AR 远程医疗、院前急救、远程手术等方面开展深入研究。10 月 14 日，联通 5G 赋能下的世界首例 5G FUS（Focused Ultrasound Surgery，聚焦超声）远程手术在上海国际医学中心完成。上海联通与上海国际医学中心等单位共同建立了国内首个基于 5G 的 FUS 远程手术中心，并计划在全球推广 5G 远程手术。

【智慧进博会赋能】2019 年 4 月 23—25 日，2019 上海 5G 创新发展峰会在上海世博中心举行。会上发布了中国联通“7+33+n”5G 网络部署，即在北京、上海、广州、深圳、南京、杭州、雄安 7 个城市、城区连续覆盖，在 33 个城市实现热点区域覆盖，在 n 个城市定制 5G 网中专网。上海联通持续规模开展 5G 商用部署并加快 5G 建设步伐，截至 2019 年 10 月 31 日 5G 网络正式商用，在全市部署近 6 000 个 5G 宏站站点，率先建成大规模 5G 商用网络，实现了外环内区域及郊区重镇的 5G 室外连续覆盖。

11 月 5—10 日，第二届进博会在上海举办，亦成为上海联通综合展示移动网络全制式标准和各类前沿通信技术的舞台。

上海联通率先实现了进博会场馆 5G 网络全覆盖。为打造信号强、覆盖密、速率高的 5G 室内展馆，上海联通针对进博会重点场景制定了多层级复合式立体覆盖方案，并对场馆的传输上联带宽进行大幅扩容。同时，在主场馆周边建设 14 个 5G 宏站及街道站，实现进博会场馆无死角覆盖。另外，在上海虹桥高铁站、虹桥机场等交通枢纽新建 5G 网络，迎接八方来客。上海联通运用 5G+AI 技术，通过 5G 智慧保障、5G 智慧观展、5G 媒体直播等应用赋能“智慧进博会”。

5G 智慧保障：上海联通携手保安公司，利用 5G+边缘计算，打造内外场一体的 5G+AI 安防保障系统。通过 5G 移动端视频监控，及时发现风险控制隐患；通过 5G+边缘云+视频 AI 眼镜实现保安人员的位置管理、身份识别、动态布控、融合调度等一手掌握。

5G 智慧观展：上海联通运用 5G、AI 技术提供综合解决方案，打造与众不同的 5G 观展盛宴，通过 5G 高清直播、AR 展示现场内外联动，让场外市民也能一睹进博会特色展品。2019 年 11 月 7—8 日，上海联通 5G 高清直播连线浦东新区世纪汇广场、徐汇区汇金百货、长宁区高岛屋等沪上七大标杆商场，极速顺畅地直播看展活动，让民众在市内核心商圈也能感受到进博会氛围。

5G媒体直播：第二届进博会期间，SMG、CCTV、新华社等主流媒体依托上海联通5G超高清直播解决方案，对场馆内外活动进行5G媒体直播报道。5G媒体直播核心能力基于联通5G网络的5G直播背包，可实现超高清摄制图像视频通过5G网络实时回传，并能直接与5G视频直播平台匹配，上传速度感觉不到卡顿和延时，4K、8K高清视频直播毫无压力。

【重大活动通信保障】2019年，上海联通践行国有大型基础电信运营企业社会责任，保障各项重大活动通信安全。

中超联赛：3月1日，2019中国足球协会超级联赛(以下简称“中超联赛”)首轮比赛期间，SMG五星体育频道通过上海联通5G网络将现场直播采访信号实时传送至广电大厦进行4K直播报道，虹口体育场成为第一个拥有5G信号的体育场馆。

F1：4月12—14日，2019年F1(FIA Formula 1 World Championship，世界一级方程式锦标赛)中国大奖赛在上汽国际赛车场进行，上海联通为赛事保障实现了场景一体化、智能化实时监控视窗，在后台对用户体验、网络指标进行人工智能分析，提升故障抢修效率，并在赛场周边开通5G站点，将5G极速感知带入看台区，让现场观众抢先感受5G速率。

中国品牌日：5月10—12日，2019年中国品牌日系列活动在上海展览中心展开，上海联通积极落实通信保障工作，现场派出10人保障小组值守，后台人员对保障区域内业务感知和性能指标进行重点监控和定时播报，确保现场通话正常、视频业务流畅，图片秒发，整体网络指标稳定。

科创板：7月22日，上海证券交易所科创板首批25家公司正式上市交易，上海联通顺利完成网络保障任务，交易系统平稳运行。

WAIC 2019：8月29—31日，2019世界人工智能大会在上海举行，上海联通针对主场馆和徐汇体验馆提前分析业务需求，感知建网模型，对网络精心布局，做到“一馆一案”，对周边浦东人工智能体验区、徐汇滨江应用体验区提前完成网络自主技术改造，并进行多轮次验证优化，实现了室外整体无感知网络切换，有效保障了现场用户使用感知。

上海旅游节：9月14日，第三十届上海旅游节开幕期间，上海联通在淮海路全线部署5G网络，通过VR直播技术对巡游现场进行多点位全景直播，并安排了3组保障队伍，前台实时传递现场感知情况，后台监控主控站点状态，圆满完成整体网络保障。

国庆节：10月1日，上海联通全力以赴完成国庆期间通信重保任务，投入保障人员970人、车辆126台、备品备件

1 912 件，确保网络运行平稳，并运用 5G 网络优势为新华社实现首次 8K 采集、5G 传输、8K 呈现的直播。

进博会： 11 月 5—10 日，上海联通以高度的政治责任感、使命感，圆满完成第二届进博会重大通信保障任务，投入现场保障人员 121 人、应急通信车 5 辆，全网整体运行平稳，无重大网络故障发生。

（叶一纬）

三、 广电信息业

东方明珠新媒体股份有限公司

【电视用户体验全面提升】 2019 年，东方明珠新媒体股份有限公司（以下简称“东方明珠新媒体”）旗下百视通技术发展有限责任公司（以下简称“百视通”）新开发了以 EPG 7. 4（Electronic Program Guide 7. 4，电子节目指南 7. 4）系统为基础的 Stage TV，将百视通 IPTV（Interactive Personality TV，交互式网络电视）、OTT（Over - The - Top，通过互联网向用户提供各种应用服务）平台风格统一，并跨领域应用于东方有线（OCN），实现了公司三平台界面风格、使用方式的统一，让东方有线进入人工智能界面时代。Stage TV 实现了横向导航瀑布流界面、沉浸式智慧视频流、智能推荐系统、全新观影形态“百视播客”等功能。沉浸式智慧视频流突破传统静态界面形态，升级为开机见“视”，用户内容跳转选择无需离开当前播放画面；纵横结构瀑布流界面让海量内容如流水般跃入眼帘，带给用户沉浸式体验。人工智能数据运算模式实现了个性化的内容呈现，专属编排界面从“千人一面”变成“千人千面”，同时结合智能编排系统、智能推荐服务、用户画像服务、内容融合平台等运营体系，将用户行为与内容更紧密地连接在一起。

【新媒体智能系统与多源大数据公共服务平台建设】 2019 年，百视通依托数据中台，成功完成国家发改委项目“基于大数据的新媒体产业商业智能系统建设”验收，积极参与市经济信息化委“信息化发展专项资金”项目，与上海大学合作承接“基于多源大数据的融合媒体行业大数据应用公共服务平台”项目。项目实施目标是通过平台建设，汇聚电影、电视、电台、报纸、网络等媒体，一级通讯服务、舆情信息、经济信息、行情信息等多源数据，以数据融合应用实现内容推荐、精准获客、定制服务、业务创行等媒体企业的能力提升，帮助融合媒体行业探索业务拓展和服务创新新模式。计划提供不少于100户的大数据应用公共服务平台,服务用户跨越20省市以上,智能处理数据涉及客户总量1 000万人次以上。项目于2019年9月启动,并以Stage TV、咪视通4.0上线为契机,加快多源大数据公共服务平台建设。

【咪视通4.0新品开发】2019年,百视通和咪咕文化科技有限公司旗下子公司咪咕视讯科技有限公司(以下简称“咪咕视讯”)联合开发了全新产品咪视通4.0,该产品重新定义了OTT大屏端的UI(用户界面)、功能和内容。咪视通4.0使用市场主流的横板瀑布流,同时自身具备特有的三大功能特性:无限瀑布流、多样的二级化页面、高度自定义的页面布局。通过多模式切换功能来精准定位不同年龄段人群的观看喜好,尤其是针对少儿,家长可以通过一张NFC(Near Field Communication,近场通信)卡,将盒子锁定在“少儿”模式。在内容运营方面,咪视通4.0融合了百视通和咪咕视讯的高质量内容,尤其在体育内容领域,为观众呈现多样化、全方位的体育赛事直播。

上海东方明珠数字电视有限公司

【“智慧虹口”物联感知基础设施建设】2019年3月,上海东方明珠数字电视有限公司(以下简称“东方明珠数字电视”)中标“智慧虹口”物联感知基础设施项目。项目要求在虹口区按需分布设置物联传感设备,强化神经末梢,为新型智慧城市建设奠定基础。东方明珠数字电视在项目实施过程中以虹口区实际需求为导向,以社区内管理为主、社区外管理为辅,兼顾队伍管理和为民服务,形成了“10+10”应用场景清单。其中“10”个应用场景为必选场景,在全区范围内成体系、成规模推进建设;另“10”个应用场景为可选场景,各街道结合自身情况按需建设。历经6个月,针对虹口区全区8个街道、7条线进行智慧城市物联建设,合计完成61 447个物联传感器安装,并实现了数据汇聚。同时,以GIS(Geographic Information System,地理信息系统)+BIM(Building Information Modeling,建筑信息模型)技术为基础,建立数字孪生社区,基于AI、物联网感知等技术,实现自动告警、自动派单、应急预案处置的自运作功能,大大提升管理效率。伴随“智慧虹口”建设,2019年虹口区各街道智能化水平大幅提升,实现了管理精准化、协同化、一体化,居民生活体验得到明显改善。

【虹口区“城市大脑”建设】按照上海市委“创新社会治理加强基层建设”部署,贯彻落实上海市委书记李强关于“超大城市管理必须提升智能化应用能力”的要求,结合虹口区委、区政府“社区综合执法+城市大脑+流程再造”相关工作内容，东方明珠数字电视自2019年10月筹划建设虹口区“城市大脑”项目。项目结合大数据、物联网、人工智能等主流技术，通过探索社会治理智能化管理模式，加强社区线上线下精细融合，实现社会治理效能提高。具体来说，通过汇聚政务数据、视频数据和物联传感器数据，建立虹口区大数据共享交换平台和数据赋能平台，形成区级信息资源交换共享体系和数据智能中枢，并围绕网格化业务、应急业务与综合治理业务主题，升级改造城市管理系统，打通公共服务环节，实现区级一体化派单、流转、执法支撑服务。2019年，完成虹口区60 000端物联传感器数据对接、7 000路公安视频流接入、20多个委办800 GB数据的汇聚。与此同时，虹口区大数据共享交换平台和数据赋能平台投入建设。

【杨浦区智慧城市(一期)建设】东方明珠数字电视于2018年年底正式启动杨浦区智慧城市(一期)建设工作，2019年积极推进落实。该项目建设范围为杨浦区控江路街道、大桥街道、延吉新村街道、新江湾城街道、平凉路街道5个街道，含103个居委、329个小区。建设内容包括智慧城市区级指挥中心、街道综治(网格)分中心、小区微卡口智能监控、社会面视频接入、道路面智能监控、街道智慧应用、智慧消防、红线内管线建设和设备运维平台系统九大类。应用类型以公共安全为主，配合公共管理与公共服务等特色应用。建设接入终端总数约25 000余个(路)，其中视频接入总数约3 750路，含智慧公安微卡口人脸车脸相机超过2 000路、无线移动布控100余个、另有车棚相机新建约520路、路面布控约188路，其余均为低功耗物联应用。主要视频图像网由传统光纤传输配合广电NGB(Next Generation Broadcasting Network，下一代广播电视网)移动网络进行布控覆盖，并通过LoRa网络广布神经元铺设大量低功耗物联设备。项目实施过程中，以信息基础设施建设为起点，以城市精细化管理为抓手，以“雪亮工程”“智慧公安”“美丽家园”建设发展为实施主线，实现信息互联互通和数据共享交互，满足各业务条线之间的工作协调分配。截至2019年年底，东方明珠数字电视全面完成以小区微卡口、单元门管理、车棚管理为重点应用，实现杨浦区智慧城市一期五街镇全覆盖；采用统一平台建设规划原则，实现“一数一源、一源多向、一数多用”的基本支撑平台和环境，有效提升了五个街道的综合治理能力水平。

上海数字电视国家工程研究中心有限公司

【国际标准专利竞争】2019年8月23日，上海数字电视国家工程研究中心有限公司(以下简称“数字电视国家工程中心”)与华智众创(北京)投资管理有限责任公司达成合作意向,在北京举行了电子信息领域高价值知识产权培育运营合作机构之下一代数字电视方向投资签约仪式。高价值知识产权培育运营基金增资数字电视国家工程中心,全面推动数字电视国家工程中心建设具有全球影响力的数字媒体领域科技创新及知识产权运营中心,并通过许可交易、防御保护、国际拓展和产业服务等方式扩大全球数字媒体网络标准领域的必要专利布局与运营。

【首款 8K/120P 超高清商业演示片发布】2019 年 9 月 13 日,数字电视国家工程中心与华为海思在 IBC 2019 欧洲广播影视设备展上联合发布了首个 8K/120P 超高清晰度端到端演示系统,数字电视国家工程中心为该系统制作了全球首部 8K/120P 超高清晰度音视频商业演示短片,短片分辨率达 8K,分帧率高达 120FPS(Frames per Second,每秒显示帧数),并支持最新的 HDR(High Dynamic Range,高动态范围图像)及 Dolby Atmos(杜比全景声)技术规格。

【华为智慧屏超高清演示视频摄制呈现】2019 年 11 月 25 日,数字电视国家工程中心为华为年度新品智慧屏 V75 发布提供了 4K 超高清演示视频摄制、测试及呈现服务。数字电视国家工程中心自主拍摄制作的智慧屏超高清晰度演示视频提供了色域显示对比、肤色显示对比、MEMC(Motion Estimate and Motion Compensation,运动估计和运动补偿)及双手机投屏等 4K 高帧率视频内容及相关测试功能,精准呈现了华为新一代智慧屏在色域、动态补偿、双手机投屏等方面的优异性能。

SMG

【网络安全监测预警系统初步建成】上海广播电视台、上海文化广播影视集团有限公司(Shanghai Media Group 上海东方传媒集团,以下简称“SMG”)自 2018 年 9 月启动建设“网络安全监测预警平台”项目以来,初步建设完成了一套能对网络安全进行全方位监测预警的态势感知系统。系统 2019 年 7 月上线试运行,通过网内部署的 12 台探针对全网流量、主机日志和第三方日志采集分析,结合智能分析和可人工干预的便捷运营支撑,对发现的网络威胁进行精准化预警,有效提升网络安全态势监控、威胁分析、日常运维、事件处置等安全能力。2019 年 10 月,项目通过了由上海市广播电视局、上海市电影电视技术学会专家验收。与此同时,该项目建设总结提炼出多项创新成果,申请了 3 项专利。

【智慧应用平台自主开发】2019 年,

SMG自主开发各类应用平台。10月，其“智能内容共享云平台”成功应用于武汉军运会，获得主办方好评。该平台系统首次在奥运水准的赛事转播中结合了传统媒体和智慧新媒体技术，以SMG媒体内容智能生产公共服务平台为支撑，利用人工智能技术，实现语音检索、图像检索、人脸识别自动编目和自动集锦等功能，为融合媒体内容生产提供了智能技术服务典型应用场景。在迎接新中国成立70周年国庆彩车项目中，上海东方传媒技术有限公司研发部（以下简称“SMT研发中心”）利用物联网技术自主研发的系统监测平台，实时提供各技术系统的监测数据和运行状况，包括温湿度、车外风速数据、发电机组、彩车行进数据等，为上海彩车配置了一颗“技术芯”，为“奋进上海”彩车顺利驶过天安门提供了有力的技术保障。

【SMG公共服务平台试运行】SMG公共服务平台项目采用“边开发边试运行，完成一个模块投入运行一个模块”的模式，2019年上半年投入部分试运行，试运行过程中系统级接口服务同步服务于台内外其他平台。该平台提供为台内外各业务平台开放新媒体应用AI工具接口和服务，2019年7月，支持Xnews语音识别和语音合成；9月，将人脸识别和快编服务接入军运会，并于10月正式应用于武汉军运会。项目试运行期间，平台上共发起近5 000条语音识别任务，总时长达750小时，总文件大小约130 GB。共发起人脸识别任务350条、OCR（Optical Character Recognition，光学字符识别）任务120条、视频快编任务90条、音频剪辑任务140条。自2019年9月文件传输功能上线以来，共有4 400条文件在办公网和业务网之间互联互通。

【Xnews 2.0 APP应用】Xnews 2.0 APP（应用程序）利用先进技术实现全新沉浸式写稿体验，可以创建不同稿件类型；APP端支持图文混排、文稿排序功能；支持电视稿、新媒体稿等多种稿件相互转换，大大提高了用户写稿效率和使用体验。Xnews 2.0集成AI技术，实现了视频、音频转文字，可以快速听写视频生成文字，大大减少了字幕听写时间和人力成本，也可以通过语音合成对稿件文字意见生成音频。Xnews 2.0实现了直播模式、返送模式的连线功能，方便记者、嘉宾、主持人实时互动，精简外场人员设备，简化了繁复的调试工作，实现了便捷的外拍连线。截至2019年10月29日，Xnews 2.0用户超过600人，协调采访任务2 100多条，汇聚互联网线索6万多条、渠道线索14万条、自采线索6 000多条，成品报道近2万条，其中原创5 000多条。

【广播可视化转播系统建成】广播可视化转播系统于2019年9月完成项目建设并投入使用。该系统前端采用上汽大通G10plus商务车，通过改装使之具备现场音频、视频、图像的采集、包装、合成及IP流化，并在移动状态下，通过4G(5G)网络实现音、视频流快速传输及向各类新媒体平台分发的功能，改变现有的广播内容生产流程，兼顾移动互联网、传统广播制播流程。该系统与广播融媒体内容生产平台互联互通，进一步增强了广播可视化内容制作能力，满足广播可视化发展战略要求，推动广播融合媒体转型。

【关键词检测系统投入应用】2019年3月，为提升新闻关键内容的准确性、解决第一财经新闻制播系统内节目文字内容的校验问题，SMG技术运营中心结合现有新闻业务流程开发了一套智能化关键词检测系统作为关键字词检测工具，辅助节目三审流程，助力节目内容播出准确、权威、安全，并根据实际效果推广至SMG其他业务系统。2019年9月，该系统正式投入SMG总编室、融媒体中心、第一财经运行应用。

上海文广互动电视有限公司

【合作项目拓展】2019年，上海文广互动电视有限公司(以下简称“文广互动”)全方位拓展合作项目，与东方有线基于内容、运营展开深度合作，其市场、内容、技术团队联合智慧运营(OPG)云平台中心、百视通技术研发团队及东方有线市场技术团队，集各公司所长共同开拓市场。与苏宁体育、联合五星体育共同投资成立合资企业上海宁动体育有限公司，就头部体育赛事版权内容在全国高清付费频道播出运营达成战略合作，打通线上线下体育消费场景，打造国内顶级体育赛事频道，共同进行本土化体育IP孵化开发，挖掘更多商业价值。与上海博物馆以IP授权方式，联合打造文博类服务平台——上海博物馆学院。项目坚持贯彻股份公司“智慧广电文娱+”运营思路，以线下带动线上为发展目标，在亲子文博领域不断创新。

【系统迭代开发与技术创新】2019年，文广互动为适配各类新业务拓展及全国运营商技术平台升级，持续推进系统迭代开发与能力升级，建立完善基于数据的产品与运营平台体系，增强公司可持续发展能力。公司技术部门在调研分析国内外主流智能推荐系统架构和关键技术的基础上，开发“3D视频编码系统”并获得发明专利授权，同时获得“第三十二届华东电视技术年会技术进步奖”一等奖。文广互动还十分注重新技术运用。2019年，其全国集成平台在国内数字付费电视卫星传输领域率先突破性使用新技术，将亚洲6号卫星传输的部分高清频道传输调制方式由 DVB－S（Digital Video Broadcasting－Satellite，数字卫星视频广播）QPSK（Quadrature Phase Shift Keying，正交相移键控）调整为 DVB－S2（Digital Video Broadcasting－Satellite 2，新一代数字卫星视频广播）8PSK（8 Phase Shift Keying，八进制相移键控），此举大幅降低传输成本，极大提高了集成平台业务竞争力。

（解　放）

四、新兴产业领域

大数据产业

【概况】 2019 年，在工信部等国家部委指导下，上海市全面推进国家大数据综合试验区建设，高度注重公共数据统筹开放，持续加强大数据产业集聚发展，努力营造大数据创新生态，有力支撑促进全市经济高质量发展，取得了一系列进展。

【公共数据开放】 作为国家首批公共信息资源开放试点省市之一，上海市持续加大公共数据开放力度，不断提升开放质量和水平。

完善顶层制度体系。在法规方面，2019 年出台了《上海市公共数据开放暂行办法》，是全国首部专门针对公共数据开放的地方政府规章。在政策方面，将公共数据开放工作纳入上海市《关于进一步加快智慧城市建设的若干意见》等相关文件。在标准方面，研究发布《上海市公共数据开放分级分类指南》，对开放数据进行精细化分类管理。

提升开放质量水平。依托上海市大数据中心，全面升级改版上海市公共数据开放平台，强化平台开放服务功能。2019 年，上海市公共数据开放平台开放了 3 500 多项政府数据集，实现了市级部门主要业务领域全覆盖。举办第五届上海开放数据创新应用大赛（SODA），吸引了全球近万人、1 800 支团队参加比赛，产生了智能车险报价、水网渗漏分析等一批实战应用，“以赛促用”，带动更多高价值数据进一步开放。

深入开放创新探索。围绕金融、医疗、交通等社会热点领域，大胆开展数据开放创新试验。在普惠金融领域，首批开放政府税务、工商、社保等各类公共数据共计 300 多项给试点银行，帮助更多优秀小微企业进入银行信贷视野，缓解小微企业融资难、融资贵问题。截至 2019 年，上海已连续三年在第三方测评的《中国地方政府数据开放报告》排名中位列省级第一。

【产业集群发展】上海持续推进产业集聚发展，不断优化产业政策，推动产业链协同创新，拓展商业数据流通渠道。

首次开展产业统计试点。探索建立产业统计制度，深入了解行业发展现状，开展试点统计。据初步统计结果显示，全市大数据核心产业总产值超过 2 000 亿元，核心企业数量超过 700 家，从业人员超过 10 万人，呈现应用牵引、技术驱动、全面赋能的特点，全行业进入成熟发展阶段。

完善大数据产业政策体系。结合产业统计，强化科学决策、精准施策，推动将大数据产品纳入上海市创新产品推荐目录的重点支持领域，享受政采渠道优惠政策。依托上海大数据联盟等支撑机构，启动大数据供应商培育计划，建立上海市大数据服务供应商推荐目录。支持重点企业科创板上市，同期统筹建设大数据储备项目库。

推动企业集群协同发展。充分发挥营商环境优势，吸引亚马逊、百度、阿里巴巴、腾讯等行业领军企业在上海布局，启动一批投资建设项目；聚焦核心技术和"隐形冠军"，加快推动星环信息科技（上海）有限公司（以下简称"星环科技"）、上海爱数信息技术股份有限公司、上海宝信软件股份有限公司、优刻得科技股份有限公司等本土大数据企业成长；支持上海跬智信息技术有限公司、上海云从企业发展有限公司、上海森亿医疗科技有限公司、上海思贤信息技术股份有限公司等初创企业迅速壮大。

推进"东西集聚、多点联动"产业布局。支持静安区、杨浦区东西两个集聚区吸引培育大数据龙头企业和创新创业企业，实现"市、区联动"政策协同，加速推动国家新型工业化示范基地发展建设。支持静安区首次设立市北高新产业大数据产业基金（首期 10 亿元）。推动徐汇、嘉定、松江、宝山等区各自形成一批"大数据 + 智能""大数据 + 汽车""大数据 + 工业"等特色产业集聚发展。

促进商业数据交流流通。2019 年，上海数据交易中心（以下简称"交易中心"）交易系统再次迭代升级，实现区块链数据交易系统服务上线。交易中心通过自主创新的"技术 + 规则"双重架构解决方案，实现 24 小时去中心化线上数据交易；围绕市场营销、金融服务等形成两大类近 200 项商业数据产品，为 500 多家成员单位提供标准化数据流通服务。2019 年，会员间的日数据交易量超过 7 亿次，约占国内数据公开交易总额的一半。

【创新生态建设】上海着力推动大数据技术标准突破，推进行业创新应用发展，持续完善创新生态建设。

启动建设一批大数据实验室。在首批实验室试点基础上，围绕工业、教育、科研、信用等热点领域，支持上海市龙头企业、重点机构、知名高校等产、学、研、用各方共同建设第二批大数据联合实验室，加快突破核心关键技术，打造资源服务平台，推动行业标准制定，加速技术人才培养。

落地发展一批行业创新中心。推动大数据应用创新中心（Shanghai Data Innovation Center，简称 SDIC）常态化运作，发挥在上海大数据领域的协调支撑作用。上海市大数据应用展示中心聚焦行业先进案例，发展成为中国浦东干部学院及中共上海市委党校教育实践基地，接待调研学习人数超过 2 万人。

深入推进一批重大创新应用项目。静安区大数据城市管理创新工程取得阶段性成果，20 万个传感器完成部署，南京西路、临汾街道“社区大脑”初步建设，荣获 2019 年度巴塞罗那全球智慧城市大会城市治理创新奖。星环科技工业大数据分析平台、中国商飞试飞大数据平台、上海爱数信息技术股份有限公司大数据日志分析平台等一批重大项目上马，建成后将提升我国相关领域的自主创新水平，缓解对国外进口软件的依赖。

积极打造一批产业交流合作平台。加快构建产业分析平台，有力支撑大数据决策和产业投资服务。完善大数据专家咨询体系，将专家库扩容至 200 人，实现各行业领域全覆盖。设立世界人工智能大会（WAIC）大数据展区、举办上海静安国际大数据论坛等高端论坛活动，搭建企业展示交流平台，进一步扩大上海市大数据行业的国际影响力。

上海大数据产业呈现出较好的发展态势，但也存在高端人才不充足、创业氛围不浓厚、融资渠道不畅通等问题。与硅谷、纽约、伦敦等国际先进地区相比，在地方法规、知识产权、发展环境等方面仍存在一定差距，须继续围绕大数据技术、人才、平台、资金等关键要素，聚焦大数据产业重大需求，加快提升公共数据开放水平，突破核心关键技术，探索赋能实体经济，加强产业集聚发展，完善产业体系结构，打造示范应用场景，健全人才培养体系，推进全市大数据产业高质量发展。

（杨立哲）

【大数据可视分析平台建设】 2019 年 1 月 23 日，上海大学和上海计算机软件技术开发中心（以下简称“SSC”）共同承担的市科委项目“大数据可视分析平台关键技术及典型应用”通过市科委组织的专家验收。项目组针对高维数据分析可视化、数据认知、数据可用性、人机交互技术、大规模数据集的存储与计算、高效能的混合体系结构等关键技术进行了系统深入研究。研制了大数据可视分析平台，该平台实现了数据存储、计算分析和可视化等子系统的高效协同处理；平台具有多屏互动、联动、体感交互等功能。项目成果在交通、社会治理、媒体等领域开展了多项典型示范应用。项目完成技术规范2份，参与制定大数据相关国家标准3项，申请并获授权软件著作权11项，申请专利5项，在国内外核心期刊（或会议）上发表相关论文25篇。

【大数据试验场关键技术与工具集研制】 2019年5月30日，由复旦大学牵头、万达信息股份有限公司、上海超级计算中心、上海产业技术研究院、上海科技网络通信有限公司、上海兴畅网络技术股份有限公司共同承担的市科委重大项目“支持数据交易的大数据试验场关键技术与工具集研制”通过市科委组织的专家验收。该项目基于异构应用模糊适配和共享状态全局调度的软硬件集群自适应配置技术，提出为多用户构建大数据试验沙箱专用空间，开展了支持隔离和高效的大数据交易与数据分析试验。项目完成了支持数据交易的大数据试验场关键技术攻关和工具集研制，形成了大数据试验基础设施，实现了探索性大数据分析与价值评估系统等9个系统、平台和工具的研制。在上海科技网宝山机房部署了支持数据交易的大数据试验场，各项技术、数据、用户指标达到项目任务书要求，通过第三方测试，并实现了可面向300多家企业用户规模的服务，开展了5个示范应用。项目执行期间累计录用发表论文61篇，申请发明专利28项，获得软件著作权22项，形成技术规范草案4项。

【多源异构外贸大数据汇聚、流通与应用平台建设】 2019年3月22日，由上海华申泰格软件有限公司牵头承担的上海市科委项目“多源异构外贸大数据汇聚、流通与应用平台”通过专家验收。该平台通过对多源异构外贸大数据的汇聚，提供信息推送、市场洞悉、商品类目分析等服务。项目成果已在上海出入境检验检疫局的跨境商品质量安全信息溯源系统中得到应用，涉及3万余家跨境贸易企业的相关数据。

（王卓曜）

人工智能产业

【概况】 为深入贯彻习近平总书记“推动我国新一代人工智能健康发展”指示精神，将人工智能作为上海重点布局的三大产业之一，上海着力建设人工智能创新策源、应用示范、制度供给和人才集聚高地。2019年，上海建立了由市主要领导亲自推进人工智能产业发展的工作机制，成立了上海市人工智能产业工作领导小组，推动全市各部门形成工作合力，成功举办了2019世界人工智能大会，打造一流创新生态，推动上海人工智能发展迈上新台阶。

【产业发展渐入佳境】 根据上海人工智能发展联盟统计，上海市共有人工智能重点企业 1 116 家，其中，产业技术类企业占比 9.68%，基础类企业占比 17.2%，产品类企业占比 13.53%，应用类企业占比 59.59%，呈现“应用主导、技术支撑、多领域全面赋能”的特点。全市人工智能产业克服贸易摩擦等困难，全年产值超过 1 400 亿元。总体来看，上海市人工智能产业发展呈现以下特点：

各类优势企业协同发展。微软、亚马逊、百度、阿里巴巴、腾讯、科大讯飞等行业领军企业纷纷在上海布局，与上海签署合作项目；商汤、寒武纪、云从、地平线、云知声、达闼、明略等国内独角兽企业落地发展；依图、智臻智能、优刻得、深兰、博泰悦臻、乂学、流利说、拼多多、趣头条等本土人工智能企业加快成长；极链、图麟、西井、燧原、氪信、虎博等初创企业迅速壮大。

产业发展格局初步形成。围绕“东西集聚、多点联动”的布局，启动建设上海马桥人工智能创新试验区，推动浦东张江智能产业 + 科技创新融合发展，支持徐汇滨江打造人工智能国际总部基地，规划自贸区新片区智能产业集聚和政策突破。杨浦、长宁、静安、松江、宝山、青浦等区特色产业集聚发展。

创新策源能力不断提升。微软亚洲研究院（上海）和微软-仪电人工智能创新院、上海人工智能算法研究院、上海人工智能研究院、上海智能科学与技术研究院等一批基础研发平台揭牌运作，中科院计算所上海处理器技术创新中心加速落地，开展人工智能前沿基础研究、关键共性技术攻关和研究成果转化应用，培养一批高水平人才。亚马逊、阿里巴巴、百度、宝钢、腾讯、上汽、深兰等优势企业设立 AI 行业应用创新中心，促进面向行业的科技应用开发。

【重点工作推进】2019 年，上海人工智能领域重点推进工作包括：

推动重大政策规划布局。积极争取国家载体平台。推动创建全国首个人工智能创新应用先导区，获工信部批复，以浦东新区为载体，推动人工智能创新技术、新产品示范应用；配合市科委创建上海“国家新一代人工智能创新发展试验区”，获科技部批复，着力突破人工智能发展面临的痛点难点问题。

编制落实人工智能“上海方案”。配合市发改委制订《关于支持上海市落实国家战略建设具有国际竞争力的人工智能创新发展高地行动计划》（简称人工智能“上海方案”），形成上海市人工智能产业关键产品和技术攻关清单（2019—2025），争取国家层面在重大项目、平台建设、政策创新等方面的支持。发布上海人工智能创新生态行动方案。提出集聚最优资源，聚焦创新的活力、动力和能力，开展五大任务、七个专项行动，全力打响上海人工智能“一流创新生态”标志性品牌。

布局实施重点产业和创新项目。组织实施重大产业项目。商汤重大算力平台、联影AI医疗平台、复旦微电子异构芯片等项目稳步建设实施,依图7纳米AI芯片、上海脑科学与类脑研究中心智能边缘计算机、达闼智能柔性执行器等新一批重大项目抓紧组织推进。开展关键技术攻关。面向核心芯片、开源框架、智能传感器、智能软件、无人系统等核心领域,梳理"卡脖子"技术清单,组织一批攻关项目,注重打造自主产业生态。

推动人工智能应用赋能。打造示范应用场景,推进全国人工智能"揭榜挂帅"赛道落地,启动智能网联汽车、医疗影像辅助诊断、视觉图像身份识别、智能传感器四条赛道,开展测评工作。推进人工智能应用场景建设实施计划,发布两批"上海市人工智能应用场景",促进人工智能在制造、医疗、教育、城市管理、交通、金融等领域的应用,打造示范标杆。研究行业政策创新。面向智能驾驶、智慧医疗、智能制造等重点领域,梳理人工智能应用的政策瓶颈,推进相关标准制定,促进行业快速健康发展。

营造人工智能发展生态环境。完善领导机制。推动形成全市各部门合力推进人工智能发展的工作机制,举办人工智能领导干部培训班,召开4次人工智能战略专家咨询会议。强化资金保障。成立上海人工智能产业投资基金,首期目标规模50亿元。加大财政资金支持力度,通过战略性新兴产业专项、人工智能专项等支持一批创新项目。推动行业组织成立运作。成立上海人工智能发展联盟、全球高校人工智能学术联盟、青年AI科学家联盟等,汇聚创新资源,推动建立相关行业标准。加强人工智能行业统计与监测。梳理1 000余家上海市人工智能企业名录,建立人工智能统计指标体系。

成功举办2019世界人工智能大会。大会吸引了来自全球60多个国家超过8万人注册专业观众,累计超过24万人次参加会展体验,进一步打响了上海人工智能发展的国际品牌,打造了三个平台。一是行业领军人物思想汇聚的平台。共有520余位演讲嘉宾云集。特斯拉、阿里、腾讯、微软等龙头企业负责人,20余位独角兽企业创始人,50余位知名投资人共同畅谈行业发展趋势。2位图灵奖、2位诺贝尔奖得主,84位中外院士专家分享前沿科学成果。一大批青年科学家、创业者、开发者崭露头角。二是创新成果集中展示发布的平台。人工智能应用创新揭榜赛道、新一批国家人工智能开放创新平台、人工智能知识产权国际交易中心、SAIL大奖等重磅成果陆续发布,树立行业发展标杆。300多家海内外重量级企业参展,100余项创新产品首次亮相,代表行业前沿水平。三是重大项目签约合作落地的平台。大会期间有33个重大签约项目落沪,包括华为

5G+AI创新中心、滴滴智慧出行、IBM人工智能创新中心、云从全球运营中心、明略智能总部、光启人工智能创新总部、AutoX华东总部，部分项目年内启动建设。

（郑　直）

【国家新一代人工智能创新发展试验区建设】2019年5月25日，在浦江创新论坛全体大会上，科技部与上海市政府共同启动上海国家新一代人工智能创新发展试验区建设。该项目围绕国家重大战略和上海市发展需求，着力突破人工智能发展面临的痛点难点问题，围绕“创新策源、场景驱动、开放联动、治理协同”总体建设思路，以营造世界一流创新生态为基础，以促进人工智能与经济社会发展深度融合为主线，以提升人工智能科技创新能力为主攻方向，以场景驱动与治理创新融合试验为战略抓手，系统推进人工智能创新迭代发展，加快向具有全球影响力的人工智能创新策源、应用示范、制度供给、人才集聚“四个高地”进军，示范带动全国人工智能创新发展，为建设具有全球影响力的科技创新中心、推动长三角一体化发展和我国参与全球人工智能治理提供“上海经验”。

【高端连锁酒店搬运与客房助理机器人研制及示范应用项目完成】“高端连锁酒店搬运与客房助理机器人研制及示范应用”项目由上海吉柴电子信息技术有限公司承担，上海大学参与完成，2019年10月12日通过市科委验收。项目承担单位研制了酒店用搬运机器人、客房助理机器人、前台助理机器人3种型号服务机器人，经多个宾馆实际应用，分别完成了宾馆内搬运、客房助理、前台自助等相关功能。项目研制期间申请国家发明专利6项、发表论文3篇、培养硕士研究生6人、培养工程人员13人。

【智能电驱动集装箱转运车技术研究与应用项目通过验收】2019年12月8日，上海振华重工(集团)股份有限公司承担的市科委“智能电驱动集装箱转运车技术研究与应用”项目通过专家验收。项目研制开发了全新的智能型纯电动、轻量化、多功能集装箱转运车，并成功运用于青岛自动化码头项目。尤其在上海洋山深水港区四期工程中提供的批量生产50台套拥有自主技术的带升降平台的升降式全电动AGV(Automated Guided Vehicle，自动导引运输车)智能运输系统，解决了无人驾驶AGV关键技术，实现了大型集装箱码头智能化、自动化、零排放、高效率运行。项目申请国家发明专利1项、实用新型专利2项、外观专利1项，发表论文4篇，形成了行业标准报批稿1项(已报批)。

【智慧型电动清洁车的自主作业控制与

示范应用项目完成】2019 年 12 月 18 日，上海田意环保科技有限公司和上海大学承担的市科委“智慧型电动清洁车的自主作业控制与示范应用”项目通过专家验收。项目研究了基于多传感器融合自动感知技术的场景感知算法，采用多维度多传感器实现了智能机器人场景智能感知及障碍物识别，实现了实时高精度定位和避障路径的有效规划；针对铰链式电动清洁车定制底盘，完成了电控改造，实现了给定线路清扫、自动避障、电量预测并及时归位充电等自动作业任务。项目成果在南昌、渭南、宝鸡等地的环卫局进行了示范应用。项目申请国家发明专利 2 项，授权实用新型专利 1 项，发表论文 8 篇。

【面向低速无人驾驶车辆环境感知的三维 CMOS 图像传感器关键技术研究通过验收】2019 年 7 月 19 日，中国科学院上海高等研究院承担的市科委“面向低速无人驾驶车辆环境感知的三维 CMOS 图像传感器关键技术研究”项目通过专家验收。项目针对三维低速无人驾驶车辆系统的实际需求，研究了 CIS（Contact Image Sensor，接触式图像传感器）车载三维 CMOS 图像传感器芯片及系统关键技术，如中间抽头型像素单元、相关双采样电路、集成优化测距算法单元的读出处理电路、低噪声三维 CMOS 图像传感器信息获取技术，以及基于区域自适应的全局直方图先分段后均衡策略等技术，在此基础上设计并实现了三维 CMOS 图像传感器芯片及成像系统。项目研制的三维 CMOS 图像传感器芯片及成像系统的像素尺寸为 10 微米×10 微米，LED 光源为 850 纳米，调制频率为 20 MHz，深度测量范围为 0.5 米—8 米，最小测量精度为 4 厘米，帧率 30FPS，达到任务书规定的技术指标要求。项目申请国家发明专利 7 项，发表 SCI（Science Citation Index，科学引文索引）/EI（Engineering Index，工程索引）论文 4 篇，培养技术骨干 2 人、研究生 6 人。

（王卓曜）

第三编 政务领域信息化

SHANGHAI INFORMATIZATION

综　述

2019年是“十三五”规划加快实施的攻坚年，也是信息化发展的重要时期。上海继续深化改革、推进创新转型，各部门进一步强化业务系统信息化建设，不断健全体制机制，加强数据公开，全面提高办事服务水平。2019年也是“一网通办”改革的攻坚年，上海市政务信息化建设在依托同一平台的同时，应用大数据、人工智能、物联网等新技术，提升政府管理科学化、精细化、智能化水平。全面推进线上线下政务服务流程再造、数据共享、业务协同，形成集一网受理、协同办理、综合管理为一体的政务服务体系。

第一章　电子政务支撑系统

概　述

2019 年，在上海市委、市政府的统一安排下，全市电子政务工作牢固树立"互联网＋政务服务"理念，全面提升"一网通办"能级，推动"随申办"移动端优化，加强数据开放共享，多角度完善政务信息化保障和灾备系统，并通过"12345"市民服务热线提升政务服务水平和质量。

一、"一网通办"

【概况】 2019 年是"一网通办"改革的攻坚年，上海市大数据中心（以下简称"市大数据中心"）按照市政府办公厅具体工作要求，在全市各区、各部门协同配合下，围绕"双减半""双 100"的工作目标，攻坚克难、以刀刃向内的决心全力推进"一网通办"改革，在工作中强特色、优体验，精治理、助应用，固安全、保运维，强服务、提效能，多维发力。2019 年"一网通办"平台建设不断完善，"随申办"移动端不断优化，数据开放共享逐步深化推进，各项工作成效初步显现。

【平台功能建设】 2019 年，市大数据中心持续提升"一网通办"总门户服务能级，身份认证、总客服、支付、物流、电子证照等功能进一步完备，移动端渠道不断拓展，办理效能明显提升。

一是持续增强"一梁四柱"支撑能力。统一受理平台接入 53 个部门 2 261 项事项，涵盖行政审批、其他行政权力及公共服务事项等范围。优化市级审批事项接入模式，优化数量占比近 50%。“一网通办”累计服务人次超过 2.03 亿，服务总量超过 3 391 万件。在线服务“能办”水平持续提升，具备“全程网办”能力的事项占比 73.47%。统一身份认证，个人实名用户超过 1 024 万，法人用户超过 201 万；统一总客服，接收并处理“一网通办”相关诉求 5.9 万件，解决率 99.7%，满意率 86.1%；统一公共支付平台拓展至 49 个收费事项，服务范围由个人拓展至企业缴费，累计完成缴费超过 1 374 万笔，金额 17.2 亿元；统一物流平台接入物流递送事项 1 583 项，累计寄送总量超 113 万笔，与顺丰速运公司签署合作协议，纳入服务范围。

二是打造好“随申办”超级应用，持续优化移动端办事服务体验。“随申办”服务事项拓展至 830 项，月活跃用户峰值 320 万，在全国同类 APP 中位居前列。“随申办”支付宝和微信小程序上线试运行，分别提供 701 项、500 项服务，进一步拓展“一网通办”服务渠道。

三是合力推动长三角“一网通办”。与江苏、浙江、安徽三省合力攻关，打造长三角地区政务服务“一网通办”专栏，上线全国首个区域政务服务“一网通办”旗舰店。实现首批试点 30 项企业和 21 项个人事项跨省办理，开通 41 个城市 543 个线下专窗办理点，移动端 APP“无感漫游”提供服务 391 项。长三角累计办件量 229 万余件，线下专窗跨省办件 945 件，公积金业务协查量 707 件，政务服务区域一体化效应逐步显现。

四是突出“个性化、精准化、主动化、智能化”特色，迭代升级“市民主页”和“企业专属网页”。汇聚涉及市民企业的各类基础信息和政务服务记录，持续完善用户画像特征维度，市民主页已实现公安、卫健、人社、司法、医保等民生领域 167 项个人主题式服务，企业专属网页已实现企业开办、资质、食品、药品、投资建设等领域 158 项企业主题式服务。开通“一件事一次办”专栏，上线“我要开办饭店”“我要办犬证”等“一件事”主题服务。

五是用好电子证照“杀手锏”，拓展电子证照应用范围和场景。电子证照库拓展至 279 类，累计归集 8 730 万余张证照，调用量突破 6 942 万次。实现电子证照跨地区、跨部门、跨层级共享互认，上线“随申办”APP 电子证照授权功能。打造“在线开具证明”专栏，提供高频电子证明服务，实现“零材料”“零跑动”。积极推进电子证照的社会化应用，在交通执法、宾馆入住以及部分服务性行业开展应用试点。

六是推出政务服务“好差评”。覆盖全上海市 1 500 多个窗口、超 1.55 万余名工作人员，实现“一人一码”、评价到人，自试运行以来，评价总量为 73 万条，差评率 0.52%，以用户评价倒逼服务能力提升和政府职能转变。夯实评价、反馈、整改、监督全流程闭环工作机制，实名差评100%实现回访整改。

【数据共享应用】2019年，市大数据中心围绕公共数据全生命周期管理，加强顶层制度设计，持续开展数据归集、治理、应用、安全等工作，夯实上海市数据治理基础，提升全市公共数据共享应用发展。

一是推动信息系统上云，加强数据归集。推动全市党政机关符合上云迁移条件的信息系统全面上云，2019年完成割接上线项目共1 199个，涉及73个预算主管部门、286个预算单位。

二是以数据资源共享交换子平台为载体强化数据治理。完成大数据资源平台共享交换功能建设，打通国家、市、区三级交换通道，初步具备公共数据跨部门、跨层级共享能力。创新工作机制，按需共享，建立“三清单一目录”工作模式，并逐步落实责任清单。形成公共数据质量监测长效机制，定期对全市单位数据编目的完整性，数据提供的及时性、完整性和准确性等进行质量检测，出具检测报告。完成《上海市公共数据质量管理暂行办法》等制度和《公共数据规范制定指南》等多个地方标准的编制工作。

三是加强数据调用，反哺部门基层，推进数据开放，深化数据应用。实现大数据资源平台与全市16个区、56个部门对接，累计实现共享数据服务调用5.75亿余次，向各区数据落地交换20.34亿条，全市各单位累计调用国家数据446万次。推进数据开放，2019年9月上线数据开放平台，以普惠金融为试点，推动公共数据与社会数据的融合应用。持续支撑重点项目，配合上海市公安局推进城运系统建设，围绕“互联网+监管”，协助梳理监管事项数据。

四是以技术、制度、管理三道防火墙保障数据安全。初步建立公共数据安全整体保护框架体系，建立覆盖与公共数据和“一网通办”业务运行相关的“云、网、数、用”等各个领域的安全管理制度，构建共享交换平台安全体系、监测监管平台，健全安全应急机制，形成技术、制度、管理三道防火墙和安全管理闭环，保障数据全生命周期安全，在国庆及第二届进博会期间，确保数据零泄露、安全事故零发生。

【系统改造完善】2019年，市大数据中心持续推进信息系统建设和完善。

一是稳妥有序对接国家电子政务内网等工作。组织相关单位按照设备名录，对各类应用系统根据新要求进行适配测试改造；与市机关事务管理局分工协作，推进办公厅信息化机房改造。积极配合国务院办公厅电子政务办落实对上海市公务网所涉及各联网单位和办公厅内部政务内网地址进行合规性改造。

二是开展移动协同办公平台建设的前期研究工作。摸清市政府系统“移动办公协同平台”现有建设使用情况，借鉴兄弟省市建设经验，提出以协同共享为出发点，以流程再造为抓手，以移动平台为载体等总体考虑的初步建设方案。

三是落实市政府视频会议和可视调度系统建设，加强日常运行保障和服务。完成市政府办公厅内网视频会议中心端建设，分步推进各区、相关委办局的分会场建设。启动“总值班室视频图像和网络融合平台”研究课题，研究平台系统功能，并搭建环境测试系统。做好会议保障和机房巡检工作，解决突发故障，保障市政府总值班室值班值守可视调度点名及系统运行良好。

【网络支撑与灾难应急保障】 2019 年，市大数据中心不断完善政务网络支撑保障与灾难应急保障系统建设。

一是摸清家底，加强顶层设计，持续加强政务外网支持保障。开展全市政务专网调研摸底，研究制定专网整合方案，推进全市政务专网整合工作。同时研究形成《上海市电子政务外网工作方案》《上海市电子政务外网管理暂行办法》。积极做好上海到国家政务外网和“互联网+监管”等网络开通和运行保障工作。配合推进相关委办上云迁移的网络保障工作。完成上海申康医院发展中心下属 38 家相关单位政务外网网络带宽提升工作。参与“雪亮工程”相关单位政务外网链路调整工作。完成市政务外网市、区两级及重要节点的双链路切换应急演练工作。

二是加强灾备体系建设。完成上海市电子政务灾难备份中心系统信息安全等级三级测评工作；完成 6 家应用级、27 家数据级容灾恢复演练工作；完成“一网通办”展示平台全市 16 个区街道事务受理中心视频接入工作；完成 2019 年度关键信息基础设施网络安全检查工作；对于 2019 年 11 月 30 日医保信息系统的网络链路故障启动应急预案进行及时响应，完成相关灾备系统的切换；完善 800 兆数字集群政务共网，为进博会及上海旅游节、电影节、F1 赛车等重要活动提供 800 兆集群终端租借及通信保障。

【门户网站建设】 2019 年，市大数据中心进一步完善上海市政府门户网站建设。

一是全面推进政府网站集约化平台建设。持续完善建设标准，规范各类信息数据的栏目、分类、格式和接口，建成上海市政府网站集约化平台，具有管理、数据、服务、运维、安全等各项功能。

二是开展“中国上海”英文版改版工作。围绕信息发布、营商环境、形象宣传、服务指引，全面做好英文版改版工作。

三是完成电子邮件系统升级改造项

目。做好资源申请、生产环境搭建、数据库保密检查系统部署和网络配置调试。搭建邮件服务器、系统配置，做好原邮件服务器历史数据迁移工作，在电子政务云上完成邮件系统建设。

四是不断深化政务公开板块建设。完成市政府会议专栏改版工作。以日历形式，方便用户根据每次会议日期“按图索骥”查看历史会议内容；打造活泼的页面风格，通过“一图读懂”的样式，让网民对市政府会议的大致内容一目了然。做好财政公开工作。

五是做好上海市政府网站检查工作。对全市处于正常运行状态的70家政府网站开展全面检查。对已经完成整合下线的各类政府网站开展扫描监测，巩固集约化整合工作成效。

【“一网通办”专项工作推进】 2019年，市大数据中心全面推进“一网通办”相关专项工作。

一是参与立法和政策文件制定。配合做好前期研究及《上海市加快推进数据治理　促进公共数据应用实施方案》《2019年上海市推进“一网通办”工作要点》的下发实施，明确公共数据和“一网通办”工作任务。制定《全流程一体化在线服务平台技术规范》《“一网通办”移动端技术规范》《大数据资源平台管理暂行办法》等标准规范。配合上海市经济和信息化委员会、上海市司法局研究制定发布《上海市公共数据开放暂行办法》，推动政府治理能力和公共服务水平提升。

二是推动“一网通办”品牌建设。完成“一网通办”品牌标志公开征集和社会发布，形成标志使用规范并逐步推广应用；开展“一网通办”“千万市民来找茬”活动，擦亮打响“一网通办”政务服务品牌，广开言路听净言，以用户评价倒逼服务能力提升和政府职能转变。

（杨　蕾）

二、 政务服务渠道优化

“12345”市民服务热线

【概况】 2019年，“12345”市民服务热线（以下简称“热线”）通过电话、手机客户端、网站以及微信小程序等渠道，共受理市民诉求 5 063 211件，比上年增加642 259件，增速为14.53%。其中，电话受理诉求4 639 242件，占91.63%；手机客户端受理诉求322 786件，占6.38%；网站受理诉求41 746件，占0.82%；微信小程序及其他渠道受理诉求59 437件，占1.17%。

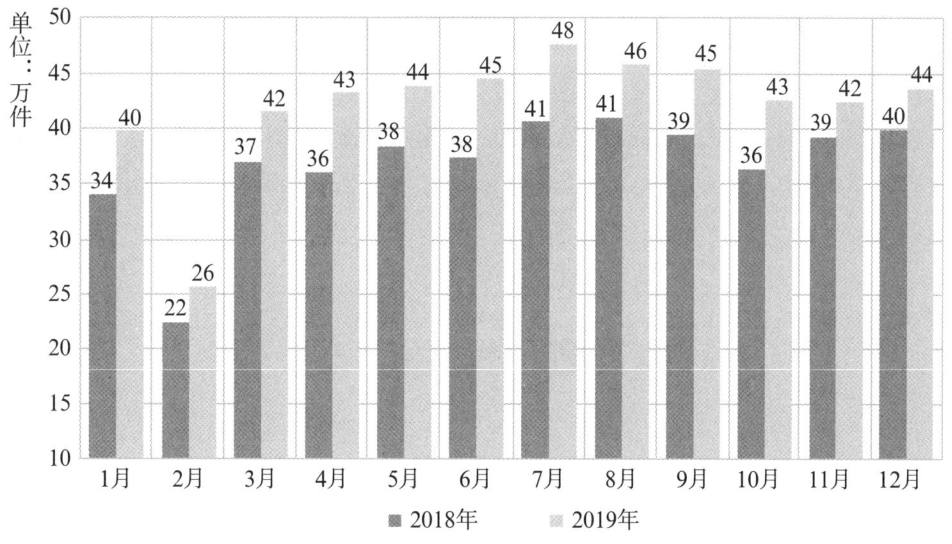

图 3.1 “热线”年度受理工单趋势

市民诉求类型为，咨询类 1 844 610 件，占 36.43%，比上年增长 18.12%；求助类 1 699 381 件，占 33.56%，比上年增长 31.68%；投诉举报类 1 192 312 件，占 23.55%，比上年下降 11.35%；意见建议类 156 133 件，占 3.08%，比上年增长 97.76%；其他类 170 775 件，占 3.38%，比上年增长 17.86%。

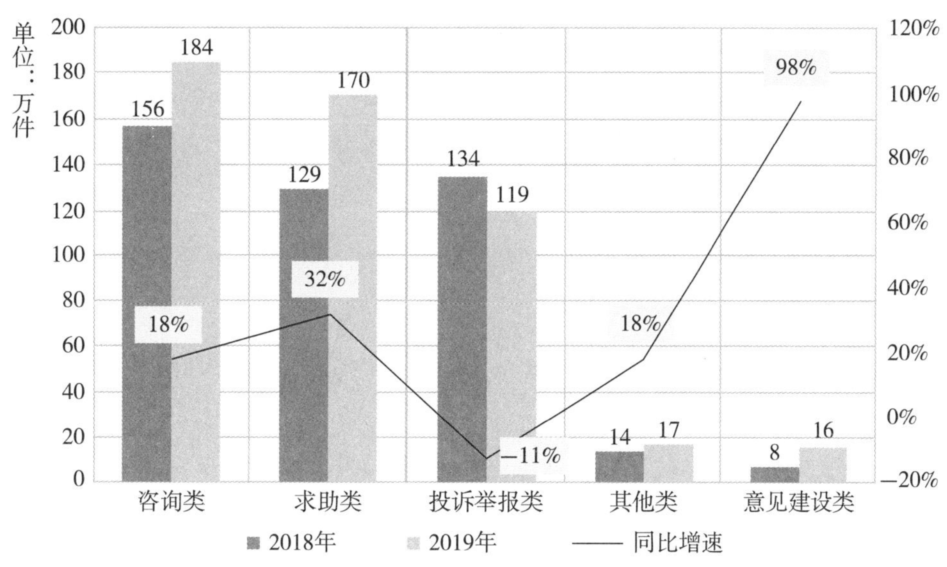

图 3.2 “热线”年度受理工单类型

（银 峰）

第二章　机关信息化

概　述

2019年，是落实党的十九大精神，推进机构改革的重要一年。上海市各机关完成机构改革，建立更加完善的部门、业务体系，并在信息化推进过程中，各部门重点业务及机关信息系统各司其职，充分发挥信息化工作的创新支撑作用，不断提高政府经济管理、社会管理和公共服务的效率和水平。

一、上海市人民代表大会

【概况】 2019年，上海市人民代表大会常务委员会(以下简称“市人大常委会”)办公厅对上海市人民代表大会(以下简称“市人代会”)主席团电子会务系统进行升级改造，建设完成市人大常委会会务工作智能化平台、市人大智能预算审查平台和市人大老干部综合信息管理系统。上海人大“一网通”政务微信日趋成为代表履职的参谋助手、机关“微办公”的数据中枢。上海人大网做好重大会议的宣传报道工作，在线纪念上海市人大设立常委会40周年。

【市人代会主席团电子会务系统升级改造】 市人代会电子会务系统自2009年建成以来持续为上海党代会和上海两会提供会务信息化保障服务。根据市委、市人大和市政协相关会务要求，2017年对市人代会电子会务系统中的红厅区域进行大屏显示、电子签到、电子表决、电子投票等升级改造，2019年完成致远厅区域市人代会主席团电子会务系统的升级改造工作。市人代会主席团电子会务升级改造项目通过建设一套多功能的席位终端系统，来满足市人代会期间大会主席团会议和市人大常委会会议的各项要求。该套多功能席位终端具备先进、可靠、扩展、开放等优势，可以在未来较长时间段内适应各类多媒体会议需求，包含 15 套主席台单元和 133 套席位单元，采用嵌入式一体化设计，具备多项主要功能：桌面报到，会议开始前，主席团组成人员按照电子席卡、终端液晶屏上显示的姓名和个人照片入席就坐，插入报道卡完成会议报到；申请发言，会议进入申请发言议程时，主席团组成人员按照电子会议终端液晶屏提示，按“发言键”申请发言，发言可以设定倒计时功能，超过发言时限话筒将自动关闭；单项表决，会议进入单项表决议程时，主席团组成人员按照电子会议终端的液晶屏提示按“赞成”“反对”或“弃权”键进行表决，表决状态以最后一键为准；多项表决，会议进入多项表决议程时，主席团组成人员按照表决要求，如果有多页表决项，可以通过电子会议终端液晶屏上“前移”“后移”“翻页”“勾选”等按键完成表决。升级改造后的市人代会主席团电子会务系统汇集当前先进的多媒体技术和通讯手段，丰富主席团会议的展现形式，简化办会人员的工作流程，提高参会人员的会议效率，实现了会前、会中和会后的全过程信息化、智能化管控。

【市人大常委会智能预算审查平台建成】 按照党中央“人大要把宪法赋予的监督权用起来，实行正确监督、有效监督”“要以信息化推进国家治理体系和治理能力现代化”的指示精神，市人大常委会高度重视人大预算审查监督工作，2019 年，市人大常委会根据预算决算审查监督工作实际需要，依托市财政信息系统，初步建成市人大常委会智能预算审查平台，实现对市财政预决算数据的智能联网监督。市人大常委会智能预算审查平台从人大预算监督业务实际情况出发，借鉴兄弟省市和行业内财政平台信息化建设经验，以“一个预算监督数据中心，七大业务模块”为核心，具有完备的数据标准体系和业务规范体系，注重数据安全和运维保障。该平台可对一般公共预算、政府性基金预算、国有资本经营预算、社会保险基金预算的编制、执行、调整及决算的全过程进行智能分析和自动化监督，具备报表查询、数据分析、智能预警、比对纠错等功能。

市人大常委会智能预算审查平台主要有以下五个设计特点：智能化理念。平台通过智能审查计划、智能执行报告，将人工手动审查模式转变为从机器研判、推送预警信息到人工处理预警信息的智能审查模式。监督指标可视化调整机制。平台具有监督指标灵敏度微调整功能，为可持续进化的指标体系建设提供技术基础。大平台功能设计。将整个项目的应用范围从市人大单个部门提升到组织全局，从人大内部监督提升到人大、政府、代表多条线协同办公。涵盖财政全库数据。基于市财政全库数据的立体分析模型和多维度指标体系的设计，为全视角深度监管提供了数据支撑。移动交互理念。通过体系化设计，实现与上海人大“一网通”政务微信数据勾连，日常待办业务可以通过手机办公 APP 实时推送。

市人大智能预算审查平台拓展了人大预算审查监督方式、丰富了预算监督形式、提升了预算监督实效，人大代表利用平台可以辅助发现问题、探究缘由、提出整改，为完善预算草案编制提供参考意见，更好地发挥人大代表的主体监督作用。

【会务工作智能化平台整合建成】2019年，市人大常委会办公厅通过整合常委会会议厅电子会议系统及相关智能配套工程，建成一套在全国人大范围内具有领先性、智慧性和独创性的市人大常委会会务工作智能化平台。平台主要参照市人大常委会会议和主任会议流程，运用大数据技术关联会议各个节点，加强市人大会务工作各阶段流程管控，注重会务服务的规范、智能、效率和质量，主要集成以下四项内容：与排座系统集成。平台根据会议通知反馈及请假情况自动生成参会人员名单并上传至常委会会议排座系统，排座系统将完成后的座次分布图回传至平台进行展示，支持自动同步、人工干预、PDF（Portable Document Format，便携式文档格式）预览等功能。与电子阅文终端集成。平台自动生成的会议日程文件、议题列表文件和目录文件可以推送至电子阅文终端，方便常委和参会人员随时查看。与电子会议系统集成。平台将会议主持稿、会议日程、会议议题等推送至常委会电子会议系统，实现语音播报会议议程、记录会议发言、文字与语音互转、人脸识别签到、出席统计分析等功能。与上海人大“一网通”政务微信集成。可以通过平台发布会议议题征集，利用上海人大“一网通”政务微信同步推送至各相关人员，并开通相关会议日程自动提醒。

【上海市人大老干部综合信息管理系统建设】离退休干部是党和国家的宝贵财富，做好离退休干部的日常管理工作，具有极强的政治性和政策性，体现了党一贯关心、爱护离退休干部的优良传统。市人大老干部综合信息管理系统旨在建设一个以离退休干部个人信息为基础，离退休干部关联信息为拓展的综合性管理平台，为做好离退休干部服务、管理工作提供信息化支撑，主要包含以下四大模块：人员基础情况管理模块。主要对离退休干部基础情况进行管理，并提供分级授权人员信息维护机制。人员拓展信息管理模块。主要对离退休干部各类业务状态拓展情况进行管理，如兴趣特长、家属信息、学习情况、照片资料等。即将离退休人员管理模块。主要与人事管理系统进行数据对接，通过数据分析形成预期信息管理和提醒预警。移动端服务管理模块。主要为离退休干部提供移动端信息服务，可以通过微信、政务微信等手机 APP，实现系统登录、内容浏览、信息发布、群共享、朋友圈共享等。市人大老干部综合信息管理系统依托上海市电子政务云而建，共享政务云的数据安全和带宽优势，PC 端采用 MVC（Model View Controller，模型—视图—控制器）框架，基于 J2EE（Java 2 Platform Enterprise Edition，Java 2 平台企业版）开发，可以适应不断变化的业务需求，满足单位之间业务协作需要，移动端基于 HTML5 开发，适应媒体融合和人机互动需求，为离退休干部提供实时、全过程和个性化服务。

【上海人大“一网通”政务微信调整完善】 上海人大“一网通”政务微信建成后，按照常委会“一网通办”的工作理念，依托政务微信“搭台唱戏”，充分发挥政务融合和移动办公的架构优势，在板块设置、展示方式、阅读习惯等方面不断微调，贴近市人大机关各部门实际需求：新增“重要学习”板块，其中“学习时刻”栏目汇集习近平总书记重要论述，具备口播功能；“经典导读”栏目展示新中国历任领导人的重要思想及论述；“特别专栏”栏目精选市人大常委会委员长重要讲话。新增“代表建议”板块，该栏目与市人大代表议案建议系统数据对接，市人大代表可以通过上海人大“一网通”APP 免登陆直接查看代表建议相关内容。新增“备案审查”板块，可以便捷查看法律法规备案信息，生成统计图表，查阅备案审查工作动态。新增“预算联网监督”板块，分类放置预算监督相关文件，便于人大代表进行预算管理监督，做到预算信息公开。新增“法制专递和常委会快报”板块，该板块可向人大代表、工作人员智能推送定制的新媒体信息。新增“会议室预定”板块，人大代表和工作人员可以在线查看会议室布局和使用情况，并提供会议室预定功能。新增“行财服务助手”板块，人大代表和工作人员可以在线查看差旅费标准、申请公务用车等。上海人大“一网通”政务微信经过磨合与调整，已经初步实现全市各级人大代表“一网互通”，市人大机关各部门数据“一网贯通”，各类消息舆情、调查问卷发布“一网直通”。

【上海人大网发挥作用】 2019 年全国两会期间，上海人大网全力做好大会新闻采编工作，网站共发布各类稿件约 4 500 篇，图片新闻约 3 000 张，HTML5 新媒体作品30余件，每天推出一期《大会快报》，收录与上海代表团相关的主流媒体报道200余篇。上海人大网还首次为每位上海全国人大代表印制履职手册，内含7个工作二维码，代表可以扫码在线浏览3 000多篇个性化媒体报道和图片新闻，查阅代表议案及个性化工作简报。为纪念上海人大常委会设立40周年，上海人大网开通“网上博物馆”，在这个虚拟博物馆中，陈列从市、区多家档案馆遴选出的历史文档，及来自市人大机关的600多张珍贵照片、500多位历任常委会委员肖像。

（宋　兵）

二、上海市人民检察院

【概况】2019年，上海市人民检察院（以下简称“市检察院”）根据最高人民检察院（以下简称“高检院”）和上海市相关工作部署，围绕检察业务中心工作，落实电子检务和智慧检务工程，做好信息技术支撑和保障，创新信息化发展，有效推动“智慧沪检”工作不断取得进步。

【市“一网通办”体系融入】2019年，市检察院按照市委、市政府相关工作要求，以“上海检察12309服务平台”为切入点，以“检察为民”为主题，融入上海“一网通办”大格局。一是入驻上海市政务服务平台。在“随申办”APP和“一网通办”网站同步开通“检察为民”服务窗口，对外提供权威发布、以案说法、律师诉讼服务、法律文书公开等13个检察服务。二是落实上海市数据共享交换要求。对检察机关依法履职相关的公共数据进行数据归集、按需共享和开放应用。以“有利于服务社会治理”为原则，以自然人和法人为主线，完成相关数据资源的目录编制及数据挂载工作，截至2019年年底已实现25万余条记录抽取到市大数据中心数据湖。三是积极推进非密应用系统“上云”。依托上海政务云平台，截至2019年年底已完成14个应用系统的云资源申请，100%实现应用系统的迁移割接。

【刑事智能辅助系统建设应用】2017年2月6日，中央政法委员会部署上海政法机关研发“推进以审判为中心的诉讼制度改革软件”任务，2019年，全市检察机关共同积极推进系统的建设、应用工作。2019年全年，全市检察机关通过刑事智能辅助系统受理公安机关移送审查逮捕案件约2.7万件，受理移送审查起诉案件3万余件，向法院提起公诉约2.6万件。目前，通过刑事智能辅助系统流转办理的审查逮捕、审查起诉数据，已占到全市检察机关实际案件数的九成。

【政府互信平台实现“网上换押”】2019年，根据中共上海市委政法委员会(以下简称“市委政法委”)推进电子卷宗“单套制”运行的目标，检察机关牵头负责政法互信平台建设以及开发网上换押功能。一是推进政法互信平台建设。由市检察院牵头开发的基于CA认证技术的信任体系，实现法律文书的电子版本(含电子印章、电子签名捺印)在公检法司之间的流转安全、可信、可验证，为网上办案取代线下办案提供基础，率先在全国实现在政法协同中应用互信功能。二是开发网上换押功能，目前在黄浦区院试点应用，首创电子送达机制，实现“换押证”“单轨制”流转，为办案人员节省在途时间，也为后续政法协同深度应用奠定经验和基础。

【检察工作网试点应用】市检察院作为全国第一家正式试点应用检察工作网的单位，自2018年12月1日起正式投入应用，一年多来已实现批捕案件96.8%、一审起诉案件90%以上在检察工作网的办理，100%覆盖刑事非涉密案件，为公检法数据协同共享和智能辅助办案踏出了坚实的一步，也为全国检察机关工作网应用工作积累了丰富的经验。截至2019年年底，市检察院检察工作网门户网站已建设完成，正加快推进现有45个常用应用系统从检察专线网向检察工作网的迁移和应用，同时将非密民事、行政、公益诉讼检察业务迁移到工作网办理。

【高仿真远程会商系统建成】根据全市检察机关信息化建设指导意见，2019年，市检察院牵头完成高仿真远程会商系统建设任务，实现和高检院、其他省级院的互联互通，提供真人1∶1的沉浸式会商效果。黄浦、浦东、静安、青浦四院也积极投入，完成高仿真远程会商系统既定建设目标，与市检察院实现互联互通，为调研会商、案件讨论提供有力技术支持。

【信息化与检察业务融合】2019年，市检察院抽调检察官参与信息化项目具体研发工作，促进信息化与检察业务深度融合，以项目制促进各条线业务工作信息化水平提升。一是完善基层院建设考核上报管理系统。紧抓为基层院“减负”核心任务，结合考核“同质化”工作，依托统一业务系统数据，实现检察业务部门考核项目数据自动抓取率达61.44%。二是在控申业务方面，结合业务部门需求，研发推进智慧控申系统，实现信访接待窗口人员管控、信息录入、智能辅助等功能。三是探索建立公益诉讼线索收集、数据筛查、案件管理、知识服务、数据视图五大平台，为公益诉讼线索发现和案件办理提供支持。四是建设“智慧沪检”数据墙，联合相关业务部门，实现案件、罪名、案件比等数据展示，为全市各院、市院各部门提供决策支持。

【实验室挂牌开展前瞻研究】 2018 年 10 月，经高检院批复同意，“智慧检务创新研究院检察大数据融合创新研究(上海)实验室”正式挂牌成立。实验室有效利用高校、专业技术公司等联合共建单位的优势资源，开展智慧检务相关课题研究，为上海检察信息化的发展进行前沿探索。2019 年，实验室确定《检察业务数据规范化治理研究》等十项重点研究课题，注重项目研发前的科学研究。

(检察院)

三、上海市高级人民法院

【概况】 2019 年，上海法院准确把握现代科技发展的战略态势，推动大数据、人工智能与法院工作深度融合，信息化建设与应用取得较好成效。全年新建和升级改造项目共计 218 项，除持续推进的项目，其他都基本完成；开发完善应用软件 62 个，完成 18 项与最高法院之间的对接开发任务；全年接待信息化相关的参观交流 618 批 7 400 余人次，保障全市法院千余场重要庭审、重大会议和接待顺利进行。

【信息化基础设施建设】 为提升上海法院新一代基础设施能力，2019 年，全市法院以“迁网上云”为契机，制定新三年建设规划。

一是完成全市法院整体“迁网上云”工程。全市三级法院与相关单位和公司信息技术人员利用国庆长假，一举完成全市法院 115 个网络接入点、1.3 万余台计算机、850 余台服务器、120 个主要业务系统、1 397 Tb 数据向政务外网及政务云的迁移部署工作。作为全国首家以省为单位实施整体“迁网上云”工程的法院，为全国法院提供了创新示范案例，初步形成了上海法院“三朵云”“三张网”雏形，为上海法院深化“智慧法院”建设和“新三年规划”建设奠定基础。

二是完成上海法院新一轮三年信息化规划制定工作。于 2019 年 8 月启动新三年信息化规划编制工作，10 月下旬完成规划起草工作并组织召开专家咨询会，修改完善后于 2019 年 12 月 12 日经高院党组会审议通过。

三是丰富完善上海法院司法审判信息资源库。在法官培训基地建立司法审判信息资源库中心，配置计算、存储、应用服务等相关设施，增强计算存储与应用服务能力。全面梳理整合 7 大类 77 个司法审判信息资源数据库，共计 1 370 TB，建立司法审判大数据中心及大数据专题分析应用支撑平台，开发 29 项大数据专项应用，其中 4 项获得最高法院特等、一等、二等创新奖。

四是健全完善信息化标准规范，推动信息化建设与应用规范化标准化。为确保“迁网上云”及后续新环境有序持续安全运行，制定并下发《上海法院业务局域网与上海法院政务云外网业务网对接规范》等四项规范。为规范互联网应用，制定《上海法院“互联网＋应用”平台建设技术规范》。

【在线诉讼普及应用】 2019 年，全市法院积极推进各类诉讼服务平台建设与应用，提升群众获得感。

一是打造“上海移动微法院”。升级上海法院在线诉讼服务功能，完成与最高法院“中国移动微法院”对接工作，整合网上立案、案件查询、在线送达、在线调解、在线庭审、申请执行、网上缴费等 23 项功能，2019 年 6 月在全市法院全面上线。开通跨域立案功能，全年共办理跨域立案 213 件，为当事人提供便捷、高效、精准、同质服务。

二是积极对接市“一网通办”政务服务总平台。坚决贯彻落实市委决策部署，打破数据壁垒，打通信息堵点，实现“12368”诉讼服务平台与大数据中心的数据有效对接。按照《上海市公共数据和一网通办管理办法》的规定，落实好数据采集、整合、共享、开放、应用、安全等各环节的要求，将“12368”诉讼服务平台接入“一网通办”，并于 2019 年 3 月 1 日正式上线运行。“12368”诉讼服务平台网页版入驻“一网通办”总门户，为群众提供十大类 14 项诉讼服务，平台移动版入驻“随申办”APP，为群众提供九大类 13 项诉讼服务。全年网上立案 14.1 万件，案件查询 16.1 万次，智能法宝 12.7 万次，网上缴费 161 408 笔、金额约 6.47 亿元。

三是研发一站式多元解纷平台。在原有的在线调解、委托/立案调解等系统基础上，研发“上海法院一站式多元解纷平台”，对接上海市司法局智慧调解平台和行业性专业性调解组织平台，具备在线申请调解、在线起诉立案、在线司法确认等多种功能，便于法院充分发挥在社会治理中的作用，全年进入平台案件 2 982 件。

四是优化上海法院电子送达平台。新增上海法院“12368”微信公众号、上海移动微法院等文书电子送达新方式，将上海法院已有的文书送达功能整合至一个平台，实现送达工作责任到人、送达过程有据可依，2019 年全年电子送达 1 378 件。

【智能辅助办案新模式探索】2019年，上海法院积极运用人工智能、区块链等现代科技，在智能辅助审判执行上不断探索。

一是深入推进刑事案件智能辅助系统建设与应用。在全市公检法司全面推广应用，目前系统102个罪名的证据标准指引已全部上线运行，全年法院受理的102个罪名的案件全部进入系统运行。大力完善应用机制建设，牵头制定电子卷宗“单套制”应用、公文互信体系建设、涉案财物共管等规范性文件并会签。在黄浦区大力推进“单套制”和网上换押应用试点。大力推广智能辅助庭审功能应用，全年在上海市第二中级人民法院、徐汇法院、黄浦法院开展示范庭审18次。协助中央政法委、上海市委政法委做好全国推广工作，系统已在安徽、山西、贵州、云南、福建、新疆生产建设兵团开展试点应用，共计录入案件17万余件，其中安徽、山西、贵州已于2019年年底完成全省推广应用。

二是持续推进民商事、行政案件智能辅助办案系统建设与应用。2019年，系统完成全部21项功能研发，首批开发的道交、政府信息公开、银行卡3个案由已全面应用，截至2019年12月底，进入系统案件18万件，使用系统案件约1.9万件，股权转让等其他5个案由在部分法院试点应用。智能编目功能已全面上线应用，编目准确率达78%，共有17 015个案件使用庭审提纲辅助生成功能，16 935个案件使用文书生成功能，生成文书18 714份。

三是增强智慧执行功能，提升执行质效。以承担“两高一部”(最高人民法院、最高人民检察院、公安部)重点课题示范工作为契机，大力推进全案信息自动回填、全案文书自动生成、网络查控自动发起、当事人自动关联与执行线索自动推送、执行过程自动公开、违规行为自动冻结、终本案件自动审核等功能的研发与应用。特别是移动执行、终本核查等模块，率先运用区块链可信存证、智能合约技术，对执行过程中的与当事人之间的互动记录、电子文件、电子卷宗进行分布式存储，对终本过程管理流程编制成合约代码自动运行。该功能于2019年7月在上海市第一中级人民法院、上海市第二中级人民法院、松江法院试点运行，共对8 000多起终本案件进行自动检查，反馈良好。

【司法大数据汇聚利用】2019年，上海法院充分运用司法大数据资源为上海营商环境建设、长三角地区司法资源共享等提供技术支撑。

一是为优化上海营商环境建设提供技术支撑。完善浦东自贸区法庭电子诉讼平台，2019年全年立案26 778件，整合推出长宁法院互联网法庭的通用版电子诉讼平台，全年立案5 271件，已在全市推广。推进破产重组、执行提效等主要数据公开,开发互联网站公开平台和破产案件大数据分析平台。

二是启动长三角地区法院司法资源开放共享平台建设。建设长三角地区法院司法资源开放共享平台,将7方面事项、26类数据纳入共享目录;依托长三角政务“一网通办”平台,实现法院23项诉讼服务的入驻应用。2019年8月开通跨域立案功能,截至2019年12月底,共办理跨域立案182件。

三是发挥大数据作用,服务保障进博会和自贸区建设。全年共审结2.5万件涉自贸区案件,运用大数据分析,对涉自贸区案件的法律适用、政策背景等信息进行收集、整理、分析和发布。加强信息技术与服务保障进博会任务的深度融合,配齐一站式诉讼服务所需软硬件设施,全年共审结涉进博会案件22件。

【司法改革支持促进】2019年,上海法院围绕司法体制综合配套改革及内设机构改革需求,全市法院着力做好信息化保障。

一是推进繁简分流工作。紧贴各法院繁简分流业务规则,完善相关模块,大力推进应用,如上海市第一中级人民法院试点应用,全年收案2.8万件,94.84%经繁简分流。

二是完善随机分案模块。根据随机分案规则,兼顾繁简分流、法官基本工作量指标等要素,完善分案排期模块,2019年10月开始在全市全面应用,全年系统随机分案数为14.3万件,占全部审判类案件的22%。

三是推进专业法官会议管理系统应用。全市法院2019年共召开4 168次专业法官会议,充分发挥系统在落实司法责任制、汇集法官办案经验等方面的作用。

四是深入推进电子卷宗随案同步生成和深度应用。着力提升电子卷宗目录智能识别率和智能编目功能,自动编目准确率达87%,完善合议庭评议、智能庭审等功能;梳理完善审判执行文书335种、裁判文书模板46种,完善文书生成模块。积极推进“单套制”归档改革在全市三家法院的试点工作。

五是积极推进“单套制”试点工作。积极指导上海市第二中级人民法院、上海市第二中级人民法院、上海铁路运输法院等试点法院应用,深入使用一线,主动收集应用中存在的问题,不断完善系统功能。上海市第二中级人民法院、上海铁路运输法院的试点效果良好。

【网络信息安全保障】2019年,全市法院加强网络安全保障体系建设,强化安全管理和防护,全面提升网络防护能力。

一是健全相关制度。建立政务外网网络信息安全相关规定,完善政务内网相关安全规定。

二是构建安全监测平台。对全市法院终端设备，建立统一的安全监测预警平台。

三是加强源头安全防范措施。对政务外网、互联网中重要的业务或身份信息采取一经产生就加密存储与流转的措施，确保数据安全。

四是积极开展网络安全等级防护工作。上海市高级人民法院等 15 家法院的互联网网站等级保护工作通过测评，上海“移动微法院”等四个诉讼服务平台及门户网站通过了云端等保测评，保障上海法院互联网各类网站及平台的安全。

五是加强安全保密教育。对全市法院保密办人员、信息技术人员、驻场技术服务人员分别进行保密规则教育和保密形势教育。

六是落实自主可控应用。如期完成政务内网自主可控要求建设，编制并通过政务外网自主可控应用方案。

（徐　沛）

四、 上海市妇女联合会

【概况】 2019 年，为深化妇联改革，主动适应“互联网 + ”时代妇女工作面临的新问题、新挑战，充分发挥互联网和新媒体引领、服务、联系妇女群众的作用，提高网上群众工作水平，上海市妇女联合会（以下简称“市妇联”）加快推进网上妇联建设，汇集融合全市与妇女、儿童、家庭服务等相关的信息资源，初步建成功能完善、服务便捷、参与广泛、安全高效的网上妇联，形成网上网下相互促进、有机融合的群团工作新格局。

【门户网站和服务平台升级改造】 2019 年，市妇联对“上海女性”门户网站升级改造，集成上海市各级妇联组织和直属单位的门户网站，面向全社会提供妇女之家、示范性家政服务站、维权服务点、公共场所母婴设施、社区幼儿托管点等网上便民服务地图查询，实现统一的门户登录、信息发布、消息通知、在线服务等功能。

【业务和数据平台建设】 业务管理系统由日常业务管理、家庭儿童工作平台、发展联络业务子系统、维权管理子系统、妇女代表登记（履职）管理子系统等多个子平台构成，实现市妇联、区妇联、街镇妇联、大口妇委会、直属单位多级业务工作的信息化，实现部门内部的规范化管理和部门之间的数据整合、信息共享和业务协同处理。

【"上海女性"微信公众号发展】2019 年，经升级改造，市妇联实现系统网络资源60多个新媒体入口矩阵传播，慧客厅、趣活动、乐分享三大功能模块，内容涵盖维权、育儿、家政、健康、活动、咨询等各类服务。"上海女性"微信公众号全年共推送文章643篇，总关注数（粉丝量）45万余人，推送文章阅读量超1 000万次。

【移动应用建立】2019 年，市妇联依托全国妇联"妇联通"APP，进一步发挥业务应用系统作用，使妇联工作人员能够安全并实时查询相关资讯和业务数据、采集人员信息，在确保业务数据安全的前提下，方便日常工作，建立妇联移动应用系统。

（王佩凤）

五、中国共产党上海市委员会宣传部

【概况】2019 年，中国共产党上海市委员会宣传部（以下简称"市委宣传部"）持续贯彻落实中央、市委在宣传思想文化的方针政策，引导和把握社会舆论，完成电子政务系统升级改造、对接"一网通办"等信息化工作。

【新闻出版电子政务系统升级改造】2019 年，根据关于《全面推进"一网通办"加快建设智慧政府工作方案》（沪委办发〔2018〕14 号）、《关于做好市新闻出版局"双随机、一公开"工作有关事宜的通知》（沪审改办〔2016〕125 号）和《关于进一步规范行政许可和行政处罚等信用信息公示工作的通知》（沪经信征〔2016〕5 号）要求，市委宣传部建设完成29个大项139个小项行政审批，3个行政确认事项"一网通办"模式三对接；14个电子证照库建设，并与上海市电子证照库对接，包括存量数据归集；完成与上海市"双公示"平台对接；完成"双随机"抽取系统建设。

（梁国奋）

【电影市场审批服务系统建成】2019 年，市委宣传部建成覆盖市、区两级的整体联动、市区协同、一网办理的电影市场审批服务系统，完成6个大项26个小项行政审批"一网通办"模式二对接，完成2个电子证照库建设，并接入上海市电子证照库。实现政务服务的便捷化、平台化、协同化，政务服务流程显著优化，服务形式更加多元，服务渠道更为畅通。依托互联网建设"互联网+政务服务"平台，实现行政审批办件的咨询、提交、受理、流转、审批、反馈全流程办理。

（张　杰）

【行政审批“双减半”落地】 由于上海市新闻出版局的行政审批系统面临升级改造，为完成上海市“双减半”减材料、电子证照、数据共享工作要求，2019年，市委宣传部建设电子证照、数据共享查询的外挂系统，上海市新闻出版局和上海市电影局共同使用。9月30日完成系统建设，实现10项电子证照种类、7项其他单位共享信息项的查询。随着市大数据中心电子证照、共享数据信息库持续更新，外挂系统能查到更多数据。截至10月30日新闻出版、电影审批材料810项，计划减材料475项，计划减材料比例58.7%，实际减材料落地300项，实际减材料比例37.1%。初审事项需要报上级部门审批，无法删减材料，若不计初审事项，新闻出版、电影审批材料427项，计划减材料285项，计划减材料比例66.7%，实际减材料落地286项，实际减材料比例67%，区新闻出版电影管理部门实际减材料比例70%。绍兴路业务受理大厅配置扫码枪，支持现场亮证。

（梁国奋）

六、上海市经济和信息化委员会

【概况】 2019年，上海市经济和信息化委员会（以下简称“市经济信息化委”）深化上海市公共数据开放，全面推进“一网通办”工作，并完成对外经济发展信息系统、上海品牌经济提升工程等系统平台建设。

【“一网通办”建设】 市经济信息化委已于2018年年底第一批完成全事项统一受理平台的接入工作，共涉及委内13个行政审批事项和政务服务事项。2019年，市经济信息化委优化统一受理平台接入方案：丰富市经济信息化委政务服务维度，将原上海市无线电管理局审批事项纳入市经济信息化委权责清单中，并实现“一网通办”统一受理的政务服务目标；提升企业政务服务获得感，从业务场景出发，优化办理方式；制定“减时间、减环节、减材料、减跑动”的业务标准，优化审批服务事项申报流程；建立市经济信息化委层面的“承诺办理时间动态调整”机制，实现从“办成事”到“快办事”的转变。

市经济信息化委已于2018年年底完成对应“三清单”的编目工作以及数据共享对接工作，目前归集的数据已满足政务数据共享整合的要求。2019年，市经济信息化委继续推进数据共享整合应用：建立共享数据对账机制，确保数据对接安全稳定；建立共享数据使用用户反馈机制，提升政务共享数据质量；制定公共数据开放地方规章；建立委内数据资源平台，归集委内政务数据及公共数据，实现与市大数据平台对接；制定数据共享安全规范，明确数据安全传输标准。

经过近几年的“一网通办”建设，市经济信息化委已归集电子证照 3 张且涉及 3 类审批事项，分别为：对国家鼓励发展的内外资项目的确认（进口设备免税）、对成品油零售经营的许可、对供电营业区设立变更的许可。2019 年，市经济信息化委持续推进电子证照归集与应用：优化市经济信息化委电子证照库，丰富电子证照使用场景；普及电子证照的法律效力，将电子亮证应用对应到各审批事项中，让申请人切实体会电子证照的便利；严格制定制证线上机制，从业务流程及数据安全的角度，以防制证漏洞。

2019 年，市经济信息化委严格按照市委、市政府关于“一网通办”工作的全面部署和工作要求，结合委内业务实际情况及工作特点，以“统一入口、统一归集、统一受理”为目标，全力打造政务服务协同工作三大中心业务平台。具体包括以信息服务、政务服务为统一入口的市经济信息化委门户集约化平台；以数据归集、数据整合、数据共享、数据分析为核心的市经济信息化委大数据资源共享平台；以解决社会需求，优化受理审批服务为目标的市经济信息化委行政审批办公平台。加快形成三位一体、相互支撑、数据共享的政务服务体系，为全市“一网通办”政务服务改革工作做出积极贡献。

【对外经济发展信息系统建设规划】当前，市经济信息化委外事外资工作缺乏相关信息系统支撑，产业和信息化领域外资企业数据掌握不够全面，外事出访、外事接待及委内其他相关外资企业数据尚未充分整合。2019 年，市经济信息化委形成相关方案。在业务层面上，结合上海市经济政策和外经处业务需求，梳理出需要落地的业务内容，并建设整体平台，为外经处掌握和评估全市产业和信息化领域外资企业综合情况提供支撑；在数据层面上，将对上海市法人库、委内各相关数据库（委专项资金平台、产业项目信息库、产业项目跟踪系统、产业结构调整项目库）、外部数据（市商务委利用外资统计月报、相关新闻数据等）进行整合，为外事外资工作提供客观分析依据。

【上海品牌经济提升工程项目】“上海品牌经济提升工程”是以品牌经济数据库为建设核心的综合性信息服务平台，并以此平台开展品牌经济系列研究、咨询、发布、宣传推介等活动，形成以城市品牌、产业（区域）品牌、企业（产品）品牌以及消费者等为服务对象的品牌专业服务链，全力服务于上海打响“四大品牌”、打造卓越全球城市，进而为国家品牌经济平台建设提供示范作用，为国内品牌在“一带一路”战略中展示强国风采夯实基础。开展“上海品牌经济提升工程”，可以为品牌体系建设提供基础性的数据，为上海打响“四大品牌”提供智力支持、数据支撑和信息保障。2019年，市经济信息化委建设上海品牌数据库，针对上海市经济和社会发展的需求和产业经济发展的特征，将目前相对缺乏、相对分散零乱的品牌数据及品牌发展动态信息，系统、客观地汇集起来，并通过科学的整理分析，为上海市、长三角区域乃至全国的消费者、企业以及政府等各界提供权威、准确的品牌发展信息，提升上海城市自主品牌建设能力，营造良好的品牌企业发展环境和品牌消费环境。

（朱铭杰）

七、上海市公安局

【概况】 2019年，上海市公安局（以下简称“市公安局”）初步总结形成智慧公安十大应用场景和数据治理、治安防控、智慧安保、移动应用框架体系。通过理顺组织运作体系，智慧公安规划愿景逐渐成为现实，为“第二步走”迈出了坚实一步。

【“神经元”建设】 2019年全年，市公安局进一步推进全市范围“神经元”建设。一是对2018年建成的100多个入沪通道卡口进行升级改造，进一步丰富智能阻车路障、车底探测、人证核验等感知设备建设，并研发、推广适用于不同场景的实战应用模型。全面推进客货运码头、水路卡口建设，截至2019年年底完成65个客货运码头、26个长途客运站、57座轨道交通换乘车站的卡口建设，并投入实战应用。卡口查控警务流程再造同步展开，进一步做实市域卡口监测系统的“闭环管控”。二是加强社区、楼宇、场所领域的智能安防建设，总体完成80%封闭式小区和50%开放式小区、50%商务办公楼宇的智能安防建设任务。

【城运系统1.0版建设】 根据市委、市政府关于以智慧公安为基础建设城运系统的指示精神，2019年，市公安局牵头推进城运系统建设应用，建成城运系统1.0版。主要围绕城市动态、城市环境、城市交通、城市保障供应、城市基础设施5个维度，配合上海市住房和城乡建设管理委员会提出上海城市运行基本体征指标体系，包括空气质量、城市交通等

80余个相关指标。在此基础上，将智慧公安前期建设的云资源升级为城市运行云，作为市电子政务云的重要组成部分，并提供深度神经网络计算、人工智能和视频分析等智能应用能力，整合接入公共安全、绿化市容、住建、交通、应急、民防、规划资源、生态环境、卫生健康、气象、水、电、气、网等领域22家单位的多个业务系统，形成纵向到底、横向到边，覆盖面广、穿透力强的市级综合应用系统。同时，聚焦实战应用，深度赋能城市运行管理，积极探索基于“神经元”感知的创新应用，不断提升各类业务场景智能化应用水平，先后形成了对人员聚集风险的客流监测，对高层建筑玻璃幕墙坠落风险的研判预警，对渣土车未盖顶、机动车套牌等异常情况的预警等场景模型。

【智慧安保初步建成投入应用】 2019年，智慧安保初步形成“3 + 5 + X”技术支撑模式。在第二届进博会安保中进一步实践与完善智慧安保能力建设，以市域卡口监测系统、社会面智能安防系统、现场风险洞察系统构筑起由外及内的三大防护圈层（即“3”），基于“公安大脑”重点运用“一标六实”警用地理信息系统、智能图像识别应用、关注人员发现管控系统、政务微信、警务中台赋能精准警务（即“5”），同时，根据安保需要部署或使用了智能安检系统、大客流监测系统、智能无人机管控系统、安保指挥可视化系统、交通警卫可视化系统等若干个应用（即“X”），为打造智慧安保的“上海模式”奠定基础。此外，迭代研发穿戴式智能警务终端2.0版，累计在线比对200万余次，初步形成规模应用。在千余个路口推广应用智能交通信号灯，在上百个路口推广应用行人过街提示系统，累计抓拍行人和非机动车违法17万余起。

【智能应用深化推进】 2019年，在智慧公安建设的“应用年”里，市公安局上下坚持以实战为引领、以应用为导向，智能化应用不断开创新的高度，有力推动智慧公安建设成果更好地转化为现实战斗力。一是智能应用形成四大“杀手锏”。以大数据分析研判系统为框架，实现不同工具建模在模型市场统一发布、申请及相关权限对接，为全局民警线上建模赋能。智能图像应用已形成一系列产品，成为一线民警最能直接感受到智慧公安建设成果的有力工具。关注人员发现管控系统已经建立近百个智能数据模型，实现人员管理和全面感知两大功能。风险洞察系统进一步完善，深度赋能相关业务工作，推动公安工作从应急管理向风险管控转变。二是移动警务形成了较为完善的应用体系。完成警务微信的专有化部署工作，依托手持式智能警务终端，将警务微信打造成警务活动的统一入口，并从实战工具、业务支撑、综合保障、队伍管理4个方面集成各类移动应用百余个，警务活动出入口的地位日益增强。依托警务应用商店，建立健全移动应用优胜劣汰机制，综合考虑用户数、活跃度、体验度等因素，初步实现了应用的优胜劣汰。同时，通过组织开展移动应用和实战模型“双十”评选，新增各类应用和模型，进一步激发该应用体系活力。

【公安大数据战略实施】2019年，市公安局全面推进实施公安大数据战略，从数据流通的各个环节做强数据基础，为警务工作提供多元、多维、多效的数据支持。一是做强“公安大脑”。进一步理顺、优化服务器配置，调整不同类型资源物理机分配比例，缓解个别需求量特别大的热门服务资源的压力，形成PB（拍字节）级数据存储和实时计算能力。在各类数据应用中构建知识图谱能力，并将其集成为借助机器学习自我进化的知识网络系统，增强民警使用的便捷度和体验感。推广智能推荐类应用，将“公安大脑”的数据和算力，以更加简便的方式供全局民警使用。推广使用“布控总线”，形成面向全局的统一布控能力。推出“算法工厂”，降低模型开发技术门槛，吸引更多的民警把脑中的工作经验转化为算法模型，为公安工作提供全新经验分享模式。二是建立健全制度保障。经过两年多的智慧公安建设，数据治理工作已全面展开。针对数据上云路径、数据标准不统一等难点问题，专门制定感知数据上云工作实施方案，明确感知数据标准和上云、入库规范，全量汇聚所有感知数据到“公安大脑”。同时，强化感知设备运维保障工作，建立健全智能安防建设常态化巡检制度，定期自查监测感知数据上云情况，确保数据实时、稳定、可用。三是深化数据融合应用与便捷应用。不断拓展API（Application Programming Interface，应用程序接口）市场服务，推出各类接口上千个，累计被调用几亿余次。推行“警务中台”在线服务模式，紧密衔接两级三层警务指挥体系，将业务资源、数据资源、能力资源全面融合，为一线综合执法民警提供实时伴随的全要素数据汇集和模型、算法大数据运算结果。

【协同治理有效推进】2019年，精准警务、全民安防、协同治理和“一网通办”协同配合，实现更高程度的融合发展。各派出所充分发挥属地资源和综合治理优势，协同治理得到地方党委政府大力支持，截至2019年年底已有200多家派出所与街镇网格、综治中心实现互联互通，组建211支全时响应的联勤队伍，畅通信息流转渠道、充实业务承接力量，有效防止非警情活动的二次回流。作为社会化安全服务平台的淘安网，已上线运行1.0版，初步整合社会保安力量，通过与专业组织机构合作，为市民群众提供开锁换锁、共享停车、牵引拖车、安全事件上报等碎片化、个性化、定制化的安全服务。紧紧围绕上海政务“一网通办”建设，全面深化公安“放管服”改革，持续推动政务服务流程优化再造，努力让群众“足不出户能办事，跑路最多只一次”。稳步推进派出所“综合窗口”建设，“综合窗口”试点范围已从 45 个扩大至 106 个，同步优化线上平台与线下实体窗口办事体验，全面投放可办理出入境、交警、户政等业务的多功能一体化自主设备，极大地方便办事群众。

（漆　源）

八、 上海市财政局

【概况】 2019 年，上海市财政局(以下简称“市财政局”)信息化工作坚持以“一体化、数字化、智能化”为主线，突出工作重点，全面完成上云，优化完善财政信息系统功能，提升系统运行效率和用户体验，加强信息安全防护能级，助力“一网通办”全流程一体化在线服务，保障财政业务顺利拓展，全面推进财政信息化建设。

【公共支付平台发展】 2019 年，市财政局围绕《2019 年上海市推进“一网通办”工作要点》，为提升公共支付平台的应用效果和影响力，在做大、做实上下功夫，继续增加接入事项，不断提升支付便捷性。

一是扩大支付平台覆盖范围。将法院诉讼费纳入支付平台服务范围，顺利实现包括上海市高级人民法院、上海市中级人民法院和各区法院在内的 29 家法院诉讼费收缴的接入。将道路停车手机支付的范围增加到 13 个区的 600 多个路段，覆盖泊位超过 30 000 个。截至 2019 年 12 月底，支付平台累计上线涉及个人的非税事项 39 个，基本实现个人高频非税事项的全覆盖。

二是拓展支持多种支付场景。在手机扫码支付、网页在线支付、APP 支付的基础上，协调组织开发企业支付接口功能，并在市场监督管理局上线应用，为企业在线支付提供帮助，减少企业用户在相关部门和银行之间的跑动，助力营商环境的优化。开发微信小程序支付功能，为“随申办”小程序在线支付提供支持，打通小程序端的业务办理和在线支付，助力“一网通办”小程序的应用推广。

三是推进社区公共服务事项接入。围绕服务社区居民办事缴费的目标，对接社区业务系统，将上海市总工会“医疗互助参保”和上海市医疗保障局“互助帮困参保”两个公共服务事项接入支付平台，为社区居民办理总工会和医保业务提供手机扫码缴费支持。

公共支付平台上线后，不仅实现了线上线下支付场景的全覆盖，而且帮助执收单位实现办事、缴费的“一窗式”服务，缴费更便捷、业务办理更高效。截至2019年12月底，支付平台累计交易超过1 000万笔，单日交易峰值近10万笔。

【财政电子票据管理系统建设】 2019年，市财政局建设财政电子票据管理系统，为解决传统纸质财政票据印制成本高、开具效率低、管理不规范、不便于监督检查等日益突出的问题，加快建设作为“一网通办”重点工作的上海市财政电子票据管理系统，为加速推进全市财政电子票据改革提供技术支撑。

一是结合上海市票据管理实际，研究并制定电子票据管理系统的建设方案和实施方案。经过多轮业务需求调研，确定业务场景、票样模版、开票模式、退付开票模式、签名签章、票据推送途径、票据查验方式等技术实现路径，并组织进行系统开发。

二是帮助各试点单位克服困难，协调各单位落实资源的申请和部署，积极开展自身业务系统改造和电子票据系统对接。在完成多轮系统整体全流程测试后，2019年5月10日上海市财政电子票据管理系统开出全市第一张财政电子票据。

三是提前完成接入公共支付平台全部39项非税收费事项财政电子票据应用全覆盖，总共与16家执收单位进行系统对接。

财政电子票据管理系统的建设上线和全面应用，不仅能够从根本上杜绝假票据，而且能使财政票据管理更加便捷高效，有利于跨系统的信息交换、公众保管、便捷查验，从而节约大量社会成本。该系统提供电子票据的实时开票、在线展示、在线查验等功能，实现对非税收入收缴全过程、全方位的动态监管，进一步提升政务服务效率，让群众办事减少奔波、节省精力，切实感受到“一网通办”的便利。

【“一网通办”工作落地】 2019年，市财政局根据《2019年上海市推进“一网通办”工作要点》和《上海市加快推进数据治理促进公共数据应用实施方案》的工作部署，积极落实“一网通办”各项年度工作。

一是开展“双减半”工作，提升“一网通办”改革效能。通过优化内部审批流程、提高办事效率，将市财政局涉及的2个审批事项法定时限缩短一半；根据法律规定，并通过数据共享接口和电子证照方式获取数据，将会计师事务所执业许可审批的审批材料减少一半；对42项行政权力事项逐要素进行检查和规范，修改完善审批事项的办事指南各要素。

二是完成“三清单”编制，扩大数据共享和利用范围。制定《上海市财政局公共数据管理实施方案》，明确职责分工和工作机制；全面梳理需求清单和资源目录。共编制需求清单 168 条，涉及 36 个市级部门或单位作为需求数据的提供方；编制有信息系统数据职责的资源目录 179 条。

三是推动数据落地，提高数据利用程度。积极与市大数据中心及相关数据提供委办局沟通数据需求、应用场景及接口形式，2019 年完成 94 个需求的数据落地，实现数据的有效利用。

四是推进数据开放工作，提高数据开放质量。根据《上海市公共数据开放暂行办法》，从原始性、可机读性方面梳理公共数据开放清单；按《公共数据开放分级分类指南》要求，确定开放类别，结合业务特点确定开放条件。

五是配合汇聚形成“互联网 + 监管”系统监管数据库。汇总梳理“互联网 + 监管”数据，在全市“互联网 + 监管”系统上线后，配合做好数据上报工作。

【财政信息系统完成上云】 为落实市政府办公厅关于《上海市电子政务云建设工作方案》的要求，实现上海市电子政务集约化建设和信息共享，2019 年，市财政局根据市经济信息化委和市大数据中心关于各委办局 2019 年必须全部完成信息系统 100% 上云的工作要求，至 2019 年 6 月，预算管理、政府采购、非税收入、财政网站、综合办公五大财政信息系统全部完成上云。

一是统筹资源，克服“迁云准备工作强度大”难题。财政各个信息系统都涉及大量服务器设备、网络策略和应用的部署安装和配置工作，迁云准备的工作量十分巨大。市财政局提前启动准备工作，厘清系统迁云所涉及的设备、网络、应用软件资源，并做好资源落实、系统安装、部署、配置、测试、联调工作。

二是制定周密方案，克服“迁云实施难度高”难题。市财政局各系统之间存在较强的协同调用关系，用户覆盖面很广，架构调整和数据迁移的方案设计难度都非常大。为此市财政局制定可靠、稳妥的数据迁移方案，在电子政务云网络架构基础上，保证财政原有业务不间断、访问方式基本不变，将超过 10 年以上的数据积累，几十 TB（太字节）的数据无风险地迁移至电子政务云。

三是克服“系统迁移时间窗口小”难题。由于专用设备多，升级后又要做大量的配置调整和系统兼容性的测试工作。为了不影响业务正常开展，市财政局利用各类假期，突击完成上云迁移工作，做到保障应用安全、数据完整和系统稳定，确保系统上云后用户正常使用。

【绩效管理系统应用推进】 2019 年，市财政局为贯彻落实关于全面预算绩效管理的要求，加强绩效管理信息的应用和共享度，强化绩效管理与预算管理的衔接，以“预算部门财政管理工作绩效考核及预算绩效智能化”为切入点，进一步提高绩效管理系统应用。一是绩效管理范围从项目扩展到政策绩效管理、部门整体支出绩效管理。二是完善绩效业务延伸功能，实现绩效业务从财务人员延伸到业务人员。三是绩效目标实现程度和预算执行进度实行“双监控”，对绩效目标运行偏离、未达预期进度或目标的，将督促各部门、各单位及时纠正，对问题整改不到位的将调减或收回预算资金。四是优化绩效自评价管理，并实现第三方机构质量评估及重点项目评价计划自助上报。五是加强预算和绩效的一体化融合上的支撑能力，实现预算与目标同步编制，同步审核，同步批复。

通过绩效管理系统升级，提高了预算绩效目标填报的质量和效率，保障了政策绩效和部门单位整体支出的目标编报工作，优化了绩效目标管理、绩效运行监控、绩效评价管理、绩效评价结果应用等各绩效管理环节。

【政府采购系统优化】2019 年，市财政局对政府采购系统性能进行优化，对响应速度慢、存储结构不合理的模块进行重构，提高代码执行效率和稳定性。特别是针对网站首页、评标打分这些使用频度高，响应用户面较大的功能点，重点研究、优先调整。经过优化后，极大提升系统的稳定性、响应速度。2019 年完成全市各类电子开评标项目 20 000 余项，成交金额 667 亿元；集市采购成交 61 000 余笔，成交金额 57 亿元。

【公物仓管理系统开发上线】为推进国有资产共享、共用和集约化管理，提高资产使用效益，建设上海市行政事业单位公物仓管理系统，2019 年，市财政局按照公物仓管理的业务需求，先后组织完成系统开发上线运行各项工作。一是制定公物仓项目系统总体建设方案，以及需求分析和系统原型设计。二是完成系统详细设计、数据库设计和与单位版资产系统的接口扩展设计及功能开发工作；软件编程开发和相关测试工作。三是组织单位对系统进行试运行应用，并对软件的部分功能进行了微调和优化。四是组织市级预算单位应用培训并全面开展系统正式运行。同时在静安和虹口两区开展公物仓系统区级试点应用工作。

【财政预算管理系统完善】2019 年，市财政局为更好地服务财政中心工作，为财政预算管理改革提供技术支撑，继续完善预算系统功能，提高系统效率。一是进一步改进门户功能，全面推广预算系统统一门户应用，实现预算单位、主管部门、财政部门统一门户登录系统。实现不同厂商开发的业务子系统间的流程对接，在一个界面上统一展现待办事项、流程跟踪和消息提醒。二是配合做好2020年部门预算编制工作，按照预算工作要求调整系统功能，细化部门预算调整类型，增加调整说明。三是进一步加强支出经济分类科目管理，在资金监控中增加黄色预警规则，对大额使用其他类支出经济分类科目的支付指令进行预警，在用户概览中增加经费支付明细查询功能。四是效率优化，包括部门预算45张报表，指标、执行及部门信息共17个功能点，以及部门预算单位、主管部门报表查询功能，优化指标、执行及部门信息共17个功能点。五是实现部门预算、指标、执行统计报表及部门信息和用户概览多年度查询功能。通过完善预算管理系统功能，从技术上促进预算调整的规范，加强部门预算结余管理，加强中央转移支付管理和预算执行中支出经济分类科目管理，提高财政管理人员的工作效率，改善预算单位用户的感受体验。

【会计人员管理系统升级改造】 2019年，市财政局根据财政部《关于做好省级会计人员管理系统升级改造和会计人员信息采集上报工作的通知》的工作要求，完成“会计从业人员管理系统”升级改造开发。一是按照财政部对会计从业人员信息采集要求新增开发会计人员信息登记、变更和继续教育抵免申请等网上办事功能。二是与财政门户网站的用户管理、短信平台及市大数据中心的法人库信息相互衔接，做到申请审核数据有校对，办理结果反馈有提醒，方便财政审核人员和会计申报人员。三是通过财政门户网站向全市会计从业人员提供信息采集和信息查询服务，同时区财政局会计管理部门也通过升级后的系统，加强对会计从业人员综合管理，提升服务质量。截至2019年12月，此系统已完成近27万会计人员的信息采集和核对。

【财税数据分析利用】 2019年，市财政局以财政改革与管理的热点和焦点问题为出发点，结合需求急迫程度和数据完备性、成熟度等因素开展一系列数据分析的开发应用。一是新建收支总览。实现了“四本预算”(一般公共预算、政府性基金、国有资本经营预算、社会保险基金预算)的数据展现，做到年度总收支比对，行政区划和收支科目联动对比。二是丰富企业画像等专题分析方法，对税收进行多维结构分析。对收入数据追本溯源，层层挖掘到每个具体的纳税户信息。三是开发政府债务查询，提供跨年度查询，可从多维度进行债务数据分析，并追溯到明细数据。数据分析开发应用的深入，为推动财政改革和管理更加精准、高效、科学提供便捷的工具。

【上下一体化协同办公促进】 为提高财

政系统上下级协同办公效率，适应各直属单位作为独立法人机构的日常“文、汇、报”办公场景，支持直属单位内部办公流转、与市财政局数据共享以及与外单位独立业务往来等各种场景模式，实现财政系统上下一体化协同办公，市财政局围绕集中化原则，统一业务流程，增加系统组织层级，调整系统人员角色岗位配置，控制数据查询修改权限，对综合办公系统业务流程进行改造。持续对综合办公系统进行完善，优化意见查看、意见打印、流程跟踪等功能模块，以适应财政系统各级用户使用习惯。

【会计核算系统服务优化】 为了对新政府会计准则制度的顺利实行提供技术保障，2019年年内，市财政通过电话回访、实地上门、微信群沟通等方式，主动跟踪用户操作体验，不断优化系统。一是按照用户反馈的问题，整理《会计核算系统用户使用常见问题》，提高用户操作系统的工作效率。二是对财政客服热线“16206”接线人员进行多次培训，不断完善《会计核算系统客服人员知识库》，提高客服人员针对性解决会计核算系统问题的效率。三是在系统运行过程中对系统进行持续的功能完善，从功能补充、用户友好性、软件效率等方面分别优化功能点100余个，助力提高政府会计信息质量和行政事业单位财务预算管理水平。

【网络安全执法检查】 为做好网络安全工作，2019年市财政局落实多项措施：一是结合2019年信息系统等级保护测评，排查风险隐患，及时落实整改措施堵塞漏洞；二是与市大数据中心、上海电信密切配合，关注并解决潜在安全威胁；三是加强巡检，发现网络安全问题第一时间进行整改；四是与市公安局网络安全保卫总队、中共上海市委网络安全和信息化领导小组办公室（以下简称“市委网信办”）积极沟通，及时了解网络安全最新动态并部署对应的防范措施。2019年4月顺利通过市公安局网络安全保卫总队以及公安机关委托提供技术支持单位对市财政局的网络安全执法检查。

【网络安全风险防范和保障】 2019年，市财政局坚决防范网络安全重大风险、遏制网络安全重大事故。一是严格落实《网络安全法》要求，进一步加强网络安全管理和防护，开展网络安全自查评估，深入查找问题隐患，及时整改并进行安全加固。二是高度关注有关部门和单位发布的风险信息，及时开展排查和漏洞修补，确保问题彻底解决，不留后患。三是进一步强化安全防范措施，坚决防止出现高危漏洞不修复等问题。四是防范网站攻击篡改，及时发现和处置各类安全事件。五是及时调整策略，有效抵御大规模拒绝服务攻击，保证网站稳定运行。六是加强应急值守，保持联络畅通，及时发现和处置网络安全事件。

【财政信息化三年行动计划】 贯彻落实财政部《财政信息化三年重点工作规划》部署，按照市委、市政府“全面推进一网通办、加快建设智慧政府”的要求，2019年，市财政局以现行财政业务系统完善与数据应用为重点，提高上海财政信息化在新时期的应用水平，研究制定《上海财政信息化工作三年行动计划》。三年行动计划主要目标是，按照财政部规范标准，以“一体化”“数字化”“智能化”“集中化”四方面为重点，进一步整合系统资源，完善财政信息管理系统，着力加强数据应用，提升财政各项工作的信息化水平；探索实现财政大数据应用；建立健全网络安全保障体系，进一步增强信息技术对上海财政工作的服务支撑能力。

（包俊虎）

九、 上海市规划和自然资源局

【概况】 2019年上海市规划和自然资源局（以下简称“市规划资源局”）认真贯彻落实市委、市政府关于“一网通办”“一网统管”和公共数据治理的工作部署和机构改革的新要求，以信息资源融合整合重构业务，构建规划资源系统“互联网+政务服务”的信息化框架体系，着力保障市经济信息化委批复的5项信息化预算新建项目，强化网信安全工作，完善信息化项目管理制度。

【“一网通办”落实】 2019年，市规划资源局围绕深化“放管服”改革、转变政府职能、推进政府治理体系和治理能力现代化，以“一网通办”为契机，以深化流程再造、政务服务和数据治理为核心，制定《2019年市规划资源局推进“一网通办”工作要点》，分解目标任务、逐级落实责任、按时有效推进。落实“双一百”改革目标，完成3项市规划资源局牵头改革任务（办理建设工程设计方案审批、办理规划土地综合验收、办理不动产登记），实现多审合一、多测合一、多验合一、多证合一以及一键归档；推进审批事项“双减半”落地，加强数据对接，加快系统升级改造，确保减材料、减时间的目标实现；全面完成《建设工程规划许可证》等12类高频证照归集任务。按时间节点要求完成新增公共服务事项接入“一网通办”。

【“一网统管”支撑】 2019年，市规划和自然资源局紧扣“城市运行一网统管”的要求以及目标方向，建设土地执法监测和地质环境监测两个主题的“联勤联动”

和"智能感知"城市运行和应用处置专题应用,作为全市"一网统管"的重要支撑。根据城运专班要求,汇集城市体征数据支撑城运系统概况屏的数据汇集,实现对公安和市大数据中心双线数据实时汇聚的链路畅通。同时,作为空间数据主管部门,做好空间地理位置服务和地图展示的技术支撑保障。

【空间地理库迁云】根据市政府统一部署,对照上云任务清单,2019年市规划资源局对34个系统、800多台服务器、70多TB数据量,进行适配性改造、云环境搭建、云环境测试和迁移割接,实现空间地理库的整体迁云,有力保障不动产登记和房产交易等高耦合性、高复杂性、高实时性、高并发性、高准确性系统的平稳切换,成为全市第一批整体迁云的复杂系统,100%完成上云目标。

【信息资源整合融合】针对规划资源局系统信息资源碎片化问题,2019年,市规划资源局以信息资源整合融合重构业务,实现信息生态和业务生态"两态融合",促进规土深度融合和革命性业务流程再造。制定《市规划资源局信息资源融合整合的指导意见》,按照"一类事项一个部门统筹、一件事情一个部门负责,一个阶段同类事项整合"的原则,从顶层设计上将市规划资源局系统众多信息系统融合整合为"规划、土地、工程、登记、测调、地质、监督、办公"八大模块,以点带面地探索跨部门、跨条线、跨环节数据治理、应用整合、服务增效的工作范式。

【空间数据治理】为强化空间基础数据在市规划资源系统的共享应用,2019年,市规划资源局修订《城市空间基础数据编目(2019年局内版)》,共收录数据575条,并依托"一张图",初步建立数据出口机制。落实市公共数据治理工作要求,以局内版编目为基础,完成公共数据资源目录编制,编制完成数据资源目录111条,市经济信息化委预算项目覆盖率100%。开展公共数据抽取、治理及共享应用,截至2019年年底,实现48 623 432条记录抽取,数据合格率为100%,保证公共数据时效性、完整性、准确性。为加快推进数据治理,促进数据质量的持续改善和深度应用,研究制定了《市规划资源局数据治理工作方案》,梳理市规划资源局现状数据存在的问题,调研主流数据治理的架构思路,形成适应规划资源实际情况的数据治理思路。

【业务信息系统建设】2019年,市规划资源局持续推进业务信息系统建设。一是单部门审批事项接入上海政务服务"一网通办"项目。实现"受办分离",同时按照市电子证照库提供的统一接口,实现局内系统的材料免交、用户中心发证、电子亮证和电子证照查验。二是上海市不动产基础数据与登记管理信息系统(宅基地子系统)建设。实现上海市宅基地使用权的不动产权登记发证。按照空间位置关系和统一标准整合不动产权籍数据,形成统一规范。实现不动产空间数据和登记业务数据、档案数据的一体化存储,以达到图、属、档一体化管理和准确快速汇交的应用目标。三是科研管理信息系统建设。改变传统的管理模式,能够及时反馈科研成果,优化科研管理工作流程,为市规划资源局全局、事业单位、协会,以及外部专家提供一个专业服务平台,优化科研管理工作环节,提高科研管理工作效率,构建安全、可靠、可扩展、易维护的科研管理平台,保证科研管理数据的准确性与一致性。四是行政管理板块(2019 升级改造)构建。通过对现有系统平台框架,借助配置系统快速搭建地图服务,提高应用展示的快速响应能力,实现落实《上海市城市总体规划(2017—2035 年)》成果和体现行政审批效能、优化营商环境成果的展示要求,并进一步提升系统的展示效率、体验和信息安全。五是城建档案计算机综合管理系统(2019 升级改造)建设。以城建档案高效利用为导向,从数字化城建档案的"收""管""用"三个业务环节出发,实现数字城建档案归集、数字城建档案资源库分级管理、城建档案数据精准化利用。

【网络安全责任落实】根据市委网信办《关于开展 2019 年上海市关键信息基础设施网络安全检查的通知》要求,2019 年,市规划资源局制定《关于开展 2019 年市规划资源局关键信息基础设施网络安全检查实施方案》(以下简称"《方案》"),建立机制落实责任。根据《方案》,8 月开展规划资源系统信息基础设施网络安全检查,并形成总结报告。为保障国庆和第二届进博会网络安全,根据市统一要求,力争以查"促建、促管、促防、促改",进一步压实网络安全责任,提升网络安全防护水平和安全防范体系建设,组织开展对局属 16 家事业单位网络安全的专项检查工作,部署国庆及第二届进博会期间网络安全保障工作,市规划资源局各局属单位均形成《重大活动、节日的网络安全应急保障方案》。

(柯晓龙)

十、上海市文化和旅游局

【概况】2019 年,上海市文化和旅游局(以下简称"市文化旅游局")认真贯彻落实市委、市政府部署要求,以机构改革为契机,以"一网通办"和公共数据治理工作为抓手,以"企业和群众高效办成一件事"为目标,坚持"以用户为中心""以服务对象为本位",努力用干部的"辛苦指数",换取企业的"发展指数"和群众的"幸福指数",率先在全市开展"一网通办""双减半"落地试点,全力推进"一网通办"各项工作,取得了阶段性成效。

【行政审批系统提升】 2019 年,市文化旅游局进行所有市级和区级行政审批事项的"一网通办"事宜改造,以及所有电子证照与"一网通办"全面对接。全面梳理市文化旅游局行政审批电子证照信息,并对接"一网通办"实施电子证照入库。根据行政审批流程完成度,按照规则对数据进行实时全量归集,为归档电子档案工作做好储备。

(毛占刚)

【文旅新媒体平台发展】 "文化上海""乐游上海"政务微博、微信订阅号是市文化旅游局官方政务新媒体品牌,致力于发布文旅政策、公告信息和行业动态,推广演出展览、公共文化、景区景点、旅游线路、文博文创、广电视听、惠民活动等文旅资讯。2019 年,"文化上海""乐游上海"政务微博发布信息 8 962 条,粉丝总数 420 余万人;微信订阅号 2 155 条,粉丝总数达 50.5 万人。"乐游上海"获得"中国旅游影响力微信公众号 TOP10""上海最佳政务新媒体""上海市第八届优秀网站评比优秀奖(含新媒体)"等荣誉;"文化上海"获得"上海政务新媒体优秀奖"荣誉。

(杨国玺)

【"962020"上海旅游热线提升发展】 2019 年,"962020"上海旅游热线全年接听旅游热线电话 4.9 万通。上海旅游热线根据实际运营中的情况,持续不断对系统设计提出新优化方案。一是完成"962020"旅游热线工单系统升级工作。旅游咨询热线与旅游投诉热线整合后,旅游投诉仍然存在工单受理与处理环节分离,受理工单无法在系统内流转形成处理闭环等问题,经网络优化及系统二次开发,完成整个旅游热线体系内部工单一键收发受理,实现旅游热线工单完整数据链,并开放系统接口与旅游质监管理平台实现对接。二是完成"962020"旅游热线的大数据归集前期工作。整理"962020"热线数据字典,对接市大数据中心数据库,根据其要求丰富热线数据统计功能,完成呼出统计报表等功能模块的建设工作。热线还参与"5.19"中国旅游日、上海旅游节等多项重大活动的咨询服务工作。

(毛占刚)

【"乐游上海"小程序打造】 "乐游上海"小程序是市文化旅游局联合上海腾闻网络科技有限公司,基于"乐游上海"微信公众号打造的新媒体平台。小程序运用图像识别技术、基于 LBS(Location Based Services,基于位置的服务),专注 AI 拍照识建筑技术、VR 全景展示技术,推介上海特色的必吃、必游、必购及文化展演、体育赛事、浦江游览、精品旅游线路等内容,为市民游客游览上海提供多维度、全过程的旅游信息服务。2019 年,为进一步扩大阅读建筑的广度和深度,“乐游上海”小程序新增 12 栋可识别的老建筑,并设计建筑可识别静态地图,让用户清晰了解可拍照识别的建筑有哪些。目前,有图、文介绍的建筑共有 499 栋(其中可拍照识别的为 45 栋建筑)。同时,将原有的部分板块重新做设计融合和提升,突出建筑可阅读板块,并通过腾讯地图 LBS 地理位置定位技术开发,以实际地图的形式展现新增的上海 16 个区旅游咨询服务中心线上模块。

(何　易)

十一、上海市审计局

【概况】2019 年,上海市审计局(以下简称“市审计局”)加快数据积累,推进审计信息化建设向更加科学、系统、安全的方向发展,为审计工作提供技术支撑和数据保障。

【“金审三期”建设】根据审计署的统一部署要求,2019 年,市审计局全力推进“金审三期”建设。

一是积极对接上海市有关要求。加强和市发展改革委、市经济信息化委、市大数据中心等部门沟通,完善工程可行性研究报告,探索形成既满足上海市电子政务云建设要求又满足“金审三期”建设要求的方案。二是不断优化建设内容。2019 年,审计署下发相关建设指导性文件,市审计局根据最新要求,结合市电子政务云建设方案以及上海数字化智能审计工程、专网应用系统的实际使用情况,对市局“金审三期”建设内容进行优化调整。三是开展调研夯实工作基础。市审计局分别赴审计署“金审三期”项目办、“金审三期”试点省市进行调研,了解“金审三期”建设现状及试点省市在项目建设中的经验和做法,为项目实施做好准备。同时还走访部分区审计局,了解区审计机关信息化建设现状,为全面做好“金审三期”部分信息系统在区审计局部署实施打好基础。

【大数据审计工作推进】2019 年,市审计局积极践行“审计未动、数据先行、贯穿始终”的大数据审计模式,努力推动大数据技术在审计中的深度运用。一是加强数据资源的有效汇集。根据年初制定的《数据采集年度任务安排表》，各审计业务处结合审计项目，持续推进数据采集工作，技术保障部门加强数据整合标准化工作，不断充实审计数据中心数据资源。二是持续推动平台技术的研发。市审计局在技术人才紧缺的情况下，坚持在技术攻关上自我加压，推进完善四个大数据审计平台、核心数据关系库等研发工作，为大数据审计提供平台工具。三是探索大数据在审计行业板块中的应用。2019 年，全局在财政、企业、金融、民生、投资等各个行业板块均开展了大数据主题分析。

【数据安全管控】2019 年，市审计局高度重视数据安全管理，进一步健全数据安全管控机制。一是进一步完善相关流程和管理制度。进一步完善《大数据集中分析室管理制度》等相关制度，完成网上用数申请导出审批流程的修改，强化数据运用的信息化管理。二是强化日常排摸检查。2019 年，根据审计署开展全国审计机关网络安全自查工作的要求，市审计局制定包含 19 项检查指标的安全自查方案，并安排专员逐台逐项检查和安全加固，顺利通过审计署检查组的现场检查并得到充分肯定。三是严格保障用数安全。数据采集、入库、转存均须按规定使用市审计局专用存储介质，数据分析工作在大数据集中分析室进行。大数据集中分析室与审计专网逻辑隔离，入口处配置人脸识别和智能卡双因素认证，并设置专员分别负责智能卡进出审批、数据库权限管理、数据脱敏导出。

【门户网站信息公开】2019 年，市审计局发挥门户网站信息公开平台作用，着力提高审计工作透明度。一是政务公开和政务服务工作取得新成绩。全年共更新、新增政府信息 67 条；共受理申请 22 件，办结 19 件。通过“一网通办”总门户受理市级建设财力项目竣工决算，审计网上申请 38 件。通过“上海市政府数据服务网”开放数据资源 6 项 42 条，累计查看人数 3.8 万余人次，下载 1.2 万余次。二是信息宣传工作取得新进展。对涉及市审计局的重大活动和重要事项通过网站进行宣传报道，扩大审计信息传播范围和影响力。三是政府网站和政务微博管理取得新成效。加强网站日常监测和季度抽查，及时通过“上海审计”网站更新、发布信息；新增“重点领域信息公开”专栏，对社会关注度较高的内容进行集中展示。积极维护手机版“上海审计”网站，方便移动用户浏览审计相关信息。充分利用新浪网“上海审计”官方微博发布、转发微博，2019 年全年微博阅读量为 61 万余次。

【**大数据技术培训和创新调研**】2019年,市审计局着力加大大数据团队管理和技能培训力度,开展大数据技术培训和创新调研。一是举办全市审计机关大数据经验案例交流会。2019年第一季度,市审计局组织召开面向全市审计机关的大数据审计经验案例交流会,党组书记、局长王建平出席会议并作讲话。市区审计局领导、业务骨干和大数据团队成员共130多人参加会议。二是做好大数据团队培训和实践活动。市审计局全年共组织举办人工智能和区块链技术在审计中的应用等5期新技术应用培训班。组织大数据团队成员赴安永创新旗舰中心、2019世界人工智能大会、市新能源汽车公共数据采集与监测研究中心等开展学习实践活动,拓宽团队成员大数据审计视野。三是开展数据分析创新应用专题调研。根据审计署要求,组织面向全市审计机关开展数据分析技术方法在审计工作中的创新应用调研工作,发放并回收电子调查问卷282份,征集大数据审计典型案例21篇,其中有7篇上报审计署。

(梁　燕)

十二、上海市市场监督管理局

【**概况**】2019年,上海市市场监督管理局(以下简称“市市场监管局”)信息化工作以服务深化“放管服”为中心,聚焦改革重点任务,为加强市场监管,优化营商环境提供基础支撑和服务保障。

【**“互联网+监管”系统建设**】根据“互联网+监管”系统建设工作要求,2019年,市市场监管局制定基于市事中事后综合监管平台改造建设市“互联网+监管”系统的建设方案;根据国务院办公厅系统建设工作任务、数据规范和应用要求,推进系统开发建设,完成政府监管和社会服务两个平台应用的主体功能,为各级工作人员提供监管应用,向社会公众提供信息服务和投诉举报入口;配合做好上海市系统功能建设、数据归集和应用推广工作,完成作为第一批全国试点省市的任务目标要求。

【**“一网通办”系统对接**】按照市政府办公厅《2019年上海市推进“一网通办”工作要点》和上海市行政审批制度改革工作领导小组办公室《关于进一步拓展“一网通办”政务服务事项范围的通知》要求,2019年,市市场监管局做好2019年度公共服务事项和行政权力事项接入“一网通办”政务服务平台的系统对接工作;完成2018年接入“一网通办”行政审批与公共服务事项的模式改造任务。

【电子营业执照、电子印章服务】 根据《市场监管总局关于印发电子营业执照管理办法(试行)的通知》《上海市公共数据和一网通办管理办法》《上海市电子印章管理暂行办法》等文件要求,2019 年,市市场监管局以"统一规范、全面覆盖"为原则,构建全市统一的电子营业执照和电子印章制作、发放、使用服务体系,为每户新设企业免费同步发放电子营业执照和电子印章,构建"互联网 + "环境下政府新型管理方式。

【"一窗通"系统升级改造】 在开办企业"一窗通"系统(1.0 版)已实现与市公安局、人民银行上海总部等单位系统对接的基础上,2019 年,市市场监管局按照市政府《着力优化营商环境加快构建开放型经济新体制行动方案》要求,围绕企业开办便利化、缩减办事环节、提高工作效率的目标,改造系统应用,进一步推进 2.0 版升级改造,实现与社保、公积金等单位的系统对接,为线下一窗领取、免费刻章、开户便利和信息服务提供应用支撑。

【注销企业平台调整】 为进一步扩大注销企业"一窗通"平台业务覆盖面,2019 年,市市场监管局在既有平台系统的基础上,将内资个人独资企业、内资非公司企业法人及上述企业分支机构纳入平台适用范围,并按照市场监管总局等五部门《关于推进企业注销便利化工作的通知》及业务需求,对注销企业"一窗通"平台系统进行功能调整。

【食品经营许可"证照联办"】 2019 年,市市场监管局基于企业开办"一窗通"平台,充分发挥市市场监管局机构改革优势,完成企业登记与食品经营许可审批的系统连通、流程再造与数据共享,实现食品经营许可证照联办,提升办事效率,优化营商环境。

【市场监督管理行政处罚系统建设】 根据市场监管总局《市场监督管理行政处罚程序暂行规定》(总局 2 号令)与《市场监督管理行政处罚听证暂行办法》(总局 3 号令),基于市市场监管统一执法平台系统,2019 年,市市场监管局通过优化行政处罚流程,规范数据标准,建设符合市市场监督管理局行政执法办案需要的覆盖市、区两级的行政处罚系统;同时,根据业务需要对行政复议流程进行相应的功能调整。

【行政审批平台整合建设】 2019 年,市市场监管局整合原质监、工商和食药监(食品部分)行政许可业务,建设统一审批平台系统,完成食品经营、食品生产和特殊食品生产行政许可事项的系统功能建设;推进特种设备行政许可事项应用功能建设,完成特种设备和检测、作业人员等相关应用功能建设。按照市场监管总局工作要求,完成企业营业执照改版;企业登记系统实现“一照多址”功能;个体工商局登记系统实现电子商务经营者登记功能和电子营业执照发放。

【数据治理与共享应用】2019 年,市市场监管局按照市政府数据资源开放共享工作要求,完成数据资源共享目录清单和开放目录清单的汇总整理工作,并在市政府数据资源服务平台上完成更新。按照《上海市公共数据和一网通办管理办法》和“三清单”有关要求,完成 2018 年度需求清单梳理并实现与市大数据中心的接口调试。按照应编尽编要求,完成市场监管局数据资源目录梳理,设定共享条件,及时处理资源共享申请。做好市场监管总局数据上报运行管理,推进原工商、原质监、原市药监数据整合应用。完成市经济社会发展综合数据平台数据对接支持,以及与上海市国有资产监督管理委员会、智慧公安平台的数据应用对接;支持上海电信基于企业信用信息公示系统的市场主体身份核验与信息查询,推进电子营业执照应用促进信息共享;参与普惠金融数据平台建设。

【信息系统整体迁云】2019 年,市市场监管局按照市政府工作要求,统筹推进原工商、原质监、原食药监食品相关信息系统上云工作,完成整体上云方案制定,先期完成公众服务网上云割接工作,完成市市场监督管理局网站整合。

【网络安全防护保障】2019 年,市市场监管局按照市委“构筑坚实的网络安全防火墙”工作要求,落实网络安全主体防护责任,做好关键信息基础设施安全检查,夯实关键信息基础设施安全防护,制定《上海市市场监督管理局网络安全事件应急预案》,全力做好新中国成立 70 周年和第二届进博会期间市市场监管局信息系统的网络安全保障工作。

(付学敏)

十三、 上海市地方金融监督管理局

【概况】2019 年,上海市地方金融监管局(上海市金融工作局)(以下简称“市地方金融监管局”)积极履职尽责,加强制度建设,强化工作举措,扎实推动信息化工作有序开展。

【上海金融数据运行监测系统改造】2019 年,市地方金融监管局从系统硬件、系统架构、业务处理方式上对上海金融数据运行监测系统进行改造：一是完善融资性担保机构和小额贷款公司的业务流程管理，降低操作风险和改善风控机制；二是满足日常监管的工作需要，及时掌握行业发展和企业经营情况，标准化进行数据统计分析，自动化进行风险识别预警，实时化进行非现场监管等；三是实现担保机构和小贷公司与银行及政府其他有关经济管理部门信息共享，并在此基础上集成企业信息交流平台、信用信息合作平台、业务开拓平台等平台，从而最终实现担保小贷业务和监管信息一体化。

【上海金融政策扶持和金才工程业务管理平台开发】 2019年，市地方金融监管局开发建设上海金融政策扶持和金才工程业务管理平台。通过建设信息化管理平台，一是规范金融政策扶持的实施和管理，为机构和人才政策扶持提供统一的申报入口，建立与申报机构交流渠道，实现网上申报功能，为申报机构提供更加便捷、迅速的申报途径，实现申报业务处理与管理信息化；二是为金融人才提供办事、服务、培养、招聘等全流程线上综合服务，沉淀人才相关的业务数据，为领导决策和数据分析提供重要基础，同时建立互动交流窗口，增加人才黏性，有效提升办事效率和管理服务水平。

（吴中华）

十四、上海市国有资产监督管理委员会

【概况】 2019年上海市国有资产监督管理委员会（以下简称“市国资委”）在不断提高对加强信息化工作的重要性、必要性和紧迫性认识的基础上，结合国资国企改革发展实际，稳定有序开展各项信息化工作。

【信息化建设规划和制度规范制定】 2019年，市国资委按照年度计划围绕重点工作积极推进信息化建设，初步研究拟订信息化建设规划和制度规范。

一是编制市国资委信息化建设三年行动计划。2019年市国资委信息化处联合相关处室、外部专业机构和相关企业研究、编制市国资委信息化建设三年行动计划，对市国资委信息化建设进行顶层设计。对市国资委所有处室、中心进行逐个访谈，调研国务院国有资产监督管理委员会（以下简称“国务院国资委”）和北京、深圳国资委，征求监管企业、委托监管单位、区国资委意见，深入分析国资委信息化建设的现状、要求以及挑战与机遇，初步完成《上海市国资委信息化建设三年行动计划》编制。该行

动计划明确市国资委信息化发展战略、建设目标，进行构架设计，提出实施路线方案。

二是开展数据治理工作。积极开展数据治理，该工作处于全国国资系统和全市各委办局前列。首先是制定数据标准。联合第三方专业机构对全委近万个数据项进行整理，同时对各处室、监管企业、委托监管单位及区国资委进行多轮意见征求，最终形成包含270类数据标准的《上海市国资委数据标准》(V1.0)，为国资监管数据共享开放奠定基础。其次是开展数据治理管控体系建设。召开多次专题会议讨论、修改，形成《上海市国资委数据治理工作管理办法》《上海市国资委数据标准管理实施细则》《上海市国资委数据质量管理实施细则》，初步搭建数据治理平台，对国资监管数据进行管控。

三是制定企业网络安全事项处置制度。经过处室内部会议讨论，意见征求及多次修改，形成《网络安全问题事项处置制度》以及网络安全事件处置流程，提升了网络安全事件处置反应速度以及处置规范性。

【监管企业信息化推进】 2019年，市国资委采取多项措施推进监管企业的信息化建设。

一是完成2018年度监管企业信息化水平评价。进一步完善评价指标体系，严格企业领导审批要求，开展企业自评互查，提高评价结果的准确性。通过评价和结果公开，掌握监管企业信息化建设水平情况，促进企业领导重视信息化工作，推进企业信息化建设。

二是召开信息化工作会议。第一，召开年度市国资委系统信息化工作会议。通报监管企业2018年度信息化水平评价工作，对2018年国资系统信息化工作进行回顾，对2019年工作任务进行部署；第二，召开监管企业网络安全工作会议。对2019年上海市关键信息基础设施网络安全检查进行动员部署；第三，召开监管企业网络安全工作紧急会议。请网络安全部门专家授课，动员部署进博会期间网络安全工作；第四，召开支持协调5G基站站址落实工作会议。协调监管企业与有关单位的对接，做好5G基站站址落实工作。

二是加强网络安全工作。首先，通过会议、走访、培训、微信群发通知和转发网络安全部门预警信息等方式，督促监管企业加强网络安全防护。其次，拟订《网络安全问题事项处置制度》，明确网络安全事件处置流程，提升网络安全事件处置反应速度以及处置规范性。包括网络安全事件的应急处置流程以及网络安全隐患通报的处置流程。再次，对网络安全通报事项跟踪整改，督促监管企业要求涉事企业配合有关部门调查、整改，在集团层面进行全面网络安全梳理与整改。同时，在整个监管企业层面举一反三，全面排查，引以为戒。最后，加强两会、国庆、进博会等重点时期网络安全保障。动员部署监管企业开展网络安全隐患排查工作，督促企业落实市委网信办关于加强网络安全相关措施要求，加强对市国资委门户网站、业务系统的安全防护工作，确保重要时间节点监管企业和市国资委机关网络安全。2019年，市国资委网络安全工作被市委网信办评为“2019年度上海市网络安全工作先进单位”。

四是协调推进系统内企业间数据共享。主动协调，大力推动，促成上海久事(集团)有限公司、上海隧道工程股份有限公司、上海机场(集团)有限公司开展数据合作交流，促进上海城市公共交通车辆、道路、航空港运营信息的互联互通，形成数据信息共享合作的长效机制。

五是跟踪推进申能(集团)有限公司接入网络安全及能源智慧平台工作。跟踪申能(集团)有限公司发电企业接入国务院国资委网络安全及能源智慧平台工作推进情况，主动沟通联系国务院国资委相关部门，邀请平台建设单位到申能集团解读相关推进计划和建设方案，并安排专人与申能集团相关人员对接，督促申能集团按照国务院国资委要求，落实试点和年度推广计划。

六是完成企业创新转型信息化项目初审。对创新转型专项中5家监管企业信息化项目进行初审，汇总提交相关企业“2018—2020年任期经营业绩考核目标”中信息化考核任务指标完成情况。

七是完成投入费用视同于利润的信息化项目初审。通过召开专家评审会、联合审核方式，对照相关标准文件，对22个视同于利润的信息化项目进行初审。

八是走访调研企业。分头定期走访监管企业，了解企业信息化工作和建设情况、宣贯网络安全要求和促进企业信息化建设政策文件，交流介绍其他企业经验，听取企业意见建议等。

九是组织企业参观交流。搭建企业交流学习平台，组织监管企业到华为、华虹等高新技术企业参观、交流，学习了解新技术、新发展，共谋合作场景。

十是编印《上海国企信息化示范工程案例集(2018年)》。通过编制印发示范工程案例集，宣传企业信息化建设先进典型。

【机关信息化建设推进】2019年，市国资委采取多项措施统筹推进机关信息化建设。2019年年内组织OA和移动办公系统建设，建设市国资委新OA及移动办公系统，实现安全可靠、可无纸化、移动化办公目标；完成市国资委无线网络搭建，通过购买服务方式，搭建服务于市国资委的无线WiFi系统，为办公自动化提供网络基础和为企业人员来访办事提供便利；申报2020年信息化预算，主动对接业务处室，征询、梳理2020年国资监管信息化实际需求，统筹2020年市国资委信息化建设及服务情况，完成申报市经济信息化委信息化预算工作，结合市国资委信息化三年行动计划拟制国资监管信息服务预算；协调实施2019年信息化建设和服务项目，协调信息中心按计划完成产权综合管理信息系统、投资管理服务、人事管理系统等项目；组织软件正版化工作，组织开展委内计算机软件正版化检查、监管企业参加国家版权局培训、监管企业统计购置使用正版软件情况等相关工作；做好加密终端日常管理工作，按照市国资委保密办要求，完成加密通信套餐到期续约和新增人员加密终端发放、离职退休人员加密终端处置、费用账单管理等日常管理工作；提高数据资源共享率，对报送市经济信息化委、市大数据中心的公开数据集进行增添和梳理，提高数据资源共享率，并提供数据满足其他委办局的共享需求。2019年市国资委新增开放国资委门户信息、通过产权市场公开进行的资产转让信息、通过产权市场公开进行的国有产权转让信息、产权成交数据信息4项数据集，提升了市国资委的数据资源共享率。

【国资信息化项目建设】 2019年，市国资委采取多项措施深入推进国资信息化项目建设。

一是推动2019年度国资监管信息服务项目实施。完成业务处室需求调研，明确2019年度国资监管信息服务内容，组织开展专家预评审，采购及合同签订相关工作。完成《2019年度产权管理信息服务》等20项项目合同签订，项目合同金额总计918.09万元，推进其中7项项目验收。推进2018年度5项信息服务实施、验收，完成2017年度6项信息服务项目资料归档。

二是完成2019年度信息化项目建设。按照政府招标及市经济信息化委有关要求，完成《上海市国资产权综合管理系统》和《人事管理信息系统》新建项目采购、实施及验收工作。完成《上海市国资委国资监管流程化、指标化动态管理平台信息系统建设项目(运维)》等5项运维项目实施工作，完成《国资委门户网站管理》等14项办公日常运维项目。

三是完成2020年度市本级信息化项目集中申报。完成2020年度市本级信息化项目集中申报工作。根据《上海市经济信息化委、市财政局关于做好2020年度市本级信息化项目支出预算有关工作的通知》(沪经信推〔2019〕305号)要求，共申报市本级信息化项目8个(建设类项目1个，运维类项目7个)，获批信息化项目8个(建设类项目1个，运维类项目7个)。

四是完成信息化项目绩效评价。按

市经济信息化委、市财政局要求，完成市国资委2014年以前（含2014年）建成且仍在运维的信息化项目（“国资委业务应用信息系统（运维）”“内、外网网站（运维）”）的综合绩效后评价等相关工作；完成“国资监管信息系统（运维）”“国资监管风控大数据信息系统”“2018年上海市国资软件升级维护费”项目的财务绩效评价工作。

【信息化保障】 2019年，市国资委采取多项措施进一步强化信息化保障工作。一是完成互联网系统域名变更。根据市政府办公厅相关工作要求，申请更新域名安全证书，完成互联网系统（5项应用）证书部署更新；完成新域名备案工作，包含科技网-应用备案（3项应用）及移动办公APP应用备案。二是实现无线网络服务覆盖。完成市国资委内无线网络服务覆盖及优化完善，提高人员办公便利性。三是配合完成市国资委内外网发文。配合各处室完成对内网、门户网站的栏目和内容大量的调整，删除栏目3个，增加栏目3个，全年共发文1 322篇；核查、更新网站内容，确保信息准确性、时效性。累计上报中国上海门户网站信息438条、国务院国资委网站信息435条。四是重大会议安全保障。春节、两会、国庆、第二届进博会等重大节日、事件期间，通过加强日常运维与技术手段安全防护，有效阻挡各种网站攻击，确保市国资委网站安全稳定运行。同时，做好网络安全和信息化保障工作，每周巡检会议室1次，完成市国资委重要会议保障共计261次。五是机关信息化运维保障。不断加强机房软硬件安全保障管理，进行应用系统数据库备份测试、堡垒机测试、入侵检测设备测试；建立运维热线和运维团队，共受理涉及信息发布、网络、电脑安装、系统问题等的运维工作3 494起，减少故障影响程度，提高用户满意度。六是保障移动办公APP上线。上线“上海国资”移动办公APP，并制定操作手册，总计开通用户274人，完成APP客户端安装274台。

（赵　泉）

十五、上海市统计局

【概况】 2019年，上海市统计局（以下简称“市统计局”）以建立现代统计信息化体系为目标，努力实现统计工作与信息技术的融合发展，不断提升统计数据采集能力、统计数据质量和统计信息化服务水平，主要从四个方面推进信息化建设工作：一是做好经济普查数据处理工作，普查信息化保障水平进一步提高；二是加强统计应用系统建设和数据资源管理，服务统计业务成效显著；三是打造“上海统计”政务新媒体矩阵，主动适应政府信息化建设改革发展；四是全面推进上海市经济社会发展综合数据平台开发建设，一期工程基本建成。

【经济普查信息化保障】 第四次全国经济普查是中国特色社会主义进入新时代后开展的首次重大国情国力调查，是在决胜全面建成小康社会、开启全面建设社会主义现代化国家新征程中的一次“全面体检”。在国务院第四次经济普查领导小组办公室的领导下，作为上海市重点工作之一的上海市第四次经济普查（以下简称“四经普”）自 2019 年 1 月 1 日正式开始，在全市各级普查机构及 2.4 万名普查人员的共同努力下，使用近万台终端历时 4 个月完成了普查现场登记工作。市、区、街镇二级普查数据处理人员从数据上报开始至 5 月下旬完成全市 52 万余法人和产业活动单位及 3.5 万抽样个体经营户数据的审核和验收工作，按照上海市普查数据处理方案和经济普查资料开发应用计划，加工处理“四经普”全部数据、目录、指标，于 2019 年 9 月底整理形成上海市“四经普”汇总数据库。

【统计联网直报平台建设应用】 2019 年，市统计局继续推进统计联网直报平台建设，做好定报开网调查单位新增、CA 证书生成、历史数据结转、用户账号生成、报表管理时间设置等工作。除完成常规统计年定报任务的数据采集、审核和汇总工作外，还配合国家统计局完成《工业生产者价格调查制度》《上海市非公有制领域人才状况抽样调查》《采购经理调查生产经营情况快速调研问卷》在联网直报平台的部署工作，协助市相关部门完成 2019 年人口变动调查和 2019 年居民出行调查。

【市经济社会发展综合数据平台开发建设】 2018 年 2 月 8 日，上海市人民政府办公厅印发《上海市经济社会发展综合数据平台建设工作方案》的通知，在上海市政务公开与“互联网 + 政务服务”领导小组框架下，上海市经济社会发展综合数据平台建设工作组正式成立。2019 年，市统计局和国家统计局上海调查总队作为平台的建管主体，全面推进平台各项开发建设工作，有条不紊地开展建立指标数据归集机制、夯实数据治理基础、推进数据应用分析、开发平台各项功能等工作，截至 2019 年年底，上海市经济社会发展综合数据平台建设一期工程基本完成。平台以“一个目标（智慧决策）、两项任务（经济社会发展主题库建设、专题应用模块建设）、三屏服务（大屏、网站、APP）、四方支撑（市级单位、区级政府、统计系统、社会资源）、五类主题

(宏观经济、三大任务、四大品牌、五个中心、社会民生)”为工作重点开展建设。一是全面确立平台指标清单,完成相应的数据归集。完成市统计局、国家统计局上海调查总队的510个指标、2 000多个分组项、30多万条数据的资源汇集导入工作。在市大数据中心的大力支持下,依托上海市公共数据门户,上海市32家市级单位已完成300多项指标编目,确定经济社会指标责任清单,并根据指标数据产生频率定期上报数据。二是以数据分析应用为导向,精心打造应用分析模块。平台33个主题应用模块全部完成开发。应用模块主要从各专业领域核心业务工作成果或市领导关心的热点问题出发,结合GIS应用进行多视角、多维度的可视化分析和专题分析。三是以强化平台基础建设为抓手,全面完成功能模块开发。平台完成数据管理、指标管理、文献管理和用户管理等应用功能开发,有效支撑平台运行;深化地理信息系统应用与展示,通过数据与地图结合,有效提高数据展示效果;完成PC屏、手机屏、大屏三屏使用终端开发,以满足各类用户场景需求。

【信息系统上云迁移】根据《上海市加快推进数据治理促进公共数据应用实施方案》(沪委办〔2019〕8号)文件中“推动信息系统上云迁移”的具体要求,市统计局列入上云计划的5个信息化项目于2019年11月底完成上云,正式上线率100%。根据全市加强政府网站域名管理的通知要求,完成市统计局网站及一套表等各类应用系统域名切换工作。根据市大数据中心要求,完成灾备设备清点自查和服务协议签订,开展数据级和应用级灾备演练。

【信息系统安全保障】按照市信息安全部门和国家统计局关于信息安全等级保护和涉密信息系统分级保护工作要求,建设完备的统计网络安全体系,落实严格的安全管理制度。一是加强网络边界和应用的攻击防护,强化重要数据和关键信息基础设施保护,及时修补系统漏洞,关闭敏感端口,监控预警信息。二是完善网络安全保障体系,积极配合市有关部门和国家局数管中心开展网络监测和安全自查工作,深入推进网络安全等级保护测评整改工作。三是进一步落实网络安全责任制,完成两会、新中国成立70周年、进博会等重大活动期间的信息安全保障和信息通报工作。

【“上海统计”政务新媒体打造】2019年,“上海统计”政务新媒体依托网站、微信、微博,紧紧抓住媒体融合战略机遇,打造“一网两微多平台”的新媒体宣传格局,在社会热点、民生民意、统计工作等方面积极发声,引导舆论,变传统的单向

“通知式”信息传播为注重与受众双向互动的“沟通式”传播，结合新媒体宣传手段，因势而谋、应势而动、顺势而为，着力打造“全方位、多层次”的统计宣传矩阵。澎湃新闻发布2019年度政务指数榜单，“上海统计”荣获“最佳政务传播—政府窗口奖”。“上海统计”微信公众号运营以来，及时主动发布统计政务信息，不断创新统计服务方式，2019年共推送图文信息372条，累计阅读量114 406次，上线“国民经济行业分类查询系统”，配合普查员和企业单位准确填报主要业务活动；发布上海市开展第四次经济普查的公告，进行“四经普”系列报道；发布统计信用告知书，并公示上海市首批统计失信企业，宣传统计法治建设；公布上海市2018统计年报和2019年定报制度目录，配合统计年定报工作开展；公布2019年上海统计数据发布日程表，推进统计信息公开；策划制作“数字带你穿越上海”专题，为《2018上海统计年鉴》出版造势；配合2018年上海市国民经济运行情况新闻发布，制作专题图解。

（孙杭麟）

十六、上海市绿化和市容管理局

【概况】 2019年，上海市绿化和市容管理局（以下简称“市绿容局”）依据顶层设计，落实重点任务，深入推进“一网通办”、系统软硬件改造、数字档案建设等重点工作，信息化对行业精细化管理的支撑效果进一步显现，各项工作顺利推进，取得一定成效。

【“一网通办”落地】 2019年，根据市委、市政府要求，市绿容局起草并下发《上海市绿化市容局关于全面推进“一网通办”的实施意见》，为市绿容局“一网通办”工作指明方向。实现市绿容局规划许可证、不动产证、身份证、营业执照、船舶证、机动车驾驶证6个高频证照的调用提取，启动“双减半”工作落地的技术对接，完成“垃圾分类查询”“爱心接力站”等接入市“随申办”的工作。同时，打通电子归档的技术支撑及数据接口通道，同步上传市绿容局106件办结事项信息，成为全市率先实现“一网通办”电子归档的单位之一。

【行业新一代人工智能技术应用设计】 2019年，市绿容局完成“行业新一代人工智能技术应用设计”工作。在行业各部门的配合支持下，对各部门的应用需求进行广泛调研，分析行业信息化现状和国内外发展趋势，提出市绿容局近中期人工智能建设计划和“1＋8”建设任务。设计行业大数据架构和数据治理的标准体系，以及绿化、林业、市容景观和环卫领域的8个应用场景，为“十四五”期间行业信息化建设指明方向。

【渣土车智能监管系统建设】 2019年，市绿容局针对渣土车右转事故频发的顽症，在学习“深圳经验”的基础上，开展渣土车驾驶行为及右转盲区监管系统建设工作。通过对渣土运输企业提出技术管理要求，引入第三方监管平台，采用政府企业共治的监管模式，实现渣土车运行的智能安全监管。系统上线运行后，有效扼制事故发生，规范驾驶员驾驶行为。

【生活垃圾分类相关平台建设应用】 为配合生活垃圾分类工作的全面展开，2019年，市绿容局建立生活垃圾分类全程监管平台和源头数据采集的“分类收运质量在线”（APP），并在徐汇区徐家汇街道开展试运行。虹口区以生活垃圾源头分类为重点，组织开展“虹口区生活垃圾源头分类实效监管示范”建设，为生活垃圾分类投放、分类收集、分类运输和分类处置提供全程信息化监管。奉贤区也已着手区级生活垃圾全程分类智慧监管平台建设，主要包括奉贤区生活垃圾分类公众号、生活垃圾分类服务APP以及生活垃圾分类管理系统等，提升全区生活垃圾分类监管水平。

【林业“三防”二期建设】 在林业“三防”一期建设的基础上，市绿容局于2019年完成林业“三防”项目全部30个智能防火点和65个高清监控点的设备安装工作，并深入探索森林防火、有害生物监管、疫源疫病监管等平台和综合指挥大厅的应用；青浦区绿容局配合市林业“三防”系统建设，不断完善森林防火前端视频监控建设。作为上海市城运管理平台的专业展示应用之一，森林防火监管系统更是服务于市委决策，助力都市林灾的全方位防御、监测和处置。系统整体上线试运行至2019年年底，各应用系统累计用户登录超过1 000余人次。

【第六届全国林草信息化工作会召开】 2019年3月27至28日，第六届全国林业信息化工作会暨林业信息化全面推进10周年研讨会在上海召开，来自国家林业局及全国各省市林业厅相关负责人200余人参加本次会议，视频参会人员达10 000多人。市绿容局完成会议各项保障工作，展现上海精细化形象。

【信息系统上云部署】 2019年，市绿容局推进云网融合，编制全局16个信息系统的整体上云技术方案，完成电子政务云资源上的系统部署。截至2019年年底，市绿容局完成所有局属系统上云迁移工作，进一步推动数据资源的汇聚共享和业务应用的有效协同。

【数字档案室挂牌示范】2019 年，市绿容局逐一对标上海市档案规范要求，完成市绿容局数字档案管理系统建设，系统涵盖全部室藏文件级、案卷级的目录数据库，并率先实现市绿容局文书、照片、声像、荣誉档案的 100%数字化率，许可档案数字化率达 97. 31%。2019 年 5 月，经专家实地查看和质询论证，市绿容局以 95. 15 分的高分获得"上海市示范数字档案室"荣誉，为"一网通办"电子档案实行单套制管理奠定基础。

【"互联网＋监管"数据归集】2019 年，市绿容局启动"互联网 + 监管"目录 45 个大项 116 子项的清单梳理及监管数据汇集工作，并上报至市大数据中心，着手"'互联网 + 监管'上海旗舰店"建设和"建筑垃圾严管严惩"事项接入，涉及市绿容局相关数据 73 800 余条，数据覆盖率达 100%。

【行业科研管理系统开发】根据政府"放管服"工作总体要求，2019 年，市绿容局对行业科研、标准和信息化项目的管理流程进行梳理，在做好项目全生命周期管理的同时，本着为科研人员从繁复的项目管理中减负的建设原则，设计开发新版科研管理信息系统，通过线上线下互动管理，实现"互联网 + 科研管理"，使科研人员、管理人员在任何地点、时间都可互动，并依托智能分析技术为科研和管理人员提供动态服务。截至 2019 年年底，系统活跃用户数超过百人，录入科研项目 79 件、标准项目 14 件。

【上海智慧公厕管理服务平台建设】伴随我国城镇化建设步伐不断加快，城市公共设施智能化已是"智慧城市"建设的重要标志之一。为响应"厕所革命"建设，市绿容局市容环境质量监测中心建设"上海智慧公厕管理服务平台"。通过"智慧公厕"ERP（Enterprise Resource Planning，企业资源计划）系统，实现对公厕流量监测、异味检测、蹲位检测、自动除臭等智能化远程管理；通过巡检 APP、作业 APP 系统，强化公厕管理；通过微信寻厕小程序提升公厕服务水平，实现现代都市"智慧公厕"的精细化、数字化、网络化管理。

【市容景观智慧化管理】2019 年，徐汇区、长宁区绿容局不断完善"门责管理系统"建设，建立门责单位"一店一档"的电子档案，对于各责任单位的市容环境卫生责任区的违规情况（如跨门经营、店招店牌违规、乱设摊等）、处理情况等各个环节详细记录，提升行业门责管理效能。闵行区绿容局建设的"户外招牌设施信息化系统"，实现户外招牌信息电子化管理，探索对户外招牌设施的安全管理模式。上海市市容景观事务中心参与建设的“黄浦江两岸景观照明智能化监控系统”，实现对以浦江沿岸景观道为中心的城市景观照明实时联网集控、动态方案控制以及综合管理，体现国际景观照明控制标准和水平。

【智慧公园平台建设】 2019年，市绿容局持续推进行业智慧公园平台建设。在2018年行业智慧公园示范建设基础上，不断拓展行业智慧公园建设内容。上海辰山植物园对接入口闸机、第三方售票平台等，实现了多途径售票，提供手机扫码一站式入园服务，尝试应用人脸识别技术实现快速二次入园等，提升公园服务水平；上海动物园建设办公区停车场视频监控系统，并对大熊猫馆进行技防系统门禁改造；共青森林公园利用嗅探技术对局部区域大客流进行实时监控分析，保障全国菊花展期间游园安全。

【城运管理平台支撑建设】 2019年，市绿容局围绕城市管理智能化、精细化的基本要求，根据行业自身业务及现有数据状况，将人均公园绿地面积、垃圾无害化处理率、森林覆盖率、湿地总量以及湿地保护率五个指标作为市绿容局城市运行管理和应急处置方面的静态体征指数；根据“城运系统”建设要求，梳理出全市垃圾分类小区覆盖率、无害化处理厂运行、全市生活垃圾日均处理量等指标数据，并按照市大数据中心要求，完成数据清洗与汇聚，并在城运系统“综合应用屏”上展示；同时，围绕上海市生活垃圾全程分类以及森林防火日常监管与应急处置两项业务管理工作，选取“上海生活垃圾全程分类信息综合管理平台”与“森林防火监管系统”作为行业专业应用进行展示建设。

【网络安全保障】 2019年，市绿容局出台《关于进一步加强局系统网络安全管理工作的通知》（沪绿容〔2019〕193号），确保关键信息基础设施持续稳定运行。积极探索建设行业网络安全态势动态感知，组织好国庆、进博会、防台防汛等重要节点的网络安全保障工作，定期开展关键信息基础设施检查，迅速处置十余次系统高危漏洞事件，及时整改，确保全年无重大网络安全事件发生。

【行业数据资源规范开发】 2019年，市绿容局编制并印发《上海市绿化和市容管理局加快推进数据治理促进公共数据应用实施方案》《上海市智慧公厕建设导则（试行）》《上海市绿化市容行业视频建设技术架构规范（试行）》3项规范性文件，更好地促进行业数据资源的共享和开发利用，规范行业信息化建设。

（王　平）

十七、上海市知识产权局

【概况】 2019年上海市知识产权局(以下简称“市知识产权局”)完成全部5个信息系统的搬迁上云工作，继续推动业务系统接入“一网通办”，依托上海知识产权公共服务平台面向公众提供优质知识产权信息服务。

【信息系统迁移上云】 市知识产权局网站在2017年年底迁入市政务云平台的基础上，2019年12月迁入市门户网站集约化平台，系统的网络环境、硬件设备和部分安全策略由市政府云平台管理中心统一管理与维护。市知识产权局政务大厅系统以政务外网为网络环境，与市政务大厅连通，提供申请人从市政务大厅递交预约申请并在网上办理，实现“一次上门”的网上政务服务。系统于2019年正式迁入市政务云平台，并于2019年完成模式三转二，现以模式二方式接入市“一网通办”平台。上海市专利工作试点示范单位认定与管理系统主要为上海市专利工作试点示范单位实现申报单位在线申报、专家网上评审、合同签订及后续跟踪管理全程网上办理。系统于2019年12月正式迁入市政务云平台，拟于2020年全面接入市“一网通办”平台。市知识产权局政务信息管理系统提供内部通知公告、日程安排、公文流转、业务审批流转等功能。该系统已于2019年12月迁入市政务云平台，拟于2020年升级改造。

【知识产权公共服务平台服务深化】 上海知识产权公共服务平台以专利信息资源为基础，提供专业化、高水平、快捷、便利的专利检索、分析、评估、管理、集成和延伸服务，以及相关非专利科技信息服务，有效满足不同用户的专利信息应用服务要求，提高知识产权公共服务水平，促进企事业单位和社会公众的知识产权创造、知识产权利用、知识产权保护，有效推动全社会科技创新活动。截至2019年12月31日，上海知识产权公共服务平台累计注册用户数达10 087，在线专利数据库1 402个。2019年全年，累计访问量为27万余人次，用户通过平台在线专题数据库功能自主新建25个网上专题数据库。2019年，上海知识产权公共服务平台完成各种形式的检索或培训等咨询，日均答复各类知识产权咨询电话约10件，年累计约答复咨询电话3 000余人次，通话时间累计超过100小时。

【知识产权数据统计】 2019年全年，市知识产权局向上级主管部门、园区及各区县提供各类数据统计报告85份，其中上级主管部门20份，园区11份，各区54份；完成《2018年度上海市专利及商标分析报告》及市国资委7 000多家企业2018年的知识产权调研两个分析项目。平台通过“上海市知识产权专利数据共享交换平台开发项目”，于2019年实现与“一网通办”专利数据的共享交换。

（王晓强）

十八、上海市国家保密局

【概况】 2019年，中共上海市委保密委员会办公室（上海市国家保密局）（以下简称“市保密局”）继续强化网络保密管理，做好涉密信息系统测评审批和风险评估，推进重要保密技术项目建设，开展保密监督检查和保密技术监管，为全市党政机关和涉密单位的信息安全保密提供坚实保障。

【第二届进博会保密保障工作】 2019年，第二届进博会筹备和召开期间，市保密局根据中央、市委相关决策部署和市委保密委工作要求，及时研究制定保密工作方案及应急预案，加强日常保密技术监管，及时为重要会议活动及办公场所提供保密应急检查、涉密载体现场监销等技术服务，确保进博会期间全市保密工作零事故、零差错。

【保密教育实训平台】 2019年全年，市保密局依托上海市保密教育实训平台，对106家机关、单位8 200余名涉密人员开展轮训，范围覆盖全市各级党政机关、企事业单位、高校及科研院所。一年来，保密教育实训平台的硬件设施不断优化，展示内容定期更新，教育效果不断增强，在全年保密教育培训工作中发挥重要作用。

【保密技术服务和科技测评体系】 2019年全年，上海市保密技术服务中心（上海市保密科技测评中心）采用“政企合作、定点专控”模式，依托企业技术力量，在确保安全保密的前提下，为党政机关、涉密单位提供数据恢复服务。2019年年底，上海市系统测评实验室达到国家规定的安全保密监测能力要求，取得涉密信息系统监测评估能力合格证，“国家保密科技测评中心上海市系统测评实验室”正式挂牌。

【保密技术监管】 2019年，市保密局依法开展保密技术监管工作，加强非涉密网络保密管理，加大对互联网门户网站信息公开保密审查监督力度和互联网违反保密规定行为的技术监管力度。各类保密技术监管平台持续发挥积极作用，为保密技术防护提供保障。

（赵星星）

十九、上海市监狱管理局

【概况】 2019年，上海市监狱管理局（以下简称“市监狱管理局”）信息化工作坚持以改革创新为统领，全力围绕局中心工作做好信息化支撑和保障，完成全年各项工作任务和目标。

【“智慧监狱”建设】 一是融入上海市司法局（以下简称“市司法局”）“数字法治、智慧司法”信息化体系建设。严格按照市司法局大数据平台界面风格标准、数据对接要求，设计统一管理平台，并专题调研学习市司法局“数字法治、智慧司法”大数据平台建设情况，以期实现无缝衔接。二是推动“智慧监狱”与“智慧磐石”工程融合共建。三是摸清家底、挖掘需求。开展市监狱管理局全局范围的信息化工作大调研，累计赴12个监狱单位排摸信息化家底；面向13个处室、3个层面民警（监狱中层干部、青年民警、基层民警）开展深层次“智慧监狱”需求调研。

【数据治理和技术保障】 一是完成“三清单一目录”工作。落实市政府办公厅有关工作要求，推进数据治理和数据资源整合共享，完成涉及市监狱管理局的75个数据编目，完成36项需求申请填报工作。二是配合司法行政信息化体系建设。配合市司法局“206”工程建设，全面完成市监狱管理局业务系统通过市司法局对接法院、检察院数据的技术开发和保障工作；配合市司法局完成“智慧司法大数据平台监狱子平台”相关数据库结构和数据的检查确认等工作。

【信息化项目建设规范推进】 一是细化工作推进管理规范。进一步规范和细化信息化项目操作流程，强化项目招标管理，建立集体研究讨论机制。严格执行监所信息化建设周报机制。完成历年50个信息化预算项目的网上验收。二是推进预算绩效评审工作。严格落实项目库管理机制，加强预算绩效评审。完成信息化项目预算后评价26个、安防警戒设施项目预算前评价28个，配合市监狱管理局推进全局预算绩效考核管理工作。三是完成2020年市本级信息化项目预算，共审核申报信息化项目32个，批复 29 个；完成市监狱管理局 2020 年度市财政安防警戒设施项目的初审和报批工作，共审核申报安防项目 54 个。

【业务信息系统升级改造】 一是完成移动警务智能终端系统升级改造建设。完成市监狱管理局全局移动警务智能终端系统升级改造任务，在市监狱管理局范围内配发新型移动警务智能终端 7 000 余台，并开展相关管理平台培训工作。二是完成上海监狱工作数据综合应用平台（一期）建设。构建标准统一的监狱信息资源管理体系，实现规范统一的数据采集、数据融合、数据交换共享，健全监狱基础信息交互机制，提供数据的管理及利用基础。三是完成上海监狱移动执法平台建设。建立全局统一的移动认证体系；建设移动执法 APP，实现在工作过程中完成台账记录，强化对移动应用的数据服务能力。四是完成市监狱管理局场所安全风险预警系统的开发部署任务。系统嵌入指挥中心管理软件“最后一公里”系列功能中，形成市监狱管理局全局统一通用的 3 柱 12 维“潜水艇”场所安全风险判断模型，提高监狱数据分析图像化、可视化程度。五是完成市监狱管理局刑罚执行协同办案平台升级改造工作。完成狱政管理系统软件升级改造建设，完善执法证据保全系统建设；推进生活卫生管理系统升级改造建设。

【信息化基础夯实】 一是落实网络与信息安全技术支撑和保障工作。进一步加强网络病毒针对性防范工作；开展网络与信息安全应急演练，顺利完成进博会和节日期间网络与信息系统保障工作；开展保密检查，并开展保密自查知识内容专题辅导。二是落实软硬件升级改造工作。根据市保密局、市版权局有关要求，编制替代方案，并通过市保密局专家评审。三是有序推进业务网应用向云端迁移。根据市经济信息化委有关要求和市大数据中心下发的政务云端资源，落实域外监狱政务外网资源配置，有序推进应用系统迁移，进一步保证局业务应用系统上云平稳过渡。四是完成视频会议保障工作。加强视频会议服务保障工作，通过全流程管理，确保视频会议质量，全年共完成 37 次视频会议保障任务。完成司法部监狱监控视频对接、业务数据汇聚、视频点名系统建设工作。

【新收犯监狱信息化管理】 2019 年 4 月 16 日，市监狱管理局副局长戴卫东一行赴新收犯监狱调研信息化工作，实地察看习艺车间、罪犯监舍、监区分控平台、机房、指挥中心等场所，深入了解报警、视频监控以及编队遣送、外出就诊的实时监控等方面情况，并听取监狱信息化工作情况、学习司法部《智慧监狱技术规范》以及开展对标找差的情况汇报。

【“智慧监狱”建设调研交流】2019年5月16—17日，市监狱管理局副局长戴卫东一行赴四岔河、吴家洼监狱调研信息化及“智慧监狱”建设情况，现场查看监狱内隔离网的微震光纤和电缆、监狱炊场的门禁联动和报警装置、监区分控平台、习艺车间安防设施、监狱指挥中心、监狱机房等建设和应用情况，以及武警岗楼安防和监狱对接情况，并听取两监狱关于信息化和“智慧监狱”建设情况的汇报。2019年11月19—20日，市监狱管理局副局长戴卫东带领宝山监狱“智慧监狱”建设专班一行18人赴江苏省监狱管理局学习考察。考察组一行考察了江苏省监狱管理局指挥中心、丁山监狱、龙潭监狱，并围绕“智慧监狱”建设思路、经验，统一管理平台建设和指挥中心运行情况，以及新技术监狱内的应用与效果等进行交流座谈。12月9—10日，市监狱管理局副局长戴卫东带领宝山监狱“智慧监狱”建设专班一行12人前往浙江省监狱管理局、浙江省第二监狱、浙江省金华监狱，重点考察学习浙江省监狱管理局信息化建设和“智慧监狱”建设思路、经验，统一管理平台建设和指挥中心运行情况，移动警务APP建设应用情况以及新技术在监狱内的应用与效果，并进行交流座谈。浙江监狱系统在“智慧监狱”建设方面注重顶层设计、坚持标准化引领、基于实战实用的信息化深度应用、智能移动警务APP运用、以人为中心的发展理念等先进经验给考察组留下深刻印象，为深化上海监狱“智慧监狱”建设工作提供了思路和参考。

（龚爱英）

第四编　公共服务信息化

SHANGHAI INFORMATIZATION

综　述

2019 年，上海公共服务信息化在智慧交通、智慧健康、智慧教育、智慧生活、智慧文化、智慧旅游领域均有建树。

智慧交通领域，上海市交通委员会积极推进电子证照应用，保障“双减半”工作落地，并做好“互联网 + 监管”工作。

智慧健康领域，上海市卫生健康委员会积极推动卫生大数据建设、卫生系统信息化建设以及网络信息系统安全建设，为全面深化医改和推进健康城市发展提供信息化支撑。

智慧教育领域，上海市教育委员会持续完善教育信息化基础设施建设，落实上海市教育信息化应用标杆培育校创建工作，推进“一网通办”。

智慧生活领域，智慧民政、智慧社区、智慧气象、智慧邮政等领域重要项目持续推进。智慧民政方面，推进民政业务“数据海”建设。智慧社区方面，新版社会保障卡集中换发有序开展；付费通从账单支付平台向支付服务平台转型。智慧气象方面，促进气象核心业务技术水平提升。智慧邮政方面，不断推进科技创新，开发大都市邮政智能化物流综合处理系统。

智慧文化领域，上海在网络出版和网络视听方面持续发力，7 部作品入选优秀网络文学原创作品，多家企业获“游戏十强”奖项，上海持有《信息网络传播视听节目许可证》及备案网络视听的企业共计 42 家。

智慧旅游领域，持续推进上海旅游信息管理与发布平台，提升旅游咨询服务智慧化水平。

第一章 智慧交通

概 述

2019年，上海市交通委员会（以下简称“市交通委”）在信息化建设方面，积极推进电子证照应用，保障“双减半”工作落地。同时，完成“上海交通”APP升级改造工作，并推出“进博会交通”APP的安卓和iOS版。另外，做好“互联网+监管”工作，确保监管数据“有数量、有质量”。示范应用方面，公交动态信息发布、上海市交通综合业务平台、上海市自动驾驶监测与评估系统、洋山港自动驾驶集卡示范运营项目等建设工作有序推进。

一、交通系统信息化

【电子证照归集应用】为加强与上海“一网通办”平台的技术及业务对接，结合市政府办公厅关于“双减半”的工作任务，深入推进电子证照应用，积极配合市大数据中心做好市交通委48张电子证照的归集工作（含2张国办证照考核要求的配发类船舶营业运输证）。同时，在市大数据中心已经归集的全市154张电子证照中，涉及市交通委“双减半”工作的证照共有38张。相关证照数据已通过行业数据中心对接至综合业务平台，可以通过手机亮证、后台调取等方式，供申请人、受理窗口和业务经办人查询调阅，保障市交通委“双减半”工作的落地。

【“进博会交通”APP推出】市交通委于2019年10月23日完成了“上海交通”APP升级改造，并在第二届中国国际进口博览会(以下简称“进博会”)期间推出“进博会交通”APP 的安卓和 iOS 版。“进博会交通”APP 设计独立版面,包括“出行导航”“进博会 3D 导览”“交通攻略”“资讯消息”“停车预约”五大板块功能,可让用户了解进博会期间国家会展中心附近的交通状况。同时,观众可一键导航抵离场馆、实景导览场馆及周边环境、视觉模拟步行导航和在线预约停车位。

【“互联网+监管”数据对接】 按照国务院办公厅关于国家“互联网+监管”系统“11223”建设要求(即:编制 1 张清单(根据国家统一规范,在国家部委梳理监管事项目录清单基础上,自上而下建立覆盖市、区两级的监管事项目录清单(包括检查实施清单);建立 1 个数据库(按照数据标准,汇聚上海监管数据、形成各类监管数据库,实现数据上报、共享、分析等需要);建设 2 个体系(标准规范体系和运维体系)、2 个界面(面向公众服务界面和面向政府部门的工作界面);建设 3 个应用系统(行政执法监管、风险预警、分析评价系统),上海作为 12 个试点省市之一,要求 9 月底前完成“互联网+监管”系统建设,并与国家系统对接。2019 年,市交通委按照国家数据标准做好数据对接,完成存量监管数据向国家“互联网+监管”系统推送,确保监管数据“有数量、有质量”。相关“互联网+监管”数据量为 27 181 条,覆盖主项 211 个,覆盖率为 76.7%。

二、示范应用

【交通出行信息发布】 2019 年,为进一步提高交通出行信息发布工作水平,提升出行信息服务质量,市交通委科技信息中心积极协调推进公交动态信息发布工作。截至 2019 年年底,上海所有公交线路实时到站信息发布工作实现全覆盖,电子站牌、站杆设置 9 000 余座,为广大市民提供更优质全面的公交出行信息服务。

【交通综合业务平台打造】 上海市交通综合业务平台是在上海市“一网通办”智慧政府基础框架下打造的交通行业业务平台。平台涵盖交通规划、交通建设、交通设施及路政养护、道路运输、水路运输、轨道交通全行业共计 66 个行政审批大项及机动车维修经营备案事项,实现“两级两同”,即市、区两级使用同一管理平台、同一管理标准。平台建设以规范管理为核心,以提高行政效能为目标,形成全市统一的数据底板,作为行政审批和日常管理的重要依据。同时,按照建立许可、监管、决策相制约相协调的行政管理格局要求，实行审批、监管和决策“三分离”的工作制度。

【自动驾驶监测与评估系统建设】上海市自动驾驶监测与评估系统于2019年3月18日正式启动，至2019年年底，完成检测与评估平台的开发与部署，安亭、临港两大测试区域相关测试数据接入平台，最新开放的东海大桥集装箱自动驾驶卡车相关数据也成功接入平台。平台可以实现对于接入车辆数据的实时监测、轨迹回放，根据平台获得的车内、路侧等相关数据进行分析，计算出各类实时交通行为、事件，分析交通态势。随着平台进一步开发，利用车联网、V2X等新兴技术，基于交通神经元、交通感知网络，构建起面向智能网联汽车的安全预警、可视化监管的系统。

【自动驾驶汽车开放测试道路管理】遵循风险可控、循序渐进的原则，有序推进开放测试道路的管理工作。截至2019年年底，上海准许自动驾驶汽车开放测试道路124.5公里（嘉定区53.6公里、奉贤区7.8公里、临港地区26.1公里、东海大桥37.0公里）。

【企业自动驾驶汽车开放道路测试】截至2019年年底，上海累计向18家企业发放66张（含示范应用）自动驾驶汽车道路测试牌照，各企业测试里程超过15.7万公里，测试时长达6 900小时。在全国率先向吉利汽车、中智行汽车颁发首批长三角智能网联汽车道路测试牌照，推动长三角道路测试互认互通以及产业一体化发展迈出实质性步伐。在2019年9月16日举行的世界智能网联汽车大会上，向上海汽车集团股份有限公司、宝马（中国）服务有限公司、上海滴滴沃芽科技有限公司三家企业颁发全国首批智能网联汽车示范应用牌照，在全国率先开展载人载货示范应用，确立了在全国的引领地位。

【洋山港自动驾驶集卡示范运营】2019年年初，上海国际港务（集团）股份有限公司、上海汽车集团股份有限公司、中国移动通信集团上海有限公司联合提出在洋山港组织实施自动驾驶集卡示范运营项目。结合港口作业需要，在深水港物流园区—东海大桥—洋山港之间开展自动驾驶集卡示范运营试点。2019年年底前，上汽自动驾驶集卡共计完成上桥测试里程53 916公里（其中自动驾驶里程46 154公里），实现示范运营线路内的全程闭环自动驾驶能力，初步具备在港区固定箱区执行集装箱转运任务的技术条件。该项目在2019世界人工智能大会和进博会期间进行展示，引起社会各界的广泛关注。

【智慧高速试点建设方案研究】为发挥

交通基础设施在长三角一体化发展中的先行作用，突出上海在长三角世界级城市群核心城市的龙头作用，市交通委启动了上海市智慧高速公路试点建设工作。2019 年，完成了智慧高速公路试点示范工程建设方案征集工作，面向国内龙头科创企业、著名院校、研究机构、管理部门等单位，广泛征集了智慧设施、智慧管控、智慧决策、智慧服务和基础配套五大板块 100 余个项目。按照智慧高速关联性、技术方案创新性、资金落实渠道、试点应用基础等评价指标，进行方案初选，筛选出 60 余项申报方案，准备组织专家进行论证，结合具体实施条件，形成上海市智慧高速试点工程项目清单，并逐步开展试点工程。

【航运指数期货交易产品研发】 2019 年，上海航运交通所、上海市交通委员会、上海市金融服务办公室、上海期货交易所等相关部门启动航运指数编制信息系统建设，开展了规划设计、编制需求收集、规范设计、系统安全需求等前期工作。在需求确认的前提下，完成代码编写、分段测试、联调测试等阶段工作，按照既定目标要求，基本完成系统上线试运行，正式启动周稽核、运行编制日指数的编制工作。

【内河人工智能识别系统建设】 内河人工智能监控系统主要是为省际检查站对进沪船舶开展不停船检查而研发的一套人工智能系统。该系统通过安装船舶智能感知设备（包括船舶抓拍、激光扫测、AIS 信号收发、RFID 接收等设备），实现船舶图片自动抓拍、船舶号牌智能识别、船舶航行特征数据动态感知、船舶多源信息自动融合，可以对船舶超载超限、船舶超速、AIS 未开启、船舶未报告、船舶违法行为追踪等进行自动预警和处置。该系统结合移动执法系统，可以有针对性地对入沪船舶开展检查，从现场使用效果来看，系统对船舶识别率可达 90%，远高于行业内相似系统的综合识别率。

该系统为水上交通管理、交通规划提供了大量运行数据，实现了三大目标：一是通过系统自动获知船舶信息，有效降低监管成本，提高管理效能；二是通过抓拍图片视频，可准确锁定问题船舶，并作为证据，以保障执法公平公正，从而提升执法手段；三是实现免停靠检查，增强安保能力，避免正常航行船舶大量滞留。

（俞婷莉）

【CBTC 系统建成】 2019 年 7 月 5 日，由上海申通地铁集团有限公司牵头，卡斯柯信号有限公司、上海电气泰雷兹交通自动化系统有限公司共同承担的上海市科学技术委员会（以下简称“市科委”）项目“轨道交通互联互通 CBTC 系统关键技术及核心装备研制”通过了市科委组织的专家验收。该项目编制形成了一套上海互联互通 CBTC(Communication Based Train Control,基于通信的列车控制)系统规范体系,包括互联互通 CBTC 系统需求规范、互联互通车载电子地图技术规范、互联互通车载 VOBC(Vehicle on-board Controller,车载控制器)子系统规范、互联互通 VOBC-ATS(Vehicle on-board Controller Auto Test System,车载控制器自动测试系统)接口规范、互联互通 CBTC 系统测试规范等 23 个子规范。研制 2 套完整的轨道交通互联互通 CBTC 系统装备,交叉实现了车载设备和轨旁设备间的互联互通。开发互联互通 CBTC 系统测试平台,制定轨道交通互联互通 CBTC 系统测试大纲。申请了发明专利 8 项、实用新型专利 1 项,发表论文 6 篇,获得软件著作权 10 项。

【自主可控的有轨电车安全控制器及测试技术研发应用】 2019 年 3 月 1 日,上海富欣智能交通控制有限公司联合华东师范大学、上海心河信息技术有限公司及同济大学共同承担的市科委“自主可控的有轨电车安全控制器及测试技术的研发与示范应用”通过了市科委组织的专家验收。该项目采用基于开放架构和模块化嵌入式实现方式,基于欧洲安全标准 EN50126/EN50128/EN50129,开发应用于有轨电车信号控制系统相关子系统的安全控制器;项目完成了一套面向有轨电车信号控制系统定制开发的核心安全控制器,技术指标符合任务要求,并获得了德国 TUV 莱茵 SIL4 安全认证 4 张(VCU/VDU/MDU/RSSP SIL4 安全认证证书);项目重点研究了形式化方法和自动化测试方法与工具,并完成了对该项目 ATP-200_VCU_SwCTR 及 ATP-200_VCU_SuTR 的测试;该项目申请了专利 4 项(授权 1 项)、软件著作权 3 项。

【轨道交通大数据服务平台关键技术研究与示范】 2019 年 1 月 15 日,上海申通地铁集团有限公司牵头,复旦大学、万达信息股份有限公司、上海久誉软件系统有限公司共同承担的市科委项目“轨道交通大数据服务平台关键技术研究与示范”通过了市科委组织的专家验收。该项目建立了一个汇聚多源数据的轨道交通大数据资源中心,构建轨道交通行业数据资源目录,建立大数据资源管理平台,实现了数据分级、分类管理,为促进轨道交通大数据开放共享和大数据资源利用开发提供了丰富的数据基础;构建了轨道交通大数据挖掘算法库,既涵盖了具有代表性的传统数据挖掘算法,还提出了一系列面向轨道交通业务的客流分析、站点功能画像、运营事件分析等针对性算法,为轨道交通大数据应用提供了方法支撑；制定了上海轨道交通大数据应用发展指导意见及相关标准，形成轨道交通行业大数据体系架构。在轨道交通客流实时预测、特征分析、应急辅助决策等业务中进行应用示范，改变传统经验模式，利用大数据提升了轨道交通管理服务水平。项目申请发明专利4项，发表论文10篇，获得软件著作权12个，制订企业标准规范3个。

【空中交通智能化指挥研究】 2019年3月22日，由上海民航华东空管工程技术有限公司承担的市科委项目“基于大数据技术的空中交通智能化指挥研究”通过了市科委组织的专家验收。该项目研制了空中交通管制智能化指挥系统，通过对接入的雷达综合航迹信号、广播式自动监视信号、飞行计划数据、气象数据等多源、异构、跨界数据的实时并行处理，结合4D飞行剖面建模技术，自动生成飞行器冲突解脱指令，为空中管制提供辅助决策。该系统可覆盖华东空域，最大可接入16部雷达、相关航迹数1 000个，监视数据刷新周期5秒，航班冲突预判正确率大于99%。项目申请发明专利1项、软件著作权2项，发表论文5篇。

（王卓曜）

三、公共交通信息系统

【概况】 2019年，上海公共交通卡股份有限公司（以下简称“公交卡公司”）以服务城市交通发展为使命，聚焦“移动支付”和“智慧出行”，筑牢经营根基，突出服务导向，坚持创新引领，加快转型跨越，全力推进ETC（Electronic Toll Collection，电子不停车收费系统）发行任务，不断壮大手机交通卡用户，持续提升自身服务能力，在继续保持优良公共服务口碑的同时，信息化建设也取得了新突破。

【ETC发行任务圆满完成】 作为上海ETC发行主体，公交卡公司勇于担责，全力推进ETC发行任务。在发行过程中，严格控制产品质量，打通线上线下平台，广泛宣传提高ETC安装率，为用户提供便利及优质服务，最终取得2019年全年新增沪牌用户184万、新增用户总数252万的优异成绩，圆满完成上海ETC发行目标。同时，旗下上海都市旅游卡发展有限公司以ETC发行为契机，为上海ETC用户自驾出游推出免费畅游权益，60.09万ETC用户申领该权益。

【长三角互联互通实现新突破】与长三角各城市交运企业、交通一卡通企业达成共识,列出计划任务清单,重点落实城市轨道交通、公交领域和其他公共交通实现交通“一卡通”“一码通”等各项工作,并实地走访多个公司开展长三角一体化发展课题调研,并进行落实推进。在此基础上,推出多款长三角 PASS 旅游年卡,助力长三角互联互通。

【手机交通卡产品不断拓展】2019 年,OPPO、vivo 手机交通卡功能顺利上线,在 NFC(Near Field Communication,近场通信)手机交通卡领域实现苹果、小米、三星、华为、OPPO、vivo 等主流品牌手机安卓和 iOS 双端全覆盖。

【公共交通乘车码持续推广】2019 年,“上海公共交通乘车码”开通用户超过 2 200 万。通过在中国工商银行、中国建设银行等主流银行 APP 上推出“上海公共交通乘车码”功能,以及与中国银联、中国建设银行、中国银行等大型金融机构开展基于实体卡、手机交通卡和乘车码全大类的产品营销活动,进一步整合外部优质资源,初步形成交通支付合作的影响力。

【自助服务设备基本全覆盖】截至 2019 年年底,上海 CVM(Card Vending Machine,自动加值机)设备已投运超过千台,自助购卡、自助充值、自助退卡同比均实现大幅增长。随着自助服务设备扫码服务功能的不断完善优化,基本实现自助服务在上海地铁站点全覆盖。

【小型智能投币一体机全面铺开】为上海久事公共交通集团有限公司、上海浦东新区公共交通有限公司、上海金山巴士公共交通有限公司、上海崇明巴士公共交通有限公司、上海松江公共交通有限公司、上海嘉定交通发展集团有限公司等公交运营公司安装了近千台小型智能投币刷卡一体机,极大方便广大市民乘车出行。

【用户服务优化】进一步整合优化现有服务网点资源,以组建统一售后服务中心为契机,提升职工服务意识和业务技能。同时,扩容原有公司客服热线至 16 路,并新增一路 4000012319 服务热线,进一步优化服务品质。

【清结算服务质量提升】全面承担交通卡、旅游卡及沪通卡的全产品线清结算工作,随着 ETC 发行工作全面启动,通过合理优化工作安排、制定操作流程、优化系统等,进一步提升清结算准确性。

【技术研发提升服务水平】经过前期研发,在现有的“上海公共交通卡”APP、微信公众号内增加 ETC 板块,进一步为广大用户提供便捷服务。同时,积极推进交通部标准的互联互通双标实体卡、安卓双标虚拟卡的研发。不断提升自身技术研发能力，为进一步实现长三角互联互通打下坚实的基础。

【软件开发服务实现新突破】2019 年，公交卡公司软件开发服务在拓展市场上取得了新突破。在全国 ETC 产品严重短缺的情况下，旗下上海久誉软件系统有限公司（以下简称“久誉软件”）在 6 月之前便已研发出第一款产品，并组织生产，有效保障上海 ETC 市场的稳定供货，全年累计供货百万余台。此外，久誉软件还先后承接了垃圾前端分类收运质量平台及中检检验检测通用管理平台项目，持续提升软件研发能力。

【巡游出租车信息平台运维良好】在做好巡游出租车信息平台维护工作的同时，主动配合相关部门做好数据查询及第三方公司接入平台调试工作。

【网约车信息平台稳定运行】在维护好网约车信息平台的基础上，更新、升级相关软件，完善用户操作界面，及时发现并处理系统问题和漏洞，确保系统安全稳定运行。

【场库车位动态数据质量优化】积极配合市交通委和市路政局定时发送场库动态数据的上传情况，为各场库提高自身数据上传的及时性和准确性提供数据依据。同时，通过不断完善、优化动态发布信息的数据质量，提升场库车位信息的精准度。此外，借助参与上海停车信息平台建设的契机，提交相关建设方案，为相关部门决策提供依据。

（郭玉婷）

第二章　智慧健康

概　述

2019年，上海市卫生健康委员会(以下简称“市卫健委”)积极推动卫生大数据建设、卫生系统信息化建设以及网络信息系统安全建设。卫生大数据方面，推进“双减半”“双100”“一网通办”等工作，新增25项公共服务纳入“一网通办”。卫生系统信息化应用方面，推进“互联互通互认”工作和“上海健康云”工作，深化长三角健康信息化合作，推进人工智能和5G试点。网络信息系统安全保障方面也有重要举措，包括下发《关于进一步调整本市卫生健康行业重要信息系统等级范围的通知》、开展网络安全检查、召开进博会定点保障卫生机构网络安全推进会等。

一、卫生管理信息化

【卫生健康条线“一网通办”工作推进】推进“双减半”成果落地实施；推进“双100”业务流程优化再造事项落地；推进“一网通办”系统接入模式“三转二”改造；不断拓展电子证照制证范围，截至2019年9月底，市卫健委归集的证照种类共计16种，占目前全市所有对外公开使用电子证照的9%；已归集的电子证照数量为8 812 805张，占全市所有已归集电子证照总量的11%，在上海所有委办局中名列第三；持续做好公共数据归集工作；做好信息系统电子政务云迁移工作；新增25项公共服务纳入“一网通办”。

【信息化项目和预算管理】组织第四轮公共卫生三年行动计划信息化项目验收

工作；组织市卫健委机关各处室和各委属单位申报2020年信息化预算项目。

【卫生统计工作开展】 为进一步落实《关于加快推进本市死亡登记信息化报告工作的通知》（沪卫计信息〔2019〕3号）文件精神，提升上海死亡登记报告效率和质量，实现民生信息的互通和共享，市卫健委信息处会同上海市疾病预防控制中心对全市所有办医主体和三级以上医疗机构召开了死因登记信息系统使用培训会。确保各级各类医疗机构均使用统一的死因登记系统开具死亡单，保证死亡信息的及时有效管理；完成《上海市卫生资源与医疗服务调查制度》等五项卫生统计调查制度的报批工作。

二、 健康服务信息化

【"互联互通互认"工作推进】 上海申康医院发展中心和各区卫健委组织医疗机构升级硬件、提升带宽、升级改造智能"互认"系统。2019年11月1日起，全市37家市级医疗机构可实现35项医学检验项目、9项医学影像项目和影像资料的"互联互通互认"。

【"上海健康云"建设推进】 形成"健康档案随时查、家庭医生掌上签、慢病管理医生帮、预约挂号如约至、预约接种不用等、体征指标智能测、亲情账户亲人管"的线上及线下融合服务流程。获选2019年度"推进医改、服务百姓健康十大新举措"。截至2019年年底，"上海健康云"拓展至16个区243个社区及1 200多个社区卫生服务点，注册居民账户超过600万个。

【长三角健康信息化合作开展】 协助浙江省嘉兴市嘉善县建设同质化信息惠民平台，建设全国首个5G健康智慧小屋。协助江苏省苏州市吴江区建设远程医疗服务平台，提供和上海同质化的医疗服务。

【健康保险服务业发展平台建设】 会同上海保险交易所实现上海市健康保险交易平台的业务功能，开通运行核保核赔功能。依托该平台研发的首款健康险产品研发上线。

【人工智能和5G试点应用】 上海作为人工智能社会试验及"医疗健康＋5G"工作试点城市，积极配合国家卫生和计划生育委员会规划与信息司开展各类调研工作，指导医疗机构开展智慧化建设。据不完全统计，截至2019年年底，上海已有7个方向共240余项医学人工智能应用。

三、网络信息系统安全保障

【网络安全与信息化保障工作开展】 市卫健委根据行业网络安全新趋势，适时调整行业内重要信息系统定级范围，并下发《关于进一步调整本市卫生健康行业重要信息系统等级范围的通知》；压实各卫生机构网络安全主体责任，加强网络安全制度管理，下发并要求全市卫生机构签订《本市卫生健康行业网络安全保障工作责任承诺书》；更好地发挥医院各类电子屏等宣传阵地的作用，下发《关于进一步加强电子屏等宣传阵地管理的通知》；根据市委网信办、市公安局网络安全执法检查工作要求，会同市公安局、相关区卫健委、上海申康医院发展中心完成对全部33家进博会定点机构的网络安全检查；配合市公安局开展“护网行动”，并召开进博会定点保障卫生机构网络安全推进会。

（唐怡雯）

四、健康设施设备信息化管理

【婴幼儿和学生可穿戴设备研发及应用】 2019年1月3日，由中国电信股份有限公司、上海市儿童医院、同济大学、上海甜橙树健康管理有限公司、上海俊泽软件有限公司和北京智慧图科技有限公司共同承担的市科委项目“研究开发婴幼儿健康生理参数监测和学生运动量及位置数据监测的可穿戴设备及应用”通过了市科委组织的专家验收。项目瞄准婴幼儿健康、中小学生运动量和心率数据监测等细分市场，采用低功耗广域物联网NB－IoT技术，研发了集成人体生理参数传感器、运动传感器、“GPS＋蓝牙”室内外定位和NB－IoT通信模块的可穿戴设备，并开发了相应的健康管理平台和APP程序。项目重点研发了基于NB－IoT的智能手环设计开发技术、多传感器数据的人体姿态识别技术、室内定位技术以及eSIM（Embedded－SIM，嵌入式SIM卡）空中写号等关键技术。项目研究成果在上海市儿童医院、上海市育才中学等单位进行了示范应用，用户超过2 000例。项目申请发明专利3项，获得软件著作权2项，发表论文7篇。

【大数据驱动的重大医疗设施智能化运维】 2019年3月1日，由上海市质子重离子医院有限公司、上海交通大学和上海九谷智能科技有限公司共同承担的市科委科研计划项目"'互联网+'模式下大数据驱动的重大医疗设施智能化运维"通过了市科委组织的专家验收。该项目针对质子重离子放射治疗设备的各子系统及附属设备系统的可视化监控和管理所涉及的数据汇集技术、通讯技术、存储技术、实时分析技术、控制系统融合技术进行系统的探讨和研究。项目研制开发了"互联网+"模式下大数据驱动的重大医疗设施智能化运维平台，实现重大医疗设施及公用配套设施系统的图形化监控、分级报警记录、三维可视化展示等功能，可远程操作，并在上海市质子重离子医院进行了示范应用，该系统现场运行超过3个月，运行稳定。项目申请国家发明专利8项，发表论文7篇。

（王卓曜）

第三章 智慧教育

概 述

2019年，上海智慧教育建设不断深化。网络与应用建设方面，上海市教育委员会（以下简称“市教委”）持续完善教育信息化基础设施建设，落实上海市教育信息化应用标杆培育校创建工作，推进“一网通办”。高校信息化方面，各高校深化信息基础设施建设，优化公共服务平台应用，着力提升师生体验，打造“智慧校园”。

一、教育信息化建设

【教育信息化建设推进】持续完善教育信息化基础设施建设。教育城域网支持视频会议、安全管理、标准化考场等专网及应用，有效保障学前登记、义务阶段招生报名、高招等重大应用。推进统一网络接入及教育云网融合，扩大试点学校和云服务商范围与规模，形成云网融合IP地址应用规范。研制教育数据管理办法，规范数据归集、共享、开放等工作，保障数据安全。推进上海市教育信息化应用标杆培育校创建工作。经过书面评议、答辩评审、现场调研等综合评定，市教委于2019年上半年分两批次公布入选名单。举办2019世界人工智能大会教育行业主题论坛，与华为技术有限公司等国内大型领军信息科技企业签署智慧教育政企合作战略框架协议，发布《人工智能助力教育健康发展倡议书》。

【“一网通办”工作落实】大力推进行政权力和公共服务事项接入，26项行政权力事项、27项公共服务事项接入“一网通办”总门户；11个便民服务事项(部分)接入“随申办市民云”移动平台。义务教育入学报名等事项接入并通过“一网通办”平台办理。教师资格认定实现业务受理“一网通办、全市通办”。

积极推进电子证照、电子证明工作，完成全部在籍学生的电子学生证(中、小学)以及近三年教师资格证的归集和制证。学生事务中心“存档证明”与“一网通办”总门户对接，实现网上开具。上海教育考试院8类考试成绩证明事项在“一网通办”门户和“随申办市民云”上线。

(李　曼)

二、高校信息化

复旦大学

【概况】 2019年是《复旦大学智慧校园三年行动计划(2018—2020)》执行期中的关键年，复旦大学以申报、创建上海市信息化标杆学校为契机，在上海市教育信息化标杆校建设评选中名列前茅。复旦大学信息化办公室(以下简称“信息办”)以学校发展为中心、以人才培养为重点，在多元化教学、个性化学习、精细化治理、智慧化服务等方面创建系列特色项目，努力构建教育信息化2.0时代的智慧校园解决方案。

【无线网络建设】 完成158栋教学科研区域楼宇5GHz无线信号覆盖，并开通iFudanNG.1x(改造目标合计175栋，剩余8栋为计划修缮楼宇)。

【校园网络建设】 完成北区食堂网络相关综合布线工程的招标工作，并配合基建进度开展施工；完成其中网络设备的采购工作；北区食堂基建工程结束后，进行设备的安装及调试。项目整体依据修缮进度有序推进。完成北区食堂修缮“一卡通”配套设备改造项目。

配合基建工程修缮进度，实现年度修缮楼宇的网络配套工程改造；宿舍区提供有线、无线、手机4G带宽融合，为每个用户提供不低于50兆的个人宽带服务。完成邯郸校区光华楼核心机房改造的前期筹备工作。完成2019年邯郸校区宿舍楼宇修缮“一卡通”配套设备改造项目。

规划并启动二级楼宇网络机房消防改造项目，保障校园网络安全稳定运行。在整体排摸校园网二级楼宇网络机房的基础上，挑选消防隐患较大的机房进行第一批消防安全改造，完成改造方案设计与改造工程招标。至2019年年底，完成四校区共计13间机房的系统改造，包括：机房物理环境整改、冗余及淘汰设备清理、机房门禁系统安装、机房强电系统改造、机房弱电布线整改、机房消防基础设施配置以及机房动力环境监控系统部署等。其中，动力环境监控系统用于对四校区网点进行集中监控管理，提供监控、移动巡检、大屏展示、邮件APP告警等平台功能，共14间网络机房（除上述13间改造机房外，新增枫林校区核心机房）接入系统。

【智慧点餐POS机覆盖和升级开发】 落实“银校通”智能卡服务系统项目。配合后勤信息化建设工作，完成邯郸校区旦苑食堂、南区食堂“一卡通”POS机升级改造工作，实现旦苑食堂、南区食堂智慧点餐POS机全覆盖，提高用户使用体验，为学校餐饮管理提供数据支持。完成智慧点餐2.0的开发工作，满足学校管理部门餐饮精细化管理需求，优化用户使用界面。同时完成“一卡通”虚拟化平台整体升级。

【信息系统优化校园服务管理】 自助服务系统在稳定运行的同时，推出了资产标签打印、学生自助注册等4项新服务；新版云盘系统和教师个人主页开始试运行，优化了面向师生的校园服务；在用户需求响应和服务体验方面，持续优化校务管理系统，全面升级包括本科生教务管理系统、研究生教务管理系统在内的重要业务系统，助力学校教学改革与发展。另外，为持续保障信息化服务，提供更好的用户体验和响应效率，信息办充分挖掘部门资源，采用技术创新服务手段，如安置云端智能驱动AI机器人“晓应”进入新生报到现场。

【平台升级和应用系统优化】 完成《复旦大学“云·网·端一体化”项目建设方案（草案）》；完成移动应用平台技术方案调研和基础测试；完成教务系统面向“2+X”模式培养方案的功能改造；支持本科生院启动大人才培养平台建设；完成教师个人主页功能开发；完成新版复旦云盘升级工作；并积极参与上海市教育信息化标杆学校评比，入选第一批标杆学校并名列前茅。

【网络安全防护保障】 在加强网络信息安全以及基础设施方面完成计划工作，并增加多项举措，顺利完成网络安全重点保障工作，落实上级主管部门网络安全责任制要求，及时完成学校批复的网络安全专项，自主安全防护和安全服务能力显著提升。

完成部分二级单位主要信息发布型网站向站群平台迁移；完成校级核心信息系统等级保护三级测评，指导二级单位开展网络安全等级保护备案和测评工作；顺利完成春节、全国两会、“一带一路”国际合作高峰论坛、“五一”假期、高考、暑假、2019 世界人工智能大会、开学、新中国成立 70 周年、第二届进博会等时段共计 107 天网络安全重点保障任务。

【网上办事大厅平台升级】 网上办事大厅(eHall)于 2019 年 8 月底完成平台升级,提升了平台的安全性和可扩展性。增加服务事项模糊搜索以及搜索结果的即时展示,增加二级单位服务事项的分类,增加服务事项按服务类别展示、按主管部门分类、按服务场景归集分类,将相关服务事项进行聚合,更好地引导用户。增加个人数据中心标签页,方便用户个人“一表通”数据的查询。网上办事大厅移动端微信小程序于 9 月上线试运行,首批接入移动端审批服务事项 50 项,优化了用户移动端的办事体验。线下业务的流程说明上网,将依据《复旦大学提升机关效能工作方案》中相关工作的推进节点,待新一轮线下服务梳理确认完成后,统一在平台上进行发布。根据《复旦大学提升机关效能工作方案》的要求,配合业务部门的流程梳理和线上办理需求,2019 年新上线 28 项审批服务事项。截至 2019 年年底,网上办事大厅总计在线运行服务 224 项,累计事项申请近 34 万项,自助打印材料 28 万份,发送消息 72 万余条。

【网上辅助教学平台升级迁移】 eLearning 系统完成从旧系统(基于 Sakai)到新系统(基于 Canvas LMS)的新老交替工作。新系统采取了渐进式的迁移策略:2019 年上半年将 eLearning 系统的首页设置为“选择式”,即同时提供新旧两套系统供师生选择;下半年则将新版 eLearning 作为系统首页,并保留指向旧版系统入口的链接。为保障师生在使用习惯上的平稳过渡,信息办联合复旦学院于 9 月开展面向教师的系统使用培训,10 月开展面向助教的系统使用培训。同时,根据师生在使用过程中反馈的问题,有针对性地改进系统。通过编写迁移程序,对部分教师提出的课程材料迁移需求提供支持,协助多门课程将课程材料从旧版系统顺利迁移到新版系统。截至 2019 年年底,累计已有 791 个教学班、18 171 名师生使用新版系统进行网络辅助教学。在系统部署架构方面,充分利用成熟的虚拟化技术和容器化技术,并不断探索提升系统稳定性和可用性的方案。

【数据分析平台建设应用】 在推进全校教育数据集成与共享服务的基础上,实现基于数据质量管理、数据安全管理的数据治理工作,开发配置了迎新系统、保卫处权限管理平台、电子班牌、课程评教等 40 多个数据集成接口,针对研究生信息、研究生成绩、教务数据标准、“一卡通”申请信息、门禁权限信息、学生宿舍安排等业务进行数据质量管理,配置 13 套数据质量审核策略。完成服务教学的学校层面学业分析与预警、学院成绩分析、离校数据分析、教室资源展示大屏，服务总务处的校车乘车分析，服务机关党委的问卷分析等专题分析应用。建立了“领导驾驶舱平台”，完成“一网通办”专题、“双一流”学科建设专题的“领导驾驶舱”功能。

（王明洁）

上海交通大学

【概况】 2019 年，上海交通大学信息化工作主要包括持续推进校园网络建设和基础信息服务、加强信息安全体系建设、推广计算平台、扩展“一门式”服务体系、数据治理、信息化人才队伍建设等。

【校园网络建设】 2019 年，校园无线网全年新增无线接入点 3 000 余个，新一轮室外无线建设全面启动，新增 52 个覆盖点。安装、更新、接入交换机 287 台，完成虚拟卡 POS 机有线网接入支持，闵行校区、徐汇校区、七宝校区各食堂布线改造 160 个点位。提升动态地址分配方式的网络接入能力，并拓展覆盖至有线网，实现免配置便利接入。校内 10 家二级单位完成局域网改造及 IPv6 部署，12 月新增活跃 IPv6 地址超过 5. 8 万个；加强 IPv6 应用推广，利用现网设施，零设备成本部署 NAT64、DNS64，优化国际学术资源访问。

【基础信息服务支撑】 推出基于 Zoom 的云视频会议服务，提高协作办公效率、助力国际科研合作，全年支撑 25 个院系用户召开视频会议 219 场。定制开发“访客卡”，满足用户个性化需求，应用于“交大-江川”学区合作的图书借阅证，及为转化医学大楼用户提供门禁和校内就餐服务。通过虚拟卡进行移动端校园万物互联的平台化建设，在校车搭乘、培训签到等多场景落地使用，累计开卡超过 10 万次。网络短信平台全年发送短信 593 万条，较 2018 年增长 19%。

【信息安全体系建设】 持续完善信息安全体系建设，反垃圾邮件实现“举报—拦截—处置—预防”全过程优化，垃圾邮件实时分拣量提高 82%。推出免费 HTTPS 证书服务，2019 年已有 119 个机关部处和院系网站使用。部署完成网页防篡改系统，提升网站安全性能。制定《网络安全漏洞和事件管理规定》，推进启动学校首次网站备案年审。开设选修课《物联网安全与漏洞挖掘利用》，面向院系及机关部处 IT 人员开展两场安全培训，并在“信息安全专题研讨班”上讲授《网络攻防演习漫谈》。组织运维教育行业漏洞报告平台，覆盖全国近 2 700 所高校。支持并参与教育部、市教委网络攻防演练，提供全套演练方案、挖掘潜在安全漏洞。

【计算平台建设与推广】建成包括云计算（jCloud2.0）、高性能计算（π2.0集群）和人工智能（AI）计算在内的新一代校级计算平台，创新提出“学科融合”的计算服务模式，通过智能计算推动多元学科交叉创新发展。针对不同用户需求，提供代码优化的高效能服务；自主研发HPC Studio（High Performance Computing Studio，高性能计算室），为科研团队提供定制化计算服务解决方案。2019年全年，计算平台共消耗981万机时，推动18个机关部处、20个学院、13个直属单位、4个附属单位、6个研究院重点应用在云平台部署和迁移，微信公众号“SJTU智算”上线。全年面向校内重点院系开展7场宣讲，举办9场线下用户培训、1场《深度学习&GPU加速》线上直播公开课，累计参与超过3 000人次；录制用户使用微视频22个，播放量2 333次。

【“一门式”服务体系扩展】“一门式”服务平台应用持续扩展，服务全校109个院系部门、3.7万名师生，上线服务事项257个，全年办件量21万个、服务流程环节超过90万个；相较2018年，用户数增长81%，流程数增长86%，流程环节数增长85%。2019年9月，原“一门式服务”APP正式更名为“交我办”，在华为、苹果、应用宝三大主流应用市场上架。新增4台自助打印机、12项自助打印模板，12台打印设备全年完成打印总数超过1.3万次，解决服务“最后一公里”问题。

【管理信息化建设】持续推进全校管理信息系统的建设工作，加强信息技术与教育教学深度融合，提升信息化对学校管理与服务效能的赋能作用。上线Canvas在线教学平台、新版本科教学管理、智慧党建、智能报销、学科建设、学院事务管理、校园电子地图等新系统。推进教学、科研、人事、财务、资产、外事、后勤、审计、招采、校园管理等各业务领域的信息系统建设。“一门式服务”深入院系，通过业务流程再造，为9个学院定制用印、请假、办公行政物资申领等专属流程。打通校、院两级行政审批层级，开展“校印申请”“低值（家具/设备）申请”流程衔接试点，实现校级“大流程”和院系“小流程”的衔接。

【数据治理】2019年全年，校级数据共享交换平台为31个部处63个系统提供数据同步，交换流程125项，API数据接口/流程新增162个。依托基于各级权威数据建立的数据分析平台，研发上线教师画像，先后应用于学院全景分析、职称评审、教师考核、长聘申请等场景模块，众包群智模式的数据治理为学校管理决策提供多维度分析的数据支撑，促进校务管理现代化。

【信息化人才队伍建设】 2019年8月，网络信息中心姜开达担任“第四十五届世界技能大赛网络安全项目”中国教练，指导两名上海交通大学研究生摘得银牌；本科生团队荣获第七届“英特尔杯”全国并行应用挑战赛应用组银奖。10月，在上海市高等教育学会校园网络专业委员会和信息管理专业委员会2019年度学术年会上，“局域网接入用户IPv6深入推广部署”“上海交通大学多平台统一计费系统”项目荣获“2019年度上海市高校信息化建设与应用优秀案例银奖”。10月24日，上海交通大学0ops战队夺得2019国际安全极客大赛中的云安全挑战赛冠军。

【“三校联合体”标杆校建设】 2019年，上海交通大学与上海音乐学院、上海商学院联合建设“教育信息化标杆培育校共建体”。上海音乐学院校园网通过上海教育城域网与上海交通大学云平台虚拟专线实现深度融合，可畅通访问位于上海交通大学云平台上的上海音乐学院专有资源，并能够使用音乐学院自身域名、IP地址及HTTPS证书在云平台上将信息发布至互联网，成功打造“云网融合”示范案例。上海商学院主页依托上海交通大学资源，实现IPv6发布。未来，三校在校园网络规划、信息安全、SaaS服务、下一代互联网部署上，将开展多项合作。

（张　瑞）

上海外国语大学

【概况】 上海外国语大学作为一所特色鲜明的外语类高校，其IT部门的来源可以追溯到1978年成立的外语电化教学馆，历经了教育技术部、教育技术中心、网络信息中心和信息技术中心阶段。早年，学校在外语教学中广泛应用电化教育技术，具有优秀的技术应用背景。信息技术中心于2015年12月调整了组织架构，将原来的9个科室调整为基础运维部、信息系统业务部、多媒体业务部3个业务部，及行政管理办公室、项目管理办公室2个办公室。信息技术中心定位为学校的信息化建设管理职能部门，主要负责学校校园网络、各类信息系统（网站）、各类实验室多媒体教室、校园电视台和广播台的建设、管理和服务工作，提供重大活动的拍照、摄像，精品课程视频制作等方面的服务，并承担学校信息化工作领导小组办公室和信息技术安全工作领导小组办公室的日常工作。在重新梳理调整各业务部的职能、明确工作流程之后，信息技术中心各项业务更为清晰、融合，内部沟通协调效率得到有效提高。

【年度信息化项目申报论证】 按照上海外国语大学信息化“十三五”规划，结合学校信息化具体情况，布置2020年信息化工作任务，收到各部门申报的2020年信息化项目共计 57 个，并组织信息化专家对这些项目进行论证。

【网络安全保障】 2019 年全年，共计完成 114 天重要时期网络安全保障。定期漏扫 550 多个信息系统（网站），及时通知系统管理员并督促修复。修订《上海外国语大学网络安全应急预案》，制订《上海外国语大学网络安全应急预案演练计划》。

【智慧教室应用推广】 2019 年暑假期间，改造 112 间多媒体教室，建设 2 间智慧教室。与教务处合作开展 3 期智慧教室使用培训，重点介绍录播、教学资源平台使用、互动教学系统等，覆盖教师百余人次。信息技术中心提出并实施“可定制智慧教室”的理念。

【信息系统管理与服务】 持续推进业务系统建设和应用，重点保障离校迎新、人事管理、教务管理、学工管理和校友管理等部门业务系统的建设和推广使用。为新生报到提供迎新大数据展示，为新生培训制作信息技术中心服务视频、校园信息化资源使用手册。协助校友会校友系统的建设和管理，为 3 506 个校友开通 VPN（Virtual Private Networks，虚拟专用网）和“一卡通”账号。“一卡通”系统全面更新，对接 10 余个部门的系统，更新了 50 多个应用系统，安装了 3 000 多台设备，更换了 3 万多张卡片以及铺设约 10 万米线路运维管理邮箱、云盘、短信平台，开通邮箱 3 065 个，云盘系统使用 42 TB 存储，短信平台共发送短信 177 789 条。办理各类新生校园卡 2 700 多张，补办校园卡 1 859 张，挂失校园卡 2 067 张，修改卡密码 113 次。6 月下旬在毕业生离校工作中共注销校园卡 443 张。

【数据平台建设和应用】 建设公共数据平台、大数据分析与决策平台和数据交换平台，采集各类数据 4 亿余条。完成公共数据平台与人事、学工、研究生管理、教务、“一卡通”、留学生管理、保卫处大门门禁、企业微信等系统间数据交换；在数据共享的基础上，初步实现“一网通办”，上线 12 个部门的 69 个流程；建设基于企业微信的移动校园平台，完成了微门户、统一消息中心、活动签到和课堂签到等功能，系统上线试运行。

【校园网络运维与服务】 校区基本实现无线网络全覆盖，宿舍无线覆盖随宿舍改造逐步进行，主干网逐步实现万兆；监控校园网络运行环境，运维管理 4 台路由器、327 台交换机、3 230 个无线网络接入点等网络设备和 6 个校园网出口，共 3.2G 带宽。发现并处置校园网出口线路中断及各类网络攻击等事件 22 起；持续优化 115 个境外学术资源库的访问速度，日常监控网站访问延迟、更新地址解析结果，通过优选出口链路、切换IPv4/IPv6等技术手段保证学术资源访问体验最优；完成中国教育科研计算机网统一认证与资源共享基础设施CARSI的全资格会员申请；ITC（Intelligent Terminal Controller，智能终端控制器）服务台处理师生网络和桌面报修1 587次；协同基建处、国资处对全校29个基建项目的弱电改造提供技术支持；运维管理两校区数据中心机房内的87台服务器及存储器、服务器虚拟化平台上的618台虚拟机，新安装70台虚拟机。完成老教务系统数据库物理服务器转换为虚拟机，处置学校二级部门服务器硬件故障；运维管理两校区314间多媒体教室、22间语音教室和4间计算机教室的教学设备，全年共保障15 086学时。处置465次教学楼多媒体教室设备报修；为学校专四、专八、四六级考试、翻译专业资格考试等各类考试提供38次技术支持与保障。

【软件服务和网上课堂升级】 完善SISUWARE上外软件网站，搜集常用软件方便师生下载安装。继续为师生提供微软正版软件服务，更新使用说明3次。截至2019年年底，使用许可授权请求数达62 140次。对eLearning网上课堂进行了3个重大版本升级，插件小版本升级74次，新增课程34门。开发实现了企业微信集成、教务系统课程数据和选课数据导入或同步集成、智慧教室录播集成开发等工作。

【多媒体技术服务】 拍摄和后期制作。为学校的重要会议、庆典仪式、论坛讲座、学术研讨、外事来访、精品课程、赛事活动等提供摄影摄像保障，完成各项拍摄工作325次，留存照片440.6 G，视频成片444.2 G，视频素材3.16 T；完成一般课程拍摄制作40多课时，思政示范课程录制60多课时；协助上海外国语大学附属外国语学校和上海外语音像出版社制作完成《西班牙语》和《棒球》两门慕课课程；完成各类老旧录像带整理编目信息600多条。

直播录制。对校内重要会议、讲座报告、文艺演出、庆典仪式等活动进行网络直播，完成各类直播73场，录制视频716小时，约676 G。

“两台”内容制作播出。上外电视台、上外广播电台、“影像上外”网站共有学生记者100多人，制作和播出4个视频栏目和10个广播栏目；播出各类广播节目4 000多小时，两套高清自办频道累计播出电视节目6 000多小时，转码及上传素材近2 T。

数字有线电视维护。做好卫星和有线电视系统前端系统、两校区有线电视网络1 0000多个用户终端和600多台设备的运行维护工作，维修各类前端设备故障50余台次，维修调整和更换卫星专用接收天线10余副，维修较大的光缆和网络故障7起，维修和处理两校区有线电视网络各类故障60余次；为消除5G信号对部分卫星节目的干扰，安装滤波器6副。

新媒体宣传。上外电视台、上外广播电台、“影像上外”三个微信公众号共计推文300余篇；协助做好“信息技术中心”微信公众号推广，累计推文103篇。

其他各类技术服务。完成两校区的专四、专八等各类专业考试FM播放和发射任务4次，维修发射设备6台；协助党委组织部和学生工作部完成春季学生党校入学考试共计184人次；为体教部提供学校历年体育活动资料15.9 G；整理校志资料2次；支持党委教师工作部与教师发展中心在“影像上外”系统中开设“2019年新进教师培训在线学习课程”，课程包含21个视频，共计106人参加学习。

【信息化相关主题会议举办】2019年3月29日，主办“人工智能环境下的信息安全”工作会议。上海各高校信息化管理部门及市教委领导和工作人员130余人参会。

8月28日，由市经济信息化委指导，上海外国语大学主办、信息技术中心协办的世界人工智能大会特色论坛“人工智能驱动高质量发展——构建人工智能生态链论坛”在上海外国语大学虹口校区召开，与会人员共同探讨人工智能发展与应用。

10月23—27日，上海外国语大学信息技术中心主办“智慧教室建设与实践”专题研讨会，全国各外国语大学，各大学外国语学院及其教育技术中心、信息技术中心和网络中心90余人参会，上海外国语大学信息技术中心代表做题为“云网端融合，实现智慧教室按需定制”的主旨演讲。

11月22日，主办“云网融合+智慧中台，赋能高校改革发展”技术研讨会。上海市教育委员会、上海市各学校信息化办公室、信息技术中心、网络中心、现教中心等单位的负责人及技术人员、教育信息化研究机构和学者代表约120人参会。上海外国语大学信息技术中心代表做题为“数据中台驱动高校数据服务2.0”的主旨演讲。

（赵　衍）

上海海事大学

【概况】进一步加强网上行政办事中心建设，做好学校行政事务综合改革，降本提效，真正做到服务师生。以数据治理为突破口，修订基础数据同步方式，使得数据同步更加及时和准确。根据上级安排，做好学校互联网网站管理、电子邮箱管理和重保期间的网络信息安全工作；确保学校数据中心、云计算和云桌面系统正常运营；确保30多个应用系统及其他弱电、“一卡通”系统正常运行。

【网上行政办事中心改版运行】 网上行政办事中心改版上线一年，取得了阶段性成果，截至2019年12月，共13个部门62项流程办理了32 000余项业务。在业务流程建设和线上服务过程中，学校逐步形成了“理论结合实践，服务牵引治理”的网上行政办事中心建设理念，取得了“规划引领建设、特色凸显理念”的建设经验。

依托网上行政办事中心，学校实现了各职能部门主要业务流程再造、打通了节点数据，形成了上海海事大学网上行政的特色：第一，融合线上线下。通过自助服务终端完成在职证明、在读证明、学生成绩单等线上申请，自助打印，做到随时取件。第二，利用流程打通数据，如质量管理体系文件流程与质量管理系统数据打通；资产入库流程与资产管理系统数据打通；新闻发布系统审核流程与校园主页、数字平台、新闻管理系统数据打通；补考勤流程与考勤管理系统数据打通；成绩单打印与教务管理系统数据打通。极大提高了管理效率。第三，高并发流程。支持高并发图书馆寄包柜流程，1 000余个寄包柜在几分钟内抢完。第四，网上支付流程。在学校还没有统一支付平台的情况下，实现二维码付款，在统一建设网上支付平台后，学校计划再次优化和扩大更多在线支付项目。第五，电子签章应用。查收查引，实现电子签章，一旦生成的PDF有任何内容修改，文档会报警提示。

在网上行政办事中心领导小组的领导以及全校各部门的支持下，信息化办公室制定了业务标准化流程，整合各部门碎片化、条线化的业务，优化各部门审批事项的业务流程，进一步推动形成协同通办的网上办理机制。上海海事大学还与腾讯教育展开深度合作，打造“一网通办”标杆校。

【数据库管理和数据服务】 新版人事系统建设后，数据同步调整，可以实现用户中心的修订工作。新用户中心表建立、同步方式有所调整，保证教职工、学生数据源同步的及时性、准确性。建设数据库行为记录系统，对数据库的操作进行审计，保障数据安全。建设用户开通管理系统，有效管理学校用户账户的开通与禁用。为各项业务工作提供数据服务，包括本科生毕业生数据校对流程、图书馆寄包柜申请流程、为校庆工作提供校友名单、图书馆图创系统、图书馆座位管理系统等。

【网络建设及安全保障】 完成了校园网出口带宽的升级，出口总带宽从原有的2 Gbps提升到7 Gbps。制定了学校网络安全规划，并采购网络安全防护、安全态势感知、服务器状态监测、漏洞检测和网络资产管理等服务，开展教师邮箱和数字平台等级保护定级备案工作，为学校网络安全稳定工作提供技术保障。重新修订《上海海事大学网络信息安全类突发事件专项应急预案》，完成了新中国成立70周年、第二届进博会等重要时期的网络安全运行保障工作，做到网络安全零事故。完成网上行政办事中心安全评测及安全加固事宜，完成教务处教务系统二级等保工作。

【其他业务系统项目建设】 落实市教委的要求，组织2017年市经济信息化委批复的7个信息化项目的验收材料，并完成其中6个项目的材料上报。完成市经济信息化委2020年度项目申报工作，包括调研、编写申报材料、上校务会材料、前评价填报、申报系统填报等，最终获批3项。

【对外交流】 接待上海海关学院、上海应用技术大学前来进行信息化参观调研，对北京建筑大学、厦门大学、中山大学、华中科技大学、上海海洋大学、上海理工大学、上海交通大学、南方科技大学信息化工作进行调研；参加上海市MIS协会年会、加入上海市信息安全行业协会（以下简称“信息安全协会”）理事单位。

【服务师生】 为新进教职工和学生开通电子邮箱、数字平台账号服务。为教职工提供各类软件安全服务以及软件使用指导，安装杀毒软件、更新系统补丁。监督各运营商宿舍上网服务的质量、价格。邀请信息安全协会特聘专家，为教职工作题为“智慧生活和5G安全”的专题培训。

【系统日常维护与管理】 完成学校主页的日常维护和管理工作，保障其正常运行，及时解决使用过程中出现的问题。完成数字平台、教师邮箱、综合移动服务平台的运行维护工作，并根据师生使用情况，进行功能优化和调整。

完成人事系统、党务公开、校务公开、档案系统、干部测评、迎新系统、班车预订系统等近30个职能业务子系统的日常运行维护及技术支持工作。完成学校主页和各学院（部门）网站、信息系统年度备案工作，管理网络应用防火墙WAF（Web Application Firewall，网站应用级入侵防御系统），开展网站24小时运行监测服务。处理上海教育网络安全管理平台漏洞通报10起、教育行业漏洞报告平台漏洞通报13起。完成学校高基报表信息化部分和全国教育信息化工作管理信息系统的信息填报工作。

根据新修订的“一卡通”管理办法及管理实施细则，规范“一卡通”制卡、发卡工作等管理工作。“一卡通”系统运行维护包括：各类现有系统的软硬件运维、水控系统维护与管理，考勤系统、移动考勤、门禁系统、支付宝充值、银行圈存、自助拍照机、自助补卡机等运维管理。“一卡通”卡务中心管理包括：卡务中心人员管理、制度管理、工作设备维护、工作奖惩等。“一卡通”运维公司人员管理包括：运维招标、运维周例会、运维工作管理跟踪、技术方案、运维考核等。

完成中心机房废弃设备清理及资产报废及移交，假期中心机房多次断电，沟通及协调停电事宜，确保机房设备的稳定运行。完成中心机房 UPS(Uninterruptible Power System，不间断电源)、精密空调、静电地板、设备进出、机房人员进出、机房环境监控、机房物理安全等方面的日常维护及管理。完成设备管理工作，如服务器、交换机、存储等核心设备的故障处理、维修及新采购设备的技术方案确定、采购、上架接入、固定资产登记等。

完成虚拟数据中心及云计算平台的日常维护及管理工作，包括云计算基础平台系统的日常运维、云计算资源的扩容、虚拟机的备份，服务器模板系统的升级、漏洞的修补等。完成 IT 资源的置备工作，如各部门系统建设 IT 资源需求方案提供及虚拟资源的配置。完成日常 IT 资源采购及虚拟机资源申请审批业务处理 34 项。完成存储维保过期后的重新续保服务、VMware License 服务、Citrix License 服务、域名证书服务、高性能服务器、网络交换机等共 16 项，涉及确认需求、起草技术指标、自行采购或配合招标工作等。处理邮件服务器存储紧缺问题，重新确定存储方案并进行存储资源迁移。完成数据中心 WAF 防火墙与反向代理接入方案的确定及方案测试实施。

完成教学云桌面工作，包括：云桌面操作系统、业务系统的维护，协助使用部门解决应用软件的兼容性问题及其他使用问题，认证 Ukey 的日常运维，云桌面课程的调课等。完成上教育云的调研及上云工作，实现了校庆网站上云初探，并保证校庆期间的网站稳定运行及阿里云上网站的续费购买等。

完成校园有线网络与校园无线网络的维护与管理。维护管理校园有线电视系统、LED(Light Emitting Diode，发光二极管)大屏系统、广播系统、上课铃系统。对全校 200 多个弱电间、机房开展日常安全巡查。完成 186 间弱电间/机房的安全整改工作。更换老旧 PDU (Power Distribution Unit，电源分配单元)，整改用电不规范行文等问题。监督、巡查运营商租用的通讯机房的安全状态、安全记录等工作情况，督促其整改检查中发现的问题。

（吴慧榅）

上海师范大学

【概况】 2019 年，上海师范大学贯彻创新、协调、绿色、开放、共享的发展理念，围绕提升信息化服务能力、夯实“一网融合”工程、深化应用服务建设、加强网络安全保障、推进数据伴随采集和常态化应用等方面，开展学校信息化建设和管理工作，为建设高水平大学提供良好的信息化支持。

【网络基础提升建设】 完成新建楼宇网络基础设施的规划、设计、验收及服务支持，其中生物科技楼实验室实现千兆光纤网络接入，为教学、科研提供更优质的网络服务。更新两校区核心机房UPS系统的电容、电源控制板块等核心组件及电池组，为学校核心机房的正常运行提供基础保障。完成CARSI(CERNET Authentication and Resource Sharing Infrastructure，中国教育和科研计算机网统一认证和资源共享基础设施)接入工作，拓展校园用户的跨域认证和网络资源共享的领域。调整学校DNS(Domain Name System，域名系统)结构，优化校园网访问链路，提高用户网络访问质量。延展无线覆盖区域，提高无线信号质量，充分发挥出口带宽的传输能力。更新日志管理平台，增强日志收集管理能力。对照《上海市教育信息化2.0行动计划》、上海师范大学“十三五”规划等目标要求，稳步推进校园网专网建设，通过MPLS-VPN(Multi-Protocol Label Switching Virtual Private Networks，多协议标签虚拟专用网)技术建设业务专网，保障和加强业务系统安全性和可靠性。完成安防系统视频监控业务专网建设，实现与校园网普通业务之间的隔离。

【应用建设与云服务】 在一站式服务平台上新建3个业务流程：财务来款登记认领、校内宣传申请、基建项目签证；同时更新3个业务流程：合同用印、党务用印、因公出国境。企业微信平台新建机动车出入管理、校园证件卡照片上传、学工系统、云餐厅以及相关二级单位自管应用等16个应用。“问卷星”云服务平台新增8个二级单位账号。通过智慧校园应用，结合“企微云”和“问卷星”云服务，成功开展晨读打卡、学生普测、爱心学校报名、辅导员满意度测评、各职能部门的相关调研考试等服务工作。新提案系统升级上线，在第九届教职工代表大会正式启用。校医院新诊疗系统和保卫处车辆出入管理系统正式上线运行。财务处网上报销系统上线试运行，新协同办公(OA)系统进入部署阶段，微信新校园卡系统投入试运行。完成教师邮件系统升级工作，提升学校邮件服务安全稳定性。完成远程视频会议系统部署，可为学校的报告、讲座、会议等提供基于硬件架构的高质量视频会议服务，或基于软件架构提供灵活、可靠的云视频会议服务。

【校园网络安全管理和保障】2019年，上海师范大学认真完善管理要求、筑牢安全意识、重保期间实施24小时应急值班保障工作。对新上线的各类应用系统做好上线前安全检测和安全指导工作，确保系统上线，优化安全访问策略。定期对各类信息系统进行安全漏洞检查和系统安全评估。重视信息系统敏感信息保护工作，推广数字证书的部署工作，30多个系统部署数字证书。扩大各类应用系统通过堡垒机远程维护的范围，新购金山防病毒系统支持Windows、Linux服务器系统安全部署。推进2019年3个关键应用的等保测评工作，完成安全测评相关材料整理提交，并接受二级等保环境、系统管理等现场各项评测。完成上海市公安局文保分局网络安全专项现场检查和网络安全应急预案的修订，开展网络安全应急演练。召开网络安全工作会议，部署网络安全工作，落实安全责任。

【数据服务优化】根据学科布局调整等工作安排，完成学校机构编码标准的更新。根据研究生院招生专业调整，变更数据中心专业代码，更新CAS（Central Authentication Service，中央认证服务）认证用户、国际交流处管理系统、财务经费等相关业务的数据调整及表结构变更。采用数据集成交换技术进行业务数据流转服务涉及105个数据库共532个任务，其中2019年发生新增或变更的有205个任务，分别完成图书馆申请人员信息数据配置及数据同步、新学生工作系统数据同步、照片上传系统人员及照片数据同步、档案管理系统相关数据同步等。提升各类数据资源的有机集成和共享能力。通过财务处与后勤服务中心校园卡相关数据同步，提升卡务管理效能，通过财务系统和研究生处、继续教育学院的应收、已收学费和重修费的数据交互，实现财务数据与教学管理融合助力。正式部署数据报表服务，完成人事基础数据展示模板设计、各单位教职工和学生信息展示、校园卡补办、消息中心相关业务运行情况的数据报表模型设计等。进一步加强网站群建设和数据管理，2019年新建、改版网站18个。

（瞿雪萍　李若宝）

【信息化建设领导小组会议召开】2019年3月12日，上海师范大学信息化建设领导小组工作会议召开。上海师范大学副校长、信息化建设领导小组组长蒋明军主持会议。信息化办公室主任顾益明介绍2020年学校信息化项目申报预研的相关内容，信息化办公室副主任瞿雪萍交流2019年信息化工作要点及网络安全相关工作。蒋明军指出，信息化建设领导小组会议应根据实际工作需要定期召开，共同谋划学校信息化管理和建设工作。各相关职能部门要积极协同和支持学校信息化工作，全力推进2019年信息化几项重点工作，严格落实好全年网络安全的各项管理措施，为学校的建设和发展做好信息化支撑和保障。与会成员对信息化建设重点工作以及2020年信息化项目预研展开讨论，并结合实际提出建设性意见和建议。

【教师邮件系统升级完成】 2019年5月12日，教师电子邮件服务升级工作完成，新教师邮件服务平台正式投入使用。升级后的教师电子邮件服务基于腾讯企业邮箱的云服务，该服务适应移动互联网发展的需要，具有无限邮箱容量、发送2 GB超大附件、日历提醒、微信收发邮件、全面支持各类PC端及移动客户端等诸多功能，其覆盖全球的高速网络能确保跨国邮件收发畅通无阻。服务支持POP3（Post Office Protocol - Version 3，邮局协议版本3）、IMAP（Internet Mail Access Protocol，交互式邮件存取协议）等多种方式接入，同时提供全程SSL（Secure Sockets Layer，安全套接层）加密访问信息服务，确保信息安全。

【网络安全应急演练】 2019年7月5日，上海师范大学举行网络安全应急演练。上海师范大学副校长、网络安全应急演练活动总指挥蒋明军，学校办公室、宣传部、保卫部（处）、教务处和信息化办公室共同参加了演练工作。上海市公安局文保分局科长张歆一行4人应邀到演练现场指挥中心。此次网络安全应急演练设置了学校主页页面被篡改、教务管理系统数据泄漏和学校一站式服务平台服务中断三个突发事件的场景，分别对应Ⅰ级（特别重大）、Ⅱ级（重大）、Ⅲ级（较大）网络安全事件。经过前期周密细致的准备部署，网络安全应急演练中各岗位通力协作，严格按照演练预案执行，顺利完成演练任务。张歆对此次演练工作给予肯定，认为达到了预期效果，并就学校网络安全应急处置与公安部门有效衔接沟通、操作流程和经验推广分享等方面提出建议。蒋明军在总结讲话中指出，此次是校内首次开展网络安全演练活动，通过演练，提高了学校应对突发事件的综合水平和应急处置能力，磨合了以防范信息系统风险为目的、统一指挥、密切协同的应急管理机制，也为突发事件发生时反应快速、报告及时、措施得力、操作准确积累了经验。他强调，网络安全的保障工作应以预防为主，见之于未萌、识之于未发。要进一步加强安全防护能力以及对安全事件的监测发现能力，强化网络安全意识，希望对演练工作进行认真总结，不断提高学校网络安全应急团队掌握应急工作的水平和效率，提升今后应对突发网络安全事件的能力，高效前瞻地做好学校网络安全工作。

【网络安全工作会议召开】 2019年9月

26日，上海师范大学网络安全工作会议召开，副校长蒋明军出席会议并讲话，各学院、各单位分管信息化工作负责人参加会议，信息化办公室主任顾益明主持会议。信息化办公室副主任瞿雪萍通报当前网络安全工作的形势，解读网络安全等级保护制度等相关网络安全要求，介绍学校在管理和技术层面采取的网络安全措施，并根据上级部门在网络安全方面的工作要求就下半年学校网络安全工作做具体部署。保卫处处长宋燕明从网络舆情和网络安全两个方面通报相关情况，并介绍了公安部门针对学校提出的建议和对策要求。蒋明军发表总结讲话，他指出，各学院、各单位要进一步提升对网络安全工作的重视，要把网络安全工作想在前、落在实、做在细。并从三个方面提出具体要求：一是要提高工作认识，严格落实网络安全责任制。二是要重视问题整改，切实加强安全管理的措施。三是要全力支持做好重要时期网络信息安全保障工作。

【信息化项目管理】 截至2019年12月，按照市教委和市经济信息化委对信息化项目验收标准和要求，上海师范大学完成历年信息化项目的验收及上报工作，并通过市教委和市经济信息化委的验收。学校还对学生事务一体化服务平台项目、大型会场视频会议项目、档案管理平台项目及师范生教育实习教学支持平台4个信息化项目进行了校级验收。按照市教委和市经济信息化委的相关文件精神，完成2019年第二批高水平大学信息化项目、2020年市本级信息化项目的申报工作。

（李若宝）

上海中医药大学

【概况】 上海中医药大学是教育部与地方政府“部市共建”的中医药院校，也是上海市重点建设的高水平大学。2019年，学校加快“智慧校园”信息化建设步伐，开展了新一轮信息化重点项目建设，在信息资源共享平台、针灸体验实训中心、后勤综合服务平台等方面取得了建设成效，使学校信息化应用水平明显提升。同时，学校入选首批“上海市教育信息化应用标杆培育校”，打造“以学生为中心的智慧中医药教育平台”，创新中医药教育新模式。

【信息资源共享平台建成】 2018年年底，学校启动信息资源共享平台建设，于2019年11月建成并投入使用。项目的建设目标是整合学校教育数据资源，实现数据实时共享和交换；建设统一数据中心、统一数据标准，提升数据质量；实现数据挖掘分析，提升数据价值。

项目建设的内容和成效：首先，打通全校数据，消除“信息孤岛”，实现数据实时共享和交换。如：教务处和学工部通过平台实时共享在籍学生信息;学工部和财务处实时共享学生离校信息;资产处和财务处实时共享经费卡数据等。其次,为师生提供日常数据查询服务,为教师教学和学生学习生活提供帮助。如:教师通过平台能查询个人教学情况、“一卡通”消费、图书借阅等信息;学生通过平台能查询个人选课、奖励、学分、“一卡通”消费、图书借阅等信息。最后,通过数据报表和数据分析,体现学校数据价值。如:校领导可通过综合校情分析查询在校生人数、师生比、毕业率、就业率、课题数、精品课程数、SCI论文发表数、科技成果转化金额、学校总经费和执行率等情况;财务处根据平台采集的数据,可按月、按季度、按学期自动生成高水平项目报表、经常性项目报表等,查看各项目、各部门预算执行率;学工部和各学院辅导员可在平台查看班级学生晚归、经济、成绩、失联等预警信息,判断困难学生或预判意外事件。

通过建设信息资源共享平台,学校归集并加工各业务系统数据,在此基础上进行数据交换、分析。此外,学校制定了《上海中医药大学数据标准规范》和《上海中医药大学数据管理办法》,有效提升学校数据管理和数据的规范开发利用。信息资源共享平台为进一步深度挖掘数据价值、提供决策分析提供了保障。

【针灸体验实训中心投入使用】 2019年3月,学校启动了针灸体验实训中心建设,于2019年10月建成并投入使用。项目的建设目标是打造新型虚拟仿真针灸体验实训中心,提升学校针灸实训教学方法和手段,培养学生创新能力。针灸体验实训中心项目入选标杆培育校巡礼优秀案例。

项目建设的内容和成效:首先,创新教学理念,打造新型虚拟仿真针灸实训教学环境。针灸体验实训中心包含虚拟针灸思维训练室、仿真针灸诊室、模拟针刺手术室、模拟手法训练室等,结合最新的计算机技术手段,学生进入现场后,最大程度地进行虚拟仿真训练,获得沉浸式的学习体验。教师可以针对学生的诊断思维、选穴用针、针刺手法、手术过程进行指导点评,使学生有针对性地开展训练。

其次,创新学习形式,提升学生实训效果。针灸体验实训中心的建设,内容上立足于教学部门精挑细选的教学案例,技术上采用了虚拟现实技术、混合现实技术、力反馈技术等学习体验感强的前沿科技技术。中心将传统的实训室进行大幅度改造升级。硬件层面,加入高清晰度LED幕墙,建设三面环绕投影系统,定制与真实人体比例1∶1的硅胶人体;软件和数据层面,建设多个虚拟现实场景,利用三维建模技术开发三维人体,绑定穴位位置,对人体组织如皮肤、骨骼、经络、器官、血管、淋巴等部件分别建模。学生在使用该系统体验和学习时，三维模型即可立体地呈现在学生面前，所有结构可缩放、旋转、移动，便于查看讲解相关组织之间的关系，更生动地进行针刺教学。

【后勤综合服务平台建成投用】近年来，随着后勤社会化改革的深入及师生对后勤服务质量要求的不断提高，传统管理监督模式显得相对不足。2018年年底，学校启动了后勤综合服务平台建设，于2019年12月建成并投入使用。项目的建设目标是建设一个集管理、服务、评价、宣传、监管于一体的“一站式”后勤综合服务平台，构建统筹协同、“一网办理”的全覆盖现代化后勤服务体系，让后勤服务更系统化、精细化，让师生办事更便利、更快捷。

项目建设的内容和成效：首先，建设后勤服务大厅微信服务号，为师生提供快捷精准的服务。后勤服务大厅微信门户包括在线服务检索、服务指南、服务评价；水、电、空调、电脑、电话、网络等在线报修；教室预约登记和使用管理；公务用车预订和车辆档案管理；食堂订餐管理等。通过掌上“一站式”服务，让后勤服务更高效，师生办事更便利。其次，通过各类通知和互动，加深后勤职能。平台能及时推送各类后勤服务信息、新闻动态给每位师生，也能开展各类主题活动，进行“十大后勤服务明星”“最美宿管阿姨”等投票评选，并能开展后勤服务满意度调查，了解师生对物业服务、班车运行、食堂餐饮、空调维保等意见建议。通过各类通知互动，加强后勤服务职能，监督后勤服务质量。

通过后勤综合服务平台建设，学校加快了后勤服务效率，加强了后勤服务保障，增强了师生对后勤工作的互动反馈。

【上海市教育信息化应用标杆培育校创建】为贯彻全国教育大会精神，进一步深化上海教育综合改革，全面落实教育部和《上海市教育信息化2.0行动计划》的有关要求，市教委组织开展了上海市教育信息化应用标杆学校创建工作。2019年4月，经过申报遴选、材料评审，“上海市教育信息化应用标杆学校”评审专家组到上海中医药大学进行入校评审。学校结合中医学、中药学、中西医结合学科已推进中医慕课、中医药虚拟仿真实验教学、云中医智能诊断系统、中医临床思维训练系统的建设和使用，经专家评审，入选首批“上海市教育信息化应用标杆培育校”。上海中医药大学将以此次入选为契机，打造“以学生为中心的智慧中医药教育平台”，建设一个优质、快速、安全的一流高水平“智慧校园”，促进信息技术与教育教学的深度融合与发展。

（程应军　蒋海洋）

上海音乐学院

【概况】2019年,上海音乐学院教育信息技术中心从管理和技术两方面入手,进一步推进“智慧校园”建设,不断提升学院信息化总体水平。在基础网络建设、信息化应用平台建设、地方高水平大学信息化项目申报、“上海市教育信息化应用标杆培育校”共建等方面均取得阶段性成果。

2019年教育信息技术中心坚持以学院战略目标为导向,以“双一流”建设为目标,重点突破学院信息化建设中的痛点、难点。完成零陵路新校区基础网络建设工程,实现双校区之间网络互联互通。完成汾阳路校区网络基础设施一期改造,为师生提供更加便捷、高速的网络服务。实施开展数据交换与综合运行分析平台、统一门户平台及网站群三个重点信息化项目建设。健全网络安全体系建设,建立常态化的漏洞发现、通报、处置整改等流程,提升学院网络安全保障能力。上海音乐学院与上海交通大学、上海商学院联合申报“上海市教育信息化应用标杆培育校共建体”,并成功入选,在高校信息化共建共享方面积攒经验,形成辐射效应。围绕《上海音乐学院高水平大学建设三年规划方案》,充分调研学院在信息化建设中的短板和发展需求,形成“融合一体化服务平台”建设方案,完成相关申报工作。

【零陵路新校区基础网络建设】历经三年建设的零陵路新校区于2019年9月正式启用。教育信息技术中心完成核心机房、WiFi覆盖、楼宇互联等基础网络建设工作,实现万兆核心汇聚网络传输和千兆到桌面的升级。全新构筑的安全防护系统为“智慧校园”信息交互提供全方位、多层次的安全保障,确保校园网络的高效运行。

核心机房是零陵路校区的网络核心,面积约为265平方米,是学院各类信息数据集中处理、交换、存储与管理的中心,为集中计算资源、存储资源、网络资源奠定空间保障,可满足教学、科研、管理和生活等各类需求,是“智慧校园”建设的坚实基础。

WiFi覆盖工程分为室内、室外两个项目进行。通过办公室、琴房/教室、宿舍无线AP(Access Point,无线访问节点)的入室,实现宿舍楼、教学楼、食堂楼和室外主要区域的2.5G/5G双频全覆盖。用户认证系统与汾阳路校区互为备份,提升了网络的高可靠性。完成“三网合一”工程,实现零陵路校区手机信号室内、室外全覆盖。

零陵路校区教学楼与校园主干网络顺利互联,新校区各楼宇间实现环网闭环,避免了单点故障。同时,机房配置环控监测设备,24小时不间断监测校园网运行,实现统一、集中的监控与管理,确保第一时间发现问题、解决问题并追溯问题。

【汾阳路网络基础设施一期改造】 2019年,汾阳路网络基础设施一期改造项目分别更新了核心交换机、汇聚交换机和接入交换机,其中包括: 2台核心交换机,图书馆楼、排演中心楼、新教学楼、18层教学楼、老院办楼共计5台汇聚交换机,图书馆楼、教学楼部分楼层共计25台接入交换机,实现万兆核心汇聚网络传输和千兆到桌面的接入,提升网络传输吞吐能力。更新1台负载均衡设备和1台流量控制设备,优化学院网络链路出口访问,加强用户上网行为管控和安全访问级别。为了减少对学院教学、科研和管理的影响,项目于2019年8月开始实施,10月竣工验收,在暑假期间完成了新老设备的平稳切换。通过改造,为学院的信息化发展构筑了长久而稳定的网络运行环境。

【数据交换与综合分析运行平台建设】 数据交换与综合分析运行平台是学院"十三五"改革和发展规划中"智慧校园"部分的重点项目,通过建设院级的数据管理流程体系,对数据进行全生命周期管理,对高校信息化发展而言至关重要。该项目主要通过信息标准的建设和管理、全量数据管理平台及业务系统元数据建设和管理、全量数据管理平台建设和管理、各类业务系统数据集成和共享、数据质量测评和治理等功能的建设,完成对数据治理、数据交换共享、数据可视化呈现的需求分析,利用大数据形成科学决策,进行高效管理和开展创新服务。该项目经市经济信息化委批复同意建设后,于2019年10月正式启动。先后进行了三轮数据需求调研,开展与人事、教务、资产、科研、OA办公、图书馆、邮箱等核心业务系统的对接,主数据管理平台、师生个人数据中心、数据分析挖掘平台、综合校情分析平台等已部分投入使用。

【升级版统一门户平台建设】 经市经济信息化委批复同意后,学院的统一门户平台项目于2019年9月正式启动。升级版统一门户平台建设内容包括身份识别和访问控制平台、师生信息门户平台和微信门户平台,聚合校内分散、异构的应用和信息资源,提供一个支持信息访问、传递以及协作的集成化环境。师生通过统一的访问入口,实现校内各种应用系统的无缝接入。该项目的建设弥补了旧版认证系统数据结构不合理、主流认证方式不匹配、无学生门户等关键问题,并能根据每个用户的特点、喜好、身份和角色,为特定用户提供量身定做的访问关键业务信息安全通道和个性化应用界面。同时,配套"微门户"的开发,使师生不再局限于电脑,通过手机和智能终端等新载体,即可随时、随地、随身访问学院门户网站，扩大服务范围和服务对象。截至2019年年底，完成统一身份认证基础版本部署，门户基础版本部署，后台功能模块开发、登录、修改密码界面开发，基础应用界面开发，通过与数据交换及综合分析运行平台的对接，获取人事、教务、资产、科研等业务系统的相关信息，并展示在个人门户中，使数据展示形式更直观，用户访问模式更便捷。

【网站群统一建设运营】学院网站群项目为学院高水平大学建设项目之一，于2019年9月正式启动。网站群系统将对全院信息发布类的网站纳入统一建设和管理，将各站点连为一体，实现统一权限分配、统一导航和检索。系统提供标准化接口，支持与学院统一门户平台、身份认证系统等对接。该项目基于主流建站技术，采用安全可靠的技术框架，具备强大的网站群管理功能；支持信息发布的审批流程，可灵活配置审批流程；支持丰富的组件，各部、处、系能快速自行建站。2019年，学院共有18个网站的新建、改版、迁移需求，包括中文主页、英文主页、教务处、学工部、研究生部、文明在线、信息公开等，重点工作为学院中文主页的改版设计。同时，所有网站均配套定制移动端网站，使页面内容适配移动端特性，提升用户浏览体验。

【网络安全体系建设】围绕习近平总书记关于国家网络安全工作“四个坚持”的重要指示，学院加快健全网络安全体系建设。建立信息系统日常安全巡检机制，更新《上海音乐学院网站安全应急手册》，对突发网络安全事件进行及时处理。定期对全校32个系统及二级网站进行批量漏洞扫描，整改中高危漏洞6个、低危漏洞25个。2019年8月，加入教育行业漏洞平台，截至年底，累计收到15个不同等级的安全漏洞警告，并及时进行修复和确认，为“白帽子”寄送纸质证书和礼物共计13份。完成重要时期网络监管及保障工作，共计10个时间段，包括2019年春节、全国两会、“一带一路”国际合作高峰论坛、“五一”假期、高考、暑假、新学期开学、新中国成立70周年、世界人工智能大会和中国国际进口博览会，合计96天。认领上海教育网络安全管理平台上发布的漏洞3次，完成整改3次。建立学院信息安全员微信群，关注信息安全前沿动态，及时通报上海市网络安全与信息安全预警10余次，并给出修复建议。邀请校外专家，组织学院网络安全专题培训1次。

【上海市教育信息化应用标杆培育校创建】2019年4月，学院与上海交通大学、上海商学院联合申报“上海市教育信息化应用标杆培育校”，并在5月正式入选，首创三校共建模式。三校结合自身办学特点、体量和信息化建设程度，在基础网络设施、公共云应用、技术互助、优势互补等多方面形成了良好的互动互补共享机制。

2019年9月起，学院率先在上海交通大学云计算平台上进行服务器部署。10月24日，两校正式签署云计算平台服务合同。部署过程中，双方在制定项目计划、研发迁移方案、实施系统上云等方面做了多种探索，解决远程访问、IP配置、域名配置、SSL证书部署、负载均衡等问题，通过VPN隧道技术实现两校校园网互访。学院高水平信息化建设项目共计22台服务器，均已在上海交通大学云计算平台上顺利运行。与此同时，三校合作开展云计算平台使用培训2次、网络安全培训1次，召开联席会议5次。

【融合一体化服务平台设计申报】根据《上海音乐学院高水平大学建设三年规划方案》要求，学院信息化建设应以人为本，提供个性化创新校园服务，支撑学院人才培养模式、教育教学能力战略转型。为助力建设，结合学院信息化现状，教育信息技术中心先后组织两轮信息化应用建设需求调研，结合当下信息技术的发展趋势，编制“融合一体化服务平台项目”建设方案，并根据市教委指导意见，经过多轮论证及修改，参加统一答辩，于2019年年底完成申报工作。项目建设内容包括建设统一的表单流程构建平台，基于表单流程构建平台开发学院管理服务所需要的业务流程，以及基于统一流程数据平台构建一批学院业务管理模块，针对迎新、离校、场地管理、外事管理、IT资产管理等多个信息化支撑不足的业务条线进行统一规划建设。

（韩冰冰　蔡一闻）

上海第二工业大学

【概况】2019年，上海第二工业大学信息化办公室、信息技术中心围绕职业导向的高等教育建设目标，提升信息化服务水平与支撑能力，继续完善“数字校园”建设。

【校园网络基础设施配套建设】2019年暑假期间完成15号楼文理学部重大基建修缮项目基础弱电配套工程，以及工学部近40扇电子门禁系统建设。下半年实施教务系统、OA办公系统、党务公开系统、统一身份认证系统、研究生管理系统的安全等保项目工作。

【数据中心安全加固】数据中心内服务器群全面启用反向代理，通过串联负载均衡设备，使得后端服务器群得以隐藏，极大提高了网络防御能力；核心信息系统启用HTTPS加密通道，使得用户和服务器间的通讯不被Internet中非法用户截取及伪造，增强数据安全性；对数据中心存储容量进行扩容，进一步提升信息资源存储能力及存储的安全性；采购数据库一体机，提升信息系统后端的数据库查询的高并发能力，同时也增强数据存储安全性。

【OA 系统上线】 OA 系统上线运行，在行政审批、学生服务等方面提供了极大便利；移动端全面嵌入企业微信，随时随地进行操作，减少了师生跑腿次数。

（王　见）

上海开放大学

【概况】 2019 年，上海开放大学深入学习贯彻习近平新时代中国特色社会主义思想和党的十九大、十九届四中全会精神，在市委、市政府和市教卫工作党委、市教委的领导下，围绕“担当作为，狠抓落实”的工作主题，聚焦学校中心工作，深入开展“不忘初心、牢记使命”主题教育，有序推进一流开放大学建设，为上海终身教育体系构建和学习型城市建设做出新贡献。

学校全面开展智慧学习中心建设，打造线上线下实时融合的一体化智慧教学平台。建设个性化智能化的在线学习服务环境，优化在线学习平台功能。推进开放课程建设，扩大课程数量与应用范围。完善多终端接入，提升泛在学习服务能力。拓展综合信息数据服务，做好信息共建共享。推进公共服务体系建设，完善服务大厅功能和内涵。优化基础网络服务能力，做好常规信息化保障工作。优化完善网络安全应急响应机制，形成有效的学校网络安全防范体系。持续推进学校信息化建设步伐。

【上海学习网建设和应用】 上海学习网积极服务于学习型社会的建设工作。2019 年，上海学习网开展第九届上海社区网上读书活动、“长宁杯”社区服饰大赛、闵行“读书最美”市民读书网上行等各类活动，将优秀资源推送给广大学习者。截至 2019 年年底，市民在上海学习网创建的网上学习团队达 7 000 余个，发表互动话题 768 万余条。上海学习网发布的终身学习资讯 1 900 余条。官方微信发送各类微信文章和专题逾 500 条，微信粉丝 75 000 余人。上海学习网点击量突破 2.8 亿次，注册学习人数达到 514 万。

【示范性开放智慧学习中心建设应用】 上海开放大学全面开展示范性开放智慧学习中心建设工作，初步实现线上线下实时融合的教与学以及教学数据线上线下实时采集、分析和即时反馈。重点建设内容包括：基础网络、教学设施设备、教学评估及可视化管理系统、智慧课堂教学系统和物联智能教学支持服务建设。建设过程中搭建两间智慧教室样板间，将传统教室建设为不同形式的智能教室，提供智能环境、智能学习、智能管理、智能服务等多项功能。通过远程音视频交互、无线投屏、物联网等多种科技配置，促使教学方式和教学体验升级转型，丰富课堂授课手段。同时，以学历教育和非学历教育的示范课程为抓手，通过提供智慧教学教师培训，结合数据分析服务的成果，实践教学验证智慧课堂教学的成效。截至2019年年底，两间智慧教室样板间共计接待、服务约2500人次，有67节课程在其中进行教授，应用类型包括面授教学、直播课堂、远程会议，师生对智慧教室环境使用满意度达88%以上。上海开放大学以智慧学习中心等重点项目建设为基础，获批“上海市教育信息化应用标杆培育校”。

【前沿创新研究】上海开放远程教育工程技术研究中心获得教育部高校产学研创新基金项目——“混合现实技术(MR)在新能源汽车课程虚拟实验中的应用”。发表9篇国际论文，1篇CSSCI期刊论文。组织博士后创新实践基地形成产学研专兼职团队，开展智慧学习、多模态学习分析、教育大数据等关键技术研究和实践应用。组织华东师范大学——上海开放大学博士后科研工作站，完成“个性化智能化的在线学习服务环境设计及其关键技术研究”“教育大数据体系设计及其在开放教育数据服务中的应用研究”2项前沿课题研究。新设立“面向开放教学的智能助教研究——智能导学系统研究”和“面向成人开放教学的自适应学习技术研究——基于多模态数据驱动的自适应学习模型研究”2项课题，课题研究成果为AI在开放远程教育的有效应用提供了支撑。

【国际合作交流】在国际合作方面，出席全球移动学习大会(mLearn)，并做主题为“中国无缝学习发展现状”的分享。与上海市电化教育馆合作组织世界人工智能大会教育行业主题论坛“开放远程教育的智能化元素”分论坛，举办“AI+教育”场景应用研讨交流会，组织国内外专家从不同角度阐释AI在开放远程教育中的应用。参加澳中在线教育政策发布会，展示成果，交流中国和澳大利亚两国大学的在线教育经验和最佳实践。与多位来自荷兰、挪威、英国、丹麦、新加坡等国家教育技术领域专家学者开展研究合作交流，提升了在国际开放远程教育领域的国际影响力。

【“AI+终身教育”应用学术论坛举办】2019年12月10日，由市教委终身教育处指导，上海开放远程教育工程技术研究中心主办的“AI+终身教育”应用学术论坛在上海开放大学举办。论坛邀请了多位专家做“AI+终身教育”的专题报告，专家认为人工智能赋能终身教育，为解决教育公平问题、教育质量问题，以及大规模教育和体验式、个性化、互动式、差别化教学提供了更多可能性。现场发布的《人工智能时代的终身学习——上海在线学习者AI画像白皮书》(以下简称“《白皮书》”)是全国教育科学规划国家级课题“大数据下在线学习用户画像的构建及其应用研究”的阶段性研究成果,由上海开放大学开放远程教育工程技术研究中心、上海图书馆(上海科学技术情报研究所)、上海市学习型社会建设服务指导服务中心办公室、上海市人工智能学会等共同发布。《白皮书》基于大数据画像方法,对上海终身学习情况展开精准化调查,对上海在线学习者“AI+教育”需求与态度情况进行细致研究和深入剖析,为未来教学资源与学习者的精准匹配带来新的启示。《解放日报》《新民晚报》“学习强国”“人民网”“中国教育在线”等10多家主流媒体对《白皮书》的发布予以报道。

【在线学习平台功能优化】 主要从数据标准化体系、个性化在线学习服务、学习效果分析、无障碍功能等几个方面进行在线学习平台个性化升级。对学生在线教学活动、课程学习、作业完成、线上测试四个环节进行数据采集和清洗处理,以EAPI(Experience Application Programming Interface,一种用来储存和访问学习经历的技术规范)国际标准构建在线学习行为数据采集、数据治理、数据存储和数据服务标准化体系。通过对学习者个体特征、行为特征、风格特征三个维度进行指标抽取,构建学习者个体和群体画像,提供更加精准的个性化学习进度、学习预测、学习干预、资源推荐、学习同伴匹配等服务。提供课程学习路径分析及可视化呈现,基于学习行为的多指标综合评价和查询,提供包括个人、班级在内的学习指标和综合评价等,实现学习效果分析。无障碍版本实现了网页内容无障碍以及上网使用的辅助软件技术无障碍,消除残障人士获取信息的障碍。截至2019年年底,平台共支撑919门在线课程,为1 979名总分校教师、81 870名学习者提供在线教学个性化教学服务支持。配合教学业务要求向教师提供资源利用率统计数据,课程平均访问数达5 882次,资源评价150万条次,整体满意度91%。改善直播软硬件基础环境,支持总、分校老师使用直播课堂606次,总时长1 167小时,是上年同期的1.7倍。为教师提供BBS、微信和视频直播等多类型活动支持5 353次,其中设置微信活动140次,累计发送提醒信息47万条次。对6 183名学历学生进行学习风格测评。

【开放课程建设】 打造开放“微认证”课程,组织策划人文修养、艺术设计、学前教育、公共安全、职业技能、健康生活6个主题共计30门在线开放课程。同时配以相应学习支持服务、推广等工作，打造在线开放课程品牌效应。截至 2019 年年底，共计新增市民用户 12 261 人，参与学习人数共计 15 246 人次。通过微信、电话等途径进行满意度调研，学员支持服务平均满意度 92%，在线学习方式满意度 91%，课程整体满意度 90%。

【综合信息数据服务】 建立校级统一的数据管理规范（涉及学校公共标准 4 个），推动数据从被动收集向主动服务转变，推动学校数据治理的应用，建立数据规划、管理制度，建立标准，明确数据生命周期，明确校务数据收集、管理、利用和服务方式。以教职工为主体，集合人事、教务、师资、科研、合同、校舍、资产等系统数据（涉及 59 张数据表，清洗数据记录超过 2 274 万条），从个人维度进行重构和存储，实现数据集成和共享，初步形成个人数据中心。通过数据共享的形式为校内各部门提供数据服务，其中，为质量管理办公室提供 12 份上报数据信息，此外，还为教务、人事、科研、后保、财务、信网中心等多个部门的 21 个信息化系统提供数据共享服务，开放数据接口 116 个，共享数据超过 6 600 多万条。开展“一表通”业务服务，把分布在不同区域内的多个业务系统中产生的数据进行有效提取、处理、融合和管理，以个人维度重新组织形成新的数据架构，简化校内数据填报业务，实现自助填报。

【教育资源应用推进】 以“构建上海教育资源公共服务体系，满足各类人群的学习需求”为目标，上海教育资源中心努力推进优质教育资源的共享与互联互通，2019 年工作侧重点从资源汇聚逐步转变为资源应用。资源汇聚方面，结合资源应用需要，重点汇聚了以视频为主的师资培训、市民终身学习等方面的资源，资源汇聚总量达 65 396 个。应用服务方面，根据应用需求反馈不断探索完善，在云资源授权服务模式上形成了相对成熟的资源应用模式，通过提供系列课程、素材片段、学习空间、线下支持等资源应用方式，为大规模智慧学习平台、师资培训中心、上海市总工会、能力提升培训平台、上海学习网、社区学院、老年大学等 215 家资源应用机构提供资源供给输送服务，服务应用机构总数从 2018 年的 87 家增长至 215 家，同比增长近 147%。共享数量从 6 万多个增至 10 万多个，同比增长达 66.7%。应用机构服务范围不断扩大，资源汇聚、共享及应用等服务能力持续提升。

【“学分银行”推广】 策划 H5 页面宣传活动，提升“学分银行”的用户体验感，推广“学分银行”平台及移动端“学分银行在线开户”“查询个人学习档案”“个人学习推送”等功能和服务。采用线上和线下活动相结合的形式，开展以“增加学分银行公众号关注度”为目标的宣传活动，

"学分银行"微信公众号关注量显著增长。将学习者"学分银行"个人学习档案中已获得的非学历证书、自考课程成绩、各高校学历教育课程学分,与上海开放大学等继续教育高校的学历教育专业教学计划课程比对,分析出可免修的课程和学分,提出学习者继续学习建议,并向学习者推送。截至 2019 年年底,"学分银行"建立学习者个人学习档案数超过 376 万(其中开户的学习者人数 98.4 万),比上一年新增 25 万,累积学习成绩数达 7 635 万条,比上一年新增 1 135 万条。持续组织各高校网点开展学历教育不同高校之间、学历教育与职业培训等非学历证书之间的学分转换,共有 9.1 万人进行了学分转换,较上一年新增 0.7 万人,转换为学历教育学分数达 62 万分。

【"双证融通"建设】将"学分认可型双证融通""高校学历教育学分转换成国家职业资格证书理论考核"拓展到本科、高职高专和中职中专三个教育层次并取得突破,建立"学分认可型双证融通"课程成绩与市人社局在线审核等机制。截至 2019 年年底,已有 28 所院校的 47 个项目通过专家评审,进入实施阶段,其中 3 842 名学生获得了项目学分,945 名学生的学历教育学分认定为市人社局职业资格考证。"学分银行"持续推进"证书认可型双证融通"工作,截至 2019 年年底,完成了职业资格证书可转换为学历教育课程学分的认定工作,共有 30 万张职业资格证书转换为学历教育学分。与市人社局职业技能鉴定中心开展合作,完善市人社局职业资格证书与"学分银行"学分信息联网对接制度,基本实现市人社局职业资格证书发证数据的对接获取,以及"学分认可型双证融通"试点项目学生成绩信息的对接查询,存入市人社局国家职业资格证书人数 150 万人,证书 192 万张。

(杨　东　王会姣)

第四章　智慧生活

概　述

2019 年，上海持续优化智慧民政、智慧社区、智慧气象、智慧邮政等智慧生活建设。智慧民政方面，上海市民政局推进民政业务“数据海”建设，推进“一网通办”以及信息化管理工作。智慧社区方面，新版社会保障卡集中换发有序开展；付费通从账单支付平台向支付服务平台转型，通过对用户需求的深度挖掘来进行多元业务场景的拓展。智慧气象方面，上海市气象局继续推进基础设施建设，促进气象核心业务技术水平提升。智慧邮政方面，中国邮政集团公司上海分公司不断推进科技创新，重点研究将仓储、运输、投递、人员、场地、车辆等信息全部集成到一个信息系统中，投资开发大都市邮政智能化物流综合处理系统。

一、智慧民政

【概况】2019 年，上海市民政局(以下简称“市民政局”)以党的十九届二中、三中、四中全会精神和习近平总书记考察上海重要讲话精神为指引，牢固树立“民政为民、民政爱民”工作理念，围绕民政“十三五”规划的总体要求和年度目标任务，以提高效率、业务协同、信息共享为着力点，以发挥引领作用为发力点，持续推动现代信息技术与民政工作深度融合发展，有力支持上海民政事业的发展，不断提升百姓获得感和满意度。

【民政业务“数据海”建设应用】开发建设民政数据大屏功能，实现民政数据的直观展现；新增换届选举系统数据等 6 类数据入“海”，截至 2019 年年底，共归集整合 1 779 万个自然人和 2.08 万个法人组织对象数据，数据量达 4.5 亿条；开发“残疾人两项补贴人员数量及变化情况推送”等 20 项数据推送产品和 6 项数据统计分析模块，构建了“老年综合津贴发放趋势预测”等 2 项数据模型，进一步提升了民政数据资源的应用价值。

【“一网通办”工作落地】 完成市政府办公厅关于“双减半”“双一百”的工作指标，改造相关系统，开展电子证照应用和数据共享核验，实现民政上网事项总体办理时间减半、提交材料减半，实现办事常用的 15 种证照证照免交，实现养老机构备案流程优化再造；按计划完成 52 个信息系统迁移上云；向上海市大数据中心归集养老、救助、婚姻等 1 786 万条数据资源，制作电子结婚证、社会组织登记证等 13 类电子证照近 700 万张，为上海开展电子证照应用提供基础条件；组织社区事务受理系统升级改造，全面实施“全市通办”，对接“一网通办”总门户；开发长三角“一网通办”模块，实现婚姻登记预约、救助证明出具等事项的长三角通办；组织新增 6 项事项上网，拓展上网事项服务范围。

【重点信息化项目建设】 推进“社区云”建设，完善建设方案，基本完成社区治理主题库数据归集，为居村精细化治理、精准化服务提供大数据支撑；推进上海市志愿服务监管系统建设，规范和促进公益服务的健康发展；打造上海市养老服务平台，实现养老服务信息“一目了然”，养老行业资源“一站获取”，养老服务管理“一网覆盖”，促进养老服务管理精细化、科学化。有序组织社会救助信息系统、换届选举系统等信息化项目建设。

【信息化建设管理】 组织信息化工作调研，摸清市民政局信息化建设和运行基本情况；根据机构改革调整变化情况，以及调查中发现的问题，为加强信息化建设统筹管理，组织划转 11 个信息化项目，清理 13 个老旧报废信息化项目，修订完善《上海市民政局信息化建设管理办法》；开展网络安全大检查，对问题隐患及时组织整改，降低发生网络安全事件的风险。组织 2020 年度信息化项目支出预算集中申报工作，共计申报信息化项目 51 个，其中批复建设类项目 7 个、运维类项目 30 个；完成 2019 年度 2 个信息化项目支出预算日常申报工作。组织 14 个信息化项目验收。

（费文东）

二、智慧社区

社会保障卡

【概况】 2019 年，上海换发新版社会保障卡工作有序开展。同时，为了配合新版社会保障卡的顺利发放，对现行《上海市社会保障卡管理办法》进行了全面修订，管理服务不断升级。

【新版社会保障卡集中换发】 根据上海市新版社会保障卡集中换发动员工作视频会议精神，上海自 2019 年 1 月 1 日起，正式换发新版社会保障卡。上半年主要针对全市离退休人群、中小幼人群，坚持“政策 + 指标”申领总原则，依据目标人群在各区分布占比情况，科学合理制定下达各区季度工作指标，各区具体落实推进。下半年启动在职人群换发，采用“白名单措施”，通过用人单位与服务银行建立合作关系，有序开展批量办理。截至 12 月底，共申领新版社会保障卡 945. 98 万张、制发 994. 01 万张，累计申领 1 231. 36 万张、制发 1 167. 66 万张；962222 网站注册人数 244. 66 万，微信公众号关注人数 133. 91 万，热线咨询量突破 50 万，实现时间未过半，任务超半的目标，为 2020 年年底前全面完成换发工作打下扎实基础。

【社会保障卡管理办法修订】 鉴于新版社会保障卡与旧版社会保障卡在申领对象、基本功能、办理程序等方面均有较大变化，社会保障卡的管理部门和体制也有所调整，因此，对现行《上海市社会保障卡管理办法》进行了全面修订，并于 2019 年 9 月 9 日市政府第 63 次常务会议通过，自 2019 年 12 月 1 日起施行。

【管理服务再升级】 在管理服务上不断提升群众办事的便捷度、体验度和满意度。一方面，完善线下线上发卡服务。线上服务功能更全、受众更广、渠道更多，新版社会保障卡线上业务从“申领”拓展到“社保功能开通”，人群从中小幼拓展到 18 周岁以下、女性 50 周岁以上、男性 60 周岁以上，办理渠道从上海市民信息服务网、“上海社保卡”微信公众号、手机 APP、“一网通办”总门户拓展到支付宝生活号平台。线下持续推动社区、银行网点相关功能开办，实现所有 308 家社区事务受理网点即时补换、即时制卡功能全覆盖，419 家银行网点可办理即时补换业务，实现零星制发立等可取。另一方面，提供优先服务和人文关怀。针对残障人士、老年人等特殊群体，鼓励各区、各银行利用自身资源，增强服务意识，在便民利民服务上凝聚共识、多出高招，通过开通绿色通道、提供养老机构上门批量办卡服务等具体措施，提高申领效率。

（王晓炜）

付费通

【概况】 2019年，上海付费通信息服务有限公司（以下简称“付费通”）从账单支付平台向支付服务平台转型，除为用户提供一站式家庭电子账单管理支付服务外，还通过对用户需求的深度挖掘来进行多元业务场景的拓展，如多样化支付场景、丰富理财产品等。此外，少儿基金、房产税、建设工程招投标交易服务等政府项目仍聚焦“互联网＋政务”，提供集约化、高效化、透明化的公共普惠服务。

【软件开发能力提升】 着重提升技术支撑能力，通过采购超融合设备，确定商户运营平台、风险控制平台、清结算平台等系统优化建设方案，加强技术基础能力。包括付费通太保商户查询平台软件、付费通收单公众号平台软件、付费通渠道代付管理平台软件、付费通违章代缴管理平台软件、付费通预付卡企业服务平台软件等在内的8项自主开发平台软件获得软件著作权登记证书，为各项“智慧便民”业务的开展打下扎实基础。

【大数据应用能力建设】 重点组建数据团队，加强以用户行为数据建设、重点项目数据平台建设、精准营销数据建设等为核心的多元大数据应用能力建设。借助 Growing IO 指标体系、数据看板搭建，将用户行为数据进行可视化展现，进一步为提升用户体验提供可靠依据。同时引入 Qlik Sense 数据展示工具，缩短数据开发周期，完成付费通房产税、物业费、IC卡等重点便民项目数据平台建设，方便业务端完成最细颗粒度分析。

【少儿住院互助基金在线缴纳】 2019年9月，付费通与上海市少儿住院互助基金管理办公室合作，作为第三方支付缴费平台为上海各区的0—3岁沪籍散居儿童提供少儿住院互助基金续保缴费服务。家长可通过“付费通”APP、“付费通账单查缴”微信服务号及付费通网站等多种网上支付渠道自助缴费。付费通通过进一步优化查询、支付等步骤，同时对用户反馈的问题进行及时整合与处理，进一步提升用户使用体验。据统计，2019年少儿基金付费通线上渠道缴费笔数占比65.84%，比2018年提高8.19%。

【“物业费2.0系统”上线】 2019年10月，付费通在2018年物业产品服务基础上，正式上线“物业费2.0系统”。该系统不仅对过去出现的异常问题进行升级改造，增加异常数据处理、住户管理、公房差错处理等功能，同时还满足物业公司系统管理、基础信息管理、费用管理、代理商管理、报表管理等多元需求。此外，付费通从实际出发，为黄浦区、长宁区、徐汇区等地区的多家物业公司提供定制化印制服务，实现770个居民小区、55万户业主享受物业费扫码印制服务；智能收费POS机的试点投放，也为多个社区提供了安全优质的扫码、刷卡、现金记账等多种支付模式的联机收费服务。

【个人住房房产税网上查缴】2019年11月，付费通作为上海市税务局指定的房产税线上缴费渠道，为需纳税用户提供个人住房房产税查缴服务。纳税人可登录"付费通"APP、"付费通账单查缴"微信服务号、付费通网站，在房产税页面输入房地产权证号或不动产权证号，以及产权人相关信息，进行2019年度个人房产税税额查缴，同时支持2018年度以前逾期房产税补缴业务。登录流程的优化完善、支付方式的多选择性、精准营销智能外呼等均进一步提升了用户使用体验。

（张蓉蓉）

【保安集团推进"智慧安防"建设】2019年，上海市保安服务（集团）有限公司（以下简称"保安集团"）以新中国成立70周年庆典和第二届进博会安保工作为主线，积极参与"平安城市""智慧公安"建设，充分依托大数据、云计算、人工智能等高新科技，全力推进传统业务板块和创新科技板块相结合，取得了良好的经济效益和社会效益。2019年年初，上海市保安服务总公司正式更名为上海市保安服务（集团）有限公司，新组建的保安集团下属共有18家全资子公司，总资产规模近30亿元，员工人数达到2.6万人。为助力提升上海公共数据治理能力和服务水平，保安集团联合上海联和投资有限公司、上海市信息投资股份有限公司、上海仪电（集团）有限公司等企业发起成立上海市大数据股份有限公司，致力于构建安全可靠的大数据管理和价值开发平台。同时，保安集团自主研发建设基于"e安车贴"设备的电动自行车智能管控系统、律师与羁押人员会面预约系统等平台，并在全市范围内投入试用。此外，在现有全市保安区域联网报警功能基础上，接入上海城市消防物联网智能感知系统，增加城市火灾自动报警联网服务。在第二届进博会安保工作中，保安集团通过建立"保安云"数据库，严格做好保安员背审筛查，把好"入口关"，圆满完成人员和车辆安检、核生化检测、场馆内部和外围安保、核心区域"智慧安防"系统建设等任务，并通过布设自主研发的智能无人机管控系统，完成了国家会展中心、全市社会面监控和警卫对象住地、主要活动场所等重点区域的无人机侦测反制任务。在"智慧城市""智慧公安"背景下，保安集团还打造了“淘安网”社会化安全服务平台，主要围绕“安家”“安健”“安教”“安行”等主题，为居民提供开锁换锁、孩童就读护送、老人就医伴送、痴呆老人找寻、居家感知报警、随行安全护卫等安全服务，满足人们日益增长的碎片化、个性化、定制化的安全需求。

（保　安）

三、智慧气象

【概况】 2019 年，上海气象部门通过不断拓展信息化智能手段，建设智慧气象保障城市精细化管理试点，利用人工智能提高气象预报精准度等方式，促进气象核心业务技术水平提升，助推智能气象观测业务发展。

【“智慧气象”服务民生】 近年来，上海市气象局不断拓展气象服务智能化手段。搭建气象与公众互动的新媒体平台，研发气象服务智能搜索引擎，建立气象服务知识库。官方微信“上海天气”和“上海预警发布”荣获微信官方颁发的年度十大“优秀政务民生案例奖”、腾讯“华东政务微信亲民服务奖”，更被推选为上海市民“10 大生活必备微信号”。开发“健康气象”“社区气象安全一点通”等便民服务微信平台。开通“上海预警发布”抖音号。上海市气象局官方移动气象服务平台“上海知天气”APP 融合上海气象部门市、区两级属地化气象服务产品及全国气象资源，第一时间权威发布突发预警、气象预报与监测信息，传播气象科普知识。

【气象信息化建设】 2019 年，上海市气象局基于企业微信建成督查督办移动办公平台，满足全局日常管理工作移动互联网接入的功能需求，平台提供统一、标准的数据录入、查询、审核服务，实现重点工作督查督办、决策服务、办公信息、党建工作、业务数据浏览等一体化督察督办平台。配合中国气象局地面观测自动化改革试点，对区气象局通过采用 IP SLA（Internet Protocol Service - Level Agreement，互联网协议服务等级协议）协议自动检测链路状态实现路由自动切换，传输链路可用性显著提升。建成上海市气象局移动视频监控系统，开发移动装备综合显示平台，编制《上海市气象局应急移动气象观测装备建设技术指南》。

【智慧气象保障城市精细化管理试点】 2019 年 7 月 29 日，中国气象局、上海市人民政府第七届部市合作联席会议在沪举行，会议明确了将“智慧气象保障城市精细化管理试点”作为部市合作推进的重点。双方将共同支持试点建设,聚焦气象影响预报和大数据气象风险分析两项关键技术突破,形成事前有气象风险预警、事中有联动响应、事后有保险理赔和效益评估的全程气象保障,形成融入城市精细化管理全过程、多场景的无感式、智慧化气象保障新模式,促进城市管理从以事中事后为重点的精细化处置管理,向以事前预知为重点的精细化预防管理升级。

【人工智能提高气象预报精准度】上海市气象局与复旦大学合作,在人工智能应用于灾害性天气预报方面取得明显进展,利用人工智能和历史观测预报大数据全面分析数值模式与观测资料之间的差异,从而订正预报结果。这一方法已投入智能网格预报之中,为上海市气象局的日常预报业务提供参考,人工智能算法能够帮助气象人员更高效地从海量天气数据中及时发现恶劣天气的端倪,达到气象预报、预防灾害的目的。在2019年8月上旬台风“利奇马”对上海的风雨影响预报中,上海气象部门通过人工智能在数值预报的基础上进行订正,使得台风的降水区域和影响时段预报更加准确。上海市气象局与中央气象台、清华大学合作的短临方法(雷达外推)在2018年首届进博会期间投入应用。在短时临近预报中,人工智能通过应用卷积神经网络方法,学习海量强对流天气雷达回波特征,进而推测出灾害天气未来1—2小时的演变趋势。上海市气象学会专门成立人工智能专业委员会,未来上海市气象局将加强与高校、高科技公司等产学研合作,进一步发挥好气象与人工智能学科交叉的作用,探索预报员经验与人工智能结合,提高预报性能,为气象防灾减灾提供有力支撑。

【大数据分析提高管理精细化水平】上海市气象局与徐汇区政府在基于气象的城市运行风险预警服务方面建立深入合作,将大数据分析技术运用于气象风险预警服务业务,实现气象大数据与交通、网格、热线等城市运行大数据互融互通,建立“天上”(气象数据)与“地上”(交通、案事件数据)之间对应关系的逻辑结构,建立暴雨内涝、高温热浪、低温寒潮等灾害性天气对城市运行风险预测预警模型。城市运行风险预警由内涝风险拓展到交通拥堵、供水、弱势群体救助等城市运行的方方面面。

为了贯彻落实习近平总书记对上海城市精细化管理提出的“要像绣花一样精细”的要求,上海正在举全市之力加快建设上海城市运行管理和应急处置系统“城市大脑”,城市精细化管理对智慧气象保障提出了更高要求,上海市气象局为此建设了“基于天气、基于时间、基于事件”的城市精细化气象先知系统。“基于天气”：城市精细化气象先知系统能够实时显示卫星、雷达、气象自动站等气象观测资料，实现上海乃至长三角地区观测网全覆盖，及时捕捉提前变化，全天候掌握城市运行气象体征；“基于时间”：实现重大灾害性天气过程实况、预报、预警、服务、灾情、联动情况全过程回溯；“基于事件”：通过气象数据与网格化、热线、110 报警数据等城市管理事件数据深度融合，把握气象要素对城市运行管理事件的影响规律，通过预测气象变化，推导城市运行应变量的变化，提醒防汛、住建、交通等部门采取事先预防的措施。气象、公安联合开展基于图像识别技术的增强现实应用，根据公安高清摄像头视频、图像资料，通过人工智能技术反演能见度等气象要素，为恶劣天气交通指挥管控提供支撑。在城市精细化气象先知系统背后，上海气象部门一体化业务平台提供着 7×24 小时的无缝服务支撑，全力保障城市运行安全。

【气象服务应用创新奖】2019 年 11 月，上海市气象局的“智慧气象服务助推超大城市精细化治理”项目在第二届全国智慧气象服务大赛中获得“气象服务应用创新奖”一等奖。“智慧气象服务助推超大城市精细化治理”项目综合运用影响预报和风险预警技术、基于气象的大数据分析技术建成城市精细化管理气象先知系统，在数据融合、技术融合、系统融合、机制融合方面实现了“四大融合”的创新，将助力于形成智慧气象保障新模式。

【气象先知系统亮相工博会】2019 年 9 月 17—21 日，上海市气象局牵头研发的城市精细化管理气象先知系统亮相第二十一届中国国际工业博览会，在国家会展中心参展。该系统包括两方面内容——气象数据综合汇聚和可视化展示分析。气象专屏为城市大脑提供专业化、精细化和无延时的智慧气象服务，整个大屏划分成三部分，左、中、右分别为气象要素、综合地图和场景服务，涵盖气象监测、预报预警和产品服务等内容，每个部分都支持人机交互。该系统深度融入上海“城市大脑”，在徐汇、杨浦、浦东等多区的城市运行精细化管理全流程和多场景中得以应用。

【气象先知系统赋能超大城市运行管理】2019 年，上海市委、市政府贯彻落实习近平总书记关于城市管理精细化、智能化指示精神，努力构建“一屏观天下，一网管全城”的美好愿景，全力投入建设城市运行管理和应急处置系统，上海市气象局建设的城市精细化管理气象先知系统在其中发挥着重要作用。城市精细化管理气象先知系统按照“智能主屏”的建设思路，以基于天气、基于位置和基于场景的“三个基于”为指导，实现气象实况、预报预警、影响场景和决策服务等数据的高度融合和智能展示，全方位、多层次、多角度呈现气象对城市运行的可能影响，并第一时间提供气象服务城市精细化管理的辅助决策支撑。系统建立了气象与城市运行的影响关系，可预估相关领域将发生的变化和风险，便于管理者提前采取预防措施，推动城市精细化向事先预防式管理升级。2019 年，城市精细化管理气象先知系统接入市公安局新一代指挥大厅、进博会前方安保指挥部、东部战区联合参谋部等重要运行指挥部门，赋能超大城市运行管理。

（杨　捷）

四、 智慧邮政

【概况】 2019 年，中国邮政集团公司上海分公司（以下简称“上海邮政”）不断推进科技创新，加大顺应科技和产业变革趋势的能力建设投入，以信息技术为引领，因地制宜探索智能化国际大都市邮政发展之路，增强企业核心竞争力。依托“互联网＋”思维，对接新媒体，打造线上服务平台，提升邮政传统业务的技术含量和服务能力，实现传统业务效能提升，开拓新的业务领域，满足用户需求。依靠信息技术和现代管理方法、经营方式和组织形式，创新服务领域、服务模式。通过信息化建设，减少冗余流程，提高运行效率和效益，进一步解放生产力。密切关注信息技术发展趋势，了解借鉴国内外企业信息化建设的先进经验。

【智能跟单系统上线】 2019 年 2 月，包裹快递业务智能跟单系统在上海上线。该系统是中国邮政集团有限公司为强化包裹快递业务事中质量管控、提高保障时限质量和服务品质水平、提升用户体验而推广的智能管理系统，它改变以往客服主要针对事后管控的思路，加强事中管控力度，对全程时限计划和作业规范中存在的异常情况能实时、主动发现，明确责任环节及责任人，有利于采取有效、有针对性的管控措施，最终实现全程全网规范作业，提升用户用邮体验。标快和快包业务全面应用该系统后，及时揽收成功率从 76%提升至 95%。

【新一代寄递业务平台邮速整合生产功能上线】 为进一步加快寄递网信息系统融合，深入推进中国邮政寄递网资源整合，2019 年 3 月中旬，上海邮政启动新一代寄递业务平台邮速整合生产功能切换上线工作，并于 4 月 17 日启动“寄递翼”CRM（Customer Relationship Management，客户关系管理）系统上线工作。上海邮政派专人赴北京与项目组对接，按时完成机构、欠费、预存款、分仓等数据的核对和生产机构生产运营基础数据的配置工作；配合完成“寄递翼”CRM 系统上线前的基础数据清理等工作，主动进行现场操作学习和系统实际操作演练。5 月 1 日 0 点，新一代寄递业务平台邮速整合生产功能和“寄递翼”CRM 系统同时上线，经相关部门和各经营单位合作，确保“五一”期间生产经营不中断。

【“汇服务”小程序试运行】 2019 年 5 月 16 日，上海邮政与上海市公安局徐汇分局签订“汇服务”寄递项目合作协议。作为“互联网 + 政务”工程的重要组成部分，上海邮政与徐汇公安共同打造集认证、预约、受理、支付、寄递、评价、监察、咨询八大功能于一体的“互联网 + 公安政务”平台，推出“汇服务”小程序，实现公安窗口业务在线化，市民可在线办理公安窗口的各项服务。5 月 7 日，系统完成对接并进行项目首轮试运行，第一阶段共计 11 项公安服务完成对接，包含交管、居住证、户口、身份证等高频需求的公安业务，第一期在徐汇区 4 家派出所上线，随后将在上海逐步铺开。

（陆怡琼）

第五章　智慧文化

概　述

2019 年，上海在智慧文化领域取得良好发展。网络出版方面，《繁花》《大国重工》等 7 部作品入选优秀网络文学原创作品，多家企业获“游戏十强”奖项。网络视听产业生态健康发展，上海持有《信息网络传播视听节目许可证》及备案网络视听的企业共计 42 家。上海图书馆、上海博物馆、上海科技馆等重要、重点文化机构持续加强信息化建设。

一、网络出版

【概况】 2019 年，上海在网络出版方面取得一定的成绩，7 部作品入选优秀网络文学原创作品，在获奖作品数量和题材多元性方面，上海均居全国首位。10 家上海数字出版文化创意企业共同参展国际文化产业博览交易会，并获得“优秀组织奖”和“优秀展示奖”。4 个数字出版项目入围数字出版精品遴选推荐计划。同时，上海还举办了中国国际数码互动娱乐展览会、2019 全球电竞大会、上海游戏精英峰会等重要活动，推动网络出版发展。

【7 部优秀网络文学原创作品入选】 2019 年 10 月 11 日，国家新闻出版署和中国作家协会联合推介 25 部“庆祝新中国成立 70 周年”主题网络文学作品暨 2019 年优秀网络文学原创作品。上海 7 部网络文学作品入选，分别为上海文艺出版社的《繁花》、上海阅文信息技

术有限公司（以下简称“阅文集团”）的《大国重工》《朝阳警事》《燕云台》《魔力工业时代》《地球纪元》和《星域四万年》。上海在获奖作品数量和题材多元性方面，均居全国首位。阅文集团6部作品入选，是文学网站中获奖数量最多的单位。

【上海张江国家数字出版基地参展获奖】 成功组团参展第十五届中国（深圳）国际文化产业博览交易会数字出版展示交易会。上海张江国家数字出版基地以“上海张江　活力四射”为主题，整体亮相第十五届中国（深圳）国际文化产业博览交易会数字出版展示交易会，基地内的阅文集团、上海喜马拉雅科技有限公司、盛趣信息技术（上海）有限公司（原盛大游戏，以下简称“盛趣游戏”）、上海哔哩哔哩科技有限公司（以下简称“哔哩哔哩”）、上海小蚁科技有限公司、上海海笛数字出版科技有限公司、上海聚力传媒技术有限公司、上海童锐网络科技有限公司、上海元趣信息技术有限公司、上海七牛信息技术有限公司共10家数字出版文化创意企业共同参展。中共中央宣传部（以下简称“中宣部”）部长黄坤明、副部长孙志军，中宣部出版局局长郭义强、副局长冯士新，上海市委常委、宣传部部长周慧琳，副部长王亚元等领导分别视察了张江基地展台，给予肯定与指导。此次组展、参展，获得了组委会颁发的“优秀组织奖”和“优秀展示奖”。

【数字出版精品入围遴选推荐计划】 2019年，中宣部出版局举办了首届国家数字出版精品遴选推荐计划评选，上海传统出版单位积极参评。经评审，共有4个数字出版项目入围，分别是上海外语教育出版社有限公司“‘爱听外语’有声移动学习系统”、上海音乐出版社有限公司“有声音乐图书”、上海少年儿童出版社有限公司“多样的生命世界”、上海童锐网络科技有限公司“基于大数据的少儿原创音频内容智能云开放平台”。这些项目成为上海传统出版融合出版的示范项目，为行业转型提供样本。

【上海获“2018年度中国十佳数字阅读城市”】 2019年4月12—14日，第五届（2019）中国数字阅读大会在杭州举行。大会在国家新闻出版署指导下，由中国音像与数字出版协会主办，会上揭晓了“悦读中国”三大年度奖项，上海荣获“2018年度中国十佳数字阅读城市”。阅文集团主办的“现实主义题材精品阅读项目”荣获“2018年度中国十佳数字阅读项目”。阅文集团旗下网络文学作品《明月度关山》荣获“2018年度中国十佳数字阅读作品”。大会同期举行“新中国成立70周年·2019数字阅读发展与技术博览会”，集中展示中国数字阅读新产品、新技术、新成果。其中，阅文集团作为全国领先的网络文学企业,牵头策划“网络文学”板块,展示网络文学的发展历程和优秀作品。

【网络文学编辑人员业务培训班举办】 2019年9月19—20日,上海市新闻出版局举办网络文学编辑人员业务培训班。网络文学作为社会主义文艺的有机组成部分,近年来保持高速发展态势。上海长期以来保持网络文学产业发展优势,据统计,2019年上海原创网络文学产业营业收入72亿元,同比增长74%。培训班邀请业界知名法律专家、上海市民族和宗教事务委员会专家、上海市新闻出版局审读中心专家、网络文学评论家等授课,上海市网络文学出版机构60余位从业者参加培训。

【第十七届中国国际数码互动娱乐展览会举办】 2019年8月2—5日,第十七届中国国际数码互动娱乐展览会(ChinaJoy)在上海新国际博览中心举办。作为当下全球最具影响力的数字娱乐展会之一,第十七届ChinaJoy以“数字新娱乐,科技新生活”为主题,立足新时代中国特色社会主义的全新历史方位,着眼全球数字娱乐产业热点及发展趋势,体现数字娱乐产业新内容,展会规模及各项展会数据,再创历史新高,展馆总面积达到17万平方米。其中,B2C(Business - to - Consumer,商家对消费者)互动娱乐展示区汇集4 000余款全球顶级数字娱乐产品,现场体验机超过5 000台。展览观展人数累计高达36.47万人次,比2018年增长1万多人次。其中,8月3日单日观展人数高达13.48万人次,创历届ChinaJoy单日入场人次之最。从展会规模、国际化程度和全球影响力等各项指标来看,ChinaJoy已超越日本东京电玩展、韩国GSTAR游戏展等全球众多数字娱乐国际性展览,并与全球最大的德国科隆游戏展、最专业的美国E3游戏展比肩。

【2019全球电竞大会举办】 2019年8月3日,由中国音像与数字出版协会、上海市新闻出版局、中央广播电视总台上海总站联合指导的2019全球电竞大会召开。大会以“竞道非凡”为主题,立足全球电竞市场,从体系化建设、商业化思考、业态新增长等视角出发,讲述全球电子竞技产业的卓越创新,发表全球电竞产业发展的前沿观点。会上启动了首届“上海电竞周”和2019电子竞技上海大师赛。“上海电竞周”期间,国内外电竞游戏龙头企业在全市举办近百场各类电竞活动。

【参与2019年度中国游戏产业年会】 2019年12月19日,2019年度中国游戏产业年会在海南省海口市举行。年会以“共建中国游戏产业新未来”为主题,全国政协委员、中国音像与数字出版协会理事长孙寿山，中宣部出版局副局长冯士新，中国音像与数字出版协会第一副理事长兼中国音数协游戏工委主任张毅君等领导出席并发表讲话。会上，正式发布《2019年中国游戏产业报告》。2019年，中国游戏产业实际营销收入为2 308.8亿元，同比增长7.7%；令人振奋的是，其中自主研发游戏的营销收入为1 895.1亿元，同比增长15.3%；国产游戏“走出去”继续保持较快增长，海外市场营销收入为115.9亿美元，同比增长21%。上海游戏企业踊跃参与此次年会，盛趣游戏董事长王佶、巨人网络总裁刘伟、米哈游总裁刘伟、莉莉丝首席执行官王信文等多家游戏企业负责人围绕年会主题进行发言。

【多家企业获年度“游戏十强”奖项】在中国音像与数字出版协会主办的2019年度中国“游戏十强”盛典活动中，上海的《球球大作战》《征途2》《传奇世界》《万国觉醒》《崩坏3》《不休的乌拉拉》等游戏产品入选“2019年度最受欢迎的游戏”奖项。同时，上海有5家公司获得“2019年度中国十大游戏研发企业”，分别为盛趣信息技术（上海）有限公司、游族网络股份有限公司、上海米哈游网络科技股份有限公司、上海莉莉丝科技股份有限公司和上海巨人网络科技有限公司。2019年度中国十大游戏出版运营企业中，上海数龙科技有限公司（盛趣游戏）、三七互娱网络科技集团股份有限公司入选。上海市委宣传部获得“2019年度游戏产业支持奖”。

【第六届上海游戏精英峰会举行】2019年6月27日，第六届上海游戏精英峰会暨游戏出版产业报告发布会在上海举行，会上发布了《2018上海游戏出版产业数据调查报告》等多份产业报告。据统计，2018年上海网络游戏销售收入达到712.6亿元，同比增长4.2%，保持稳定增长态势。而2018年上海移动游戏销售收入达到393.2亿元，增量达58.7亿元，增长17.6%，高于中国移动游戏市场实际销售收入15.4%的增长率。值得关注的是，在全国整体市场增长乏力的背景下，2018年上海自主研发的网络游戏销售收入达593.1亿元，增长10.9%。报告分析，这是由于上海主要游戏企业均以产品研发为导向，立足于产品自研领域多年。此外，2018年，上海网络游戏海外销售收入超过15亿美元，同比增长11.7%，上海游戏企业的海外拓展步伐加快，并且已在文化相近的东南亚地区积累了一定的用户规模与产品影响力，进而开始向日本、韩国、欧洲、北美等市场深入拓展。会议由上海市新闻出版局指导，上海市出版协会主办，游戏从业者、媒体、投资人、相关机构及公司代表约200人参加会议。

【《关于促进上海电子竞技产业健康发展的若干意见》发布】 2019年5月，作为上海“全球电竞之都”建设的顶层设计，上海市委宣传部联合上海市文化和旅游局、上海市体育局发布《关于促进上海电子竞技产业健康发展的若干意见》(以下简称“上海电竞20条”)。“上海电竞20条”的发布引起了一波上海电竞快速发展势头，上海初步构建起多层次电竞赛事体系，集聚全国80%以上的电竞企业、俱乐部、战队和直播平台，超过40%的全国电竞赛事在上海举办。上海成功举办了DOTA2国际邀请赛TI9，引进英雄联盟全球总决赛S10。打造了ChinaJoy、全球电竞大会、“上海电竞周”三大上海电竞文化品牌。同时，上海还率先完成国内首批电竞运动员注册，发布全国首个《电竞场馆建设和运营规范》，举办电竞上海大师赛等活动。

【原创艺术精品游戏大赛颁奖】 由上海市新闻出版局指导、上海市出版协会和上海大学温哥华电影学院主办、伽马数据承办的首届中国原创艺术精品游戏大赛颁奖典礼于2019年8月4日在上海举办。中国原创艺术精品游戏大赛选拔注重游戏艺术性、拥有优秀思想品质和文化内涵、兼顾创意水准和技术含量的游戏作品，鼓励其开发制作，并为其提供与用户接触的优质平台服务。首届中国原创艺术精品游戏大赛历时1年多，共征集到参赛作品179部，经过多轮严格评审，最终评选出了原创艺术大奖、最佳音乐奖、最佳美术奖、最佳设计奖、最佳院校奖，包括《绘真·妙笔千山》《文嘉》《光·遇》《第五大发明》等在内的10部作品获奖。

（王一行）

二、网络视听

【概况】 2019年，上海持有《信息网络传播视听节目许可证》及备案网络视听企业共计42家。网络视听平台方面，上海交响乐团音乐厅网络直播云平台、基于NGB TVOS（Next Generation Broadcasting Network TV Operating System，中国下一代广播电视网电视操作系统）的VR/AR（Virtual Reality/Augmented Reality，虚拟现实/增强现实）平台通过验收。

【备案网络视听企业发展】 截至2019年年底，上海持有《信息网络传播视听节目许可证》及备案网络视听企业共计42家，呈现出以下特点：一是上海音频网站处于全国领先地位，如喜马拉雅2019年营收30亿元，同比增长约100%，公司融资估值约为40亿美元。二是垂直视听领域发展潜力巨大,如中国网络视听二次元领域的龙头企业哔哩哔哩在同行业排前五,2019 年总营收 67.8 亿元,同比增长 64%,美国上市后企业市值最高达到 96 亿美元。三是视听业务辅助作用凸显,如电商服务类企业拼多多的 2019 年视听业务营收达 520 万元,美国上市后市值最高达 464 亿美元,在中国上市互联网企业中市值排名第五。小红书 2019 年营收约 18 亿元,估值 30 亿美元,是中国最大的生活分享平台和消费决策平台之一。

(夏微怡)

【网络直播云平台示范应用通过验收】 2019 年 1 月 23 日,上海交响乐团、上海理想信息产业(集团)有限公司、上海九谷智能科技有限公司和上海财经大学共同承担的市科委科研计划课题“上海交响乐团音乐厅网络直播云平台示范应用”通过验收。项目建设完成了专业音乐剧场在线直播平台,实现剧场音视频采集、专业艺档管理、票务中间件、音视频同步协同编辑和实时转码等功能,开展融合用户行为深度挖掘的个性化用户画像方法研究,并在上海交响乐团音乐厅进行示范应用。项目研制期间申请国家发明专利 1 项,获得软件著作权 3 项,发表论文 5 篇。

【基于 NGB TVOS 的 VR/AR 平台通过验收】 2019 年 1 月 25 日,上海下一代广播电视网应用实验室有限公司承担的上海市科研计划项目“基于 NGB TVOS 的 VR/AR 内容制作发布平台及终端应用研究”通过专家验收。项目完成了基于智能 TVOS 的全景式 VR 视频应用平台的开发,并已在 NGB 上海示范网内搭建了 AR 实验平台,部署了 2 款 VR/AR 示范应用。项目开发的 VR/AR 内容管理和发布平台、智能内容关联推荐平台覆盖用户数超过 10 000 户,并可对 10 000 条级别广告库进行管理与推荐。项日发表论文 7 篇,申请发明专利 3 项,获得软件著作权 4 项。

(王卓曜)

三、 重点文化机构信息化

上海报业集团

【概况】 2019 年,上海报业集团(以下简称“上报集团”)为匹配建设新型主流媒体的战略需要,强化技术创新引领,提升集团技术发展能级,成立上报集团技术委员会,不断探索媒体融合向纵深发展之路。上报集团确立 5G、大数据、云计算、人工智能和区块链五大技术方向、20个应用场景，形成上报集团“智媒体矩阵”，遴选8个智媒体重点项目，巩固了以《解放日报》《文汇报》《新民晚报》为代表的传统主流媒体阵地，进一步提升《澎湃新闻》、“界面・财联社”等现象级新型传播平台的传播力，“三二四”（“三”是《上观新闻》《文汇报》和《新民晚报》三大主流新媒体阵地；“二”是《澎湃新闻》和“界面・财联社”两大现象级新型传播平台；“四”是特色新媒体集群，即“上海日报Shine”“Sixth Tone”“周到”“唔哩”）全媒体传播格局影响力日益扩大。上报集团与华为技术有限公司（以下简称“华为”）开展战略合作，共同推进智媒体发展建设；与创新技术企业融合发展，统一部署共享型智能技术工具研发；成立上报智媒体技术转移孵化基地，并落户上海临港科创园区，有效促进媒体技术研发应用。

【技术委员会成立】 上报集团为抢占全媒体时代技术高地，以技术创新为引领、以关键核心技术为抓手，成立集团技术委员会，负责对集团信息技术领域的战略发展规划、技术投资及合作、重大项目审议、技术平台建设、安全体系构建、技术规范及标准制订、数字资产整合、人才队伍建设等重要事项进行统筹规划、调研论证以及协调服务。

为落实集团智媒体战略，推进集团智媒体布局，技术委员会历时半年多，遴选出8个项目作为集团智媒体重点项目，统一部署机器翻译、语音播报、智能分发算法推送、智能内容审核检校4项智能类技术工具，为集团各媒体提供接口，共享应用。此外，技术委员会还为集团目前拥有的APP开发、CMS（Content Management System，内容管理系统）融媒发稿系统、内容抓取、智能审核、内容标签、分发推送、微博跟帖审核系统、网站自动转载系统、融媒体广告管理发布系统9项具有代表性的融媒体技术产品提供技术输出和技术服务，为旗下各媒体提供专业、安全、可靠的产品。

【“20，50”智媒体矩阵构建】 上报集团在“三二四”融媒体布局基础上，汇集各方力量，围绕“新技术、新产品、新运营”主题，进行技术创新专题大调研，梳理出8类引领媒体变革的创新技术，包括5G、大数据、智能终端、机器学习等基础设施级核心技术和人工智能领域的文本识别、语音识别、视频识别、人像识别等识别技术。

上报集团通过调研，将8类技术与新闻传播的采集、生产、分发、接收和反馈五大流程对应匹配，衍生出智能硬件、智能融媒体中心、自媒体聚合平台、机器新闻、机器翻译、智能金融数据平台、政务新媒体平台、新闻内容可视化与视频化、AI娱乐、用户平台与智能分发系统、互联网新媒体内容标签系统、新媒体内容智能审核、国际传播平台、沉浸式新闻体验、VR 娱乐、纸媒有声化、虚拟主播与互动式新闻、智能营销、内容的新触达空间和舆情监测系统、新媒体传播力指数 20 个智媒体单元。根据专题调研，上报集团旗下各媒体在这 20 个智媒体单元中初步完成布局 27 个、新布局项目 23 个，共计 50 个智媒体项目，形成全媒体时代的上报集团“智媒体矩阵”。

【重点项目推动媒体融合深化】 上报集团在内容聚合分发、资讯影音一体化平台、区级融媒体下沉服务、智能翻译和播报、智能审核和标签体系、智能金融数据 6 个方向发力，遴选出 8 个集团智媒体重点项目，分别是上观政务新闻聚合平台、文汇智能编发系统、新民云智平台、社区融媒体内容服务平台“周到号”、中国上海“一网通办”（英文版）、澎湃“Pai 视频”、“界面 · 财联社”星矿智能数据平台以及唔哩内容云审核系统。

《解放日报》全力打造“上观号”——政务新闻聚合平台，包括 16 个区、29 个委办局在内的 104 家政务新媒体入驻。

《文汇报》研发人工智能采编辅助系统——文汇智媒体编发系统，实现智能采集、机器审核与智能分发，每天为文汇 APP 提供千余条人文类稿件。

《新民晚报》打造“上海时刻”“新民拍客”两个短视频传播品牌，整合新民图库和新民媒资库，建设“新民云智”平台。新平台将 KPI（Key Performance Indicator，关键绩效指标考核）和传播力影响力、热词和内部办公融于一体，贯通了新闻采集、制作、分发、运营等全过程。

《新闻晨报》“周到号”项目完成了 16 个区融媒中心挂牌及客户端上线，同时推出“区动力”计划，将“周到号”作为内容载体，广泛招募内容合伙人（含机构）入驻。

《上海日报》完成中国上海“一网通办”英文门户网站的建设，网站正式上线，通过图文、视频、互动等方式更加直观地为外籍人士提供服务指引。此外，“白玉兰助手”完成 7 国语种智能问答系统，全年访问量 1 200 万人次。

《澎湃新闻》布局“Pai 视频”，打造集采集、加工、审核、分发、交易为一体的视频素材交易平台，运用人工智能、大数据、云计算等技术，对入库素材进行智能标签、分类，实现精准推荐，为视频素材使用者提供便捷、高效、平价的素材库。利用区块链技术对素材进行版权认证、确权、追踪，实时监测视频播放，为视频素材创造者提供全链条版权保护。

“界面 · 财联社”自主研发星矿智能数据平台建设，搭建融合标准数据与非标数据的财经数据平台，重点打造面向上市公司、监管机构、金融投资机构的财经数据产品体系，引领大数据、人工智能技术在金融领域的发展与应用落地，获得上海财政专项支持资金扶持。

唔哩与华为合作推出的内容云审核系统采用大数据、人工智能、云计算等技术，为新媒体提供图片、音频、视频的采集、过滤、审核等功能，作为新媒体工作的辅助工具，大大提高工作效率。

【集团技术资源共享】上报集团旗下基金投资平台与地产投资平台拥有大批符合集团智媒体发展所需技术的创新型企业，在技术为先、优势互补、充分共享的原则下，可为各媒体在打造新产品时提供接口支持，技术共享。

上报集团通过市场产品比对、内部需求调研和平台运行测试，选择中译语通科技股份有限公司的文字转语音和机器翻译产品，为集团各媒体提供APP语音播报和自动翻译功能。《解放日报》《文汇报》《新民晚报》《澎湃新闻》等6家媒体均上线了应用语音播报新闻功能。广大读者能用“听”报代替“看”报。《澎拜新闻》《上海日报》和《第六声》将机器翻译作为插件，嵌入采编或网站页面，方便编辑人员查阅海外信息，实现一键翻译，极大提升工作效率。

此外，集团版权中心、澎湃新闻网还与冠勇科技公司联合，结合海量图像搜索、智能语音搜索、数据采集等先进技术，在版权监测和保护项目上进行合作。

【战略合作共同推进智媒体建设】上报集团与华为签订战略合作协议，建立战略合作伙伴关系。根据协议，双方将以产品及解决方案、项目、信息资源等为主要载体，基于华为云和AI能力，在“智媒体矩阵”建设、云上联合创新实验室、5G媒体应用探索、新媒体渠道及内容合作、智慧园区建设5个方面开展合作，按照互为优先、优势互补的基本原则，携手拓展新的市场空间和发展业态。华为表示全力支持上报集团完成智媒体重点项目布局，共同促进新一代信息技术与媒体行业的深度融合。上报集团还将与华为构建合作新模式，打造精品示范项目，深度营造智媒体生态。

【上报智媒体技术转移孵化基地揭牌运营】上报集团成立上报智媒体技术转移孵化基地，并落户上海临港科创园区，在充分利用临港新片区独特技术与政策优势的同时，也为新片区政策落地提供新的应用场景。建设智媒体技术转移孵化基地，将助力集团实现打造新一代现象级互联网平台的目标。

上报智媒体技术转移孵化基地从3个层面导入技术资源，形成“2 + 20 + N”的技术资源转移及孵化架构，即以集团两大自有智媒体技术研发项目——《澎湃新闻》视频素材及版权交易平台“PAI视频”、“界面・财联社”智能金融数据平台“星矿平台”为试点，充分聚合科创园区内20家涉及5G、大数据、云计算、人工智能、区块链等智媒体技术研发企业资源优势,全面利用自贸区新片区在跨境和离岸贸易等领域的政策优势,引进、转移、孵化全球智媒体新技术及企业。

上报集团将通过项目带动,进一步打造“升级版”临港科创中心,推动智媒体技术实现“三个转移”——从全球向中国转移,从 IT 行业向传媒行业转移,从科技企业向媒体平台转移。

(倪竹清)

上海图书馆(上海科学技术情报研究所)

【概况】2019 年是新中国成立和上海解放 70 周年,也是实施“十三五”规划的攻坚之年。上海图书馆(上海科学技术情报研究所)(以下简称“馆所”)全面贯彻落实党的十九大精神,紧紧围绕“抓改革、促创新、谋发展”的工作主线,根据馆所“十三五”规划的要求和上海图书馆(以下简称“上图”)东馆建设的迫切需要,切实保障馆所各类信息系统稳定运行和相关业务工作顺利开展,并以东馆信息化建设为抓手,启动基于 Folio 的下一代图书馆服务平台项目,继续拓展数字人文项目建设,做好信息技术服务平台的建设工作,优化基础设施,加强数据服务和公共服务研究,注重培养人才队伍,强化科研力量,着力推进东馆信息化建设布局,为馆所在“十三五”期间的创新发展提供良好的信息技术环境。

【移动数字阅读平台建设和服务】打造全媒体阅读服务矩阵,大力推进“上图·微阅读”移动数字阅读平台建设。截至 2019 年年底,提供 2.5 万多种中文电子书,300 种中文电子期刊,3.5 万集有声书,3 500 部阅读视频资料,3 000 种少儿英文电子书、绘本和有声书,可以跨平台适配移动终端和互联网终端,覆盖上海 512 万多人的注册读者群。全年以每周 7 本书的速度向读者主题推荐电子书,共推荐 360 余本,页面浏览量达到 357 329 人次,同比增长 19.4%;独立用户访问量达到 164 919 人次,同比增长 16.4%,让数字阅读服务实现随时服务、随地享用。

2019 年上海书展期间,上图推出“冷书”和“热书”的混合榜单,挖掘“微阅读”平台尚未被读者发现的好书和热门书。通过书展现场 7 天的宣传推广,“上海图书馆”微信服务号共增加粉丝 10 353 人,“上海图书馆信使”微信订阅号增加粉丝 7 173 人,4 个主题电子书海报的二维码扫码阅读量达 2 604 次;书墙展示推荐的 27 本电子书阅读量达 7 071 人次,扫码读书读者同比增长 44.8%。

“来自图书馆的爱”暑期数字阅读俱乐部活动创纪录。“来自图书馆的爱”少儿电子书无限借阅畅读活动,采用有限时间内无限复本的模式进行线上借阅,让数字阅读更具吸引力。活动当月借阅量 7 053 次,同比增长 2.6 倍,当月新增用户数 1 749 人,同比增长 8.5 倍,流通率达到创纪录的1 034%。进一步扩大了少儿英语电子书的使用率，使之成为上海图书馆数字服务的特色亮点之一。

电子书外借和移动数字阅读服务方面，2019年全年增加iRead T6电子阅读器30台，进行外借流通的设备终端为5个品牌10个品种共计747台设备终端，累计流通2 231次，电子书阅读器外借率达到298.7%。

【新媒体服务】打造新媒体服务矩阵，实现“互联网+图书馆”全方位发展。由上海图书馆微信、微博、头条号、阿基米德音频社区等组成的新媒体矩阵对宣传馆所服务品牌、资源品牌、数字阅读、读者讲座、展览和培训、馆所重大新闻和高品质的阅读推广起到了不可替代的重要作用。2019年开展了以下服务：

微信服务号方面，2019年“上海图书馆”微信服务号的读者关注量及咨询量均有大幅增长。其中微信关注数共403 090人，全年增长95 829人，同比增长31.2%；微信功能使用量累计4 228 821次，同比增长6.3%；微信参考咨询量全年累计212 181条(其中人工回复13 213条、智能咨询198 968条)，同比增长181.42%。

微信订阅号方面，2019年“上海图书馆信使”订阅号关注人数35 254人，同比增长10 257人。累计推送360次413条图文信息，图文阅读量152 670人次；互动数4 538次，与服务号互补且互动频繁，呈现良好的发展势头。

头条号方面，至2019年，全国图书馆界首个在“今日头条”开通的“上海图书馆”头条号关注用户数已达2 283人，全年发文217篇，阅读量94 171人次。

微博方面，2010年7月全国图书馆界首个认证微博“上海图书馆信使”微博诞生，至2019年，粉丝数达166 706人，全年推送原创微博1 693条，与读者互动10 147次，博文累计阅读数5 800 896次。微博平台在博文累计阅读数、原创推文、读者互动上较上年均有较大增幅。

阿基米德上海图书馆社区方面，2017年8月，上海图书馆尝试在“阿基米德”音频平台开通“上海图书馆”社区。至2019年，开设“书里的声音”线上朗读活动、每日书单推荐、大型活动音频直播三大特色栏目。全年累计发帖137篇，音频收听量累计达到93 036人次。

抖音号方面，2019年4月，开通“上海图书馆”抖音号，粉丝数和浏览量都有一定提升。截至2019年年底，共发布影片53支，总播放量达62 245次，收获点赞449次，粉丝2 274人，起步良好。

网络直播服务方面，与国家图书馆直播平台合作，将优质的读者培训活动依托国家图书馆(以下简称“国图”)公开课直播平台“走出去”和“引进来”，将优秀的读者培训资源通过国图平台放送给全国各个图书馆的读者，同时也将全国各个图书馆的优秀讲座资源通过国图的直播平台分享给上图的读者。2019 年，上图共举行国图直播培训 15 场，承担 3 场直播活动。

2019 年 6 月 11—14 日，第六届图书馆“微服务”研讨会在上海市普陀区图书馆召开，会议面向全国图书馆界的新媒体“微服务”馆员，主题聚焦“微悦读·新互动”，共有来自全国 101 家图书馆的 194 名图书馆员报名参会，参与人数和参与馆数均达到历届最高。来自全国各图书馆的与会人员围绕媒体融合背景下的图书馆“微服务”平台的深化打造、阅读推广活动的创新实践展开讨论，共同为图书馆行业微服务的未来出谋划策。

【数字人文服务】革命(红色)文献服务平台顺利实施。搭建红色文献检索服务平台，加工多种数据，其中文献 8 505 种、红色旅游景点 377 个、中共组织史 22 980 人。同时，对异构资源进行整合，延伸开发红色旅游 APP，提供文旅结合的应用示范。

华语老电影知识库建设完成。完成华语老电影知识库文献检索平台的建设，与美国加利福尼亚大学伯克利分校的电影数据进行共建共享，整合多媒体资源，并结合影院数据提供文旅结合应用示范。项目完成了一定规模的电影库数据建设，其中电影条目 4 129 条、影人 5 591 人、期刊 400 种 84 099 篇、照片 1 740 张、音频 44 条、视频 154 条、影戏院 9 家。

举办上海图书馆 2019 开放数据应用开发竞赛。竞赛于 2019 年 4 月 23 日开始，以“老建筑的故事”为主题，面向国内外征集以开放数据为基础的优秀移动应用产品原型或服务创意，以期更加充分地释放开放数据的价值，最大程度地挖掘其应用潜力。竞赛中，上图与 6 家数据机构合作，提供的开放数据内容主要集中在历史建筑、红色文献、红色旅游、老电影、名人手稿档案、历代人物传记、晚清民国书刊、家谱、藏印、百姓家书等主题，数据总量达数千万条。经过宣传推广，共有来自全国 13 个省(自治区、直辖市)的 155 个团队的 439 人报名参赛。其中，有 70 余名参赛者前来参加 2019 开放数据应用开发竞赛专业培训，同时有 1 080 人次在线上收看了培训直播并参与互动。所有作品提交后，于 8 月 15 日召开答辩评审会，评选出入围此次竞赛的前 12 名团队。

此次竞赛除通过网站、微博、微信等发布竞赛公告之外，也在合作单位及宣讲会场所放置易拉宝进行宣传，并在东方网、澎湃新闻等多家主流媒体上发布新闻。此外，11 月还举办了 2019 开放数据应用开发竞赛展览及获奖作品分享会，让大众看到历史人文数据和新兴技术相结合所迸发的更多可能，充分分享优秀作品的创意与经验。

【数字资源长期保存与开放服务】 数字资源长期保存平台稳定运行，长期保存工作稳中有进。2019年，进入长期保存的自建资源共35项，包括新增碑帖、舆图、革命文献、图片库、中文老旧报纸篇名、外文老旧报纸篇名、中文老旧期刊篇名、近代报刊全文OCR（Optical Character Recognition，光学字符识别）等新资源，存储总量达483.11 T，增量101.11 T。

完成新加工古籍地方志、家谱、民国图书等应用服务级数据转换加工，并投入历史文献统一平台服务。修复、调整、补档若干历史文献平台中的服务对象。应用服务级数据总量9.9 T，增量182.58 G。保存级与应用服务级的数字对象总数达到1.527亿个，增量1 256.45万个。

互联网开放资源方面，新增558种家谱、359种古籍，使可公开访问的家谱总数达到8 565种，古籍472种。

设立全国首个网络文学专藏库。2019年8月28日，上图与阅文集团达成网络文学专藏战略合作并举办签约暨入藏仪式，宣布设立全国首个“中国网络文学专藏库”，通过永久保存的形式收藏阅文集团旗下享有相应著作权的网络文学作品电子版，以实现文献信息资料的战略保存。网络文学专藏库的设立，不仅进一步丰富了上图的特色馆藏文献，体现出上图文献资源建设的包容性，也成为网络文学行业发展的一个重要里程碑。

加强数字资源建设。新订数字资源1个、续订资源146个、缓订资源16个，试用各类资源近30个。持续推进文献资源纸电转型，重点助力市民数字阅读，继续加大市民数字阅读平台Epub格式电子书裸数据采购力度，将OverDrive（赛阅）电子书平台产品作为提升资源利用率的研究重点，紧跟社会热点策划30余个电子书专题，通过每周上新、调整显示方式、最新专题置顶等手段，增加读者黏度，形成采购与利用联动的良好效应。在2019年暑假期间和上海国际童书展期间，两度推出OverDrive Club活动，受到读者热烈欢迎。

【公共图情服务】 2019年，上海市中心图书馆“一卡通”三级服务体系运行平稳，“一卡通”市、区县、街镇以及其他基层服务点总节点数达到374个，另有图书分拣中心节点1个，服务用微机总量达1 199台。读者办证数和书刊保有量持续增长，有效读者证数量5 128 723张，同比增加8.12%；书目记录总数达4 522 081条，总馆藏量达33 315 468册。在图书借阅方面，总流通量6 160.35万次；其中，上海市中心图书馆“一卡通”流通量为6 047.26万次，成人流通量3 891.18万次，少儿流通量2 156.08万次；上图本馆流通量450.45万次。

开展数据服务，发布“我的悦读2018”上图年度阅读账单，包括通用版、个人版、微信版。发布《上海市公共图书馆2018阅读报告》和《上海市公共图书馆行业发展报告2018》。为分馆提供数据服务,为部署有数据实时展示模块的7家区级馆提供内容更新;为4家分馆自行开发的各类应用提供数据实时展示接口和开发支持。

【上图东馆信息化规划建设】 推进东馆信息化调研,完成东馆信息化建设方案编写。上图东馆信息化方案制订方面,从需求收集到各模块细化,征求了多方意见,再经优化调整,主要就东馆定位、职能、业务规划等进行了内容补充,形成东馆信息化项目建议书,并提交上海市发展和改革委员会审核。方案编制过程中,还形成了多份相关报告,从而为上图东馆信息化预算的申报打下了良好基础。其中有:《第三代图书馆系统需求设计报告》《上海图书馆东馆信息化建设调研报告》《国内外智慧图书馆最新进展》。

基于Folio的下一代图书馆服务平台项目启动。前序项目顺利推进,ES(Elastic Search,一种实时分布式搜索和分析引擎)、手持移动终端、API(Application Programming Interface,应用程序编程接口)平台都已进入试运行,解决长期以来SIP2(Standard Interchange Protocol V2.00,基于IP的一个应用层控制协议)、IPAC(Internet Public Access Catalog,网络公共获取目录)检索不稳定,客户端兼容性差的问题,为当前在用图书馆集成化管理系统Horizon顺利迁移到Folio平台做好准备。通过赴美国与有关方面直接沟通,以及前期大量调研与实践,基本确定Folio作为上海图书馆下一代服务平台的解决方案,并成立专门开发团队,正式启动项目。典藏模块作为第一个应用在Folio框架下实施,流通模块、发现模块、管理模块也都进入实质性开发阶段,在信息化基础条件建设方面,为未来上图东馆的如期开放迈出了坚实的一步。

【人工智能应用探索】 推进人工智能在图书馆的应用。2019年度,“图小二”虚拟机器人助手正式在“上海图书馆”微信公众号上岗,微信咨询总量暴增,仅1—9月的访问量就达到95 733人次,回答问题167 169次,占整体微咨询量的93.7%以上。“图小二”虚拟机器人采用引导式的问答方式,通过灵活的AI智能问题分析和预测回复带来更多读者咨询,每个提问都能在获得答案的同时,获取相关引导式问答,为读者提供更加智慧便利的咨询服务环境,读者平均回复满意率超过98%。在上图现场,则由“图小灵”智能服务机器人提供现场引导问答服务,通过人机协同和定制开发提供读者引导、咨询、阅读推广、导览等公共服务,受到广大读者的密切关注。随着其后台共享“图小二”知识库积累的问题答案越来越多，“图小灵”也变得越来越“聪明”。

全国首创“手机借书”服务。2019年4月18日，上图正式对外宣传手机扫码借书服务，成为全国首创手机借书的公共图书馆。至此，读者在上图书刊外借室的书架上任意取阅一本书，用微信绑定读者证的手机扫描图书馆藏条码，就能成功借书出馆，并可实现自助机流通和手机借书流通双轨制的无缝对接，为读者提供流通自助服务多种选择，有效节省流通服务成本，避免误借和高峰时间读者排队借书。这一全新的借书方式得到了读者的广泛认可。2019年，手机借书系统成功向国家知识产权局申请到软件著作权，并获得中国图书馆学会举办的第二届公共图书馆创新创意征集推广活动最佳创新案例一等奖。

【信息基础设施优化与升级】 网络基础设施建设保持一定力度。继续完成有线网络桌面节点交换机设备的更换工作，实现全馆局域网千兆接入至桌面的部署。完成多处网络改造和综合布线施工，新增网点约50个。继续对无线网络服务进行优化，更新部分设备，并新增覆盖区域，进一步提升馆所无线网络的服务效果。

服务器及终端设备的运维工作继续保持稳定，各类服务器的应用规模进一步扩大。形成149台物理服务器、536台各类虚拟机的系统环境，虚拟服务器的数量较2018年增长近110台，支持包括实体机迁移整合、新应用部署运用、系统测试等在内的多种应用场景，进一步提升物理计算资源利用率及可靠性。

继续对现有应用虚拟化系统进行调优。对全部瘦客户机进行检查，对发生故障的机器进行硬件更换、操作系统重装和用户设置更新，使其保持正常运行。

继续租赁公有云服务，租赁各类公有云服务器的总数达到11台。通过对不同服务商提供的云服务进行使用与对比，一方面提升了相关信息系统对外服务的稳定性，降低对馆所网络带宽与硬件资源占用的压力；另一方面进一步积累了对公有云服务的使用经验，使容纳更多信息系统成为可能。

在终端设备运维方面，利用社会化采购运维服务，保持微机定期巡检服务外包和终端设备维护驻场服务，进一步提高终端设备维护的效率与服务水平。

提升信息安全保障工作，顺利完成关键节点的安全防范工作。完成Web应用防火墙、垃圾邮件防护网关以及SSL VPN（Secure Sockets Layer Virtual Private Networks，安全套接层虚拟专用网）设备的更新升级，进一步提升馆所信息安全防护设施的性能与高可用性。

信息安全员定期或按需对馆所网站应用进行安全扫描与防护策略调优等防范工作，结合2019年新Web应用防火墙设备的上线，对馆所信息系统的安全防护策略进行调优。当发现问题时，能够迅速组织人员进行排查与策略调整，及时解决，确保相关系统的安全稳定运行和馆所整体信息系统的安全。

针对外网 IPAC 服务器经常遭到疑似爬虫攻击的情况，拟定相关防护策略，并在互联网防火墙和 Web 应用防火墙上设置相应的防护策略进行拦截。

为迎接进博会及新中国成立 70 周年等重大活动，先后多次对馆所主要信息系统进行外部安全扫描，并对扫描中发现的各项漏洞进行及时整改修复，确保馆所主要信息系统在重要时间节点安全稳定运行。

【公共数字文化工程建设深入开展】 2019 年，在中华人民共和国文化和旅游部（以下简称“文旅部”）、全国公共文化发展中心、国家图书馆、上海市文化和旅游局（以下简称“市文旅局”）的指导下，上海各级图书馆密切协作，深入开展上海市公共数字文化工程建设，取得显著成效。

组织协调方面，建立“上海市公共数字文化工程图书馆工作群”，以加强各馆之间的联系与沟通。适时下发“公共数字文化工程融合后的 LOGO 矢量图”，分步推进标识更新。组织相关人员积极参加文旅部举办的培训，凝聚共识。同时，对安装下发数字资源并提供服务的全部区级图书馆，还要求其签署资源服务承诺函，以加强版权管理与控制。

项目建设方面，完成 2019 年核定项目的立项申报，组织项目承建单位填报实施方案，有 5 个项目实施方案经市文旅局审核同意，提交全国公共文化发展中心。开展 2020 年公共数字文化项目申报。

公共数字资源建设方面，2019 年，上海市 7 家单位申报的 11 个地方资源建设项目提交全国公共文化发展中心和国家图书馆验收。此外，经过专家评审和公示等流程，还完成了 60 讲共享工程讲座资源的征集。

公共数字资源推广方面，组织开展“网络书香过大年”新春活动；组织开展“世界读书日”图书馆公开课直播活动；举办共享工程地方资源建设成果展。

数字人才队伍建设方面，组织各区图书馆开展数字图书馆推广工程网络培训 4 次，有 14 个单位参加，共培训 2 285 人次。组织各区级图书馆相关人员参加公共数字文化工程的会议和专题培训，为数字人才队伍建设打下扎实基础。

（夏　海）

上海科技馆

【概况】 2019 年，上海科技馆继续推进加速建设基于三馆（上海科技馆、上海自然博物馆、上海天文馆）的智慧场馆，借助数据的力量，助力提升管理、服务游客。信息技术在提升游客上网服务、支撑场馆运行、服务游客购票、拓宽科普方式、提升管理精细化、助力廉政建设、加强基础保障等方面得到充分运用。

【无线网络建设】2019 年 11 月，上海科技馆无线网络建设（2019 升级改造）项目完成验收。整个项目新增了 145 个 AP（Access Point，无线网络接入点），优化调整 83 个 AP 点位，新增 1 台 AC（Access Controller，接入控制器）做无线控制器冗余，使用 20 台 PoE（Power over Ethernet，有源以太网）交换机代替 PoE 模块供电，部署了一套无线网络数据分析系统。该项目增加馆内公共区域的无线网络覆盖率，将无线网络覆盖区域面积增加 1 倍以上，解决了高峰期间游客在餐厅就餐时使用手机移动支付网速慢的问题；在 2 号门和 6 号门外各部署了 3 个室外型 AP，为游客在馆外排队时使用手机端购买门票和展项预约提供无线网络接入；在 1 层大球厅增加 4 个 AP，为经常在球厅内举办临展提供无线网络接入等。同时，也对某些展厅内无线网络信号不足的区域增加或优化 AP 点位，比如在儿童乐园、蜘蛛展、地壳探秘和机器人世界等 13 个展区增加 36 个 AP 来做到基本全覆盖。此次新增 AP 型号及规划设计以支持 WiFi 的 5.8G 频段为主，适配当前主流移动设备，提升无线网络传输速度，为游客提供更好的无线上网服务体验。

【总线系统建设】2019 年 11 月，上海科技馆服务总线系统完成整体验收。该系统致力于打通上海科技馆“数据孤岛”，推进建设业务数据汇聚中心，接入运行中的六大系统进行抽取、清洗、治理、建模并形成 BI（Business Intelligence，商业智能）数据大屏，同时形式数据资源目录，从而更好地管理和运用系统所积累的数据，提升上海科技馆的发展及游客服务。系统实现多源异构数据的统一管理（Oracle、mySQL、SqlServer 等），抽取上海科技馆协同办公系统、票务系统、客流系统、国资系统、库存系统及网博系统全量数据，共计 1 980 多张数据库表，形成 6 个源库、6 个治理库及 2 个合成库，共计形成 55 个数据字典、完成 101 个数据建模，在此数据基础上形成 7 个数据大屏用于内部管理。系统在 DM（Device Manage，移动终端管理）平台配置多个调度任务用于不定时数据抽取，根据数据性质及重要性的不同，并结合系统负载，最小抽取频率达到 1 分钟，最大不超过 24 小时，以此保持数据的实时有效性。截至 2019 年年底，累计抽取 4 100 万条数据。7 个数据大屏同时有 PC 端和移动端，可以进行实时查询，第一时间掌握馆内台前幕后最新实时数据，实现跨部门、跨层级、全维度数据共享以及辅助支撑运行管理、宏观决策。

【跨平台协同办公系统建成】上海科技馆跨平台协同办公系统从 2016 年年底开始建设,历时三年,于 2019 年 11 月完成系统整体验收。系统基于"加强精细化管理,提升标准化办公"的理念,共建设 16 个功能模块(预算管理、采购管理、合同管理、科研管理、项目管理、供应商库、专家库、国资管理、仓库管理、会议管理、场地管理、人事管理、薪资管理、公文管理、综合菜单、协同驾驶舱),共计 252 张流程单表、317 张查询报表、154 张数据底表、19 张数据报表及 6 张统计报表。2019 年,跨平台协同办公系统共发起流程 36 626 条,办结流程 33 908 条,办结率 92.58%,在提升管理效能方面发挥重要作用。2019 年度上海科技馆跨平台协同办公系统与国资管理平台完成对接,实现二馆国资从入库、领导、转移、维修、报废、盘点等节点的全生命周期管理体系,并成功与市财政国资平台实现每日数据同步,使国资管理权限下放至上海科技馆国资管理部门,通过流程化的审批,进一步提升三馆国资管理精细度,同时提高了相关业务流程审批效率。从基于预算的核心业务建设,到第三方业务系统的数据及流程对接,实现"数据多跑路,同事少跑腿"的系统理念。

【数据基础支撑平台二期项目完成】上海科技馆数据基础支撑平台二期项目于 2018 年启动,2019 年第一季度完成项目建设。此二期项目是在 2016 年一期的基础上,对现有设备进行升级和扩容,新增 12 个机柜空间,将原可承载的设备空间扩大 1 倍。根据项目一期预先设计的二期目标,此次项目实施内容为新建一组冷通道封闭机柜模块,智能机柜空调控温加湿,机房温度湿度自动调整,无需人工介入。精密配电柜管理用电,机房能耗准确控制,更节能环保。全智能环境控制系统,实现机房现场无人值守,远程网络监控,风险远程自动报警,降低人员操作失误风险,提高机房整体环境安全系数。为了应对新增设备的用电负荷,对一期建设的模块化 UPS 进行升级,使之能承载更大负荷的用电量,满足后续信息化项目设备的不断增加。机房建设是信息化项目的基石,二期项目的建成总体达到具备 680U 的核心计算能力、150 T 的存储能力、150 多台虚拟服务器的服务能力,为将来实现"三馆合一"的智慧化科普集群场馆目标奠定基础。

【餐饮及消费"一卡通"系统启动建设】2019 年 10 月底,上海科技馆餐饮及消费"一卡通"系统项目正式启动。原餐饮系统建于 2010 年,因为无法升级维护,存在系统不稳定及数据丢失的风险。根据2019年上海科技馆为职工服务实事项目要求，打通支付渠道、拓展生活福利，实现两馆职工餐厅点餐制及馆内“一卡通”。该项目考虑“三馆合一”的架构需求，在上海科技馆和上海自然博物馆员工餐厅各安装了一台智能自助结算台。结算台使用RFID餐盘识别技术，满足点餐制的要求，加快结算速度，减少员工排队等候时间。未来，还将上线手机移动端服务，员工在移动端绑定自己的账户后，可使用手机扫码付款、查看消费和充值记录、自助挂失、预订半成品和点餐服务等，全面实现馆内消费“一卡通”结算和微信移动端便捷服务。

【票务“全网售”推进】上海科技馆和上海自然博物馆（上海科技馆分馆）于2019年6月18日共同开启“全网售”，降低观众等待时间，营造更加舒适、便捷的参观体验环境，观众可通过上海科技馆、上海自然博物馆的官方微信公众号，上海科技馆、上海自然博物馆的官方网站，以及第三方合作平台进行购票。网购成功的观众无需取票，上海科技馆网售观众可直接凭第二代身份证检票入馆，上海自然博物馆网售观众可点击购票成功时接收到的短信链接生成二维码检票入馆。同时，两馆内的电影票也实行全网络售票，观众购票成功后须在馆内的自助取票机上取票，凭纸质电影票至影院检票入场。

上海自然博物馆票务系统也根据“全网售”进行深化建设，通过开通微信专用售票模块、与第三方网络售票平台数据对接、升级相关设备等措施，整体提升票务系统对观众的服务能力，拓展票务销售渠道，提高观众购票的便捷性。微信专用售票模块按照观众购票习惯，采用全新的功能设计，购票信息的填写、支付、检票等过程更贴近手机用户的使用习惯，并增设网售电影票功能，方便观众在移动端进行全票种购买。该系统还将第三方网售平台纳入了统一管理，与其进行数据对接，共享票务信息，针对场馆实际情况快速进行票务策略调整，优化第三方平台检票手续，进一步提高观众参观体验。项目结合微信使用人群数量庞大的特点，依托微信平台良好的交互性，开发更便捷的微信专用售票模块，升级现场及后台相关设备，提高服务层级，进一步推进了智慧场馆的建设。

【档案数字化工作全覆盖】上海科技馆档案信息化项目于2019年12月完成整体验收，建设完成档案管理系统，实现存量实体档案数字化工作的全覆盖，其中包括A4幅面纸张约100万页，照片底片约1.8万张，RFID电子标签约1.9万张。档案数字化既有利于实现档案长期保存、节省档案存放空间，又有利于高效管理和快速查询、实现数据共享、提升发展速度。档案管理系统根据上海科技馆的特点，将现有档案管理流程与数字化成果深度绑定，利用信息化手段，从档案实际的管理和利用方面进行深度剖析，实现档案收集即时化、库藏管理智能化、档案管理规范化、档案利用现代化。通过 RFID 射频技术，实现实体档案智能密集架管控与 RFID 电子标签联动，可以采用“非接触”的形式对实体档案进行盘点和查找。软件功能包括档案收集、档案管理、档案利用、数据管理、库房管理、系统配置及系统管理七大模块，深入对接上海科技馆协同办公平台，将电子借阅及组织用户同步，大大简化了电子档案的归档步骤及档案利用的复杂程度。

【新版考勤系统建成应用】 2019 年 4 月起，上海科技馆全面推行新版考勤系统，实现员工指纹或脸部识别考勤，提高了异地办公考勤管理效率。新版考勤系统不仅方便员工上下班考勤，而且避免员工因遗失或忘带工作证造成缺漏考勤。此外，该系统还具备人员考勤数据采集、数据统计和信息查询过程的自动化等功能，减轻管理人员事务性工作量。针对上海科技馆办公实际情况，共安装新版考勤机 18 台，覆盖上海科技馆、上海自然博物馆、上海天文馆和龙吴路标本库房 4 个办公场地，满足员工馆际之间办公需求。后台软件分为人事、设备、排班、报表和系统五大模块，员工可通过上海科技馆跨平台协同办公系统自助登陆考勤管理软件网页版，查询本人考勤情况。管理人员可通过软件准确地掌握人员出勤情况，做好排班工作，有效地管理、掌握人员流动情况。

【安防系统更新改造】 2018 年 12 月—2019 年 12 月，上海科技馆对安防系统进行更新改造。该项目由视频监控系统、红外报警系统、门禁系统、电子巡更系统、通播系统、停车场系统、无线对讲系统、安防专网系统、安防综合管理平台、监控中心及配套工程、管线工程组成，并建成一套智能安防综合管理平台，用于综合汇总分析及展示安放相关数据内容。该平台由水平区子系统、垂直主干子系统、弱电间子系统、设备间子系统组成，这些系统都是视频监控系统中的传输和后端设备，是监控系统的组成部分。统一各子系统通讯接口，实现多系统统一管控，统筹监测科技馆内所有智能化设备的运转情况，对单项子系统进行操控，对大数据进行分析研判，同时实现各子系统之间的相互联动，使上海科技馆智能化子系统由传统孤立系统转变为动态系统，实现各系统之间互动和融合，进而实现三馆联动。

【天文馆观众信息服务平台启动建设】 项目从 2019 年 11 月开始建设，上海天文馆致力于建设一套全方位观众信息化服务的支撑性平台，兼顾上海天文馆现场、网络平台、移动端三大用户渠道，提供展示、教育、科普、服务的多样化功能，全面提升观众体验，为打造一个国际化、现代化、智慧化天文馆提供坚实基础。项目主要建设内容包含：PC端中英文双语官网：建设具有天文专业性与国际化水准的上海天文馆官方网站，包含信息发布、展馆介绍、活动预约、票务服务、教育栏目等完整功能；移动端服务：以微信平台、移动导览系统小程序等多终端为观众提供一站式移动服务，不仅包含票务、活动预约、参与互动、公众调研等快捷实用的移动服务，并支持现场参观互动，优化观众参观体验；现场导览定位：利用无线和蓝牙实现全馆的移动定位，实现观众现场定位导览及打卡互动功能，全面提升上海天文馆的智慧化体验。

【天文馆无线网络覆盖启动】上海天文馆无线网络覆盖项目从2019年12月开始建设，致力于打造一套全覆盖信息化上网基础服务平台，其覆盖范围主要包括主体建筑、附属建筑室内展区和公共区域，无线网络能同时满足最多4 000个用户并发接入需求。用户可通过微信公众号一键登录或Web认证登录等多种方式接入无线网络，并实现无缝漫游。该项目为观众提供票务、导览、餐饮、活动预约、参与互动、公众调研等全面的线上服务，同时满足安全保护二级要求。系统架构采用"AC+瘦AP"架构，利用2台无线控制器对全馆180个无线AP进行统一管理，并支持无线2.4G和5G两个频段的接入。在项目的建设中，点位布置时根据不同区域的特点，平衡观众导览定位和无线上网的需求、并发接入和高速浏览的需求，在满足展区整体设计效果的前提下，尽可能优化整体方案。另一方面，随着手机5G网络的实现，在整个方案设计、测算和安装时，充分考虑现有设备的技术先进性和兼容性，以避免重复建设和信号干扰。

【公民科学项目"听有虫"小程序上线】上海自然博物馆（上海科技馆分馆）公民科学试点项目"听有虫"小程序于2019年8月上线，项目基于"普通人亦可参与科学研究"的理念，鼓励大众在发现自然的同时，通过线上平台收集科研本底资料，以达到提升大众自然意识和科学素养的目的。该平台主要包括鸣虫标准声谱数据库、鸣虫声音识别模块、视频库、发现者地图和发现者记录5个板块。其中，标准声谱数据库及鸣声识别模块由华东师范大学昆虫学研究组和计算机所共同整合构建。

"听有虫"小程序利用大数据训练人工智能，通过虫鸣声立即识别鸣虫种类。截至2019年年底，共有15 000余名用户，收集到2 500余条名称录音文件。该项目是国内首次通过博物馆发起的“鸣虫识别”公民科学项目，为公众和科学研究之间搭建桥梁。鸣虫声音数据在中国乃至全世界范围至今仍十分稀缺，鸣虫声谱库也将为科学研究提供数据支持。

（章　铖）

“文化上海云”平台

【“文化上海云”服务能级提升】 2019 年，“文化上海云”发布活动 202 744 条，较 2018 年环比上升 68.2%。新增可预约活动 79 756 条，占活动总量的 39.3%；较 2018 年环比上升 62.7%。截至 2019 年年底，累计活动总量 43.8 万余条，整体活动预订率达到 65%。“文化上海云”累计场馆总量 4 319 家，全年新增 2 846 家，较 2018 年增长 1 倍以上。场馆增量主要来源于全市各区的四级居村、美术馆、博物馆以及文化旅游景点等。其中，各场馆在线活动室累计开放 1 241 个，活动室总量累计 2 083 家。“文化上海云”2019 年全年新增注册用户数 2 009 354 个，相较 2018 年年底增长 55.8%。平台累计注册用户数 5 609 328 个，平台总浏览量 84 390 365 次，新增评论 90 701 条，较 2018 年全年增长 40%左右，评论增量主要来自第十八届群星奖惠民演出直播活动。

（杨燕娜）

第六章　智慧旅游

概　述

2019 年，上海市文化和旅游局（以下简称“市文旅局”）以信息技术为手段，全面提升旅游公共服务的品质。旅游环境信息化方面，持续推进上海旅游信息管理与发布平台，提升旅游咨询服务智慧化水平，提高触摸屏系统管理水平。旅游电子商务信息化方面，上海旅行社全面使用旅游电子合同。

一、旅游环境信息化

【旅游信息管理与发布平台应用升级】 2019 年，市文旅局持续推进上海旅游信息管理与发布平台建设，并深入应用。完善景区点假日数据采集、报表自动统计、数据信息自动发送等相关功能，做好系统数据编目工作；对电信运营商数据融合算法、旅游消费统计等相关数据来源进行深入分析，改进算法。在项目前阶段实现的景区实时客流数据统计基础上，协同移动、联通和电信三家运营商开展 22 家景区（A 级景区 17 家、开放式游客密集场所 5 家）、4 个全域旅游示范区、5 个黄浦江两岸公共空间和 6 个历史文化风貌保护区的电子围栏测定工作。另外，通过银联卡用户的消费情况，采集上海旅游消费数据。2019 年采集汇聚约 40 万条相关数据。通过以上数据分析处理，形成《上海重点旅游区域客流量数据分析报告》和《上海旅游消费数据报告》，为上海旅游产业运行态势的分析研判提供数据支撑。

（刘　昊）

【旅游咨询服务智慧化水平再升级】面向来沪游客和上海市民，以“城市迎客厅、上海第一站”为目标，以“功能综合化、服务智能化、设施人性化、形象时尚化”为核心，建设有效提供旅游者咨询、旅游者服务、旅游者体验的市民游客公共空间，上海旅游服务中心既准备了各类宣传资料、出游提示，也为游客提供VR体验、移动端咨询服务、电子优惠券领取平台等各项在线服务。各旅游服务中心的旅游咨询人次数、资料发放量及类别，每日填报至旅游咨询业务管理平台，供相关部门决策参考。2019年，上海旅游服务中心进一步加快智慧化旅游服务建设，与上海市志愿服务公益基金会、科大讯飞股份有限公司合作，为上海16个区63家旅游咨询点配置130台翻译机，提供28种语言翻译服务，极大地方便了市民游客——特别是外国游客对旅游目的地的咨询和深入了解。

【触摸屏管理水平提升】上海旅游服务中心按照“管理制度化、制度流程化、流程表单化、表单信息化”思路，进一步梳理、完善触摸屏申请、配送、巡检、回收、盘点等重点环节的管理制度，围绕重大文化、旅游节庆活动，做好触摸屏配送服务保障工作。2019年累计配送触摸屏37台、回收31台，全年巡检1 227次、维修307次，维修及时率100%、故障修复率100%。触摸屏(中、英文版)数据库共维护信息12 497条，同比增加8.56%。触摸屏全年点击量4 824万次，同比增加0.82%。2019年，正在使用的“旅游E点通”触摸屏共有350台，主要分布在上海各区旅游公共服务中心、咨询服务中心、星级饭店、A级景区、A级旅行社、文化场馆、浦江驿站、长途客运中心等人流密集区域，为广大市民和游客提供了丰富和优质的文化旅游资讯。

(毛占刚)

【旅游咨询业务应用数据模型建立】随着大众旅游时代的到来，对旅游公共服务特别是旅游公共咨询服务提出了更高的要求。进一步规范上海各区旅游咨询中心信息业务填报格式，完善各区与市文旅局之间的数据有效传递，提升数据整体关联度，形成数据横向比对，完成数据复合性分析及动态跟踪管理。管理部门在整合梳理现有信息数据基础上，进一步完善信息系统，建立旅游咨询信息大数据分析模型。通过丰富数据统计维度、加强平台日常运营管理能力、丰富平台数据来源、提升数据源的可视化能级等，初步建立起旅游咨询大数据管理模型。统筹上海市63家旅游咨询中心业务信息资源，实现对上海旅游咨询站点等公共服务资源的基础信息维护和日常运营管理，以及对旅游公共服务资源的动态掌握和科学调配。以大数据模型为支撑，通过数据分析等技术手段，合理布局并优化旅游咨询业务资源，从而进一步提升旅游公共服务数据动态管理能力。

（曲　昊）

二、旅游电子商务

【旅游电子合同应用】 2019 年，上海已有 849 家旅行社通过全国旅游监管服务平台和上海旅游质量管理系统上报旅游电子合同，累计合同上报量超 260 万份，上报游客超 700 万人次。其中，2019 年实现合同备案超 71 万份（为 2018 年的 130%），服务游客超 205 万人次（为 2018 年的 120%），两个系统均实现了与上海“一网通办”平台对接，通过“中国上海”门户网站以及“市民云”APP，游客均可进行合同查询。

（高　翔）

第五编 经济领域信息化

SHANGHAI INFORMATIZATION

综　述

2019年,上海加快信息化和工业化两化融合,发展水平名列全国前茅。持续推动电子商务和制造业、农业、金融业等领域信息化建设,增强产业创新动力、推进产业转型发展。

电子商务方面,以数字商务创新发展为主线,深入推进互联网与商贸流通产业深度融合,促进消费领域转型升级。积极开展电子商务监管与服务,推动全市电了商务发展工作取得较好成效。

制造业信息化方面,加快工业互联网创新步伐,紧扣工业互联网赋能经济高质量发展的工作主线,创新工业互联网发展路径,促进制造业转型升级,提升上海产业整体竞争力,并带动长三角世界级先进制造业集群发展。

农业信息化方面,持续探索推进统一的上海农业公共信息化平台建设,包括统一的政务服务平台、农业农村大数据和农业地理信息系统、农业信息标准和采集体系、农业信息服务模式等方面。

金融业方面,行业各类主体继续加强集聚态势,证券、期货、基金、保险业交易量持续上升,信息化水平进一步提高,积极应对信息安全挑战,拥抱5G、移动互联网、大数据、人工智能等新一代信息技术。

电子口岸办公室根据市委、市政府口岸工作总体安排,继续深入推进上海国际贸易单一窗口等建设,推进亚太示范电子口岸建设,取得积极成果。

第一章 智慧商务

概 述

2019年，上海市商务委员会（以下简称“市商务委”）会同有关部门，继续牢牢把握中国国际进口博览会（以下简称“进博会”）重大发展机遇，以数字商务创新发展为主线，深入推进互联网与商贸流通产业深度融合，促进消费领域转型升级。

一、电子商务发展概况

【电子商务规模扩大】 2019年，全市实现电子商务交易额超3.32万亿元，同比增长14.7%，继续位列国内各城市之首。其中，B2B交易额近2万亿元，同比增长7.8%；网络购物交易额1.32万亿元，同比增长27%；商品类网络购物交易额6 066亿元，同比增长27.9%；服务类网络购物交易额7 122亿元，同比增长26.2%。电子商务示范园区基地建设引领全国，普陀中环商贸区在商务部示范基地年度评估中被评为A类，嘉定电子商务产业园、唐镇电子商务创新港、临空经济园、万香国际创新港被评为B类。68家企业获评年度电子商务示范企业。

【线上线下融合发展】 上海成为全国消费领域新技术的试验点和孵化场，形成了一批首创型零售典型场景，如智能盒子、机器人餐厅、刷脸购物等。天使之橙智能售货柜、便利蜂无人零售店等极大提升了商业楼宇和居住社区的末端服务能力，无人书柜、无人药店、快捷轻食店不断在上海试水。叮咚买菜及时生鲜配送服务消费模式继续创新迭代、领跑全国,基于消费大数据分析处理技术的盒马在全国22个城市开设近200家门店。

【生活服务电商生态圈打造】旅游、生鲜、餐饮等电商进一步打造形成满足市民群众全渠道、多元化、个性化需求的生活服务生态圈。携程拓展餐饮购物、境外通信、货币兑换等综合性旅游服务,交易额同比增长近四成;驴妈妈与中兴通讯、中国联通等达成5G战略合作,实现"5G+智慧旅游";美团买菜"手机APP+便民服务站"模式实现"前置仓"社区化选址;淘菜猫轻存储生鲜配送模式——"100个菜市前置仓中心+社区式配送辐射"实现平价菜进社区;智慧零售云——云掌柜"悦管家"构建数据驱动的服务共享平台,实现"互联网+家政服务"的突破。

【专业服务和跨境电商平台发展】专业服务和跨境电商平台快速发展,服务特色显著。宝尊电商为50多家国内外著名品牌提供代运营、营销、信息技术等整合服务,占电商代运营行业25%的市场份额,位列行业第一。珍岛信息通过云计算和大数据技术,为8万多家中小企业提供数字营销、售后客服等一揽子综合服务。小红书创新内容分享、社交导购模式,承接进博会溢出效应,积极践行"买全球、卖全球"。

【电子商务示范工程推进】市商务委通过电子商务示范工作,推进传统流通业态创新发展,积极打造上海新零售创新高地。实施新一轮国家电子商务示范工程,在智慧商业、线上线下融合创新、大数据应用等方面形成示范引领,推动电商领域会、商、旅、文、体联动,培育消费市场"生力军",编写示范案例集,开展经验总结、推广。推动一批电商平台积极参与商务部品牌消费、品质消费"双品网购节"活动。推动电商平台等开展国家增值税普通电子发票应用示范试点。开展多轮《电子商务法》宣贯,启动上海市电子商务地方性配套法规政策研究。引导并支持电商企业开展交易、诚信、信息安全等领域的行业标准或规范编制、发布,在国内率先推进电商行业自治、自律建设。

【电商消费新增长点显现】市商务委支持与鼓励社区、社交等电商新模式健康快速发展,进一步满足多层次、多样化消费需求,形成上海市消费新增长群。推动龙头企业打造全球新品网络首发中心。推动汽车及配套商品电商开展促销活动,推动汽车消费市场升级。支持和引导2019年度"618""双十一"等网络购物节庆活动举办。推动"互联网+生活性服务业"创新试验区实现更高水平发展，推动建成养老、家政、洗衣、餐饮、维修、生鲜、再生资源回收等全行业生态圈。

【电子商务跨境发展】 市商务委扩大市级跨境电商示范园区规模，加快跨境公共服务平台功能完善。承接进博会外溢效应，形成优质进口商品消费平台。推动领军电商企业“走出去”开展全球化运营。参与国家商务部与驻沪领馆举办的跨国电商对接活动，引进国外优质原产地商品进入本地市场。

【数字商务创新应用】 市商务委开展电子商务技术创新应用专项行动，推动电商平台开设一批智慧门店，开展线下商业数字化升级改造，赋能形成上海市数字商业行业集群。推广无人零售业态等商业新模式，推动无人便利店、智能售货机创新和规范发展，破解居住社区、商业楼宇等终端服务瓶颈。开展人工智能、大数据等新技术推广，在机器人餐厅、虚拟选购体验等方面形成智慧购物示范场景。推动与行业头部企业开展政企数据共享、对接。

【电子商务与物流快递】 市商务委推进落实《关于本市推进电子商务与物流快递协同发展的实施意见》，提高电商消费末端配送智能化、绿色化、标准化、便利化服务保障能力，配合“美丽家园”三年行动计划，加快建设智能快件箱、快递专用车等电商末端配送服务设施及载体，推进青浦国家快递行业转型发展示范区建设，推动各大快递企业与电商行业开展合作，推动建立智能化电商仓储及物流服务项目。

【智慧商圈建设与推广】 市商务委组织开展首批12家智慧商圈建设发展水平评估。在全市各大商圈全面推广、应用《智慧商圈应用指南(2.0版)》，推进步行街、大型商业综合体在消费行为记录分析、购物积分兑换、虚拟现实导购等领域开展数字化改造，推动徐家汇、豫园等形成智慧商圈示范基地。推动建立智慧商业实验室，探索开展商业领域5G试商用平台的搭建和应用。

（杨　珞）

二、电子商务监管和服务

【政务数据开放共享】 市商务委共编制资源目录108个，覆盖100%的信息系统，共计32个资源目录挂载了数据资源；归集数据表30张，有效入库7 808万条数据记录，数据表的平均更新周期为22.61天；共提数据共享需求64条，获取数据共享服务接口15个，累计调用市级资源1.6万次。开放总量持续扩大。继续结合商务工作及民生热点问题，推动外资项目审批、食品追溯、家电服务热线等具有商务特色的政府数据向社会开放，累计开放总量已达122项，总量居上海市各委办前列。在市级资源服务平台上收到来自其他部门的数据共享申请，全部于10个工作日内回复。

【网络与信息安全保障】市商务委高度重视网络安全保障工作，做到领导到位、机构到位、人员到位、责任到位、措施到位。一是落实网络安全制度管理，通过下发信息安全工作文件，加强制度落实。二是开展网络安全自查工作，根据市委网信办、市公安局等部门的要求，市商务委每年多次开展关键信息基础设施检查、网络安全自查、护网行动等专项自查工作。三是完成重大活动期间网络安全保障工作，在进博会、春节、国庆节等假日期间，分别制定了网络安全防护工作方案，开展专项检查，成立网络安全工作小组及网络安全应急处置小组，建立值班值守制度，确保活动期间市商务委信息系统安全、稳定运行。四是做好信息系统安全监测工作，市商务委在收到上海市有关部门网络安全隐患告知后，立即完成修复工作，未造成安全事故；同时，市商务委委托第三方机构定期开展信息系统漏洞扫描工作，发现漏洞及时修复。五是做好应急值守工作，在重大活动期间，严格落实值班值守制度，制定网络安全突发事件应急预案，建立应急处置队伍。

【上海服务贸易大数据综合服务平台探索】随着近年来我国服务贸易快速发展，上海市现有的服务贸易统计体系已经越来越难适应新形势的发展要求。为解决服务贸易统计数据来源单一、数据挖掘不够深入、部分数据遗漏和缺失、数据反映指标不完整等问题，需要突破现有统计体系的框架，参考和借鉴发达国家和地区的服务贸易统计工作经验，以部门数据为基础、以重点领域为突破、以样本企业为支撑、以第三方数据为辅助，建设一个覆盖全面、突出重点、聚焦创新、强化监管的新型服务贸易大数据服务平台，主要包括：建设服务贸易企业信息库、建设服务贸易决策分析平台、建设多部门协同工作平台、搭建及运营国际化社交媒体。

【上海数字贸易交易促进平台建设】上海数字贸易交易促进平台通过整合数字贸易全产业链上多元市场要素，推动上海市乃至全国数字内容产业、服务外包等行业优质资源集聚，实现多主体共享、整合的资源优化和信息对接。数字贸易交易促进平台的定位为集聚多家企业和促进机构建设的专业交易平台，在海外进行推广，促进海外项目对接；同时，使用新信息技术采集数字交易、版权交易等信息，在此基础上，对各专业平台交易流程进行监管，提升交易规范度，帮助项目与金融服务机构对接。

【外资企业信息管理系统升级改造】 根据新时期外商投资管理工作的需要，对“基于数字证书的外资企业信息管理系统”进行升级改造，体现“宽进优管多服务”，改进外商投资企业填报体验，在“审改备”下加强外商投资全过程管理，完善事中、事后监管和服务，加强对外商投资重点领域的监测，完善外商投资统计口径和分析工具，提升外资预测和预警能力。

（杨　珞）

第二章　制造业信息化

概　述

2019 年，上海聚焦落实国家战略、推进重大项目、营造一流生态、夯实发展基础等方面，一手抓两化融合促普惠、一手促工业互联网创新转型，推动工业互联网发展向知识化、质量型、数字孪生转变。工信部相关机构研究显示，上海两化融合发展水平居全国第二，产业数字化转型成效在长三角区域排名第一。上海智能制造及相关产业规模超 900 亿元，蝉联国内先进制造业城市发展指数第一名，在《2019 年世界智能制造中心城市潜力榜》中排名世界第二，持续、全力打响“上海制造”品牌，助力提升城市能级和核心竞争力。

一、工业互联网

【概况】 2019 年，上海市经济和信息化委员会深入贯彻落实工信部和市委、市政府决策部署，紧扣工业互联网赋能经济高质量发展的工作主线，创新工业互联网发展路径，聚焦落实国家战略、推进重大项目、营造一流生态、夯实发展基础等方面，一手抓两化融合促普惠、一手促工业互联网创新转型，推动工业互联网发展向知识化、质量型、数字孪生转变。

【国家工业互联网战略任务落实】 全力落实国家工业互联网战略任务，面向长三角地区和自贸区新片区编制工业互联网专项规划，获批工信部“长三角工业互联网一体化发展示范区”，启动建设长三角 G60 工业互联网创新应用体验中心。

标识解析国家顶级节点枢纽辐射作用显著，签署《长三角推进工业互联网标识解析建设促进经济高质量发展战略合作框架协议》，上海华峰、江苏徐工、浙江迈迪、安徽长江等 11 个二级节点上线，标识注册数量近亿个。全国首次工信系统工业互联网现场会在上海召开。创建全国首个国家级工业互联网系统与产品质量监督检验中心。推进空间电源研究所等 4 家企业、智能云科等 6 家企业入选工信部制造业"双创"和制造业与互联网融合发展试点示范项目，12 家企业申报工信部工业互联网试点示范项目。

【工业互联网重大产业项目推进】推进工业互联网重大产业项目发展。聚焦电子信息、生物医药、装备制造、汽车、钢铁化工等重点领域，培育形成上海电气、中微半导体、海尔 Cosmo、威派格、威马等 15 个具有全国影响力的工业互联网平台，显著带动企业平均降本 7.3%、提质 6%、增效 9%、减存 4.2%，6 万多家企业上平台。12 个重点项目入选 2019 国家工业互联网高质量专项，数量位列全国第一梯队；严格推进 2018 工信部工业互联网专项，10 家项目全部通过中期检查，获工信部高度肯定。加大工业互联网招商引资力度，推动徐工信息、紫光云、迈迪网、天泽智云、赛摩等工业互联网龙头企业落地。发布 46 家"市级工业互联网平台和专业服务商推荐目录"，首次采取后补贴支持，涌现出优也、积梦、黑湖等 10 家解决方案的"隐形冠军"。认定全市首个钢铁行业工业大数据联合创新实验室。

【工业互联网一流创新生态打造】持续打响工业互联网一流创新生态。强化市、区联动，面向长三角和自贸新片区两个扇面，持续优化临港、松江区、青浦区、嘉定区、金山区等在内的"一链多点"布局；按月发布《市工业互联网简报》，加强重点任务督查；认定嘉定区为市工业互联网创新实践基地。组建上海市工业互联网协会，打响"工赋学院"品牌，开展工业互联网创新型人才培养，首批认定同济大学、上海质量管理科学研究院、上海电气 3 个人才实训基地。成立市工业互联网产业发展基金，形成"专项资金 + 产业基金 + 孵化加速"的组合服务，建设全国首个"双语"工业互联网开发者社区和工业互联网孵化基地。进一步发挥工业互联网功能型平台的赋能作用，累计涌现 20 项企业级工业互联网新模式、新应用。借助进博会、中国国际工业博览会、世界人工智能大会等重大平台，举办 2019 全球工业智能峰会、国际工业互联网大会、国际工业互联网创新发展论坛等高端会议和展览展示，持续发出工业互联网的"上海声音"。

【工业互联网发展基础强化】强化标准

引领，筑牢工业互联网发展基础。2019年，累计推动4 274家企业开展两化融合自评估、115家企业通过贯标评定，两项数据较2018年翻一番；工信部相关机构研究显示，上海两化融合发展水平居全国第二，产业数字化转型成效在长三角区域排名第一。全年累计组织3场市级、13场区级宣贯培训，服务人次超过1 500人；推动4家企业入选工信部两化融合贯标示范企业，数量创历年新高。发布全市首批两化融合重点企业和两化融合贯标咨询服务机构。推动“市级工业互联网创新应用效益评估标准”地方标准立项；制定“市工业互联网标杆园区建设指南和评估指标体系”，开展试点标杆园区申报。完成“工业互联网十四五研究”和“长三角工业互联网一体化发展”课题，发布市级《工业互联网实践案例》《工业互联网人才发展》等研究报告。

（杨立哲）

二、智能制造

【概况】上海以智能制造“十百千”工程为抓手，按照“以示范带应用，以应用带集成，以集成带装备，以装备带强基”的思路持续推进智能制造发展。2019年，上海智能制造及相关产业规模超900亿元，其中机器人及系统集成突破400亿元；“卡脖子”的智能仪器仪表及传感器逆市上扬，产值为103.28亿元，同比上升2.2%；智能制造关键装备及核心部件首台（套）突破40余项。上海蝉联国内先进制造业城市发展指数第一名，在《2019年世界智能制造中心城市潜力榜》中排名世界第二。

【智能制造三年行动计划发布】发布一项核心政策。2019年6月，《上海市智能制造行动计划（2019—2021年）》（以下简称“《行动计划》”）正式发布，聚焦智能制造应用端，加大政策力度，持续推进汽车、电子信息、民用航空、生物医药、高端装备、绿色化工及新材料等重点行业智能化转型。该《行动计划》通过“核心产业强化、应用场景创新、软硬载体建设、战略区域协同、新兴技术支撑、跨界多维融合”六大重点行动，全面构建一个包含关键零部件、高端智能装备、工业软件等要素的智能制造生态体系，拓展“智能+”，为制造业转型升级赋能，纵深推进智能制造，其目标是到2021年，实现“上海制造”高质量、跨越式发展，成为全国智能制造应用高地、核心技术策源地和系统解决方案输出地，推动长三角智能制造协同发展。

【智能制造"十百千"工程示范】上海持续实施智能制造"十百千"工程，培育10家10亿元规模、1至2家100亿元规模的智能制造系统解决方案供应商，系统解决方案供给能力显著提升；培育100家智能制造示范工厂(其中10家为标杆工厂)，推动1 000家规模以上制造业企业实施智能化转型。

推动智能制造系统解决方案供应商发展。《行动计划》提出，上海支持系统解决方案供应商拓展市场、加快全球化布局，通过技术、资本强强联合等方式，发展成为行业内的龙头企业。支持系统解决方案供应商联合装备制造商、软件开发商，推进智能制造装备、核心软件、工业互联网的集成应用，进一步提升上海智能制造系统集成与服务能力。2019年6月，上海市第二批12家智能制造系统解决方案供应商正式授牌，上海已连续两年共计发布30家智能制造系统解决方案供应商推荐目录，持续支持智能制造集成商发展。

推动智能制造标杆工厂建设，促进制造业智能化转型。《行动计划》提出，推进汽车、电子信息、民用航空、生物医药、高端装备、绿色化工及新材料等行业的智能化转型和新模式应用，推动优势产业集群化、新兴产业规模化、特色产业高端化发展。围绕汽车、电子信息、民用航空、生物医药、高端装备、绿色化工及新材料等重点行业，实施智能制造推广行动，支持打造智能制造标杆工厂，累计建成国家级智能制造示范工厂14个、市级示范工厂80个；推动规模以上企业实施智能化转型500余家，实现重点行业生产效率提高50%、能源利用率提升30%。

【智能制造载体平台建设引导】《行动计划》提出，依托上海智能制造研发与转化功能型平台、国家机器人"两个中心"等平台，打造以临港世界级智能制造产业为中心，浦东新区、闵行区、嘉定区、宝山区、松江区等区域构成的智能制造近郊产业带，形成示范与应用同步、突破与转型并进、平台与载体共融的"一核一带"智能制造产业集群。着力建设上海智能制造研发与转化功能型平台，开展智能制造关键共性技术和装备研发、标准验证以及技术成果转化，力争成为具有国际影响力的智能制造协同创新平台。支持国家机器人测试与评定中心、国家机器人质量监督检验中心做大做强。

强化平台研发的载体作用。一是上海智能制造研发与转化功能型平台围绕智能制造共性应用技术，研制开发了六足步行机器人、巡检与危险处置机器人、多机器人协同的视觉在线检测系统、车身焊接质量在线检测与控制系统、心狗系列穿戴设备等单元技术产品。二是上海机器人功能型平台围绕机器人可靠性与智能化两大核心技术，编制了《机器人可靠性第1部分：通用导则》和《机器人智能化信息模型和通用测评程序》2 项国际领先标准;开发了双臂机器人系统、单臂协作机器人系统等技术,并形成多项专利。

推动平台开放合作。一是上海智能制造研发与转化功能型平台全球智库功能凸显。上海科创中心重点布局的上海智能制造研发与转化功能型平台,积极开展国际项目合作,面向智能制造系统解决方案中的瓶颈共性技术,加强国内外协同研发,形成共性技术应用产品和系统。2019 年 3 月,以功能型平台为载体的"上海交通大学弗劳恩霍夫协会智能制造项目中心"正式签约,成为中国第 1 个、全球第 10 个弗劳恩霍夫协会海外项目中心。并且,积极推进与英国国家智能制造未来计量联盟的合作,由英国工程院院士蒋向前爵士领衔的"中英智能测量与质量工程中心"已启动建设。二是上海机器人功能型平台能够促进机器人生态建设。通过在宝山成立分院、与长三角 G60 科创走廊的战略合作,促进上海机器人产业市、区联动发展;与金融投资机构合作,举办各类活动,培育和孵化优质项目,和日本、法国、德国、以色列等国家筹建国际加速器。

【智能制造资源整合促进】一是上海电气集团加速向智能制造服务商转型。2019 年 6 月,上海电气集团正式收购昂华(上海)自动化工程股份有限公司,10 月,上海电气集团中央研究院与上海慧程技术服务有限公司成立合资公司,聚焦全自动低温冷冻存储设备等高技术壁垒的细分领域智能装备,强化生物医药新兴领域的智能制造集成能力,进一步提升上海电气在智能制造装备领域的核心竞争力。二是复星集团收购 FFT 公司。2019 年 8 月,FFT 全球总部落户上海,实现了中国企业在"走出去"的基础上进一步"引进来",有助于加快关键核心技术自主创新,上海 FFT 总部力争三年内实现全球智能制造总收入突破百亿元,为打响"上海制造"品牌、推动智能制造全球化贡献力量。

推动机器人项目有序实施。一是推进"ABB 机器人未来工厂"项目建设。2019 年 9 月 12 日,"ABB 机器人未来工厂"项目奠基仪式在浦东新区举行。该工厂总投资额达 1.5 亿美元,占地 6.7 万平方米,采用包括机器学习、数字化和协作解决方案在内的先进制造工艺,致力于打造全球机器人行业最先进、最具柔性、自动化程度最高的工厂之一。二是推动发那科"超级智能工厂"项目开工,上海发那科三期项目是发那科集团继日本之外,全球最大的机器人生产基地,占地 431 亩,建筑面积 30 万平方米,总投资额约 15 亿元,建成后,将带动整个上海的机器人产量及规模迈上新的台阶。

【智能制造普及与推广】2019年6月24日，以“拓展‘智能+’、打响‘上海制造’品牌”为主题的2019年上海市智能制造推进大会举办，会上发布了《上海市智能制造行动计划（2019—2021年）》，公布了上海市第二批（12家）智能制造系统解决方案供应商名单，通报了上海市获得“全国机械工业先进集体劳动模范”称号的集体和个人名单，6个银企、企企合作项目在大会上签约。

2019年9月16日，第二十一届国际工业博览会期间，2019年智能制造大会同步举行。大会以“融合创新，智造未来”为主题，宝钢、罗克韦尔、西门子、三菱等中美德日智能制造顶尖企业齐聚一堂，深度把脉智能制造最新动向、深刻洞察智能制造未来发展趋势。

2019年9月18日，中国国际工业博览会——第八届中国机器人高峰论坛举办。论坛以“协作、互联、智领未来”为主题，旨在加快建设和发展协作机器人、工业互联网、人工智能三者的紧密联合，促进制造业转型升级，同期还举行了中国工博会“CIIF机器人奖”颁奖仪式。

2019年8月31日，2019世界人工智能大会——国际智能机器人前沿峰会举办，以“‘仿’万物之灵，‘生’智慧之形”为主题，汇集国内外智能机器人领域的权威专家，就人工智能与机器人前沿技术融合、产业应用进行探讨，搭建国内人工智能与机器人领域的跨界交流合作平台。

【长三角智能制造协同发展】组织成立长三角智能制造协同创新发展联盟。2019年4月，先进制造业大会暨长三角制造业高质量发展高峰论坛在上海召开，正式成立长三角智能制造协同创新发展联盟。该联盟将助力智能制造在长三角地区的协同发展，实现长三角引领全国智能制造创新中心建设的优先布局，打造全国智能制造技术创新平台和标准制定高地，力争成为全国智能制造应用系统集成解决方案的策源地。

推进长三角智能制造品牌建设。在2019年中国国际工业博览会——2019智能制造大会上，长三角智能制造协同创新发展联盟与长三角城市经济协调会品牌专委会签署战略合作协议。双方通过深度合作，设立长三角智能制造品牌培育基地和公共服务平台，加强智能制造品牌培育，引领智能制造在品牌经济中的发展方向，打造长三角智能制造品牌建设模式。

发布《长三角机器人产业链地图》。2019年12月10日，长三角机器人与智能制造合作组织发布《长三角区域机器人产业链地图》，这是长三角一体化发展蓝图中首个区域性跨省市行业产业地图，共收录长三角区域机器人产业链企业和机构信息千余条，包括工业机器人整机、核心零部件、系统集成应用、相关技术配套、服务机器人、特种机器人、高校科研院所、相关产业园区以及综合服务平台。

（陶传亮）

三、典型案例

中国宝武钢铁集团有限公司

【智慧化与大数据重点工作顶层设计】 新技术新模式引领驱动。赋能智慧钢铁生态圈，驱动中国宝武钢铁集团有限公司（以下简称“中国宝武”）“数智化”转型，设计中国宝武新一代生态技术平台暨大数据中心建设及运营方案。2019年8月正式启动管理咨询项目，调研全集团系统及数据资源，解读中国宝武战略规划，结合全球最佳实践及中国宝武数字化现状，兼顾实用性与前瞻性，形成“一个新技术平台、一个大数据中心、一套运营体系”的“111”咨询成果，并描绘出中国宝武智慧钢铁生态圈数字孪生愿景图。

强化智慧化与大数据规划工作，根据新一轮战略规划纲要，完成中国宝武智慧化与大数据规划修编工作。围绕集团资本投资公司定位及集团总部整体改革方向，强化顶层设计；聚焦大数据中心建设、穿透式监督平台、钢铁生态技术平台、集团运营共享系统能力评估、网络安全防护体系等内容，整合信息资源，强化集团层面信息资源共建、共享，重新规划集团应用系统分层、分类原则及定位，编制集团整体数据运营架构，推进“区域+板块”进一步协同、共享，完成《2020—2022年度中国宝武智慧化与大数据规划》修编，聚焦形成规划期内的重点工作任务。

落实党中央“不忘初心、牢记使命”主题教育的总体部署，开展“围绕智慧化信息服务体系建设，提升大数据创新驱动能力”大调研工作。作为公司级大调研课题“构建智慧服务业体系，推动智慧钢铁生态圈高质量发展”的子课题之一，开展对标找差和调查研究，形成调研成果报告。报告围绕“宝武实施钢铁生态圈战略和数字化转型的背景要求”“中国宝武大数据现状和分析”“大数据建设解决方案对标”“智慧化与大数据建设近阶段行动计划”几方面进行深入分析、对标和工作策划，为后续智慧化与大数据建设工作提供具体方向和目标。

【智慧化服务与大数据应用能力提升】 组织机制创新建设方面，提升智慧化服务体系及大数据应用能力，加快钢铁生态圈建设，建立智慧化与大数据建设工作推进体系。积极推进智慧化与大数据顶层设计，2019年7月2日，发文成立智慧化与大数据建设领导小组，下设智慧化与大数据建设领导小组办公室（以下简称“智数办”），2020年1月，挂牌成立“中国宝武工业互联网研究院”和“中国宝武大数据中心”，细化整体运作机制，探索面向工业制造场景、面向钢铁生态圈和国有资本投资公司的智慧服务、智慧企业大数据分析整体解决方案。

体系能力方面，持续对标找差、深挖潜力、补齐短板，提升体系能力建设。聚焦基础管理提升，进一步深化、整合、融合，发挥协同效应，实现价值最大化。2019年度重点在IT治理体系能力建设、网络安全能力建设等方面进行提升。

IT治理体系能力建设：一是组织集团各一级子公司结合规划期内智慧制造、智慧服务方面的业务规划要求，编制各子公司智慧化与大数据专项规划。二是借助信息化专业能力和整体要求，指导子公司信息化项目建设工作，对子公司智慧化与大数据规划及年度计划、计划外项目进行专业审查，参与子公司重点信息化建设项目的各类审查，指导子公司依托信息技术支撑管理能力提升。三是全面推进集团穿透式监督应用中信息化治理模块的深化应用，要求各子公司季度信息化项目执行管理在线化、精细化，集团公司采取系统抽检、巡检方式进行在线穿透式监督。四是修订《网络与信息安全管理办法》《网络与信息安全应急预案》，根据智数办的管理职责，梳理现有信息化职能的相关制度、标准、规范等体系文件。同时，结合咨询项目，策划、设计未来集团大数据中心实施运营治理相关原则、制度、办法和规范。

网络安全体系能力建设：编制完成《关于加强网络安全工作的指导意见》，下发给子公司，推进网络安全体系能力建设。全面落实网络安全工作责任制，加强组织保障、压实网络安全工作责任，深化推进网络与信息安全信息通报工作，提升网络安全突发事件应急响应能力；深入开展网络安全等级保护工作，加强关键信息基础设施和重要系统保护，落实网络安全主动防护措施，强化数据安全保护和合规管理，提高网络安全保障水平，真正提升网络安全技术防护能力与水平。

【穿透式监督纵深推进】与国务院国有资产监督管理委员会（以下简称“国资委”）国资监管信息化同步对接，根据国资委三年监管展示系统建设行动计划及统一部署，组织中国宝武内部相关资源快速响应与国资监管系统的对接工作。2018年，国资监管信息化建设“三年行动计划”试点阶段的任务全面完成，初步建成国资国企在线监管系统，中国宝武基于良好的运营共享系统基础，率先完成“大额资金、三重一大”各项应用建设及对接工作，建设效果居央企前列。2019年，国资委力争实现"基本好用"目标，通过监管信息系统全覆盖和实时在线监管，抓住关键环节、消除监管盲点、突出监管成效。中国宝武按照国资委要求，积极推进"三重一大"、国资监管信息交换自建系统建设及优化工作，全面推进中国宝武全层级法人企业及管理主体"三重一大"监管范围全覆盖，做到所有上传数据及时、完整、准确。

探索设计穿透式监督应用方案。围绕"分层管理、充分授权、严格监督"，进一步支撑国有资本投资运营的体系能力建设，以"资本、资产、资源"为对象，分步构建国有资本投资穿透式监督应用平台，实现与国资监管综合信息监测展示系统的融合集成，寓监督于管理。2019年，智数办会同集团各相关部门，将穿透式监督应用作为数据驱动型新模式创新项目进行探索和突破，引入中台技术设计各类数据模型，利用新一代技术平台，满足建设跨域、异构数据融通分析需求，积累沉淀数据复用能力，支撑灵活多变的敏态业务场景。通过该项目建设，探索中台技术应用模式、数据驱动场景下的应用建设开发方式，为后续中国宝武生态圈大数据治理及运营工作提供实践基础。

强化穿透式监督业务内控管理，策划完成标准财务系统全覆盖方案。智数办牵头，会同相关单位完成标准财务系统全覆盖的方案策划，并通过了公司党委常委会、公司常务会的审核批准。后续，各子公司将围绕钢铁生态圈大数据体系建设要求，以及财务、审计、内部监管及业务财务集成要求，完成经营类子公司、金融类子公司、境外子公司的业务系统建设和标准财务系统全覆盖工作。

【数字化应用迭代与创新】持续推进集团运营共享系统的延伸覆盖工作，支撑"亿吨宝武"目标，深入推进业务聚焦整合，支撑进一步深化整合融合，发挥协同叠加效益。主要包括：根据2019年年初，集团公司整合融合目标、内控管理要求及马钢（集团）控股有限公司整合重组推进计划，智数办协同总部相关职能部门、业务部门，制订集团主要运营共享系统的整体延伸与对接工作安排，按计划实现与宝钢德盛不锈钢有限公司总部及下属分子公司、上海宝钢包装股份有限公司及下属分子公司、宝地南京、宝地新疆、宝地广东、宝武物流资产有限公司、宝武装备智能科技有限公司、宝武水务科技有限公司等单位的延伸对接，完成上海宝地临港产城发展有限公司、上海宝地上实产城发展有限公司的运营共享系统覆盖和调整工作。

为充分发挥集团内部共建、共享、协同精神，降低整体建设运营成本，基于集团内部工程项目管理建设先进经验，按照"统一规划、统一建设、统一资源、统一运维、共享服务”原则，2019 年推进完成了鄂城钢铁有限公司、广东韶关钢铁有限公司采购供应链共享系统覆盖，策划推进集团内除宝山钢铁股份有限公司（以下简称“宝钢股份”）外，各钢铁单元的共建工程项目管理信息化共享平台。

支撑中国宝武数字化转型的“在线”经营与管理建设，以“聚焦客户需求、生态企业运营、移动互联办公、敏捷快速迭代”等多维视角探索智慧服务、智慧企业等新数字化应用场景孵化。智数办支撑各业务部门启动公务采购、票税应用、互联网平台建设、投资项目管理、不动产业务管理、绿色能环管理等多个应用场景建设。

【网络安全防护与管理】网络攻防演练和培训方面，开展网络攻防演练、参与网络安全竞赛、实施网络安全专业和全员培训，提高网络安全意识，提升安全技术水平和实战能力。2019 年 3 月，组织宝信软件、宝钢股份等网络安全专业人员参加由国资委组织的新型信息基础设施网络安全技术大赛，提升安全专业人员的技术水平。5—7 月，组织开展 HW2019 网络攻防实战演练，1 000 余人参与攻防演练，整改大量漏洞隐患，熟悉应对攻击的方法，提升应急响应能力。9 月开始，智数办会同管理学院组织开展集团公司网络安全专业培训，邀请解放军信息工程大学教授做网络空间拟态防御专题演讲，总结集团 2019 年网络攻防演习得失，组织开展网络安全规划、网络安全态势感知能力建设研讨，125 人参加培训；同步开展全员网络安全意识培训，共有 23 653 人参加培训。

网络安全检查和保障方面，组织开展集团公司网络安全大检查，落实网络安全整改措施，完成 2019 年 4 项国家重大活动和 3 项集团重要活动网络安全保障工作。智数办组织对关键信息基础设施和重要系统实施网络安全大检查、排除隐患、减少风险，同步落实网络安全值守、信息通报机制，对集团重要互联网出口实施持续威胁监测。2019 年，对发现的网络安全威胁隐患进行三轮以上检查、整改、复查、再整改。采取“人防 + 技防”双管齐下的方式，完成全国“两会”、新中国成立 70 周年、第七届军运会、第二届进博会等国家重大活动网络安全保障工作；落实集团重要活动网络安全保障要求，组织完成集团海外培训项目人员选拔、上海片区 5 家央企庆祝新中国成立 70 周年“放歌新时代”现场活动等集团重要活动网络安全保障工作；协同完成 7 月在宝钢股份举办的集团智慧制造现场会的网络安全保障工作。

落实国资委网络安全和信息化工作方面，根据国资委网络安全和信息化工作要求，做好网络安全和信息化总结、调查和报送工作，持续推进 IPv6（Internet Protocol version 6，第六代互联网协议）

三年行动计划。2019年，完成国资委要求的网络安全和信息化工作调查、信息化典型案例总结、智能制造典型案例总结、电力企业网络安全调查、境外网络安全和信息化工作调查等，其中，宝钢股份智能工厂列入国资委优秀案例。落实国资委IPv6规模部署三年行动计划工作要求，2019年完成集团公司IPv6地址规划初步方案编制，完成宝信软件互联网出口、华宝信托互联网出口IPv6服务，集团公司统一互联网出口和上述互联网出口全部实现IPv6服务，提供IPv6服务网站超100个。

网络安全整体技术防护能力提升方面，推进集团公司共享网站群平台的建设和应用，落实集团网站安全防护措施；开展网络安全态势感知能力建设，提升集团公司网络安全整体技术防护能力。遵照“统一规划、统一建设、统一运营、统一防护”原则，推进集团公司共享网站群平台的建设和应用，统一部署Web防火墙、网站防篡改等安全防护技术措施，降低安全防护成本，统一运营，提高网站安全保障能力和应急响应速度，同时清理老旧网站、压缩网站数量、规范域名服务。2019年，完成集团共享网站群平台试点、沪内子公司10个网站迁移到集团平台。开展网络安全态势感知能力建设，按照“统一规划、统一标准，统筹建设、统一运营”的原则，开展网络安全态势感知能力建设。组织集团公司安全专业人员与10家央企、网络安全公司开展网络安全态势感知系统建设交流，对5家公司的网络安全态势感知产品进行技术测试和优劣势分析，制订网络安全防护能力模型，按照信息化水平制定相应网络安全防护能级，为开展网络技术防护能力建设奠定基础。

（郑　宁）

中国石化上海石油化工股份有限公司

【概况】2019年，中国石化上海石油化工股份有限公司（以下简称“上海石化”）认真贯彻落实上海市和中国石化关于信息化建设的工作部署，紧紧围绕提质增效升级、深化改革创新、全面从严治党“三条主线”，牢固树立“向先进水平挑战、向最高标准看齐”的理念，全面推进信息化建设，推动智能工厂开展，构建集成共享的经营管理平台、互联智能的生产运营平台和敏捷安全的基础设施平台。编制上海石化信息化“两个三年、两个十年”规划，重点开展智能工厂项目、能源管理项目、DCS（Distributed Control System，集散控制系统）报警管理系统（三期）等项目建设。通过两化融合管理体系再评定，再次被评为中国石化深化应用创新创效示范企业。《以信息化与工业化融合为核心的智能工厂建设实践》被评为2019年上海市企业管理现代化创新成果一等奖。

（卢叶凌）

【深化应用创新创效示范】 2019年2月，经五个方面综合评价以及量化考核，包括企业行动计划实施成效、组织与推进情况、重点任务完成情况、综合应用能力提升、日常监控成绩，上海石化再次被评为中国石化深化应用创新创效示范企业。5个深化应用创新创效成果获中国石化优秀成果，其中“深化需求计划跟踪应用，助力物资计划时效管控”“加强检修余料核销管理，提高设备检维修质量”“充分利用 MES（Manufacturing Execution System，制造企业生产过程执行系统）数据，提升调度精细化管理水平”3个深化应用创新创效成果获中国石化推广成果。

（张纯刚）

【“两个三年、两个十年”信息化规划编制】 2019年，以中国石化信息化“两个三年、两个十年”规划为基础，结合信息化现状、问题与需求调研结果，聚焦智能制造，编制上海石化信息化“两个三年、两个十年”规划。规划主要内容包括消除“信息孤岛”、数字化转型、智能化运营等。统筹系统建设应用，稳步推进两化深度融合，为全面可持续发展和高质量发展增添新的优势和动能。

【应用创新创效工作室成立】 2019年11月，上海石化成立物资采购中心和生产处2个深化应用创新创效工作室，旨在加强企业成果主动培育能力，打造深化应用引领团队。物资采购中心3个深化应用创新创效成果获中国石化推广成果。

【“5G+”战略合作备忘录签署】 2019年10月，上海石化与上海移动签署“5G+”战略合作备忘录，有效期至2021年5月。根据协议，双方将发挥5G技术优势，致力于5G网络覆盖，共同推进上海石化“5G智慧工厂”计划，促进5G技术在智慧安防建设、工业互联网、机器人、柔性生产、增强现实（AR）与虚拟现实（VR）、人工智能与机器学习等领域的应用，探究未来5G技术引领石化行业发展的方向。

【人脸识别系统试点应用】 2019年4月，上海石化机关出入口各安装1套人脸识别系统。该系统采用生物识别技术，支持人脸识别、人证比对，搭配上海石化人员进出通道，实现人员进出管控。系统人脸识别的时间小于400毫秒，识别准确率超过99.99%。

（卢叶凌）

【智能工厂推广项目开工】 2019年3月，上海石化智能工厂推广项目开工。项目内容包括一体化优化、调度指挥、三维数字化、标准化、集中集成5个专题，加1个基础平台。至2019年年底，项目整体进度完成70%。智能工厂项目主要是建设具备高度数字化、集成化、模型化、可视化、自动化的智能工厂，提升企业全面感知、优化协同、预测预警和科学决策能力，实现企业效能提升。

（孙春玉）

【工业无线专网投用】2019年12月，上海石化LTE-4G工业无线专网投用，实现工业无线网络全覆盖、厂区现场设备无线数据高效传输。该网为上海石化内部网，具有安全、稳定、覆盖性强的特点。上海石化制定无线巡检点1 600余个、巡检计划500余条，装置无线巡检应用。同时，实现全厂区VOC（Volatile Organic Compounds，挥发性有机化合物）网格化在线监测数据实时传输、水质在线监测数据实时传输，现场工程施工作业点安全监控录像实时传输。

（陆　伟）

【自助提货系统上线运行】2018年6月，上海石化启动实施自助提货系统开发项目，2019年9月系统上线运行。系统实现预约提货、自助制单、危化品运输车辆和司押人员管理、在线入厂培训服务、移动应用、门卫手持机验证系统、危化品车辆资质审核、现场手持机移动槽检等功能，有效减少现场提货环节，提高上海石化产品出厂效率。

（邹关生）

【综合事务平台升级项目上线】2019年4月，上海石化启动综合事务平台升级项目，完善公文流转流程。经过系统调研、功能确认、系统部署和用户测试等阶段，7月15日，系统“马上就办”时效管理优化功能上线试运行，10月系统全面上线运行，包括文件浏览和编辑功能升级、数据安全、系统集成、基层班组安全风险研判等功能。上海石化发文流程由调整前的20个环节优化至15个环节，收文流程由16个环节优化至10个环节。系统试运行至2019年年底，上海石化各处室共处理公文7 331个。

【承包商及直接作业管理系统建设】2019年6月，上海石化启动实施承包商及直接作业管理系统项目。7月，承包商管理和培训考试功能上线。9月，系统三大模块（承包商管理、培训考试、作业管理）上线运行。12月，线上开展2020年度承包商和人员注册及考试培训，启动开工报告线上审批流程。至2019年年底，系统共注册承包商单位188家、承包商注册人员9 203人、承包商人员参加在线考试6 470人次、承包商预约培训8 055人次；基层单位申报作业预报1.97万份、申报抢修作业226份，承包商申报开工报告165份。

（王舒涵）

【中央数据库管理平台上线运行】2019年10月23日，上海石化中央数据库管理平台上线运行。中央数据库管理平台集成各业务系统数据，ERP数据分发库对各应用系统提供数据集成服务，LIMS（Laboratory Information Management System，实验室信息管理系统）系统数据库满足“主备双活”（主服务器和备份服务器同时运行）应用，MES数据库作为数据源，为智能工厂提供数据。中央数据库建设完成后，将与中国石化智能工厂企业ODS（Operational Data Store，操作数据存储）数据仓库衔接，由智能工厂统一对外提供数据服务，规范数据集成业务，解决各应用系统因为集成工作而不断开发接口的问题。

（张　悦）

【网络安全演习】 2019年6月，成立网络安全防范小组，委托上海众达信息产业有限公司、北京神州绿盟科技有限公司、上海度特计算机科技有限公司等外部专业合作商，开展网络安全演习。演习期间，共排查网络安全事件54件，上报中国石化四级事件1件、五级事件282件，完成防火墙阻断374.63万次、IDS（Intrusion Detection Systems，入侵检测系统）告警4.24万次、WAF（Web Application Firewall，Web应用防护系统）阻断1.88万次、IPS（Intrusion Prevention System，入侵防御系统）阻断140次、G01（防火墙）阻断110次。

【网络安全宣传】 2019年，上海石化开展“身边的网络安全隐患查找”活动，全年共查找潜在风险隐患22个。组织“信息安全基线讲解”“安全攻击与防护”等线上远程培训，25人参与学习。9月16—20日，开展2019年网络安全宣传周活动。组织网络安全宣传作品、口号征集活动，共收到各类作品100余份，筛选上报中石化信息化管理部20余份；组织信息安全讲座，部室及各二级单位共150人参与；制作网络安全宣传易拉宝24份；发放信息安全小知识手册1 000余册，手册涵盖办公场所安全、家庭网络安全、移动办公安全等31个知识点和个人需重点关注内容。

（赵　盛）

智能云科信息科技有限公司

【概况】 2019年，智能云科信息科技有限公司（以下简称“智能云科”）以制造业用户需求为导向，推进科技创新战略，基于iSESOL工业互联网平台，加快工业互联网落地制造业的进程。充分发挥工业互联网、大数据、云计算、人工智能等新技术与新理念对传统制造业的助推作用，全力打造智能制造的“上海高地”，加快推进“制造强国”建设。

【业务拓展与区域落地】 2019年是智能云科业务全面开花的一年，在山东省、广东省、浙江省、江苏省等地的分公司与业务平台陆续落地。截至2019年年底,智能云科iSESOL工业互联网平台智能装备连接数量达到了28 000多台。

【工业互联网合作签约】积极促进与政府、企业的合作签约。2019年3月,智能云科与山东淄博市博山经济开发区签约,共建“鲁中工业互联网平台”;4月,智能云科与重庆市经信委签署《共同推进重庆工业互联网发展合作框架协议》;此外,智能云科已经与菲尼克斯电气中国公司、中国通信服务股份有限公司、平安国际融资租赁公司等签署战略合作协议,共同打造开放、共享的工业互联网生态。

【论坛展会亮相】2019年,智能云科受邀参加2019工业互联网峰会、第二届数字中国建设峰会、第二十二届青岛国际机床展、第二十一届中国国际工业博览会、2019年欧洲国际机床展等海内外高端论坛与展会,向行业传递智能云科的创新实践和思考。

【荣誉和认可】2019年,智能云科荣获“2019年上海生产性服务创新平台推荐服务商”“2018年度上海市‘专精特新’企业名单”、工信部“2019年制造业与互联网融合发展试点示范项目名单”等多项荣誉,并通过工信部“工业互联网平台可信服务评估”首批认证复检,承担工信部“机床行业工业互联网标识解析二级节点应用平台”建设、工信部“工业协议解析技术研究与数据转换模块开发”建设等重大专项。智能云科总经理朱志浩荣膺2019上海智慧城市建设“领军先锋”称号,并受聘成为AII－SH(工业互联网产业联盟上海分联盟)首批联盟特聘讲师团“特邀讲师”。

(智能云科)

【智能工厂不碰面生产】海立集团建设智能工厂实现不碰面生产。海立集团是全球领先的空调压缩机制造商,自2007年起,开始实施智能制造生产模式,不断加大智能装备和工业机器人的应用,逐步推进智慧工厂建设。在海立的全新智能工厂里,所有零部件、产成品配送都是由AGV(Automated Guided Vehicle,自动导引运输车)小车完成,实现无人搬送。由自动立库、平面仓库、AGV小车、自动化生产线、升降梯,通过WMS(Warehouse Management System,仓库管理系统)、MES互联融合,形成一套立体空间调度的智能仓储物流系统。从来料入库、物流运输、产线上料到下料捆包,全部过程均由系统自动完成,做到“无人物流”,既解决了物流劳动强度问题,也降低了物流成本。生产线上通过机器换人,打造人机协同的离散型智能制造模式,原本一人一机的生产场面不复存在,大部分工序已被工业机器人所取代,大部分产线做到了“不碰面生产”。

【**智能设备引进**】上海发电机厂引入智能设备助力企业提质增效。作为全球最大的火电设备制造商之一,上海发电机厂不断提升企业智能化水平。2019年,获颁工信部“首批离散型企业智能化生产示范基地”。近几年上海发电机厂引进了机器人自动叠装系统、线圈端部自动成型机等一大批智能设备,极大提升了生产效率。以发电机铁芯压装为例,以往6个人围成一圈的手工作业,换成2套铁芯自动压装机器人系统同时工作,2名操作者只需按键启动设备进行叠装,其间做一些暂停检视工作。线圈制造同样如此,原先的成型、焊接等工序起码要8个人完成,如今只需2人,效率提高50%以上。

(陶传亮)

【**电梯曳引机智能制造技术研发**】“电梯曳引机智能制造核心技术的研究与应用”项目由上海三菱电梯有限公司承担,2019年10月18日通过上海市科学技术委员会(以下简称“市科委”)验收。项目在国内电梯行业建立了一套基于机器人的智能化、柔性化曳引机整机装配线,研究了机器人自动化装配、数字化仿真、视觉传感、激光加工等技术,在多机器人协同、重载高精度定位、多品种混流装配等方面取得突破。完成了包括《曳引机机器人自动装配中的难点与解决方法》等在内的6份技术报告。项目建设的电梯曳引机整机自动化装配线满足任务书提出的各项产能要求,稳定运行,已实现销售。项目共申请国家发明专利2件,获得国家发明专利授权2件,获得软件著作权登记4件,形成企业技术标准1项。

【**高端电子装备智能应用研究**】“高端电子装备无人智能调测车间集成应用研究”项目由上海无线电设备研究所承担,2019年10月10日通过市科委验收。项目围绕高端电子装备智能调测需求,研制了智能测试设备、智能物流系统、调测制造执行系统等,在新建的生产车间中实现集成应用,运行稳定,满足了多种型号雷达导引头调测批量生产要求。解决复杂环境下快速集成测试、微弱故障识别与性能退化监测等关键技术问题,申请国家发明专利5项、发表论文9篇、软件著作权授权2项。项目实施后,调测车间产能提高62.45%,产品合格率达到99.9%,测试设备覆盖5个型号整机、25款组合、130款单板,通过了第三方测试。

【**动力电池系统生产线智能管控研究**】“动力电池系统集成自动化生产线的智能管控研究与应用”项目由上海航天电源技术有限责任公司承担,上海交通大学参与完成,2019年12月10日通过市科委验收。项目集成了动力电池系统自动化装配生产流水线、动力电源系统生产过程数字化管控系统、生产线数字化建模与仿真及运行监控软件，实现车用动力电池系统集成制造过程智能调度、物料自动配送以及实时智能监控，该系统已在用户单位稳定运行三个月以上。项目研制期间，申请国家发明专利 1 项、实用新型专利 3 项，发表论文 3 篇，获得软件著作权 2 项。在 3D 数字化产线建模、MES 系统融合可视化及数据分析方面取得一系列技术和软件成果；开发了车用动力电池系统集成生产车间自动化物流系统，实现物流配送方案快速制定、库存和物流配送过程可视化监控与智能调度。

【多机器人协同智能焊接关键技术研究】“多机器人协同智能焊接单元关键技术研究与示范应用”项目由上海新时达机器人有限公司承担，上海交通大学参与完成，2019 年 1 月 17 日通过市科委验收。项目研制了一套基于智能传感及远程监控的智能焊接示范系统，该系统具有多机器人协同工作的特点，初步具备焊缝自动跟踪功能。在最大 100 厘米/分的焊接速度下，长度在 1 米范围内，跟踪精度在 1 毫米以内。项目还为智能焊接示范系统开发了一套系统级可重构虚拟仿真和离线编程软件，能实现焊接集成系统差异化方案的设计、验证及虚拟制造。项目研制期间，申请国家发明专利 2 项、软件著作权 1 项，发表论文 5 篇；培养了博士生 1 人、硕士生 4 人，形成了 42 人专职研发团队。

【面向工业车辆制造的智能工厂技术研发】“面向工业车辆制造的智能工厂关键技术研发与示范应用”项目由上海诺力智能科技有限公司承担，上海交通大学参与完成，2019 年 11 月 29 日通过市科委验收。项目开发了基于地图匹配的自动导引方法，该方法在传统单一导引方式基础上，采用柔性路径与固定路径相结合的多模式自动导引方法，具备躲避障碍、优化轨迹及导航精度高的特点，适合自动导引车在高度复杂的场景下使用，并应用该技术研制了激光导引堆高车、双向窄巷道堆垛车等自动导引车产品。研发了基于 RGB－D 相机的托盘检测系统和仓储管理中央调度系统，实现工业现场的视觉自动检测与柔性多车调度。项目成果已经应用于诺力智能装备有限公司四期工厂，集自动导引车、机器人集成制造、生产、检测、物流与调度管理为一体，该系统已稳定运行一年以上。项目研制期间，申请国家发明专利 18 项，发表科技论文 9 篇。

【燃煤电站智能协调优化控制研究】“基于知识与大数据的燃煤电站智能协调优化控制研究及应用”项目由上海发电设备

成套设计研究院承担，上海电力学院、上海大学共同参与完成，2019 年 1 月 11 日通过市科委验收。项目研究了基于知识和大数据的超(超)临界燃煤电站生产过程知识自动化系统、机-炉协调控制技术、燃烧优化控制技术、智能 AGC(Automatic Generation Control，自动发电控制)优化控制技术等。完成发电过程优化控制技术成套试验装置相关建设。项目实施期间，申请国家发明专利 7 项，发表论文 17 篇，其中被 SCI 收录 5 篇、EI 收录 3 篇，培养博士研究生 2 名、硕士研究生 6 名。项目成果在江苏常熟电厂 300 MW 机组、内蒙古岱海电厂 600 MW 机组、福建湄洲湾电厂 1 000 MW 机组进行了应用实施。

【飞行器智能制造系统集成与应用】“高密度混装航天飞行器智能制造系统集成与应用示范”项目由上海航天设备制造总厂有限公司承担，上海大学参与完成，2019 年 3 月 20 日通过市科委验收。项目建立了一套面向航天飞行器总装过程的智能制造系统解决方案，形成以 BOM (Bill Of Material，物料清单)为核心的航天飞行器智能制造集成系统，包括 PLM (Product Lifecycle Management，产品生命周期管理)、ERP(Enterprise Resource Planning，企业资源计划)、MES、条码系统的数据和业务流程集成，开发了一套航天飞行器智能制造集成系统平台。以智能制造集成平台与大数据平台为支撑，基于流程优化的制造过程协同、基于多维数据分析的决策支持等关键技术，建立企业标准 1 套(《Q/Rz141. 069——2018 条码制订及使用要求》)，发表学术论文 6 篇，培养研究生 3 名。建立了高密度混装航天飞行器智能制造应用示范车间，应用数据表明，资源舱总装效率提升 35. 3%、节能降耗 35. 3%、生产制造和管理成本降低 31. 5%，同时为企业培养了数字化设计人员 5 名。

【印机智能制造系统研究】“印机行业智能制造系统研究和示范应用”项目由高斯图文印刷系统(中国)有限公司承担，同济大学、上海数字智能化系统工程有限公司共同参与完成，2019 年 11 月 29 日通过市科委验收。项目研制了一套高速柔性智能化卷筒纸印刷机，最高印刷速度达到 50 000 份/小时，印刷裁切规格 546 毫米，印品最大宽度 890 毫米，1 分钟内可自动更换 8 块印版，折页开本 8 开。建立了基于三维设计管理的智能化产品研发平台、基于 Teamcenter 平台的管理体系，实现产品三维化设计。建设了一套智能化物流仓储管理系统，实现基于 MES 条形码的智能物流管理模式。项目研发的高速柔性智能化卷筒纸印刷机已投入市场。项目研制期间，申请国家发明专利 6 项、实用新型专利 5 项、外观专利 1 项，完成《Magnum Compact 卷筒纸胶印机验收标准》和《Teamcenter流程规则》等企业标准。

【船舶特种板智能激光加工及溯源系统研究】“LNG(Liquefied Natural Gas,液化天然气)等新型船舶特种合金薄板智能激光加工及溯源系统研究”项目由上海市激光技术研究所承担,2019年10月11日通过市科委验收。项目研制了面向船舶与海洋工程行业的智能化激光加工系统,开展了船舶特种合金的激光清洗、焊接、二维码标识等相关技术研究和工艺验证。项目开发的激光焊接设备及工艺在用户单位沪东造船(集团)有限公司的LNG船用因瓦合金材料焊接上得到了示范应用。项目研制期间,申请专利2项,其中发明专利1项,发表论文1篇。

【协作机器人集成技术研究与应用】“基于机器视觉的七轴协作机器人系统集成技术研究与应用”项目由中科新松有限公司承担,2019年2月27日通过市科委验收。项目针对3C行业对高效生产和物流增长的需求,开展基于机器人视觉的七轴协作机器人系统集成技术研究,研制完成七轴协作机器人原理样机1台、产品样机3台。经由上海电器设备检测有限公司出具检测报告,其中,自由度数为7、机器人末端最大速度为1米/秒、重复定位精度达±0.02毫米、末端负载达5千克。七轴协作机器人集成系统在3C企业的示范应用,经由上海环旭电子股份有限公司试用,符合现场质量与作业等各方面要求。项目申请国家发明专利2项、实用新型专利3项、外观专利2项。

【全自动重载智能机器人集成研发与应用】“全自动重型装载智能机器人集成系统研发与应用”项目由上海宝信软件股份有限公司承担,2019年10月12日通过市科委验收。项目研制了一套全自动重型装载智能机器人系统,用于重型物件的装卸动作以及库位的自动管理,在宝武集团内进行应用示范,并取得一定的经济效益。项目在宝信智能装备本部建立了智能机器人研发中心,在宝武湛江基地形成了重型装载机器人应用示范基地,联合上海理工大学建立了产学研合作人才联合培养基地,培养硕士研究生5人,培养具有一定研发能力的工程师10人。项目研制期间,申请软件著作权2项、软件产品登记1项,申请发明专利4项,申请实用新型专利2项,发表研究论文5篇。

(王卓曜)

第三章　农业信息化

概　述

2019年，上海农业信息化围绕推进农业供给侧结构性改革和促进都市现代、绿色农业发展这条主线，按照农业生产智能化、经营网络化、管理数据化和服务在线化要求，探索推进统一的上海农业公共信息化平台建设，包括统一的政务服务平台、农业农村大数据和农业地理信息系统、农业信息标准和采集体系、农业信息服务模式等。

一、平台体系建设

【政务服务平台建设】按照市委、市政府“一网通办”工作“双减半”“双100”有关要求，上海市农业农村委员会(以下简称“市农业农村委”)大力推进电子证照归集、统一受理接入、服务模式优化等工作。市、区两级涉农行政审批事项实现申请材料减半、承诺时限减半。17个涉农行政审批事项实现全市通办，申请人可至市、区两级“9+1”任一窗口进行业务咨询，提出办事申请，递交办事材料。完成市、区两级共19类证照历史数据全量归集和电子证照制作；调用市电子证照库居民身份证、企业营业执照等信息，实现线上、线下实名核验和材料免交。36个行政审批事项接入市“一网通办”统一受理平台，申请人可通过市统一物流平台，实现行政审批事项申请材料寄送和证照寄收。渔业捕捞许可证审批事项接入市统一公共支付平台，申请人可通过市统一公共支付平台在线支付渔业资源增殖保护费。

【农业农村"一张底图"推进】参考国家及行业相关标准，结合上海农业生产管理实际，初步形成《上海市农用地分类体系》等工作技术方案和标准。在全市统一的技术标准框架下，逐步将分散在不同部门的农业地理空间数据整合归集，汇聚遥感影像数据、基础矢量数据、农业专题数据三类空间基础数据。按照相关技术标准，以自然地块作为基本单元，开展现状农用地信息采集，推进全市现状农业用地的"一张底图"。完善上海农业地理信息公共服务系统，对相关数据按行政区划、主体类型、农业生产现状用地类型、应用案例等，进行多维度查询和统计等。

【公共数据治理】依托市数据共享"三清单"机制和市统一公共数据平台，持续开展数据资源目录编制、数据抽取、数据治理、数据共享应用等工作。已归入市数据资源库的数据表共 33 张、数据近 150 万条，编制资源目录 81 条；获取数据共享服务接口 19 个、累计调用市级资源 38 911 次；申请国家接口 3 个、累计调用国家资源 1 328 次；完成 30 个信息系统的上云迁移、割接。

二、领域应用发展

【农业农村信息服务】2017 年以来，市农业农村委以农业农村部信息进村入户工程整省推进为契机，全面梳理、整合现有信息服务工作，明确了通过"线下建社、线上建网"两步走方式，从进村入户的载体、平台、内容三方面入手，在全市范围内整体推进信息进村入户工程。2019 年，建成上海市益农信息平台，通过门户网站、APP（手机端、电视端）、一点通三种形式，实现不同层次、不同内容、不同范围的信息服务。新建 13 家专业型益农信息社，涵盖电子商务类、科普教育类、培训体验类。开展 12316 三农热线服务，热线服务 94 万人次、发送科技服务短信 89 万条、组织下乡进社区活动 460 场次、发放科普宣传资料 2 万份、现场直接服务 1. 4 万人次。

【农业生产智能化技术研究应用】围绕都市现代、绿色农业发展，以企业为主体，以产业发展需求为导向，不断加快农业生产智能化技术研究和应用。根据全国县域数字农业农村发展水平评价情况，上海市数字农业农村发展总体水平为 62. 2%，与全国前 100 的县（市、区）平均发展水平一致，其中，数字农业农村发展水平超过60%的区5个，占比55.6%，所有区都高于40%。2019年，市农业农村委继续深化物联网等信息技术与农业生产融合。在生猪规模化养殖上，通过监测养殖环境因子和个体生长状况，实现生猪精细饲喂、疫病预警和科学繁育，提高生产效率，降低养殖风险；在水产养殖上，研究建设淡水鱼、河蟹和综合种养三种模式的水产养殖智能化系统，实现养殖池塘的智能监测与控制。

【农产品电子商务应用】市农业农村委积极推进电子商务在农业领域的应用，培育新型电子商务经营主体，支持各类农业经营主体与电商企业对接，开展品牌农产品网上销售，促进线上线下结合销售模式的发展等。积极培育新型农业经营主体，2019年，上海市家庭农场4 347户，市级示范家庭农场76户，具有一定经营能力的农民专业合作社2 865家，国家级重点龙头企业24家，市级以上重点龙头企业88家。积极促进产销对接，推动盒马鲜生建立101个直采基地、本来生活建立30个直采基地。依托农展会搭建农产品电商平台，组织农业企业与农民合作社参展中国国际农产品交易会、全国新农民新技术创业创新博览会、中国品牌日等展会。11月，在南昌召开的第十七届中国国际农产品交易会，上海市开创了驻场采购与参会采购的双采购商团新模式，重点打造200平方米采购商专区，促进现场贸易和洽谈，盒马鲜生、本来生活等电商企业驻场采购。

（顾　方）

第四章　金融信息化

概　述

2019年，上海市各类资本市场主体进一步发展，银行、证券、期货、基金、保险业交易量持续上升。进一步增强信息化技术创新，结合实际业务，应用5G、大数据、人工智能等新兴技术，更新、优化、完善各类信息系统，不断更新信息化保障和服务能力，促进业务运营智慧化。同时，推动业内开展金融科技动态的跟踪和研究，积极应对信息安全挑战，有效运用各项新技术，为金融行业的可持续发展做出贡献。

一、银行业信息化

【工商银行智慧银行生态体系构建】 工商银行上海分行构建金融与科技高度融合的智慧银行生态体系（Ecosystem）ECOS工程，重点围绕“住、行、购、游”等热点领域，开展多项金融服务的场景化合作。

在住房租售领域，结合上海地区房产交易特点和个人贷款业务流程，运用金融科技，打造场景融入式按揭服务模式，与多家房地产经纪公司实现银企系统直连，解决传统按揭贷款服务线下交互不畅、客户多点往返、资料重复录入等问题。

在交通出行领域，与中国石油上海地区合作，推出加油无感支付。当签约车主驾车靠近加油机，加油机屏幕即可显示待加油车牌信息，确认并完成加油后，实现油费自动扣收，提高加油站工作效率,提升客户服务体验。

在购物出行领域,与航空公司合作,利用互联网产品,输出优势金融功能,通过银行Ⅱ、Ⅲ类账户体系,支付清算渠道等产品,建立基于电子账户的互联互通服务,协助航空公司完善 APP 消费服务与金融服务生态链,提升客户体验。

【工商银行“e 掌通”建设】“e 掌通”是工商银行上海分行为行内对公业务管理人员及营销人员开发的移动数据统计及信息推送平台,通过对上海市分行特色数据以及总行流平台经营管理数据的统计分析,实现对企业客户大额资金波动的监控。

系统功能分移动端以及 PC 端两类:移动端每天按 4 批次将资金波动情况推送至相关层级的管理人员以及客户经理,推送的数据按客户所属专业、资金流向以及业务种类细分,系统用户可根据工作需要对数据进行转发,收到消息的用户可直接在系统中对消息进行回复。PC 端对移动端系统数据进行分析跟踪,主要功能模块有“消息明细”“交易明细”以及“大额资金监控”。其中,“大额资金监控”模块对全行系统用户开放,能够实现按日期、批次展现辖内交易金额超过 500 万元的资金交易明细数据,并支持对数据的导出和查询。

项目通过创建新兴移动办公模式,改变以前只能在行内固定设备查询必要客户信息的固有模式,使“随身化、移动化”的办公体验成为可能。运用该系统可使客户维护更具时效性,达到真实有效维护、目标精准营销、提升对公服务能力的效果。系统投产后前 4 个月,结现专业存款较投产前增长了 20.5 亿元。

【工商银行无感支付项目推进】工商银行上海分行无感支付项目利用车牌识别技术,将身份识别与银行卡绑定,在车辆出入停车场库时,无需停车缴费,系统识别后自动扣款,实现“离场不停留”的停车场景无感通行,大大提升居民交通出行体验,解决了现金收缴、无零钱、排队缴费等不便,为小区、办公楼、商城等的物业公司收取停车费提供智慧解决方案。

该项目支持无感付、离场前主动付(扫描静态二维码,输入车牌后自主缴费)、出口扫码付(扫描出口闸机动态订单二维码,直接支付后离场)三种支付形式。用户可在线通过融 e 联平台或商户现场二维码等,完成车辆自主或无感缴费,提升物业整体管理效率,实现无人值守无现金的运营模式。项目投产后三个月,共服务停车位近 2 800 个,累计交易量逾 40 万元,市场效应良好。

【农业银行“5G+场景”智慧示范网点建设】农业银行上海分行将浦东分行营业部升级为“5G + 场景”智慧示范网点。

一是“5G + 金融科技”。网点首推人脸识别和远程协助升级服务，一方面，引入“入门识别”，通过入门摄像头捕捉人脸，将客户信息、推介产品信息等即时推送至移动营销端，实施精准营销；另一方面，引入“云上服务”，为超级柜台配置人工远程协助，集约化管理，提高单个机具和网点的服务效能。二是“5G + 智能导播”。利用电子展示屏，为客户提供网点区域引导、金融咨询播报、反假信息公示等智能服务。同时，在贵金属展区设置透明互动货架，人机智能互动，提升客户金融科技体验感。三是“5G + 文化生活”。搭建多个文化生活体验展台，为客户个性化需求提供“绿色通道”。“电子书架”展台，提供海量金融信息相关书籍，向公众普及金融知识；“生活缴费墙”展台的墙面二维码提供水、电、煤、税等多种缴费入口，一站式处理，提升便利度。

【建设银行“智慧公证”项目建设】 建设银行上海分行积极参与司法系统“智慧公证”项目建设，以G端连接方式实现与客户的深度合作，实现全市所有22家公证机构账户与存款合作全覆盖。“智慧公证”项目创造性地实现公证业务多项突破：一是全流程覆盖。系统涵盖从申请受理、业务办理到支付结算的整个过程，确保公证过程全记录、可追溯，管理效率大大提高。二是场景智能化。系统同时包含线下线上场景，让市民真正实现办理公证“只需跑一次”甚至“一次都不跑”，服务体验大大改善。三是流程标准化。在系统搭建的过程中，上海市分行协助司法局进行业务流程的优化再造，全市公证机构的服务标准得以规范、统一。上线以来，该产品已累计完成缴费量6万余笔、缴费金额上亿元，极大改善了广大市民的业务办理体验。

【上海农商银行决策型人工智能平台投产】 为进一步提升金融创新能力，唤醒大数据生态体系建设过程中积累的海量数据的潜在价值，上海农商银行于2019年年底，投产决策型人工智能平台。平台的搭建包括可视化数据集成工具和智能化业务建模平台两部分，以托、拉、拽的形式输出便捷的数据探索分析和业务场景建模能力。业务场景的建设包括消费贷产品智能化推荐、“睡眠户”促活和信用卡账单分期营销三部分，以智能营销为切入点快速落地，为后续持续推进智能风控、智能运营等应用场景的孵化奠定基础。

决策型人工智能平台一是通过数据集成工具打通大数据平台、数据仓库等异构数据库之间的技术壁垒，实现全行数据有效共享与探索。二是通过业务建模平台以可视化形式实现建模流程，降低建模门槛、缩短建模周期、提升模型效果。项目的建设加速了银行数字化转型，以“科技赋能、创新驱动”的理念提升业务营销、风控及运营能力，凭借智能科技的场景化应用，提供全方位精准金融服务，提升客户满意度及业务营收。

【浦发银行综合经营数据实时监测项目上线】2019 年 4 月初，浦发银行上海分行完成综合经营数据实时监测项目的开发工作。通过建设分行综合数据管理平台，后端对接总行大数据平台 Hadoop，实时采集相关交易数据，对数据加工处理后于前端进行图表展现，利用数字化手段进一步提高分行工作质量。

系统实现多类数据的监测功能：一是头寸监测，基于实时采集的对公账户大额动账明细数据进行数据加工处理，于系统前端提供“大额头寸监测”“当日头寸预测”等功能，同时，为方便相关人员及时了解自身头寸预报的准确度、存款管理情况，系统还会每隔半小时以邮件形式发送监测数据至其邮箱；二是业绩统计，采集数百万营销明细，范围涉及存款、金融资产、合意资产、三方代理中间业务收入等 10 多个维度，通过序列迭代算法，统计生成 3 300 多名考核员工的营销业绩，实现业绩考核透明化、精准化、及时化。

项目上线是该分行在大数据实时智能处理技术上的重要突破，更是推动该行传统经营、决策和运作模式转变的强大驱动力。项目的应用场景不仅限于头寸监测、业绩管理等，未来将应用于风险控制、反洗钱、贷后回流等业务场景，通过实时进行各类大量、复杂的统计计算和关联分析，构建预测分析应用的全新模块，助力分行更快速、更精准地做出数据驱动的决策。

【上海银行“对公魔镜”系统建设】上海银行“对公魔镜”系统引入工商、司法、税务、海关、舆情、债券、行业等外部数据，并结合财务、担保、人行征信等内部数据，通过人工智能机器学习方式进行加工计算，得到客户的风险评级和模型评分，生成可视化客户综合风险报告，通过图形化界面向用户提供查询、展示功能。

“对公魔镜”系统还提供授信企业行业分布、分支行风险客户分布、授信品种分布等宏观数据的多维度展现。系统的特色功能是提供风险信号的预警功能，通过绑定“魔镜”私人秘书，客户经理可以及时有效地通过邮件、短信或者 Web 页面，收到重点关注客户的各类事件更新以及辖内客户的多维风险信息推送。通过风险信号和信贷流程的结合，再加上“魔镜禁入”功能，可以有效管控对公客户的风险。

系统同步上线“魔镜”手机端 APP，将风险信号、风险报告等功能在移动端实现，大大提升办公效率。“对公魔镜”通过人工智能数据分析模式，完成对各维度信贷风险信息的集中展现、量化分析，提升数据使用效率。通过线上各维度数据自动获取、线下信息收集与核对相结合的信息获取模式，以及专家经验判断与人工智能提炼风险信号进行综合判断的决策模式，实现数据驱动的智能风险管理。

【平安银行销售专区AI智能语义分析应用】近年来，银行业前台从业人员在理财销售过程中，夸大收益、误导销售，甚至“飞单”等行为时有发生，银行在分行层面对该项操作的风险管理手段有限，亟需先进的技术手段管控。平安银行上海分行各网点销售专区的双录设备共有近300套，如果每套设备在工作时间全程录音、录像，视频数据量巨大，且事后监督管理人员无法在短时间内复核并及时发现理财销售中的问题。

AI智能语义分析应用在银行销售专区的操作风险管理中，该项目使用声纹识别技术和计算机深度学习技术，对理财销售人员进行身份认证，在源头控制住替班的行为。对录像分离出来的音频进行翻译及解释，能有效找到如“高收益”“不方便回答”“出来一下”等敏感、预警话术的时间点，帮助后督人员减轻工作量，快速、精准地找到视频可疑点。项目通过精准识别理财经理固定话术，大大提升银行理财销售专区视频的质检效率，有效节省分行在双录质检上的人力投入，有效震慑违规行为发生，切实保护消费者权益。

（肖 芸）

二、证券业信息化

【上海证券同业公会信息交互平台上线】上海证券同业公会面向会员单位的上海地区证券分支机构信息交互平台移动APP系统上线。该系统进一步完善证券信息服务平台，方便会员单位查询上海地区证券分支机构相关业务信息，以上海地区各证券分支机构经营业务数据为核心，借助移动信息化软件将信息发布、扩展到手机上，弥补了传统信息化体系的接入“死角”，完成了信息化建设“最后一公里”的部署。

【国泰君安证券智能化技术应用】国泰君安证券股份有限公司通过证券行业首家CMMI4（Capability Maturity Model Integration 4，开发能力成熟度模型集成4级）高等级认证，自主研发管理水平再上新台阶，信息化水平评估在沪国资委体系中排名第二。国泰君安积极利用自动化、智能化技术手段提升IT运维水平，稳健应对市场行情波动，核心系统安全运行率保持全年100%。“基于Data Ops（数据操作）流程整合的数据治理与数据服务融合平台”“支持动态高效交付的全场景个性化APP平台”“证券智能化自助业务办理平台”3个项目通过第七届证券期货科学技术奖励初审。

【海通证券金融科技创新】2019年，海通证券股份有限公司（以下简称“海通证券”）针对各部门及业务系统需求，构建专门的资讯中心，整合形式多样的资讯数据，实现数据统一采集、处理与发布。同时，联合华为技术有限公司构建“高速互联、品质体验、简易运维”的新一代SD-WAN（Software-Defined Networking in a Wide Area Network，广域软件定义网络）网络。还通过了CMMI L3（Capability Maturity Model Integration Level3，能力成熟度集成模型3级）评估认证，成为同时拥有运维服务体系、信息安全体系、软件研发体系三大领域国际权威认证的金融机构。

新一代数据仓库系统。海通证券股份有限公司成功投产基于自主ARM（Advanced RISC Machine，高级精简指令集）服务器、操作系统和分布式数据库的新一代数据仓库系统，成为业内首家实现企业级数据仓库全栈自主可控的券商。该系统从底层解决系统的可扩展性问题，打造高性能、低成本、可扩展、易运维的开放平台，相对于原有系统，性能整体提升约30%、功耗降低约30%，5年整体TCO（Total Cost of Ownership，总拥有成本）预计可降低15%左右，相关工作成果被《证券时报》等多家行业媒体深度报道。“金融文档智能语义分析应用”项目通过第七届证券期货科学技术奖励初审。

人工智能平台。以公司大数据平台为支撑，海通证券致力于搭建稳定、高效、可扩展的企业级人工智能平台，已完成企业级人工智能平台建设、智能计算基础设施建设、应用场景实施和人才团队培养，并已取得一定应用成果。

新一代专业版子交易系统。该专业版子交易系统应用全新总线+内存库的技术架构，优化业务核心处理逻辑，改善各项功能，实现系统架构及性能全面提升。系统自底层基础平台到应用组件均自主设计，核心技术和相关产品拥有自主知识产权和软件著作权，更培养了一批具有产品化实施经验的业务和技术人员。单节点交易委托并发处理能力达到3万笔/秒，在10万笔/秒高并发压力下，核心交易处理时延保持在100微秒以下。

流程自动化机器人。海通证券引入RPA（Robotic Process Automation，机器人业务流程自动化）技术，在不影响原应用系统架构的情况下，实现了对规则明确且需反复执行的流程业务的自动化处理。2019 年，使用 RPA 开展日常工作的总部部门新增 4 个（累计 9 个）、新纳入 112 个业务流程（累计 203 个）、完成应用系统对接超过 30 套。

【申万宏源证券交易结算系统整合】申万宏源证券有限公司持续推动交易结算系统整合并取得阶段性成果。申万宏源证券于 2015 年由原申银万国证券与原宏源证券合并成立，合并前两家公司在交易结算系统的整体架构、系统接口、数据总线和实现方式等技术核心层存在巨大差异，新公司的双法人架构存在分支机构层面的客户交换等困难，经多次内、外部论证，确定按照"两地系统就地改造趋同""系统一体化运作""两法人交换分支机构"的三个阶段部署，有序推进交易结算系统整合工作。2019 年完成北京（原宏源）和上海（原申万）两地系统的切换上线。自切换以来，整体运行平稳，客户无投诉、系统无故障、业务无影响，为后续集中交易系统的切换打下坚实基础。

【光大证券智能运维体系建设】光大证券股份有限公司推动智能运维体系建设，整合现有运维数据，快速、高效落地人工智能、RPA 等智能化运维场景，盘活运维数据资产、科技赋能运维服务。光大证券通过与行业先进技术团队协同合作，将运维工作与算法、大数据等技术有效整合，助力行业在数字化转型中实现智慧金融、科技金融和普惠金融，荣膺 2019 年度"云鹰奖"最高成就奖，并获得由 IDC 中国颁发的金融行业技术应用场景最佳创新奖，其中《基于深度学习算法的智能运维体系建设》获上海证券交易所（以下简称"上交所"）优秀课题并被收录至精品论文。"基于机器学习与大数据的智能运维平台"项目通过第七届证券期货科学技术奖励初审。

【东方证券服务治理框架与平台研发】东方证券股份有限公司自主研发了 gRPC－Nebula 服务治理框架与服务治理平台，通过提供跨语言技术框架，构建服务调用关系，达到内、外部统一化服务治理，实现轻应用、重平台、服务化的整体企业架构转型目标。本项目在 GitHub 上开源，并荣获第四届中国优秀云计算开源案例一等奖。"FICC（Fixed Income、Currency、Commodities，固定收益、货币和大宗商品）业务智能化交易平台""基于分布式架构的新一代机构交易服务平台"2 个项目通过第七届证券期货科学技术奖励初审。

【上海证券 E 典通平台上线】上海证券有限责任公司自主开发客户识别模型和精准营销模型，结合公司客户零售服务体系的建设，正式上线 E 典通平台，结合大数据、微服务等技术，开发完成客户标签和产品标签。“数据·智能助力新零售服务中台建设”项目获得金融电子化杂志社“2019年度金融科技研究创新突出贡献奖”，并通过第七届证券期货科学技术奖励初审。

【中银国际证券自动化运维和集中监控项目建设】中银国际证券股份有限公司完成自动化运维和集中监控项目一期建设，上线主要系统监控及运维功能，实现系统基础运维的安全运维和标准化运维，具备系统运行情况自动分析和预警的基础能力。完成系统的自动化回归测试及自动化测试管理平台的搭建，初步实现对核心系统测试工作的全流程管理及回归测试的自动化。

【爱建证券信息化建设完备性探索】爱建证券有限责任公司推动信息化建设的完备性，全面梳理信息治理、合规安全、数据治理等方面存在的弱项，修订现存制度，并开展年度重要业务项目，推动公司合规、内控升级，提升爱建证券信息化覆盖，探索金融科技应用。完成科创板业务、深圳期权业务、投行底稿系统、投资管理系统O32多个系统上线和功能优化。使用OCR（Optical Character Recognition，光学字符识别）技术助力反洗钱业务，通过批量扫描客户留存的影像资料识别身份证信息，结合特殊情况的人工比对校验，完成30万客户身份证起始日期信息补录工作。

【德邦证券资管“北极星”系统项目实施】德邦证券股份有限公司实施资管“北极星”系统项目，建设面向全产品级的统一资产管理平台，利用AI技术、数据分析技术等，覆盖资管产品端全生命周期管理，在投资端整合标准资产和非标资产管理，构建一体化解决方案，同时，通过投资组合管理、投资风控管理等，大幅提升资管条线智能化运营、管理水平。该项目获得德邦证券首个自主知识产权和普陀区科经委的项目支持。

【华宝证券机器人研发】华宝证券有限责任公司紧密围绕智慧金融的发展主线，优化电子商务平台，不断从证券业务主体出发，深入落实产融金融核心主题工作，不断加强科技赋能和金融科技对业务的承载推动。自主研发机器人体系，如理财方面的目标定投机器人，为渠道业务拓展提供有力支持；量化业务方面的股票机器人，为股票投资客户提供全新智能投资工具。

【华金证券“优+智慧”项目实施】华金证券股份有限公司实施“优+智慧”项目，为客户提供先进、定制化互联网证券服务。项目实现统一的数据化管理平台、智能资讯管理平台、客户标签和产品标签，为用户提供更加智能、快捷、方便、全面的账户资产数据分析和投资基因分析应用，助力投资者在投资过程中不断成长并创造收益。该项目于 2019 年申请获批软件著作权。华金证券荣获“第十七届中国财经风云榜”券商科技金融创新奖、券商公益奖，证券之星 2019 年度“资本力量评选”的“卓越互联网金融创新奖”，以及券商中国 2019 年度优秀证券公司 APP 评选的“2019 券商 APP 创新突破奖”。

【申港证券信息系统建设应用】申港证券股份有限公司积极落实各项系统建设，利用技术促进业务发展。在投行业务方面，完成上海市场 IPO（Initial Public Offerings，首次公开募股）、可转债、科创版发行的电子化系统工作，充分优化发行程序，通过工作底稿电子化、存续期管理系统化，提高投行项目承做效率，严控项目风险，满足外部监管要求。在研究业务方面，完成智能投研系统建设，实现研究报告自动化生成、流程审核、合规控制、研究报告自动化推送，大力支持研究所业务发展，助力申港证券荣获“2019 东方财富风云榜——年度最具潜力研究机构”称号。

【华菁证券投行综合业务管理平台建设】华菁证券有限公司基于自主搭建的统一开发平台，初步完成投行综合业务管理平台建设。利用知识图谱与图数据库、基于机器学习与深度学习的智能化标签处理、分布式可扩展的实时搜索与数据分析引擎、多节点分布式云部署文件系统等关键技术，实现数据驱动的客户全生命周期管理、任务驱动的项目全业务流程管理、智能产业链分析与并购业务机会推荐、可视化绩效分析、负面信息监控预警与风险传导分析等特色应用，助力投资银行业务与管理模式转型。

【东方花旗证券统一数据平台搭建】东方花旗证券有限公司搭建集中统一的数据平台，用于自动集成和整合内部所有信息系统的数据、系统日志、用户人工数据及业务所必须的部分外部数据，进行相关数据分析、业务支持工具自动化，以及将来进一步基于大数据的金融科技应用。该平台搭建基于主流大数据平台技术，支持数据仓库、数据清洗、模型建立、数据服务等功能。2019 年年底，完成数据平台基础建设，提供满足数据治理标准的技术基础。

【长江证券业务管理信息化】长江证券承销保荐有限公司全面梳理投行业务管理流程，通过建立信息系统使投资银行各类业务管理信息化，实现动态反映项目整个生命周期、业务流程清晰、控制流程完整、底稿管理严格等功能，项目全过程规范化、流程化管理管控。除投行信息管理系统外，还对余额包销管理系统、净资本管理系统、反洗钱管理系统等进行持续优化。在投行信息化推进过程中，逐步对各业务细分领域进行技术渗透，完成上海资本市场部债券销售过程管理线上化、数据化，有效提高投资银行业务风险控制水平。

【摩根华鑫证券管理信息系统优化】摩根士丹利华鑫证券有限责任公司持续优化管理信息系统，通过升级投行管理系统，实现采购审批流程调整、发票模块管理、风险问题与方案流程操作；完成业务提醒功能优化、投行项目代称及阶段优化；升级操作系统与数据库版本，并实现异地实时数据同步。通过升级风险管理系统，完成质押式回购报表和包销组合报表的定制开发及部署工作，调整证券包销业务相关限额监控设定，对包销业务提供有效、全面的风控监测。

（李云峰）

三、基金业信息化

【基金同业公会助力行业科技发展】上海基金同业公会为加强同业交流，引导行业信息技术持续、健康发展，为广大投资者提供更全面、高效的投资体验和服务平台，2019年召开2次上海基金行业信息技术负责人联席会议，交流数据治理和信息安全的建设实践，深入探索信息技术发展前沿，就人工智能、大数据等新技术在基金行业的应用展开讨论，议题涵盖“基金证券行业人工智能技术探讨”“资管一体化投研系统建设的探索与实践”“安全运营体系下的多维安全漏洞治理实践”等领域，推进《证券基金经营机构信息技术管理办法》顺利实施，助力基金行业的科技发展。

【上投摩根基金移动端系统研发】上投摩根基金管理有限公司为满足个人投资者在移动端系统方面日益增长的使用需求，顺应数字化金融发展浪潮，自主研发多个业务系统。其中，上投摩根基金e站和余利宝TA（Transfer Agent，登记过户管理）2个系统，于2019年年底获得国家版权局颁发的软件著作权登记证书和上海市科委颁发的高新技术成果认定证书。

【汇添富基金新技术融合应用】汇添富基金管理股份有限公司充分利用大数据、人工智能等新技术，促进技术与业务融合，探索业务管理与模式、流程改进等创新。完善人工智能技术应用，在线机器人客服占在线客户服务总量80%，机器人客服应答准确率提升至95%，自助服务效率显著提升。同时，建成人工智能驱动的智能安全风控体系；RPA技术，在运营管理领域推动业务流程再造，并探索业务管理模式创新和流程改进，不断实现标准业务处理自动化、流水线化。

【兴业基金机器人研发应用】 兴业基金管理有限公司与兴业数字金融服务（上海）股份有限公司合作，研发上线了登记过户管理系统（TA）和投资交易系统（O32）日终清算2款RPA流程机器人。截至2019年年底，累计落地流程机器人达到8款，涵盖O32、直销、资金清算、数据报送、文件转换等多个领域，通过使用机器人实现程序设定自动化处理，有效降低操作风险、提升运营管理工作效率。

【博道基金自动化业务健康检查工具开发】 博道基金管理有限公司为进一步提高运营业务处理效率，实现主动检查业务异常信息，开发了自动化业务健康检查工具。对多类重点关注业务每日生成“体检报告”，通过对各业务系统数据交叉核对，及时发现数据异常、数据缺失等风险信息，为保证运营工作高效运作发挥关键作用，成为运营业务自动化工作中的一项重要突破。

（李云峰）

四、期货业信息化

【期货同业公会综合信息管理系统上线】 上海期货同业公会上线“上海市期货同业公会综合信息管理系统”，系统包含期货同业公会内部工作管理、会员管理、诚信管理、居间人管理、数据报送等功能，基本涵盖期货同业公会日常工作，同时，持续开发调试移动办公、考勤管理、报销管理、合同管理、固定资产管理等功能。该系统从事前模块设计、事中功能调整，到最后上线管理，各工作环节都紧紧围绕提升服务能力、提高管理水平这一核心目标，是期货同业公会紧跟金融科技发展趋势，推动上海基金行业自律管理工作上新台阶的标志性工程。

【申银万国期货实时风险测算与预警系统开发应用】 申银万国期货有限公司自主开发新一代风险管理系统——实时风险测算与预警系统，荣获“2018年度上海金融创新成果奖提名奖”。该系统将事后风险管理前置化，将风险测算效率提高到1秒以内，实现风险测算实时化以及结算风险的前瞻性预测。经过近两年时间的应用，系统在优化风险预警、控制超风险客户比例、防范重大风险方面效果显著，有效提升风险管理能力。“期货交易实时量化风控系统”项目通过第七届证券期货科学技术奖励初审。

【国泰君安期货信息化提升】国泰君安期货有限公司不断完善、落实各项规章制度，持续加强网络监控、自动化运维、数据集中备份等工作，通过超融合和虚拟化建立公司私有云等技术手段，有效提升信息技术工作效率、节约运营成本、完善安全管理，有力保障了交易系统和各项业务平稳运行。“基于 PaaS 理念的自主研发框架”项目通过第七届证券期货科学技术奖励初审。

【通惠期货智能反洗钱监控系统研发】通惠期货有限公司与上海金仕达软件科技有限公司联合研发“智能反洗钱监控系统”，该系统适用于期货公司反洗钱监控管理业务，提供客户风险等级评估、可疑交易监控、客户身份识别、受益人识别、证件有效期过期提醒等功能。在工作流引擎、智能待办、智能督办等全局性功能的支持下，达到高效、精准、易用的目的。根据自身业务特色，利用该系统自定义差异化的组合监测模型，在统一数据中心的基础上，实现同一客户全业务智能监控。“智能反洗钱管理系统”项目通过第七届证券期货科学技术奖励初审。

（李云峰）

五、保险业信息化

【“上海警保联动工作站”建设】2019 年 11 月 13 日，5 家保险公司的 8 台事故快处车辆，在“上海警保联动工作站”事故快处车辆发车仪式上亮相。警保联动工作站是保险服务和交通管理深度融合的创新举措，是处理交通事故和办理保险理赔的“流动窗口”，可布设在重大会场周边、上海市各交通拥堵点、节假日期间的高速道口、执法站等场所，既能协助交通管理部门快速处理事故、缓解道路拥堵，又能提供保险咨询理赔和车辆免费检测等保险便民服务，提升保险业形象。“警保联动”工作的再升级，对于促进全市路面交通事故快速处置、交通事故第一时间得到处理具有十分重要的意义。

【中国太保—科沃斯商用机器人联合实验室成立】2019 年，中国太保集团旗下中国太保寿险、科沃斯商用机器人在苏州签署战略合作协议，成立中国太保—科沃斯商用机器人联合实验室。二者曾于 2018 年共同推出“灵犀二号”机器人。“灵犀二号”基于保险专业的语音语义交互、保险单据 OCR、保险知识图谱等人工智能技术，实现柜面咨询、引导、理赔、保全、产品推介等服务功能，形成了保险业务与 AI 科技深度融合，助力中国太保寿险柜面智能化转型。

“灵犀二号”已在全国 42 家分公司广泛应用，累计作业量达 47 万笔，累计服务客户数达 25 万人，为“责任、智慧、有温度”的太保服务名片打造提供重要竞争力。此次联合实验室的成立标志着双方进一步深化合作，针对“灵犀”系列机器人，集成保险行业物理渠道业务外设，深化运营服务与人机协作系统、运动平台应用、5G 应用与新技术研究等科技场景创新，开展联合研发，并根据市场和行业发展需求，进行产品化和市场化，探索建立保险服务机器人的标准应用体系，促进新技术在保险领域的场景化应用，并带动双方在各自核心业务领域发展壮大，打造合作共赢的良性生态圈。

在签约仪式上，中国太保寿险首次公布了“灵犀三号”桌面机器人的原型机。“灵犀三号”机器人旨在通过迁移现有的营运服务能力，加载职场和营销专属服务功能，将营运能力前置到机构营销职场，进一步为业务团队与客户经营赋能。

（肖　芸）

六、互联网金融

【电子交易的“风控云”技术及服务平台建成】 2019 年 1 月 21 日，由同济大学、支付宝（中国）网络技术有限公司、东华大学承担的市科委项目“电子交易的‘风控云’技术及服务平台”通过了市科委组织的专家验收。该项目面向电子交易高并发、强实时的特点，围绕网络交易战略新兴产业发展过程中，风险防控的关键技术问题和需求，研发了支持大规模并发的电子交易“风控云”平台支撑技术；融合内部交易数据和外部互联网获取到的相关数据，提出内外结合的交易大数据勘探与挖掘技术，并研发了电子交易数据的安全与隐私保护技术；以行为认证为核心，对交易系统建模与验证、交易主体设计与协同、交易凭证、交易数据征信等方面进行提升，形成了更加完善的电子交易风险分析与控制关键技术体系。

项目构建了电子交易“风控云”关键技术体系，研制开发了“风控云”平台，成果在面向支付宝（中国）网络技术有限公司的示范应用中，将交易资损率（支付风险发生概率）降低到百万分之五，将无线端的交易打扰率降低到万分之一；另外，项目成果在阳光财产保险股份有限公司、中国工商银行、中国（上海）自由贸易试验区、快钱支付清算信息有限公司等骨干企业和单位也得到示范应用，为整个行业发展提供强有力的安全、可信保障。该项目获得1项美国发明专利、14项澳洲创新专利，申请了24项中国发明专利，获得中国优秀专利奖1项；制定1项国家标准（草案）和9项行业标准；获得软件著作权8件；发表41篇论文，撰写了2部专著（《网络交易风险控制理论》和《基于Petri网精炼的系统建模与分析》）。

（王卓曜）

第五章　智慧航运

概　述

2020年，根据上海市委、市政府口岸工作总体安排，上海电子口岸建设工作重点围绕中国(上海)国际贸易单一窗口年度任务，对标国际最高标准，全面深化单一窗口功能建设，上海电子口岸平台运行平稳，亚太示范电子口岸网络建设稳步推进。

一、电子口岸平台

【上海电子口岸平台建设】上海电子口岸平台平稳运行。基础平台承载的年单证处理量超过839 804 109亿个，同比增长166.7%。平台全年跨境电商进出口业务总交易单量近3.2亿单，总交易额达232.4亿元，分别同比增长1.5倍和2.2倍。

二、国际贸易单一窗口

【概况】2019年，国际贸易单一窗口功能不断深化。通过持续优化、整合，上海单一窗口成为跨境贸易营商环境优化的基础设施，成为企业面对口岸管理相关部门的主要接入服务平台。

【跨境贸易营商环境持续优化】依托上海单一窗口,全面推行“提前申报”“提前换单”作业,建立“容错机制”,进一步简化单证办理手续,全面实施集装箱设备交接单无纸化和提货单无纸化,进一步规范和降低口岸费用。完善企业意见反馈机制,发挥单一窗口热线电话服务作用,及时回应企业意见、建议和投诉。对接市政府“一网通办”,梳理公共数据资源目录,有序推进上海单一窗口数据归集上云和数据开放共享。

世界银行发布的《2020 年营商环境报告》显示,中国连续两年被世界银行评选为“全球营商环境改善幅度最大的 10 个经济体之一”,其中,跨境贸易指标排名在 2018 年提升 32 位的基础上,2019 年又一举超越了日本等 9 个传统海运国家和地区,位居全球第 56 位。世界银行专家高度评价上海单一窗口,认为其功能的复杂性和业务处理量都已名列世界前茅。

【特色功能建设不断深化】上海单一窗口注重对标国际先进单一窗口建设路径,不断打通国际贸易业务环节,先后推出服务贸易、出口退税、金融保险、通关 + 物流、人员旅客、自贸专区、进博会专区等地方特色功能服务。打造内、外贸一体化服务体系,聚焦高端进口医疗器械等重点行业,提供贯通全产业链的“外贸 + 内贸”“监管 + 供应链”信息服务。创新金融服务,上线购付汇、出口信用保险保单融资、跨境人民币贸易融资,进一步降低中小贸易企业融资成本,构建“互联网 + 金融 + 外贸”的一体化国际贸易环境。增设“服务贸易”专区,拓展服务贸易出口退税业务办理功能。深化“进博会专区”,积极承接进博会溢出带动效应,运用区块链技术,为进博会保税展示、交易监管提供新的技术支撑。深化长三角互联互通和国际合作功能,扩大跨区申报试点范围,推进长三角“通关 + 物流”信息共享,参与、支持亚太示范电子口岸建设,推动其与更多亚太和“一带一路”地区的口岸开展项目合作。

【智慧口岸建设】加强科技创新,促进智慧口岸建设。落实新一轮市政府与海关总署合作备忘录任务,深化合作、共建智慧口岸。做好“通关物流全程评估系统”建设,进一步汇集上海的海运、空运物流信息,详细分析影响上海口岸整体通关时效的原因,提出有效措施,进一步压缩通关时间。做好口岸收费有关工作,汇总形成“市场收费主体责任跟踪清单”,提高口岸集装箱收费透明度。开展区块链等新技术探索,成立上海电子口岸区块链联盟,完善“通关 + 服务”的国际贸易单一窗口。2019 年,单一窗口货申报 22 066 755 票,船舶申报超过 35. 9 万票。同时,2019 年实现邮轮旅客 106 万人次申报。

三、亚太示范电子口岸网络

【亚太示范电子口岸网络建设】2019年8月，上海电子口岸作为APMEN（Asia - Pacific Model E - Port Network，亚太示范电子口岸网络）联合运营委员会主席（APMEN Joint Operational Group，AJOG）的授权代表，在智利举行的第五届“APEC促进贸易便利化与供应链互联互通公私对话会”期间，分别与新加坡、中国香港、智利、秘鲁等APEC（Asia - Pacific Economic Cooperation，亚太经合组织）CTI（Committee on Trade and Investment，贸易投资委员会）代表以及PSU（Policy Support Unit，政策支持组）进行深入交流，并开展了第四期亚太示范电子口岸能力建设培训。同时，积极向亚太地区以及巴基斯坦、立陶宛等“一带一路”沿线国家宣传推介，进一步扩大APMEN在亚太地区的影响力。

（苑　娜）

第六编　城市管理信息化

SHANGHAI INFORMATIZATION

综　述

2019年，上海市城市综合管理信息化稳步提升。相关委办局不断改造优化信息化平台系统，在功能完善、数据共享、信息对接上继续突破，在城市综合管理、药品安全、水务海洋等方面取得一定效果，通过智慧监管等创新方式，不断提升管理水平和服务效率。

第一章　城市综合管理信息化

概　述

2019年，上海市住房和城乡建设管理委员会（以下简称“市住建委”）按照“再造流程、闭环管理”“感知泛在、智慧研判”“线上线下、一网统管”的总体思路，推进城市综合管理信息平台建设，新建信息共享交换系统，实现与市大数据中心的对接，并依托全市“一网通办”，开展社会投资项目联审共享平台建设，进一步推进城市管理信息化。

一、基础数据平台

【城市综合管理信息平台建设】 按照上海市委、市政府关于构建社会治理“一张网”、实现城市运行“一网统管”的工作要求，市住建委组建工作专班，推进城市综合管理信息平台建设。在上海市城运平台建设的总体架构下，按照“再造流程、闭环管理”“感知泛在、智慧研判”“线上线下、一网统管”的总体思路，以解决城市管理领域突出问题和难题顽症为切入点，推进城市综合管理信息平台建设。市、区、街镇三级标准基础平台已完成原型系统开发，在市电子政务云进行了集中部署，通过政务外网实现调用和共享。数据资源方面，原型系统已汇聚城市部件、地下管线、工地、住宅小区、历保建筑、玻璃幕墙和实时的城管执法车辆、网格巡逻人员等数据。管理内容方面，把适合街镇统筹的综治、市场监管、公安非警情等业务纳入“一张网”，把与街镇密切相关的智能应用进行分层部署。已设计开发完成违法建筑治理、历史建筑保护、燃气安全、群租治理、深基坑安全、玻璃幕墙管理、架空线入地、房屋修缮监管、进博会保障 9 个应用场景。

【政务信息共享交换平台升级改造】 开展共享交换平台升级改造项目建设。新建市住建委政务信息共享交换系统，涵盖数据资源编目、数据归集、发布服务等功能，实现与市大数据中心的对接，成为市住建委政务信息资源汇集与共享应用的中枢。新建市住建委信用信息管理系统，实现了建筑市场、公积金领域信用数据和失信被执行人联合惩戒信息的归集入库，实现市住建委信用数据库与市信用平台的对接。截至 2019 年年底，市住建委信用数据库归集住建领域信用信息约 1 120 万条，核查对比失信被执行人共计约 61 万次，成功实施拦截惩戒 600 余次，惩戒限制对象 83 个，所有惩戒结果全部反馈至市信用平台。同时，依托上海市城市空间地理信息共享交换联盟，持续开展空间数据汇聚共享，已发布数据目录元数据 236 个图层(类)，发布数据服务 220 个图层(类)，联盟用户共申请数据服务 280 次，累计服务调用超过 203 万次。

二、管理平台

【社会投资项目联审平台建设】 根据国务院和上海市委、市政府审批制度改革和优化营商环境总体要求，依托全市“一网通办”，在已建原型系统的基础上，开展社会投资项目联审共享平台建设。全市社会投资项目从土地取得到竣工验收及不动产登记全流程实现了一次申报、一口受理、一次发证、一网通办。平台已经纳入的项目类型和办理事项包括：新改扩项目四阶段审批、装饰装修项目施工许可和竣工验收两阶段审批、交通工程施工许可和竣工验收审批；已建工程市政接入服务(供排水、电力、燃气、通信)和掘占路许可审批、竣工验收提前查看服务、项目技术咨询服务、项目事中事后监管服务、竣工验收提前查看、抗震判定服务和抗震超限审查。截至 2019 年年底，进入平台办理的项目包括：3 276 个新改扩项目，1 187 个装饰装修项目，30 个交通工程项目。配套办理的市政接入服务 510 个，已建工程市政接入服务办理 1 334 个。

【建筑信息模型技术推广应用】 组织召开 2019 年 BIM 发展论坛，出台 2019 年上海市 BIM(Building Information Modeling，建筑信息模型)技术应用发展报告白皮书。大力推进 BIM 技术在重大工程、重点区域及保障性住房中的应用。继续做好BIM试点项目验收，有序推进保障性住房BIM技术应用评审和验收工作。截至2019年三季度末，新增报建项目1 674个，应用BIM技术的项目数量525个，项目总投资6 480亿元；满足规模以上项目611个，满足应用BIM技术条件的项目数545个，其中应用BIM技术项目509个，占比93%。

【住房公积金综合业务服务和管理平台建设】 按照国家部委关于公积金自主核算的工作要求，持续推进住房公积金综合业务服务和管理平台建设，根据“全面统筹、重点保障、周密部署、力保安全”的原则，于2019年3月22日启动平台一期(归集、提取、核算结算等系统)上线工作。在连续实施40多个小时后于3月24日完成系统切换，3月25日新系统投入试运行，4月1日起正式对外提供服务，进入重点保障期。平台上线后持续深入推进系统完善，进行了系统风险防控专项改造、“一网通办”“优化营商环境”等相关提取、缴存证明等业务实施、上线。

【地下空间信息基础平台升级拓展】 在既有地下空间信息基础平台的基础上，开展升级拓展项目建设。以平台基础信息为依托，全面拓展和深化应用，建成地下管线、地下构筑物、地下综合管廊、架空线等综合管理系统，实现地下空间行业管理信息化。同时，进一步收集183个地铁车站、207.24公里地铁区间、158.97公里轨道交通高架承台及桩基、97.67公里城市快速道路高架承台及桩基、2条越江隧道、2条地下综合管廊的信息并建模入库。交通类基础设施地下构筑物数据已基本覆盖全市，结合平台已制作完成的普通地下构筑物5 315个，可初步满足部分城市建设工程规划、设计、建设和管理的应用需求。

(马康玉)

第二章　药品安全管理信息化

概　述

2019年，上海市药品监督管理局（以下简称“市药监局”）按照市委、市政府要求，围绕“推进智慧监管、创新监管方式”的信息化工作主线，推进市、区两级药品政务服务“一网通办”工作，并通过与“一网通办”的对接完成许可系统改造，同时不断推进智慧监管、创新监管方式，依托药品追溯系统（药品实时监控系统）和上海市药品零售远程动态监管平台、“上海药店”APP等应用平台，做好市民用药安全监管服务。

一、政务系统建设

【药品政务服务“一网通办”推进】 根据上海市人民政府办公厅《2019年上海市推进“一网通办”工作要点》《上海市加快推进数据治理促进公共数据应用实施方案》等文件要求，2019年市药监局全面推进市、区两级药品政务服务“一网通办”工作。

机构改革后，市、区两级药品政务服务共包含66个事项174个情形，市药监局以市级统一建设，市、区两级共同使用的信息系统为基础，统一收集16个区市场监管局电子印章，统筹进行与市政府“一网通办”平台、“电子证照库”的对接工作。2019年已完成市、区两级所有事项的全流程再造，实现企业“0”上门或“1”次上门；已完成“双100”工作中涉及的“三件事”：开办药店、开办第三类医疗器械经营企业、开办第二类医疗器械经营企业；上海市药品、医疗器械和化妆品政务服务产生的59类291 568张电子证照已全部归集至市政府电子证照库；作为首批“企业缴费”事项与支付平台对接试点单位，市药监局收费事项“第二类医疗器械产品注册”作为上海市首个法人事项已接入公共支付平台，探索了法人事项接入支付平台的路径和方法，该事项企业办理由“3次上门”变为“0上门”，已完成线上支付38笔业务合计243万元；作为试点单位率先完成“双减半”任务，市级审批事项审批时限平均减少51%，市级审批事项提交材料平均减少57%，区级审批事项提交材料平均减少59%；全面完成“受理模式三转二”工作；同时部署落实“好差评”工作，2019年共收到102条，全部完成回复办理。2019年，市药监局“一网通办”政务服务共受理90 093家企业116 700件申请，累计办结113 556件。

【政务系统改造和数据对接】 围绕上海市政府“一网通办”和“一网通管”工作进行系统改造和数据对接工作。配合“一网通办”工作完成市药监局许可系统改造工作，包括业务重塑、电子证照归集、数据共享、模式转换、物流平台对接、支付平台对接“双减半”等工作，已实现上海市药品、医疗器械和化妆品市、区两级66个行政政务服务事项174个场景流程再造。配合“一网统管”工作完成与国办“互联网＋监管”平台数据对接，共提交行政检查、行政处罚、执法人员信息3类数据共 18 778条，其中行政检查18 276条、行政处罚424条、执法人员184条。根据上海市政府办公室《关于进一步加强本市政府网站域名管理工作的通知》要求，顺利完成药品监管局网站域名变更工作，完成市药监局政务网、办公网站和37个信息化系统的域名变更工作。按照《上海市电子政务云建设工作方案》要求完成信息系统电子政务云迁移工作，完成3个网站16个信息系统政务云迁移，整体上云率100%。组织完成2019年全国“两会”期间、进博会期间网络安全保障工作。

【政务数据资源共享和开放】 完成公共数据的数据归集工作，完成“三清单”的编制工作，并从市资源共享平台落地10多类数据，实现数据查询应用。政务数据资源共享和开放达到部门可共享目录比例91. 7%，以接口方式开放的数据资源比例87. 7%。2019年，市药监局共向国家局数据平台、市大数据中心、市法人库、区市场局等数据平台提供数据2 300万条，落地外部数据2 100万条，通过“一网通办”完成市电子证照库对接并可实时查询相关数据，为数据开放共享及药品智慧监管打牢数据资源基础。

已向上海市大数据中心归集了药品、医疗器械、化妆品全部系统数据，建立了60个数据资源目录,归集数据表47张,有效入湖数据267万余条,调用市级资源6 322次,数据资源被调用115次。

【新媒体建设应用】2019年,市药监局政务网站访问量为79万人次,点击量4 165万次,全网共发布信息4 507条,新开设专栏15个,共411个栏目。"上海药监"公众微信号累计关注人数5.1万人,栏目信息更新5 375条。2019年净增关注4 808人,递增10.42%,发布原创文章64篇,阅读人数29.4万人,文章转发数3.2万次。"上海药监"微信公众号荣获"2019省级药品监管政务新媒体奖"。

二、药品监管服务

【药品追溯系统应用推进】市药监局依托药品追溯系统(药品实时监控系统)和上海市药品零售远程动态监管平台对上海市药品监管实现全程追溯,牢牢抓住"药品批发企业"和"药品连锁企业"这两个关键环节,实现药品全程追溯,已实现全市127家药品批发企业、47家药品连锁企业的全品种购进和销售数据,500多家单体药房的全品种外地采购数据的实时上报,累积数据上亿条。市药监局追溯系统在"刺五加注射液""香丹注射液""双黄连注射液"等多起问题药品的追溯和召回中发挥了关键作用。在第一时间获悉"问题药品"是否流入上海市场,及时掌握"问题药品"的流向、终端。发挥市、区两级监管部门的作用,分层次、分辖区进行针对性检查,使"问题药品"在最短时间内得到控制,充分提高了监管效率。

【市民用药安全智能化服务平台建设】为解决市民用户的买药难问题、提高用药安全,市药监局开发建设了为公众提供药品服务的上海市市民用药安全智能化服务平台("上海药店"APP),通过企业每天至少一次上报的进、销、存数据,掌握全市药店品种流向和库存,为市民购药提供及时有效的信息和方便快捷的渠道,在实现市民用户安全、便捷用药同时,也帮助监管部门提升对全市药品经营企业的智能监管能力。该平台已涵盖全市3 970家药店、28 041种药品,登记执业药师6 908名、药师8 902名,接入269家药店实时视频信息和药师实时打卡信息,积累用户6.9万名,提供药品查询58.2万次,药店查询33.9万次。"上海药店"APP成为打通监管与百姓之间的桥梁,为药品安全监管的闭环管理探索了实现路径。一方面平台可通过药师摄像头打卡判断药师在岗情况，来确保公众通过“上海药店”APP进行查询的便捷性；另一方面可通过公众反馈，实现对监管对象的有的放矢。药品监管人员通过药店综合监管平台可实现对全市药店的远程监管，及时掌握异常信息预警，提升药品经营智慧监管水平。通过与群众互动，市药监局可以探索出药品科普、药品智慧监管的有效路径，真正“以用户为中心”，做好百姓用药安全服务。上海市市民用药安全智能化服务平台成功入选国家药监局信息中心2019年度“智慧监管典型案例”。

（周凤舞）

第三章　水务信息化

概　述

2019年，上海市水务（海洋）局（以下简称“市水务局”）不断强化党建引领，聚焦信息化重点任务，坚持以创新为动力、需求为导向、应用为核心、服务为主线，推进水务海洋信息化工作。

【河湖长制信息化建设推进】推进信息共享、数据整合和智慧应用，结合河湖水质监测评价、“两水平衡”等系统建设，建成市、区两级水环境治理应用模块并上线运行；组织完成全市河长制办公室培训，推进“上海河长”APP应用全市域覆盖，不断优化河湖随行系统应用，“上海河长”APP河长注册率、巡河使用情况明显提升，河长制工作平台河长信息录入全覆盖，为全市河湖常态化、精细化管理提供了有力支撑。

聚焦河湖长制信息平台的功能优化和应用推进，深化水环境治理专题。建设河长工作模块、河长办管理模块、公众参与模块，基本实现“各级河长一管到底、河湖管理一网协调、河道要素一目了然、社会公众一键参与”。市、区、街镇三级河长办基于河长制工作平台开展河湖日常管理，7 000余名河长使用“上海河长”APP开展巡河，河湖基础信息及水质变化情况实现可查。加强大数据在水环境管理的分析应用，科学评估水环境分区域承载能力。

【水情预报和防汛信息服务】综合气象部门汛期气候趋势预测、上海市水雨情特点和潮汐特征，开展了汛期洪涝趋势预测专报，预报预见期进一步延长，预报精度合格率95%以上；运用动态洪水风险图系统，加强模拟分析，建立了“预估偏差—概率扰动台风路径预报模式”，及时发布城市内涝预报，预报技术持续优化，预报范围不断拓展，预报能力进一步提升；完成防汛信息系统优化升级和防汛基础数据更新，不断完善汛情灾情信息服务、应急指挥智能调度和综合汛情一键查询，持续优化整合视频资源，拓展视频综合监控覆盖和智能化应用，完善四级防汛视频会议保障，加强防汛信息化业务培训和应急演练，防汛信息化保障能力明显提升。8 月 8—11 日，超强台风“利奇马”影响上海，市水务局信息中心连续奋战 65 小时，圆满完成防汛信息服务保障任务。9 月 30 日—10 月 2 日，上海市遭受台风“米娜”风雨影响，并面临台风、暴雨、天文大潮“三碰头”严峻考验，市水务局信息中心连续奋战 40 小时，圆满完成防汛信息服务保障任务。

【水务海洋信息化智能化建设推进】 加强顶层设计，编制完成《智慧水务三年行动计划（2020—2022 年）》，开展《水务（海洋）信息化“十四五”规划》前期工作，创新举办“水务海洋智能应用案例及创意征集”活动，共收到 72 家单位报送的 108 个案例，并从中选取优秀案例在行业中推广应用，得到国家水利部信息中心的充分肯定；强化信息技术与业务深度融合，扎实推进地理信息云服务、BIM 水务工程建设管理协同、河湖水面率智能监管系统等项目建设，服务支撑行业监管；深化平台信息化升级应用，推进信息系统整合，将 74 个不同预算项目建设的信息系统整合成“水之云”，初步实现基础设施虚拟化、业务应用模块化、技术服务平台化的目标；深化行业数据治理，推动互联互通、资源共享、业务协同，基本构建了全行业、全覆盖、全要素的数据中心，实现“一数一源、一源多用”的目标；按照市电子政务云建设的总体要求，加强与市大数据中心沟通，不断优化上云技术路线，确定了“整体上云、两云融合”的技术方案，并积极推进相关工作。

【全行业网络与信息化安全保障】 落实网络安全主体责任，强化 24 小时应急值守，确保全国两会、国庆节及第二届进博会等重要活动期间水务海洋网络安全，全年未发生重大网络安全事故，水务海洋网络安全风险总体可控。完善网络安全应急预案，强化应急演练，加强网络安全形势分析研判与日常维护，抓好关键信息基础设施网络安全防护，组织开展网络安全执法检查、计算机保密技术检查和“勒索病毒”漏洞专项整治，推进国产信息技术产品推广应用，强化网络生态治理，健全监督检查情况通报机制，加强网络安全宣传培训，多措并举压实安全防护责任，不断提升网络安全防护能力。

【电子政务服务能力提升】 服务“一网通办”，全面完成行政审批事项接入升级，实现“双减半”系统建设年度目标，提前完成所有审批事项“模式三”向“模式二”的改造；扎实推进政务服务事项接入工作，建成覆盖10个服务事项的上海市供水服务管理平台并上线运行；进一步夯实“一梁四柱”配套工作，建设完成统一身份认证、统一物流平台和统一总客服等配套工程；持续优化移动办公系统和热线系统建设，扎实做好技术支撑；推进门户网站和新媒体建设，完善门户网站功能，加强内容策划和线上线下互动，有序开展重要信息报送和舆情应急处置等保障工作。

【城运系统水务专题平台建设取得阶段性成果】按照市城运系统建设安排，市水务局建设了城运系统水务专题1.0版，由2个综合业务管理平台（防汛防台指挥和水务综合管理）和3个专题平台（河湖长制、供水保障和排水运行）组成。梳理水务运行管理三级指标体系，为城运系统主屏提供供水水量负荷、城镇污水处理量、河湖水面率、万元GDP用水量等指标。完成与市大数据中心17项数据对接。编制了第二届进博会期间《城运系统水务运行保障工作方案》和《水务网络安全保障工作方案》。城运系统在防御2019年“利奇马”等台风、暴雨，服务进博会等工作中发挥了积极作用。

【水资源管理系统实现突破】强化水资源监管，深化水资源管理系统建设和应用，完成国家水资源监控系统二期项目建设，实现多项业务协同，为落实上海市水资源三条红线管理提供了有力支撑。完成国家水资源监控系统项目二期的部级评估，全面提升水资源调度与监管能力，配合做好国家最严格水资源管理年度工作考核。

【执法信息化能力建设提升】开发水务执法手持终端APP，推进执法全过程数字化精细化管理。加快推进执法信息互联互通共享，建立与行业管理部门、公安、海事及其他执法单位信息共享机制。完成“双随机一公开”检查对象名录库项目设计开发和应用培训。

【“一网通办”政务服务事项规范】梳理130项行政权力事项，完成水利工程质量等级核定等5项依申请权力事项上线运行。拓展公共服务事项至68项，涵盖水利、供水、排水、海洋各行业条线。完成10项供水企业公共服务事项接入“一网通办”平台，进一步方便了市民的日常生活。

【政府信息公开力度加大】进一步提升行政公文主动公开率，2019年前三季度行政公文主动公开率提升至72.7%。全面落实“五公开”要求，推进重大决策、财政收支、重点领域、重大工程建设项目等信息公开以及执法领域“双随机、一公开”，加强政策文件解读。健全依申请公开办理机制，进一步完善内部办理流程。

【输水(管网)安全保障监管系统通过验收】 4月3日，输水(管网)安全保障监管系统完成验收。该项目是在原水安全保障监管系统、制水安全保障监管系统的基础上，按照智慧城市的统一部署、市政府及市水务局针对水环境的行动计划，以及服务“低碳水务、安全水务、民生水务、效益水务”建设的总体要求，以提高水务供应、改善水务管理、提升城市供水安全保障的智能化管理水平为目标，构建了一站式的输水安全监测管理功能，实现了管网突发事件的预报警、规范突发事件应急处置流程，实现对管网运行情况的各类分析及预测，构建管网专题应用，为供水安全保障提供更加智慧的工具。

【排水信息化建设持续推进】 持续加强智能监测体系建设，新增82处道路积水监测点和34座泵站放江自动采样设备。完成排水运行调度监管平台建设，共享、整合及应用市、区数据，初步实现运行监管功能，同时加强泵站放江水质、水量统计分析工作，为“两水平衡”提供技术支撑。完成调度系统建设方案和排水模型建设方案编制工作，推进了全市厂、站、网一体化运行调度系统建设。排水设施基础数据维护工作持续推进。排水管道监管平台进一步优化，实现数据的自动入库、更新及发布。截至2019年10月，完成31个排水工程项目资料、646条排水管道自查检测数据和821条排水管道行业监管检测数据录入工作。信息化项目运维工作有序开展，完成136处下立交积水自动监测系统受损监测站点设备采购与安装，定期进行服务器日常检查，确保与市水务局信息中心的数据同步，有效保障设备和系统正常运行。

【上海市水务海洋智慧规划业务支撑平台之成果综合管理系统通过验收】 11月14日，上海市水务海洋智慧规划业务支撑平台之成果综合管理系统完成验收。该项目完成了全市水务海洋规划成果数据的采集整合处理及入库，完成了水务海洋规划成果综合管理系统及相应移动配套应用建设，对上海市水务海洋智慧规划业务起到了有力支撑作用。

【水务重大工程智慧监督】 继续推进信息化与监督工作的深度融合。在进一步完善“一系统两平台”的基础上，将其开放到各区站和各参建单位，并加大应用力度。对所有市水务重大工程建设远程监控装置，覆盖率100%。加大智慧安全帽的使用和推广力度，实现监督工作的“实时化、动态化、数字化”。上海市水务建设工程安全质量监督管理系统完成项目验收。

【海域动态监管系统业务化运行】开展动管系统日常维护工作，加强汛期、国庆节和进博会等重要节点的维护力度；完成疑点、疑区核查，无人机监测等模块优化升级，每月开展1次联调测试，确保系统互联互通，发挥视频会商系统、海域监控车和动管业务系统对巡查监管等业务联动的支撑作用；加强海域动管市、区分工和业务联动机制研究，编制《上海市海域动管业务手册》；组织开展海域动态监管技术规范专题培训，加强对区级动管业务部门的指导。

【海洋监测预报信息化行动计划出台】根据《上海市水务海洋信息化规划》《上海市海洋"十三五"规划》，编制完成了《2020—2027年海洋监测预报信息化行动计划方案》。该方案提出到2027年，基本建成智能化海洋观监测和预警报体系，着力推进海洋监测全覆盖、数据管理全集中、预警报能力全智能和观监测预报全整合，实现信息化应用和业务工作深度融合。

【上海市海洋数据共享及预报管理平台通过验收】2019年12月10日，上海市海洋数据共享及预报管理平台通过验收。该项目完成了海洋基础设施管理、数据共享服务管理、运行监控系统、海洋潮位预报辅助系统和一体化应用平台等软件开发和系统集成。

【科研项目和标准规范工作取得新进展】2019年，《"互联网+政务服务"水务海洋轻应用模块化设计与服务体系研究》（沪海科2018-01）、《"一张图"水务海洋空间地理信息云服务技术研究和示范应用》（沪海科2019-01）、《海洋数据资源整合共享和网络信息安全区域态势感知研究》（沪海科2018-02）、《基于多源数据的水务海洋网络民生诉求分析研究》（沪海科2019-02）4项科研课题通过了市水务局组织的专家验收。完成《水务信息管理：分类与编码》《水务信息管理：数据属性定义》《水务信息管理：图式符号》《水务信息管理：河流湖泊编码》和《黄浦江高潮位预警图形符号》5项上海地方标准的年度复审工作。

【信息系统运维管理加强】修订完成水务海洋数据中心运维管理细则、水务海洋公共信息平台运维管理细则、指挥会议系统运维管理细则、视频会议系统运维管理细则、视频监控系统运维管理细则、水情应用系统运维管理细则、电子政务系统运维管理细则、网站系统运维管理细则、行政审批网上办事系统运维管理细则、水务海洋热线平台运维管理细则等。完善日常巡检、应急巡检、周例会机制、季总结座谈会的机制。2019年4

月9日召开全单位的系统运维和安全工作整改会，"利奇马"台风后召开防汛信息系统优化完善会。完善数据中心运行月报和健康检查月报机制，对库表运行状态、交换及时性完整性实时监测，组织数据库存储扩容及应急备份恢复演练。针对水务海洋数据中心的运行环境进行梳理、细化，进一步优化核心库的运行指标，完善数据库备份机制和应急恢复机制，组织对数据库备份机制、应急恢复机制的操作演练。

【数据治理和数据管理服务体系构建】 数据资源目录编制及数据抽取总体情况良好，入湖数据完整性、规范性较好。编制资源目录197个，覆盖100%的信息系统。5 065万余条记录抽取至数据湖，其中有效入湖数占比100%。"一网通办"办件库数据质量不断提高。实际纳入上云工作的项目数为67个，已完成上云项目67个，完成率为100%。加强与市大数据中心等对接、沟通，及时按要求落实相关工作部署和技术支撑。

以上云迁移和完善数据中心为契机，盘点数据家底，调研水务海洋数据资源现状，构建了一套相对完整的数据管理服务体系，包含对数据治理业务的管理规范和与之配套的标准化工具，服务于参与数据治理和数据共享的局相关部门单位、第三方数据使用者和服务提供商，使不同用户均可以规范化、常态化地从事数据的使用和管理。该体系采用前后端分离的开发框架以实现业务数据存取、业务逻辑与界面的交互功能，同时对于数据资源的元数据信息管理以及相关信息项、关联库表、文件、发布服务等一系列服务目录的管理内容都与市大数据中心的管理要求保持同步，既能满足水务海洋数据中心资源管理的行业需求，又能实现相关数据到市政务云的上云归集和共享开放。

依托太湖流域管理局统一建设的太湖流域水环境综合治理信息平台，与相关省市共享交换水文水质监测数据，实现长三角区域的水文水质数据资源共享，为共同推进长三角智能水网建设、区域水务一体化发展提供基础支撑。

【公共数据开放应用推进】 借力上海发布、随申办市民云、上海防汛、上海水务海洋、今日头条、澎湃问政等新媒体发布道路积水、台风路径、实时雨量等，拓展防汛信息公共服务，推进政务信息社会开放。2019年8月8日，在市经济信息化委主办的"2019上海国际开放数据论坛暨上海开放数据创新应用大赛(SODA)启动仪式"上，市水务局获得"上海市2018年度公共数据开放十佳部门"称号。在2019上海开放数据创新应用大赛(SODA)过程中，市水务局与主办方、大赛组委会积极沟通，提供了实时雨量、水厂水质监测、管网水质监测等高质量数据，为参赛团队充分发挥创意和后续落地孵化奠定基础，收到了组委会的感谢信。

【水务地理信息平台建设】市水务局从整合统一全局水务海洋空间数据服务规范、构建一张图全息水务服务平台着手，开展了水务地理信息平台建设。平台通过对水务海洋系统现有数据与服务的梳理，结合水安全、水资源、水环境及海洋等行业管理的信息化需求，编制水务地理信息数据服务规范，实现了全局水务海洋基础数据、设施数据、业务数据等各类空间服务的发布、注册、申请和调用的规范化管理。平台采用最新的GIS技术及架构，搭建支撑二三维一体化的底层框架，建设了全息服务、后台管理、三维可视化与分析、智能分析与数据云管理等多个模块，可将基础类、监测类、政务类、模型类、视频多媒体等多源异构数据融合在一张地图上，实现数据从后台服务到前台可视化的全过程监管，为水务海洋行业的精细化管理提供全息资源和服务支撑。

（蓝　岚）

SCIP 上海化学工业区

上海化学工业区是我国第一个以开发区机制和模式建设的大型石油化工产业基地，是“十五”期间上海乃至全国最大的工业投资项目之一。二十多年来，上海化学工业区以改革引领思想解放，创造性地提出并实践“五个一体化”开发建设理念；以开放促进产业配套，引入一批高附加值、高技术含量的先进化工主体与公用配套项目，努力践行科技含量高、经济效益好、资源消耗低、环境污染少的新型工业化道路，成为集聚国际知名跨国化工企业最多、产业能级和产品关联度最高、资源利用水平最先进的国家级化工专业开发区。

临港新片区

2019年8月，中国（上海）自由贸易试验区临港新片区正式揭牌成立。新片区积极贯彻落实习近平总书记关于新片区“五个重要”指示要求和上海市委、市政府决策部署，结合中国（上海）自由贸易试验区临港新片区总体方案中的发展要求，以“开局就是决战、起步就是冲刺”的精神，以极大干劲、务实举措推进各项工作，推动临港新片区迎来产业投资热潮。

2019年，新片区聚焦国家战略需要的关键领域，持续引进国内外高能级项目，自新片区揭牌以来，共计签约73个重点项目，投资总额超500亿元，涵盖集成电路、生物医药和新能源汽车等领域，如德国SAS驾驶舱模块组装生产项目、圣戈班汽车玻璃配套装配项目等，体现了龙头项目的带动作用，使临港新片区汽车产业链得到了进一步完善；集成电路方面，芯片设计、制造、装备、材料、新型存储器等一批国内外知名企业落户新片区，包括盛美半导体装备、理想万里晖PEVCD研制项目、Crossbar新型存储器等项目相继落地，集聚效应明显；生物医药产业领域，君实生物、药明康德、赛金生物等项目落地，产生良好引领效应，产业集聚度显著提升。

新片区投资推进工作持续强化，汇集各方力量服务保障项目建设，切实保障了全年投资、产值等产业目标的圆满完成。2019年新片区工业总产值达到1199亿元，同比增长4.7%；产业投资额达200亿元，同比增长60%。其中，新片区首个产业项目新奥微型燃汽轮机研制项目5天实现“四证联发”，特斯拉超级工厂项目（一期）在2019年12月30日首批整车交付，实现了当年开工、开年投产、当年交付，创造了新片区速度。此外，在有力的投资推动下，高端制造产业区、新能源汽车部件产业园、中科院微小卫星模块化智能制造与应用创新平台、高效低碳燃气轮机、国家海底科学观测网项目监测与数据中心、清华大学智慧天网等项目开工计划提前，频现新速度。

上海交通大学医学院附属 新华医院

Xinhua Hospital Affiliated To Shanghai Jiao Tong University School Of Medicine

随着国家在医疗卫生领域的改革不断深入，转型发展、换挡提速正在引领着新一轮的医疗机构重塑。上海交通大学医学院附属新华医院在“强内涵、重实效、创特色、促发展”的十二字方针指导下，紧跟时代脉搏，以挑战为契机，再铸新辉煌。医院历来重视信息化的重要作用，始终将信息化作为医院转型发展的基础支撑。率先开启基于微服务框架下的临床业务系统应用。

本次业务系统升级通过融合人工智能、物联网、微服务框架、大数据、区块链五大核心技术，以底层基础架构为依托，基于Kubernetes 及 DevOps自动化部署，构建以“患者为中心”的多元场景应用服务生态平台。通过技术手段的创新应用，满足疫情防控常态化的临床业务和患者服务需求，让医疗IT回归临床，服务临床。

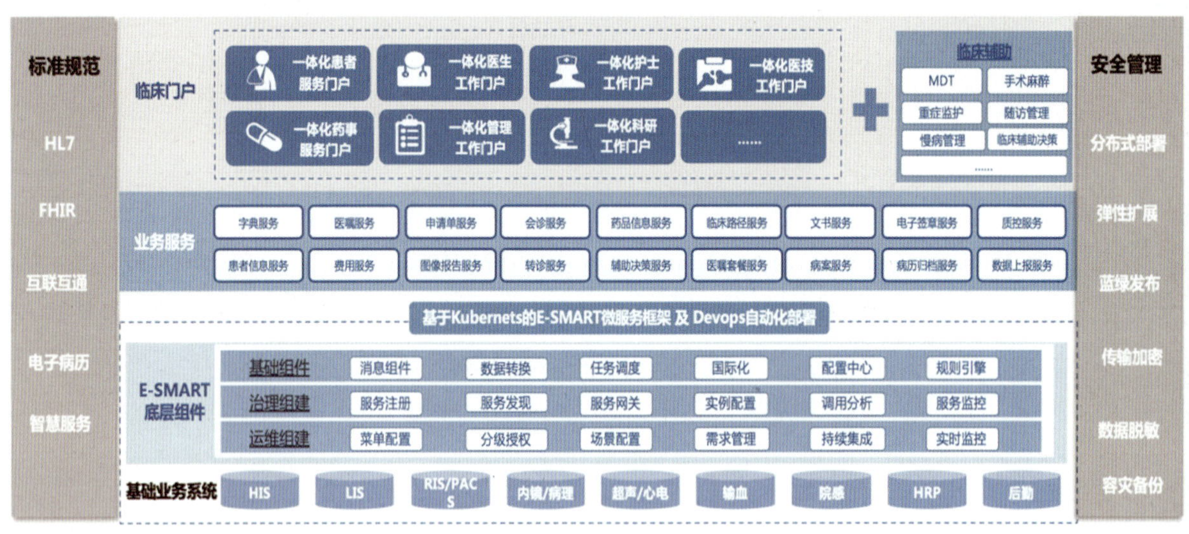

基于Kubernetes容器框架的一体化生态平台，支持全程可视化的部署及运维。通过一键部署、应用更新管理、业务访问量分析、实时应用资源监控、业务指标监控、微服务链路日志追踪、资源访问预警、用户需求反馈、闭环管理等功能，为用户提供从研发、测试、上线到运维的全流程应用管理服务。同时，在推进和发展临床一体化的进程中，通过权限管理系统的分级授权等功能，可以对各信息应用系统的权限分配和权限变更进行有效的统一化管理，实现多层次统一授权、审计各种权限的使用情况，防止信息共享后的权限滥用，规范今后的应用系统建设。

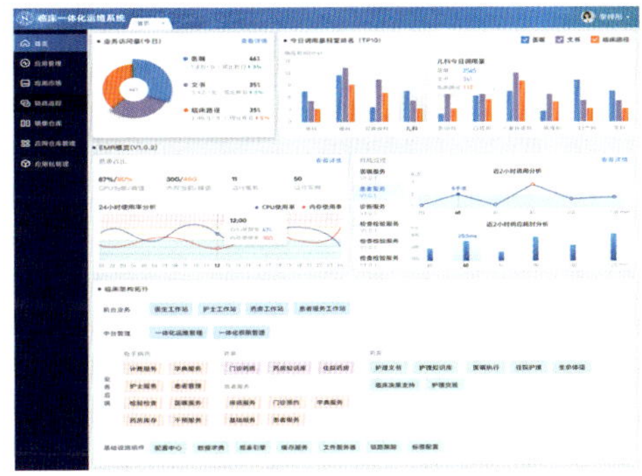

特 色 介 绍

一体化药事工作门户解决方案依托智能一体化管理模式，着力于提高药师的工作效率，提高服务质量，减少医患矛盾，减少药品的错发、漏发，以及账务不明的情况，提供一个高效、便捷的统计口径，使医院药品管理更加方便透明。同时增加药房药师对临床用药的监控，帮助医生更进一步掌控和管理药品医嘱，让患者用药信息的流转、追溯明晰化，财务查询细节化，极大提升医院药事管理水平。

经过一年的建设，基于微服务框架的一体化电子病历系统已经实现对住院医生的全面覆盖。通过建立闭环医嘱系统为临床精细化管理提供支持，最大程度保障患者安全，避免医疗事故。一体化医生工作平台中的病历文书子系统，CPOE、电子申请子系统、临床路径以及专科管理子系统等都是采用微小化开发技术架构，采用容器化部署方案，充分考虑和采纳医院的实际需求，为临床工作者提供一套能用、好用且爱用的专业辅助综合工作应用平台。

上海市徐汇区中心医院贯众互联网医院

案例介绍

上海市徐汇区中心医院贯众互联网医院 —“徐汇云医院”是上海首家智慧医疗服务平台，其通过大数据、云计算、人工智能、物联网等信息技术，结合医院各种医疗资源，将智慧医疗与健康服务有效融合，形成以医院为主体,面向区域及全国患者的线上诊疗、咨询等多功能创新性应用平台。对于分级诊疗、医药分离、医生多点执业、医保联动等当前主要矛盾化解，具有较大的推进和实践作用。成为改善和解决当前“看病贵、看病难”有效途径的新探索。平台的建设及应用范式在国内形成较大的影响力，成为上海标杆、国家样本。

通过近5年的投入与运行，平台基本实现预期目标，形成具有一定规范的“云医院”诊疗方式和服务流程，通过“1+1+1”3级医疗机构及职业医护，为病患群众提供视频看医生服务，以及多种形式的健康管理及随访；将医疗服务及健康管理延伸至家庭、居委、社区、养老机构、工会单位、社会药房，辐射至包括边远山区的每一位患者百姓。2020年“徐汇云医院”获上海首家互联网医院、首家医保线上结算及商保结算资质“三牌照”。目前，配套开展的互联网医疗服务在服务上海市民的基础上已延伸辐射覆盖云南、新疆、贵州、甘肃、山东等全国20省市及加拿大、美国、摩洛哥、法国等多个国家，其中B端医疗站点共布800余家。并覆盖云南、贵州等地，架起跨县域医联体服务、远程教学、远程MDT等；医疗健康总服务人次210余万，其中慢病诊疗、规范化随访管理、新冠抗疫咨询27万人次，受到党和国家领导人、上海市领导及相关部门的重视。

一、医院基本情况

上海市徐汇区中心医院创建于1934年，年门急诊量为140万余人次，住院量为3万余人次,年业务收入17亿元。2016年4月，结合医联体建设成为复旦大学附属中山医院徐汇医院。2019年2月，复旦大学附属徐汇医院（筹）签约挂牌，医院拥有PET-CT、核磁共振、CT、彩色超声心动仪，电子内窥镜，高压氧舱，CCU和ICU监护系统等先进的现代化临床诊疗设施与设备，汇集了一大批专业医务及科研人员。2019年成功完成二级升三级医院评审且通过公示，并成为“上海市区域性医疗中心”首批建设单位。

二、平台运行情况及创新成果介绍

1. **平台运行情况**

1.1 基于高血压网络医疗平台的工作基础，跨界团队从四个维度开展技术攻坚和功能实现：

1.1.1 医学科学和互联网、信息与计算机科学跨界团队深度融合，基于医疗健康需求，攻坚了六大核心技术：远程实时视频音频技术、跨平台设备视频音频技术、NAT内网穿透技术、影像云技术、语音语义理解技术、远程听诊技术；建立了四大体系：互联网医疗健康媒体通讯中心、基于健康数据服务标准的物联网健康管理终端接入体系、基于糖尿病/冠心病/脑卒中知识图谱体系的结构化慢病大数据库及患者AI分类体系、跨终端接入体系，通过APP/PC/IPTV/嵌入式一体机的泛终端模式搭建了 “慢病医疗平台”。

1.1.2 开发患者端APP ：患者实名制注册，移动视频看慢病医生。组建慢病管理团队：以“专科医生+护理+健康管理师”为模式，组建高血压病团队、冠心病团队、糖尿病团队、脑卒中团队。

1.1.3　实现九大功能：视频看医生、远程医疗、远程实时会诊、全程云随访、程云健康管理、云预约、云挂号、云支付、云配送。

1.2　基于以上慢病移动医疗平台搭建与服务模式形成，开展四大需求侧的运服务。

1.2.1　区域社区卫生服务中心布点：形成家庭医生慢病管理技术支撑体系，搭起区域云端医联体服务架构与服务体系，实现云医联体、云分级诊疗与双向转诊，病三级互联网管理模式初步形成。

1.2.2　区域各类机构布点：养老机构、医药流通、金融支付、街道居委、企、学校的布点与服务，形成区域新型医疗健康服务模式、区域新型医疗健康生态，医疗健康新生态新业态雏形初现。

1.2.3　上海市区、郊区布点：在上海市偏远行政区如金山、崇明、松江等布点，式复制与服务并进。

1.2.4　全国其他省份及国外布点：服务已延伸辐射覆盖云南、新疆、贵州、肃、山东等全国20个省市及加拿大、美国、摩洛哥、法国等多个国家。

创新成果介绍

通过多学科团队的共同研究，徐汇云医院智慧医疗平台形成了四大创新模式：互联网医院”视频面对面新型医疗服务模式；“互联网医院”管理模式；“互联医院”运营服务商业模式；形成医改新载体新途径。

新就医模式改变了传统医生和患者面对面诊疗就医模式，医患间通过“云医”窗口“视频面对面看医生”，形成了一个跨越时间空间的新型医疗模式。

互联网医院实现了实体医院的大部分功能（如预约、挂号、复诊配药、复诊随初诊分诊、健康管理、慢病管理、健康宣教）整体搬迁至云端，结合线下实现检检查、住院、手术等医疗业务，形成了线上线下整合型的闭环诊疗服务流程与功服务。徐汇云医院平台，在规划实施应用中，也逐步形成了“云医院”整体化的理制度、规范化的服务流程及标准化的服务站点建设与实施指南，形成了“上海互联网医疗管理办法”（草案）等。

在供给侧“云医院”端，按院外“云医院”服务站点需方需求，提供了定制化单位会员制服务模式。通过按需签约模式为其他医疗机构、社会药房、养老保、体检机构等提供有偿的医疗健康服务及保障；另外，智能终端、药企物流、保金融、研发转化，也已成为整个“云医院”生态产业链上的商业盈利点。目前，医院商业服务模式雏形已初现端倪，复旦公卫专家估算间接产业链可产生每年3元的价值。

以上海市徐汇区中心医院为主体纽带，中山医院及5家社区卫生服务中心的3级服团队，通过云端“扁平化”为病患服务，云端的“家庭”医生，既有全科医生，有专科专家医生，患者在云端即可享受优质医疗。互联网医院实现了将患者“留在层”及不出社区的“双向转诊”，云医院模式下的“分级诊疗”已通过平台在徐汇地实现。平台也通过签约社会药房，从技术上实现了处方流转，并通过药企物流解了病患求医问药的“最后一公里”，实现了云医院模式下的“医药分开”。云医院形了新医改“上海徐汇云医院”的创新模式。

团队结合徐汇云医院智慧医疗平台开展以来的经验、产生的社会效益、创新模架构等，总结编撰了《上海徐汇云医院》专著及法文版《智慧医疗在中国上海的践》专著，并在法国出版发行。

三、成果成效

徐汇区中心医院贯众互联网医院在向医疗AI医院应用、移动应用拓展的同时，成了区域医疗健康新生态及新产业雏形，已实现了全国52家医院模式复制。获知产权8项，其中发明专利3项；出版专著4本；综述论文5篇；项目经上海市科委鉴为国内领先；项目获2017年度上海医学科技奖二等奖。项目建设过程中，同期举国家级智慧医疗学习班4届，受邀学术研讨80余场，来访团300余个计5000人次，内外媒体报道100余次。

信息化核心产品

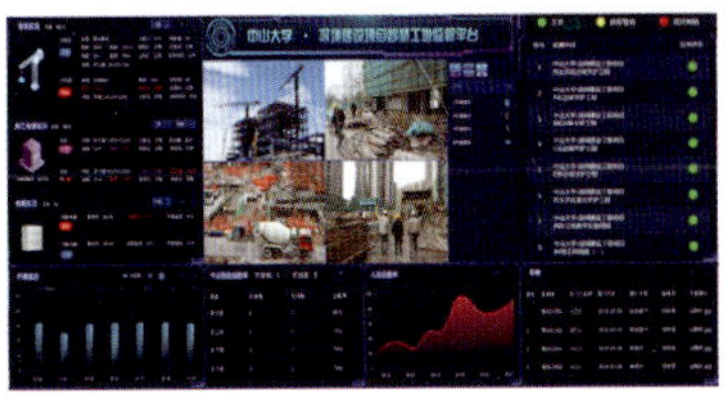

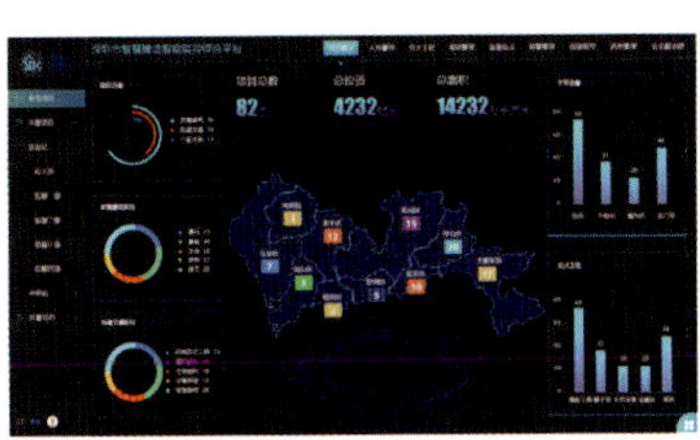

3DGIS+BIM引擎及通用基础平台

平台具备海量数据承载能力、秒级快速加载能力,可实现GIS+BIM一体化、模型与信息一体化、展示与交互一体化的数据浏览和应用模式切换。还可根据不同业务类型进行开发定制,作为各类项目级/城市级建设、运营、管理平台与系统的GIS+BIM三维图形可视化承载底层。

BIM轻量化云平台

平台采用WebGL2.0技术自主独立开发,具备无插件、跨平台的特点,模型信息可直接导入服务器端本地化后台,无需通过公有云平台中转。结合模型复用、高压缩比存储、智能自动LOD、管线参数优化、按需加载、智能调度等一系列轻量化技术,支持多源异构模型格式导入,支持桌面、手机、PAD多种客户端应用模式。

SUIT物联数据云平台

平台将底层多源异构的感知信息集成为结构化数据,为上层平台提供统一易用的数据接口,将复杂的底层硬件与原始数据进行封装。通过提供可配置化的物联网设备协议解析技术,实现多源物联设备的数据集成;具有丰富的通讯接口,适应灵活多变的物联网通讯场景;脚本化的数据分析技术,具备多变量、跨设备的数据分析能力。

企业概况

上海建工四建集团有限公司全面推动企业科技和管理创新体系建设，基于BIM、物联网、大数据、人工智能技术在智慧建造、智慧运维等领域形成专业化解决方案，致力于转型成为具有全国品牌影响力、全产业链协同联动的建筑全生命期服务商，时刻以专业实力超越客户期望。

智慧建造管理平台

平台依托大量工程项目自主研发，贴合大中型项目现场实际需求。其基于物联网技术实现现场实测实量和与智慧工地实时数据集成；通过5G与LPWAN技术，解决施工现场网络覆盖难的问题；结合PDA、智能手机、智能移动端支持施工项目在线协同管理，将各参建方的业务数据进行集成化、智能化管理。

基于BIM的智慧建造管理系统

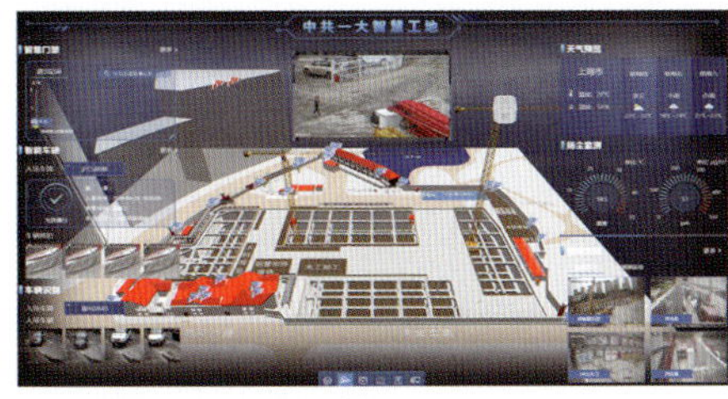

智慧建造管理平台：智慧工地安全管控模块

智慧运维管理平台

平台基于BIM模型整合海量建筑静态信息和动态信息，形成建筑三维可视化的电子病历卡。其采用独创的多模式图形引擎，在DirectX、WebGL、2DGIS间切换，满足从高端工作站到低配手机的全平台、全功能、高性能模型可视化需求；基于人工智能和数据挖掘技术，实现智能、高效、绿色的主动式运维管理。

基于BIM的智慧运维管理系统

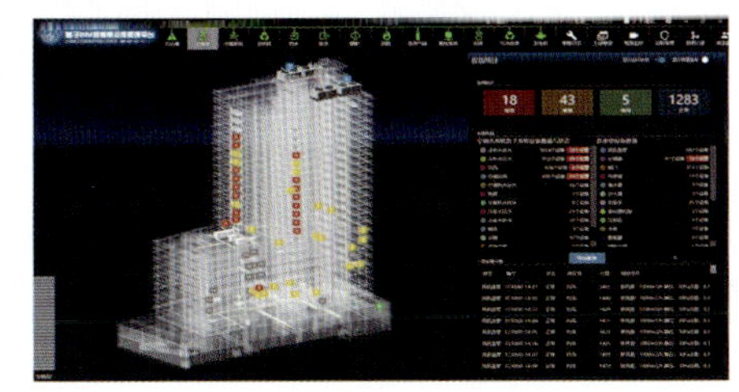

空调水系统运行智能监控

建筑大数据智能分析平台

平台采用基于流计算的数据集成技术，将建筑全生命期多源异构数据转储于数据仓库。其通过分布式计算实现TB级数据查询并渲染为大数据看板。内核引擎实现了主流的人工智能与机器学习框架，为建筑管理人员提供简便的接口，方便其挖掘建筑大数据的内在规律。

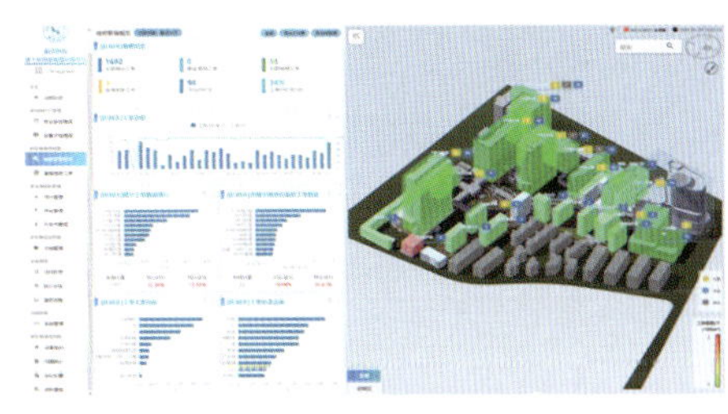

大数据中心

太平洋保险
CPIC

中国太平洋保险（集团）股份有限公司（以下简称“中国太保”）2018年起实施战略转型2.0，确立了“客户体验最佳、业务质量最优、风控能力最强，成为行业健康稳定发展的引领者”这一愿景，把握高质量发展主线，专注主业、做精专业，用转型的“进”，实现发展的“稳”，已连续九年入选《财富》世界500强，2019年位列第199位。2019年是公司转型2.0“攻坚克难”之年，科技赋能作为战略转型2.0三支柱之一，公司科技发展的定位是成为业务高质量发展的赋能者、行业新技术应用的先行者。一方面，注重科技长期能力建设，科技发展服务主业、赋能主业，形成公司和客户价值可持续增长的技术基础。另一方面，注重新技术应用适度超前，致力于探索新业务布局和新业务模式，培育业务高质量发展的新动能、新生态。

科技发展服务主业、赋能主业，形成公司和客户价值可持续增长的技术基础

2019年，公司科技赋能从多个维度立体化展开。一是客户需求导向。在“入口+账户”等客户核心价值主张方面满足客户需求，提升客户体验。例如：公司集中资源持续打造“一个太保、共同家园”，集团统一客户移动端“太平洋保险”APP2019年的用户量已超3000万，“家园”客户统一账户已完成超过1亿个人客户账户的建立与信息聚合。二是问题风险导向。揭示问题与风险，提供解决方案。例如，公司自主推出的大灾指挥平台、风险雷达系统，在“利奇马”台风期间，保单风险预警准确率从65%提升至85%。三是技术渗透导向。实现新技术与业务场景的渗透与融合，提升服务品质。例如，公司自主推出的基于人工智能的“太睿保”车联网保险服务平台，为超过2万辆营运车、4万余名驾驶员提供安全服务，事故率降低27%，事故死亡率下降35%，实现了运输企业、保险公司和社会的多赢。该平台荣获2019世界人工智能创新大赛金融赛道第一名。四是强强联合导向。赋能内外协同发展，提供聚合服务。例如，与中国农科院合作研发“e农险5.0”聚合农险生态圈服务，提升农险承保理赔和业务综合分析能力，持续保持农险行业新技术应用的领先优势。五是数据应用导向。上线“大数据沙箱”“数据科学家工作台”等新型数据分析工具，累计提供实时查询服务1.06亿次。

启动新一代信息技术规划和科技治理优化工作，提升科技效能

2019年，公司完成了新一轮信息技术规划（ITDP2.0），关注科技长期能力建设，提出了“2358”总体蓝图，聚焦数据服务能力、平台协同能力、治理管控能力、创新转化能力以及自主研发五大能力建设，实现科技效能突破、数据服务突破以及创新机制突破。此规划实施完成后，将使得太保科技水平处于行业领先水平，并在架构、安全、数据服务、技术中台等方面达到行业标杆水平。同时，公司启动科技治理优化工作，着重解决需求的快速增长与敏捷开发之间的矛盾，在确保生产系统安全稳定和IT投入成本有效管控的前提下，构建了集团与子公司立体化分工协同机制。通过子公司专属应用开发前置，切实提高业务需求响应速度和开发效率，通过建设集团科技管控平台，着力加强集团科技的整体架构规划能力、共享平台服务能力、信息安全管控能力，以及面向未来的前瞻性技术储备能力。2019年完成寿险公司的专属应用开发前置工作，以提升对需求交付的敏捷响应能力。

加快推进自主研发和创新孵化，培育核心竞争力

2019年，公司加快核心技术、关键领域IT自主研发能力建设。完善和优化自主研发机制，建立闭环自主研发管理模式和规范。在核心业务系统建设、自动化测试平台、云平台建设和信息安全领域攻克关键技术，实现了多项核心关键技术自主可控，成为行业内首家通过国际TMMi5级测试成熟度认证的企业，并获得国家软件著作权66项。同时，公司加快创新孵化，培育竞争优势。在互联网平台创新方面，重点建设运营“太平洋保险”APP、集团官网及e服务微信号三大触点以及个人客户的保险账户、金融账户，持续优化统一认证服务。“太平洋保险”APP已具备“千人千面”的运营能力；在人工智能产品研发方面建立语音技术、图像技术、自然语言技术三大服务群，为集团、产险、寿险、长江养老4家公司提供服务调用超过1.2亿次；在行业标准制定和课题研究方面，“保险行业信息技术风险管理标准体系”课题荣获金标委重点研究课题二等奖，也是保险业唯一获奖课题。与中国信息通信研究院共同牵头制定了《保险行业基于容器的云计算平台架构》《保险行业基于容器的云计算平台成熟度模型》《保险行业应用开发的微服务架构成熟度模型》和《面向保险行业的微服务架构技术能力要求》四项行业技术标准。

加快推进中国太保云和罗泾数据中心建设，实现生产系统全年安全、稳定运行

2019年，公司加快推进中国太保云建设，上海罗泾数据中心投产运行，初步构建“两地三中心”布局和多活互备运行模式，从基础设施上保障高稳定、高安全运行。其中，中国太保云获得第四届中国优秀云计算开源案例特等奖。同时，加强业务连续性管理体系，确保信息系统运行的高稳定。对照ISO20000（信息技术服务管理体系）和监管要求，严格执行生产计划、操作规程和应急预案，实现信息系统稳定运行。加强信息安全与内控体系，确保信息系统运行的高安全。对照ISO27001（信息安全管理体系）和ISO29151（个人身份信息安全管理体系）和监管要求，严格执行安全监控、处置和改进，实现信息系统安全运行。

未来，中国太保科技的升级规划将从全域线上化、深度数字化和融合生态化等方面多层次推进。

第一是全域线上化，打造功能强大的线上化平台，以升级生产作业方式。从用户视角看，将加快各类线上化运用的补齐、完善和互联互通，在客户端着力优化自主服务的便捷性，实现APP、微信服务号小程序的无线连接，提供一次性的客户体验和快速需求。在生产作业方面，不断深化各专业领域岗位的线上化工具应用，通过集约协同的运营管理平台提升生产运营效率。

第二是深度数字化，提升数据服务能力。随着全链条线上作业方式的迁移和深化应用，将为公司积累沉淀大数据的基础。未来公司将更加重视大数据的服务能力，深入推进数据采集枢纽化、数据汇聚集中化、分析工具化以及应用产品化。持续提升数据挖掘能力，精准实施客户洞见，在定制化产品服务、精准化营销、交叉销售以及风险控制优化等方面谋求新的突破。

第三是融合生态化，主要是拓展客户服务的价值链，随着“80后”“90后”保险消费主力以及保险消费升级，将从主要满足客户的保险需求升级为打造开放的聚合平台，为客户提供一站式“保险+服务”的综合解决方案。公司将基于客户保险的全生命周期服务需求，集成各类强关联的服务供给，建设车生活、健康养老、智慧生活等综合性太保生态社区。基于数据中台和业务中台，打造智能推荐、“千人千面”的智慧运营能力。

远东宏信有限公司（以下简称“远东宏信”）是一家横跨金融和产业的综合集团，于2011年在中国香港联交所主板上市，股票代码03360.HK。远东宏信以“汇聚全球资源、助力中国产业”为使命，十多年来引领行业发展潮流，已进入《财富》中国500强、《福布斯》全球2000强。

远东宏信专注于中国基础产业，在城市公用、医疗健康、文化旅游、工程建设、机械制造、化工医药、电子信息、民生消费、交通物流等国计民生基础领域，开展金融、投资、贸易、咨询、工程等一体化产业运营服务；同时布局并运营医疗康养、设备工程、K12教育等产业。创造性地将产业资本和金融资本融为一体，形成了以资源组织能力和资源增值能力相互匹配、协调发展的企业运作优势。远东宏信总部设在中国香港，在上海和天津设立运营中心，全国20余个核心城市设立办事机构，形成辐射全国的业务网络。远东宏信始终以“鼎力塑造优秀企业”为愿景，致力于成为持续、稳定、不断增加价值创造的经济组织，为社会各方创造更多价值。

上海淞泓智能汽车科技有限公司

2019年度十大成果

2019年，汽车市场持续下行，车市寒冬遇“冷”，智能网联汽车、自动驾驶领域的探索也遭遇瓶颈，但智能网联汽车发展政策环境不断完善，上海淞泓智能汽车科技有限公司（以下简称“淞泓公司”）作为上海市智能网联汽车创新中心的承担实体，是上海乃至全国推进智能网联汽车发展的排头兵和先行者。在刚刚过去的一年里，淞泓公司从顶层战略、道路测试、示范应用、技术和标准等多个方面持续发力，取得了多项重大进展，下面以“十大成果”总结回顾。

一、推动长三角智能网联汽车一体化发展迈上新台阶

2019年5月22日，长三角地区主要领导座谈会在安徽芜湖召开，淞泓公司代表上海与三省共同签署了《长三角地区智能网联汽车一体化发展战略合作协议》。9月7日，国家制造强国建设领导小组车联网产业发展专委会第三次全体会议在江苏省无锡市召开，三省一市共同签署了《长江三角洲区域智能网联汽车道路测试互认合作协议》，推动长三角地区智能网联汽车测试、数据和基础设施的一体化，促进智能网联汽车产业一体化发展。

二、推进上海市智能网联汽车道路测试工作取得新进展

淞泓公司作为上海市智能网联汽车道路测试推进工作小组官方指定的唯一第三方机构，推动上海不断扩大道路测试范围和规模。截止2019年12月，上海智能网联汽车开发测试道路累计达到87.5公里，其中，嘉定区53.6公里、临港地区26.1公里、奉贤7.8公里。

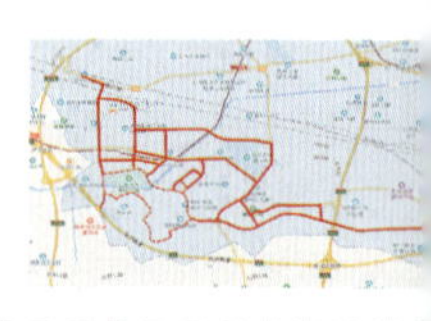

三、助力上海智能网联汽车测试管理办法实现新升级

2019年9月11日，淞泓公司参与制定的由上海市经济信息化委、市公安局、市交通委三部门联合印发《上海市智能网联汽车道路测试和示范应用管理办法（试行）》（沪经信规范〔2019〕7号）（又称“管理办法2.0”）。与2018年3月1日印发的管理办法1.0相比，修订升级的管理办法2.0放宽了申请车辆数量，提高了资质要求，新增了示范应用内容，增加了长三角互信互认内容，完善了测试试验项目，进一步优化了道路测试和示范应用过程管理。

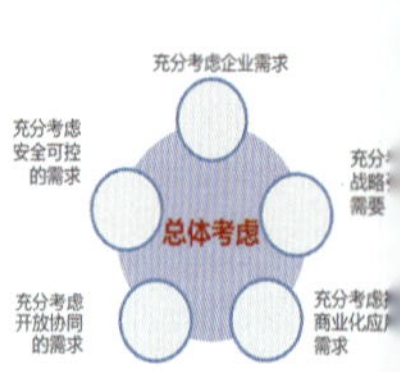

四、制定上海智能网联汽车测试规范并实现对外输出

2019年1月3日，淞泓公司组织召开上海市智能网联汽车道路测试规范研讨会，实现上海智能网联汽车测试规范系统化和对外输出。

4月29日，淞泓公司组织召开长三角地区智能网联汽车一体化道路测试规范研讨会，研讨会进一步加强了长三角智能网联汽车一体化发展共识，三省一市将共同努力把长三角建设成为智能网联汽车道路测试规范的引领示范区。

五、支撑上海智能网联汽车示范应用取得新突破

2019年9月16日，2019世界智能网联汽车大会期间，淞泓公司协助上海正式为上汽、宝马、滴滴颁发国内首批智能网联汽车示范应用牌照，获得示范应用牌照的企业可先行在城市道路中开展示范应用，探索智能网联汽车的商业化运营。

助力上汽集团、上港集团和中国移动联合宣布，正式启动全球首次“5G+L4级智能驾驶重卡”跨东海大桥示范运营。

六、推动上海率先颁发国内首批长三角测试牌照

2019年9月16日，2019世界智能网联汽车大会期间，在淞泓公司的技术支持下，上海向江苏中智行、浙江吉利颁发了国内首批长三角智能网联汽车测试牌照，进一步推动了三省一市智能网联汽车道路测试工作的互联、互通、互认、互信。

七、顺利承办人工智能大会和进博会自动驾驶体验活动

2019年8月29－31日，淞泓公司承接2019年世界人工智能大会自动驾驶动态体验区建设和运营工作，已连续两年顺利完成人工智能大会自动驾驶动态体验区的承办工作。

10月5－10日，上海国际汽车城（集团）有限公司承办第二届中国国际进口博览会汽车创新技术及自动驾驶体验展。淞泓公司具体负责体验展场规划、设计、建设以及运营工作。

八、支持C-V2X“四跨”互联互通应用示范活动成功举办

2019年10月22－24日，由汽车城集团联合信通院等启动的2019 C-V2X“四跨”互联互通应用示范活动在上海举办，淞泓公司为活动提供技术支持，成功实现国内首次“跨芯片模组、跨终端、跨整车、跨安全平台”C-V2X应用展示，充分展示了国内C-V2X全链条技术标准能力，进一步推动产业化落地。

九、牵头多项智能网联汽车标准制定取得新成果

2019年12月17日，由淞泓公司牵头，近30家汽车行业单位联合编制的中国汽车工程学会团体标准《智能网联汽车测试场设计技术要求》通过专家评审。《标准》填补了智能网联汽车测试场设计标准空白，对规范我国各地智能网联汽车测试场设计、推动测试结果互认、支撑智能网联汽车准入测试评价具有积极意义。

十、智能网联汽车前瞻共性技术研究取得新成就

2019年，淞泓公司成功牵头申请和参与工业和信息化部科技司重大科研项目2项，具体为联合行业企业、咨询机构和高校等7家行业单位，牵头承担“基于多接入边缘计算（MEC）的车路协同应用系统应用示范”项目；参与“基础数据服务和基础地图服务平台建设”项目。

2019年交通运输行业研发中心和重点实验室认定名单

淞泓公司新荣誉

第四届中国创新挑战赛（上海）暨第二届长三角国际创新挑战赛智能网联汽车专场赛一等奖、TOP10技术需求奖。

2019世界人工智能大会优秀互动体验奖

新华社瞭望周刊社“2019新时代汽车强国之路公益论坛”——“行业新锐奖”

2020展望

2019，是淞泓公司成立的第三年，实现了从无到有、站稳脚跟、崭露头角的目标，取得了优异的成绩和丰硕的成果，这些辉煌的过去将成为激发淞泓公司勇往直前的动力。

2020，充满希望而又充满不确定性，淞泓公司将继续向着为人类真正实现零伤亡、零拥堵的愿景，以梦为马，立新力行，拥抱变化，不负韶华，持续奋进，创造智能网联汽车行业更加辉煌的未来！

欲了解更多安吉星服务
敬请登录www.onstar.com.cn
安吉星手机应用二维码
(Both IOS+Android)
安吉星微信订阅号 二维码
安吉星微信服务号二维码
请关注安吉星官方微信订阅号和微信服务号
扫描安吉星手机应用二维码进行服务体验

第七编　信息安全

SHANGHAI INFORMATIZATION

综　述

2019年，上海市网络安全保障工作根据国家以及上海市委、市政府工作部署，在市委网络安全和信息化领导小组的统筹领导下，围绕科技创新中心建设和智慧城市网络安全保障，强化各职能部门间工作协同，有序推进落实等级保护、关键信息基础网络保护、进博会安全保障等相关工作。全年全市未发生重大信息安全事故，信息安全态势总体可控。

第一章　信息安全服务

概　述

针对上海信息化发展的新趋势和新一轮智慧城市建设安全需求，在上海市信息安全主管部门、企事业单位积极努力和共同推动下，城市信息安全应急服务愈加完善，安全测评、等级保护、网络保障、数字证书电子认证等信息安全社会化服务水平持续提升，网络安全宣传活动丰富多彩，进一步为城市信息安全保驾护航。

一、信息安全测评

【概况】作为上海市重要的信息安全基础设施，上海市信息安全测评认证中心(以下简称“安全测评中心”)做精做强产品检测、系统测评、评估服务三大块核心业务，超额完成全年业务目标，2019全年累计完成各类检测评估等服务项目共计2 300余个。

【基础网络和重要信息系统安全测评】2019年，安全测评中心深入贯彻《中华人民共和国网络安全法》、国家网络安全等级保护制度和《上海市公共信息系统安全测评管理办法》(上海市人民政府58号令)的政策要求，稳步推进全市重要公共信息系统安全测评工作。2019年，安全测评中心共对全市1 267个信息系统实施了安全测评，测评范围涉及电子政务、银行、证券、保险、电力、燃气、轨道交通、医疗卫生、第三方支付、互联网金融、电子大屏、云平台等各类关系国计民生的主要信息系统应用领域，为上海市各类重要信息系统的安全稳定运行和智慧城市建设提供了重要的安全保障。

【进博专项安全保障】 在第二届进博会期间，安全测评中心累计派出技术人员200多人次参与安全保障工作，主要包括：参与市委网信办布置的进博专项安全保障工作；参与市网安总队布置的各项等级保护安全检查、专项检测等工作；派遣资深技术人员加入网络安全顾问团；组建渗透测试小组参与各项远程检测工作；对医疗领域65家单位共计143个重要系统开展安全测评工作；配合市卫计委等顺利完成进博会前的渗透测试、出现安全问题时多次的应急安全服务保障工作。

（吴晓春）

二、数字证书应用推广

【概况】 2019年，上海市数字证书认证中心有限公司（以下简称“上海CA中心”）全面启动体制机制的创新改革，进一步发挥电子认证在网络信任体系建设中的支撑作用。一方面，随着《电子签名法》修正案草案和《密码法》的表决通过，基于商用密码的电子签名、电子印章等数字证书典型应用的重要性和必要性得到进一步体现，与《网络安全法》《国务院关于在线政务服务的若干规定》《全国深化“放管服”改革优化营商环境电视电话会议重点任务分工方案》《上海市“互联网+监管”工作实施方案》《建立“一网通办”政务服务“好差评”制度工作方案》《2019年上海市推进“一网通办”工作要点》等政策形成了更好的互动和互补。另一方面，全市“一网通办”持续开展业务流程优化再造改革攻坚，强化数据整合共享应用，有力提升“一网通办”改革效能，“双减半”和“双一百”取得阶段性成果，优化营商环境，让市民有更多获得感，对数字信任技术在电子政务领域中的应用提出更高的要求和挑战。随着物联网、人工智能、区块链、云计算、大数据等科技浪潮的推动，电子认证迎来了一个机遇与挑战并存的时代。值此关键之期，上海CA中心加速改革，不断提升战略引领能力、服务整合能力、技术研发能力、综合管理能力和市场拓展力度，进一步强化作为全市信息化发展基础设施的保障能力，积极参与全市“一网通办”支撑服务体系的建设，为成为最有价值的数字信任服务企业积蓄力量。

基础平台

【电子印章平台建设】 上海市电子印章公共服务平台的建设目标是实现纸质文书形式流转向电子文书形式流转的转

变，保障全市各类法人及个人主体电子印章申请、制作、备案、查询、变更、注销、签章、验章和使用管理等服务，进一步扩大电子印章应用范围，深化电子印章应用模式，在互联网侧提供企业和个人在政府服务事项中管理和使用电子印章的能力，在政务外网侧提供政府机关、事业单位统一的电子印章全生命周期管理和签署能力。

应用推进方面，根据上海市经济信息化委印发的《关于加快推进全市电子印章应用的通知》（以下简称"通知》"）的相关要求，上海CA中心全面开展电子印章应用推进工作。2019年完成电子印章国家政务服务平台备案数量超6.6万枚，覆盖全市党政群机关、事业单位95%以上；对接上海市公共数据共享交换平台、"随申办市民云"、智慧公证平台、长三角"一网通办"专窗系统、应急管理移动执法平台、市场监督管理局企业登记档案查阅系统、引航电子签证系统、市级行政事业单位公务仓资产管理信息系统、政府采购网、经济信息化委专项资金申报等市级应用系统95个，完成《通知》中296项事项相关应用的推进工作（其中4项因机构改革发生调整），完成率98.6%；面向所有法人主体颁发电子印章超434万枚，其中有效状态超318万枚，面向个人用户颁发电子印章近35万枚，其中有效状态近28万枚。

平台对接方面，根据国办相关文件要求，完成全市电子印章公共服务平台与国家统一政务服务平台电子印章系统的数据对接，实现上海市政府机关、事业单位电子印章国家统一备案，互联互通。同时，根据上海市营商环境3.0的工作内容，进行企业开办电子印章申领工作的调优改造，对接市公安局特种行业（公章刻制业），在企业开办环节中为企业制作电子公章、电子合同专用章、电子财务专用章和电子法人章。

服务保障方面，设立962600热线和12345热线，负责电子印章热线解答工作，并在全市25个网点设立电子印章线下服务窗口。组建涵盖售前技术支持、售后服务保障、业务推广等专业团队，全方位为电子印章专业服务提供一体化支撑，保障企业和个人用户以及各接入委办单位的服务质量。

【个人认证平台建设】 个人多源认证平台累计总认证次数达4 985.6万人次，覆盖注册人数2 429.9万，总应用接入数量达到113个，全力打造"一网通办"身份认证总入口。

平台功能建设方面，不仅新增对港澳台地区及上海市外籍人士的身份信息比对服务，还优化APP人脸识别服务，对接微信人脸识别，不断提升用户的体验感和感知度。平台性能建设方面，自2019年三季度起开展负载优化工作，完成接口和核心服务器的负载配置。

应用推进方面，个人多源认证于2019年年内分别为全市“一网通办”随申办小程序及自助终端在线办事服务、公积金提取在线签约服务、工商一窗通企业开户服务、上海人社APP用户注册服务、申康医联平台在线预约服务等政府机关和事业单位的政务服务提供了不同种类和等级的认证服务。

【公务人员认证平台建设】 根据国务院办公厅印发的《关于加快推进“互联网+政务服务”工作的指导意见》的要求，结合《信息安全等级保护管理办法》的落实，依托现有公务人员证书发放与认证体系，建成全市公务人员统一身份认证公共服务平台，满足全市公务人员在电子政务活动中的统一身份认证、单点登录、数据和文档加密签名办公无纸化等信息安全应用需求。持续推进区级统一认证平台的建设，进一步规范平台建设方案、应用接入、证书管理制度等标准，完善和优化公务人员证书服务流程。截至2019年年底，已完成全市8个区级认证平台的建设。积极推进公务人员证书在重要政务项目中的应用，完成国产密码算法升级改造和应用平滑过渡。完成网上政务大厅、社区事务受理办理、民生档案查询、信访管理平台、市协同办公平台实现与市公务人员平台对接。累计为市、区两级认证平台发放公务人员证书超过14 000张，认证次数超20万次。打通金山WPS账号、政务微信认证、公务人员协同办公平台、公务手机SIM卡、机关事务管理线下多种场景等认证渠道。

【移动认证平台建设】 完成多版本移证通APP V3、移动电子认证平台JAVA版V1、法人多源认证APP V1、运营级移动电子认证平台V4、一窗通V3等移动电子认证产品的研发。推进移动认证产品的国密资质申请工作，完成相关产品的商密资质申请、安审检测与专家答辩。SRT1919面向移动终端的数字证书服务平台和SHM1927移动智能终端安全密码模块获得国家密码管理局颁发的商用密码产品型号证书。

应用推进方面，集成上海市大数据中心的“随申办市民云”，确保“一网通办”移动端业务开展。推进上海人社、湖北襄阳政务中心、张家港同城医联、甘肃住建委等项目的移动电子认证产品的研发、集成与交付。

【社会化电子证照平台建设】 积极参与上海市电子证照库建设，实现身份证、驾驶证、行驶证、户口本等证照在政务业务中的落地应用。建设社会化电子证照平台，成功对接上海建设银行等应用，逐步推进电子证照在企业招投标、检验评测、第三方审计、社会化认证等领域的社会化应用。

法人网上身份统一认证

截至2019年年底，上海CA中心共发放法人“一证通”数字证书250多万张，覆盖法人数量200多万家。服务渠道方面，线上线下服务体系不断完善。上海CA中心在全市共设立25个证书受理点，配备98名服务人员。同时为进一步方便用户自助办理证书业务，提高服务效率，在17个服务网点配备了自助服务终端设备。线上服务包括微信公众号、在线客服、在线预约，用户通过“一证通”门户网站和协卡助手可在线办理证书更新、变更、查询等业务。呼叫中心业务承载量不断提升，全年呼入量为119.6万个，其中转人工接听87.9万个。

应用推进方面，在保障各委办局已有服务项目顺利应用的基础上，继续推动扩大网上业务覆盖面，不断挖掘各委办局需求，积极探索新的合作方式，与电子营业执照创新融合应用。全年新增单用途预付卡协同监管平台、口岸签证、专项资金项目管理与服务平台等13个应用系统；持续拓展电子签章、签名验签应用，徐汇区环保局综合业务平台、九三学社协同办公系统、上海市委宣传部电影市场审批系统等10个应用系统增加了电子签章、时间戳、签名验证等功能。

服务保障方面，按照市政府优化营商环境统一工作部署，调整“法人一证通”原同步发放方案，变“企业线上激活使用”为“窗口直接领取使用”。即在全市营业执照发放的33个工商网点配备专门人员，实现窗口专人制作“法人一证通”，共计推送30多万家企业，已发放介质企业近22万家，已发放介质占推送企业数量的72.33%。

数字证书应用推广

【企业级CA领域应用推进】 设计完成企业级CA的解决方案，编撰相关产品说明书。初步实现企业级CA的市场拓展，初步形成一批可复制、可推广的企业级CA标杆案例。辽宁网联CA互联互通项目、北控集团项目、北燃集团项目、方洋集团项目等重点项目按计划有序开展。

【银行保险领域应用普及】 完成太平洋保险、上海银行项目电子印章、电子签署、电子保单、移动签批建设等重要项目；引入“大家签”电子合同平台，为上海银行及其客户提供第三方电子合同签署服务。积极推进电子证照在银行领域的社会化应用，与中国工商银行、中国建设银行等银行机构开展合作，初步部署政务类证照在银行柜台业务办理中的应用。

【医疗卫生领域应用服务】 已服务各级

医疗机构近500家,其中三级医院70余家,包括本地三级医院40家;市卫健委、上海申康医院发展中心等区级平台12家;平安好医生、纳里健康等全国知名互联网医疗平台10余家。依托本地市场形成一批典型应用,在外省份也新签约了一批医疗单位。

【电子招投标数字信任服务】 优化客户服务,为客户提供招标书电子签章、招标文件签章加密、评标专家签章等电子招投标数字信任服务。顺利对接上海煤科、上海信产、东方监理投资等大型电子招标平台。

(赵　鸣)

三、 信息安全宣传教育

【国家网络安全宣传周相关活动举办】 “2019年国家网络安全宣传周(上海地区活动)”(以下简称“宣传周”)于9月16—22日举办。本届宣传周在“网络安全为人民,网络安全靠人民”的主题下,围绕松江区特色,举办开幕式及网络安全展、网络安全高峰论坛、网络安全嘉年华、网络安全“三进”活动、全民网络安全知识大比拼、长三角首席安全官(CSO)评选、ISG网络安全技能竞赛、主题日等活动。

市经济信息化委、市教委、市公安局、团市委、市通信管理局、中国人民银行上海总部、全市各区县等相关部门积极参与宣传周工作,创新宣传形式,开展各类活动,覆盖全市大中小学生、企业员工、普通市民等各类人群。其中:宣传周开幕式活动统一思想、明确方向,与会领导为“网络安全示范区”授牌、为2019长三角优秀首席安全官颁奖,企业代表发出了“文明用网,网络安全从我做起”倡议,上海市有关部门负责同志、受邀单位领导、参展企业代表、高校专家、学者、获奖代表和受邀媒体代表等400余人参加;网络安全展紧紧围绕“群众性”进行策划,充分发挥地区主办特色,同时举办“网络安全知识展”和“G60科创走廊工业互联网安全防护成果展”,其中,网络安全知识巡展仅松江区即覆盖全区6个科技园区、17个街镇社区的200万人口;网络安全高峰论坛围绕大局,精心选题,由“网络空间协同治理,助力实体经济转型升级”为主题的主论坛和教育行业、医疗行业、金融行业、新技术新应用发展4个分论坛组成,邀请行业专家、高校专家、产业界代表,就网络安全技术、产业、人才培养等进行交流讨论,参与人数过千;首创开展的“网络安全嘉年华”活动,摆脱传统网络安全宣传的说教模式,结合松江的地理区位和人文历史优势，在“上海之根”——松江广富林遗址公园开展网络安全主题定向赛、Hackdemo体验展、网络安全知识闯关赛和亲子闯关赛等活动，探索“寓教于乐”宣传新形式；网络安全“三进”活动进一步拓展“网络安全进基层”的内涵，组织开展网络安全进农村、网络安全进楼宇、网络安全进校园三项活动；全民网络安全知识大比拼以“个人信息保护”为主题，通过移动端在线学习、了解、问答、互动等方式让更多市民参与网络安全知识和技能学习，同时，由市委网信办联合各区共发动73万余人参加知识竞答，答题正确率较往年稳步提升；长三角首席安全官（CSO）评选活动首次联合江苏、浙江两地实现区域联动，旨在进一步推动长三角网络安全工作一体化发展；2019年ISG网络安全技能竞赛创新决赛形式，由线下攻防转变为演讲答辩，从实际需求出发，围绕敏感数据保护、网络安全体系建设等热点话题碰撞思想、交流经验，全国范围内200余支队伍参赛；主题日活动由市委网信办统筹协调各行业主管部门在全市范围内开展，包括校园日、电信日、法治日、金融日、青少年日、全民体验日。

（朱方园）

第二章　信息安全技术研发及产业化

概　述

随着数字经济和实体经济深度融合,5G、人工智能、区块链、大数据、车联网等新技术、新应用兴起并全面推广应用,网络空间治理、关键信息基础设施安全保护、个人信息保护和数据安全管理等工作不断强化,网络安全产业发展环境不断优化,网络安全产业进入发展黄金期。

2019 年,网络安全产业经营收入显著提升。由于网络安全大检查和网络安全等级保护 2.0 规范的发布,安全检测、咨询服务快速增长,移动应用安全需求持续上升。与此同时,上海市信息安全企业在智能芯片、身份认证、安全终端等方面发展迅速,多个企业获得 B 轮、C 轮投资,在全国信息安全细分市场业绩名列前茅,为上海乃至全国的信息安全保障提供了有力支撑。

一、信息安全技术产业化

【概况】 2019 年,上海范围内从事网络安全产品销售、集成和服务的企业、机构、科研院所等单位约 250 家,涵盖安全防护、安全集成、安全运维、安全评估、安全咨询与培训等类别,产值超过 75 亿元,较 2018 年增长 26%。由于网络安全大检查和网络安全等级保护 2.0 规范的发布,网络安全检测、咨询服务快速增长。工控、教育、医疗等行业的网络安全管理要求逐步规范和细化,各领域内的集成商纷纷加大网络安全人才队伍建设,但网络安全人才需求缺口仍然巨大。

防火墙、安全检测工具、身份管理和访问控制等传统安全防护类产品需求稳定，代码检测、数据安全防护、云安全服务等增长明显，网络安全态势感知、安全日志分析、自动化安全运维管理平台等产品不断发展，移动应用安全需求持续上升。

表 7-1 上海信息安全产业近三年经营收入情况 （单位：亿元）

	2017 年	2018 年	2019 年
信息安全产业年经营收入	58	59.19	75

（朱方园）

【工业控制网络协议安全分析与漏洞挖掘及应用项目通过验收】“工业控制网络协议安全分析与漏洞挖掘及应用”项目由上海自动化仪表有限公司承担，2019 年 12 月 4 日通过市科委验收。该项目研究工业控制网络协议安全体系与规范，研制工业控制网络协议安全分析与漏洞挖掘系统、工业控制网络系统安全仿真与模拟测试分析平台，形成工业控制网络协议漏洞库建立方法、工业控制网络协议应用层漏洞挖掘方法、工业控制网络协议物理层漏洞分析与挖掘方法。该项目在上海电气环保热电(南通)有限公司的环保项目中实现示范应用，并申请国家发明专利 6 项，申请实用新型专利 1 项，申请软件著作权 6 项，发表科技论文 21 篇，起草并提交相应的工业控制网络安全国家标准草案 1 项，培养博士 1 名、硕士 11 名，培养 6 名相关技术人才。

【自主可控的可信工业控制器及测试技术研发与应用项目通过验收】“自主可控的可信工业控制器及测试技术研发与应用”项目由华东师范大学承担，于 2019 年 4 月 24 日通过市科委验收。为打破国外厂商技术垄断，提升自主可控高可信工控产品的国际竞争力，该项目以中国科学院何积丰院士奠基的可信计算理论与技术为基础，取得 4 项突破性成果，形成面向工业控制器行业应用需求的可信支撑理论体系与深度安全评测体系，研制出国内领先的符合国标 IEC61508 SIL-3 级安全标准的自主可控高可信工业控制器，开发了国内首款符合 IEC61131-3 标准的工业控制器逻辑组态工具。相关软、硬件产品及面向电力行业的工控安全解决方案已取得良好示范效应。2019 年产品销售收入达 1 500万元，预计 2021 年实现收入 1 亿元。

（王卓曜）

二、重要信息安全企事业单位

【上海市网络与信息安全应急管理事务中心】1999年9月，经市编办批复成立上海市计算机病毒防范服务中心(上海市计算机2000年问题评估中心)。2011年12月，经市机构编制委员会批复(沪编〔2011〕267号)，更名为上海市网络与信息安全应急管理事务中心(以下简称“市应急事务中心”)，增挂上海互联网络交换中心牌子。2018年1月，经市机构编制委员会批复应急管理事务中心划转中共上海市委宣传部管理，属市级公益一类事业单位。

2019年，市应急事务中心对全市网络和信息系统开展监测预警和风险漏洞通报工作，参加重大网络安全事件现场应急处置工作，并完成《上海市网络安全事件应急预案》的修订和发布工作；在全市网络安全应急管理工作会议上，部署全市重点单位开展预案修订和备案工作；组织开展2019年“上海市网络安全示范性应急演练”，取得良好示范效果。此外，市应急事务中心还负责管理运营上海互联网络交换平台，并提供电子证据的司法鉴定服务。

【上海市信息安全测评认证中心】上海市信息安全测评认证中心(以下简称“安全测评中心”)，是经上海市人民政府批准成立的专门从事信息技术产品、信息系统安全测评的第三方专业机构，是国内最早开展信息安全测评的机构之一，也是华东地区检测资质最全、规模最大、综合性最强的信息安全专业测评机构。

作为上海市重要的信息安全基础设施，安全测评中心立足产品测评、系统测评、评估服务三大核心业务，大力提升测评能力，打造测评高地，不断挖掘用户需求，努力开拓各类行业市场。2019年，安全测评中心面向全市重要信息系统开展安全测评工作，测评范围涉及电子政务、社会保障、银行、证券、保险、电力、燃气、供水、轨道交通、医疗卫生等关系国计民生的主要信息系统应用领域，为上海市各类重要信息系统的安全稳定运行和智慧城市建设提供安全保障。

【上海市数字证书认证中心有限公司】2019年，上海市数字证书认证中心有限公司(以下简称“上海CA中心”)全面推动体制机制改革，积极寻求转型和创新，努力打造核心产品和服务。研制移动端“法人一证通”APP V1.0，推动身份认证产品与移动互联网深度融合，创新集成电子营业执照，在移动端实现法人数字证书管理和电子签名应用，支持“一网通办”用户相关政务业务全程线上办理，提升用户办事便捷性。该产品突破传统法人 UKEY 证书瓶颈，机盾一体，携带方便，无额外硬件成本，从而通过移动端线上业务降低线下网点压力和营运成本。

2019 年，上海 CA 中心建设并运营上海市电子印章公共服务平台，完成与国家统一政务服务平台、上海市“一网通办”平台等 95 个系统对接，累计发放法人电子印章 434 万枚、个人电子印章 35 万枚，全面实现对各类法人电子印章和个人电子印章的统一制作与管理，满足企业、市民在网上办事中对于电子文档可信签署的业务需求，并逐步实现签署文档在全市电子政务的互通互认，节约企业办事成本、减少市民办事奔波，积极推动企业和市民在电子商务和社会公共服务领域使用电子印章。

【上海计算机软件技术开发中心】上海计算机软件技术开发中心(以下简称“上海软件中心”)是全国最早的第三方专业测评机构之一，具有三十多年的丰富行业经验，上海市计算机软件评测重点实验室(SSTL)隶属于上海计算机软件技术开发中心，是上海市科委 IT 领域九大重点实验室之一。实验室专业从事网络安全等级保护测评、软件测试、医疗卫生行业测试、安全服务、安全评估与咨询、科技政策咨询、标准及质量体系研制等领域的工作。

2019 年，上海软件中心根据业务需要开发平台 4 个，获得软件著作权 4 项、专利 2 个。参与科技部重大专项课题众测研究、上海市科委人工智能项目、智慧城市标准项目等研发工作。2019 年，上海软件中心承担第二届进博会等级保护测评及安全保障服务，会议期间无安全事故，获得突出贡献奖；参加 2019 年全国信息安全标准化技术委员会工作会议、参与修订中国医院信息安全白皮书。

【上海市软件评测中心有限公司】上海市软件评测中心有限公司(以下简称“软件评测中心”)成立于 2001 年，是上海市经济和信息化委员会领导下的第三方检测和咨询专业评估机构，是中国合格评定国家认可委员会认可的检测实验室，出具的测试报告在几十个国家和地区具有互认性。软件评测中心重视研发技术创新和差异化设计，其研发中心以核心的研发成果为平台开展技术创新活动并进行成果转化。在研发管理方面，引进国内外先进的研发管理方式，优化整合研发管理理念，加快产品进度；采用先进的软件产品开发思路，对研发分阶段管理和进度控制，针对项目的开发过程、质量等方面不断优化和总结，在项目管理中把检查、决策、管理结合起来，从公司制度和流程上保证风险受控、决策科学，减少研发投入风险。软件评测中心立足上海，业务辐射全国，每年完成 3 000 多项服务项目，业务涵盖电子政务、金融、卫生、教育、云计算、人工智能、工业互联网等。软件评测中心成立以来积极发挥第三方检测机构的职能，关注产业和企业对测试服务的需求变化，不断研发相应测试服务平台，稳步提高平台运作的市场化程度。

【公安部第三研究所】 公安部第三研究所（以下简称“三所”）始于 1978 年上海公安科学研究所，1979 年经国务院批准更名为公安部上海八七六研究所，1984 年经公安部批准更名为公安部第三研究所。40 年来，三所始终以服务公安、服务实战为己任，坚持创新引领、实战导向、产研融合、跨越发展，与公共安全共进，与社会平安同行。

三所主要从事网络安全与智慧警务科研创新与技术支撑，在警务信息智能感知、警务数据安全共享、违法犯罪监测预警等优势研究领域有着长期的积累，在网络攻防、网络侦察、技术侦察、国产密码、电子取证、等级保护、大数据分析、智能安防、毒品检测等领域着力部署，提供核心关键技术支撑与系统解决方案，在公共安全领域具备强大的智能装备制造和系统集成的产业化能力。三所业务涵盖公共安全产品研发、检测评估、系统集成多领域。拥有网络事件预警与防控技术国家工程实验室、信息安全等级保护关键技术国家工程实验室、大数据协同安全技术国家工程实验室、国家反计算机入侵和防病毒研究中心、国家网络与信息系统安全产品质量监督检验中心、信息网络安全公安部重点实验室、公安部信息安全产品检测中心、公安部信息安全等级保护评估中心等一批国家级、省部级创新平台。三所凝聚一大批优秀的科技创新人才，现有一支 2 200 多人的科研、管理和支撑队伍。“十二五”以来，承担国家各类科研项目近 80 项、公安部等省部级项目 90 项，获国家科技进步奖励 3 项、省部级科技奖励 16 项；发布国际国家标准 19 项、行业标准 50 项，发表 SCI 论文 160 余篇，获发明专利授权 130 余项。

【万达信息股份有限公司】 万达信息股份有限公司（以下简称“万达信息”）成立于 1995 年 12 月，是国内领先的智慧城市整体解决方案提供商。作为国家规划布局内重点软件企业，万达信息拥有国际一流的资质，是全国首家整体通过 CMMI5（软件能力成熟度模型最高等级）认证的企业，承担了多个“核高基”“国家重点研发计划”等国家科技攻关课题，参与多个行业信息化国家标准制定，拥有国家企业技术中心和多个国家级创新平台。

万达信息总部设在上海，已在北京、成都、青岛、武汉、长沙、南京、广州、银川、哈尔滨、鄂尔多斯以及美国等地开设40余家分支机构，形成了覆盖全国的服务体系。2019年，中国人寿成为万达信息的第一大股东，万达信息也成为中国人寿第一家战略投资的上市公司。

在信息安全工作方面，万达信息成立信息安全监管部和信息安全工作组，建立完善的信息安全管理体系，并获得ISO27001信息安全管理体系认证、国家信息安全测评信息安全服务（工程类、开发类）资质证书、信息系统安全集成服务一级资质（CCRC），入选2019年度上海市网络与信息安全服务推荐单位、2019年上海市委网信办网络安全技术支撑单位，承担第二届进博会相关客户的互联网系统安全管理和运维保障职责。

【上海华虹集成电路有限责任公司】 上海华虹集成电路有限责任公司（以下简称“华虹设计”）成立于1998年12月，是中国电子信息产业集团有限公司（CEC）下属子公司，是中国专业的智能卡和嵌入式安全芯片解决方案供应商。华虹设计拥有雄厚的技术实力，二十年专注对嵌入式芯片SoC设计技术、射频技术、超低功耗技术、安全攻防技术、质量控制技术不懈投入和追求，满足客户对高性能、低功耗、适度安全的芯片需求。2019年，华虹设计申请专利14件，其中发明专利12件，获得专利授权16件，均为发明专利。截至2019年年底，拥有企业有效专利共249件，其中发明专利218件。

2019年，华虹设计在深耕智能卡技术和产品的基础上，基于现有的行业基础和安全技术优势，积极开展技术创新和产品的转型发展，重点拓展安全物联网市场，将10多年积累的安全技术应用到安全物联网产品中，为客户提供系统整体解决方案，应用在智能电网、智能交通、智能家居、工控安全等领域，为网络安全提供技术保障。在技术方面，华虹设计和上海交通大学共建上海集成电路安全防护工程技术研究中心，利用双方优势进行理论研究、技术攻关、人才培养等方面的合作，持续发展芯片安全防护等关键基础技术，以实现核心技术的持续跟踪和研究。

【上海三零卫士信息安全有限公司】 上海三零卫士信息安全有限公司（以下简称“三零卫士”）成立于2001年7月，是中国电子科技网络信息安全有限公司旗下专业从事网络安全服务的高新技术企业，现有员工700余人，总部设在上海，在北京、成都、广州、杭州、武汉、南京等地设有分支机构。

2019年，三零卫士共申请专利8项，获批计算机软件著作权13项，重点围绕大数据、云计算、人工智能、移动互联网、安全态势感知等技术开展新技术应用和新产品研发工作。其中，普陀区政务云网络安全监管项目，是三零卫士为大力支持上海市“一网通办”和“一网通管”等电子政务信息化发展需求和上海市年度重点工作而重点规划设计、建设和服务的项目。该项目的实施是三零卫士近几年技术创新和业务转型的成果缩影之一，也为三零卫士从传统的信息化网络安全向以云与大数据、应用系统等为核心的新型基础设施网络安全能力的提升和业务转型积累了宝贵经验。

【上海斗象信息科技有限公司】 上海斗象信息科技有限公司（以下简称“斗象科技”）创立于2014年，是国内领先的创新型网络安全提供商，其产品及服务已被全球领先企业和顶级投资者认可，拥有600家核心客户，在金融、互联网、物联网、政府、教育等行业推出了优质服务和创新产品解决方案，是国家互联网应急中心（CNCERT）“省级支撑单位”、国家信息安全漏洞共享平台（CNVD）“漏洞报送突出贡献单位”、2018年度上海市网络安全工作“先进支持单位”，多次参与国家级重大网络安全保障工作并做出突出贡献。曾荣获2016年红鲱鱼全球科技创新100强，是亚洲地区唯一上榜的安全企业。斗象科技已在上海、北京、深圳、南京等多地设立分支机构。

斗象科技是中央网信办及上海市委网信办、国家互联网应急中心省级支撑单位，中国信息安全测评中心二级支撑单位，公安部第三研究所、上海互联网应急中心等机构提供技术支撑。2019年，斗象科技入选市发展改革委“2019年上海市服务业发展引导资金”立项名单、年度“上海科技小巨人”工程立项名单、上海市军民融合发展专项（产业）项目、上海市促进文化创意产业发展财政扶持资金项目、浦东新区促进战略性新兴产业发展财政扶持单位等。截至2019年年底，斗象科技员工共计199人，其中研究生8人、本科学历108人，技术及研发人员占总人数58%。2019年12月，斗象科技获得数亿元C轮融资。

【上海观安信息技术股份有限公司】 上海观安信息技术股份有限公司（以下简称“观安信息”）是一家精通大数据的安全公司、精通安全的大数据公司。观安信息凭借在数据安全、大数据分析及人工智能领域的技术储备，自主研发的大数据人工智能建模分析平台获得多个重点奖项认证。

观安信息具备网络安全与大数据领域的产品研发和服务专业资质，获得了包括但不限于ISO9000、ISO20000，ISO27001，CMMI、CCRC等多项国际与国内的专业化体系与技术认证，多产品获得IPv6 Ready Logo国际认证。在各类新技术、产品和服务的不断深化发展过程中，观安信息积极参与并推进网络安全自主化建设，坚持建设完善的自主可靠可控知识产权体系，为运营商、政府、公安、金融、能源、交通、互联网等行业用户提供全面的信息安全解决方案，保障用户单位业务的可持续性健康发展，产品和服务受到众多用户的信赖与垂青，其中2019年新申请专利34件，已授权15件。2019年1月，观安信息获得1亿元B+轮融资。

【宝付网络科技（上海）有限公司】 宝付网络科技（上海）有限公司（以下简称“宝付网络”）成立于2011年，注册资本8亿元。2011年底荣获由中国人民银行颁发的《支付业务许可证》。宝付网络以领先的研发实力和创新能力，专注于电子支付和大金融领域，是一家提供综合支付服务的高科技企业，旨在为广大用户提供灵活、自助、安全的支付产品与服务。收单类产品有网银支付、认证支付、代收、快捷支付、聚合支付、协议支付等；结算类产品有代付、365天实时结算等；跨境类产品有跨境支付等；行业化产品有实时分账等。同时，宝付网络还针对互联网金融、消费金融、物流、保险等行业度身定制切合行业需求的支付解决方案。

宝付网络秉持精耕细作的专业精神，以“实时结算整体解决方案”作为核心商业模式落实贯彻，近两年企业规模及业绩保持高速增长势头。宝付网络产品丰富，受众广泛，主要客户覆盖30多个行业市场，与360、国华人寿、华瑞保险、洋码头、聚美优品、环球易购等企业建立了良好的长期合作关系。

【上海上讯信息技术股份有限公司】 上海上讯信息技术股份有限公司（以下简称“上讯信息”）成立于2010年12月，是IT智能安全运维与数据治理等领域国内领先的厂商及服务提供商。上讯信息在西安、上海、北京设立研发中心，并与哈尔滨工程大学成立“保密技术与信息系统安全联合实验室”，拥有遍布全国各地的20个本地化技术服务机构，服务覆盖31个省市以及港澳地区，完善的服务体系使上讯信息具备高效快速为客户解决各种问题的能力，可保证客户的IT信息系统连续、稳定、高效、安全地运行。通过多年扎实努力的拓展，上讯信息成为2 000家中高端客户选择的安全解决方案提供商，客户遍布全国，覆盖金融、能源、公共运输、互联网、公共事业、政府、制造业、教育、通信等众多行业。2019年，上讯信息申请专利17件，已授权12件。

【上海工业控制安全创新科技有限公司】 上海工业控制安全创新科技有限公司实体运行的上海工业控制系统安全创新功能型平台是上海市为打造全球科技创新中心，首批推动建设的研发与转化功能型平台之一，由上海市政府和普陀区政府两级联动共同建设。

该平台由中国科学院何积丰院士担任首席科学家，立足上海，发挥长三角区域产业优势，面向汽车电子、轨道交通等国家重点行业和关键信息基础设施，进行工业控制系统功能安全和信息安全核心技术研发和成果转化，并联合上下游企业，提供仿真验证、监测预警、检测评估、培训咨询等服务，帮助客户提升工业生产制造和终端产品全生命周期的安全可靠，以及加固工业互联网和物联网的信息安全，打造连接产、学、研、用、政、资等相关主体的“安全+”产业生态服务平台。

【上海启明星辰信息技术有限公司】上海启明星辰信息技术有限公司成立于2000年，其总部是1996年成立的国内最具实力的网络安全产品、安全管理平台、安全服务及解决方案提供商之一的北京启明星辰集团。该集团在全国设置40多个分支机构，员工4 000余人。总部在北京，在上海、广州、成都、西安、长沙等地设立研发中心，研发人员超过1 400人，拥有业界领先的安全攻防实验室ADLAB、核心技术研究院等科研机构。上海作为华东区域的中心，肩负了上海市网络安全工作的重任，连续几年被评选为上海市网络与信息安全服务单位。

【格尔软件股份有限公司】格尔软件股份有限公司(以下简称“格尔软件”)注册资金8 540万元，成立于1998年3月，2017年4月于上海证券交易所上市，注册公司下设北京格尔国信科技有限公司、上海格尔安全科技有限公司等子公司，在北京等全国各大中心城市设有多个办事处。现有员工350人，其中本科以上学历占90%，技术开发人员210余人，约占65%。

格尔软件是专业从事信息安全核心技术和产品研发，为客户提供信息安全整体解决方案与配套服务的国内身份管理领域的领先企业，可提供网络身份认证安全软件的完整产品线和权威解决方案。格尔软件在科研方面持续投入，是上海市高新技术企业、上海市软件企业，上海科委科技小巨人(培育)企业。格尔软件曾多次获得科技部等部委的创新荣誉，曾两获国家科技进步二等奖，荣获上海科技进步一等奖、国家密码科技进步一等奖、国家教育部科技进步二等奖等荣誉。格尔软件掌握自主知识产权的密码核心技术，共取得56项计算机软件著作权等级证书、21项国家发明专利，承担国家和省部级重点信息安全科研项目12项。

【优刻得科技股份有限公司】优刻得科技股份有限公司(以下简称“优刻得”)成立于2012年，是纯内资的创新型企业，总部位于上海，在北京、深圳等地设有分公司，现有员工1 039人，其中研发和技术人员占比51%。截至2019年，共获得授权专利26件，2019年申请专利40件。

优刻得成立以来发展迅速,已成长为业界认可的中立云计算服务商,连续入选2018、2019年度中国互联网企业100强。优刻得致力于打造一个安全、可信赖的云计算服务平台,自主研发IaaS、PaaS、大数据流通平台、AI服务平台等一系列云计算产品,并深入了解互联网、传统企业在不同场景下的业务需求,提供包括公有云、私有云、混合云、专有云在内的综合性行业解决方案,业务覆盖互联网、金融、新零售、制造、教育、政府等诸多行业。优刻得已为国内外上万家企业级客户提供云服务支持,间接服务终端用户数量达到数亿人。

【上海林果实业股份有限公司】上海林果实业股份有限公司(以下简称"上海林果")1997年5月20日注册成立于上海市普陀区,注册资本人民币6 153万元。上海林果从事信息安全领域的电子交易安全的产品研发、方案提供、客户服务,主要产品有动态令牌、智能密码钥匙、多功能安全支付终端、SD卡、JAVA多界面虚拟系统、统一认证平台ESS、电子银行风险监控平台TMS。目标用户包括银行、证券、保险、政府、税务、工商、企业、互联网等,为其提供身份安全和认证、电子交易安全风险监测和控制,保证其身份唯一性和交易的安全性。上海林果在电子交易安全领域是中国安全认证产品和身份认证安全解决方案的首要提供商之一,拥有国内超1亿用户。

【上海派拉软件股份有限公司】上海派拉软件股份有限公司(以下简称"派拉软件")是中国领先的新一代信息安全技术公司,数据定义,科技驱动,基于零信任安全体系,融合微服务架构、AI算法、区块链、物联网、大数据等专业信息技术,为企业和机构打造一站式信息安全平台,已为汽车、制造、地产、金融、保险、证券、零售、教育、医疗等行业超过500家客户提供优质与信赖的服务。

派拉软件在上海、北京、广州、深圳、长春、武汉、成都设有服务机构,是经政府认定的高新技术企业、软件企业、企业研发机构、专精特新中小企业,通过ISO9001质量体系认证、ISO27001安全管理体系认证、CMMI L3认证、网络安全等级保护三级、CCRC国家信息系统安全集成服务资质三级,拥有多项公安部安全产品销售许可和50多项知识产权,2019年申请发明专利12项。

截至2019年,派拉软件共有员工396人,其中研发及技术人员约占62%。2019年,派拉软件入榜《2019产业互联网独角兽榜》,荣获"上海市科技小巨人"企业,入选2019洞见张江TOP100榜单"卓越创新企业-准独角兽",并入选《中国网络安全能力图谱》的身份安全领域。2019年,派拉软件获6 000万元B轮投资。

(朱方园)

第八编　信息化环境

SHANGHAI INFORMATIZATION

综　述

2019年，上海信息化政策法规相关工作持续深入开展，人才工作有序推进，各行业社团稳步发展，信息化发展环境得到进一步优化。

行政审批制度改革工作继续推进，制定《上海市促进中小企业发展条例》草案。开展公共服务和行政服务事项清理优化，实行“证照分离”改革试点、行政审批事项的下放对接，对深化“放管服”改革、优化营商环境阶段性情况进行梳理总结。依法行政工作不断深化，持续开展上海市经济和信息化委员会（以下简称“市经济信息化委”）规范性文件管理工作，做好政策实施情况后评估等工作。

加强信息化人才建设，如开展首席安全官等评选活动、网络安全技能竞赛，通过不断调研和优化环境，创造良好的用人氛围，为产业信息化人才提供组织保障。

信息化研究与咨询方面，上海市经济和信息化发展研究中心承担市政协议政建言重点课题，就上海市建设人工智能“四大高地”提出对策建议，全方位配合市经济信息化委做好产业信息化、新型智慧城市建设相关评估、政务服务“一网通办”、城市运行“一网统管”顶层设计等服务。筹办2019世界人工智能大赛，服务长三角一体化和长江经济带发展。

信息化合作交流进一步展开。市经济信息化委积极开展援藏、援疆、对口帮扶等工作，积极推进上海新疆呼叫产业生产性服务业功能区建设，有序推进长江经济带和长三角区域一体化发展国家战略。

会展方面，第二十一届中国国际工业博览会、2019上海国际信息消费节、2019世界人工智能大会及第二届中国国际进口博览会等的召开，推动信息化及相关产业进一步发展。

第一章　信息化政策法规

概　述

2019年，围绕上海市信息化重点工作，贯彻法治政府建设相关要求，加强法律制度建设，深化政府职能转变，积极开展企业服务，上海的信息化政策法规工作取得一定成效。在法律制度建设方面，市经济信息化委完成《上海市促进中小企业发展条例》的调研、论证，形成修订草案，以及《上海市盐业管理规定》《上海市公用移动通信基站设置管理办法》立法后评估工作和政府规章清理工作。在行政审批方面，深化、推动审批处室进一步优化审批服务，同时，按照要求对深化"放管服"改革、优化营商环境阶段性情况进行梳理总结。

一、行政审批制度改革

【深化"证照分离"改革试点】深化、推动审批处室进一步优化审批服务。一是按照"双减半"的要求，进一步精简申请材料、缩减审批时限、优化审批流程。二是加强市、区两级及各部门间的信息共享和监管联动。特别是在整治非法加油点及年检抽检、民用爆炸物监管等工作方面，发挥联动机制作用，提高审批事中事后监管水平。三是做好在上海自贸试验区内涉企经营许可事项"证照分离"改革全覆盖试点的准备工作，细化改革措施和事中事后监管措施。

【行政审批事项下放对接】经市经济信息化委相关处室研究，以市经济信息化委名义委托浦东新区，开展食盐定点生产企业审批，授权张江开展工业领域投资项目核准和工业投资项目备案，授权临港新片区部分行政审批事项和行政执法事项，并做好相关工作对接。另外，市经济信息化委还对抽查事项目录进行调整。

【深化"放管服"改革】 确认市经济信息化委7项市级、2项区级"零材料提交"政务服务事项，归集形成第一批电子证照清单，进一步研究完善市经济信息化委涉及"放管服"改革综合授权试点举措，按照要求对深化"放管服"改革、优化营商环境阶段性情况进行梳理总结。

二、依法行政工作

【法规规章起草和评估】 地方性法规方面，根据上海市人大常委会2019年立法工作计划，市经济信息化委开展《上海市促进中小企业发展条例》的调研、论证，并形成修订草案。政府规章方面，开展《上海市盐业管理规定》《上海市公用移动通信基站设置管理办法》的立法后评估工作和政府规章清理工作。

【规范性文件管理】 市经济信息化委从规范流程、合法性审核、文件备案、评估清理等方面，认真落实和加强对规范性文件的管理，推进文件质量提升。完成规范性文件审核共10件，其中，修订8件、新制定2件。向市政府备案9件，未发生审查不通过的情形。经清理，市经济信息化委现行有效规范性文件共40件。

（李　白）

第二章　信息化人才工作

概　述

2019年，信息化人才工作持续深入推进。人才教育培训方面，开展重点行业产业工人队伍建设以及专业技术人员培训，组织做好开展2019年度领军人才经济和信息化领域选拔、评审、推荐工作，为培养和展现产业和信息化各类人才提供有力保障。信息化优秀人才评选方面，开展"CSO首席安全官"评选，开展2019网络安全技能竞赛，促进信息化人才队伍建设，提升上海市智慧城市建设创新和质量水平。

一、信息化人才教育培训

【人才培育引进】 加强人才培育引进，发挥产业人才引领作用。利用重大专项和创新平台发现、发挥领军人才的作用，开展2019年度领军人才经济和信息化领域选拔、评审、推荐工作，推荐24人参评上海领军人才，其中15人入选。开展第十一批上海市领军人才中期考核工作，3个考核组完成了15名领军人才的实地考核工作，推荐7名为上海市领军人才中期考核优秀人选，其中4人入选考核优秀。结合上海市产业和信息化发展人才需求和国家级、市级重大项目情况，推荐申报系统117家单位作为2019年引进非上海生源高校毕业生重点扶持用人单位。组织开展高技能人才评审项目和推荐工作，22名信息创意类首席技师入选"上海市首席技师"资助项目，3个大师工作室入选"上海市技能大师工作室”。组织开展“上海市优秀农民工”“农民工先进个人”评选，经济和信息化领域4人荣获“上海市优秀农民工”称号，6人荣获“上海市农民工先进个人”称号。

【产业技能人才和工人队伍建设】提升技能，加强产业技能人才和产业工人队伍建设。贯彻落实《技能提升行动计划（2018—2021年）》和《关于推进新时期上海产业工人队伍建设改革的实施意见》，形成工作实施方案和2019年重点工作计划，会同有关处室推进产业工人队伍建设，探索新技能培训项目试点，2019年，共有41个新技能项目完成审核备案，项目涉及集成电路、数字内容、物联网、软件和信息服务等领域。新建产业和信息化高技能基地2个，组织开展4个产业与信息化高技能人才培养基地评估验收工作，3个基地通过三年建设期评估或整改评估。开展2019年度高技能人才培养基地企业技能人才评价项目的评审鉴定，13家基地完成26个培养项目开发，验收经费达134.5万元。组织、开展高技能人才培养基地实训设施设备资助工作，7家产业信息化高技能基地的9个项目通过设施设备验收，共计资助4 260万元。同时，2家基地的2个项目申报新资助设施设备通过审核，申请资助19 865万元。2019年，共培训9.5万技能人才。

【专业技术人员培训】对接市场需求，开展专业技术人员培训工作。组织开展专业技术人才知识更新工程高级研修班、急需紧缺人才培训班项目申报工作，共有26家单位申报91个项目，其中24个高级研修班、20个急需紧缺人才培养班、18个基层专业技术人员培训班项目获得批准。加大工业和信息技术专业人员继续教育力度，组织开展计算机与信息技术应用专业技术人员继续教育专项培训。

（朱尹默）

【上海市信息安全高技能人才培养基地发展】上海市信息安全高技能人才培养基地（以下简称“基地”）于2014年申报成功，并于2015年挂牌。2019年，在上海市人力资源和社会保障局、上海市经济和信息化委员会人事教育处的指导下，基地严格按照《关于在本市建立高技能人才培养基地的操作实施办法》（沪职培中心〔2011〕4号）文件要求，主动对接行业上下游企业的需求，整合资源，多面向、多元化、多层级地开展高技能职业培训和专业素养培训，年度各类培训人数近1 500人。

培训内容包括：专业技术人才知识更新工程重点项目——“金融科技安全高级研修班”与“移动应用安全急需紧缺人才培养班”、企业新型学徒制培养项目、信息安全保障人员认证（CISAW）安全运维方向专业级认证培训、信息安全保障人员认证(CISAW)安全集成方向专业级认证培训、"上海市网信技术与安全"专项培训、2019年宣传系统单位网络安全知识培训、2019年上海教育系统网络安全专题培训、《密码法》宣讲、第二届学生暑期网络和信息安全训练营、2019网络安全技能竞赛(ISG)训练营等。

此外,基地于2019年组织申报了《代码安全检测和验证》《智能联网终端设备安全防范》新技能培训课程,并组织专家进行教材开发,为2020年新技能培训做好前期筹备工作。

(朱方园)

二、信息化人才技能竞赛

【2019网络安全技能竞赛(ISG)举办】 由上海市信息安全行业协会自2009年发起并主办的网络安全技能竞赛(ISG),作为面向全国的网络安全专业综合性竞技比赛,秉持"发现人才、普及意识、体现价值、聚焦问题"的宗旨,凭借完备的知识体系、丰富的平台题库、权威的成绩报告,受到相关主管单位和众多重点行业单位的关注和认可,成为网络和信息安全保障人员技能鉴定、人员培养、团队建设的重要平台,以及培养、发现网络安全人才的重要品牌赛事之一。

2019网络安全技能竞赛(ISG)共吸引了来自全国的200余支队伍参赛,分为教育、医疗卫生、通信互联网、银行总行、银行分行、金融科技、保险、证券、工控安全和综合共10个组,进行分组赛。决赛在原有赛制的基础上创新形式,由线下攻防转变为演讲答辩,从实际需求出发,围绕敏感数据保护、网络安全体系建设等热点话题碰撞思想、交流经验。经过角逐,中国信托登记有限责任公司荣获本次大赛金奖,中国电信股份有限公司上海分公司(上海电信互联网部一队)和上海诺亚投资(集团)有限公司获得银奖,光大证券股份有限公司、上海连尚网络科技有限公司和上海疾病预防控制中心获得铜奖。

(朱方园)

三、信息化优秀人才评选

【长三角首席安全官(CSO)评选】 首席安全官(CSO,Chief Security Officer)是

机构中维护业务支撑及信息系统健康、稳定、安全运行的最高负责人。在“互联网+”的时代背景下，CSO不仅担负本机构的工作职责，同时对公众个人信息、公共服务乃至国家安全也负有重要责任。“优秀首席安全官评选”是由上海市信息安全行业协会发起，在网络和信息安全领域优秀管理者中开展的第一个综合性评选活动，自2015年举办首届评选以来，一直受到广大CSO群体和行业主管单位的欢迎，并形成了“首席安全官进校园”等系列公益活动。

2019年，上海重点优化首席安全官评选活动，并首次联合江苏、浙江两地实现区域联动，开展长三角CSO联合评选，进一步推动长三角网络安全工作一体化发展。本着“公平、公正、公开”的原则，经大众投票、往届CSO投票及专家评委投票等环节，浦发银行崔兆栋、上海市公安局网安总队简玲、复旦大学附属华山医院黄虹、上海市教育委员会王明政、复旦大学王亮、交通银行王海东、中国东方航空股份有限公司冯劲松、上海斗象信息科技有限公司徐钟豪获评上海地区2019年“优秀首席安全官”，颁奖仪式在国家网络安全宣传周的上海地区活动开幕式上进行。

（朱方园）

第三章　信息化研究与咨询

概　述

2019年，上海市人工智能战略咨询专家委员会为上海市委、市政府提供决策咨询服务。上海市经济和信息化发展研究中心注重业务创新和管理服务能力提升，深化课题研究。上海市信息服务外包发展中心以“一带一路”为中心，从多方面推动企业参与“一带一路”建设。

一、人工智能战略咨询专家委员会

【概况】上海市人工智能战略咨询专家委员会(以下简称“人工智能专家委”)于2018年9月16日正式成立。第一届人工智能专家委由中国工程院院士徐匡迪担任主任，中国工程院院士潘云鹤担任副主任，在2019年的第二次战略咨询会议上增补了6名专家成员，共计29名专家成员。人工智能专家委积极为上海市委、市政府提供决策咨询服务，促进上海人工智能技术创新和产业发展。

【高质量咨询建议提供】2019年，人工智能专家委共组织召开了3场专家咨询会议，累计47人次出席。31位专家结合各自关切和上海实际，提出相关建议，14位专家提交了书面咨询报告。经汇总、归纳和整理，共梳理出四大类共20条建议：加快人工智能与实体经济融合、推动产业融合建设，瞄准前沿核心技术、强化人工智能基础研发，加快人工智能技术转化、打造智慧城市示范，强化顶层规划、设计营造人工智能健康发展生态等。

徐匡迪、潘云鹤、沈向洋、邬贺铨、毛军发等多位专家指出，上海要重视基础和核心环境的原始创新，加快组织攻关核心芯片、算法、人机接口、开源框架等“卡脖子”技术，建设开放、开源的人工智能基础系统平台和行业共性技术平台；吴志强、王坚、周伯文、胡郁等专家建议，推动人工智能赋能城市管理和个性化市民服务，打造一批城区集成的应用场景；李德毅、刘多、黄晓庆、曲道奎等专家提出，培育、壮大一批高科技领军企业，利用人工智能领域的头部效应，加快形成上海竞争优势；吴朝晖、张旭、蒋昌俊、姚星等专家认为要充分发挥上海国际化的优势，促进技术交流和人才引进，推动人工智能国际合作交流。

经秘书处沟通、跟进，上海市有关部门针对专家的建议，积极响应、主动作为，大部分建议都融入了上海相关工作中，特别是在《关于加快推进人工智能高质量发展的实施办法》《关于建设人工智能上海高地构建一流创新生态的行动方案（2019—2021）》等政策中进一步落实。

【重大项目助推落地】 人工智能专家委发挥各委员的产业和学术资源，积极推动人工智能相关研究成果产业化转化，助推重大项目落地上海。共有 20 个与人工智能专家委相关的重大项目在推进落实中，如：微软-仪电人工智能创新院、上海脑科学与类脑研究中心、交大人工智能研究院、浙大高等研究院、同济“上海自主智能无人系统科学中心”、期智研究院等一批基础研发平台，阿里、百度、京东、科大讯飞等一批龙头企业 AI 创新中心，商汤人工智能重大算力平台、腾讯长三角 AI 超算中心、白玉兰开源开放平台、工业控制系统安全创新平台、人工智能先导区应用场景公共服务平台、上海人工智能算法研究院等一批重要功能型机构，阿里平头哥、达闼智能机器人产业基地、京东云智慧供应链等一批重大项目。

【咨询平台搭建】 自成立以来，人工智能专家委发挥宏观性、前瞻性、综合性、协同性优势，为上海市人工智能相关主要政策和重大课题提供指导。如：参与由国家发展改革委员会牵头制定的《人工智能发展“上海方案”》咨询会议，为进一步提高方案的准确性和科学性提出意见和建议。参与上海市政协主席董云虎牵头的《上海打造人工智能“四大高地”问题分析与对策建议》课题研究，多位专家参与了相关企业界与科技界座谈会，为市委、市政府提供决策支持。在上海“领导干部推动人工智能高质量发展专题研讨班”上提供专题辅导报告，普及人工智能理念、技术。同时，人工智能专家委各位专家积极参与世界人工智能大会 SAIL 奖项目评选和推荐，两年间累计

23人次推荐了53个项目。此外，人工智能专家委还依托院士中心等单位，组织召开了5场人工智能不同主题的沙龙活动。

二、上海市经济和信息化发展研究中心

【市政协议政建言重点课题研究】上海市经济和信息化发展研究中心(以下简称“市经信研究中心”)承担市政协议政建言重点课题，就上海市建设人工智能“四大高地”提出对策建议，获得上海市委、市政府的批示与肯定。

【“城市大脑”顶层设计】市经信研究中心承担上海“城市大脑”顶层设计相关研究课题，在排摸上海智慧城市建设“家底”的基础上，研究提出“城市大脑”规划和体制机制建议，绘制超大型城市“智能中枢”建设蓝图。

【新型智慧城市建设相关评估】在不断完善评估指标体系、优化数据采集的基础上，市经信研究中心连续第六年发布上海市智慧城市发展水平评估报告，得到市经济信息化委的肯定，称赞报告内容详实、成效明显。同时，报告发布受到媒体广泛关注和区县广泛认可，10多家权威媒体做了相关报道，该报告已成为市经信研究中心智库建设的品牌产品。

【长三角产业和信息化发展研究联盟】市经信研究中心发起成立长三角产业和信息化发展研究联盟。实地走访苏、浙、皖三省工信(经信)研究机构，探讨长三角一体化背景下的智库协作路径；加强与工信智库联盟秘书处和理事单位的沟通合作，得到工业和信息化部(以下简称“工信部”)司局领导认可。

【编辑出版业务创新】编辑出版业务创新，促进智库品牌打造。市经信研究中心自主研究、编辑出版《信息化：上海2019》，用数据直观反映上海信息化发展进展、成果和重点；注册运行“上海信息化”微信公众号，与《上海信息化》杂志互为呼应和补充。两项工作正逐步成为展示信息化建设经验和成果的重要平台、窗口。

【专项资金项目管理服务】市经信研究中心管理由市经济信息化委委托的上海市国家级和市级工业强基、市级高新技术及战略性新兴产业化、技术改造、品牌建设、新材料、产业技术创新、中小企业等专项资金项目近2 000个；全年完成信息化专项智慧城市建设、工业互联网、大

数据、人工智能、新一代信息基础设施等领域近 1 000 个项目的申报受理、近 200 个项目的初审立项。拓展区和园区专项资金项目管理服务，2019 年新承接上海化工区发展专项资金、虹口区智慧城市建设等专项资金的项目管理服务。不断优化提升项目管理服务标准化、专业化水平。

【信息化项目预算审核服务】 扎实开展信息化项目预算审核服务。发挥第三方作用，全年完成社会卫生领域、科技文化领域共 48 家市级预算主管单位申报的 767 个信息化项目的审核工作。在闵行区、静安区、虹口区和上海化工区基础上，进一步拓展松江区、静安区消防领域信息化项目审核工作，全年共评估、评审各类信息化项目 2 000 多个，涉及项目资金 30 多亿元。

【产业和信息化重大活动组织】 服务产业和信息化重大活动组织。配合市经济信息化委完成 2019 年世界人工智能大会相关工作，承办市人工智能战略咨询专家委员会会议，承办世界人工智能大赛和 SAIL（Superior、Applicative、Innovative、Leading，卓越奖、应用奖、创新奖、先锋奖）评奖。配合完成第二十一届工博会评奖组织和相关会议工作。配合智慧城市建设热点，举办 5 场智慧城市大讲坛活动。

【产业和信息化平台建设】 推动产业和信息化平台建设，作为秘书长单位，联合上海市相关企业、科研院所发起设立上海市企业技术中心创新联盟、上海市人工智能发展联盟，承担日常支撑服务工作。

（李　成）

三、 上海市信息服务外包发展中心

【概况】 上海市信息服务外包发展中心（以下简称“市信息服务外包中心”）成立于 2006 年 7 月，是一家全市性、从事非盈利性社会活动的非企业法人组织，市信息服务外包中心一直致力于推动信息产业国际合作，开展信息产业国际合作标准研究与行业咨询、建设数字经济服务平台、提供信息技术与服务外包业务市场服务、建立信息产业联盟、提供信息产业国际合作人才培养和人力资源管理、国际合作交流及其他与信息产业相关的社会服务。

随着“一带一路”倡议逐步深化，自 2015 年起市信息服务外包中心推动信息产业与“一带一路”深度融合，助力“数字丝绸之路”建设，转型成为“一带一路”

信息产业领域的专业智库与平台，为国内外相关政府部门及知名企业提供关键决策支撑，连续多年发布“一带一路”产业白皮书，主办“一带一路”相关国际合作高峰论坛。同时，为进一步加强产业合作，作为秘书处单位，联合30多家国内外知名行业机构，共同发起“一带一路”信息产业发展联盟，促进国际数字经济产业合作落地，联盟成员已突破1 000家企业。

【平台化服务模式完善】推进“一带一路”信息产业“新基建”，完善平台化服务模式。市信息服务外包中心通过建设“一带一路”产业创新中心，汇聚各国产业发展需求，搭建中国“一带一路”解决方案库，为“一带一路”“新基建”的推进提供有力支撑。通过建设“一带一路”业务对接平台，汇聚“一带一路”信息产业领域的合作需求，业务来源覆盖全球750 000多家企业及100多个相关机构与平台。建设“一带一路”物媒国际服务平台，构建“一带一路”产业链合作技术基础。

【信息产业发展联盟建立】优化“一带一路”产业协同创新环境，建立信息产业发展联盟。该联盟以共建共享为核心理念，以促进“一带一路”数字经济务实合作为宗旨，成立了包括物联网、人工智能、金融科技、生物科技、智能制造等在内的10多个专业理事会，开展联盟的常规活动。同时，还成立了包括知识产权、长三角合作、智库、国际通信、科技金融、技能培训等在内的10多个专家委员会。得到了英国、法国、捷克、罗马尼亚、匈牙利、乌克兰、新西兰、巴基斯坦、南非等“一带一路”沿线国家相关驻华商会、企业发展中心、贸易促进机构、信息产业行业协会等机构支持，联盟成立仪式在2019“一带一路”信息产业国际合作高峰论坛上举行。

【国际合作高峰论坛举行】持续扩大“一带一路”国际影响力，举办国际合作高峰论坛。2019年11月12日，“一带一路”信息产业国际合作高峰论坛在上海举行。论坛由上海市经济和信息化委员会、上海市商务委员会指导，上海市信息服务外包发展中心、“中国网+”以及中国推介共同主办，上海市委常委、副市长吴清致辞，中华人民共和国原外交部长李肇星发表主旨演讲，逾1 500位各国政要、驻华使节、专家学者、工商学界代表参与了本次论坛。

（李　凝）

第四章　行业（专业）协会发展

概　述

2019 年，上海市信息化系统各协会围绕全市信息化年度重点工作，研究政策建议、编写产业报告、开展国内与国际合作交流活动，提升产业发展水平，制定行业标准，同时协助政府做好政策落实、行业规范、市场服务等工作。

一、上海市集成电路行业协会

【贸易摩擦应对】 政府、协会及企业三方联动，积极应对国际贸易摩擦，提升企业应对贸易风险及防范能力。

2019 年以来，上海市集成电路行业协会（以下简称“集成电路协会”）针对贸易摩擦对集成电路企业带来的影响展开深入研究。配合海关总署、市商务委、市经济信息化委、上海海关、浦东新区、张江管委会等多个部门开展多轮调研，将上海市集成电路产业链上下游企业面临的不同困难反馈至各部门。参与拟定浦东新区海关报送国务院报告 1 份、报送财政部驻上海办事处报告 1 份、报送海关总署报告 1 份。

积极开展企业调研，了解企业现状及需求，开展具有针对性的企业培训。7 月 25 日及 9 月 24 日，分别开展“关于集成电路企业合规经营及风险防控、应对”培训以及“集成电路知识产权诉讼应对”培训。100 余人次企业代表参加。

完成《我国集成电路企业拓展境外市场遭遇专利侵权诉讼的应对策略研究》报告并印刷发布，为集成电路企业和有关部门提供一定借鉴。编写集成电路贸易监测简报4期，为政府和企业了解行业动态，特别是贸易摩擦对集成电路行业影响提供参阅素材。

【集成电路产业政策落实】协助政府做好集成电路产业政策落实工作。为贯彻落实国家和上海市关于进一步鼓励软件产业和集成电路产业发展的相关政策，受市经济信息化委和市税务局委托，开展申请2018年度集成电路设计企业备案工作。为65家集成电路企业出具第三方评估意见。配合市经济信息化委、市财政局开展2018年度上海市软件和集成电路企业设计人员专项奖励工作。协助市经济信息化委组织企业申报2019年度集成电路设计企业首轮流片专项资助工作。上海格易电子有限公司、恒玄科技（上海）有限公司等7家企业申请，其中4家企业通过，资助金额为351.94万元。申报2018年度上海市软件和集成电路企业核心团队专项奖励的企业1家。

【各类课题研究】开展各类课题研究，为政府决策和行业发展提供依据。完成《2019年上海集成电路产业发展研究报告》编写，共印刷1 500册，免费发放给会员企业和政府有关部门；完成芯铄投资委托的《模拟集成电路行业研究及潜在投资标的分析与建议》课题；开展上海市张江科学城建设管理办公室委托的《张江科学城集成电路产业发展报告》；开展浦东新区政府办公室委托的《浦东新区集成电路产业分析报告》；承担海关总署税管局（上海）委托的集成电路市场研究分析课题，每季度提供重点集成电路公司的情况分析，完成《中国集成电路重点企业运行分析报告》第三季度初稿；承接中国检测总站《关于电子工业污染源普查对象排污特征分析与数据审核方法研究》课题；参加并中标工信部2019年先进制造业——集成电路集群的招标。

【国内外交流活动开展】积极开展国内外各类交流活动，搭建合作平台，共享市场、产业发展机遇。

2019年3月19日，第十六届上海国际信息化博览会在上海开幕，集成电路协会协助举办“第十六届上海国际信息化博览会”。3月22日，国际半导体产业协会（SEMI）与上海市集成电路行业协会等半导体企业以及政府部门通力合作，举办“SEMI中国英才计划领袖峰会”。3月29日，协助举办“2019中国IC领袖峰会”。会员企业芯原微电子（上海）有限公司、上海艾为电子技术股份有限公司、紫光展锐科技有限公司、华大半导体有限公司、格科微电子（上海）有限公司荣获“年度十大中国IC设计公司”奖等。

4月13日，由中国RISC－V产业联

盟(CRVIC)和上海市集成电路行业协会 RISC－V 专业委员会组织、联盟理事长戴伟民和秘书长滕岭主持的周末夜话——RISC－V 校园生态建设讨论会召开。会议邀请计算机体系结构宗师、加州伯克利大学退休教授、图灵奖得主、RISC(Reduced Instruction Set Computer，精简指令集计算机)体系开创者 David Patterson，探讨 RISC－V 在国内的教育发展。

5 月 14 日，为促进集成电路高端装备、材料产业的发展，推进与产业链上下游互联互通、相互融合，与上海临港奉贤经济发展有限公司联合举办“集成电路高端装备、材料与产业链上下游合作交流研讨会”。5 月 15 日，协办第七届全球半导体联盟(GSA)Memory＋论坛。6 月 18 日，召开“推进汽车电子芯片国产化进程研讨会”。6 月 19 日，举办“2019 年海峡两岸集成电路产业合作发展论坛”。

8 月 30 日，由中半协集成电路设计分会、集成电路协会设计专委会、智能传感器专委会共同主办，华大半导体公司承办的“智能网联汽车发展趋势暨 IC 设计业 2019 年主题论坛”在嘉定召开。9 月 4 日，在第二届全球 IC 企业家大会分论坛上，集成电路协会联合江苏、浙江、安徽四地行业协会，举办“长三角集成电路产业公共服务机构研讨会暨联盟成立揭牌大会”。

10 月 18—19 日，2019 中国(上海)集成电路创新峰会举行。10 月 31 日，由上海张江高科技园区开发股份有限公司和上海市集成电路行业协会共同举办的“2019 张江集成电路企业领导沙龙”在张江举办。同日，以“携手共进，努力提升国产半导体设备材料的核心竞争力”为主题的“第四届长三角集成电路国产化设备与材料联合会议”在上海微技术工业研究院召开。

12 月 12 日，“2019 国产集成电路对接会”在张江科学城举行。12 月 18 日，“2019 集成电路企业领导沙龙——年终大盘点暨上海集成电路产业发展集群机构成立揭牌”举办。

【协调沟通服务】践行服务宗旨，积极协调沟通，发挥政府与企业间桥梁纽带作用。为深入贯彻中央经济工作会议精神，有效落实上海三项重要任务，进一步做好长三角优质企业对接科创板的培育和服务工作，集成电路协会联合上海市中小企业上市促进中心、上海市中小企业发展服务中心、上海证券交易所发行上市服务中心，于 2019 年 7 月 30 日举办“上海市集成电路拟上市企业沙龙暨企业诉求协调会”活动。

积极反映中小企业诉求，希望政府能够积极出台针对中小企业相关政策，留住人才。搞好服务，积极与政府部门协调沟通，协调解决会员企业遇到的困难。5月24日，会同张江集团一起召开“张江集成电路产业发展趋势及痛点问题主题交流会”，邀请行业、企业专家30余位，充分交流、探讨张江集成电路产业发展。为会员企业申报品牌、创新产品及上市征询意见等出具推荐函及证明。协助张江高科开展“上海集成电路展示馆”的建设方案编制工作，提供集成电路展示馆内容素材，并完成集成电路芯片实物收集工作。

【行业人才队伍建设】 推动行业人才队伍建设，开展人力资源和培训等方面工作。2019年，上海市集成电路高技能人才培养基地共完成培训2 082人次。企业新型学徒制393人、专项职业能力29人、技能等级工(中级、高级)364人、新技能培训20人。新技能试点第一批《集成电路芯片塑封成型》于8月15日完成鉴定。第二批《集成电路芯片焊线键合》等5个项目通过评审。2019年度新型学徒制项目通过评审，涉及人数890人。

召开2019年上海集成电路行业薪酬调研启动会、2019年集成电路行业薪酬调研发布会及临港集成电路政策解读会。开展2019年集成电路专业中高级职称申报工作，申报单位94家，其中，中级62家，比上年增加72%，人员213人，比上年增加44%；高级32家，比上年增加19%，人员92人，比上年增加11%。

6月15日，集成电路协会协办的2019上海市加快科技创新中心建设主题立功竞赛浦东十大品牌项目发布。9月2—5日，集成电路协会承办“全国高端集成电路芯片技术”高级研修班。来自10多个省市的100余名学员参加本次集中学习培训。

10月27日，由市总工会、市经济信息化委、集成电路协会、华虹(集团)、研发中心、硅知识产权交易中心承办，上海市集成电路高技能人才培养基地协办的2019上海智慧城市建设“智慧工匠”选树、“领军先锋”评选活动集成电路版图设计竞赛决赛举行。经过前期初赛和复赛，10名集成电路版图设计高手闯入决赛。经大赛组委会征信审查、公示及组委会审核后，符合条件的获奖者获得“2019上海智慧城市建设‘智慧工匠’”称号。

【协会组织建设】 加强协会组织建设，召开会员大会、联谊会和开展新会员发展工作，努力推动协会再上新台阶。召开上海市集成电路行业协会“第五届三次会员大会”及“五届三次会长会议”以及“五届五次、六次理事会”；召开“第九届集成电路产业CEO联谊会”；召开2019年统计及产业预警工作会议，并发布我国集成电路企业境外专利侵权诉讼应对的策略研究报告；完成5A级行业协会的复议、评审工作；积极发展新会员，截至 2019 年 12 月，发展新会员 66 家；出版集成电路协会简报 12 期、行业监测简报 4 期；集成电路协会在 2018 年度上海市中小企业服务绩效评估中被评为优秀。

（陈爱琳）

二、上海市信息家电行业协会

【规范化建设】 2014 年 12 月，上海市信息家电行业协会（以下简称“信息家电协会”）参加市社团局组织的中国社会组织评估并获评 4A 级社会组织，至 2019 年 5 年有效期已满，按照 1 000 分的评估指标，历时半年时间，从基础条件、内部治理、工作绩效、社会评价四方面进行自查和准备迎评。2019 年 10 月，上海社会组织评估院组织专家对信息家电协会规范化建设 4A 级复评进行现场评审，评审专家一致通过 4A 级社会组织资格复评。

【人员队伍建设】 信息家电协会是企业和政府之间的沟通桥梁，信息家电协会长久以来非常注重人才培养，积极组织工作人员参与各类培训和学习交流活动，不断提升工作人员各方面专业能力，为企业和政府提供更好服务奠定基础。2019 年，秘书处人员参加市社团局组织召开的市级社会团体负责人能力建设培训班、市商务委公平贸易工作系列培训，以及市委党校培训等活动；此外，还参加了浦东质监局标准化培训班并取得结业证书，参加了上海市商事专业调解员资格高级研修班，并取得中国商事调解员资格证书。通过内部制度管理、党建工作管理、业务活动开展等多方面培训和学习，不断加强信息家电协会和联盟的管理以及业务开展能力。

【上海市超高清视频产业联盟成立】 2019 年 5 月，在市经济信息化委和市文旅局的支持和指导下，信息家电协会牵头成立了上海市超高清视频产业联盟（以下简称“联盟”）。基于长期以来深耕于数字音视频产业所积累的行业资源和专业储备，信息家电协会牵头联合 SMG、东方明珠新媒体、东方有线、上海海思、咪咕视讯、中国电信上海公司等市超高清视频产业链上下游单位，建立了上海市超高清视频产业联盟，会长单位东方明珠新媒体股份有限公司当选为联盟理事长单位，联盟秘书处设立在上海市信息家电行业协会。联盟具体承担上海市超高清视频产业发展行动规划的相关工作落地，致力于推进超高清视频产业发展。

【《上海市超高清视频产业发展行动计划(2019—2022)》发布】 配合政府主管部门,编制《上海市超高清视频产业发展行动计划(2019—2022)》。2019年5月6日,在上海市超高清视频产业联盟成立大会上,由市经济信息化委、市文旅局、上海电视台联合印发的《上海市超高清视频产业发展行动计划(2019—2022)》正式发布,受到上海电视台新闻综合频道、上海发布等主流媒体的关注和报道。

【超高清视频产业示范基地揭牌】 协助金桥与市北两个上海市超高清视频产业示范基地揭牌。通过金桥和市北两大园区对超高清视频产业支撑能力和发展前景的综合调研,由市经济信息化委和市文旅局共同授牌的"上海市超高清视频产业金桥示范基地"在2019世界人工智能大会期间揭牌;"上海市超高清视频产业市北高新示范基地"在2019年"8K+5G+AI"高峰论坛期间揭牌。

【超高清频道开播推进】 协助推进全市超高清频道开播事宜。联盟积极协助副理事长单位上海电视台、东方有线向政府主管部门提出4K超高清公益频道开播事宜的相关建议,根据市委宣传部部长周慧琳在听取4K超高清电视产业发展工作专题会议上提出的要求,召开专题会议讨论开通频道的关键节点,成立专项研究工作小组,协助提供相关汇报材料并持续跟进工作。

【会议合作与交流】 组织召开超高清视频产业发展工作会议。会议对标国家层面对联盟工作组进行了划分,通过自荐与互荐相结合的方式,统筹协调各工作组牵头单位,充分发挥产业链各环节龙头企业的资源优势和凝聚力,促进产业链上下游企业相互合作、共同发展。

联盟与咪咕视讯共同组织举办的2019世界移动大会"全球5G超高清产业峰会"召开;参与举办的5G时代超高清视频产业的机遇与挑战——2019年"8K+5G+AI"高峰论坛在市北商务中心召开。2019年5月,世界超高清视频产业发展大会在广州召开,联盟受邀参加大会,并推荐部分会员单位参与大会,会上明确提出了上海在推进超高清视频产业发展的定位和目标是:着力打造全球领先的超高清视频产业内容中心、芯片研发中心、标准专利中心。

为切实了解企业和行业的发展情况,联盟组织并陪同市经济信息化委领导针对市超高清视频领域相关企业进行专题调研,包括上海海思、幻维数码等众多会员单位,了解各企业超高清视频业务情况,倾听企业诉求和建议,共同探讨市超高清产业发展面临的主要问题及解决路径。

【智能家居产业发展推进】信息家电协会围绕智能家居产业开展专题调研，先后走访上海泰金电子科技有限公司（以下简称“上海泰金”）、东方明珠数字电视有限公司、中国电信上海公司等智能家居相关单位，参观体验上海泰金的智能安防产品，陪同市经济信息化委领导前往普陀区“智联普陀”考察调研上海智慧城市建设情况，调研传感器现场安装部署情况与片区平台以及普陀城市运营中心等。在调研基础上，组织举办智能家居产业对接活动，为产业链上下游合作提供机会和平台，推进智慧家庭生态建设。2019 年 11 月 7 日，与上海浦东电信局携手举办的“深化生态合作，共建智慧家庭”专题交流会召开，相舆科技（上海）有限公司、移康智能科技（上海）有限公司、上海瑞讯通讯科技有限公司、上海泰金、杭州创匠信息科技有限公司和上海统帅建筑装潢有限公司 6 家企业出席会议并展示各自的智慧家庭产品，电信对智慧家庭业务方面的布局和战略规划进行介绍。

【产业政策建言和落实】受市经济信息化委委托，开展市软件和集成电路专项指南（超高清视频和智能硬件领域）征集工作；根据市经济信息化委委托，推荐会员单位参与工信部 2019 年制造业高质量发展专项项目（超高清视频领域）申报；配合市经济信息化委完成“部省（市）共同推动超高清视频产业发展工作方案”中相关内容的补充，配合征集全市超高清视频紧缺人才岗位，申请纳入享受相关政策扶持的人才开发目录。

出席市经济信息化委组织召开的上海电子信息制造业行业协会秘书长工作会议；受市经济信息化委委托，承担上海数字音视频行业经济运行的基本数据采集以及统计、分析工作，召开上海电子信息制造业统计工作会议，做好相关企业统计报表的填报工作，被市经济信息化委授予“统计工作先进单位”称号；按照上海市境外卫星电视传播秩序专项整治联席会议办公室要求，为加强春节、两会等重要时期境外卫星电视的管理工作，特开展专项整治工作，通知各相关企业进行自查与开展排查，形成专项整治检查报告提交政府主管部门；向市经济信息化委等有关部门提交关于部分进口配件关税税率调整的建议；通过对工作经验、专业能力、行业威望等多方面的综合考量，积极向市经济信息化委推荐超高清视频领域的行业专家进入专家库。

【标准制订】持续推进标准制订工作，规范行业发展。根据上海打造全球领先的超高清视频产业标准专利中心战略定位，信息家电协会和联盟根据超高清产业发展需要，积极开展超高清团体标准制订工作。该团体标准拟补充和完善超高清视频在内容制作、传输、终端显示等产业环节的标准缺失，致力于打通超高清视频产业链的标准壁垒，被上海市市场监督管理局列为2019年度标准化试点项目。

2019年7月，由信息家电协会和联盟主持，东方有线、上海海思、仪电数字、上海国茂等会员单位共同参与的2项超高清视频产品团体标准正式启动制订，11月完成标准报批稿，并通过专家技术审定。《超高清有线电视智能机顶盒技术要求》和《超高清有线电视智能融合终端技术要求》于12月在上海市市场监督管理局和全国团体标准信息平台登记备案。

【交流合作平台作用发挥】 推荐相关单位参加由市经济信息化委政策研究和法规处组织召开的高科技企业专题访谈；组织会员单位参加由市经济信息化委联合上海证券交易所举办的面向全市集成电路领域重点企业的科创板上市专题辅导会；组织会员单位参加由市经济信息化委主办的上海市品牌建设工作推进会；组织相关会员单位参加长三角一体化——绍兴上虞接沪合作交流会；受邀出席由国家广电总局广播电视科学研究院与上海工程技术大学联合主办的“广播电视人工智能应用与发展高峰论坛”；组织中国电信上海公司高级技术专家为上海蓝天经济城开展5G产业应用课程培训，就5G技术发展、5G技术在各行业领域的应用以及电信在5G上的战略规划进行交流。

（解　放）

三、上海软件行业协会

【概况】 上海市软件行业协会（以下简称“软件协会”）成立于1986年6月，是国内最早成立的软件行业协会之一，下设软件质量管理与过程改进、软件服务、软件知识产权、嵌入式系统与软件、开源软件和教育软件6个专业委员会，会员单位超过1 500家。30多年来，软件协会积极发挥行业组织优势，为推动软件产业发展竭诚服务，形成企业服务、行业自律和软件工程规范的工作特色，获得政府、企业和上级协会的认可，被国家民政部评为“全国先进社会组织”，连续十年被中国软件行业协会评为“先进行业协会”。2019年，上海市软件行业协会坚持以习近平新时代中国特色社会主义思想为指导，根据上级工作要求和年度工作计划，深入学习、开拓创新、扎实推进、成效显著，被市民政局评为“2019品牌社会组织”。

【会员结构和服务优化】2019 年，继续推出面向会员的免费或优惠增值服务项目，增强软件协会的凝聚力，全年新增会员 280 家，连续三年保持 20%以上的增长率；通过结构优化，合理控制会员规模，会员单位保持在 1 500 家左右；会费收缴率同比增长 4.9%。

根据中国软件行业协会的授权，积极做好组织、动员、服务工作，2019 年全年共完成 72 家企业的新评、年审、换证等工作。

2019 年，著作权代理服务同比增长 20%；知识产权法院的“诉前调解”服务也被复制推广到 4 个区级法院。

2019 年，为 10 余家会员企业提供推荐与辅导服务，帮助会员企业累计获得各项资助超千万元和各项资质、荣誉数十项。软件协会还完成了软件开发价格评估服务若干项。

【协会服务平台化】2019 年，软件协会自筹经费，引进专业技术人员，重构“创新服务大平台”，全面整合协会各项服务；创建理事会单位专属“微信群”，提供端到端优质服务；继续推出《上海市软件行业协会最新动态》电子月刊，发布最新活动与产业动态；继续办好软件协会微信号，全年累计发布 176 条，现关注数已超 3 500 余人，较上年增长 21%。

【社团标准发布与企业评价】2019 年，以社团标准创导行业自律，全年发布社团标准 5 项，涉及技能人才评价、大数据、工业软件以及国产软硬件适配等。首次依据软件协会《软件企业技能人才评价规范》(T/SSIA 0001—2019)，根据会员免费、企业自愿的原则，在会员单位中开展软件企业技能人才评价，共评价 173 名技能人才；继续依据《软件企业核心竞争力评价规范》(T/SSIA0001—2018)，在会员单位中开展软件企业核心竞争力评价工作，共评价 146 家核心竞争力企业；依据中国软件行业协会社团标准，全年累计完成软件企业和产品贯标评估服务 5 000 余项(次)。

【产业研究】2019 年，支撑市发展改革委等部门加强行业经济运行情况跟踪研究，并定期汇报情况；完成《2018 上海软件产业发展报告》《2018 张江科学城软件和信息技术服务产业发展报告》等课题研究，并参与《2018 中国软件产业发展报告》《2019 上海工业年鉴》《2019 上海信息化年鉴》等的资料编纂、提供工作。

【政策宣贯】2019 年，软件协会走入杨浦区、嘉定区、市科创中心、慧谷园区和部分重点企业，开展产业政策、知识产权、创新创业、加计扣除等政策宣讲，累计服务软件企业超 300 家；继续为上大科技园区提供创业辅导服务，包括政策宣传、上下游对接合作、项目申报、投融资对接等无偿服务。

【**政府购买服务**】2019 年，依据市经济信息化委采购合同，派驻专门人员，提供市经济信息化委受理大厅窗口服务。全年累计完成服务企业 170 家次，人员 6 334 人次；接受市发展改革委委托，承办 2019 年“全国大众创业万众创新活动周”上海分会场人工智能展区的组织与展示工作；接受市商务委委托，组织报送产业安全预警软件行业样本企业数据，协助完成《上海产业安全预警简报》，并连续三年获得由市商务委颁发的“产业安全预警监测优秀服务奖”；完成“2019 浦东新区优秀软件企业和优秀软件产品”遴选工作。

【**高技能人才培养**】2019 年，开发“软件开发质量控制”等 6 个专项职业能力培养项目；开发“软件性能监测与调优”等 2 个新技能培养项目；开展“软件开发”新型学徒制项目以及 3 个职业技能等级评价项目。全年累计完成 8 期专项职业能力项目培训和 2 期“2019 年中国技能大赛——上海市经济和信息化系统职业技能竞赛”赛前培训，直接培养高技能人才 500 余人，综合鉴定合格率达 98. 2%，服务企业超过 300 家，并带动上下游企业培训 6 000 余人。

【**中高职教师企业实践**】2019 年，软件协会共输送 19 位中、高职教师，进入人工智能、移动应用、大数据、电力行业、数控研发、多媒体设计等领域的 10 家企业进行岗位实践。累计培养软件信息专业的中、高职教师 78 名；还承担了市教委装备中心《上海市职业院校计算机软件大类专业教师企业实践培训标准》项目，形成了《计算机软件大类专业教师企业实践能力调研报告》和标准文本。

【**世界技能大赛支持和保障**】2019 年，软件协会继续为世界技能大赛集训提供技术支持和服务保障，先后培养了第四十四届孔元元和第四十五届冯家乐 2 名上海选手，并连续两届大赛获得优胜奖；积极做好第四十六届世界技能大赛“网站设计与开发”“云计算”2 个项目的上海选拔赛，并获得人社部职业能力建设司颁发的表扬信；完成市人社局委托的“网站设计与网页制作”课程开发和教材开发任务。

【**创新论坛举办**】2019 年，举办以“创新、服务、使命”为主题的“上海软件创新论坛(第十一届)”。论坛上，市经济信息化委发布了“2019 上海软件和信息技术服务业百强”和“2019 上海软件和信息技术服务业高成长百家”报告与企业名单，软件协会也发布了“2019 软件企业核心竞争力评价报告”。

【学术活动开展】2019 年，组织北京、浙江、江苏、福建软件协会等，共同参加“2019 亚洲软件质量联盟（ASQN）”年会。同来自日本、马来西亚、韩国、泰国等相关国际机构的代表，共商亚洲软件质量提升策略，上海软件协会秘书长杨根兴教授代表中国发表了中国软件产业发展与机遇的主题报告；组织出版《2019 年软件工程论文专集》，弘扬优秀软件创新成果，支撑职称资格申报、学位申请、社会荣誉申请等企业工作。

【行业促进活动举办】2019 年，软件协会继续指导并支持上湖、新炬、百胜等会员单位举办数据应用大赛、全球敏捷运维峰会、客户大会等行业促进活动，活跃产业氛围。

（姚宝敬）

四、上海市物联网行业协会

【概况】上海市物联网行业协会（以下简称“物联网协会”）主要业务是组织开展物联网行业相关标准制定、项目合作、市场拓展、示范应用、国际交流、人才培训、会议展览、评估论证、咨询中介服务、行业协调与自律等活动。2019 年，物联网协会重点在行业服务、产教融合、企业数字化方面做工作。

【行业服务】8 个专委会：以工业物联网、感知、智慧物流、新零售、AR/VR、智能网联汽车、智能家居、智慧健康养老专委会为抓手，密切关注、跟踪产业发展趋势，服务会员企业。

周四之夜：进行技术、产品和服务交流分享。每周只定向邀请 3 家企业，分享技术、产品和服务；聚焦产业链一个主题对接；邀请资本方参与交流互动；吸纳优秀的技术人员入库；优选技术和解决方案入库；支撑产教融合和企业数字化。

2019 年一季度，组织参与物联网千人 CEO 大会、慕尼黑电子展；二季度，组织参与亚洲消费电子展、世界移动通信大会；三季度，组织参与华为全连接大会、全球物联网峰会；四季度，组织参与世界人工智能大会、上海国际工业博览会，进一步扩大行业影响力。

【产教融合】产业发展与人才培育互相促进。在顶层设计上，制定物联网人才认证标准（教育部、人社部、行业巨头企业）、基于产业需求的物联网专业建设流程；在产学合作上，促进校企产业技术合作、推动校企教学项目合作；在人才输出上，实行产业链定向人才输出、网上人才交流服务；在协同育人上，提供师资培训、轮训和服务，提供生产性实训室建设方案。人才质量提升，促进企业协同育人，物联网人才输出又进一步促进人才生态、产业良性发展；聚焦生产性综合实训课程，通过专业基础课、专业核心课验证理论，拓展知识点，利用工程反向设计，优化专业课程、夯实基础知识、强调实践能力。生产性综合实训课运用行业主流企业的技术产品，结合典型行业应用案例，提升与行业应用一致的实践技能水平，理解知识体系、培养应用能力。公共素质课，包括专业引导课、职业素养课，利用物联网前沿技术（云计算、大数据、5G、人工智能、物联网安全），开阔技术视野、提升就业能力。

协助学校完成专业建设和实施。牵手教育专家和行业技术专家成立项目组，调研专业建设需求，基于建设要求，制定改革方案，进行符合行业需求的专业建设服务。面向本科及高职、中职，开设电子信息类、计算机类、电子通信类+物联网重点行业应用相关专业；面向专业建设服务内容，进行行业人才需求调研，人才培养目标和规格、专业建设方案、定制化课程设计，双师型师资培养和支持，以及一课多证考核鉴定与实习就业。

已有的物联网职业等级证书及课程包含：新零售、新物流方面，与上海交大、国家物流工程实验室合作提供课程——新零售智能终端系统装调与运维、智慧物流装备系统装调与运维；智能家居方面，与临港集团、阿里巴巴、华为合作课程——智能家居系统集成及运维基础技能，物联网系统运行与维护新技能证书；传感器方面，与中科院微系统所、电信一所合作课程——智能传感器网络装调；车联网方面，和国家智能网联汽车测试基地合作课程——智能网联汽车控制系统检验与维护。

创新授课形式，提升学生动手实践能力：通过物联网小课在线学习平台实现在线学习；通过线上网络教材+讲义PPT实现集中培训；通过实验操作手册（教师版+学生版）实现分场景实战训练。同时，注重以探究型学习方法为基础，推动青少年科技素养培训发展。

【企业数字化】 物联荟园（社）区行：主动下沉园区、社区，每周举办一场园区行活动、每月举办一场社区行活动。每次邀请5家企业参与，优化事前、中、后流程，追求实际项目落地，吸纳优质企业入库。“七龙珠”是企业数字化服务，为企业提供一站式服务：市场拓展、管理提升、行业活动、融资服务、政策服务、人才服务、更多服务，借此打造国内一流、国际知名的智能物联网（AIoT）产业创新中心。

【会议合作与交流】2019年，物联网协会主办了XR创新生态系统论坛、2019第二届物联网标准化论坛、首届长三角虚拟现实内容产业大赛、“Finer - City智慧城市行”系列活动、未来医疗信息化技术发展和应用场景沙龙、第六届健康物联网大会智慧健康养老产业创新融合论坛、“物联荟”企业数字化转型系列活动、2019物联荟——最具投资价值企业评选、2019年第十六届上海市青少年“未来之星·上图杯”创新模型大赛C - STEM物联网创新科技竞赛、“物联未来，闻G起舞”全球物联网峰会(2019·上海)、2019全球物联网峰会5G+智慧城市感知高峰论坛、第八届全球物联网峰会暨物联网产教融合高峰论坛、第八届全球物联网峰会暨智慧健康养老高峰论坛、第八届全球物联网峰会暨5G+工业物联网高峰论坛、第八届全球物联网峰会暨人工智能产业链生态合作伙伴峰会、2019年中国技能大赛——“四大品牌”上海市职业技能大赛“上海制造”“上海服务”系列竞赛、2019年度上海市行业性市级二类技能竞赛《物联网智能家居系统集成及运维》。

物联荟·周四夜谈，进行国家工信部、民政部、卫健委三部委智慧健康养老应用试点示范项目申报和服务：第三批智慧健康养老评比(2个基地、10个街道、2个企业上榜)。上海市智慧养老典型案例评选，评出十大典型案例优秀奖、十大典型案例提名奖，制定6项智慧健康养老团体标准、7项工业物联网团体标准，同时，进一步宣传和贯彻新型城域物联网2019年导则，并启动2020年导则修编。

物联网协会联合主办了“智能+共赢未来”上海人工智能产业融合大会、物联中国AIoT融合应用发展高峰论坛、5G赋能智慧楼宇，引领数字化转型会议、奥地利代表团上海商务技术对接会、深圳物联网产业合作交流推介会暨全球物联网产业大会(上海站)。

(王　鸷)

五、上海市信息安全行业协会

【概况】上海市信息安全行业协会(以下简称“信息安全协会”)成立于2003年3月，现有会员单位200余家，包括信息安全企业及用户单位。下设商用密码专业委员会、职业能力教育专业委员会、金融科技安全专业委员会、上海市网络和信息安全服务能力评估办公室、ISG(Information Security Game，网络信息安全技能竞赛)组委会办公室秘书处、上海市信息安全高技能人才培养基地、上海信息安全职业技能鉴定所。

在"加强和创新社会组织管理,推动上海经济社会转型升级"的新形势下,信息安全协会积极树立转型新观念,提高自身素质,增强服务能力,在为企业提供政策咨询和信息、促进企业科技创新和技术进步、推进产业联盟组建、开展课题研究、举办技能竞赛和专业培训、举办大型专业论坛及主题峰会、搭建专业化服务平台、推进跨区域交流合作等方面做了大量卓有成效的工作。此外,还积极履行社会责任,大力开展网络和信息安全宣传活动,致力于提高全社会网络和信息安全意识。

【网络安全宣传】"2019 年国家网络安全宣传周(上海地区活动)"(以下简称"宣传周")于 9 月 16—22 日举办。本届宣传周在"网络安全为人民,网络安全靠人民"的主题下,由市委网信办指导、松江区委和全市其他单位主办、信息安全协会协办,开展形式多样的各类网络安全宣传活动,主要包括:开幕式及网络安全高峰论坛、长三角 CSO(Chief Security Officer,首席安全官)联合评选、网络安全进农村、网络安全进楼宇、网络安全进校园、网络安全嘉年华、网络安全展、ISG 网络安全技能竞赛、网络安全小主播、网络安全全民知识赛、网络安全全民体验日等。市经济信息化委、市教委、市公安局、团市委、市通信管理局、中国人民银行上海总部、全市各区等相关部门积极参与宣传周工作,创新宣传形式,活动开展覆盖全市大中小学生、企业员工、普通市民等各类人群,参与及影响人数超百万。

【网络安全人才培养】以上海市信息安全高技能人才培养基地为依托,主动对接行业上下游企业需求,整合资源,多面向、多元化、多层级地开展高技能职业培训和专业素养培训,年度各类培训人数近 1 500 人。

【产业促进】配合业务指导部门完成相关调研工作。2019 年 3 月,配合市经济信息化委做好 2018 年度全市网络安全企业调研情况梳理;4 月,协助市经济信息化委做好全市数据及软件服务企业潜力采集工作;10 月,配合市委网信办做好全市软件细分方向企业分类统计。

组织开展"2019 年网络安全新技术新应用——优秀解决方案和创新产品评选"活动。最终评选出"2019 年网络安全新技术新应用创新产品"特等奖 2 项,此 2 项产品直接获评"2020 年中国网络安全产业联盟网络安全创新产品优秀奖";评选出"2019 年网络安全新技术新应用解决方案优秀奖"8 项、"2019 年网络安全新技术新应用创新产品优秀奖"5 项,此 13 项方案、产品直接进入"2020 年中国网络安全产业联盟优秀网络安全解决方案和网络安全创新产品评选活动”复评环节。

组织开展2019年度全市网络与信息安全服务单位能力评估工作，共有45家企业参加评估，最终经过专家组终审，确定《2020年度上海市网络与信息安全服务单位推荐名单》。

【会员服务】在做好日常信息传达、企业评优推荐等会员服务的基础上，做好政策解读、项目申报辅导等工作。2019年4月，组织优刻得科技股份有限公司、上海络安信息技术有限公司、上海市数字证书认证中心有限公司、上海工业控制安全创新科技有限公司等单位，参加市经济信息化委人事教育处召开的“2019年上海市信息创意类首席技师、技能大师工作室推荐申报工作布置会”，学习相关政策，了解申报工作安排；5月，组织上海上讯信息技术股份有限公司、上海斗象信息科技有限公司等5家会员单位，参加市经济信息化委召开的“科创板上市辅导会”，学习科创板政策、申报程序、注意事项等政策解读；10月，组织20家会员单位参加GeekPwn2019国际安全极客大赛，了解、学习极客在以云计算、AI、物联网、5G为代表的安全技术探索上的创新与突破。

联合上海金融信息行业协会，于5—6月组织开展2019年上海市信息安全行业&上海金融信息行业羽毛球锦标赛。进一步加强企业团队精神，促进企业间交流与沟通，增强集体凝聚力，展示新时代青年蓬勃向上的竞赛面貌，共有来自信息安全及金融信息行业23家企业的24支队伍参赛，参与人数120多人。

（朱方园）

六、 上海信息化发展研究协会

【概况】2019年是上海重点做好深化、拓展、提升工作，全面打造新型智慧城市升级版的重要一年。新时代伴随着新的历史使命、新的奋斗目标和战略安排，为此，上海信息化发展研究协会在市经济信息化委等部门的指导下，继续紧跟5G、人工智能、区块链等信息技术应用趋势以及新型智慧城市发展趋势，一方面，持续做好全市智慧城市及信息化建设方面的咨询、评估、研究等工作；另一方面，积极在其他地区、省市探索开展相应的信息化服务工作，各项任务均取得全新进展。

【智慧城市领域的设计、评估与预研】开展智慧城市相关领域总体设计研究。为进一步深化智慧城市建设，提升城市发展能级，在服务好上海市智慧城市及信息化建设的基础上，积极拓展服务范围，联合黑龙江省大庆市高新区、广东省珠海市香洲区相继开展大庆市高新区“智慧高新”总体设计、珠海市香洲区城市精细化管理平台(一期)深化设计等服务，全面提升城市精细化管理能力与水平。

其中，大庆高新区“智慧高新”设计基于高新区现有信息化现状，分别围绕高新区基础数字平台、产业发展、城市治理、公共服务以及政务管理等方面部署“数字高新”总体设计；香洲区城市精细化管理平台(一期)以香洲区44.05平方千米、辖40个社区为建设范围，涵盖平台配套管理体系、云计算建设软硬件基础运行环境建设、城市公共信息平台和城市公共信息资源库建设等方面，有效推动香洲区城市管理机制创新。

启动智慧城市相关领域执行情况评估。为评估上海各区智慧城市及电子政务发展情况，相继开展黄浦、嘉定、杨浦等区2019年智慧城市建设发展水平评估以及杨浦电子政务建设评估工作，明确各区智慧城市及电子政务建设阶段性成果，并对推进过程中存在的问题进行剖析，为下一阶段各项工作的开展提供针对性建议。

完成黄浦区智慧城市“十四五”预研。在黄浦区科学技术委员会的领导下，对标上海智慧城市要求及黄浦智慧城区发展实际，以及黄浦区智慧城市“十三五”规划执行情况，开展黄浦区新型智慧城区“十四五”预研工作。研究工作从体现精致黄浦、体现黄浦温度的角度入手，提出了“精致家园”“精细城区”“精智产业”“精准服务”“AI增能”“万物互联”等领域的任务举措，同时也描绘出黄浦区打造“感知之城、创新之城、和谐之城、品质之城”的新型智慧城区发展目标，为“十四五”规划部署提供良好的研究思路与发力方向。

【信息化领域专业咨询服务】做好各区信息化项目申报支撑服务。先后为杨浦区民政局、虹口区教育局等部门提供信息化项目申报的专业咨询服务，通过对相关系统现状与需求进行调研、分析，并提供咨询服务方案设计与编制，为有关部门高效、准确开展并通过信息化项目申报提供保障。

开展信息化项目预评估服务。2019年9月，与杨浦区政府办公室共同开展2020年度杨浦区电子政务项目预评估工作，共涉及24个项目，累计5 410.9万元，覆盖区大数据中心(区电子政务服务中心)、区发展和改革委员会、区机管局等12个部门以及控江路、新江湾城2个街道。通过开展项目预评估服务，为加强项目申报过程管理、统筹推进全区电子政务项目奠定基础。

持续优化残联信息化项目咨询服

务。结合上海市残疾人事业信息化“十三五”规划提出的“五个一”工程（一网、一库、一户、一图、一证），在“一网、一库、一户”完成建设的基础上，稳步开展残疾人无障碍数字地图、智能化残疾人证等残联信息化项目建设咨询服务，包括项目前期沟通调研、项目功能设计、业务流程设计等，为实现“智慧助残”、确保全市残疾人共同平等地享有信息化及智慧城市带来的成果提供重要保障。

提供信息化建设驻场咨询服务。分别在杨浦区政府办公室、嘉定区新行政服务中心安排相关人员提供电子政务及信息化专业咨询驻场服务，协助其完成日常“智慧政务”推进工作，包括但不限于信息化项目建设方案评估建议、信息化项目验收评估、工作计划安排、阶段性工作评估总结等，当好各部门参谋助手，为深化全市各区智慧政务建设献计献策。

【长三角信息化建设相关课题】 为推动长三角区域经济高质量稳定发展以及社会治理现代化建设，相继开展长三角制造业企业数字化转型、基于智慧化应用的社区“文明＋”建设等课题研究，积极探讨制造业企业转型发展路径以及基层社会治理创新发展模式，为稳步推进长三角区域企业转型升级与增能增效以及社区基层精细化管理提供支撑服务。

（裴　洁）

七、上海市计算机行业协会

【计算机专业中高级职称评审】 加大政策解读力度。在历年的职称申报受理过程中，经常遇到申报人员对政策不理解，导致申报材料缺失、网上申报操作错误，针对企业和个人的申报困惑，2019年，上海市计算机行业协会（以下简称“计算机协会”）加大对职称政策的宣传和解读力度，同时，加强对企业人力资源管理部门的培训。为此，开展免费的职称受理申报流程及政策解读会10余场。

提升专业服务意识。及时为企业专业技术人才提供职称评审服务。进一步简化申报评审程序、精减职称申报材料、减少证明事项、减轻职称申报人员的负担和流程；进一步破除“唯学历、唯资历、唯论文、唯奖项”倾向，突出工作能力和业绩考核，注重市场认可和对企业的实际贡献。对论文、职称外语等不做限制性要求，专利成果、技术突破、工艺流程、标准开发、成果转化等均可作为职称评审的重要内容。除此之外，还畅通了民营企业职称评审“绿色通道”和“直通车”渠道，评委会专家库吸纳了一批拥有高技能人才队伍的民营企业专家，助力民营企业发展。

优化学科专业设置。为了更有效、更具针对性地贴合计算机行业的发展趋势，完善计算机行业人才评价专业设置，根据计算机行业不同层次的专业要求，重新调整学科组名称并合理划分学科组内的专业范围设置，增加了人工智能、大数据分析与应用、智能制造、云计算与云服务等专业。

2019年工程系列计算机应用及技术中、高级专业技术职务任职资格申报人数高达939人次。其中，计算机高级专业技术职务任职资格评审在11月完成学科组及评委会的评审工作，共有139人进入最后评审阶段，最终通过评审的人员为109人，通过率为78.4%；计算机中级专业技术职务任职资格评审在12月下旬完成学科组及评委会评审工作，共有485人进入最后评审阶段，最终通过评审的人员为418人，通过率为86.1%。

【计算机行业司法鉴定】在2018年对照CMA（China Metrology Accreditation，中国计量认证/认可）资质开展管理体系运行工作的基础上，2019年，上海市计算机行业协会司法鉴定所（以下简称“鉴定所”）根据最新版《检验检测机构资质认定能力评价司法鉴定机构要求》《司法鉴定程序通则》等行政准则文件，修订《质量手册》及程序文件等各类规定共36份、体系管理类表单50余份，将相关行政管理要求、法律法规规定等纳入管理要求中，围绕质量方针和目标的实现，完善管理体系，使鉴定所的整体综合管理水平又有新的提高。

2019年，鉴定所共承接了涉及计算机领域的司法鉴定案例5起，接受相关个人、企业免费咨询及调解达50多起，其中，案件类型包括“软件相似性鉴定”“邮件真实性鉴定”“电子病历真伪及篡改痕迹鉴定”“数据恢复”“数据保全”“手机入侵IP地址鉴定”“电子类产品质量鉴定”等，委托方分别来自徐汇区法院、扬州市邗江区人民法院、太原市迎泽区人民法院以及公安机关、相关律所等。

【计算机行业高技能人才培养】2018年12月，经市经济信息化委推荐，市人力资源社会保障局发文，正式批准计算机协会成为第八批上海市高技能人才培养基地和职业技能鉴定所，承担计算机行业企业高技能人才培养、评价工作，助力计算机行业人才升级，培育更多智能制造新锐企业。

为规范、有序开展计算机高技能人才培养基地和职业技能鉴定所工作，2019年计算机协会首先做到组织落实，搭好行动班子；其次是制定落实行动计划的方法和步骤；再次是对计算机行业企业的情况进行分类分析，结合行业和企业的反馈信息，初步确定计算机系统集成、计算机系统维护、计算机研发制造、应用软件研发、软件评测分析、网络应用研发、数字媒体技术、数据库应用、物联网工程、信息安全等企业，征求其对继续教育行动计划的参与意向；最后主动走访培训机构和企业，认真听取其对继续教育行动计划的建议和意见，按《基地培训实施情况备案表》相关要求，配备符合资质的培训机构——上海友益职业技术培训中心，该机构已连续两届被评为上海市A级培训机构。

【计算机行业团体标准管理】 我国实行标准化改革后，首次给予了团体标准法律地位，并免予行政审批，积极鼓励团体标准发展。为此，2019年，计算机协会标准工作委员会制定《上海市计算机行业协会团体标准管理办法（试行）》3项补充规定、对2018年标准化知识竞赛优胜的个人进行表彰、验收市市场监督管理局《计算机维修服务诚信团体（联盟）标准化试点》项目。此外，还组织专家起草并发布9项团体标准，进一步规范和促进行业发展。

【企业就业见习基地建设】 市人社局、市财政局共同制定《关于加强就业见习管理的通知》，给予全市企业、事业单位和社会组织及符合规定的就业见习人员提供必要的帮助扶持。为此，2019年，计算机协会为大汉三通电子商务有限公司等多家符合要求的会员企业申办外派就业见习基地，通过政府就业见习补贴的方式，帮助企业招聘多名见习人员。为企业搭建一个选人用人平台，青年到企业参加见习，为企业提供一个全方位了解见习人员的机会，帮助企业发现所需人才，满足企业扩张性需求。同时，青年也可以充分了解企业，增强企业认同感，提高双向选择成功率。

【国际贸易知识产权海外维权服务】 2019年，在上海市商务委公平贸易处的指导下，上海国际贸易知识产权海外维权服务基地（以下简称“维权基地”）在中外合作高研班、国内企业海外知识产权维权培训等方面开展一系列工作，取得一定成绩。

开展系列化专题知识产权相关讲座。维权基地帮助行业企业维护双向投资和国际贸易中的合法权益，结合企业和当前国内外关注的最新热点问题和案例，开展系列化专题知识产权相关讲座，让海外相关贸易企业进一步提高、强化自身知识产权的布局意识。2019年，维权基地共主办9场免费专题培训，总培训人次达到300多人，辐射至近百家不同行业企业。

开展337案件协调。2019年，维权基地帮助企业免费进行337案件协调和咨询,帮助其在国际贸易中占据主动地位。

编制《2019 年国际贸易知识产权维权专题研究报告》。维权基地历时一年,与专业学术机构合作,编制《2019 年国际贸易知识产权维权专题研究报告》,提出企业应对知识产权国际保护制度的策略以供参考,并为政府相关部门在政策研究及制定等方面提供决策参考。

建立长三角国际贸易知识产权海外维权联盟。强化知识产权保护和运用,打造知识产权“上海高地”,对上海“四大品牌”建设以及长三角更高质量、一体化发展具有重要意义。维权基地建立了长三角国际贸易海外维权知识产权联盟机制,进行政策咨询联动、专家库对接、人才资源共享,并携手江、浙两省的知识产权服务机构,把维权基地资源和信息辐射至长三角地区。为各类企业、研发机构、院校及个体创业者提供全面的知识产权信息化服务,为有需求的企业及政府提供相关知识产权保护的运营服务,实现资源共建、共享。发挥各类国际贸易知识产权民间机构的桥梁作用,建立多层次、跨区域国际贸易知识产权协同发展机制。

举办第三届国际贸易知识产权海外维权高级研修班。7 月 2 日,由维权基地与英国伦敦玛丽女王大学法学院合作举办的“第三届国际贸易知识产权海外维权高级研修班”(以下简称“高研班”)在上海财大开班。第三届高研班经过报名与筛选,来自长三角地区的重点龙头企业、律师事务所的 70 余名学员参加培训,经考核获得结业证书。

【会员服务】举办会展、峰会、论坛等活动。2019 年 2 月 27 日,主办“2019 链接未来高峰论坛暨学术交流会——解决区块链最先一公里,实现区块链最后一公里”。5 月 10 日,主办“2019 智慧招商&智慧运营暨现代企业服务品牌峰会”。5 月 22—24 日,主办“第十六届 ReChina 亚洲打印技术及耗材展览会”。6 月 27 日,在市经济信息化委指导参与下,由计算机协会主办、小 i 机器人承办的“上海人工智能产业融合大会”召开。7 月 19—21 日,市经济信息化委、市软件协会、计算机协会等共同参与举办“2019 DAMS 中国数据智能管理峰会”。

11 月 12 日,协助市经济信息化委、市商务委、市信息服务外包发展中心等举办“一带一路信息产业国际合作高峰论坛”。11 月 16 日,联合上海市社会信用促进中心、陕西省信用协会、杭州市物联网行业协会、杭州市数据资源开发协会等,共同召开“第二届全国 IT 服务生态峰会暨全国企业诚信联盟大会”。11 月 26 日,联合中国银行、上海股权托管交易中心,以“宏观经济形势与科创板”为主题,召开“2020 逆势增长的 3 融——融智、融资、融人战略讲座”。

组织行业培训，提供新技术、新产品推广及政策咨询活动。3 月 1 日，联合上海市中小企业发展服务中心、上海现代服务业联合会，共同召开“网络信息安全的挑战与应对沙龙”。

4 月 18 日，召开“企业培训政府补贴之地方教育附加专项资金补贴政策解读会”。引导企业用好、用活政策，为企业发展再添动力。8 月 1—2 日，举办“电子数据恢复技术应用培训班”，深入探讨和分享信息安全盲点、数据恢复发展趋势、数据灭失的原因等。

8 月 22 日，召开“《2019 年度中小企业发展专项资金项目》政策解读会”，就《2019 年度中小企业发展专项资金》的文件精神和《企业研发费用加计扣除实务操作及其问题应对》进行解读。8 月 23—25 日，组织承办为期三天的“企业公有云部署——云计算核心人才实战提升培训班”。

走访调研解难题，凝心聚力谋发展。通过调研走访多家企业，零距离了解企业心声，了解其经营发展的主要问题所在，进而凝聚力量，帮助会员企业解决问题，为将来谋求合作机会、行业发展打下坚实基础，充分发挥桥梁纽带作用。

（周晓婷）

八、 上海市交通电子行业协会

【概况】 以社团规范化要求为契机，加强上海市交通电子行业协会（以下简称“交通电子协会”）自身凝聚力建设。经交通电子协会秘书处审核，至 2019 年 12 月底，新加入会员单位 3 家、受理会员退会 1 家。会员单位共 199 家，其中理事单位 52 家、监事单位 3 家。委托上海东洲政信会计师事务所完成对协会 2019 年度的财务审计工作。围绕建党 98 周年及新中国成立 70 周年，依托联合“党建工作站”载体，组织党员积极学习党的十九大报告、参观中共一大会址纪念馆、观看“上海解放 70 周年主题展”、赴井冈山接受革命传统爱国主义教育以及参与社会公益慈善活动。

【综合服务提升】 以政企有效性对接为目标，提升交通电子协会综合服务影响力。

一是服务会员。组织会员培训方面：2019 年 3 月，组织召开“高新技术企业认定政策解读”专题会。邀请张江示范区知识产权服务平台的专家就“高新技术企业认定政策培训”作专题解读，10 余家企业参加。6 月，组织召开“汽车网络安全新趋势”研讨会，邀请业内专家分享网络安全合规态势及全国首例TISAX（Trusted Information Security Assessment Exchange，可信信息安全评估交换）认证实例，10余家会员企业参与。10月，受浦东新区科技和经济委员会（以下简称“浦东新区科经委”）委托，组织“关于建设人工智能上海高地，构建一流创新生态的行动方案（2019—2021年）”政策宣贯会议，20多家会员企业参加。

为企业证明、产品技术鉴定及项目推荐方面：依托汽车电子专业委员会资源，组织专家先后为联合汽车电子有限公司、泛亚汽车有限公司等会员企业召开产品（技术）鉴定会议，出具鉴定意见报告报送相关部门；先后推荐会员企业上海航盛实业有限公司、东软集团的相关创新技术和产品，申报品牌建设和高新技术产业化专项资金；为科博达有限公司提供海外出口排名的证明文件。

二是服务政府。承接市经济信息化委、市科委等政府部门的委托，发挥综合资源优势，围绕市级专项要求，向政府部门推荐多项产品产业化项目和技术示范应用项目，并对项目实施情况进行跟踪；承接上海汽车电子产业经济运行统计及分析工作，为政府推动行业发展提供决策支撑。

配合市经济信息化委，围绕“中美贸易摩擦对全市汽车电子产业的影响”研究，向市经济和信息化发展研究中心提供相关意见和建议。配合市经济信息化委“稳增长”工作部署，积极安排企业调研，先后走访30多家会员企业，了解在宏观经济背景下企业发展情况和面临的挑战。

配合浦东新区科经委，围绕“大力推进浦东新区汽车电子产业发展”，先后陪同副区长管小军调研会员企业联创电子有限公司、京西重工有限公司、科博达技术股份有限公司等，了解企业实际需求，为下一步推进浦东新区汽车电子工作打下基础。

2019年5月，参加市委督查室“上海制造”品牌专题访谈，汇报汽车电子行业如何开展“上海制造”品牌的工作案例并提出相关建议。同月，参加奉贤区政府召开的“汽车·未来空间”相关产业政策、规划专题座谈会，为奉贤区推进智能网联汽车行业发展提供指导建议。

6月，承担浦东新区国民经济和信息推进中心委托的《上海浦东汽车电子创新与智能产业联盟活动服务》，开展组织沙龙对接、企业走访等活动。7—8月，为配合市经济信息化委编制“本市汽车电子产业三年行动规划（2020—2022）”，针对全市汽车电子企业，组织线上线下问卷调研。11—12月，参与市工经联组织的“2019企业创新最佳案例”评选工作。

三是服务行业。2019年1月，组织召开“上海智能网联汽车电子技术发展专家座谈会”。邀请上汽集团等9家汽车整车及零部件企业，以及上海微技术工业研究院等10多家集成电路企业，重点聚焦车规级集成电路芯片、人工智能等关键核心技术进行探讨，同时推进车规级芯片在汽车电子零部件上实现应用。

3月，组织召开浦东汽车电子创新与智能产业联盟2019年度联盟工作会议。进一步配合浦东新区以金桥为核心，以张江、临港、外高桥等区域为支撑，鼓励创建汽车电子产业创业创新空间载体，逐步形成“一核驱动、多点支撑”的汽车电子发展格局。

11月，交通电子协会承担的市标准化示范试点项目《面向智能网联的车路协同系统标准化试点》通过验收。两年时间里，技术研发探索与标准化建设同步，交通电子协会与上海博泰等部分会员单位共同完成《上海车路协同系统标准体系和系列标准编制》研究1项，承担了一批车路协同系统的关键性、基础性标准编制，促进上海智能网联汽车与智能交通的行业互融和技术布局。

为贯彻长三角一体化的任务要求，作为首批成员单位，交通电子协会于2019年12月3日发起并加入“长三角汽车零部件产业联盟”。通过联盟平台，加强与全市及长三角相关行业协会、商会、学会的合作，同时也为会员企业服务拓展新渠道。

为响应“长三角一体化发展战略”，组织会员企业参加江苏省盐城、南通、东台以及浙江省湖州等长三角地区来沪召开的产业恳谈会，为相互间合作提供新发展机遇。同时，陪同湖州吴兴区区领导调研了上海航盛实业有限公司、上海信耀电子有限公司等企业。

【平台创新型服务发展】以平台创新型服务为载体，增强交通电子协会品牌服务创新力。

行业咨询平台。2019年，通过市、区两级政府立项和购买服务形式，组织交通电子行业专家委成员，共同参与并完成多项产业研究课题报告。其中包括：完成市科委委托的《上海汽车电子技术发展规划报告4.0版》报告；完成市市场监督管理局标准化示范试点项目《面向智能网联的车路协同系统标准化试点》项目，并顺利验收；完成浦东新区科经委委托的《浦东新区汽车产业2019年度发展报告》《浦东智能网联汽车先进驾驶辅助系统产业发展研究》课题，并顺利验收；阶段性完成了浦东新区国民经济和社会信息化推进中心委托的《上海浦东汽车电子创新与智能产业联盟活动服务》项目部分内容。同时，根据企业需求，通过专家委组织业内专家为企业提供产品认证8次、技术鉴定2次，推荐优秀项目10余次，推荐优秀工作者参加社会评选2次等。

行业交流展示平台。2019年3月，协助慕尼黑展览公司主办第三届“汽车技术日”活动。活动邀请来自整车厂及国际领先芯片供应商，围绕传统汽车安全电子、车联网、无人驾驶技术等展开讨论。在展会期间，还承担举办了汽车电子领域智能驾驶技术、车联网技术分论坛。

4月，协办“2019长三角新能源汽车产业发展论坛”。5月，受江苏省南通市北科技城邀请，组织会员企业共同参加“南通四分之一马拉松健康跑”。6月11—13日，作为CES Asia（亚洲消费电子展）的合作伙伴之一，组织并邀请500多位行业专业人士观展。其中东软集团等5家会员企业展示了企业最新的智能驾驶产品及相关技术。8月，受上海之帆“一带一路”经贸巡展组委会邀请，首次参加“一带一路”国家交流巡展，组织2家企业参加匈牙利和斯洛文尼亚两国的经贸展览和交流，为企业开拓海外市场提供新渠道。

9月，协办“2019第三届国际汽车检测与测试技术论坛”。10月，协助上海市松江区投资促进服务中心协办第二届进博会系列活动——“2019新能源汽车产业发展高峰论坛”。12月，参加“中国汽车行业组织联合办公室2019年交流会”。12月，主办“上海浦东汽车电子产业创新与发展专题座谈沙龙”，邀请业内专家分享智能网联汽车、测试评价体系建设、新能源智驱技术3个主题报告。

行业信息平台。通过交通电子协会门户网站、微信公众号、简报刊物等信息发布和沟通渠道，将交通电子协会业务和行业信息工作紧密结合起来，充分发挥信息传递作用，增强行业信息共享，为行业协会和会员单位提供具有实效性、前瞻性、可读性的参考信息。

（殳天盛）

九、上海市无线电协会

【概况】 2019年，上海市无线电协会在市社团局、市经济和信息化委、市无线电监测站等相关政府部门的指导下，以及上海电信公司等理事长和副理事长单位的共同支持下，在无线电行业开展一系列工作，取得了一定成果。

【自身建设】 不断完善无线电协会网站和微信公众号的建设。做好新闻中心、专家园地、行业展厅、协会成员等几大板块的及时更新工作，努力将其打造成公开政府信息、传播行业动态和前沿技术、促进会员互动的多功能平台。

【无线电专项工作开展】 积极维护电波秩序，做好各类无线电专项工作。

一是无线电考试保障工作。继续协助（原）上海市无线电管理局做好全市各类考试的无线电保障工作。考前准备充分，确保人员、车辆、设备到位；任务执行中反应迅速，做到对作弊信号发现快、定位准，确保各类考试安全顺利进行。2019 年，完成各项考试保障任务 12 次，共计保障学校 96 所，还完成了崇明区科委的考试保障任务。受崇明区科委委托，为崇明区春秋季高考、中考和等级考试提供无线电考试保障服务，分别对民本中学、扬子中学以及 7 个初中学校进行现场信号监测，完成全年 2 次重大考试的保障任务。

二是继续做好运营商基站外部干扰排查服务。发挥无线电协会技术及协调能力，不断提高干扰排查技术和干扰源清除技巧，成为维护公用移动通信电磁环境的有效支撑。2019 年，分别开展了“上海联通 L900 干扰排查项目”以及“上海移动疑难干扰小区处理技术服务”，累计共排除干扰源 200 余个。

三是完成“中国电信 1.8G 频段频率使用研究及频段清查”。全面了解频段范围为上行 1 780 MHz～1 785 MHz 和下行 1 875 MHz～1 880 MHz 频段的电磁环境情况。测试范围包括上海行政区内的主干道（含高架和高速），覆盖本地网的主干道、商业密集区道路（商业街）、住宅密集区道路、学院密集区道路、机场路、环城路、沿江两岸、城区内主要桥梁、隧道、地铁和城市轻轨等，路测里程共 2 500 公里，为中国电信未来的实际投入使用打下良好基础。

【频率使用情况测试、研究】 一是完成“全市 3 400 MHz～3 500 MHz 路测”工作。受上海电信委托，开展全市的路测工作，共路测里程 13 000 公里，覆盖上海市 16 个行政区，发现干扰点 9 个。此项目对于了解全市整体 5G 频段的使用情况有重大意义。二是完成“1.5G 终端属地化测试及网络干扰处理方案研究”项目的立项工作。上海作为重点部署 5G 网络的城市，对 5G 终端的测试必不可少。在没有统一终端测试标准和流程的情况下，一套切实可行的测试标准及流程亟待研究与推广应用。为此，上海电信委托无线电协会开展立项及相关研究工作。

【行业发展】 一是做好“无线电台站验收数据采集委托服务项目”。协助（原）上海市无线电管理局台站处，梳理相关频率许可证明、无线电台站设置申请表等资料；核对资料内容的准确性和一致性；准确将资料内容录入无线电台站数据库；打印和制作无线电台执照，并分类、分批整理归档。

二是上海市“无线电发射设备销售

备案”工作。配合(原)上海市无线电管理局全面展开销售备案和监管工作,包括备案申请受理、审查,备案号发放;根据国家无线电发射设备销售备案平台的上线情况,做好已备案信息的迁移工作。2019 年共对 390 家企业进行了无线电发射设备备案,型号总量 28 000 个。

三是行业诚信体系建设。进一步完善行业诚信体系建设,打造公平、公开、公正的无线电产业市场环境。通过开展“销售无线电发射产品规范企业”活动,向社会公开在行业相关领域中做得较好的单位。建立行业诚信档案,纳入全市企业联合征信系统;不断加强举报和投诉机制,加大监督检查力度,对违反承诺的行为记录在案,根据失信程度予以惩戒;做好 39 家申请“无线电通信网络设计资质”的评选和年审工作,严格把关,促进科学组网、规范使用。

四是行业标准制定。开展“数字无线专用对讲通信系统工程技术规程”的编写工作。为贯彻国家《智能建筑设计标准》,促进无线对讲系统的发展,无线电协会联合华东建筑设计研究总院、上海建筑设计研究院有限公司,编制《数字无线专用对讲通信系统信号覆盖工程设计与验收规程》。

【无线电政策、技术等宣传】 完成 2019 年度军、地无线电监测技术培训与干扰排查竞赛。为提高全市军、地无线电监测和干扰联合排查的综合能力,增进无线电保障单位的相互了解和配合,2019 年 9 月 10—11 日,举行 2019 年度军、地无线电监测技术培训与干扰排查竞赛。本次培训与竞赛包含无线电监测新技术培训讲座、单人徒步无线电干扰排查竞赛、车载设备集体无线电干扰排查竞赛。

完成无线电行业政策宣贯。为提高无线电频率和设备使用人员的认识水平,促进其了解《中华人民共和国无线电管理条例》、熟悉无线电管理政策、保障无线电频率合法使用,无线电协会于 2019 年 9 月 11—12 日,举办无线电管理宣传月无线电管理政策宣贯培训,本次培训对《中华人民共和国无线电管理条例》进行宣贯,对无线电频率管理、台站管理政策进行解读。同时,培训还涉及“伪基站”“黑广播”“5G 干扰”等内容。

(陈　晟)

第五章 信息化合作交流及重要展会

概述

2019年，市经济信息化委高度重视东西部扶贫协作和对口支援工作，持续开展“双一百”村企结对精准扶贫行动，分别赴贵州遵义、云南等对口地区学习考察，有序推进长江经济带和长三角区域一体化发展国家战略。展会方面，通过第二十一届中国国际工业博览会（以下简称“工博会”）、第二届中国国际进口博览会（以下简称“进博会”）、2019世界人工智能大会等的召开，推动信息化及相关产业良好发展。

一、国内外合作交流

东西部扶贫协作和对口支援工作

【概况】市经济信息化委高度重视东西部扶贫协作和对口支援工作，结合“不忘初心，牢记使命”主题教育，深入学习习近平总书记扶贫思想，全面领会把握中央脱贫攻坚新部署、新要求，不断强化“四个意识”，提高政治站位，树立打好精准脱贫攻坚战的决心，立足产业和信息化主管部门实际，扎实推进。5月7日，上海市经济和信息化工作党委（以下简称“市经信工作党委”）专门听取了《关于东西部扶贫协作和对口支援2018年工作总结和2019年工作安排的汇报》。根据市委、市政府统一安排，2019年，市经信工作党委主要领导分别陪同市委、市政府主要领导，赴贵州遵义、云南等对口地区学习考察。除此之外，8月4—8

日，市经信工作党委书记陆晓春带队赴云南省临沧市调研扶贫工作，9月22—26日，陆晓春带队赴新疆调研产业合作项目并慰问委援疆干部。

【上海—新疆呼叫产业生产性服务业功能区建设】加快推动上海—新疆呼叫产业生产性服务业功能区建设。功能区一期、二期建设已基本完成，两期共建设座席规模1 000席。其中，一期位于喀什市经开区，建有座席485席；二期位于泽普县，面积2 500平方米，建有座席515席。展示大厅、办公会议、培训实训、机房及职工公寓等配套均已投入使用，从座席规模和就业人数方面而言，该区已成为新疆本地最大呼叫中心产业园。2019全年入驻座席共计900席，园区就业人数达到1 000人；已入驻企业包括喀什联通/移动/电信、太平洋保险、TV巴扎电视购物等疆内业务。市政协主席董云虎带队上海党政代表团，到功能区二期泽普园区考察并给予充分肯定。

【“双一百”村企结对精准扶贫行动持续开展】持续开展“双一百”村企结对精准扶贫行动。在2018年初步结对的基础上，2019年3月11—14日，组织在沪央企分别赴云南临沧市、遵义赤水市举行“双一百”村企结对精准扶贫行动集中签约仪式。上海航天技术研究院、中远海运能源运输股份有限公司、中国人民解放军第四七二四工厂、中国航空无线电电子研究所、中石化上海石油化工股份有限公司、中远海运集装箱运输有限公司6家在沪央企，分别与云南省临沧市云县爱华镇头道水村、云南省临沧市临翔区蚂蚁堆乡一水村、贵州省遵义赤水市元厚镇石梅村、贵州省遵义赤水市长期镇太平村、贵州省遵义赤水市元厚镇高新村、贵州省遵义赤水市天台镇新店村签订结对协议。8月5日，在云南临沧市举行解放军四八〇五集团与云县后箐乡菠萝村结对签约仪式。各在沪央企积极开展结对行动，累计投入扶贫资金超过420万元。

【扶贫协作和对口支援社会发动】市经济信息化委发动社会力量广泛参与扶贫协作和对口支援工作。一是指导市中小企业技术人才引进服务中心积极开展东西部扶贫协作工作。先后组织上海吉田拉链有限公司、上海金蟹水产科技有限公司、付临门支付有限公司等16家上海企业赴云南临沧、大理、保山等地开展产业合作对接。其中，上海金蟹水产科技有限公司与云南省大理州永平县龙门乡签订了《中华绒螯蟹养殖系列项目投资框架性意向协议书》，确定项目总投资为300万元，于2020年开始投资建设，建设总工期为二年。2019年，市中小企业技术人才引进服务中心共组织上海及长三角地区近100家企业赴东西部扶贫协作地区参加7场招聘会，提供招聘就业岗位超过 17 100 个，1 500 余人达成就业意向；共帮扶云南文山、临沧、红河地区和青海果洛地区建档立卡贫困户 400 余人来上海就业。截至 11 月底，共组织上海 44 家企业与云南 44 所（临沧市 9 所、文山州 19 所、德宏州 6 所、保山市 10 所）小学结对帮扶，开展关爱小学系列活动和建设，共涉及建档立卡户贫困学生 2 839 人、留守儿童 3 524 人。

二是推进“智汇护航——网络扶智进校园”行动。在市对口支援与合作交流领导小组办公室的支持下，由市经济信息化委受理并申报的公益项目“智汇护航——网络扶智进校园”行动得到 2019 年度市对口支援与合作交流专项资金资助。该项目的承办方上海静安区智塾青少年公益服务中心在共青团上海市合作交流工作委员会、共青团上海市经济和信息化工作委员会、上海市青年志愿者协会、上海市慈善基金会联合之路专项基金等相关单位的指导下，建成“梦想教室”5 间、“网络安全守护站”127 个，扶贫公益网课平台引入电子读物 7 000 本、各类课程 800 节，发放上网学习账号逾 14 000 张。

三是积极发挥行业协会的积极性。上海电子商会（上海电子制造行业协会）发动其会员单位上海松下微波炉有限公司与云南玉溪工业财贸学校建立校企合作关系，共同承担国家教育部“首批现代学徒制试点项目”。同时，该公司主动与贵州省遵义市湄潭县中等职业学校开展就业援助项目。公司制造部与学校电子专业结对，开展专业教学和实习就业的对口支援。通信制造业行业协会发动会员单位积极参与东西部扶贫工作，闻泰科技股份有限公司计划在云南昆明建厂，已完成前期规划；上海掌小门教育科技有限公司开展云南远程支教；上海广电通信技术有限公司与云南贫困村结对。

四是积极推动电商扶贫。积极推动“京东云”开展对喀什地区莎车、泽普、叶城、巴楚四县的精准扶贫工作，探索“直播 + 助农 + 电商”新模式。以 2019 年上海对口帮扶地区特色商品展销会举办为契机，推动“京东云”在京东商城开设“中国特产 · 上海援疆扶贫馆”，帮助喀什地区参展企业近百款产品入馆，并在喀什展区推出“京东云电商扶贫直播节”活动，邀请京品推荐官、喀什本地主播在现场进行直播销售。

【对口支援遵义地区人力资源开发】根据《关于印发〈2019 年上海市对口支援遵义实施人力资源开发项目资金计划〉的通知》（沪合组办〔2019〕35 号），市经济信息化委承担的沪遵产业合作专题培训班，于 2019 年 8 月 4—12 日在同济大学经管学院举办。根据向所有学员发放的问卷调查统计，本次培训总体课程平均分达到了 4. 99 分（满分为 5 分），学员们对本次培训反响良好，认为培训内容具有很强的理论性和操作性，课程设置合理实用，能学习到上海在产业发展、扶持中小企业方面的前沿知识，补充知识短板，开拓眼界，在掌握丰富业务知识的同时，更加坚定服务贵州、打赢遵义脱贫攻坚任务的决心。

【对口地区产业合作推进】 梳理沪遵产业合作需求表，不断加强沪遵产业合作。组织蔚来汽车等11家上海企业赴贵州省遵义市考察对接，并召开沪遵产业合作成果汇报暨上海优强“双创”项目对接会，取得较好效果。应遵义市工业和能源局邀请，出席贵阳工业产品博览会，与遵义市工业和能源局、大数据局等就产业合作多次沟通。配合贵州省工信厅在沪举办2019“多彩贵州风　黔酒中国行”宣传推介活动。2019全年，沪遵产业合作47个项目，到位资金68.57亿元，带动贫困人口脱贫15 966人。

充分利用工博会等展会平台推进与对口地区的合作。在工博会期间，配合新疆自治区工信厅在沪举办新疆重点产业投资合作洽谈会暨南疆四地州招商推介会，并协助安排自治区领导在沪调研有关园区和企业；与日喀则市政府就推动“双创”工作进行深入交流。

长江经济带和长三角区域一体化发展国家战略

【长江经济带发展推进】 围绕“共抓大保护，不搞大开发”，推进长江经济带相关工作。配合市发展改革委制定全市《长江经济带发展负面清单指南（试行）》实施细则；配合开展双月调度长江经济带生态环境污染治理“4+1”工程涉及化工污染治理的相关工作。

大力推进化工污染治理。积极贯彻落实《中共上海市委、上海市人民政府关于全面加强生态环境保护坚决打好污染防治攻坚战建设美丽上海的实施意见》和《2019年上海市推动长江经济带发展领导小组办公室重点工作》要求，大力推进化工污染治理、全面推进优“化”专项行动，重点围绕《上海市优“化”行动实施方案》，持续加大工作力度。

一是推动非专业化工园区的规划保留工业区调整、提升，规划保留工业区外化工企业搬迁、关停。在科学评估现有企业环保、安全等生产条件的基础上，将浦东、松江、奉贤、青浦等8个区涉及的约100家化工企业，列入2019—2020年的产业结构调整初步计划。

二是完善工作协同推进机制，排摸化工企业现状。筛查去除失效、贸易类及已关闭企业信息，进一步完善、补充企业的所属园区、行业及现状等信息，锁定跟踪全市1 700余家化工企业，协同对长江沿线化工企业的执法检查。

加快发展绿色制造。一是完成两批绿色制造体系示范、评审。评出市级绿色工厂32家、绿色供应链1家、绿色园区2

家、绿色产品11项，其中，获得国家级“四绿”示范称号的绿色工厂24家、绿色供应链1家、绿色园区1家、绿色产品11项。

二是开展绿色制造宣传和培训。由50余家企业发起成立上海绿色制造联盟，推动8项绿色设计产品团体标准制订，完成8期绿色制造政策、技术宣贯培训，参与企业400余家，开发绿色制造服务平台网站，发布绿色制造示范案例。

三是大力推进清洁生产审核。2019年，完成审核评估80家、验收100家，企业实施清洁生产方案1 177项，取得经济效益8 767.7万元，每年可节约能源折合标煤1.84万吨。

四是推进重点园区、行业清洁生产审核全覆盖。编制金山工业区、金山二工区、星火开发区以及化工行业全覆盖推行方案，制定工作目标、推行思路、保障措施。组织化工企业名单分类梳理、现状排摸。

【沪苏大丰产业联动集聚区建设推进】 积极与江苏省盐城市大丰区委、区政府、集聚区管委会和开发公司保持密切沟通，及时梳理和协调集聚区建设中遇到的问题。协调市医保局解决两地医保结算问题。沪苏大丰产业联动集聚区以配套建设为抓手、招商突破为目标、创新机制为支持，实现综合配套不断完善，一批企业相继入驻，工作机制更加顺畅，快步进入基建和产业同步发展阶段。

一是基础配套日臻完善。集聚区已建成和在建道路共7条，总投资约2.2亿元。2座防洪站、3座封闭闸建设临近尾声，驳岸水系整治工程同步跟进；110千伏扬帆变电站已投产运营；天然气利用工程主体竣工；污水处理厂积极吸引地方政府平台投建。

二是产业配套加快建设。智造园一期项目总投资约1.9亿元，建设面积约42 000平方米，包含4幢单层厂房和2幢三层厂房，全部完成结构封顶并交付使用。

三是综合配套迅速启动。管理服务中心总投资约3.4亿元，建设面积约4 300平方米，包含3幢单体建筑，完成全部桩基工程，预计2021年12月底投入使用。

四是招商工作态势喜人。集聚区广泛对接上海市属国企、知名民企并导入项目，初步形成以先进制造业和高新农业为代表的产业框架。在先进制造业方面，江苏新时代建筑节能科技项目总投资约5.8亿元，已于2019年8月30日正式开工，达产后预计年产值10亿元；上海颐柏材料处理设备制造项目已签约智造园一期1号单层厂房，面积约5 000平方米，达产后年产值不低于2亿元，年利税不少于1 500万元。在高新农业方面，积极推进中国农业科学院上海兽医所高等级P3实验室、“农业及食品产业园”等项目。

【对口合作大连工作计划落地】 认真贯彻落实党中央、国务院以及上海市委、市政府要求，按照《2019年沪连对口合作重点工作计划》安排，积极推进对口合作大连工作。

一是提升对口合作品牌效能。相互组织企业参加对方重要展会活动，进一步提升对口合作品牌效能。上海组织安睡宝（上海）有限公司、东缝（上海）缝纫设备有限公司、上海秦朗纺织有限公司、乐筱贸易（上海）有限公司等公司，以及上海文化服装时尚产业、上海时尚公园等采购商，参加2019中国（大连）服装纺织品博览会。大连组织东北特钢集团大连特殊钢制品有限公司、大连寅鹏表面设备制造有限公司、大连光洋自动化液压系统有限公司等15家企业和大连理工大学参展第二十一届中国国际工业博览会，涉及工博会全部八大专业展。

二是加大签约项目推进力度。上海拓及轨道交通设备有限公司设备采购项目于2019年9月底正式整体移交地铁集团，由地铁集团主导下一步工作开展。中标软件与东软合作项目自协议签署后，积极开展解决方案融合、应用集成适配等工作，针对国产基础软件的应用提出一系列优化方法。

三是推进重点领域合作。在集成电路领域，大连市半导体行业协会和上海市集成电路行业协会联合承办的“沪连半导体产业合作创新发展论坛”在大连召开，上海市集成电路行业协会等14家上海企业代表参加。上海市集成电路行业协会与大连市半导体行业协会签署战略合作协议，沪连两地的半导体行业在产业合作、企业互动、人才交流等方面翻开了新篇章。在大数据领域，上海大数据联盟与大连高新区大数据产业协会签订全面战略合作协议。在大连、上海两地园区内为大数据企业预留办公场地，作为“沪连大数据产业基地”启动区，享受当地大数据产业优惠政策，已有多家企业有意向落户高新区。

（黄治国）

二、重要展会

【第十六届上海国际信息化博览会】 2019年3月19—21日，第十六届上海国际信息化博览会（以下简称“信博会”）在上海召开。本届信博会以“电子信息引领产业革命”为主题，由上海市经济和信息化委员会和上海市浦东新区人民政府主办，国际半导体产业协会（SEMI）及中国电子商会（CECC）、慕尼黑博览集团（MMG）、中国印制电路行业协会（CPCA）共同承办。本届信博会由六大专业展和近百场论坛研讨会组成，参展商超过 4 500 家，展出面积 28.9 万平方米，同比增长 7%，有 30 万专业观众到场参观，为各方搭建起沟通交流的平台，共享信息产业发展成果。

【2019 上海 5G 创新发展峰会】 2019 年 4 月 23 日，由中国联通和上海市政府联合主办的“2019 上海 5G 创新发展峰会暨中国联通全球产业链合作伙伴大会”在上海世博中心开幕。本次大会以“联通 5G，共见未来”为主题，邀请行业领军企业、领军人物和产业链上下游合作伙伴，聚焦创新、布局 5G，共筑 5G 产业生态圈。4 月 23—25 日，与大会同期举办的 21 场分论坛包含 5G 应用、智慧交通、工业互联网、产业合作创新等重大命题。

时任上海市市长应勇、工信部总工程师张峰出席开幕式并致辞，中国联通集团董事长王晓初、上海市经济信息化委副主任张建明分别发表主旨演讲。应勇表示，上海正在打造“双千兆宽带城市”，积极运用 5G 等新一代信息技术，赋能产业转型升级，创新政府服务模式。上海将持续深化“一网通办”等重要改革，努力当好金牌“店小二”，为各类市场主体在上海发展提供高效、精准、智能的政务服务，打造国际一流的营商环境。

开幕式上，上海市副市长吴清与中国联通集团副总经理邵广禄签署了《深化 5G 网络建设和创新应用推进新一代信息基础设施建设战略合作框架协议》，根据协议，中国联通将以上海新一代信息基础设施建设为契机，提升城市光纤宽带网络和高速移动通信网络能级，推动 5G 网络及智慧应用在各领域的渗透。

【第五届中国品牌经济（上海）论坛】 2019 年 5 月 10 日，由工信部、上海市政府指导举办的第五届中国品牌经济（上海）论坛举行。工信部总工程师张峰、上海市副市长吴清出席并致辞，市经济信息化委主任吴金城、副主任阮力，黄浦区委副书记、区长巢克俭，区委常委、副区长陈卓夫，市知识产权局局长芮文彪等出席论坛。

作为国内高端品牌论坛，本次论坛主题为“中国品牌　全球站位”，大会邀请 Brand Finance 创始人兼 CEO David Haigh、哥伦比亚大学著名学者 Donald Sexton 等多位国际著名品牌大师分享了“打响全球品牌”的见解。特斯拉、上海家化、光明乳业等 10 多家企业的代表分享了创新品牌建设的战略思考，交通银行首席经济学家连平解析了未来中国的经济展望。论坛上，上海市工业经济联合会等市五大行业协会共同启动“2019 上海品牌”微视频大赛活动，发布了第三季“外滩品牌榜（TBB）”。占据上海“老字号”半壁江山和全球知名商业集聚的黄浦区联合长三角部分城市实施“老字号”品牌创新行动计划。

【人工智能创新应用先导区建设启动会】 2019年5月21日，全国首个人工智能创新应用先导区在上海启动建设。工信部会同上海市政府召开人工智能产业发展院士专家座谈会暨人工智能创新应用先导区建设启动会。工信部总经济师王新哲、上海市副市长吴清、工信部科技司司长胡燕、浦东新区常务副区长姬兆亮出席并共同为“上海(浦东新区)人工智能创新应用先导区”揭牌。

先导区建设围绕三大任务展开。一是打造人工智能核心产业集群，二是推动人工智能创新应用，三是建设人工智能创新支撑体系。在先导区启动会上还发布了人工智能揭榜挂帅“中国赛道”暨先导区重点应用场景，包含AI+综合研发、AI+制造、AI+生活、AI+交通四大赛道，以及芯片研发创新中心、自主智能无人系统、智能装备制造、智慧工厂、智慧医疗、智慧养老、无人驾驶等16个重点场景，以赛道布局为主线，以开放场景为抓手，分批次、分阶段推进先导区建设任务，带动上海人工智能产业高质量发展、社会生活智慧化升级。

【2019年上海市智能制造推进大会】 2019年6月24日，以“拓展‘智能+’、打响‘上海制造’品牌”为主题的2019年上海市智能制造推进大会召开。市经济信息化委主任吴金城，中国科学院院士、上海交通大学副校长毛军发，中国工程院院士、华东理工大学副校长钱锋，上海电气集团股份有限公司总裁黄瓯等出席会议。大会由市经济信息化委副主任张建明主持。会上发布了《上海市智能制造行动计划(2019—2021年)》。为上海市第二批(12家)智能制造系统解决方案供应商授牌，见证6个银企、企企合作项目签约，通报了全国机械工业先进集体劳动模范和先进工作者。

针对智能制造系统解决方案供应商资金短缺瓶颈问题，订制专项金融合作方案，民生银行上海分行与上海电气自动化集团、上海浦东发展银行股份有限公司与优刻得科技股份有限公司、工商银行上海分行与上海上飞飞机装备制造有限公司，分别签署金融合作备忘录；面向制造行业龙头企业，集成商积极对接服务，上海电气自动化工程公司与浙江王力安防科技股份有限公司、上海工业自动化仪表研究院有限公司与上海飞机制造有限公司，现场合作签约；上海慧程工程技术服务有限公司与上海交通大学进行产学研合作签约。

【2019卓越人工智能引领奖(SAIL)发布会】 2019年6月25日下午，作为世界人工智能大会重要内容的卓越人工智能引领者奖(Super AI Leader，简称“SAIL

奖”)评选活动举行发布会,公布了 SAIL 奖的奖项设置、专家评委、评奖流程等信息,SAIL 奖在 8 月底的世界人工智能大会上正式公布。市经济信息化委副主任张英、杨浦区副区长赵亮等出席发布会,并为新落成的全市首个聚焦人工智能创新孵化的空间载体 AI SAPCE 揭牌。上海院士中心、上海人工智能发展联盟、上海创业投资协会、上海人工智能学会等机构组织分别代表产、学、研、融各方,与主办方达成共建 SAIL 品牌的合作机制,进一步扩大 SAIL 影响力和权威性,推进项目对接落地。

2019 年 SAIL 奖的评选活动在高端化、专业化、国际化基础上,更加突出平台对接和落地性,全面融入上海市人工智能生态体系建设。AI SPACE 是为迎合全市加快人工智能产业集聚、推进优质人工智能项目落地、整合人工智能专业服务资源而设立。AI SPACE 人工智能空间站是在市经济信息化委指导下,以“赋能 AI 打造人工智能专业服务平台”为目标的人工智能加速器,每个 AI SPACE 设置不同行业主题,聚焦产业、辅助各区人工智能产业发展,为人工智能创业团队提供办公空间、赛事推荐、应用场景对接、行业训练数据库、上下游产业资源匹配、专家技术、投融资、导师辅导、法律财务咨询、人才培训、政府政策解读与项目申报等专业服务,助力人工智能企业发展与突破。首家 AI SPACE 已落户杨浦五角场。

【2019 上海开放数据创新应用大赛(SODA)】 7 月 25 日,2019 上海开放数据创新应用大赛(以下简称“SODA 大赛”)正式启动。2019 年 SODA 大赛以“创新数据应用,乐享城市生活”为主题,围绕交通、环保、健康、商业和城市管理 5 个主赛道,面向全球征集开放数据创新应用方案。2019 年 SODA 大赛由市北高新技术服务业园区承办,该园区作为上海首个大数据产业基地,数据规模、覆盖范围、国际化程度等方面远超往届。

一是开放数据总量范围双突破。公共数据方面,上海市政府数据服务网已开放 2 100 个公共数据集;专用数据集方面,相比于 2018 年的 49 个数据集、800 G 数据总量,2019 年 SODA 大赛提供 89 个数据集,预计数据总量达 1.5 TB。除市公安局、市交通委等部门外,大赛得到了交通、医疗、能源、旅游、城市管理等领域大数据联合创新实验室,以及联通、腾讯、金棕榈、敬众、药联健康等企业数据的支持,为多元数据融合应用提供有力支撑。

二是多个高价值数据首次加入。环境执法、道路噪声、空气污染检测、交通电子警察、信号灯配置方案、公共停车泊位、充电桩分布、共享单车、无线电频谱检测、城市道路交通指数、医疗放射设备、景区实时客流等数据,均为 2019 年大赛首次加入。此外,药联健康的药店数据、腾讯的位置数据、金棕榈的旅游数据、敬众的航旅数据等新增数据也为大赛增添更多创意燃料。

三是多元化大赛招募。2019 年 SODA 大赛进一步扩展招募范围，8—9 月，大赛组委会赴海外知名大学开展定向宣传；还通过市北 GMIS（全球数据智能峰会）、世界人工智能大会等进行国际化推广。此外，组委会开展长三角、东北等地区团队招募和 SODA 走进大学校园活动，通过抖音互动形式，吸引更多年轻创业者。

四是数据安全保障更加完善，为保护个人隐私、商业秘密等第三方权益，各数据提供单位对数据已做好脱敏、脱密处理。同时，大赛专门邀请优刻得科技股份有限公司作为合作伙伴，提供“安全屋”数据沙箱计算环境，确保在安全、可控的环境下挖掘数据价值。

五是 SODA 生态链逐步完善。大赛设立了 100 万元现金奖金，100 万元云计算资源奖励和 300 万元孵化办公空间资源奖励。为推动参赛团队项目落地，市北高新园区打造了 2 400 平方米的办公空间专门用于 SODA 大赛创业项目孵化，并提供投资对接、专家辅导、云计算资源、历届获奖团队交流、知名企业参观等深度服务。

【2019 世界人工智能大会】 以“智联世界，无限可能”为主题的 2019 世界人工智能大会，于 8 月 29—31 日在上海举行。会议以“高端化、国际化、专业化、市场化、智能化”为特色，华为、阿里、腾讯、微软、IBM、特斯拉、亚马逊等龙头企业负责人，26 位独角兽企业创始人，以及 50 余位知名投资人共同畅谈行业发展趋势；两位图灵奖、两位诺贝尔奖得主，五大国际人工智能顶级学术会议主要负责人，84 位中外院士、专家共同分享前沿科学成果；70 多项重大创新项目在大会期间签约落地；超过 60 个国家的 8 万多名专业人士交流论道；海内外 200 多家媒体的 900 余位记者到会报道。大会还汇聚 300 多家海内外重量级企业参展，比 2018 年增加 50%，超过 1 000 家行业企业代表参会交流，逾 24 万人次观众参展体验。16 家龙头企业成为战略合作伙伴，100 余家行业企业与大会达成合作协议。此外，作为世界人工智能大会的最高奖项，卓越人工智能引领者奖（SAIL 奖）在大会开幕式上正式揭晓：“华为麒麟 980、810 7 nm 芯片”获得 SAIL 卓越奖，“科大讯飞新一代语音翻译关键技术及系统”获得 SAIL 应用奖，“银河水滴远距离步态识别系统与应用”获得 SAIL 创新奖，“阿里巴巴基于超大规模图神经网络的认知智能计算平台”获得 SAIL 先锋奖。

【第二十一届中国国际工业博览会】 2019 年 9 月 17—21 日，第二十一届中国国际工业博览会在上海举行。作为中国"工业风向标",本届工博会以"智能、互联——赋能产业新发展"为主题,设九大专业展区,涵盖制造业基础材料、关键零部件、先进制造装备、整体解决方案等众多最新产品与前沿成果,吸引了来自27个国家和地区的2 610家展商,以及18.2万人次的境内外专业观众。在本届工博会上,中外知名企业争相首发、首推超过300项最新技术与产品,展示了制造技术与大数据、云计算、人工智能、虚拟现实等新一代信息通信技术的持续融合。在开幕式上,第二十一届中国国际工业博览会大奖揭晓,10家企业获得大奖。

【上海产业青年"双赛"颁奖大会】 2019年11月28日,"2019年上海市产业青年创新大赛暨2019年中国技能大赛——上海市经济和信息化系统职业技能竞赛颁奖大会"在青浦区举行。市经济信息化工作党委书记陆晓春,青浦区委常委、副区长孙挺,市经信工作党委委员、市纪委监委驻委纪检监察组组长陈荣标,市经信系统工会主任汪羽等出席颁奖大会。

颁奖大会对"2019年上海市产业青年创新大赛"和"2019年中国技能大赛——上海市经济和信息化系统职业技能竞赛"进行了回顾,并颁发相关奖项。国网上海电力公司"基于大数据的长三角一体化高可靠性配网规划及运维策略优化平台"等6个"双赛"优秀项目进行了舞台展演。15家系统单位团委获得"双赛"优秀组织奖。

2019年上海市产业青年创新大赛以"青年创新,助力产业高质量发展"为主题,按创意、科技创新、工艺创新、岗位革新四大类别进行比赛,自8月启动以来,共吸引290个创新项目报名参赛,经100位专家在线评审、24位专家现场评审和145 255人次网络投票,最终评选出10个金奖项目、20个银奖项目和30个优秀奖项目。为丰富赛事内涵,比赛过程中还举办了创新能力提升、创业基金申请、AI+时代等主题培训,组织了申通云仓、北斗导航西虹桥基地、绿地全球贸易港、"乡村振兴示范村"莲湖村等实地考察,编制《惠企政策选编》。

"2019年中国技能大赛——上海市经济和信息化系统职业技能竞赛"旨在通过多行业、多工种的职业技能竞赛,引领广大青年立足本职、钻研技术,加快培养和选拔产业和信息化青年高技能人才。大赛设燃气轮机值班员、网络安全等级保护管理、软件开发质量控制、Hadoop软件配置与操作、呼叫中心客户服务、电气设计(CAD制图)、炼化安全技术、加油站现场营销服务、加油站油品计量、信息网络布线师、钳工、无线电装接工、涂装工13个比赛项目。市经信系统31个单位、近千名青年技术人员比武竞技。各比赛项目前八名选手获得竞赛荣誉证书，前三名选手可优先推荐共青团荣誉，市级二类竞赛项目的成绩鉴定合格者可获得专项职业能力证书，信息类竞赛项目优胜选手可推荐参评上海市“首席技师”资助项目。

【2019上海智慧城市体验活动周】 12月2日，2019上海智慧城市体验活动周开幕。本次体验活动周以“智慧城市——重塑城市未来”为主题，体现“深化应用体验、充分感知互动、落实便民惠民”特点，充分发挥各区和企业积极性，总体安排为“4+9+X”，即组织4大品牌活动，开展9大专业领域特色活动，推进一系列智慧城市综合体验活动。开幕式上，市经信工作党委书记陆晓春到会致辞。活动现场举行了“上海市智慧社区（村庄）示范点”授牌仪式，并同期发布《2019上海市智慧城市发展水平评估报告》。

在四大品牌活动方面，“智慧工匠”选树、“领军先锋”评选活动已是第四届，本次以“聚力新科技，奋进新时代”为主题，旨在进一步加强上海智慧城市人才队伍建设，培育工匠精神，挖掘树立一批智慧城市工匠标兵，进一步提升上海市智慧城市建设创新和质量水平。

另一项品牌活动智慧城市定向赛，面向全体市民招募1 000人参加，以5人为一小队，在一天内完成任务，深度体验全市近40个智慧城市和人工智能应用场景，让更多市民主动了解和体验上海智慧城市建设成果。一系列品牌活动的开展，为上海智慧城市建设向泛在化、融合化、智敏化方向发展奠定基础。

在特色活动方面，本届智慧城市体验活动周以响应百姓心声为出发点，重点聚焦破解城市发展难题、提升城市治理精细化水平、推动数字经济蓬勃发展、促进数据共享开放等方向，策划了9场特色活动，包括智慧政务主题日暨“一网通办”电子证照社会化场景应用研讨会、5G+工业互联网研讨会、中国（上海）大数据产业创新峰会、智慧交通主题日等。

在综合体验活动方面，为进一步扩大影响，增强市民的关注点与参与度，体验活动周向全市征集发动了数十场线上线下系列活动，包括路演展示、科普宣讲、互动交流等，让体验无处不在。活动的开展，让市民关注智慧城市发展、参与智慧城市建设，为打造宜居、便捷、高效、智能发展的上海城市氛围营造有利环境。

（杨勤伟）

第九编　区信息化建设

SHANGHAI INFORMATIZATION

综　述

2019年是实施“十三五”规划的关键之年，在各区政府的重视和支持下，信息化工作得到进一步增强。

各区以信息技术支撑社会公共领域建设，加快“一网通办”工作，使信息化应用惠及民生，为建设和谐社会发挥积极作用；加强信息技术在重点行业、关键领域的推广应用，充分发挥信息化对经济增长方式转变、提升企业自主创新能力的促进作用；坚持以信息化手段加强城市建设管理，攻克城市管理难点；发展智能制造、大数据、云计算、电子商务等产业，以龙头企业为核心打造产业集群，构建和完善区域特色产业体系；突出信息基础设施建设在促进产业发展中的关键作用，重点聚焦5G和三网融合工作；加强各类信息化宣传工作，巩固信息安全保障，稳步推进上海智慧城市建设。

第一章　浦东新区信息化建设

概　述

浦东新区继续贯彻落实国家和上海关于推进智慧城市建设、促进信息化发展的战略部署，以加快推进信息化与浦东新区社会经济全方位融合为主线，紧扣中国（上海）自由贸易试验区（以下简称“上海自贸试验区”）建设、科创中心建设以及国际化大都市建设的要求，全面提升信息化发展能力、深化智慧应用、加强示范效应，提高政府现代化治理水平、城市综合承载率和市民幸福感，有力支撑浦东建设成为综合性全球城市核心区。

2019 年，浦东新区深化改革开放、扎实推进“放管服”工作，进一步改善营商环境，率先开展涉企事项“单窗通办”试点建设，提升便民利民服务水平，实现“家门口”服务中心（站）体制增能全覆盖；依托浦东大数据中心，深化政务数据资源的共享开放和融合应用，扩容升级新区政务云，加快浦东“城市大脑”建设；持续保障和改善民生，推进大数据、人工智能在城市治理和民生服务中的深度应用；加快智能化信息基础设施建设，率先启动 5G 网络建设；多举措营造信息产业发展良好环境，推动信息产业高速发展。

一、政务领域信息化

【区政务云升级扩容】2019 年，为更好满足各单位巨量云资源需求，浦东新区按照“集约高效、共享开放、按需服务、安全可靠”4 个要求，积极开展政务云扩容升级工作。在浦东新区政务云“两地三中心”的架构基础上，以精细化资源管理、系统化安全防护、前瞻性服务更迭为目标，严格按照三级等保要求部署建设，构建政务云的大资源池，使政务云扩容总量满足全区未来三年的新增资源需求，并通过建设一体化的云管平台，做到“充分激活存量、合理规划增量、科学调控变量”的资源管理，优化回收存量资源，为各单位提供统一、灵活、按需调配的云资源、云管理、云安全等服务。

【“一区一网”整合推进】 2019 年，浦东新区积极推进《浦东新区“一区一网”整合工作方案》实施，全区各部门和各街道、镇网站统一集成到“上海浦东”平台，实现统一入口、统一风格、统一防护。3 月，“一区一网”整合工作被市政府作为优秀案例上报国务院办公厅。截至 2019 年年底，全区完成 60 家街镇、部门网站，7 家管委会网站，以及信用网站的一体化整合，结合政府网站清理、规范域名管理工作，政府网站访客服务能力明显提升，群众留言处理率和满意率皆为 100%。

【区政务数据梳理】 一是根据《浦东新区政务信息资源目录编制指南》，区大数据中心牵头，多措并举，顺利完成全区政务信息资源目录梳理工作。二是坚持需求导向，围绕“六个双”综合监管、“家门口”服务体系提质增能等重点工作，在现有人口、法人、地理信息等基础数据库基础上，开展数据清单梳理，明确一数一源，先后启动政务服务、市场监管、公共信用、民生服务和基层治理等领域的主体数据库建设。

【区级数据资源归集共享】 一是以政务云为载体全方位归集数据，推进全区各部门系统上云工程。截至 2019 年年底，共接入全区 81 家单位(含 38 家委办局、7 家管委会、36 家街镇)，完成 7 002 个事项、80 017 个数据项和 31 亿多条数据的归集，实现了全区数据通道全覆盖。二是以“一网通办”为抓手，积极对接市大数据中心，对接市级“市民云”“社区云”建设，实现市、区两级联动。截至 2019 年年底，已落地办件表、法人信息、法人股东信息、办件环节表、办件材料表、法人变更信息、办件申请材料表、法人许可证、法人信息拓展、非正常户认定、吊销信息 11 项条线数据，数据量 1 935 万条。三是以新区政务资源共享交换平台为枢纽，全通道共享数据，打通市、区、街镇三级交换通道，提高数据资源跨部门、跨层级的共享能力，为“六个双”平台每日归集 4 787 多万条数据；为浦东公共信用平台提供了 17 个单位、35 个事项、总计 4 510 多万条数据；为城运平台提供了 10 个单位、47 个事项、总计 2 983 多万条数据。

【区级数据资源有序开放】一是深化公共数据资源目录体系建设，完成数据开放清单的目录梳理和编制工作，并与市政府数据服务网完成同步对接。截至2019年年底，在市公共数据开放平台登记发布浦东新区政务信息资源开放目录138项，挂接数据项2 504项，推送了64万条数据，实现了政府公开数据资源的浏览、查询、下载等基本服务。二是完善信息发布制度，依托“一网通办”总门户，参照市级做法，在“上海浦东”门户网站集中统一公开区级重大建设项目批准与实施相关信息，并实现动态更新。三是制定公共数据资源开放工作计划，明确将逐步扩大公共数据开放范围，推动公共数据开放并向具有公共管理和服务职能的事业单位延伸，引导具有公共属性的企业开放数据，试点数据定向开放，加强大数据产学研用融合。

【区数据资源创新应用】按照智能化应用“双向点题、双向答题”机制，浦东新区大数据中心牵头统筹，围绕经济管理、市场监管、社会治理、公共服务、环境保护等政府管理职能，以及政府自身建设6个领域进行“双向点题”智能应用项目的布局，确定了20项智能应用项目，并明确了各个项目的建设目标和责任单位，逐步实现大数据智能应用覆盖政府履职的各个领域。

【区“一业一证”改革】2019年，浦东新区全面落实市委、市政府《支持浦东新区改革开放再出发实现新时代高质量发展的若干意见》的重要战略部署，率先启动“一业一证”改革，在首批10个行业（便利店、体育健身场馆、宾馆、饭店、小餐饮、现制现售小商铺、烘焙店/面包房、咖啡店、酒吧和药店）中开展试点。改革效果显著，平均每个行业实现审批事项压减76%，审批时限压减88%，申请材料压减67%，填表要素压减60%。“证照分离”改革在全国自贸试验区复制推广。

【涉企服务“单窗通办”系统试点】为创新浦东新区政务服务模式，提高政务服务效率，在“互联网＋政务服务”的背景下，浦东新区率先在企业市场准入领域开展“单窗通办”试点，并率先完成“单窗通办”327项涉企审批事项全覆盖和7个开发区企业服务中心“单窗模式”全覆盖。通过改变企业服务中心窗口模式、开设综合窗口，实现统一收件、受理和发证，从而打破部门审批的专业性壁垒，实现“受审分离”。同时，为支撑“单窗通办”综合窗口业务受理，实现智能收件、流程衔接、信息互用、数据分析等功能，新区搭建了“单窗通办”信息综合管理系统，打通综合窗口和业务审批后台的业务流转，做到材料流转全程跟踪，同时通过数据接口的形式，引入数据共享机制，做到前台收件信息自动流转到后台审批部门业务系统,审批的相关意见第一时间反馈到前台综合窗口,做到无缝链接。作为上海市"一网通办"系统子平台,"单窗通办"信息综合管理系统还实现了与市电子证照库、市"一网通办"业务数据、EMS统一物流信息等信息数据实时联动。

【远程身份核验】为提高浦东新区"一网通办"能级,解决企业在注册登记过程中股东、法定代表人、经办人等"拿着身份证、亲自跑一趟"带来的麻烦和问题,企业服务中心会同市场监管局应用人脸识别技术开发实现远程身份核验功能。在"浦通办"微信小程序平台上,通过采集核验人脸、身份证号码等信息后,可连接公安部人口库系统进行对比,对比成功后即能确认核验人真实身份,不需要办事人亲自跑一趟。该功能已与新区单窗通办信息综合管理系统对接,在窗口收到相关申请件时,工作人员可实时线上调取查阅核验过程中形成的视频和承诺文书电子数据,做到"让数据多跑路,群众少跑腿"。该功能于2019年1月25日上线,2020年2月3日实现"范围全覆盖、事项全覆盖、人员全覆盖"。

【涉民事项"家门口"服务开展】2019年,浦东新区针对市民服务工作,一是借助"互联网+社区事务受理"的手段,在全市率先实现市民事项100%"单窗通办"、市民事项100%下沉至居村的"家门口"服务中心、市民事项长三角"一网通办"线下专窗100%全覆盖,从而推动政务服务改革向纵深发展。二是提出政务服务远程帮办机制,有效对接"家门口"服务体系与"随申办市民云",截至2019年年底,全区第一批69个市民办理事项如就医记录册申领更换、长护险申请等事项均可在家门口远程办结,远程视频帮办受理量已超过5 000件次,广受群众欢迎。

【"随申办"浦东新区板块建设】2019年,浦东新区加强"随申办"浦东新区板块建设,加快"一网通办"和"随申办"浦东新区板块功能服务对接。"随申办"浦东新区板块已接入政府服务、公共服务、社区服务和商业服务共计110项各类服务。其中,接入政府服务21项(婚姻预约、护照办理等)、公共服务24项(普通教育、国际教育、公用事业缴费等)、商业服务10项(在线银行账户申请、各类金融产品服务、电影票等),并对接"全区通办"事项,拟接入社区服务58项。

【电子印章先行先试】依据上海市电子印章推广应用总体部署要求,浦东新区率先在区企业服务中心及其7个分中心和36个街镇的社区事务受理服务中心推行使用电子印章,对接市级线上系统和区级"单窗系统",不断完善电子印章适配和使用流程，助力网上身份鉴定、在线签字盖章、证照审批签字盖章，打通了行政审批电子化服务的“最后一公里”，初步实现为新区政务服务赋能的作用，提高了市民的满意度和感受度。截至2019年年底，新区电子印章已调用16 022次。

【统一身份认证体系建设】2019年，浦东新区围绕自然人身份认证、教育应用平台身份认证等重点领域，加强信息技术融合应用，创新提升便民服务效率与教育信息化发展水平。一是统一新区各类政府服务机构身份认证标准规范，为政务服务对象提供多源实名认证渠道，致力实现一次认证、全网通办。二是规范和统一浦东新区各教育应用系统的认证登录方式，提供全面、安全、高效的统一用户认证体系，打造新区教育应用系统用户身份认证平台，保证教育用户使用一个账号和密码即可访问新区所有接入的教育应用系统，最终实现一人一号、单点登录、统一认证和全区通行。

二、社会领域信息化

【区智慧医疗发展】一是推动区属医疗机构与浦东新区区域卫生信息平台通过卫生专网互联互通。截至2019年年底，实现联网的辖区内公立卫生机构69家，联网率达到100%。二是进一步推进以电子病历为核心的医疗机构信息化建设工作，截至2019年年底，浦东新区电子健康档案已实现全覆盖，全区医疗机构电子病历的应用水平得到提高。三是打造“浦东卫健康”医疗信息云服务，居民可通过“浦东卫健康”进行预约、挂号、付费、候诊、影像及报告调阅、在线咨询家庭医生等操作，大大缩短了居民就医排队等候时间，提高了就诊效率，优化了就医环境。“浦东卫健康”已有实名认证用户6 471人，预约挂号3 842次，在线咨询问题256次。

【村“家门口”服务体系推进】浦东新区围绕乡村振兴战略，在村层面试点建设“家门口”服务中心，打造“四站一室”（党建服务站、市民事项受理服务站、文化服务站、联勤联动站、卫生室）功能载体。自2017年推进“家门口”服务体系建设以来，浦东新区经历了试点推广、标准化建设、全覆盖建成、提质增能四个阶段，体系建设架构已经完备、品牌已经形成、口碑正在凸显。截至2019年7月，建成村“家门口”服务中心307个，经集体讨论与意见征求，授予川沙新镇界龙村、祝桥镇邓三村、周浦镇界浜村、新场镇新南村、惠南镇海沈村、泥城镇彭庙村和公平村、书院镇塘北村“浦东新区示范村家门口服务中心”称号。

【街道“智慧健康小屋”建设】 浦东新区积极落实《关于推进本市智慧健康小屋建设的通知》和《2019 年新区政府要完成的与人民生活密切相关的实事和新区实施的市政府实事》的要求，进一步推动社区健康服务体系建设，提升居民自我健康管理能力与效果，2019 年完成了金桥镇、金杨街道、惠南镇、潍坊街道、唐镇、张江镇、塘桥街道、周浦镇、浦兴路街道、周家渡街道 10 家“首批标准化智慧健康小屋”建设，为居民提供健康自检、自我健康管理、健康教育等服务。

【浦东文化旅游地图上线】 2019 年，浦东首份文化旅游地图正式上线，该地图收录了全区 36 个街镇的数百个文化旅游点位，涵盖了街镇文化活动中心、博物馆、美术馆、图书馆、剧场、非遗陈列室、非遗传习所等文化场馆，以及 3A、4A、5A 级旅游景点，还包括居民身边的体育场馆、有文化特色的优秀村居等文旅资源。除了各点位图文并茂的内容简介外，浦东文化旅游地图中还标注了地址、开放时间、公共交通、联系方式、门票价格等详细信息。市民或游客只要关注“浦东文化”微信公众号，便可找到相关内容链接，可在线阅读或下载，按图索骥展开文化深度游，探索浦东的“诗与远方”。

【区校园网络和教育大数据中心建设】 一是加快中小学信息化校园网络建设，同时利用无线智能运维系统，对全区有线和无线设备进行统一管理和精准化无线运维。截至 2019 年年底，校园无线网络已覆盖全区 304 所中小学的教室、办公室、图书馆、室外操场等室内外教学区域，服务超过 40 万名师生，实现了上网用户身份认证以及全区范围内的跨校漫游。二是启动教育大数据中心建设。截至 2019 年年底，浦东教育大数据中心建设方案及浦东智慧校园标准与方案已完成招标工作，建成后将具备一站式大数据管理和分析挖掘能力，提高全区教育大数据应用水平与科研水平。

【展会货运车辆智能调度管理系统应用】 2019 年，新国际博览中心的展会货运车辆智能调度管理系统顺利完成了 132 个展会共计 11 万辆货运车进场、离场的有序调度管理。该系统依托信息化技术手段对货运车辆智能调度管理，“以时间换空间”，破解了多年来大型展会货运车辆影响展馆周边道路交通的难题。一是通过信息化方式，取代原先人工发放证的模式，所有展会期间进入新国际博览中心布撤展的货运车辆，无需再至展馆现场办理进馆证件，只需线上办理。二是所有货运车辆按照线上办证时申请的进场时间分批分时段进出展馆，避免了原先货运车辆集中、无序进出展馆带来的不利影响。三是扫码核实缩短入场手续，场馆通过扫码核实货运车信息，手续简单快捷，全程可无纸化操作。四是信息化平台数据信息共享，对货运车辆实时动态精准调度管理。管理者可通过系统后台实时查看办理轮候证车辆情况。一旦有临时特殊情况，管理者可通过办理轮候证时认证的手机号码，及时联系通知司机，对货运车辆实时动态精准调度管理。该系统应用满一年，有效缓解了大型展会货运车辆对场馆周边道路交通的影响，涉及周边交通问题的110接警量及相关投诉量大幅下降。

【智慧社区(村庄)示范】 2019年，上海市经济和信息化委员会(以下简称"市经济信息化委")组织开展上海市首批智慧社区和智慧村庄建设示范点评选，浦东新区经过综合考虑，推荐陆家嘴街道、南码头街道和大团镇赵桥村参与全市评选。最终，陆家嘴街道和大团镇赵桥村经过多轮评审，被评选为上海市首批智慧社区(村庄)示范点。

【智慧养老建设】 2019年，浦东新区民政局印发《关于浦东新区落实〈上海市农村地区养老服务美好生活三年行动计划(2018—2020)〉的实施意见》，围绕"机构—日托—居家养老"的新型养老模式，落实完善养老服务进家门口服务体系建设，积极解决养老服务"最后一公里"问题。截至2019年7月，浦东新区共建有36个综合为老服务中心(分中心)，各街镇的1 300个家门口站(点)实现了养老服务功能的全覆盖。运行养老行业协同监管大数据平台、构建养老行业监管体系，切实提高了浦东新区养老服务信息化水平。并且，浦东新区推动科技助老信息平台在街镇的拓展，截至2019年年底，平台已覆盖全区，共呼出148万个电话，接到703次紧急求助。

【智慧图书馆发展】 2019年，浦东图书馆陆家嘴分馆推出"易悦读"线上借阅、线下取书服务。每月通过"易悦读"借阅模式借还量达到了5 000多册，线上读者数量从2万提升到10余万人，增长接近400%，累计线上服务44.9万人次。此外，推出"24小时自助借阅图书馆"，市民通过支付宝平台借阅图书，无需另外办理证件。已试点推出7台"24小时自助借阅图书馆"，主要分布在陆家嘴区域的金融楼宇和街区，大幅提升了市民借阅图书的便捷性。

【"文化浦东云"平台建设】 2019年，浦东新区以"文化浦东云"平台为基础，陆续建设了浦东新区公共文化产品配送数字平台、浦东新区文化志愿者管理平台等,形成了以公共资源配送、市民艺术大学、文化信息传播、网上市民文化节等品牌为基础的公共文化数字平台。同时,建立了全天候24小时的文化淘宝模式,将公开征集的1 100多个各类公共文化产品全部进行数字化,整合优质文化资源,完成了浦东新区公共文化服务配送的网上资源库,形成了能够满足不同需求的文化资源配送服务菜单。“文化浦东云”平台注册用户数达到213 980人、累计运营活动27 260场。发布的活动中,用户有效订单量为44 190个。

【智慧景区建设】 截至2019年年底,浦东新区共有25个A级景区,景区电子门闸覆盖率为100%,景区门户网站数为25个,其中13个4A级以上景区实时客流情况已接入国家文旅部信息平台和上海发布微信公众号“市政大厅”之“景区实时客流”系统。此外,浦东新区正在建设“建筑可阅读”二维码全景文旅导览系统项目。项目建成后,将在浦东新区56个重要文旅地标设置二维码导览,让游客能“一部手机全景游浦东”,并利用丰富的建筑资源形成“旅游+文化+商业+互联网”的多维模式,推动建筑和旅游的深度融合发展,逐步实现全域旅游功能。

【“5G+生活”智能应用】 2019年,浦东新区贯彻落实上海市人民政府《关于加快推进本市5G网络建设和应用的实施意见》和《上海5G产业发展和应用创新三年行动计划(2019—2021年)》文件要求,积极开展5G在医疗卫生、购物、文化活动等生活领域的示范应用。建设张江“5G+智能医疗试验场”,推进复旦大学上海医学院(浦东)科研教学大楼开展5G时代智慧医疗项目和公利医院5G布局;在陆家嘴中心L+Mall一楼和五楼开通室内5G数字系统,顾客不仅能“尝鲜”5G智能机器人提供的导购、送货、目的地指引等应用,还能体验“5G+AI人脸识别”“5G+8K高清视频”、室内精准导航、客流动向分析等服务;开展“5G+智慧马拉松”创新比赛,实现体育赛事中对选手的识别、锁定和定位,更好地服务赛事管理和报道。

【“AI+生活”智能应用】 2019年,浦东新区积极申报上海市人工智能试点应用场景,加快推进AI技术在学校、交通、医疗等领域的示范应用。上海傅利叶智能科技有限公司生产的康复机器人已在华山医院、瑞金医院等地应用;上海森亿医疗科技有限公司与上海交通大学医学院附属上海儿童医学中心合作,结合儿童医学中心的优质临床数据开展机器学习与建模预测,实现覆盖疾病预防、筛查、患者评估分层、治疗、效果评估等全流程的临床决策辅助支持。此外,浦东新区在世博区域为游客提供智慧旅游新体验,利用人脸识别、语音识别、AR/VR

等先进技术，提供包括语音导览、虚拟观光与智能观光巴士等多种服务。同时，以新零售赋能商圈，探索通过无人商店、广告精准投放、智能机器人导购、智能仓储物流、智能停车等一系列应用，提高运营效率、降低物流成本、提升购物体验。

【街镇城市物联感知设施建设】 2019年，浦东新区合庆镇推进智慧物联小区建设，在小区逐步配齐移动探头、消防地磁、车辆及人脸识别系统、居家安防四件套智能化物联感知设备，可第一时间将物联感知数据传送到城运中心的“智慧大脑”，有效提升了小区的精细化治理水平。浦东新区高行镇利用视频和物联感知系统的互联互动，通过城运通、视频监控、“浦东智理”APP的处置力量及大屏界面，强化综合指挥能力，全面提高案件及时处置率，提升市民满意度。同时，落实手持式移动终端设备的覆盖，以智能化设备为导向，建立“专人专管、专人专用”管理制度，实现“新区—街镇—联勤联动站—居村工作站”四级视频联动功能，提升日常管理的能动性。

三、城市建设管理领域信息化

【浦东城运中心管理体系推进】 2019年，浦东新区持续推进城市运行管理平台系统建设，进一步夯实硬件、软件和数据基础，实现了管理系统和应用技术的2.0迭代更新。在原浦东城运中心管理体系的基础上，将各个村居逐步接入系统，实现了区、街镇、村居三级联动。同时，通过一个强大的智能化体系，具体而精细地感知城市运行动态变化，及时发现问题、研判问题、应对处置。截至2019年年底，浦东“城市大脑”已实现了109个单位、341个系统、11.8PB使用数据的广泛归集，部署物联感知设备近4万个，与公安共享视频8 000多路，全年共告警处置25 283起问题，实际处置率达91.89%。

【区城市安全感知系统建设】 一是大力推进“雪亮工程”。2019年，全区重点公共区域新建视频监控探头17 000余个，集中升级改造125 000余个老旧监控探头，推进视频图像信息共享平台与视频监控智能应用开发建设，实现对5 000路视频图像的实时分析。二是深入开展社会面智能安防建设工作，通过区、街镇多层次推进社会面智能安防建设。截至2019年年底，完成510个封闭式社区、110个开放式社区、125栋楼宇及15个场所智能安防感知设备建设，完成浦东滨江、小陆家嘴、奔驰文化中心、高东、国际旅游度假区、东方体育中心等区域23个高空全景监控系统点位建设，完成全区15家涉外客货运码头和4家长途客运站卡口监测系统建设。

【区BIM技术应用】2019年，浦东新区持续推进融合物联网、大数据的BIM技术深入应用于重点工程项目，并通过区级统一的建设工程BIM全过程协同管理平台，对BIM项目进行全生命周期协同管理。截至2019年年底，浦东新区规模以上应用BIM技术的项目达115个。

【区智慧规土项目建设】浦东新区规土局积极开展"智慧规土"项目建设，深化规土数据中心建设，加快打造智能、动态、便捷、高效的浦东规土信息化综合应用平台。同时，健全信息资源服务平台，完善规土数据共享服务系统和建设项目许可跟踪服务系统，升级地籍数据工作平台和土地整理与减量化管理信息系统，新建规土"一站式"查询、土地利用监测与移动巡查、三维实景展示系统和规土执法互动等系统，实现数据综合分析、土地计划跟踪监测、规土综合辅助决策等功能，助力实现智能化的城市规土建设与管理，进而提高城市空间资源利用效率，提升新区空间品质。

【区城市监管信息化建设】2019年，浦东新区在市场监管方面，全面整合市场监管数据资源，深入推进多维分析和立体动态呈现，提升市场监管工作智能化风险防控能力。食品监管方面，实现中小学、幼托机构、连锁餐饮企业及中型以上的公共餐饮服务单位"明厨亮灶"100%覆盖，开展入网餐饮单位网上"明厨亮灶"工作，全面推进食品安全追溯体系建设。工地监管方面，依托浦东"城市大脑"，研发覆盖全区房屋建筑和施工工地的工地监管模块，主要围绕未戴安全帽、车辆未加盖、车辆脏乱、扬尘超标4类问题进行重点识别，实现了全流程、全覆盖、全天候的工地智能监管。在金融风险防范体系建设方面，开展浦东地方金融监管信息系统一期建设，以融资租赁行业监管、P2P合规检查为试点监管应用对象，同时做好与市、区相关职能部门系统与平台的有效衔接，形成各监管部门相互配合以及信息共享的金融综合监管格局，最终通过分类监管、动态监管，强化金融风险主动提示和信息推送，提高金融风险预警防范能力。

【水电管网物联化推进】一是积极推进窄带物联网远传水表工单系统，优化窄带物联网远传水表的水量查询和报警系统，推进窄带物联网远传水表的大面积应用，截至2019年年底共有46 184只远传水表为浦东市民服务。二是在浦东城运中心的用电、配网等多元数据对接的基础上，浦东供电公司打造了基于泛在电力物联网的智慧城市能源云平台，推进“城市大脑”和“能源大脑”的数据融合共享，开发了网格化运维管控系统APP，实现了线上线下相融合的智能化配电网管理，提高了城市电力管理的主动、高效和精细化水平。三是积极推进地下管线探测、跟测与建库的一体化精细化管理模式，加强BIM技术在上海市天然气主干管网临港——上海化工区天然气管道一标段工程等工地建设中的应用，加快提高和统一管线单位汇交、跟测数据标准，夯实地下管线档案信息资源基础，为城市规划治理提供基础支撑。

【区公共交通信息化发展】 2019年，浦东新区推动建设公共交通信息化体系，探索“互联网+公交”新方向。浦东公交已实现线路车辆集群调度的常态化应用全覆盖、线路实时信息手机发布全覆盖、200余个公交首末站实时信息线路发车屏全覆盖，具备条件的最后一公里线路太阳能电子站牌也已全覆盖。同时，在智能场站建设、车厢视频应用以及安全营运服务监控、“掌上公交”手机APP平台完善等方面取得一定成效，基本搭建完成集行业监管、企业运营和公众服务为一体的公交行业信息化体系。截至2019年年底，实现“手机扫码乘车”功能全覆盖、上海高速公路ETC车道全覆盖、209处道路停车场使用POS机收费基本全覆盖(部分临时路段除外)。

【区域道路交通管理信息化推进】 一是推进公安子平台建设，汇聚掌握浦东新区原南汇片区川沙新镇、惠南、周浦等镇内主要道路的交通状态信息，实现对该区域日常道路交通管理和交通信息服务的全面支撑。二是通过交通信号灯自适应系统一期工程建设，推进450余套信号控制系统联网改造工程，加强对康桥、新场镇等区域内的路口信号灯系统联网功能，优化信号灯远程自适应协调控制，确保道路通行安全有序。三是通过非现场执法一、二期工程，完成5 660余套外场非现场执法设备的建设，进一步提高新区北片区交通监控信息化覆盖范围，提升交通管理能力水平，极大提升执法震慑力。四是推进2019年实事工程建设，完成100个路口智能信号灯，7个路口行人过街系统，51套行人、非机动车电子警察建设，开展基于物联网技术的非机动车管理项目建设，已完成6 000辆外卖非机动车上牌工作和外场100套点位的安装工作。

【区域环境监测信息化建设】 一是建立浦东新区污染源普查数据库，提高污染源数据成果的可视化程度。二是实施浦东新区河道水质考核断面自动化监测建设工作，在浦东新区原有的19个断面自动站基础上，新建5个主要出入境河道水质断面自动站，并纳入全市生态水环境监测平台统一管理，并实现与浦东新区水务管理信息化平台数据对接共享。三是按照四个监管场景建设要求，开展“一类水污染物排放企业”场景建设，更科学高效地管理“一类水污染物”排放。四是完成气象综合观测自动化和一体化建设，同时在上海一体化气象业务工作框架下，逐步建立并完善短临、短期、中期、延伸期的精细化监测预报业务体系，气象防灾减灾体系得到进一步加强。

【区水务管理信息化建设】一是开启浦东新区水务信息共享服务云平台二期项目建设，基于新区城运中心平台，建立多维度的水务管理数据库，并构建移动端“浦东河长APP”及PC端“浦东河长制工作平台”，河长可随时随地利用手机进行巡河履职、信息查询、问题上报等工作。二是完善河道长效管理系统。截至2019年年底，共有1 752人安装了河道巡检APP，覆盖区镇河道管理部门、第三方评价机构、区镇养护单位，并与各级河长、市民热线、网格APP、第三方检查评定相结合，通过信息化手段，实现评价指标可量化、养护监管可视化、考核管理科学化。

【居村电子台账“多表合一”建设应用】随着上海市积极推进社区治理平台“社区云”在全市各区建设，浦东新区牵头试点了市“社区云”项目“六个统一”标准应用件中的“三个统一”标准应用件，积极开展居村电子台账“多表合一”建设应用。全面优化治理流程，创新使用先进技术赋能实际应用，构建“家门口”服务智能化平台“1+1+N”体系，即一库（民生主题数据库）、一平台（“家门口”服务智能化平台）、N个应用场景。实现“区—街镇—居村”三级联动，进一步提升社区治理水平。

四、 信息产业发展

【区软件和信息服务业发展】2019年，浦东新区在科创中心核心功能区、国家软件名城等建设的带动下，以创新和融合作为软件和信息产业发展主线，紧抓“互联网+”、大数据、人工智能等热点，着力突破核心技术，积极培育新兴业态，持续深化融合应用。2019年，浦东新区软件和信息服务业实现经营收入2 444亿元，同比增加12.9%。浦东新区经营收入超亿元的软件和信息服务业企业250家。其中，经营收入超10亿元的企业48家，超100亿元的企业4家，汇聚了一批优秀骨干型企业。

【区电子商务发展】2019 年，浦东新区实现电子商务交易额 4 255.4 亿元，同比增长 1.5%，占全市比重 12.8%；其中，B2B 交易额 3 988.2 亿元，同比增长 1.2%，占全市比重 20%；网络购物(B2C/C2C)交易额 267.2 亿元，同比上升 6.7%，占全市比重 2%。

【区信息产业研究及宣传】2019 年，上海市浦东新区科技和经济委员会(以下简称“区科经委”)、中国信息通信研究院华东分院编制发布《浦东新区人工智能 + 5G 产业白皮书》。白皮书从基础支撑、软件算法和行业应用三个产业链角度分析人工智能核心产业的发展情况，阐述上海(浦东新区)人工智能创新应用先导区的建设情况，并挖掘浦东新区人工智能产业发展的发力点。其研究涵盖浦东新区人工智能企业 383 家，占全市 1/3 以上，相关产业规模达 408.5 亿元。

【市级大数据创新产品和服务供应商推荐目录申报】2019 年，浦东新区积极配合市经济信息化委开展“2019 年度上海市创新产品推荐目录”编制申报工作，鼓励区内涉及大数据基础类产品(包括数据采集、加工、分析、流通、安全、展示等)、大数据行业解决方案类产品(包括面向政府及各行业领域服务)的企业进行申报，全面促进浦东大数据应用和产业发展。同时，浦东新区积极组织企业申报市经济信息化委开展的“2019 年度上海市大数据服务供应商推荐目录”工作。2019 年 9 月，市经济信息化委公布了“2019 年度上海市大数据服务供应商推荐目录”，推荐目录中大数据服务供应商共计 44 家，分为技术和应用两大类，浦东新区的上海宝信软件股份有限公司、达而观信息科技(上海)有限公司等 10 家企业入选，在全市占比接近 1/4。

【智能网联新能源汽车项目签约】2019 年 9 月 26 日，上海自贸试验区临港新片区推动智能网联新能源汽车产业发展和重点项目签约仪式举行，包含制造、应用、服务和功能平台四大类型共 24 个智能网联新能源汽车重点项目签约，涉及总投资近 80 亿元。

【张江人工智能岛建设】2019 年 1 月 17 日，世界 500 强企业 IBM 中国上海总部及研发大楼正式启用，大中华区客户中心(上海)同时落成，成为首家入驻张江人工智能岛的大型跨国科技公司。5 月，微软人工智能和物联网实验室正式启用并投入运营，首批 30 家国内外知名企业和初创公司入驻。该实验室是微软在全球布局的第四家，也是全球最大的人工智能与物联网实验室。

【上海人工智能创新应用先导区揭牌】2019 年 5 月 21 日，上海(浦东新区)人工智能创新应用先导区正式揭牌，这也是全国首个人工智能创新应用先导区。人工智能揭榜挂帅“中国赛道”暨先导区重点应用场景同时启动。

【国家集成电路创新中心、国家智能传感器创新中心启动】2019 年 7 月 3 日，国家集成电路创新中心、国家智能传感器创新中心启动会在上海浦东新区举行。工业和信息化部副部长罗文，上海市委常委、常务副市长周波为创新中心揭牌。随着国家集成电路、智能传感器创新中心同时获得工信部批复，上海成为全国同时拥有 2 家创新中心的省市。国家集成电路创新中心由复旦大学、中芯国际和华虹集团 3 家单位共同发起，构建开放平台、汇聚高端人才、开展源头创新，打造国家集成电路共性技术研发平台，瞄准集成电路关键共性技术，着力解决我国集成电路主流技术方向选择和可靠技术来源问题，为产业升级提供技术支撑和知识产权保护。国家智能传感器创新中心由上海芯物科技有限公司作为运营实体，以关键共性技术的研发和中试为目标，专注传感器设计集成技术、先进制造及封测工艺，布局传感器新材料、新工艺、新器件和物联网应用方案等领域，形成产学研用协同创新机制，打造世界级智能传感器创新中心。

【金桥 5G 生态园成立】2019 年 8 月，在 2019 世界人工智能大会召开期间，金桥 5G 生态园揭牌成立，并实现博世公司无人泊车研发测试基地、上海中德创新中心落户金桥。金桥开发区作为 5G 产业核心研发成果转化区域，致力于将 5G 生态园打造成“5G + 智能造”“5G + 未来车”“5G + 大视讯”“5G + 医疗”“5G + 金融”等产业链示范区域和高端人才集聚基地。生态园依托华为上海研究院、上海诺基亚贝尔股份有限公司等一批 5G 龙头企业和机构，将搭建四大对外开放平台，即中国信息通信研究院 5G 标准验证平台、中国移动 5G 应用创新平台、华为 5G 技术开放实验室、上汽集团汽车电子开放实验室，依托开发区技术、人才、产业等全方位要素集聚优势，把 5G 产业生态园建设成为在全国乃至全球具有重要影响力的 5G 研发和成果转化产业应用高地。2019 年 9 月，华为全球首个 5G 创新中心落户浦东金桥，全面支撑 5G 产业在金桥地区集聚，助力金桥建设 5G 基础设施，打造多重应用场景，加速 5G 产业发展。

【5G＋超高清视频产业示范基地启动建设】2019 年 6 月 26 日，在浦东举行的全球 5G 超高清产业峰会暨第四届全球虚拟现实大会上，中国移动咪咕公司协助金桥经济技术开发区管委会、金桥集团共同打造的“5G + 超高清视频产业示范基地”正式启动建设，将成立国家级超高

清联合实验室，打造超高清产业发展的生态系统。

【上海临港智能网联汽车综合测试示范区开园】2019年8月，上海临港智能网联汽车综合测试示范区正式开园，将为无人车提供测试场地。示范区一期已基本建成开放，包括26.1公里开放测试道路、3平方公里封闭测试区及数据中心，并实现区域内4G、5G网络全覆盖，初步构建起车路协同智能交通系统环境。

【国家"芯火"双创平台（张江）基地启动运营】2019年6月，国家"芯火"双创平台（张江）基地在张江科学城正式启动运营，该基地围绕"提升产业自给率，构建产业生态体系"两大目标，提升集成电路产业创新创业的效率和能级，发现并培育一批优秀的创业企业。此外，上海集成电路设计产业园积极实施"千亿百万"工程——集聚千家企业、形成千亿规模、打造百万空间、汇聚十万人才。

【阿里巴巴（上海）研发中心启用】2019年12月13日，阿里巴巴（上海）研发中心在张江人工智能岛正式启用，阿里旗下"平头哥"芯片研发及云计算团队首批入驻。这意味着阿里巴巴将进一步深入参与上海五大国际中心建设，助力打造全国乃至全球科技"上海高地"。研发中心整合阿里巴巴云智能、达摩院等核心技术团队，开展云计算、人工智能芯片、嵌入式芯片技术产品的研发和产业应用。

【中国移动5G联合创新基地落户浦东】2019年8月，致力于打造技术研发、创新孵化、产业应用的中国移动5G联合创新基地落户浦东，将推动5G核心技术和系统在浦东试点或布局，形成基于中国移动"5G + AICDE""5G + X"的多位一体战略布局，打造5G产业的"一园一圈一带"。

【华为5G创新中心落户浦东】2019年8月31日，华为5G创新中心落户浦东，其是华为全球首个以5G为主题的创新中心。通过华为上海研究所等机构，可向创新中心和入驻企业提供全方位的技术支持，加速5G研发成果转化，打造具有全球影响力的5G创新生态。

五、信息基础设施建设

【5G网络建设】2019年，浦东新区建设完成4 807个5G基站，实现世博中心、世博展览馆、东方体育中心、119层观光厅等区域的5G全覆盖。据统计，世博展览

馆、世博中心2个场馆建筑面积超过30万平方米，三大运营商共敷设了各类线缆14万米，以及123条光缆、1 358个PRRU天线、251台HUP/PB设备。8月，上海移动、上海电信、上海联通3家通信运营商与上海中心联合签约并共同宣布，正式启动上海中心5G建设，随着119层观光厅5G部署试点完成，“城市之巅5G+XR创意科技展”正式成为首个在5G环境下的展览，成为上海中心作为文旅地标的第一个5G应用场景。9月，上海移动顺利完成东方体育中心的5G网络覆盖，为2019年男篮世界杯上海赛区“5G+8K”转播体验提供高品质网络基础。

六、信息化环境建设

【区网络安全检查】 2019年，按照市委网信办相关要求，浦东新区成立安全检查工作领导小组办公室，坚持“以查促建、以查促管、以查促防、以查促改”，查清关键信息基础设施的数量、分布情况、遭受破坏的危害性，以及关键信息基础设施的运行环境、网络安全管理和防护情况等。

【张江科学城建设】 张江科学城是上海建设具有全球影响力科技创新中心的核心承载区，担负着建设张江综合性国家科学中心等诸多战略使命。截至2019年年底，首轮“五个一批”73个重点项目累计完工51个。新一轮“五个一批”82个重点项目中，ABB机器人超级工厂、逸思医疗科创园等43个项目开工建设，其中阿里巴巴上海研发中心、微软人工智能和物联网实验室等12个项目已建成并投入使用。

【国家电子商务创新试点】 2019年，浦东新区推进“国家电子商务综合创新实践区”以及唐镇“国家电子商务创新试点镇”建设。不断完善电子商务产业发展环境，大力推进基地园区及平台建设，积极引导电子商务发展的模式创新、技术创新和管理创新，电子商务内生动力和创新能力日益增强，涌现出一批优秀的电子商务创新实践企业。

【国家级智慧城市试点】 2019年，浦东新区承担了住建部和科技部推进的第一批国家智慧城市试点工作，浦东新区已基本完成《国家智慧城市创建任务书》中的创建目标，18个创建项目基本建设完成，大部分项目进入实质运行阶段。

【产业发展环境营造】 2019年，浦东新区贯彻落实市委、市政府《关于支持浦东新区改革开放再出发，实现新时代高质量发展的若干意见》。在经济发展方面，坚持把高质量发展着力点放在实体经济上，致力于打造世界级先进制造业集群，全面提升高端服务业全球竞争力。以“中国芯”“创新药”“蓝天梦”“智能造”“未来车”“数据港”为代表的“六大硬核产业”快速发展，一批标志性的重大产业项目加快推进，为工业稳定增长和转型升级积蓄后劲。以金融为代表的服务业贡献突出，金融市场活跃度提高。以贸易平台、网上零售、新型购物中心等为代表的新经济迅猛发展，网上零售实现高速增长，成为推动高质量发展的新增长点。

【上海区块链技术研究中心成立】2019年6月12日，上海区块链技术及应用研讨会在同济大学召开。会上揭牌成立上海区块链技术研究中心，这是继上海区块链应用研究中心后成立的又一研究基地。

【2019世界人工智能大会召开】2019年8月29日，2019世界人工智能大会在上海浦东新区开幕。大会汇聚300多家海内外重量级企业参展，比2018年增加50%，超过1 000家行业企业代表参会交流。16家龙头企业成为战略合作伙伴，100余家行业企业与大会达成合作协议。

【2019国际智能城市峰会召开】2019年8月31日，作为2019世界人工智能大会重要特色活动之一“国际日系列活动”的重要组成部分，2019国际智能城市峰会在世博中心召开。峰会在世界人工智能大会组委会领导下，由上海浦东智慧城市发展研究院、上海第一财经传媒有限公司、中国联合网络通信集团有限公司联合承办，以“人工智能启迪城市未来”为主题，邀请海内外产、学、研三界“大咖”，共议世界人工智能发展大势，联动全球城市智能未来。

【人工智能与智慧城市论坛举办】2019年5月28日。浦东新区第十届学术年会“人工智能与智慧城市论坛”举办。随着云计算、大数据、人工智能等新兴技术的发展，城市发展正在向智慧城市转型。多位专家在会上进行了演讲，并就人工智能伦理发展、人工智能与劳动力岗位就业之间的关系等进行了交流。

【上海5G创新发展联盟浦东产业创新协同中心揭牌】2019年1月，在上海5G创新发展大会上，“上海5G创新发展联盟浦东产业创新协同中心”正式揭牌。该中心将作为政府与企业间沟通的桥梁和纽带，服务浦东5G产业创新发展，汇聚整合通信和相关行业资源及优势，突出协同配合，加强国际合作，打造贯穿创新链、应用链的新一代信息技术生态系统，在浦东新区选取相关区域重点围绕5G应用场景开展应用示范工作。

【浦东科创母基金启动】 2019年10月12日，上海浦东科技创新投资基金（浦东科创母基金）正式启动，首期规模55亿元，聚焦“中国芯”“创新药”“蓝天梦”“智能造”“未来车”“数据港”六大硬核产业，同时设立若干支特点鲜明的行业专项子基金，助力浦东改革开放再出发，共享浦东高质量发展成果。

【第三届法国电信 Orange Fab 创新创业企业中国交流周举办】 2019年9月25日，第三届法国电信 Orange Fab 创新创业企业中国交流周在上海举办，本次活动以“加速、指导、支持”为主题，致力于为全球优秀离岸创业孵化项目提供落地上海的机会，加速浦东引进国外人才速度，助力浦东腾飞发展。

【浦东科技节举行】 2019年5月16日，2019浦东新区科技节开幕式在汇智国际商业中心举行。此次科技节以“创新驱动，智惠浦东”为主题，提出促进科技创新与科学普及融合发展的倡议，即“没有‘创新’，将无所‘普及’；没有‘普及’，‘创新’将失去其社会基础”。该倡议由上海光源科学中心、国家蛋白质科学研究（上海）设施、中国商飞公司上海飞机设计研究院、上海中科大量子工程卓越中心、中微半导体设备（上海）股份有限公司、上海小蚁科技有限公司、上海绿谷制药有限公司7家单位联合发起。

【“上海科技馆站——科普车站”建设】 2019年1月13日，“上海科技馆站——科普车站”在地铁2号线上海科技馆站内正式揭牌。科普车站的建设进一步丰富了地铁站科普文化，搭建与市民“零距离”的科普传播载体。以科普车站建设为重点，深入推进科普进公共场所，拓展科普宣传面和渗透度，也是浦东新区2020年科普基础设施建设的内容之一。

【2019浦江创新论坛举办】 2019年5月25日，以“科技创新新愿景新未来”为主题的2019浦江创新论坛开幕。浦江创新论坛由科技部和上海市人民政府共同主办。论坛期间，国家有关部委、主宾国代表团、各省市代表以及国内外科技界、学术界、产业界、金融界代表通过全体大会，4场特别论坛以及11场围绕未来科学、产业创新、区域创新、创新政策、科技金融和创新文化等不同主题的专题论坛，开展深入研讨交流，并发布智库系列研究成果。

【2019 ChinaJoy 举办】 2019年8月2—5日，第十七届中国国际数码互动娱乐展览会（2019 ChinaJoy）在浦东举行。

作为当下全球数字娱乐领域最具知名度与影响力的年度盛会之一，本届ChinaJoy充分演绎了“数字新娱乐 科技新生活”的展会主题，并以游戏为核心，覆盖动漫、电子竞技、互联网影视与音乐、网络文学、智能娱乐软件与硬件以及新生娱乐业态等数字娱乐多领域，成为我国及全球数字娱乐产业发展风向标。

（朱 鹏）

第二章 黄浦区信息化建设

概 述

2019年，黄浦区围绕建设上海高质量发展的核心引领区、高品质生活的标杆示范区、彰显文化软实力的新高地以及全球城市核心区标杆的战略目标，高起点、高标准、高效率推进新型智慧城区建设。

按照黄浦区智慧城区顶层设计总体框架，积极整合各方资源、加强政企协同，与行业领军企业签署战略合作协议，加快“双千兆”宽带网络建设，全区信息基础设施继续在全市处于领先位置；有序推动政务服务、公共安全、城区运行、经济运行、市场监管五大协同管理平台以及一批智慧城区重点项目建设，物联网、大数据、人工智能等新一代信息技术在城区管理、社会治理、政务服务等领域的应用不断深化，上海博物馆、卢湾第一中心小学、瑞金医院项目入选上海市第二批人工智能试点应用场景，政务服务“一网通办”、城区运行“一网统管”取得阶段性成效；城区管理科学化、精细化、智能化水平显著提升，区域营商环境进一步优化；积极布局人工智能产业发展，发布《黄浦区关于加快新一代人工智能融合发展的实施意见》和政策意见，实施“场景＋龙头企业＋生态”为主导的“AI增能计划”，引进一批人工智能企业、研究机构入驻黄浦区；在2019年上海市智慧城市发展水平评估中，黄浦区位列全市第三名。

一、政务领域信息化

【“一网通办”目标落地】2019年，黄浦区推动业务流程优化再造，落实“双减半”目标，审批事项办理时间平均缩短53%，申请材料平均减少57%；持续扩大服务事项覆盖面，新开通247个事项的线上服务功能，设计5类行政权力，涵盖科教、文旅、卫生、民政、司法等多个涉企和民生服务领域；加大电子证照应用，依托市统一受理平台，实现电子证照零距离、高效率调用，编制213个事项的专属用证清单，提供套餐式的证照核验服务，累计调用电子证照85 687次。

（洪　达）

【“店小二”政务智能终端升级】2019年10月29日，黄浦区“店小二”政务智能终端3.0启动仪式在外滩金融中心举行。区委副书记、区长巢克俭与复星国际执行董事、联席总裁徐晓亮共同为“店小二”政务智能终端3.0启用揭幕。区行政服务中心、小东门街道党群服务站、复星外滩金融中心签署进驻楼宇三方合作备忘录。升级后的“店小二”政务智能终端3.0有五个方面的功能特点：一是借助5G网络技术，实现畅通的远程视频、高效的数据交互，将“智能终端3.0”打造为上海首个“5G＋人工智能综合政务”服务终端。二是依托“店小二”主题式服务智库，为企业、群众提供智能化办事引导、智能核验材料等服务。三是在291项审批服务的基础上，归集街道社区事务中心自然人的191项服务事项，实现一机受理，综合业务受办能力有效提升。四是增配智能文件证照柜，实现文件材料、证照的EMS免费往返寄递等服务。五是视频咨询软件更新升级。区“店小二”政务智能终端3.0的启用，有利于深入推进“一网通办”，当好服务企业的“店小二”，持续优化区域营商环境。

（程雯君）

【数据共享交换平台上线】2019年8月22日，公共数据共享门户正式上线试运行，为黄浦区各政务部门提供公共数据资源浏览、资源检索定位、数据共享申请、资源订阅、资源缺失反馈等数据共享服务的统一入口，从而可向全区各部门提供资源目录查询、数据共享申请等服务。数据共享交换平台成功打通市、区公共数据共享交换通道，已具备承接市级共享数据和部门间数据共享交换的能力。共归集市、区公共数据9 560万余条。

【政务数据开放】2019 年 7 月 23 日,《黄浦区公共数据管理办法》正式发布。8 月,编制完成黄浦区公共数据开放目录清单,共计 56 项,涉及政务、金融、文化旅游、教育、医疗等多领域。

(董晨慧)

【应用系统上云迁移】黄浦区政务云按照“集约高效、共享开放、安全可靠、按需服务”的原则,以“云网合一、云数联动”为构架,统一构建计算资源、存储资源和安全资源,推进党政机关信息基础设施的共建共用。2019 年,政务云两个数据中心(政务外网数据中心、互联网数据中心)投入全负载运行,与其配套的安全体系和运维体系日臻完善,各类应用稳步上云迁移。区政务云已为“一网通办”系统、智慧城区运管平台、卫生大数据平台等多个重要应用系统提供云资源保障。截至 2019 年年底,政务云已为 49 个部门 131 个应用系统提供 341 台虚拟服务器,应用上云率达到 75.7%,超额完成 75% 的应用上云目标,充分发挥政务云集约化建设、高效能保障的优势。

(顾树钧)

【软件正版化工作推进】2019 年,黄浦区制订《黄浦区 2019 年推进正版软件工作计划》及《推进使用正版软件工作任务分解》。组织区机关、街道 64 个单位信息化管理员开展正版软件使用情况自查工作培训,督查、核查终端 4 300 多台。11 月 11 日,市版权局检查组对区软件正版化工作进行检查,听取区推进使用正版软件工作情况的汇报,对区软件正版化制度建设和责任落实、软件日常使用管理、计算机软件安装等方面情况进行详细询问了解,实地随机抽取区机关党工委、区规划资源局、外滩街道、半淞园街道等单位的近百台终端,未发现使用盗版软件的情况,对区推进使用正版化工作给予充分肯定。

(钱志红)

【区政府宏观经济数据共享平台建成】2019 年 11 月 28 日,区政府宏观经济数据共享平台项目通过专家验收。该平台主要包括基础数据库、主题集市管理子系统、数据采集与交换子系统、查询分析展示系统、移动 APP 系统等,实现全区主要经济数据的快速查询、加工、汇总、分析,可及时、全面地展示、监测、分析全区经济运行态势,为区政府统筹全局、科学决策服务。

(潘冠华)

二、 社会领域信息化

【人工智能教育与教学合作框架协议签订】 2019年5月7日，黄浦区教育局与上海商汤智能科技有限公司签订人工智能教育与教学合作框架协议。协议以卢湾高级中学为试点，在人工智能实验室建设、人工智能基础教材编写等领域开展合作，探索以教育信息化建设推动学校育人方式转型发展。签约现场，卢湾高级中学挂牌“商汤科技实验中学”，共同打造人工智能标杆学校。此次合作本着“政府主导、企业参与、支持教育、战略共赢”的原则，为人工智能与教育教学的融合应用提供实践案例，力求发挥辐射引领作用。

【“5G＋MR”全息课堂教学】 2019年9月26日，“北京—上海—成都—青岛”四地同步“5G＋MR”全息课堂教学活动在黄浦区格致中学举行。在本次“5G＋MR”全息课堂上，来自上海市格致中学、北京市第十八中学、成都教科院附中、青岛萃英中学4所名校的师生通过5G网络、增强现实和人工智能技术，共上一堂高一物理电磁学。课堂内容实时同步至四川甘孜、阿坝、凉山州3所中学进行远程教学，让贫困地区的学生也享受到优质的教育资源。

（陆　敏）

【智慧健康小屋建成】 黄浦区落实2019年市政府实事项目和健康上海行动要求，按照“以街道为主体，覆盖全人群，推动健康自我管理”的定位，在全区建成10家各具特色的智慧健康小屋，覆盖居民区、商务楼宇、综合为老服务中心等市民居住和工作的场所。智慧健康小屋以自助检测为主要形式，整合健康自检、体质监测设备等资源，充分利用互联网、大数据等“智慧”技术进行健康数据的统计、监测和分析，并根据不同健康状况与疾病风险，为居民提供有针对性的健康宣教、健康运动处方，引导有需求的居民及时对接家庭医生、专科医生、体育指导员等专业资源，提升居民自我健康管理能力和健康素养。

【“黄浦智慧中药云”系统】 为满足患者对中药饮片服务安全与便捷的需求，黄浦区卫生健康委统筹建“黄浦智慧中药云”系统，升级中药饮片配送服务，实现中医药饮片来源可知、去向可追、质量可查、责任可究，为消费者知情、政府监管和企业质控提供技术助力。患者在手机端可实时查询到自己的处方审核、中药产地、代煎配送、物流进度等信息，还可直接反映中药饮片代煎代配中存在的问题，解决了中医药服务的“最后一公里”问题。

（何安勇）

【远程视频监控覆盖重点食品生产经营单位系统建设】 2019年7月30日，黄浦区2018年远程视频监控覆盖重点食品生产经营单位系统建设项目通过专家验收。2019年以来，通过该系统累计对800余户食品生产经营单位实施远程视频巡查2 600余户次，监控时长超过800小时，发现并整改食品安全问题170余项，基本形成“发现—反应—处置—反馈”的工作闭环，食品安全管控水平进一步提升。

（周曙昀）

【环复兴公园南昌路板块精细化管理示范】 2019年，瑞金二路街道依托全域监控智能升级，推进垃圾分类、建筑保护、停车规范等管理难点的场景应用，着力建设最灵敏的社区感知网。10月，结合福元小区房屋修缮，“智慧物业管理终端系统”上线运营，将小区门禁、充电桩、监控、垃圾箱房、灭电弧、烟感等285个智能终端信息汇总、投映到终端平台地图上，实现了小区消防安全、占道堆物、非机动车充电等物业管理信息的实时监管，使小区物业管理举措更加精准，更富实效。

（刘　琪）

【老西门街道以房管人信息系统建设】 2019年10月25日，黄浦区老西门街道以房管人信息系统通过专家验收。该系统通过对“人、房、事件、部件”等信息实行分级、分类、分层采集与管理，建成有164项标签的全要素社情数据库。以社情数据库为基础，通过三维地图、物联感知、数据分析等技术，实现各类主题数据全可视呈现、房屋公共部件全天候监管、自治共治资源全区域盘活、民生服务事项全方位辅助，为打造严密的治安防控体系、全面的应急保障体系、完善的自治共治体系、完备的公共服务体系提供智能保障。

（李　悦）

【淮海慢行导视系统建成】 2019年，黄浦区商务委建成淮海路慢行导视系统。该系统整合淮海路商圈周边的商业、旅游、文化、演出、交通和便民等信息，实现信息共享、客流互导，为市民、游客提供更优质的精准化服务和智能化体验。

（严　洁）

三、城市建设管理领域信息化

【上海首台警用巡逻机器人上岗】2019年9月5日,上海首台警用巡逻机器人在南京路步行街上岗亮相。该巡逻机器人搭载4路广角高清摄像机、1路红外热成像器及1路变焦高清摄像机,自带可全角度旋转的升降式巡检云台,可实现全景无死角巡逻,具有人脸识别功能。机器人可根据不同场景语音播放不同的防范宣传内容,并实时传送现场图像。机器人单次充电可运行8小时左右,能自动前往充电桩充电后返回街区巡逻。依托5G技术,机器人将可实现市民通过摄像头和后台民警实时对话功能,有效弥补警力不足,提升街区安全防控管理水平。

(韩正东)

【城区图像监控和治安卡口系统(二期)建成】2019年9月17日,黄浦区公安分局城区图像监控和治安卡口系统(二期)项目通过专家验收。该项目在一期建设的基础上,对城区图像监控中心平台进行扩容升级,新增视频图像监控点位2 347个,对原有老卡口及部分全景监控设备进行升级改造,新建12个加油站微卡口,深化人脸识别、智能分析等应用,实现全区道路、路口、重要目标、大型公共场所、金融网点、案件高发地点的高清视频监控全覆盖,使城区安全防控和应急处置水平进一步提升。

【"一标六实"(黄浦区域)地理信息平台(一期)建成】2019年10月23日,黄浦区公安分局"一标六实"地理信息平台(一期)项目通过专家验收。该项目依托区城市地理信息数据和三维引擎平台,完成全区100%外立面建模工作、100%"分层分户"信息关联工作、30%内建模工作,以及和平饭店等6处进博会警卫安保目标的超精细建模,可直观展示分层分户信息、物联感知数据,实现"一屏观黄浦"的效果。同时,该平台还可通过预案演练、实景交互、警情分析、研判决策等功能,增强城区安全防控和应急处置能力。

【"雪亮工程"一期公共安全视频联网建设及应用项目通过验收】2019年10月29日,黄浦区公安分局"雪亮工程"一期公共安全视频联网建设及应用项目通过专家验收。该项目对800路高清监控点位实施升级改造,新增小区出入口人脸识别监控498路,车牌识别监控149路;

建成二级视频图像信息共享平台(部署在区网格中心)、区综治信息平台建设,初步实现区内视频图像信息的联网应用,并通过非结构化视频数据向结构化、智能化转化,推动传统的"人工、事后"工作模式转变为"自动、事中(事前)"感知,为预防打击犯罪、维护社会稳定提供技术支撑。

(马 力)

【智慧外滩应用系统建成】 2019 年 10 月 25 日,外滩风景区智慧外滩应用系统通过专家验收。该项目搭建了具有"智慧门磁""智慧温湿度""智慧烟感""智慧垃圾桶""智慧灭弧"五大解决方案的智慧外滩综合管控平台,实现对外滩风景区公共设施、公共安全的全面感知,进一步提升了数字化、网络化、智能化的管理水平。

【南步办安全风险动态防控平台建设】 2019 年 12 月 12 日,南步办安全风险动态防控平台项目通过专家验收。该项目通过建设安全隐患排查与治理系统、户外广告设施、活动审批和现场实施安全监管系统、实时客流走向分析和预警系统、安全绩效评价及风险评估系统、临街单位安全隐患自查及管理办监管协同系统等功能,结合手机 APP 移动管理系统和微信上报等措施,实现了南京路步行街危险源全覆盖的结构化安全基础数据记录,帮助管理人员进行安全隐患排查与治理,从而有效防范各类事故发生,构建了具有南京路步行街特色的安全风险防控体系。

(何文凯)

四、 信息产业发展

【上海市软件和集成电路产业专项资金政策培训】 为帮助黄浦区内软件和集成电路企业申报项目,2019 年 2 月,黄浦区科学技术委员会(以下简称"区科委")召开 2019 年度上海市软件和集成电路产业专项资金申报培训会议,对市经济信息化委的软件和集成电路产业专项资金申报工作做专题培训。区域内 10 余家软件和集成电路企业参加。

【《黄浦区关于加快推进新一代人工智能产业融合发展的政策意见》发布】 2019 年 10 月 28 日,区科委、区财政局联合发布《黄浦区关于加快推进新一代人工智能产业融合发展的政策意见》。该政策意见围绕创新应用、企业发展、载体建设、生态环境四个方面,制定"黄浦 AI16 条",主要政策内容包括:对获得国家、市级人工智能产业项目给予 1∶1 配套资助，单个项目资助金额最高300万元；鼓励区内相关单位积极申报市级人工智能应用场景试点示范项目，开展新业态、新模式、新技术（产品）的前沿应用，单个项目最高资助金额200万元；支持区级人工智能创新项目，对属于重点领域、创新应用、产学研成果转化的单个项目，最高资助金额200万元；鼓励区级金融、商贸、健康等优势产业，积极运用人工智能技术，提质增效、高质量发展，对人工智能技术或产品部分的投入，最高补贴金额200万元；给予人工智能载体建设最高50万元的补贴；对人工智能企业规模增长、年营业收入有急剧突破的企业，给予100万至800万不等的奖励；给予国家或市级人工智能功能性公共服务平台最高500万元补贴。

【软件和集成电路企业设计人员荣获市级奖励】上海中汇亿达金融信息技术有限公司、上海东软载波微电子有限公司、上海民航华东凯亚系统集成有限公司等5家企业的84人次获2018年度软件和集成电路企业设计人员专项奖励。

【市财政专项资金支持】2019年，众安在线财产保险股份有限公司项目获市信息化发展专项资金（智慧城市和大数据发展）立项；上海交通大学医学院附属仁济医院、众安在线财产保险股份有限公司项目获市产业转型升级发展专项资金（人工智能）立项；上海东软载波微电子有限公司、上海仪电数字技术股份有限公司等5家企业项目获市软件和信息服务业发展专项资金立项。

【上海市信息服务产业基地建设】2019年8月，黄浦区科技京城、宏慧盟智园被认定为上海市信息服务产业基地（2019—2021年）。其中，科技京城1998年由上海市政府命名成立，已形成“一园多基地”产业格局，配备完善便捷的综合配套服务体系，集高新技术成果转化、孵化、展示和交易四大功能于一身。宏慧盟智园成立于2011年9月14日，通过为入驻企业提供各类政策支持、创业孵化等服务，多维度打造具有创新理念的产业园区。通过此次评定，进一步推进两家基地全面升级基础设施，优化综合服务能力，提升核心竞争力，为上海市软件和信息服务业持续发展提供基础支撑，加快实现产业集聚。

（谭　军）

【人工智能试点应用场景发布】2019年7月2日，上海市第二批人工智能试点应用场景需求正式发布，该活动通过需求引领、应用先行的发展模式，协调各方开放更多应用场景打造“世界比武场”。黄浦区上海博物馆“智能导览和智能科研”、上海交通大学附属瑞金医院“智慧瑞金,瑞智助医”、卢湾第一中心小学“智慧云学校”3 个场景入选市第二批人工智能试点应用场景需求。

(周康平)

五、 信息基础设施建设

【5G 网络建设】 截至 2019 年年底,黄浦区共建成 5G 基站 499 个,覆盖南京东路、外滩、人民广场、豫园、淮海路、延安路高架等区域,基本实现全区室外 5G 网络覆盖。同时,一大会址、区机关大楼、BFC 外滩金融中心、淮海剧汇、新世界城等 75 处楼宇和场所已开通室内 5G 信号。

【南京路步行街开通 5G 网络】 2019 年 5 月 18 日,上海移动和区科委共同举办南京路步行街上海移动 5G 网络开通仪式暨上海首批 5G 友好客户招募活动,市经济信息化委基础设施处、区科委、上海移动南区分公司负责人共同启动开通南京路步行街 5G 网络,为上海首批 5G 友好客户颁发体验名额。启动仪式现场,设立 5G 展示区、5G 科普区、招募登记区和现场互动区,市民可在现场体验 5G 手机、“5G + VR”等精彩应用,参与现场互动问答,了解 5G 相关知识,拉进市民与 5G 的距离。

【5G 网络建设应用合作备忘录签署】 2019 年 2 月 14 日,黄浦区政府与上海移动共同签署推进黄浦区 5G 信息基础设施建设、加快建设创新应用示范区合作备忘录。根据合作备忘录,双方将共同推动 5G 网络建设,首批在黄浦区部署 5G 试商用网,率先覆盖外滩、南京路、人民广场等重点区域;推动 5G 技术在城市治理、社区管理、民生服务、企业服务等领域的应用,打造创新应用示范区;完善 5G 创新生态,推动基于 5G 技术的应用研发,支持人工智能、大健康等新一代信息技术领域的创新型企业快速发展,不断提升黄浦产业能级。

(郭晓磊)

六、 信息化环境建设

【黄浦区新型智慧城区建设战略合作】 2019 年 6 月 20 日,黄浦区政府与上海市信息投资股份有限公司共同签署推进黄浦区新型智慧城区建设战略合作框架协议。根据框架协议，双方将协同运用5G、物联网、人工智能等新一代信息技术，深入挖掘数据、推动共享和协同应用，以一套多层次、广覆盖、高效率的城区治理“神经元系统”，支撑做强智慧黄浦城区“大脑”；积极探索经济发展、城区治理、民生服务等领域的智慧应用场景，推动一批创新应用示范项目落地落实；加快布局人工智能等战略新兴产业，为优化区域产业结构、促进经济快速发展注入新动能。2019年6月25日，黄浦区政府与光启集团签署共同推进黄浦区新型智慧城区建设战略合作框架协议。根据合作协议，双方将积极推动光启人工智能覆盖技术与黄浦区公共管理、公共服务、公共安全等领域应用需求的深度融合，全面打造全市首个人工智能覆盖示范区，实现海量动态目标数字化，建立社会大数据系统，不断加强城区精细化管理，提升黄浦智能化水平。

【“享未来”展示黄浦智慧城区应用】 2019年12月18日，黄浦区举办“政府开放日”之“享未来”活动。本次活动围绕智慧城区建设主题，邀请来自社区和网上报名的12名市民代表，实地体验5G、人工智能技术在黄浦区的精彩应用。米宅实业有限公司、区行政服务中心、上海新联纬讯科技发展有限公司、区公安分局分别介绍了“AI＋办公空间”、政务“店小二”智能终端、“啄木鸟”垃圾分类智能监测系统、5G警用巡逻机器人的主要功能和应用成效，并回答了市民代表提问。本次活动的举办增进了市民对黄浦智慧城区建设情况的了解，提高了政府工作的透明度，在紧密政民关系、形成发展合力方面发挥了积极作用。

（郭晓磊）

【《黄浦区关于加快新一代人工智能融合发展的实施意见》发布】 2019年10月25日，黄浦区政府发布《黄浦区关于加快新一代人工智能融合发展的实施意见》，提出“场景＋龙头企业＋生态”的人工智能增能计划。在经济发展板块，重点发展“人工智能＋金融”“人工智能＋健康”“人工智能＋零售”“人工智能＋商务”四个领域，以增强服务水平、提升品牌价值；在城区治理板块，重点发展“人工智能＋政务”“人工智能＋交通”“人工智能＋治理”三个领域，以提升行政效能和精细化管理水平；在民生服务板块，重点发展“人工智能＋教育”“人工智能＋居家”“人工智能＋文旅”三个领域，以提升用户体验。到2021年，基本建成具有全球影响力的人工智能应用示范高地，形成5个以上具有黄浦特色的人工智能深度应用场景、15个区级以上人工智能创新应用示范项目；引进集聚一批行业标杆性龙头企业和人工智能核心企业，产业规模力争达到百亿元；搭建若干协同创新平台、展示交易平台、专业服务平台;引进和培养一批人工智能领域领军人才和创新团队。

【首批区人工智能示范应用案例征集评选】 2019 年 10 月 12 日,2019 年度黄浦区人工智能示范应用案例征集评选活动正式启动。共收到 26 家单位 36 个申报案例,涉及“人工智能 + 金融”“人工智能 + 健康”“人工智能 + 教育”等六大领域,经材料初审、现场考察、网上投票、专家评审等环节,最终评出七大示范应用案例和十佳应用场景。

(周康平)

【全国新型信息消费大赛总决赛举行】 2019 年 11 月 27—29 日,首届全国新型信息消费大赛总决赛暨 2019 数字经济产业峰会在黄浦区举行。活动由工信部与上海市政府主办,区政府与中国电子信息产业发展研究院、市经济信息化委承办,中国信息化周报、中国大数据企业联盟、中国软件园区发展联盟执行,市信息服务业行业协会、东浩兰生外经贸商展公司协办。来自信息消费与数字经济领域的专家学者、企业高层、参赛队伍等 500 余人参加活动。来自全国 31 个省市区的 2 200 多个团队的优秀项目参赛,最终 33 个赛队脱颖而出,获得 11 个新型信息消费技术创新奖、22 个新型信息消费应用创新奖。活动期间,还举办了以“创新消费,产业升级”为主题的黄浦区产业对接沟通洽谈会,旨在发挥全国新型信息消费大赛总决赛的溢出效应,进一步助力黄浦区以信息消费为引擎推动区域经济转型升级。

(谭 军)

第三章　徐汇区信息化建设

概　述

2019年，徐汇区按照“精简、集约、高效”的原则，加强顶层设计和统筹协调，逐步构建覆盖全区、统一规范、集约高效的电子政务云资源管理体系；着力加强信息产业集群发展，重点推进人工智能产业落地；以市民需求为导向，完善城市信息化建设管理；加快构建一体化、泛在的宽带网络，持续推进5G建设。

一、政务领域信息化

【城市云平台建设】2019年，徐汇区依托区行政服务中心数据机房、政务网络、硬件设备、产品软件等基础信息资源，对各部门提出的信息化新需求进行统一审批、协同建设，推动全区基础信息资源的集约化、一体化；积极与微软、阿里、腾讯、电信运营商等第三方厂商开展合作，推动政府基础信息设施由传统的“按需而建”，逐步向“按需而用”购买云服务的模式转变，完善政务云、行业云、公有云协同，以降低综合运营成本，提升运营效率，实现区政府各部门基础设施共建共用，政务数据运算能级大幅提升。

【可视化平台建设】2019年，徐汇区充分发挥区政务云软硬件设施，以及各类数据资源池的运算能级优势，在网格中心指挥大屏中以GIS地图形式，动态展现徐汇区交通、气象、综治、网格等城市各领域运行情况，并实现各层级图像、视频等信息的实时切换；建立各街镇、重点区域、主要居民区的联动响应机制，与大数据中心实现协同联动，使各类城市突发事件、群众上报事件、重大故障、热点信息等第一时间得到响应，实现城市运行状态可看、可控、可调。

【感知网络平台建设】 2019 年，徐汇区以市、区两级政务外网为基础，充分运用现有光纤网络资源优势，与上海仪电、上海电信、东方明珠等社会厂商，共同推进 NB - IOT、Lora、eMTC 等新型无线物联技术在田林街道的试点运行，将信息感知的触角延伸到社区、楼栋(组)；对重点区域定时开展无人机巡逻，严格监控细微处的潜在风险点，与各类“感知神经元”一起组成城市管理的“万根绣花针”；为区内网格巡查员、城管执法人员、人口协管员和市场监管员等一线工作人员配备手持式智能终端，通过“人机结合”的方式，提升一线数据采集的精准性和实时性。

【云数联动平台建设】 2019 年，徐汇区在实现市法人库、人口库、空间地理库等六大基础数据库落地的基础上，定期与市级数据库开展数据对接，并按照“一数一源”的原则对落地数据进行编目梳理，持续完善政务数据资源目录体系，确保落地数据的有效性，不断提升落地数据质量；积极争取市级部门业务数据落地，构建各业务领域数据库，为各部门业务的开展提供动态的数据支撑；根据城市运行管理的需要，建设灾害预警、交通出行、市场监管、平安综治、网格管理及民生保障等主题数据库，实现对各条线业务数据的补充与支撑。已完成 26 个部门、2 200 个政务数据资源的编目梳理，归类归源的数据项达 5 万余项；已整合企业法人、自然人、信用信息等 33 个数据库，共汇聚 2. 3 亿条数据记录。

【智能决策平台建设】 2019 年，徐汇区开展多维精准的大数据分析挖掘，与微软、阿里、百度、京东等企业合作开发城市运行管理智能分析决策模型，通过实时、高频的智能大数据分析，简化政府运行管理流程，减少政府、企业、市民间的层级障碍，提升灾害预警、交通出行等各领域运行管理效率，强化应对突发事件的能力。同时，借助大数据的积累，对部分突发、非偶然事件开展自助式智能化决策，以降低事件处理成本、提升处理效率。通过对比数据的分析、处理及决策结果，对智能分析决策模型开展实时反馈和修正，形成“智能分析决策 + 实时反馈验证”的新机制，为城市运行风险的提前预测、智能预判及精准预报提供数据支撑。

【气象灾害数据多点应用】 2019 年，徐汇区建立区城市运行灾害预警系统，与市气象局实时对接，以暴雨内涝、低温寒潮、高温热浪等灾害影响为切入点，不断扩大灾害预警覆盖范围，完成市气象大数据与区内交通、网格、热线等城市综合治理大数据的融合互通；建立基于气象大数据的城市风险灾害分析预警模型，结合人工智能、大数据分析等技术，为城市灾害预警装上“千里眼”，实现城市灾害信息的提前感知及可视化呈现。

【公共交通信息系统建设】2019年，徐汇区建设区智能交通服务管理系统，与上海市交通综合信息平台对接，实时掌控徐汇区域内多条地铁、公交线路的运行情况，并探索交通、公安、气象、测绘等跨部门、跨地域的数据融合与协同创新，开展智慧出行、交通诱导、停车管理等社会增值服务，实现对重大活动、重点区域人流的监控、预警和分流疏导；建立对区内“共享单车”“共享汽车”等新型出行方式的信息化管理机制，与社会企业共同推进城市有序“共享出行”。

【事中事后综合监管】2019年，徐汇区深入推进区市场主体综合监管系统建设，建立完善区内企业登记数据、资质评估、行政处罚等市场主体信息，定期开展区域范围内“僵尸企业”清查，排查分析潜在的风险隐患，坚决清除严重违法违规、影响恶劣的市场主体；推进市场监管远程实时监控系统建设，深化各部门联合监管、联合惩戒应用，巩固深化“双随机、一公开”联合抽查行动，推进现场执法信息实时共享，提升跨部门协同执法效能。

【平安综治系统建设】2019年，徐汇区以区网格化综合管理平台为基础，健全覆盖全区的公共安全视频监控，尤其是扩大对重要区域、复杂场所和监控薄弱地区的公共视频监控覆盖面，建立健全社会治安群防群控体系；根据人口库基础数据信息，开展对人群行为信息的动态监测，对重点人员进行实时定位跟踪，并在其违规时进行远程提醒、警戒；完善公共安防设施管理，逐步将区内社区门禁、视频监控、停车库、消防设备等基础防范设施信息纳入系统，通过GIS地图直观展现各类安防设备的运行状态，并根据实际需要及时更新维护。

【热线网格平台建设】2019年，徐汇区推进权责清单与“12345”服务热线系统的有机融合，进行数据对接，提升权责清单的可操作性和热线派单的精准性；建立智能化的热线回访系统，对问题突出、群众反映较为强烈的问题第一时间开展满意度回访。同时，聚焦政策空白、群众满意度较低、职能交叉等疑难工单，开展专项整治；持续完善标准化网格建设，建立标准化网格区域内协同单位的一线人员联勤联动机制，加强监管部门间的信息流通与分工协同。

【"邻里汇"服务项目建设】2019年，徐汇区梳理社区综合服务项目，打造社区服务资源整合平台，因地制宜地开展个体服务、家庭服务、社区服务项目，带动盘活居委会活动室、文化中心等服务资源，形成"一汇多点、一体多元、一网覆盖、全时响应、全区联动"的服务新模式；扩大睦邻点覆盖面，丰富社区养老服务包的内涵，探索养老机构政社合作管理新模式；整合热线电话、久久关爱为老服务、统一照护等平台，提供各类为老服务。

【移动办公系统建设】2019年，徐汇区升级完善"徐汇移动政务"系统，移动端同步开通阅件、办件审签、文件批阅、退回修改等功能，实现区府办单位内公文办理及流转全程网上可见，并做好办公室移动办公应用支撑；试点推进"政务钉钉"，实现日程、通讯录、邮件、简报、访客登记等日常事务功能接入，普及推广移动事务应用；开发"徐汇信息"APP，聚合展示"上海徐汇"门户网站、每日动态、"上海徐汇"微信公众号、《徐汇报》等信息。

（胡　喆）

【政务服务体系建设】2019年，徐汇区构建由区行政服务中心（网格中心、大数据中心）、13个街镇社区事务受理服务中心、居民区（园区）延伸服务点组成的"1 + 13 + X"的政务服务体系，打通数据链、业务链，市民个人事项可100%就近办理，重点园区基本实现园内办结。通过重塑五大政务服务新空间，打造体现"一网通办"最新理念和未来趋势的典范大厅。其中，法人事项综合受理大厅提供面向法人所有事项的集中受理，打破工作人员与企业、市民间的物理分隔，前台是零差别综合受理窗口，中后台分别是协同受理和集中审批工位，增强流程的标准化、透明化，打造透明"政务工坊"；个人事项综合受理大厅致力建设"全市通办"个人事项服务的"旗舰店"，通过部门系统优化、流程再造，突破户籍地或居住地限制，使167项审批服务事项均可就近办理；24小时自助服务大厅整合各类自助设备，实现自助办理、自助查询、自助打印、自助取件、自助物流及机器人引导等功能，打造"不打烊"的"无人政务服务超市"；城市网格管理服务大厅依托"城市云脑"和城市管理物联感知网，推动网格管理、"12345"市民服务热线、市场监管、气象预警、交通出行等多领域城市运行数据的深度协同以及实体处置力量的联勤联动，实现"天上有云、地上有格、格中有人、人能管事、事皆有序、序后评估"，并在应急状态期间可转换为应急指挥协调平台；大数据治理创新实验室则运用VR、AR、AI、物联网等先进技术，面向未来开展大数据城市治理实验，同时以"政务会诊厅"的形式，集中为重点领域、重点企业及办理量大、办理事项复杂的对象提供智能化、精准化、个性化的体验和服务。

【市民云建设】 2019年，徐汇区对外聚焦做好“四个一”。一是推进“一号通”，率先建立唯一标识的统一身份认证体系，依托公民身份证号建立“一人一档”，实现“一次认证、多点互联”；二是率先建立覆盖全区的电子证照库，依托企业社会信用代码建立“一企一档”，实现“一次生成、多方复用”；三是率先建立电子证照互认共享机制，避免反复注册登录、反复提交材料，实现“一库管理、互认共享”；四是建成“一张网”，打造一站式统一入口和出口的“淘宝式”服务平台，100%事项接入上海市“一网通办”总门户，通过跨区域、跨部门、跨平台身份互认，做到“一次登录、全网通办”。

【大数据赋能智慧政务】 2019年，徐汇区实现“一网通办”政务服务从“一窗综办”升级为“一窗办成”，行政审批事项办理时限比法定时限平均减少70%，材料平均减少54%，在第三方测评中位列全市第二。通过加快构建“网格化+大市场、大安全、大建管、大民生”的综合治理体系，徐汇区打造了“全域感知、全息智研、全程协同、全时响应”智慧城市网格化中心2.0版，提高快速响应和综合处置能力，以智能化赋能城市综合治理。

二、社会领域信息化

【智慧教育建设】 2019年，徐汇区教育局发布《徐汇区基础教育信息化创新实践三年行动计划》，提出信息化创新实践的“1+5+3”的任务框架，即完成“1个开放数据平台、5大核心工程、3项专项行动”三位一体的教育综合管理服务体系建设。同时，徐汇区通过编制《徐汇区教育系统教育信息化软件项目建设管理办法》《徐汇区教育局学校信息化工作管理办法》《徐汇区教育局信息化项目验收管理办法》等一系列管理规章制度，在徐汇智慧教育管理工作的制度化、规范化和科学化上取得重大进展与成效。

【智慧健康建设】 2019年，复旦大学附属肿瘤医院推出“AI+医疗”项目入选上海市第一批人工智能应用场景试点。肿瘤医院与多家科技公司合作开发应用，致力于提升专家门诊效率和精准度，提升临床患者招募入组效率和精准度，实现患者随时随地信息交互，为患者提供用药方案及提醒；通过智能医疗语音录入系统，实现准确高效的病历录入，提升医护人员的工作效率及数据二次利用；通过大数据平台显示医院各个方面的运营状况，并对未来一段时间医院的发展趋势做出分析预测。徐汇区卫生事业管理发展中心与徐汇“中山医院—中心医院”紧密型医联体的心血管疾病全周期智能服务平台入选上海市第二批人工智能项目试点需求。该项目由徐汇区卫健委牵头，联合徐汇区卫生事业管理发展中心、复旦大学附属中山医院、徐汇区中心医院等单位，建设以精准早筛、智能预防、智能辅助诊断治疗、智能全程随访、智能分层转诊为核心的五大应用场景，将对全区围绕心血管疾病的医疗人工智能行业起到巨大带动作用，同时惠民、惠医，带来诸多社会效益。

【智慧交通建设】 2019年，徐汇区积极开展智慧交通建设工作，包括公交电子站牌覆盖、公共停车场（库）系统联网、完善徐家汇地区停车诱导系统、建成停车资源管理信息系统、探索“互联网+错时停车”管理模式、开展交通综合信息平台建设，以及为市民提供详尽的出行信息。

【智慧养老建设】 2019年，斜土街道依托徐汇“邻里汇”社区综合服务平台，打造18个“邻里汇”，形成10分钟生活圈。通过嵌入AI应用场景，将科技元素、文化创意和生活服务融为一体，因地制宜、因人制宜配置个性化“服务包”，以AI为社区共建、共享、共融赋能。如江南新村“邻里汇”将“智慧医养”落到实处，通过增加智能照护管理、急救自动呼叫等设备，提高服务便捷性。

【智慧就业建设】 2019年，徐汇区突破传统旧有模式，搭建新型服务平台，并拓展平台业务功能，推进就业市场智慧化建设。一是构建线上、线下一体化运作的就业服务新模式。二是建立服务平台，优化人力资源服务。三是拓展自助经办平台业务功能，用工登记向自助终端延伸。四是运用信息化手段加强重点区域和行业的就业情况分析。

【智慧商圈转型】 2019年，徐家汇商圈作为上海老牌商圈加快向智慧商圈转型。商圈百货的会员积分系统和停车场管理系统对接，实现跨店积分兑换；建设徐家汇商圈百货室内地图，用于室内信息展示和路线指引，提升顾客满意度等。其中，百脑汇引入5G元素，由浅入深积极布局AIoT，并率先架设5G小基站，成为上海首批线下5G商场的示范点。

三、城市建设管理领域信息化

【智慧安防建设】2019年，徐汇区稳步推进智慧安防建设，物联感知设备部署工作快速推进。全区住宅小区累计布设各类前端感知设备10项，这10项分为“基础版”和“加强版”。“基础版”包括小区出入口“微卡口”、公共区域智能视频监控、楼洞智能门禁系统；“加强版”指加装烟感、温感、地磁、消防栓、窨井盖监测等感知设备。其中，安装小区出入口“微卡口”1 344套、公共区域智能视频监控1 520个、楼洞智能门禁系统1 130个、其他感知设备868个，智能商务办公楼宇安装感知设备2项50个，在建的商务办公楼宇安装感知设备3项89个，人员密集重点场所（试点）安装感知设备3项11个。同时，建立完善的感知数据前端分流和分类处置机制。以小区为最小单元，将宽带物联网与窄带物联网传输的数据汇聚到数据治理中心，统一进行数据的接入、清洗、存储、计算，并分发共享至街道管理模块、公安管理模块及其他政务网内业务系统，并按事件类别分别推送至网格中心业务系统、社区管理APP和公安政务微信APP，按照政务外网业务应用需求和公安业务应用需求分别进行存储和数据共享。

【电子警察建设】徐汇区共有固定电子警察2 039个，违法停车电子警察1 024个，智能信号灯144个，行人、非机动车违法电子警察36个。全区已有视频监控探头10 055个，其中，自建7 374个，联网复接2 681个（含智能探头904个）。

【网格化2.0建设】2019年，徐汇区以“网格化2.0”为基础，将联动联勤、“12345”市民服务热线、应急处置等职能统一纳入城市综合管理信息化系统。通过系统联动、内容联动和考核联动，有效破解各自为政、推诿扯皮等效能堵点。通过督办审查、分拣梳理问题，对于应解决而未解决的案件，通过不断追踪乃至区域内督促努力倒逼问题解决；对于应解决但难以解决的案件，通过梳理问题症结及时上报区中心协调，提高解决率。同时，通过数据比对，查找遗留问题，通过后续跟踪反馈，总结热线工单处理的热点及难点，形成督办追踪的闭环，提高市民满意度。

四、 信息产业发展

【人工智能产业发展】2019年，徐汇区发挥人工智能驱动科技创新高质量发展引擎作用，聚力打造以人工智能为核心的信息技术创新产业集群。一是建设国家人工智能发展高地新地标，启动上海首个人工智能发展集聚区建设，参与承办世界人工智能大会，发布人工智能高地建设“T计划”，吸引一批标杆企业落户徐汇，为未来徐汇打造千亿级AI产业集群提供坚实基础。二是人工智能技术赋能智慧城区建设各个领域，上海世外教育集团、复旦大学附属肿瘤医院、斜土路街道入选上海首批人工智能试点应用场景，西岸传媒港、中山医院等5家单位入选上海市第二批人工智能试点场景，不断优化人工智能创新发展生态。三是推动人工智能相关细分产业发展。对标上海市人工智能重点产业，针对性布局发展重点，在细分领域形成特色产业集群，共落实重点项目26项。在人工智能软件产业、智能硬件产业、人工智能芯片产业、智能机器人产业、智能驾驶产业等领域的企业引入、扶植、发展方面取得显著成绩。

【人工智能产业载体建设】2019年，徐汇区加快西岸智慧谷、北杨人工智能小镇建设，引导推动龙头企业和核心产业集聚。西岸AI双子楼在人工智能峰会期间投入使用，打造集聚人工智能头部企业、标杆企业和独角兽企业的核心地标。北杨人工智能小镇打造人工智能产业生态集聚区、全域应用示范区和国际产城融合区。

【两化融合建设】2019年，徐汇区制定工业互联网工程实施方案，出台补贴政策，打造2个行业级工业互联网平台、培育5个企业级工业互联网平台、推动1个以工业互联网为特色的标杆企业园区，推动千家企业上云上平台。全年徐汇区185家企业完成两化融合管理体系自评估，4家企业通过两化融合管理体系贯标。

【大数据领域建设】2019年，徐汇区积极调研梳理并报送本区大数据企业情况，制定区大数据产业专项统计工作方案。已梳理72家区域大数据企业名录，其中重点企业49家、一般企业23家。重点企业完成填报率100%，达到市80%完成率的要求；一般企业完成填报20家，完成率87%，达到市50%完成率的要求。同时，通过“创新徐汇”微信公众号和微信工作群，发布大数据服务供应商推荐目录申报通知，推荐并培育区域内大数据特色示范项目。全区共有5家企业经审议后推荐，进入市级评审。

五、信息基础设施建设

【5G基站建设】2019年，徐汇区信息基础设施不断优化，积极建设5G融合应用创新示范区，推进5G宏基站千站规模建设。完成西岸人工智能发展核心区5G信号连续覆盖，致力于将漕河泾打造成为未来上海5G产业集聚的“五极”之一。

【5G示范场景建设】2019年，徐汇区通过推动5G示范场景建设，测试5G在多行业不同场景下的效能，推出了一批具有代表性和里程碑意义的产品。在医疗场景下，复旦大学附属中山医院徐汇医院通过5G设备会同上海国际医学中心专家完成了世界首台5G超声聚焦FUS手术；在文娱场景下，由上海移动提供技术支持，咪咕公司在上海体育场首次通过“5G+真4K+VR”直播了中超第九轮上海上港对阵山东鲁能泰山的焦点战，成功测试了5G传媒技术融合的可行性；在商业场景下，上海首个5G智慧化商业场景“THE BOXX”亮相徐家汇商圈，商业体能够采集大量瞬时消费数据；在教育场景下，由徐汇中学、上海移动、上海影创信息科技有限公司携手共建的“5G+MR科创教育实验室”通过5G将全息影像与真实物理世界深度融合，在VR沉浸式体验的基础上，实现了现实与虚拟内容共存，提升了学校的教育实效。此外，徐汇区还筛选了一批5G融合重点示范场景，为探索5G技术在更多场景落地提供示范。

【移动通信网络自评】2019年，徐汇区开展移动通信网络自评工作，邀请专业第三方测评机构进行测评，并形成工作机制，推动每年的移动信号弱覆盖增强工作。结合2019年测评结果，每月组织13个街镇召开徐汇区街道镇办信息化月度工作例会，并召集电信服务运营商召开工作例会，着重推动移动信号优化工作。年内，通过室内分布系统建设、室外MRRU设备安装、宏站信号优化、光纤通讯线路补齐等工作，优化提升虹梅街道社区事务受理服务中心、虹梅街道社区卫生服务中心、田林街道社区事务受理服务中心、天平社区文化活动中心、湖南社区文化活动中心信号。对区域内南站长途客运站、徐汇艺术馆、龙呈家园、龙漕家园等点位通过建设宏站、宏站信号优化等工作完成优化提升。组织基础电信服务商完成区域重点342点位的移动信号监测，并有针对性地对信号较弱的地区展开移动通信信号优化工作。

六、信息化环境建设

【新型智慧城区打造】 2019年，徐汇区依照新制定的《徐汇区推进智慧城区建设行动计划（2019—2022）》，打造“四梁八柱”新型智慧城区总体框架，纵向聚焦八大应用示范，即智慧政务、智慧治理、智慧商务、智慧征信、智慧交通、智慧健康、智慧养老和智慧教育；横向聚焦四大区域示范，即徐家汇商圈、漕河泾开发园区、西岸滨江区、历史风貌保护区。力争将徐汇打造成为以“感知度和体验感”为鲜明特色的全国新型智慧城区标杆。

【AI Tower 建设】 徐汇西岸 AI Tower（西岸国际人工智能中心）以“风栖西岸”为设计概念，通过基于 BIM 系统的全周期设计及施工管理，打造错落双子塔楼及裙楼的整体布局，建成全球首个大体量楼宇非线性外立面数字化自动设计项目。同时，将人工智能技术广泛运用于楼宇建设和管理运营中，用“AI 最强大脑”打造最优服务环境，聚力打造集总部办公、国际交流、应用展示、研发转化为一体的综合型地标。

【工控安全建设】 2019年，针对关键信息基础设施，徐汇区进一步推动通过政府采购吸纳社会技术进行关键信息基础设施网安维护和升级工作，开展对网格化管理系统、网安数据中心等多个关键信息基础设施系统维护的招投标工作。同时，促进企业项目通过政府招标渠道进行工控安全系统加固招标，全面落实百家企业重点防护工作。

（鲍心洋）

第四章　长宁区信息化建设

概　述

2019年，是长宁区深度转型发展、加快创新引领的关键年。2019年，稳增长工作一直是全区全年工作的重中之重。长宁区及时对接上级要求，围绕科技创新中心建设主题，以人工智能产业为重点，以营造区域创新环境为抓手，积极促进科技政策落实和重点项目落地，始终为创新产业发展做好引导和服务，促进区域经济转型升级，区重点产业保持了较好的发展态势。

一、政务领域信息化

【"一网通办"工作落地】2019年，长宁区全力支持行政审批改革，推进政务服务"一网通办"。率先完成"两个集中"，即审批职能向科室集中，审批项目向综合窗口集中。外国人来华工作许可审批方面，长宁区审批量居全市前列，流程科学、审批时间周期短，特别是虹桥古北社区外国人来华工作许可审批窗口是"一网通办"为民服务的示范窗口。

【"一网通办"信息化项目保障和数据治理应用推进】2019年6月27日，长宁区科学技术委员会（以下简称"区科委"）牵头召开2019年长宁区"一网通办"信息化保障和数据治理应用工作推进会。会上，围绕"一网通办"信息化项目保障和数据治理应用工作部署的要求，对长宁区"一网通办"信息化工作责任进行任务分解，并分别从夯实"一梁四柱"和公共支撑体系、积极推进电子证照应用、加强数据治理、推进“一网通办”信息化项目等方面作了工作指导。区府办、区民政局、区财政局等相关单位参加会议。

【区物联感知数据接入】2019年,长宁区基于区政务云平台,面向上海电信、上海移动、上海联通、东方有线提供统一终端数据交互接口,实现全区物联感知数据统一汇聚,有效避免物联网协议私有化和数据孤岛。区内小区智能安防、消防栓、高龄独居老人安全等感知数据已统一接入区平台,实现物联专网与政务网络的安全对接,打造物联数据从感知发现到处置分析的“无障碍”网络流转环境,提升政务网络应用的智能化水平。

【区级移动端应用整合】一是按照“一平台、多终端、多渠道”的思路,整合长宁区内各部门现有移动服务入口,推进便民服务向“市民云”汇聚,将各政府部门公共服务及轻应用服务纳入“市民云”区级平台,实现移动端便民服务一次认证、全区通行,为市民提供整合、简化、丰富的便民惠民服务。2019年9月20日,“长宁市民云”主页正式上线,整合并入驻“我要查”“我要约”、求职查询等轻应用,定制了“15分钟商圈”、长宁空气质量等特色应用。二是开展对外服务类移动端应用调研工作,已排摸各委办局移动端项目37个,后续将持续接入。

【区级公共数据规范治理】一是起草《长宁区公共数据管理办法》《长宁区政务信息资源共享交换平台对接技术规范》,成为全市首个区级公共数据管理规范。二是完成全区政务信息资源排摸、梳理汇总,并编制成规范的资源目录。区政务信息资源共享交换平台已归集30个部门、58个系统、458条可共享的数据资源目录,汇聚数据表270张、3 500万条数据。三是通过市、区两级联动,协调推进信息资源有效落地。按照市大数据中心要求,完成市、区两级数据共享交换平台的对接,逐步实现市、区两级开放平台互联互通、上下联动、标准统一,协调推进市级层面政务信息有效落地,使“一网通办”办件库数据、市法人库和人口库数据在长宁落地并实现信息深度应用。四是按照上海市公共信息资源开放的具体要求,梳理长宁区政府部门公共信息资源,及时向市公共数据开放平台推送,重点开放企业监管、交通运输、民生服务等领域数据。五是推进政务系统迁移上云,共有35个委办局的83个应用系统完成上云部署,云平台资源累积开设了386台虚拟机。

【街镇综合服务管理平台建设】2019年,长宁区建设街镇综合服务管理平台,汇集社区党建、社区管理、社区自治和社区服务“四位一体”的工作内容,整合区级部门下发应用系统,建设街镇、居委会二级综合服务管理平台。在街道层面，重点建设精准帮扶模块，以“两明晰一到位”（底数明晰、诉求明晰、帮扶到位）为目标导向，进一步明确区困难群众的类别、数量，推动困难群众的精准识别、精准管理和精准帮扶。并且，已实现与市人口、残联、民政等部门救助数据对接，建立一人一档，做到动态更新，实现帮扶对象及时跟踪管理。在居委层面，开发建设以居民区基础数据库为支撑，居委会电子台账、“居务通”知识库、两个清单、社区巡查为主要内容的居委会综合管理子平台，实现基础数据标准统一。完成相关数据与人口库、房屋库的对接，推动居委日常办公信息化。经过一年的建设开发，覆盖五个功能模块的平台基本框架已经完成，进入培训和平台试运行阶段。

二、社会领域信息化

【智慧教育推进】一是上海首家5G云VR教育试验基地落户长宁区愚园路第一小学，运用VR技术及5G网络技术提升教学质量，此举不但在上海尚属首创，对于全国5G云VR教育的发展也具有里程碑式的意义。二是以云视课堂搭建市民终身学习云空间。经过三年的实践探索，云视课堂通过将教授现场呈现在网络云端，学员在线加入云端课堂进行学习的方式，实现让学员打破时空与授课教师互动，真正做到随时随地点播学习。

【智慧交通建设】一是公交电子站牌全覆盖。长宁区319个公交站点，已安装504块电子站牌（预报屏），公交电子站牌覆盖率达100%。二是公共停车场（库）系统联网工作。通过公共停车场库电子收费系统改造，保证公共停车场库数据实时接入市级公共平台。在长宁区备案的公共停车场库132家，其电子收费系统端口全部接入市级平台，数据上传率达95%。

【数字文化建设和服务】一是利用数字化服务手段提高网络文化产品和服务供给。推进“长宁文化云”建设，开发“长宁文化云”数字平台，汇聚市、区、街镇、居民区四个层级的文化活动、文化展示、文化培训、场馆导览、非物质文化遗产保护等公共文化资源，提供文化艺术活动预约、订阅、推送、评价等服务。已有120余家场馆设施入驻“上海文化云”及“长宁文化云”平台，在2019年共发布活动4 900余场，为市民提供各种文旅活动、场馆设施预订等服务，力争三年内注册用户突破20万。二是推进公共文化机构数字化建设,统筹实施全国文化信息资源共享工程、数字图书馆和数字文化馆推广工程,区级公共图书馆可提供服务的数字资源力争达到30 TB,区级、街道(镇)、居民区公共文化服务场所均实现无线网络全覆盖,配备数字文化设施,具备数字文化服务能力。

【互联网+社区发展】一是在2019年完成15家社区智慧微菜场建设,区内已累计建成90家社区智慧微菜场。二是美天集团和科大讯飞合作试点打造“AI菜场”,实现通过人工智能全方位实时监测菜场运营状况。同时通过后台人脸识别和大数据分析,还可在场内大屏幕上为顾客提供定制化的优惠信息。三是继续拓展社区服务“新长宁慧生活”的“互联网+社区服务”项目,进一步对接闲置物品置换“享物说”,以及垃圾分类宣传等绿色环保内容。

【餐饮大数据建设和监管应用】2019年,长宁区大数据分析系统汇集长宁区餐饮业各相关部门数据,可以通过更新、比对,形成准确的全区餐饮服务行业专业数据库,以地图技术为手段、历史数据为依托,将长宁区餐饮业的分布和特点通过位置定位进行直观展现和查询。同时,以长宁区市场监督管理局相关业务系统数据为基础,提供基于不同口径的综合统计分析。并且,对无证经营主体实现信息入库、地图标点,防止出现监管死角,提升监管效果,巩固监管成果,辅助推进长宁区创建上海市食品安全城区。

三、城市建设管理领域信息化

【网格化综合管理平台升级应用】2019年,长宁区推动网格化平台与综治平台应用深度融合,构建网格管理视频监控指挥体系,同时不断完善“12345”市民服务热线的工单派发、处置和考核工作。一是全区138条道路及相关小区微卡口的近5 000路高清和标清视频监控图像已全部入驻区网格化中心指挥平台,实现全区各路模拟和数字视频信息能够快速、便捷、高效地“调阅”,保障区政府领导能够实时调度和指挥,实现区、街两级网格化平台日常热线、网格案件视频的实时比对。网格化指挥平台已在全国文明城区复评迎检保障、防汛防台指挥、重要事件应急指挥等工作中发挥了重要的信息化技术保障功能。二是对原有网格化综合管理信息系统及城管通手机APP软件进行优化迭代升级,按照“实用、高效、便捷"原则，通过专用接口编码适配、系统流转链路缩减、微信移动接单处置等业务流程再造，转变了以往传统网格案件平台受理、派遣、办结工作模式，突出"智能化、精细化"和"减环节、减流程"，实现网格监督员发现、立案、派处一体化单兵操作应用，满足了处置部门工作人员通过移动手机端的企业微信号接单处置和办结反馈，无需平台工作人员过多干预即可实现系统自动精准关联流转派单。此外，长宁区在全市第一个试点实现了区、街、居三级网格化综合管理信息系统与中标麒麟电脑系统适配更新，完成了全区近500台涉及网格化业务应用电脑的统一更换。

【小区智能安防建设】2019年，长宁区连续两年投入建设经费1.5亿余元，在全区范围内居民小区建成并投入使用了"微卡口"、公共区域智能监控、楼栋智能门禁、烟感探测、地磁感应、智能消防栓、智能井盖等一大批具有基础性、功能性、实用性的智能安防设施，初步搭建"一中心、一平台、多系统、多模型，泛感知、泛应用"架构，打造不仅能让群众看得着、摸得着，又让群众感受到、享受到的居民家门口的"安居工程"。全区已建成智能安防小区666个，建成率81%。建成后小区全部实现"两入"盗窃案件"零发案"。同时，按照"每个小区建设资金的30%、总额不超过30万元"的标准设立商品房小区引导资金，创新建立引导资金逐步退出、建后物权转移、运维社会化等机制，探索形成"小区出钱、社区共建、企业出资"三种模式，打造众筹建设的"长宁品牌"。全区共众筹建设资金3 800余万元，168个小区已建成，在建91个、签约29个，全区落实建设资金的小区达到90%，建设速度在全市处于领先。2019年以来，全区110报警同比下降31%，降幅位居全市前列。命案、抢案100%破案，特别是入室、入民宅盗窃案件打击成效达到历史最好水平，入民宅盗窃案件接报数同比下降82.1%，97.5%的居民小区入民宅盗窃案件实现"零发案"；入民宅盗窃、入室盗窃破案率分别达到81%、68.6%，位列全市第一。

【餐饮大数据网络监管应用】2019年，长宁区通过政企数据深入交换，逐步建立"信息共享、信用联动、精准监管"的网络监管体系。借助美团点评研发的餐饮质量安全市民评价大数据系统"天眼"，以消费者点评数据作为大数据基础，通过语义识别分析技术，将餐厅评价数据中有关食品安全的内容进行量化和结构化，并通过数据可视化，分地域范围、分细分品类实时展示。同时，可通过"天眼"系统智能检索分析用户在大众点评、美团外卖等网络平台上的评价，形成负面信息线索库，包含"违禁食品及异物""食品变质""环境卫生""疑似食物中毒"等多个大类，对应的关键词包括“河豚”“毛蚶”“醉蟹”“呕吐”“医院”“腹泻”等，一旦消费者在餐厅点评时使用上述字眼，就会被大数据系统捕捉，然后经量化统计及数据可视化后，共享给监管部门，最终推动食品安全问题得到更高效率解决。

四、信息产业发展

【信息服务业发展】长宁区信息服务业企业数量和税收水平稳步增长。2019年，2 050家信息服务业企业缴纳税收总计46.51亿元，较2018年增长了1.39亿元，同比增长3.08%，占全区税收比重13.46%。企业缴纳区级税收约13.02亿元，较2018年增长0.5亿元，同比增长3.99%。154家人工智能企业实现全区税收14.26亿元，同比增长27.65%；实现区级税收4.11亿元，同比增长32.95%。

【信息产业企业引进】2019年，长宁区加大招商引资力度，积极对接引进企业。2019年度引进企业33家(其中23家新注册、10家迁移)；引进科大讯飞股份有限公司、上海雪湖科技有限公司等头部企业，注册资本9.24亿元，完成综合税收468万元；完成人工智能企业认定备案29家，人工智能产业链相关企业超过250家，正紧密对接中的企业8家；高新技术企业认定达到127家。

【区人工智能场景应用和展示】2019年，长宁区科委借助世界人工智能大会，积极为区内人工智能企业提供应用场景，积极争取“AI+社区”试点项目落地长宁。4月，北新泾街道正式入选上海市首批人工智能应用场景试点，为区内40多家人工智能企业提供涵盖社区生活的30多个应用场景。2019世界人工智能大会上，北新泾街道“AI+社区”得到充分展示，市委书记李强在视察体验后做出了高度评价。展会期间吸引大量专业观众、社区居民、企业代表等前往体验，新泾六村“AI+社区”接受参观77批次。

【区人工智能融合应用场景供需对接】为拓展长宁区人工智能融合应用场景，加快长宁区AI企业应用落地，2019年3月20日，由区科委牵头召开长宁区人工智能企业应用场景对接需求会，深兰科技(上海)有限公司、科大讯飞股份有限公司、上海时元互联网科技有限公司等区域优质人工智能企业参加会议，上海凝聚力工程博物馆作为本次应用场景需求方发布需求。会议围绕拟改造的四大主题板块,探讨交流了人工智能技术在多媒体展项场景中的应用,为区内人工智能企业相关AI产品加速落地、相关技术与模式有效转化搭建了对接交流平台,帮助企业做大做强。

【人工智能产业政策落实】一是支持企业开展人工智能创新创业活动政策落实工作,完成上海亿欧科技有限公司申报“2019全球新经济年会”和“2019中美德产业智能高峰论坛”2场人工智能创新活动初审工作;完成2019年认定备案人工智能企业29家,完成2018年人工智能企业运营扶持初审工作,涉及企业5家,金额28.6万元。二是开展区人工智能专项、国际研发合作项目、房租补贴等政策的启动落实工作。2018年长宁区人工智能专项选拔出19家企业的19个项目,立项扶持金额2 850万元。牵头房租补贴政策落实,受理落实缤谷人工智能产业大厦1家企业申请的房租补贴134.67万元。

【产业链企业引进】2019年,长宁区坚持“走出去、引进来”,主动对接整合各类资源,密集走访,加大招商引资力度。与天山街道开展联合走访,分别赴深圳华为总部和合肥科大讯飞总部,与人工智能头部企业、生态链上企业座谈,介绍长宁经济社会情况和产业优势,已有项目表达了落地意愿;走访苏州美能华智能科技有限公司,其已在长宁注册新公司,并于华为联通创新中心实体办公;走访对接上海贝思泰网络科技有限公司,邀请企业参与北新泾街道“AI+社区”展示,启动了企业迁移流程。

【重点企业服务】2019年,长宁区认真开展大调研,坚持每周走访企业,努力协调解决企业发展困难,持续为重点企业做好服务。在区领导的支持下,充分用好联合会商机制,成功解决企业发展中的瓶颈问题。如帮助深兰科技(上海)有限公司协调“一事一议”政策和房租补贴有关事宜;帮助科大讯飞股份有限公司协调“一事一议”政策延续;帮助上海氪信信息技术有限公司协调租金补贴;帮助上海乐言信息科技有限公司协调落户租房、教育项目备案、人才奖励、税收激励政策申报等。通过细致、周到、有针对性的服务,营造长宁区良好的营商环境,吸引越来越多的企业落户长宁。

五、信息基础设施建设

【5G基础设施建设】一是对接市经济信息化委,由上海铁塔汇聚5G基站站址

需求,开展基站资源分析,协调全区 5G 基站站址规划。二是充分发挥政府战略引导作用,调动上海铁塔、上海联通、上海移动和上海电信等运营商的积极性,共同参与 5G 基础设施建设。2019 年,长宁区累计建设 5G 基站 573 个(其中上海移动 240 个、上海电信 182 个、上海联通 151 个)。

六、 信息化环境建设

【智慧城市建设统筹推进】一是参照上海市智慧城市建设领导小组模式,将原长宁区信息化建设领导小组更名为长宁区智慧城市建设领导小组,与长宁区智慧公安建设领导小组和长宁区无线城市建设联席会议合并,统一整合相关职能,办公室设在区科委。召开长宁区推进信息化建设工作会议,统筹部署智慧城区建设重点项目和工作任务。二是积极参与区内重大信息化项目建设,围绕“雪亮工程”、社会面智能安防、“一网通办”等重大项目,积极与项目部门对接,共同研究项目方案,给予具体业务指导,协调解决重点难点问题。

【华为联通创新示范中心二期入驻企业座谈】2019 年 7 月 9 日,长宁区科委主任詹镭、华为上海代表处代表董刚、联通上海西区公司总经理张启岳和空间运营方荃智总经理施巍与首批入驻中心二期的 5 家企业深入座谈交流。长宁区正全力打造人工智能创新策源、应用示范、制度供给和人才集聚的发展高地,通过人工智能产业集聚发展,让长宁成为人工智能创新创业的肥沃土壤,进而推动经济高质量发展、市民高品质生活。

【科技创新政策推进与服务】2019 年,长宁区对接市、区政策,通过网站、微信、政策宣讲会等渠道,加强政策宣传服务,针对性地推介政策与跟踪服务。完成高新技术企业申报形式初审 140 家;技术先进型企业认定初审 13 家;技术合同认定 189 项,合同金额 11.62 亿元,位居全市前列;8 家企业 9 个项目申报高新技术成果转化项目,其中 7 个项目已获认定;完成上海市科学技术奖励申报形式审查 3 家企业 4 个项目;帮助 23 家区内企业完成技术交易系统的注册、使用和多家企业的各类变更;推荐 18 家企业申报 2019 上海市科技小巨人企业,4 家企业获得市科技小巨人企业立项,2 家企业获得市小巨人培育企业立项;2018 年区级小巨人项目立项企业 11 家,2019 年区级小巨人项目立项企业 8 家;认定 127 家中小型科技企业;推荐企业申报市经济信息化委软件和集成电路专项资金 20 家，4 家企业获得专项资金支持；推荐 14 家企业 209 人参加软件设计人员奖励政策申报。

【网络安全保障】 2019 年，长宁区完成“两会”、国庆和进博会期间的网络安全保障任务。在“两会”、建国 70 周年和进博会期间对区政务网络进行全流量监控，发现网络安全威胁事件后，及时通知相关部门责任人采取防护措施，执行全盘杀毒，安装相关补丁；开展网络攻防演练，在市网安总队组织的模拟黑客攻击中未发生业务中断、网页篡改等情况；加强重大活动期间应急值守和技术保障，圆满完成网络安全保障任务。

【科技园区和众创空间工作会议召开】 为进一步加强对区域内科技载体的指导和服务，区科委于 2019 年 3 月 8 日召开区内科技园区和众创空间工作会议。会上，区科委向各创新载体介绍了新一轮科创政策，并就下一步科技园区和众创空间绩效考核指标体系进行座谈；上海公共研发服务平台介绍了科技创新券的最新服务内容；交通银行、上海农商银行和中信银行分别介绍了各自针对中小企业的金融服务和特色产品。

【创新创业载体服务】 2019 年，长宁区加强与科技园区、众创空间的沟通与联系，保持走访频率，拓展对接方式，提升创新创业载体服务能力。长宁现有市级科技园区 6 家、市级备案众创空间 28 家（其中 7 家不运营）、人工智能特色楼宇 3 幢，并有若干筹建中项目。重点对接东华大学国家大学科技园、多媒体产业园，在社会资本推荐、政策培训等方面提供有效帮助；持续做好张江项目统计、年报、评估与管理等工作。

【科技人才配套服务】 一是持续做好外国人来华工作许可工作。自 2019 年 4 月起，长宁区外国人来华工作许可审批职能由区人社局划转到区科委，区科委加快理顺审批工作体制机制，确保审批工作不断不乱，办理速度始终保持全市领先水平，2019 年共办理外国人来华许可 8 665 件。在办理外籍高端人才来华工作许可时，实施工作许可信用承诺 + 监管约束的容缺办理机制，缩短审批时限。二是完善人才政策，拟定《民营科技企业技术创新人才扶持计划实施细则》，鼓励支持民营科技企业承担国家和市级重大科研项目和创新平台建设；设立长宁区硕博士创新实践基地，给予资助并优先享受人才安居等政策，对民营科技企业新引进的优秀人才给予一定引才补助；依托人才服务专员制度，为重点民营科技企业打造高素质人才工作者队伍。三是政策落实工作有序。开展长宁区第四轮“创新团队”中期评估，完成 18 家企业团队中期评估工作;开展2019年度长宁区“科技之星”团队及“新兴产业领域”人才培养计划项目申报工作,评定6个“新兴产业领域”人才培养计划项目,20个“科技之星”团队,扶持资金共计90万元;推荐3家企业申报上海市领军人才、创新创业人才;完成长宁区优秀人才房租补贴科技平台申报工作,共计141家企业的346名优秀人才获得445.2万元租房补贴。

【重要展会组织与作用发挥】 一是借助世界人工智能大会,推动长宁人工智能产业品牌打造。在重点展示方面,通过北新泾街道“AI+社区”项目,为长宁区人工智能企业应用落地搭建良好平台。在人工智能创新集聚区展示方面,搭建“华为—联通人工智能创新中心”平台,集中展示上海虹桥智谷建设成果,并在展会上发布人工智能产业地图。在企业展示方面,2家企业组织了系列主题论坛,8家重点企业搭建了特装展台,3家企业展示了人工智能大赛获奖项目。二是对2019年全球新经济年会(亿欧峰会)参会企业进行排摸挖掘,对意向性企业主动对接、加大服务,争取优质企业落地长宁。三是全力配合区人才办做好海归人才创新创业大会相关工作,做好组织筹备、企业展览展示,邀请人工智能创新企业参与主题演讲、圆桌论坛、座谈交流等,吸引更多海归人才来长宁创新创业。四是借助长宁科创政策宣传会暨上海国际创新创业大赛长宁赛区总结会,集中对接企业需求。邀请市有关部门指导,开设政策宣讲、圆桌论坛、TED演讲等活动,结合企业规模、运营情况、发展阶段等具体需求,搭建企业交流与分享的平台,整合各条线资源,有针对性地向企业提供政策咨询和辅导,企业反响良好。

(姚剑城)

第五章　静安区信息化建设

概　述

2019年是静安区实现新作为、开创新局面的重要一年，信息化建设紧紧围绕上海“创建面向未来的智慧城市”的要求和区委、区政府“一轴三带”发展战略，以创新、开放和包容的“互联网+”思维，聚焦智慧政务、智慧社区和智慧商务建设，加大政务信息资源整合力度，优化业务流程，简政放权；大力推广信息技术应用，整合各类社会资源，切实保障和改善民生；加强城市精细化管理，大力提升城区能级和核心竞争力；加强政策引导和试点示范，助推产业结构优化转型，壮大经济发展新热点，为静安区实现“中心城区新标杆、上海发展新亮点”提供可靠的信息化支撑，为全面决胜静安区智慧城市“十三五”规划奠定了扎实的基础。

一、政务领域信息化

【政务服务“一网通办”落地】按照上海市“一网通办”建设的相关要求，开展“一网通办”配套建设，完成原网上政务大厅、静安区实体大厅受理系统、现场服务系统以及区自建业务系统的升级改造，对接全市电子证照库的建设工作，最终实现全市“一网受理”和共建、共用基础数据资源的目标。全面启动“一网通办”实际运行，深入推进“一口受理、一网办理、一站服务、一次办结”，打造静安模式。一是将区网上政务大厅正式升级为“一网通办”静安频道，实现与市“一网通办”总门户全面对接，进一步拓展“一网通办”政务服务事项范围，实现一批公共服务事项接入“一网通办”。共有26个部门的303个审批事项(含786个办理项)纳入“一网通办”总门户,依申请办理的行政权力事项100%接入“一网通办”,承担市级试点任务,在全市先行实施受理办理系统整合和线上线下一体化,优化区行政服务中心窗口设置,为企业注册变更、社会投资项目审批和竣工验收等业务提供“一站式”服务。二是推进政务服务事项集中受理,将与企业日常经营活动有关的审批服务事项,最大限度向中心集中。303个政务服务事项在中心窗口集中受理,其中将新增的区发改委、区商务委、区文化旅游局等11个部门的74个事项纳入中心“一口式”综合窗口,并对窗口人员开展了约20次的专题业务集中培训。三是推进开办企业便利化改革,调整压缩中心窗口,配合区市场监管局、区税务局设置线下开办企业“一窗通”服务专区,实现企业营业所需的营业执照、数字证书、税控盘、发票以及企业公章、法人章、发票专用章、财务专用章等“一窗发放”,实现新办企业注册登记、税务发票申领、公章刻制等业务的集中办理时间缩减至1天以内。四是开展区自建事项的统一物流包邮配置工作,推动窗口审批事项纳入市“一网通办”物流总平台。五是完成“一网通办”效能展示,运用动态图表、模型演示等方式,对“一网通办”70余项关键数据进行可视化展示,真实、直观、清晰地展现静安区“一网通办”总体建设成效,促进全区“一网通办”效能提升。六是对开办企业的各种业态、场景、情形进行梳理,研究开发“智能导引服务系统”,已有食品流通经营许可等8个事项27个业态63种办事场景为办事人提供企业开业智能导引服务。七是做好区自建系统升级改造,完成系统整体架构及网络拓扑梳理,优化服务器应用部署,实现原网厅内容的下线迁移,确保升级后的系统高效运行,并配合开展“拓展一网通办政务服务事项范围”工作中系统接入相关工作,进行标准化办理流程技术配置,实现事项的有效接入,完成81项权力事项接入工作,128项公共服务事项拓展接入,增加好差评、无障碍浏览等功能,为静安频道所有分栏目添加简介导航。

【公共数据资源开放】为进一步深化推进公共数据资源向社会开放工作,静安区科学技术委员会(以下简称“区科委”)联合区政务数据中心,依据各部门申报的公共数据开放清单目录,并征询各部门意见后,梳理了共计50项开放数据目录,编制完成静安区2019年度数据资源开放目录清单。

【政务数据资源平台建设】启动政务数据资源管理平台建设,该平台是面向政府部门提供政务数据资源的共享平台,通过对数据采集汇聚、管理整合、共享利用,实现政府数据资产的“可见”“可查”“可管”“可控”“可用”,提高政府信息资产管理手段,提升政务信息资源的价值,为“国际静安、智慧城区”的信息化建设夯实基础。平台主要包括:政务数据资源目录管理系统、政务数据交换系统、政务数据资源管理系统、政务数据资源共享门户等六个部分,可为全区政府部门提供公共的数据共享渠道,横向与区各委办局应用系统对接,纵向与上海市大数据中心数据交换平台对接,向下与街镇相关系统对接,实现系统整合、数据打通,可提供各类数据应用服务,灵活地为政府领导及各政务部门提供所需数据,推动全区“一网通办”改革,加快提升政务服务水平。平台已汇聚了市人口库、市法人库、办件库三大库的数据落地工作,已录入 56 家单位 96 个信息系统的 1 777 条目录,40 个部门 68 个系统完成数据归集,共归集数据 8 087 万余条;区文化旅游局、区发展改革委、区生态环境局、区市场监管局等 6 家单位通过平台,累计交换共享数据 4 000 余万条;已交换 400 余万条“151”项目(大数据与城市精细化管理(静安)项目)的感知数据至市平台;推动数据资源平台市、区级联,7 月初,市大数据中心正式启动了市、区两级数据共享平台的级联推进工作,静安区作为试点区,于 9 月底成为全市第一家完成与市数据共享交换平台级联工作的区。

【静安“AI 政务”场景建设】 2019 年 4 月,静安区政务数据管理中心的“AI 政务”场景被正式确定为“上海市首批人工智能试点应用场景”项目,并参展 2019 年世界人工智能大会。项目依托区人口库、区法人库及区内各部门的各类政务数据以及第三方商业、LBS 等数据,结合大规模分布式存储和计算、数据分析和人工智能等技术,构建智能业务模型,对数据进行分析、挖掘和利用,开发满足共性业务功能需求的智能模块,实现多种业务功能,解决当前区内公共政策制定机构在规划、监管、招商等日常工作中遇到的痛点问题,为人口预测提供数据与科学支撑,为规划决策提供模型与推演、评估的支撑,为监管执法提供主动观察的渠道,并提供区内事件的快速获取与预警,最终建成高效、智能的智能业务中台。项目建成后,静安区将初步形成以“一云一平台”为基础,以“政务大脑”为中枢,支撑和赋能各领域业务系统的静安“城市大脑”架构雏形。项目已完成智能人口预测、智能规划、智能营商、智能监管等五大能力层构建,内容涉及规划、教育、招商、产业、文旅、市场监管等领域,并为区发展改革委、区商务委、区市场监管局等分别搭建共计 43 个业务场景。

【电子政务系统部署上云】 2019 年 3 月,静安区电子政务云正式通过三级等保测评。5月，根据《上海市公共数据和“一网通办”管理办法》中关于由区级财政资金建设或运维的非涉密信息系统要做到100%部署(迁移)上云的要求，静安区对存量信息系统进行调研梳理，6月底正式下发《2019年全区存量信息系统上云计划》至各相关单位进行确认，并按计划分批进行迁移，全区共有56个部门145个应用系统迁移或部署上云。同时做好云上系统漏洞及弱密码扫描工作，督促各部门及时做好相关软件升级、弱密码更改等整改工作，对于不重视、不及时整改的部门，关闭其对系统远程维护的功能，直至完成整改后再开通。6月，静安区开展政务云机房应急演练，模拟西康路机房、大统路机房与政务云机房间物理链路分别中断一根，在聚合情况下仍然保持数据通信。通过此次演练，验证了政务云机房政务网实现双链路的自动切换。9月，参与为期两周的市、区两级电子政务云“护网2019”攻防演练工作，整个演练期间，静安区政务云平台上各业务系统安全稳定运行。

【“上海静安”融媒体客户端和微信公众号建设】2019年，静安区推进便民服务渠道整合，探索“媒体+政务”“媒体+服务”等运行模式，从新闻宣传向公共服务领域拓展，努力实现“引导群众、服务群众”的工作目标，让市民在“上海静安”上即可完成生活缴费、获取政务服务、事务中心远程办事、场馆活动预约等实用功能，以技术手段实现多项便民功能，为静安区居民和用户提供了一个线上一站式服务窗口。在内容服务方面，全面整合静安报、静安有线、静安新媒体，汇聚静安全媒体矩阵，为用户提供权威及时的新闻资讯、精品优质的专题产品；在服务功能方面，联动区域资源，网罗“医食住行文体娱游购学”，为用户提供掌上便民直通车；在政务服务上，覆盖信息公开、政务信息查询、一网通办、网上信访等功能，在此基础上，整合接入市、区两级相关部门如生活服务、交通出行、文化体育场馆预约、社区事务受理、预约就医等特色服务功能，可实现的服务功能超过44项。

【区级政务系统和数据整合】2019年，静安区通过完善制度建设、基础设施共建、强化区级资源统筹等措施加大整合力度，一是重新补充、修改、完善《静安区政府投资信息化项目管理实施细则》并发文，为系统整合工作提供制度支撑。二是对区信息化项目进行梳理，并从项目评审、审核、立项等环节加强推进整合工作，2019年整合归并了15个部门、25个信息化项目。三是支持政务数据资源的整合共享，原则上非涉密信息系统要依托区电子政务云进行建设和部署，各项目建设单位向区政务数据资源管理平台提供数据目录、进行数据归集、共享和开放数据，并将上云和目录梳理、数据归集以及对目录和数据的及时维护列入运行维护项目申报条件，对于应该上云而不上云或没有进行数据目录梳理及数据归集的项目原则上不予受理。

【区电子印章应用推进】 为全面了解掌握静安区各相关部门电子印章的需求和使用情况，根据市经济信息化委《2019年各区需推进的电子印章全面应用的100项区级事项》要求，静安区编制了《静安区电子印章推进计划表》，请全区20个涉及部门逐一填写核对，根据部门核查报送统计情况，静安区共涉及92项相关区级事项，全区电子印章需求数为97个，并采用在区政务云上进行电子印章签章服务资源部署的方式。

【电子证照系统建设应用】 2019年，静安区对高频电子证照开展场景授权，推动电子证照库的线下对接。企业在“一口式”窗口、建设综合窗口等窗口办理业务时，可通过电子证照信息平台直接调取，实现证照核验和免交。市电子证照调用接口在2019年年初上线、年中升级，中心均及时完成大厅所有窗口软件更新。可用电子证照涉及22个部门292个事项，全区统计口径内电子证照使用量共9万余件。

【法人网上身份认证推进】 2019年，静安区实施法人网上身份统一认证，可实现各部门业务系统数字证书互认，为各类法人在不同政府部门、不同业务系统在线办事提供统一数字认证服务，全面推行“一证通用”。全区26个部门786个行政许可办理事项可通过“市统一身份认证平台”实现身份认证，进行在线办理，已有3 700余家企业采用“法人一证通”进行法人认证。

【政务网络和机房安全运行保障】 根据“一网通办”、防汛防台等重要业务网络保障的要求，2019年，静安区加强机房日常值班和节假日应急值守，提高网络运行保障能力。一是制定并明确区中心机房网络故障事件优先级分类及报告、处置流程，印发《机房网络故障事件优先级分类及报告处置流程》并抄送相关部门。二是联合开展应急演练，分别完成西康路机房、大统路机房至市政务外网的光纤双链路切换实战演练以及区内两个中心机房到政务云双链路网络切换实战演练。三是印发《关于进一步做好政务网安全及运行保障的通知》，落实并明确各部门网络维护安全责任，建立“各司其职、分工协作”的政务网运行维护机制。四是加强网络机房的日常值班监控和运行情况分析，实行24小时机房值班，落实机房人员进出登记、设备进出登记、机房定期巡视、故障报告等日常制度，每季度进行政务网运行情况分析，全面梳理故障原因，落实网络日常监控及运行维护制度，确保安全措施落实到位。

二、社会领域信息化

【"静安市民云及静安智慧社区"平台推广应用】2019年,"静安市民云及静安智慧社区"平台采用服务汇聚多端展现的方式,不断优化功能,深入推广应用,为静安区14个街镇的市民及社区办事机构提供服务,入驻社区新增人数10万余人,累计入驻人数63万余人。一是提供个人信息订阅服务,已能够为市民提供养老金、公积金、医保金、健康档案、交通违法单、自来水费账单、电费账单、燃气费账单、年度纳税清单、个人信用报告等十几项个人信息订阅服务。二是汇集政府办事、出入境网上预约办理、城市快速路况查询、交通卡查询、房产税查询等市级公共服务326项。三是具有生活和违法缴费功能,能够为市民提供自来水费账单、电费账单、燃气费账单、交通违法账单的在线缴费。四是为市民提供静安智慧社区特色服务,包括但不限于"静安新闻""静安菜价""文化活动"、静安便民地图、中心服务介绍及预约等静安特色便民服务。五是为各街道(镇)的服务机构提供机构服务商账号,可以登陆平台发布社区消息、服务资源,并开通服务项目预约功能,服务机构可通过云账号查看和处理用户预约。六是为各街镇提供平台代运营服务,围绕智慧社区建设总技术平台提供使用培训、预约代接单处理、社区信息代发布、居民宣传发动、用户咨询代处理、活动开展执行等代运营服务,公告发布数据5 000余条,线上活动推送(各街道服务机构每月活动排片表、单项活动预告)宣传共计1 000余篇,2019年度街镇、社区服务机构共计52家开通线上预约,可预约报名的活动近700场。

【智慧停车相关系统建设】2019年,静安区建设停车管理企业综合化管理系统,实现停车服务流程全信息跟踪及停车收费电子化,促进停车管理企业提高管理水平和服务质量,为停车人提供更加便捷的泊位查询、定位导航、费用支付等服务,减少停车管理员的无效工作时长,推进停车服务质量的提升。配套为静安区道路路侧停车场库泊位建设地磁检测器、地磁调试套件、物联网数据卡、地磁服务平台等,实现泊位停车实时动态信息采集和传输。

【智慧健康系统整合升级】2019年,开展"健康静安"微信平台升级改造,全面整合静安区线上线下医疗健康服务资源,完善"移动家庭医生"APP,扩大"健康静安”微信平台的服务和覆盖人群，为全静安居民提供一站式、便捷、专业、智能的服务，同时提升分级诊疗协同能力，加强转诊转检服务，保障分级诊疗落地和执行。区域前置审方系统，通过借助信息化手段实现对处方进行自动审核，所有医生开具处方需经系统或药师审核合理后方可开出交费，提升审核工作效率，避免收费后发现问题让患者往返收费处及诊室导致患者就医体验不佳。公共卫生深化扩展项目，以静安区现有公共卫生信息化建设为基础，完善区级生产性信息系统对公共卫生业务的支撑，扩展充实区居民“从出生到死亡”的健康信息，构建“预防、治疗、健康管理”融合发展的慢性病防控机制及“医院数据推送、疾控业务管理、社区随访干预”业务协同的信息化应用模式。

【“健康静安”微信平台服务】 为整合区域资源，避免医疗机构各自为政，静安区统一建设面向居民的“健康静安”微信平台，以用户体验为中心，围绕居民反映突出的看病就医难题，着力提升就医服务体验。“健康静安”微信平台已实现以下功能：一是通过在线预约、实时取号、候诊状态查询、医疗费用在线支付、检验检查报告查询、个人健康档案综合查询、中医服务等功能，实现诊前、诊中、诊后的全流程服务。二是提供智能导诊服务。三是建立居民与家庭医生的亲密联系，实现24小时在线咨询。四是配合上海市社区卫生服务综合改革，通过“移动签约”服务，居民可自由选择心仪的医生作为家庭医生，通过“延伸处方查询”功能，可实现处方配送信息、处方记录、处方用量用法等信息一目了然。五是通过设立亲情账户，可将家中老人及小孩加入关联账户，轻松管理家庭成员的健康信息。六是通过计划免疫板块，可满足幼儿家长对疫苗信息公开的要求。七是可查阅个人健康档案详情。八是推出“敬老模式”，为老年人设计了更大号的字体、更简洁的菜单，极大方便了老年人。

【养老机构统一管理平台打造】 2019年，静安区打造集管理、统计、申请于一体的养老机构统一管理平台。通过这个平台，养老机构可进行入住老人、从业人员、床位等信息的管理、分析，提交补贴申请。同时该平台还与上海市养老机构日常管理系统、上海市养老服务平台、静安区综合为老服务平台、静安区机构监管系统对接，真正做到“一次录入，系统共享”，极大减轻了养老机构的人力和时间成本。

【智慧菜市场建设】 一是建立菜市场业务运营平台和数据运营平台，通过引入亚细亚、淘菜猫智慧零售云 SaaS 等管理系统，提供菜市场移动端和 PC 端的商户运营管理系统，为进销存管理、自运营管理和财务管理提供技术支撑，有效提升菜市场精细化运营能力。二是利用APP、微商城、微信公众号等线上线下结合的模式，让消费者可直接畅通地查询产地追溯查询，了解产品目录、价格变动等各类信息，享受企业提供的优惠，还可获得食品安全等知识。三是完善各类系统对接，平台不仅与市级食品安全平台数据无缝对接，还建设了四个中心食安实验室，每日对市场八大类主、副食品进行抽检，实现与追溯子系统对接，在菜市场直接公布当日检测信息，让消费者明白消费，让商家接受公众监督。

【静安智慧文旅服务平台升级】 2019年，静安智慧文旅服务平台升级，向市民提供在线投票、抢票预约、文化日历、场馆预约等丰富多元的公共文化服务；增设“智游静安”栏目，让用户通过手机就能浏览静安 VR 全景展示，在线查询热门景点实时客流数据，方便错峰出行；通过重大活动板块，将区域内文旅相关重大活动、热门活动的信息以多种方式呈现给广大市民。

【智慧社区平台打造】 依托“市民云”建设，静安区打造面向社区居民智能化、一体化的信息服务平台，提升政府整体公共服务能力。静安区 14 个街道均开设了预约，包括办事、文化、生活、综治、党员等服务分类，其中 36 家服务机构开通了预约服务，可办理事项达 134 项，形成“云”+“端”的一体化服务模式，提升了政府整体公共服务能力。

【“乐龄一卡通”项目】 通过一张关联个人信息的“乐龄一卡通”，每月将政府补贴资金打入卡内，服务对象可在与政府签订第三方服务协议的商户名录内，自行选择服务项目。项目管理机构与签约商户以电子交易数据为依据定期结算费用，资金使用全程可跟踪、可追溯。该项目在静安区江宁路街道、南京西路街道、共和新路街道、大宁街道推广使用，已为 5 081 名老人办理了“乐龄一卡通”。

三、 城市建设管理领域信息化

【大数据与城市精细化管理(静安)项目推进】 2019 年，大数据与城市精细化管理(静安)项目(“151 项目”)在“一域、一路、一园、一站”先行试点的基础上，在全区全面开始建设，已完成 4.3 万个感知设备的部署，在交通、健康医疗、食品安全、环保、公共设施五大领域形成 21 个应用场景。同时，对《上海大数据应用创新工程项目数据及服务购买建设方案》和《静安城市智能综合运营管理平台项目可行性研究报告》进行价格评估以及技术评审，明确建设目标、方向、内容和预期效益。“151 项目”构建了区级、区域（跨行政辖区）、社区三类维度的城市智能综合运营管理平台（CIIMC），基本实现对静安城市管理领域的全面感知、快速响应、应急联动，逐步将静安打造成能够自我调节、动态反馈城市脉动的智慧城区。在西班牙巴塞罗那举行的2019 全球智慧城市大会上，“151 项目”获得中国区域“城市精细化治理奖”。全球智慧城市大会首席执行官乌戈·瓦伦蒂表示，上海智慧城市建设非常领先，是智慧城市全球标杆性的城市，上海静安作为智慧城市示范标杆区域引领了全球很多智慧城市建设。

【城市综合管理区和街镇信息化平台试点建设】2019 年，静安区城运中心和市住建委深度合作，作为全市唯一试点区，具体承接市住建委牵头建设的城市综合管理信息化平台中的区级、街镇级平台的试点建设任务。平台于 6 月底完成区级版本上线运行、9 月初完成街镇版开发调试。区级基础版主要围绕城市建设和公共管理领域，设置了指挥体系、管理要素、专项管理、重点区域、综合运用、城市运维等基本板块。城市部件基础信息、部分公共管理基础数据、GIS 地图系统、智慧公安部分监控信息、雪亮工程视频信号等已经接入；“151”项目部署的神经元在线监测及“一域一路一园一站”等 4 个试点区域界面已接入并可同步展示；市精细化管理涉及的违法建筑治理、深基坑安全监管、玻璃幕墙安全监管、历史建筑保护监管、架空线入地监管、群租综合治理、修缮工程管理、燃气供应监管 8 个应用场景的区级界面也已接入并可进行动态数据的实时监控；110、119 等公共安全领域的动态数据，垃圾分类等热点问题，区政府实事工程，重大工程的实施进度等均可定期更新。

【司法行政指挥中心建设】通过建设司法行政指挥中心，静安区司法局能够接收街镇司法所、区直属司法行政单位上报的要请信息，向市司法局上报要请信息，对全区相关舆情进行监控，并可对直属单位重点区域、教育矫治场所、人民调解现场、法律服务场所进行日常监管。同时接收街镇司法所、区直属司法行政单位上报的突发事件，通过音视频等方式对突发事件进行应急指挥。

【社区矫正远程视频督察系统建设】通过建设社区矫正远程视频督察系统，可对全区社区矫正音视频资源进行统一接入与联网管理，综合利用监控探头、执法仪、服刑人员手机等多种视频输入设备，实现社区矫正业务的全方位视频监控，建设人证比对终端，对服刑人员进行人证合一检测设施建设，形成纵向贯通、全面覆盖、安全可控的社区矫正远程视频督察应用体系。

【彭浦新村街道全要素精细化管理智能平台建设】建设彭浦新村街道全要素精细化管理智能平台旨在构建彭浦新村街道的全要素精细化管理数据库，从而整合区政务数据中心人口库、法人库以及条线部门业务系统的权威数据和街道居委日常采集的事实数据，支撑街道的全要素精细化管理体系，实现基础信息管理、商户业务、居委业务、党建业务、问题发现处置流程等彭浦新村街道的特色功能模块运行。

【智慧公安项目建设】2019 年，静安区推进智慧公安项目建设。包括建设高空全景监控系统，即在静安寺、上海展览中心等 7 处重点目标新建高空全景摄像机，获取监控点全景视频，实现整体大范围监控，又可兼顾局部细节联动，结合后端应用平台，有效提高实战效率；开展市域卡口建设(二期)项目，在静安区重点区域增设 449 台人脸抓拍机，并根据前端点位数量对中心人脸人体特征值提取设备、特征值存储设备、图片存储设备进行扩容；建设人脸比对行人闯红灯交管系统，借助信息化手段解决了行人、非机动车违法整治人力不足、执法不严的问题；建设智能图像识别(三期)项目，进一步扩大人像抓拍设备的布设密度，提升区内智能摄像机的占比，从现在的区与区所有通道人像卡口包围，扩大到区内各个派出边界所有通道人像卡口包围，形成全区范围内派出所之间人像卡口包围圈。

【区城市网格化综合管理信息系统市容绿化分平台建设】静安区城市网格化综合管理信息系统市容绿化分平台建立起市、区、街镇三级绿化市容处置渠道，加强专业网格化管理，整合绿化市容行业内的问题发现渠道，将来自不同渠道的信息汇集在一个平台，通过工单派送系统实现工单派送至街道派出机构和局下属承办单位，加强对行业下各单位的数据分析，通过大屏显示系统和视频管理系统接入公安视频资源进行视频巡逻，为市容环卫作业考核、问题自主发现、作业处置复核以及重大活动保障提供必要的支撑。

【环保监管系统平台建设】为加强区域水、大气污染防治工作，提高环境质量监控、污染源在线监管能效，静安区推进建设环境空气质量自动监控、油烟及扬尘在线监测、河道水质量自动监测等系统平台，通过加强探索创新，利用物联网、GIS 等技术，将环境空气质量、河道水环境质量、餐饮油烟、工地扬尘等各个指标监测数据进行集聚、分析、汇总、展示，为有针对性地制定污染控制措施、及时发出警报、采取有效限制措施等一系列决策提供科学依据，最终实现区域环境质量和污染监管的有效管理。

【水质自动监测全覆盖】根据水质考核监测计划和河长制办公室的全河湖监测要求，静安区对8条河道10个断面的常规水质进行监测，客观获取全区河道水环境质量及时空分布状况与特征。地表水水质常规监测项目共25个，其中重点监测项目12个。建成8个水质自动监测站并投入运行，实现河道水质自动监测全覆盖，逐步建立静安区地表水环境预警监测与评估体系。2019年，静安区6个地表水环境质量考核断面中达标断面数为6个，其中，江场河—江场西路1550号、中扬湖—中扬湖桥和徐家宅河—徐家宅河桥考核断面达到Ⅱ类水质，夏长浦—物华苑桥断面达到Ⅲ类水质，彭越浦—汶水路桥断面和走马塘—共河新路桥断面达到Ⅳ类水质。

四、信息产业发展

【国家大数据产业示范基地建设】2019年，依托静安区大数据、云计算、人工智能以及工业互联网、智能制造产业基础，静安区围绕国家大数据产业基地质量评价相关要求，扎实推进国家大数据产业基地（大数据·上海静安区）建设，对照工信部考核目标，完成2019年度国家新型工业化示范基地质量评价工作。

【区大数据企业评估服务】2019年，静安区细化完善评估办法，开展第二批静安区大数据企业评估，对申报的49家企业完成评估。经过组织部门会商，报送区投连会审议，认定盛世大联保险代理股份有限公司等36家企业为静安区重点大数据企业。推荐6个案例申报入选2018年上海市大数据典型案例集；推荐9家企业申报入选2019年上海市大数据服务商；推荐上海浪潮云计算服务有限公司入选上海市工业互联网云服务专业服务商。

【上海—亚马逊AWS联合创新中心运营主体筹建】2019年，静安区推进上海—亚马逊AWS联合创新中心运营主体筹建，中心智慧城市创新实践体验展厅投入运行。利用亚马逊AWS的全球影响力和国际化的应用创新成果，推动国际优质创新资源集聚静安，已完成喜罗亚（上海）电子商务有限公司、canvas等多家国内外初创企业的入驻申请；在AWS Summit全国峰会上专场展示上海—亚马逊AWS联合创新中心，宣传优质品牌概念，展示入驻企业成果；开展云创技术培训，完成AWS提供全套培训课程与资格认证的流程，为入驻入孵企业提供AWS云计算人才培训124人次；持续推进创新企业、创新团队招募，入孵入驻、技术赋能企业及项目80余个。

【创新企业和项目培育孵化】2019年，发挥中航联创上海创新中心创新平台优势，加快创新企业和项目的培育孵化，增强创新策源能力。开展项目辅导、资本对接等活动，为企业或创业团队提供创新创业服务。中心对接上海托华机器人有限公司、上海美吉医学检验有限公司、视缘（上海）智能科技有限公司、上海孚清生物科技有限公司、上海慈瑞医药科技股份有限公司等企业35家，与上海瀛太信息科技有限公司、商业航天领域芯片集成项目团队等企业达成项目合作意向4个，先后组织“链创中国”、专业3D－VR医疗影像显示技术、汽车装备设计智能平台等项目路演活动4次，为创新创业项目的品牌宣传、市场推广、资源对接等提供平台。

【大数据公共服务平台打造】2019年，静安区围绕产业技术研发、成果转移转化、重点行业应用、创新创业服务等环节，打造大数据综合性、资源整合型公共服务平台。由静安区大数据龙头企业上海数据交易中心牵头，联合复旦大学、中国互联网络信息中心、浪潮集团等单位承担建设的大数据流通与交易技术国家工程实验室挂牌成立。同时挂牌成立的还有大数据应用创新研究中心（大数据应用研究院）。上海大数据应用展示中心已初步覆盖城市管理、商业、双创、环境保护、交通、医疗等十大行业领域，展示包括大数据与城市生态环境综合治理、大数据与交通治理、大数据与美丽城区、大数据与智慧商圈等在内的智慧城市管理案例。同时，上海大数据联盟静安服务中心正式运营，上海市北高新美国创新中心在硅谷正式揭牌成立。

【市北园区人工智能体验展示和应用推广】2019年，市北园区建设了市北高新企业AI体验馆，首创“数据智能产业链图谱”，集中展示园区在数据采集、数据分析、数据应用、数据服务全产业链的技术成果，包括交通大数据应用、政务大数据应用、旅游大数据应用、能源管理大数据应用、8K高清影像大数据处理应用等。此外，园区大数据场景还优先应用到“151”项目，搭建以“大数据＋物联网＋BIM＋GIS”为核心技术的市北高新智慧园区管理平台，向数据可视化、技术高端化、运行科学化、管理精细化不断升级，为全市乃至全国产业园区精细化管理输出“市北样本”。

五、信息基础设施建设

【5G网络建设和应用创新】 为进一步落实《上海市人民政府关于加快推进本市5G网络建设和应用的实施意见》精神，静安区加快推进5G网络建设和应用创新。2019年，静安区5G基站建设数量为650个，并在医疗、高清视频、电竞等产业开展应用推进。一是上海市第十人民医院与上海移动正式签署战略合作协议。由第十人民医院、同济大学医学院超声医学研究所与上海移动共同组建5G超声联合创新实验室。十院门诊楼甲状腺中心超声介入手术室、神经外科重症病房以及远程超声会诊工作室均已完成5G新型室分系统的覆盖建设，5G实时超声介入手术指导、5G移动超声远程会诊、异地远程超声直连会诊实景、5G远程机器人实验场景等多个5G环境下的智慧医疗应用在第十人民医院落地。二是上海市超高清视频产业市北高新示范基地揭牌。市北高新集团与上海移动签订《新一代信息基础设施与5G创新应用示范园区建设合作框架协议》，通过整合8K和5G等先进技术，推动上海乃至全国超高清视频产业高速发展。三是结合静安区电竞产业发展规划，将“5G+电竞”列入5G场景应用。通过“5G+VR/AR”新媒体直播，上海联通助力2019年11月的电竞大师杯，通过5G进行全球高清直播，体现静安区良好的电竞氛围；同时与电竞吧合作，实现有限5G网络覆盖，为年轻消费者提供5G网络环境体验，推动游戏产业往云游戏方向发展。四是合作开展静安区和宁“5G助力精准扶贫”智慧菜场项目，利用“5G+VR”等技术，为上海市精准扶贫展示中心设计规划信息化场景，响应民生需求。

【物联感知网络建设和应用服务创新】 在上海市“物联、数联、智联”三位一体新型城域物联专网建设引领下，静安区通过物联网神经元建设与应用服务创新，形成了“基础网络—数据资源—平台应用”自下而上的城市精细化管理体系。通过打造“状态精准感知、数据实时分析、态势智能预测、运行精准决策”的城市事件闭环服务架构，基本实现了静安全区城市管理和社会治理各领域的一网统管、三源融合、一览预测、一屏通观，使静安区精细化管理延伸到城区各个“神经末梢”，覆盖面更广，处置和管理成效更高。通过“151”项目，静安区前端已部署4.3万个感知设备，涉及21个应用场景，分别为：商业街乱穿马路报警、重点人群电子围栏、食品加工环节管理、河道水质管理、道路扬尘、温湿度管理、智能井盖(开关水位)、道路积水监测、无线烟感和温感、垃圾满溢监测、消防管线水压管理、消防水泵水压管理、消防通道占用管理、电梯运行管理、居民用电安全管理、水箱水盖管理、单元门洞门磁管理、志愿者和工作人员管理、电箱门磁管理、扫码开门、垃圾厢房值守管理和室内环境(温湿度、热成像)管理。

六、信息化环境建设

【大数据产业会议组织】 2019年,静安区组织举办2019上海静安国际大数据论坛,以“数智融合　驱动未来”为主题,来自政府、产业、高校、科研单位以及行业机构的500余位专家和学者出席,共同探讨大数据、人工智能相融合等话题。此外,举办了2019上海开放数据创新应用(SODA)大赛、2019区块链全球生态大会、2019长三角软件园协同创新发展高峰论坛、2019第六届中国餐饮大数据应用峰会、“8K+5G+AI技术”高峰论坛等多场大数据相关行业交流和论坛活动,营造大数据创新发展氛围,提升静安大数据产业基地品牌影响力。

【5G知识和应用宣传】 为提升5G社会影响力和居民感知,静安区科委充分利用区域内运营商资源,广泛宣传5G科普知识和示范应用。2019年4月,区科委组织“5G建设与应用”主题讲座,邀请专业人士结合5G知识普及,介绍全市及静安区5G建设情况和应用场景,区科委全体人员及区域化党建单位代表参加学习;6月,静安区5G网络开通仪式暨“极速双千兆·全球第一城”5G宣传体验活动在静安公园举办。活动现场设置了舞台展示区、互动科普区、招募登记区,安排了丰富的5G产品展示和体验答题环节,让广大市民切实感受到5G的魅力;7月,静安区宝山路街道和芷江西路街道举办了两场庆祝建党98周年主题公益活动。区科委与运营商共同参与,为社区居民现场提供5G科普宣传、电磁辐射科普宣传、电信业务咨询以及5G友好客户招募;11月,结合2019年度智慧城市宣传周,在大宁街道商务楼宇和居民区开展“5G+智慧城市”建设应用宣传。

【网络安全教育和保障】 一是加强网络安全保障,在全区下发《关于规范属地单位域名管理的通知》,要求各单位落实主管责任,对本单位及下属单位的域名开展自查排摸清理,对不再使用的域名及时予以注销，对长期使用的域名及时续费，明确域名管理的责任人，严格防止违法违规信息传播情况发生；召开2019年关键信息基础设施网络安全检查工作动员部署暨专项培训会，明确网络安全检查的主要内容和填报要求，共梳理上报23个关键信息基础设施；做好全市“护网2019”网络攻防演练，要求区政务云上各信息系统所在单位落实安全防护责任，积极整改漏洞，做好工作值守和应急响应；做好国庆70周年网络安全保障工作，加强安全防范和应急值守。二是加强网络安全执法检查，召开2019年全区网络安全执法检查专项行动部署动员会，制定静安区工作方案，并对辖区90多家党政机关、事业单位开展现场网络安全执法检查，开具整改通知书49份；对静安寺、火车站、长途客运站等重要区域显示屏进行现场检查；排查梳理辖区300余家涉网企业，要求企业落实公安备案、开展网站安全评估工作，并对检查中发现的问题分别进行了责令限期整改、行政处罚和停机整顿。三是加强网络安全宣传教育，组织开展全区网络安全宣传周活动，在全区举办各类活动190场次，线下活动覆盖人数2.5万余人，发放宣传海报、宣传册、宣传页等各类宣传资料47.3万份；在“Hi静安”抖音账号发布3支原创网络安全主题短视频，点击量总计4.6万以上，点赞量总计2.2万以上；在“上海静安”政务微信上策划制作网络安全闯关赛互动答题H5，阅读量9.2万以上，参与人次28万以上；通过基层宣讲、主题活动、线上答题等各种载体及活动，全力推进网络安全宣传进机关、进社区、进校园、进企业、进楼宇、进园区、进商圈。

【2019静安智慧城市体验周举办】2019年，静安区“智能互联，未来已来”主题活动于12月5日与上海智慧城市体验周活动同步进行。静安区根据市经济信息化委统一部署，结合静安智慧城市建设，通过走进珠江创意中心科技产业园、大宁路街道芷江西路街道，组织社区干部、市民参观市北高新企业AI体验馆和5G全球创新港，宣传静安区智慧城市、智慧生活、物联网和大数据等亮点特色，让市民体会智慧物联网时代带来的各种便利，提升市民对未来5G发展的认知度和感受度，活动有1 000余人参加。

（王述之）

第六章　普陀区信息化建设

概　述

2019年，普陀区信息化工作围绕“一轴两翼”功能布局，聚焦“科创驱动转型实践区、宜居宜创宜业生态区”建设目标，以《普陀区智慧城市建设“十三五”规划(2016—2020)》为顶层设计，以新一代信息技术创新应用为核心，以“互联网+”思维为驱动，以信息资源横向整合和共享为重点，以公共服务云平台建设为突破，围绕经济产业、城市运行、社会民生、政府行政等领域，构建一体化信息基础设施、一体化基础数据中心、一体化交互应用平台“三位一体”的智慧城市顶层设计框架体系，打破部门行政壁垒，提高政府行政效能，实现资源共享，切实推动普陀区政府服务管理取得新突破。

在政务领域信息化方面，全面推进政务信息系统整合共享工作，进一步完善公共数据开放与共享机制；落实电子印章制作和“一网通办”电子印章应用；建成区电子政务云基础平台并启动系统上云。

在社会领域信息化方面，根据普陀区智慧城市建设“十三五”规划明确的建设内容，围绕智慧养老、智慧教育、智慧健康、智慧文化、智慧体育、智慧就业和智慧档案等多个领域，全面推广社会领域示范应用。

在城市建设管理领域信息化方面，依托“智联普陀”整体框架，借助信息化、智慧化手段，在垃圾管理、城市综合管理、地下空间管理、雪亮工程等多个城市治理领域开展各类智慧应用。

在信息产业发展方面，提出重点培育智能软件、研发服务、科技金融三大产业，打造普陀区产业创新中心，集中展示全区三大重点培育产业发展成果；重点围绕智能制造、机器人和网络游戏产业开展定向支持；全力推进中以(上海)创新园建设。

在信息基础设施建设方面，全面开展5G专网规模部署，完成全区5G室外信号初步覆盖；加快推进光纤专网建设，进一步加强全区政务骨干光纤网络集约化建设；持续优化全区新型城域物联专网覆盖优化工作；持续推进区政府公共场所及居委会无线网络覆盖。

在信息化环境建设方面，建立5G示范区建设、社区智能安防建设等各类区专项工作小组；开展智慧城市建设"十四五"发展规划前期课题研究；夯实信息化建设项目管理机制；进一步健全完善信息化人才政策；组织形式多样的培训和主题交流活动；加大全区网络安全执法检查力度。

一、政务领域信息化

【"一网通办"建设落地】一是加快"无差别综合窗口"建设。2019年，普陀区开发了"无差别综合窗口"管理系统平台，形成窗口受理无差别、线上线下无差别、办事服务无差别的综合业务受理模式。二是为受办分离开发了标准化业务库、前后台流转通道、前后台呼叫相应、电子证照调用支持、审批业务办结、审批效能监察等功能模块。三是大力推广电子证照应用，力推"一网通办"随身办APP实名认证、用户二维码亮证扫码的方式调用电子证照，在叫号阶段使用二维码调取身份证，大大提升了调用数量。

【区电子印章应用】2019年，普陀区制定了区电子印章推进计划，计划推进15家单位共25个电子印章应用，同时全面推进电子印章制作和"一网通办"电子印章应用等。11月，完成区电子印章应用部署。截至2019年年底，在区行政服务中心"一网通办"业务工作中，区绿化市容局、区生态环境局和区体育局已通过区级电子证照系统实现电子印章的相关应用。

【区电子政务云基础平台建成】2019年，普陀区建成区电子政务云基础平台，CPU总规模2 000核，内存总规模8 000 GB，存储硬盘总规模400 TB，并开发完成与市电子政务云的技术对接接口，后续根据市大数据中心统一安排，实现与市电子政务云的数据对接。平台参照公安部信息安全等级保护2.0标准进行安全加固，并于2019年7月通过三级测评。截至2019年年底，已完成22家单位29个区级应用系统的资源发放，其中18个应用系统完成割接上线。

【区公务人员身份认证子平台建成应用】2019年，普陀区行政服务中心的“一网通办”系统，采用市级统一的自然人多源身份认证平台进行自然人认证，同时采用“法人一证通”进行法人认证。8月，完成区公务人员证书统一认证公共服务子平台，建立区数字证书发证系统，可实现统一身份认证，日后可为全区各部门应用系统提供数字证书、身份认定等相关服务。区民政局“社区治理云平台”系统已作为该平台试点使用单位。

二、社会领域信息化

【智慧养老应用推进】2019年，普陀区依托大数据中心平台，对全区社会福利院234张床位、各类传感器进行数据采集和分析，为24小时管理以及为住养老人实施更精准的护理服务提供数据支撑。并且，结合物联传感器、健康评估大数据系统、坪效数据，可提供功能空间配置优化方案服务；持续采集护理人员有效工作时间图谱，则可为福利院提供优化排班、增效数据等服务。

【智慧教育系统建设】普陀区已全面构建起快速响应的万兆双环骨干、千兆到校、百兆到桌面的裸光纤教育城域网，互联网出口带宽达到2.4 G，在区内中小学校教学及办公区域实现无线网络全覆盖。全区配备计算机总量达19 000台，所有学校均拥有一套设备先进的视频中心和演播室，建设了录播教学系统；每班装备一套多媒体教学系统。2019年，基于云计算、云数据和云服务的基础型区级数据中心“普陀教育云平台”已正式上线运营，初步实现了智能化的教务管理、资源管理和教学管理。

【智慧健康应用覆盖】2019年，普陀区聚焦重点项目，继续推进保障医疗数据互联和医疗服务覆盖。截至2019年年底，已建居民电子健康档案161万份，获得诊疗信息记录980 G、公共卫生信息记录261 G，居民建档率90%以上。2019年长寿、白玉、甘泉、桃浦第二社区卫生服务中心全面通过验收，达到上海市EHR电子健康档案应用水平五级，全区全部达标。普陀区中心医院、普陀区人民医院、普陀区利群医院3家综合性医院全面通过国家电子病历五级评审，普陀区妇婴保健院和普陀区中医医院通过国家电子病历四级评审。

【智慧文化资源服务】2019年，普陀区以盘活区域公共文旅资源，打通公共数字文化服务的"最后一公里"为目标，结合区域实际情况，开展"文化普陀云"三期建设，实现功能模块、用户体验、视觉设计的优化升级。2019 年，举办线上互联网影视峰会系列活动、云上苏州河文化艺术节，将线下节日延伸到线上，活动期间单日最高浏览量达 106 295 人次。

三、 城市建设管理领域信息化

【智联普陀城市大脑建设】 2019 年，普陀区继续推进"智联普陀城市大脑"平台 2.0 版本建设。一是优化投屏管理、PC 端应用、移动端 APP"三位一体"的管理体系，完成网格化处置、物联事件处置、物联传感器管理和决策辅助支撑等 16 个系统的开发建设，已开通账号 1 033 个，覆盖全区所有 10 个街镇、25 个片区、重点委办局以及街镇、居委和物业。二是继续推进全区神经元网络建设，2019 年区公安分局新增传感器 6 536 个，区城管执法局新增传感器 1 390 个、区绿化市容局新增传感器 6 539 个。截至 2019 年年底全区范围已部署近 11 万个物联传感器。三是创新基层治理机制，对全区 10 个街镇和 8 个重点部门的 46 类应用场景形成 34 项处置流程，形成覆盖区、街镇和片区的三级平台以及延伸至居委、物业的四级应用。

【社区智能安防建设】 一是成立由普陀区委、区政府领导牵头的专项领导小组，5 家职能部门分别与 10 个街镇结对共同推进项目建设工作。二是加强顶层设计，牵头部门多次赴各街镇开展实地调研，召开专题会议研究讨论，形成普陀区"智能安防"整体规划和各街镇一小区一方案个性化建设方案。三是创新智慧社区建设模式，制定发布《普陀区社区智能安防建设项目政府以奖代补实施细则》，即政府出资建设公共安全基础内容，通过以奖代补方式鼓励社会资本参与安防建设，后端平台系统已基本建设完毕并进入试运行阶段。

【食品安全智慧监管】 2019 年，普陀区继续在高风险食品生产企业、盒桶饭企业、中央厨房等企业的关键环节和重点领域推进"全球眼"项目。该项目已涵盖全区 19 家高风险食品生产经营企业，包括 3 家大型餐饮单位、4 家集体供餐单位、3 家中央厨房及 9 家食品生产企业。同时，开发了普陀区食品安全智慧监管 APP，并在 100 家单位试点运行后厨视频人工智能识别信息服务和"一码通"食品安全信息服务。

四、信息产业发展

【中以(上海)创新园开园暨第三届中以创新创业大赛总决赛启动】 2019年12月5日,中以(上海)创新园开园暨第三届中以创新创业大赛总决赛启动仪式在普陀桃浦智创城举行。上海市委书记李强出席仪式并宣布中以(上海)创新园开园。上海市委副书记、市长应勇致辞。科技部副部长黄卫、以色列创新署主席阿米·艾派博姆分别致辞,并共同启动第三届中以创新创业大赛总决赛。以色列驻上海总领事普若璞致辞。仪式由上海市委常委、副市长吴清主持。市领导诸葛宇杰、同济大学校长陈杰出席。为加快建设具有全球影响力的科技创新中心,构建中以双方多领域、多层次创新合作网络,在科技部的支持指导下,上海市与以色列创新署共建中以(上海)创新园,并于2019年5月落户普陀桃浦智创城。创新园已完成一期载体建设,具备企业入驻条件,首批20家中以创新企业、机构、项目已入驻园区。中以创新创业大赛是中以创新合作联委会机制下的唯一创业赛事平台,已成为以色列创新企业进驻中国市场的重要载体。第三届大赛聚焦生命科学、智能技术、清洁技术等领域,共吸引了中以两国600余家企业参赛、观摩。

【中以(上海)创新园建设】 一是探索搭建中以双向创新架构。在桃浦建设中以(上海)创新园,在以色列建设上海创新中心,服务双方协同创新研发,促进双向技术转化。二是参与制定专项政策,提出各类具体政策措施18条,其中涉及科创政策9条,分别从引进创新主体、功能平台、专业服务和鼓励创新创业创造、项目转化落地等9个方面给予政策支持。三是开展中以双边交流合作。促成2019第三届中以创新创业大赛总决赛落户普陀,9月在以色列特拉维夫举办初赛,12月在普陀举办总决赛,以“大赛+”的形式,举办INNOWEEK2019中以创新活动周,通过主题展览和合作论坛,展示和交流中以科技合作成果。四是筹建专家指导委员会,从人工智能与机器人、医疗健康与生命科学、互联网与信息技术(智能硬件)等产业领域选聘中以双方专家,并形成园区专委会议事规则,确保专家指导委员会高效运行。

【上海清华创新合作】 2019年8月31日,上海清华国际创新中心揭牌活动在普陀区举行,上海市委书记李强出席并讲话,上海市委副书记、市长应勇,清华大学校长邱勇为上海清华国际创新中心揭牌。上海市委常委、市委秘书长诸葛宇杰出席，上海市委常委、副市长吴清，清华大学副校长尤政为清华长三角区域发展研究中心揭牌。揭牌活动上还发布了“长三角云上科创”服务平台、清华大学创新领军工程博士长三角项目。

【专项资金支持重点领域企业】 2019年，普陀区重点围绕智能制造、机器人和网络游戏产业开展定向支持。3家企业获“2019年软件和集成电路产业发展专项资金”支持；11家企业认定为2019年区“互联网+”企业；指导23家企业申报2018至2019年度普陀区网络游戏产业发展专项；8家企业获“2019上海软件和信息技术服务业百强”称号、10家企业获“2019上海软件和信息技术服务业高成长百家”称号；波克科技股份有限公司上榜2019年中国互联网企业100强榜单，位列第49位；帮助6家企业落实软件和集成电路企业设计人员奖励；推荐6个项目申报“2019年度上海市工业互联网创新发展专项资金”，2个平台申报“2019年度上海市工业互联网平台和专业服务商推荐目录”。

五、信息基础设施建设

【5G示范区建设推进】 2019年，普陀区作为上海市5G应用示范区之一，遵循“网络先行、应用引导、产业聚集”三位一体的发展思路，推进5G网络规模部署集约化、5G应用场景示范集聚化，加快5G产业与区域重点产业的融合。一是形成整体建设实施方案，正式印发《普陀区5G+工控安全创新应用示范区建设实施方案》。二是抓紧开展基础网络建设，已基本实现区域室外5G基站全覆盖。全年累计开通5G逻辑基站706个，提前超额完成基站建设任务。三是以普陀区政府名义与上海铁塔、上海移动、上海电信、上海联通四家运营商分别签订5G战略合作框架协议，明确双方合作内容和任务分工。四是深入对接创新示范应用，结合产业发展重点，已累计形成11个领域共25项5G应用场景。

【“智联普陀”专网建设】 一是加快推进光纤专网建设。完成全部路面骨干线路建设，深入推进全区“最后一公里”接入工作，接入点位数量超过1 600处，提前完成所有小区社区智能安防配套接入工作。光纤专网已覆盖全区所有10个街镇、25个片区、重点委办局及所有社区单位，实现雪亮工程、智慧公安、智联普陀、智能安防、区政务外网、区核心环网的多网合一。

二是持续优化全区新型城域物联专网(广电 500 M 和 700 M 频段的 IoT 及 NGB－W),根据第三方技术测试评估结果,IoT 专网全区覆盖率达 97%,NGB－W 专网全区覆盖率达 96.84%,有效支撑"智联普陀城市大脑"应用的拓展和深化。

六、 信息化环境建设

【智慧城市建设"十四五"发展规划前期课题研究】 2019 年,普陀区开展智慧城市建设"十四五"发展规划前期课题研究,初步拟定"十四五"智慧城市建设发展思路,提出了信息基础设施提档升级、数字孪生城市建设、智慧城管建设、民生重点领域建设、网络安全重点保障五大类重点项目。

【信息化建设项目管理】 一是完成信息化项目管理办法修订,结合普陀区信息化建设工作实际修订形成《普陀区信息化项目建设管理办法》,并于 2019 年 11 月 29 日正式印发。二是根据区财政局中期预算调整工作要求,对 3 家单位申报的 5 个项目和区公安分局申报的智慧公安专项(共 14 个项目)开展信息化项目评审工作。三是根据区财政局 2020 年预算编制工作要求,对 10 家单位申报的 19 个项目开展信息化项目评审工作。

【2019 普陀"智造"大讲坛举行】 2019 年 11 月 22 日,"2019 上海智慧城市进万家"系列宣传活动暨普陀"智造"大讲坛活动在上海天地软件园举行。本次大讲坛聚焦工业互联网发展趋势、广泛应用、标识解析等热点内容,邀请政府部门代表、领域内专家对其深入解读。普陀区相关企业代表也发表主题演讲,充分展现普陀"智造"的创新能量。

【网络安全执法检查专项行动开展】 2019 年,普陀区开展全区网络安全执法检查专项行动,加强对区内制造业、工业互联网、生产性服务业企业的检查。8 月,区委网信办会同区大数据中心、区公安分局组成区专项工作组,开展 2019 年关键信息基础设施网络安全检查,梳理形成 2019 年区关键信息基础设施清单,包括区内 20 家单位共 27 个关键信息基础设施。同时,组织技术支撑队伍对其中的 17 个关键信息基础设施(包括 6 个网站类系统、11 个平台类系统)进行抽查。9 月,普陀区对区内重点网络系统运行单位开展国庆及进博会期间网络安全保障工作,从加强安全排查、落实安全制度、做好应急准备等方面进一步加强安全保障。

(施浥淳)

第七章　虹口区信息化建设

概　述

2019年，在上海新型智慧城市顶层设计和整体战略规划的指导下，虹口区委、区政府把推进智慧城市建设作为虹口创新驱动、转型发展的重要手段和覆盖现代化建设全局的战略举措，以政民应用需求为导向，践行创新、协调、绿色、开放、共享五大发展理念，以智慧生活、智慧经济、智慧城市管理、智慧政务、智慧产业为重点，以深化智慧应用为主线，建设智慧政务，进一步提升信息基础设施能级，鼓励跨界融合与共享协同，加强市区联动，扎实服务和推进政务服务“一网通办”、城市运行“一网统管”，全面赋能全区数字经济等工作。

一、政务领域信息化

【政务系统整合与公共数据治理】2019年，虹口区完成区级系统整合。一是全区16个政务部门和区人大35个政务系统（包括区人口库、区法人库、区空间地理库）已完成系统对接和数据归集工作，共抽取各类公共数据1.3亿条；形成区政务数据资源目录，基础资源5类11项，主题资源20类200余项，部门资源32大类807项。二是推进电子政务云建设，实施安全加固，完成日常运行保障和运维监管。已有40个部门99个系统部署区政务云，其中2019年新增应用涉及18个部门35个系统。三是加强数据开放力度。首批公共数据开放目录清单涉及5个部门30个系统，按照各部门实际业务情况明确了开放条件和开放频率，共计公开资源项30个。四是推动数据共享。推进与市大数据中心数据共享，涉及9个部门92条目录；完成互联网监管、“三清单”核对、42个测试用例的数据调试；选取14个应用场景向国家平台申请国家资源，已完成4类国家级资源申请接口开发。

【“一网通办”任务落地】 一是虹口区依托数据共享，拓展网办事项，提升网办比例，助推以“高效办成一件事”为核心的业务流程再造探索。通过市场监管、税务、行政服务中心等部门数据共享、流程再造和帮办服务，企业只需到“一窗通”服务专区一次性提交申请材料，就能实现营业执照、公章、发票、法人一证通和CA数字证书等“一窗发放”，形成“一窗受理、分类审批、一口发证”的服务新模式，推进审批事项办理时限和提交材料“双减半”工作，优化营商环境，帮助企业快速准入、准营。二是加强政务服务标准化建设。深化区行政服务中心一窗受理和集成服务改革，结合虹口区硬件环境及企业办事特点，积极探索分主题“单窗通办”的虹口模式；提高在线服务能力，线上审批服务应上尽上，现有审批事项100%实现在线申报统一入口，100%实现“只跑一次，一次办成”；加强事中事后综合监管平台建设，健全执法人员名录库，提高“双告知”信息推送，大幅缩减企业照后证前的“空窗期”，提升智慧监管和信用监管能力。

【政务领域信用建设和应用】 2019年，虹口区发挥信用支撑“互联网+政务服务”作用，深化信用信息应用，根据办事主体信用状况，推动各部门实施事前差异化服务、事中信用监测预警和事后联动奖惩措施，开展网上政务服务全过程信用管理。实施信用证明“N证合一”专项行动，切实降低群众和企业办事成本，努力提高行政效能。依托市信用联动惩戒系统，构建“一处失信、处处受限”的信用惩戒格局。推进政务诚信建设，开展网上政务服务诚信评价，将群众满意度评价、政务信息公开、行政事务办理效率、差异化服务、信用监测预警、联合奖惩落实等情况纳入政务诚信考核。2019年，组织全区44个相关部门和街道，开展2019年版信用三清单和政务诚信三清单的编制；完成区信用子平台二期项目建设，增设信用联合奖惩模块和政务诚信管理模块；对接上海市社会信用体系建设工作要求，形成《2019年虹口区社会信用体系建设工作要点》并下发各部门；根据市发展改革委的相关要求，参加2019年度市信用平台和门户网站建设观摩会考评，虹口区取得全市第七名的成绩。

二、社会领域信息化

【智慧教育普及】虹口区教育局充分发挥信息技术对教育现代化的支撑作用，创新教学手段和模式。教育系统信息化专网覆盖基层学校节点的约2万台终端设备，实现全区所有公办学校无线网络全覆盖；57所公办中小学的交互式多媒体教室达标，实现所有中小学普通教室具备互动式信息化教学环境，满足各学科课堂多媒体互动的教学需求；复兴高级中学建设“智慧校园”项目，利用大数据支持教学决策。

【智慧旅游建设】2019年，结合虹口区特色和商旅文体会融汇发展要求，完成“乐活虹口”官方微信公众平台改造升级，积极宣传北外滩滨江商旅资源和活动讯息。同时，指导区内景区景点开展智能化旅游建设，上海鲁迅纪念馆、上海犹太难民纪念馆、老上海露天码头博物馆等已实现在微信公众平台自助导览、自助讲解等服务。

【智慧养老服务推进】立足虹口区趋向深度老龄化的现实情况，虹口区民政局积极推进养老服务信息化建设，搭建线上线下的服务供给平台，通过为孤老、低保和90岁以上独居老人配置智慧终端，为2 500余名特殊群体老年人提供紧急救助、信息咨询等服务；试点开展“时间银行”微信小程序项目，截至2019年年底已有注册会员730名，累计产生时间币1 376个，对接服务需求552个，完成服务497次。

【智慧社区服务打造】为顺应社区治理精细化、智能化的发展趋势，虹口区民政局积极打造居委会“全岗通2.0”版本，在开展全区居民需求调研的基础上，分析全年居民办事数据，积极对接市民云，建立全区统一的居民网上办事服务平台，形成61项“不见面办事”清单与41项“零距离服务”清单，让居民能通过移动终端在线查询、办理事项，并且“最多跑一次”。

【智慧文化建设】为加强区域内各类博物馆、图书馆、文化馆的数字化建设，虹口区文化局借助“三网融合”工程打造数字展厅，把展厅搬到“云”上，使展览在虚拟空间中延展，让更多人观展并参与线上活动，有效利用活动资源。

【智慧球场建设】为加快信息化发展步伐、推进智慧城市建设，虹口区体育局通过建设智慧球场满足市民日益增长的体育健身锻炼需求，并让市民在体育健身锻炼的过程中感受技术给生活带来的便利。

【智慧医疗系统建设】依托电信裸光纤及区政务外网，虹口区推进联通全区医疗卫生机构和市级平台的区域健康信息网和卫生综合管理信息平台建设，已形成联通全区 2 所市级三甲医院、17 家区属医疗卫生机构、4 家部队、企业办及社会办医疗机构的区卫生专网，辖区内公立医疗机构已实现网络接入全覆盖。

【广中路街道智慧社区建设试点】广中路街道作为上海市智慧社区、新型无线城市的试点街道，不断健全社区“综合执法＋城市大脑＋流程再造”城市管理新模式。运用物联网传感、数据平台、综合执法等工作的线上线下整合，形成“早发现、准预警、快处置”的管理模式，使管理执法流程更顺畅、力量配备更合理、处置问题更高效。共安装智能点位 39 类 9 191 个、物联传感器 9 884 个，建成“精智广中”平台，荣获虹口区社会治理十大项目。广中路街道还入选了上海市首批智慧社区建设示范点。

【欧阳路街道智能监控和智慧养老探索】欧阳路街道范围内现有视频监控设备 1 000 余路，基本实现辖区范围的视频监控全覆盖，其中 480 余路已接入街道网格化综合管理服务中心；开展“5G＋街面管理”应用探索，实现在巡查过程中实时采集辖区内街面实景图像，及时发现和处理问题，进一步提高城市管理和社会治理的层次，实现“人管＋技管”的全天候和全覆盖；努力开展“5G＋智慧健康养老”探索，将 5G 技术与为老、助老、养老深度融合，为街道养老院、长者照护之家等提供超高清、高精度的老人健康服务，同时实现对为老服务机构老人健康体征与动态的实时监控，构建健康大数据管理养老服务体系。

【北外滩街道智慧社区治理探索】北外滩街道试点实施“5G＋远程视频”业务办理，成功在街道第一市民驿站实施远程视频业务办理，将社区事务受理点延伸至市民驿站甚至居委会，服务范围覆盖到社区“最后一公里”；建立“社区事务办理空间站”平台，可远程视频呼叫社区事务受理服务中心，工作人员可以在线验证身份证，并在线调取电子证照库，使居民可以在家门口办理相关事务；试行“北外滩街道垃圾分类”APP，积极探索垃圾分类解决方案，最终决定对街道辖区内 1 600 余家商铺试行“垃圾上门分类收集”，通过 APP 发现垃圾分类问题时，从上报、派单、核实、督办、回复、结案形成全流程闭环处置链；借助 5G 无人机，打造立体监控鹰眼,通过远程遥控可实现高空喊话,人脸抓拍等功能,运用于街道辖区内虹口港区域、滨江绿地区域的日常巡查。

三、城市建设管理领域信息化

【智慧停车体验段建设】作为上海首批道路智慧停车试点项目,虹口区建管委启动道路智慧停车项目建设,选择在北外滩河口地区武昌路(黄浦路至大名路段)建设首个道路智慧停车体验段。

【网格化综合管理平台应用】虹口区网格化工作通过“三级平台,五级网格”的网格化综合管理格局,发挥各级城市网格化管理平台的作用。区城市网格化综合管理中心依托城市网格化综合管理信息系统,整合“12345”市民服务热线工作,进一步发挥在城市管理中的协调指挥、监督评价作用,督促各条线部门专业、依法、高效地解决处置问题;各街道通过城市网格化综合管理信息系统,促进城区管理、社区党建、社区服务、平安建设相融合,由街道城市网格化综合管理中心解决百姓身边的“急、难、愁”问题;居委平台扎根基层,通过社区自治与共治,发挥居委会自我管理、民意收集、主动发现的功能,凝聚社区力量,推动社区建设。

【智慧安防建设】2019年,虹口区实现小区和道路高清智能监控,完成商务楼宇、重点场所、委办局以及居委会的高清图像复联、复接和调阅,并实现全区各级监控联网;完成虹口区城域光纤图像专网建设、区级中脑平台建设,以加强治安防控、优化交通出行、确保运行安全、服务城市管理、创新社会治理、推动城市精细化管理,并取得显著成效。

【智慧公安应用推进】2019年,虹口区传统警务模式向现代警务模式转变,让勤务模式更加精准高效。在智慧公安综合服务平台这个“智慧大脑”的指挥下,实现社会信息汇聚,并对公共安全和社会治安风险做到实时感知。通过“云端支撑”,向民警精准推送异动、隐患、风险和警情,使处置就近、精准,全面实现公安工作信息化、智能化、现代化。

【智慧消防建设】一是物联感知网络,在社会单位安装传感器以监测消防设施的日常运营。二是利用移动端APP,在日常巡检和执法中实现对消防设施、器材、人员等状态进行智能感知、识别、定位与跟踪,实现实时、动态、互动、融合的消防信息采集、传递和处理。

【智慧城管系统建设和应用】虹口区智慧城管系统包括网上勤务、网上办案、网上考核、基础数据库及信息处理分析系统等与业务执法、勤务管理相关的子模块。城管执法队员80%的工作都能通过手持终端设备完成,包括日常考勤、巡查签到、照片上传、视频记录、案件处理等,全面实现沟通快捷、责任到位、处置及时、运转高效的城市管理,全面提高城市管理和政府公共服务水平。虹口区城管执法局荣获“2019中国智慧政务创新成果奖”。

【环保大数据监控平台建设】虹口区环保局建立环保大数据监控平台,整合扬尘与噪声在线监测、移动执法、环境信访等18个环保业务平台的环保大数据,并与地理信息进行有效整合。通过将分散的环境管理数据与GIS相结合,实现“一点一档”实时管理。区内4个水质自动监测站、2个大气自动监测站、2个声功能区自动监测站已完成建设。

【食品安全智慧监管】虹口区积极探索食品安全“5G+智慧监管”新模式。一是利用5G网络,在2家养老院、2家学校试点安装“食安卫士”人工智能终端,取得人工智能全过程抓取违法违规行为,第一时间向监管部门发送报警信息,减少大规模上门检查的需求,降低监管人力成本。二是采用智能“抓取”手段,实时锁定从业人员日常操作中的违法违规行为,包括卫生状况、异物混入等,做到全过程、全方位、无缝隙监测。

【智慧电梯系统普及】2019年,虹口区安装智慧电梯1 000余台,通过智慧电梯系统,有效提升电梯困人的救援效率。经统计,安装智慧电梯后,最快救援时间仅4分钟,平均救援时间11分钟,远低于全市平均救援时间(20分钟)。

四、信息产业发展

【信息服务业发展】2019年,虹口区信息服务业共实现三级税收11.97亿元,较2018年同比下降3.99%;区级税收3.44亿元,同比下降3.82%;销售收入206.15万元,同比增长17.64%。从企业结构和数量上来看,信息服务业企业2 933家,比2018年增长了4.38%。信息服务业2019年度营业收入超亿元的企业有31家,合计135.62亿元,占信息服务业营收的65.8%。其中,西门子工业软件(上海)有限公司、凯丽隆(上海)软件信息科技有限公司等重点企业是主要增长点。

【金融科技(区块链)企业落地】 2019年,区块链技术在虹口区发展颇具特色,多家区块链技术创业企业入驻和落地。其中入驻企业上海魔橙网络科技有限公司获得新链空间的战略投资;亚太区块链中心·上海是由亚太区块链基金会投资建设并委托运营和管理的区块链技术专业孵化平台,已入驻5家企业,是工信部人才交流中心、WBO、火币大学、巴比特学院等机构的上海运营基地,成为行业培训、技术交流、极客创业聚集地之一。

五、信息基础设施建设

【双千兆第一区建设】 2019年,虹口区提前4个月完成市经济信息化委布置的5G基站建设任务。截至年底,共完成700个基站建设,其中上海移动356个、上海联通151个、上海电信191个、广电2个。虹口区成为全市首个提前四个月并超额完成5G基站年度建设目标的行政区,5G基站密度全市第一。"五个率先"初显成效,即率先打响"双千兆宽带城市"品牌、率先完成5G网络全覆盖、率先体验"千兆上桌面"、率先建成5G精品网络示范区、率先实现十大场景应用示范。

【全要素新一代信息基础设施建设探索】 2019年,虹口区组织完成北外滩滨江智能融合杆5G建设,实现滨江区域5G移动信号深度覆盖;组织完成全球创新港小微基站示范杆建设工作,推动上海综合杆试点小微基站建设,探索全要素新一代信息基础设施建设。

【中国广电5G测试基站部署】 2019年9月27日,中国广电在上海启动首批5G测试基站部署。本次测试选择在虹口足球场、5G全球创新港等区域,基于SA独立组网方式开展网络建设,测试基站采用4.9G频段,为中国广电在上海的5G网络大规模建设奠定基础。

【4G弱覆盖优化】 2019年,虹口区共处理市民提交有效弱覆盖区域100余处,梳理监测重点公共场所移动感知度水平132处,完成弱覆盖区域优化80余处;完成西南小区4G优化试点工作,为进一步推广小区弱覆盖补盲工作积累经验;在市经济信息化委组织的上海市移动通信用户感知度评测报告综合评估中,虹口区位列各区之首,充分体现区域内信息基础设施的优势,提升了虹口区

的营商环境。

【信息基础设施政策环境优化】虹口区政府分别出台了《关于加快推进虹口区5G网络建设和应用的实施意见》和《虹口区关于建设5G综合示范区促进5G产业发展的若干政策意见》，力争通过政策引导、设施完善、场景开放、技术服务、资本汇聚、项目孵化、产业集聚、生态培育、人才引进，把虹口建设成为全市标杆、全国一流、全球领先的5G综合应用示范区和5G创新应用集聚地；下发《关于开展虹口区2019年支持宽带网络建设补贴申请工作的通知》和《关于开展虹口区2019年支持固定宽带提速补贴申请工作的通知》，通过政策引导、资金支持的方式，进一步提升移动通讯能级，优化信息基础设施环境。在2019年上海市智慧城市发展水平评估中，虹口区固定宽带用户感知速率位列全市第一。

【5G创新生态打造】积极推进5G创新生态建设，结合人工智能技术，布局以“5G全球创新港”为中心，“华为—上海5G+VR/AR/MR创新中心”为重点，临港5G科创园、财大5G创新园（筹）、5G+VSAT卫星联创平台、欧朗硬客群等为支撑点的“1+1+X”的5G载体平台，打造立足上海、辐射长三角乃至全国具有国际影响力的科技创新“策源地”。

【5G赋能经济社会发展】虹口区聚焦5G建设的先发优势，打造虹口5G品牌特色，以“开放发展、增量发展、长板发展、赋能发展”新思维，全面提升信息服务业发展的经济密度和产业高度，为虹口经济发展、产业升级“赋值、赋能、赋智”。通过整合5G应用场景资源，聚焦智慧体育、智慧园区/社区、智慧医疗、智慧教育、文创体育、智慧楼宇、无人船监测、城市安全、城市管理、金融服务十大领域，开展探索基于5G的应用场景建设。

【5G+XR创新中心建设】2019年，虹口区为推进5G产业在虹口区集聚与发展，率先形成5G产业生态链，吸引更多5G应用企业落户，通过政企合作共建华为—上海5G+VR/AR/MR创新中心，构建“5G+VR/AR/MR”上下游全产业链资源，促进虹口5G产业生态形成和发展，虹口区科学技术委员会（以下简称“区科委”）、北外滩集团、华为公司已成立联合工作小组，共同推动中心建设。同时，依托华为云，为虹口搭建符合产业需求的Cloud云平台，为本地企业提供5G技术支持、培训、云解决方案推广等一站式服务，降低企业创新发展成本。

六、信息化环境建设

【国际创新港建设】2019年，虹口区将“支持以跨境技术转移为核心的国际创新港建设”专项政策纳入2019年区科创中心建设政策，鼓励国际技术成果在虹口转移转化，与以色列高科技产业投资公司开展交流，主办“与以色列人合作，你不可不知的二三事”中以国际交流会，举办以色列讲座、组织以色列独立日庆祝活动、犹太“七七节”等活动，深化中以(上海)国际创新港功能建设。同时，依托区内国际化众创空间加快推进国际创新港建设。

【绿色技术银行建设】2019年，虹口区积极推进“绿色技术银行建设关键技术研究与综合示范项目”，绿色技术银行以技术服务、金融服务、价值服务为功能定位，构建绿色技术信息平台、绿色技术转化平台、绿色技术金融平台，推进建设绿色技术银行信息平台及绿色技术转移转化的决策支持系统。

【5G应用创新大赛举办】2019年，由市经济信息化委、虹口区政府、中国信通院三家联合举办的第二届“绽放杯”5G应用征集大赛上海分赛暨5G应用创新大赛举办。大赛主题是“5G赋能，智汇申城”，共有141个5G项目参加上海赛区比赛，30个优秀项目参加上海分赛区决赛。虹口区申报的3个项目晋级决赛，其中“虹口公安5G+警务立体巡防示范应用”获得大赛二等奖，另外两个项目获得优胜奖。

【网络安全风险防范】一是虹口公安分局网安支队组织对辖区内95家企事业单位、公司开展现场网络安全执法检查，主要检查公司官方网站及运营APP备案工作合规性，以及是否按照法律规定开展等级保护工作、系统是否存在高危漏洞等。根据现场检查情况，支队对其中63家公司依法作出行政处罚并责令限期整改。二是组织召开区卫健系统内网络安全工作布置会议，按照市卫健委信息中心要求，对下属18家医疗机构的防病毒软件安装、部署、使用情况进行深入调研，并制定了统一部署、统一监管的安全防护策略。三是区商务委、园区办、投促办等部门在走访调研企业过程中，督促企业加强信息安全建设，严防漏洞，确保企业安全稳定运行。

【无线电科普宣传】根据国家无线电管理宣传工作总体安排，2019年9月25

日,在虹口区李白烈士故居纪念馆举行2019年上海市无线电管理宣传月专题活动。10月23日,在曲阳街道西南小区居民运动广场,开展以“无线促发展、管理保有序”为主题的无线电科普宣传活动。

【双创服务进园区】 开展“双创服务进园区”系列活动,联合区就业促进中心、区中小企业服务促进中心、区金融服务中心及各合作服务机构,开展园区全覆盖的“双创服务进园区”系列活动;举办创新策源服务科技金融专场,走进明珠产业园,解读2019年新版区科创中心建设专项政策;组织召开2019年高新技术企业认定及入库培育工作专题会议、高新技术企业认定事项等专项培训会,切实帮助企业解决需求与难题。

(张利涛)

第八章　杨浦区信息化建设

概　述

2019 年，杨浦区扎实推进智慧城市建设。利用物联网、云计算、移动互联网、大数据等技术，提高政府办公、监管、服务和决策的智能化水平。同时，不断创新管理方式、提升服务质量，助力服务型政府转型，完善信息化环境建设。

一、政务领域信息化

【杨浦区人民政府与腾讯云战略合作】 2019 年 11 月 20 日，腾讯全球数字生态大会·上海峰会现场，杨浦区人民政府与腾讯云达成战略合作，双方将积极推动腾讯在人工智能、云计算、大数据、区块链等新兴技术与城市建设、政府治理、民生服务的深度融合，共同培育人工智能新兴产业、加快传统产业升级转型，打造“智慧杨浦”新名片。

二、社会领域信息化

【物联网技术助力养老产业发展研讨会召开】 2019 年 11 月 8 日，由杨浦区科学技术委员会(以下简称“区科委”)联合杨浦区物联网技术创新战略联盟、上海市物联网行业协会共同组织开展的物联网技术助力养老产业发展研讨会举办。活动共吸引30余家物联网企业的相关代表及10余所养老机构的负责人前来参会。与会专家分别就物联网技术在智慧养老中的应用前景、智慧健康养老专委会发展情况、智慧养老相关政策解读等方面内容进行介绍。

三、信息产业发展

【百度(上海)创新中心运营】2019年6月6日,由杨浦区政府和百度公司合作共建的百度(上海)创新中心在长阳创谷正式对外运营。作为百度在上海唯一的创新中心,市民可在此体验最前沿的人工智能技术应用场景,科技创业者可以共享全新的ABC人工智能融合平台,并使用百度的大数据进行研发和创新。创新中心将培育和招募优秀的AI创新创业企业入驻,培养AI技术开发者,同时赋能区域本土企业打造“AI大脑”,“一条龙”助力创业者实现人工智能梦想。

【长阳创谷人工智能应用试点园区揭牌】2019年6月11日,杨浦长阳创谷举办人工智能应用试点园区揭牌仪式,这标志着长阳创谷“AI+园区”建设初见规模,拥有超百个应用场景、上海中心城区首个聚焦企业全生命周期的AI产业园正式向公众开放。杨浦区将与5G运营企业实现深度合作,为企业提供一个可共享软件资源的开源平台,让人工智能企业在各自的专业领域深度开发,减少资源浪费。同时,作为AI园区,长阳创谷将实现水、电、煤、电梯、安防等完全数字化管理,并通过大数据分析园区内科技企业和员工的需求、喜好和生活习惯,科学改进服务模式。

【AI思享会——机器视觉与智慧城市专题研讨会举行】2019年6月26日,AI思享会——机器视觉与智慧城市专题研讨会在长阳创谷举行。麻省理工学院(MIT)智慧交通系统研究中心研究科学家、Universal Village(新型智慧未来)项目负责人、机器人视觉研究专家方亚隽博士受邀来到长阳创谷,与杨浦区人工智能相关领域的企业与专家进行了关于人工智能的主题分享与研讨会。本次活动由区科委指导,区科创集团和MIT全球产业联盟联合主办,长阳创谷承办,新氦类脑平台、百度(上海)创新中心协办。

【人工智能芯片赋能物联网产业主题沙龙举办】2019年7月4日,由区科委联合区物联网技术创新战略联盟、新氦类脑智能科技有限公司共同组织开展的人工智能芯片赋能物联网产业主题沙龙举办，活动共吸引区内30余家人工智能及物联网企业代表前来参会。

【2019科创板主题峰会召开】 2019年12月21日，2019科创板主题峰会在杨浦拉开帷幕，长三角地区优秀科创企业与金融证券领域研究专家济济一堂，围绕“中国资本市场全球视野与跨越式发展”主题，深度对话，纵论中国资本市场变革。峰会举行当天，由上海市中小企业上市促进中心、上海五角场创新创业学院共同发起的“上海市科创企业上市服务联盟”挂牌成立，这一汇集了政府部门、专业机构、知名高校等社会各方面优质资源的平台，旨在打造多层次、全方位的上市服务梯队，推动实体经济高质量发展。

【人工智能和大数据产业扶持】 在推进人工智能和大数据产业发展方面，杨浦区支持长阳创谷“AI + 园区”向市经济信息化委申报市人工智能及大数据专项资金支持，长阳创谷获评上海市首批人工智能试点应用场景；7个园区获评上海市信息服务产业基地；80家企业登记为2019年度第一批人工智能与大数据企业；长阳创谷等7处载体被认定为人工智能和大数据基地。

四、信息基础设施建设

【智慧城区基础设施建设】 杨浦区贯彻落实市委提出的打造智能便捷、安全高效的“城市大脑”要求，智慧城市基础设施(一期)建设涵盖了5个街道、103个居委、325个小区，建成5G移动通信基站791个，i - Yangpu累计覆盖121个场所。

【区科委与市信息管线公司签订战略合作协议】 2019年11月27日，区科委与上海市信息管线有限公司签订战略合作框架协议，旨在共同加速推进杨浦信息化建设，助力杨浦建成国家创新型城区，提升以科技创新为核心的发展软环境。根据协议，双方将进一步完善信息基础设施建设，提升信息管网维护能级，积极参与杨浦区智慧滨江园区发展，努力打造智慧园区信息化发展的样板标杆。

五、 信息化环境建设

【百度 ABC 生态系列路演——人工智能专场举办】 2019 年 4 月 11 日，“百度 ABC 生态系列路演——人工智能专场”活动在杨浦区长阳创谷举办。百度 ABC 是指 AI 人工智能、Big Data 大数据、Cloud Computing 云计算三位一体且深度融合。本次专场活动邀请众多创业者、投资机构、产业研究机构、政府机构相关人员参加。

【杨浦科技大市场揭牌】 为整合高校、科研院所、科技园区和科技企业资源，构建更加高效的科技成果托管交易平台，2019 年 6 月 14 日，杨浦科技大市场在 2019 全国双创周上海主会场互联宝地正式揭牌。本次活动由区科委主办，国家技术转移东部中心承办，上海云孵信息科技有限公司（科创帮）协办，200 余人出席揭牌仪式。

【人工智能联盟及赛事活动】 2019 年 4 月 25 日，SAIL 启航 • 上海人工智能发展联盟发起成立仪式、2019 世界人工智能创新大赛启动仪式、上海市首批人工智能试点应用场景发布仪式在长阳创谷举办。为进一步集聚全球人工智能人才，突破关键核心技术，推进人工智能示范应用，加快建设国家人工智能发展高地，在市经济信息化委指导下，仪电集团联合腾讯、上汽集团、上海电气等 22 家单位，共同倡议发起成立上海人工智能发展联盟。会上，作为上海市人工智能发展生态营造的重要活动，2019 世界人工智能创新大赛正式启动。此外，作为世界人工智能大会重要奖项的卓越人工智能引领奖 SAIL 评选活动也同步启动。

【2019 新氦 AI 芯片论坛暨国际智能电子与电子系统学术讨论会召开】 2019 年 8 月 30 日，2019 新氦 AI 芯片论坛暨国际智能电子与电子系统学术讨论会拉开帷幕。论坛当天聚集了各行业领域内的大咖嘉宾，吸引了数百位专业嘉宾到场。

【上海区块链技术协会成立】 2019 年，全市首家区块链行业协会——上海区块链技术协会落地杨浦，已有会员单位 172 家，汇聚海内外智库专家 36 名。

【2019 中国（上海）区块链技术创新峰会暨 2019 全球（上海）区块链技术与应用成果展示举办】 9 月 6 日，2019 中国

(上海)区块链技术创新峰会暨2019全球(上海)区块链技术与应用成果展示在杨浦区举办。本次峰会以“熔合技术,赋能产业”为主题,分设“发布仪式、主旨演讲、圆桌论坛、主题演讲、闭门会议、应用展示”六大板块,重点围绕区块链技术探讨、区块链产业规划布局、区块链应用案例分享、基于区块链所取得的阶段性成果展示等内容展开。峰会通过对区块链技术与应用的深入探讨,促成政、企、学、研更紧密对接和融合,达到进一步提升上海乃至中国区块链行业国际竞争力与影响力的目的,努力创建一个“自主可控、健康有序、安全可信、改革创新”的全球区块链大生态。会上还发布了《2019年上海区块链技术应用白皮书》,解读行业应用发展新趋势。

【2019上海区块链年度盛典举行】 2019年12月21日,主题为“携手同行、共创未来”的2019上海区块链年度盛典举行,政府、行业协会、专家、会员单位代表等各界人士180余人参加。盛典上颁发了6个年度奖项,包括优秀成果奖、最具成长奖、最具潜力奖、优秀媒体宣传奖、优秀服务团队奖以及产业促进奖,是对获奖团队一年来的成就和贡献的肯定,也是对区块链从业者默默耕耘、无私奉献的感谢。

【2019中国产业互联网领袖峰会举办】 2019年7月28—29日,2019中国产业互联网领袖峰会举办。大会发布了《2019产业互联网白皮书》,来自全国数十家企业的创始人、高管围绕产业互联网时代的发展趋势、数字化转型升级和工业品电商的发展之路等进行深入探讨。

【第二届中国—北欧“互联网+”大学生创新创业论坛举行】 2019年7月25日,第二届中国—北欧“互联网+”大学生创新创业论坛举行。论坛致力于以“互联网+”大赛和海外双创周为纽带,深入结合杨浦区建设全球“双创”示范基地的优势资源,加强中国与北欧各国、各高校在创新创业领域的交流合作,广泛发动北欧大学生参与第五届中国“互联网+”大学生创新创业大赛国际赛道赛事,推动中国与北欧“双创”教育深入交流、互学互鉴。

【2019未来大会举办】 2019年7月27—28日,2019未来大会举办。本次大会以“回归本源”为主题,分设“用字节丈量世界 HOW WE CONNECT”“从进化到创造 HOW WE LIVE”“新世纪娱乐指北 HOW WE ENTERTAIN”三大核心单元,聚焦人工智能及大数据、生命科学及类脑智能、数字娱乐与体验三大领域和议题。本次大会还发布了

"向未来提出的100个问题",并将在下一年的未来大会上予以回应和解答,形成对未来议题的持续性关注,吸引众多具有影响力或者卓有成就的前沿人士参与讨论。此外还设置了三场特色专题闭门会,深入探讨前沿领域话题。

(邓恢祯)

第九章　闵行区信息化建设

概　述

2019年，在区委、区政府的领导下，在市经济信息化委的指导下，闵行区信息化工作围绕全面实施“互联网＋”及“大数据”战略，按照“创新驱动、转型发展”的总体要求，将智慧闵行建设作为落实信息化领先发展和带动战略的抓手，以贴近民众需求和服务改革发展为导向，以深化智慧应用、信息整合服务为主线，有序开展智慧生活、创新社会治理、助力产业升级等智能化应用，稳步推动“智慧闵行”建设进程。

一、政务领域信息化

【政务一体化平台优化】 2019年，闵行区建设区委督查系统，实现区委常委会重点工作跟踪、专题会议跟踪、领导批示督办件跟踪、专项工作督查跟踪、舆情跟踪以及相关的管理功能；保障区府工作督查系统正常运行，年度目标管理、督查事项管理及各单位反馈、与市目标管理数据同步等工作；对全区80多家委办局在用的收发文系统进行优化完善，实现收发文优化及权限配置调整，请示件和公文加以关联。2019年，闵行区政务平台公文流转系统使用单位85家，流转公文9.1万余件，较2018年增长5%；政务平台访问量8.1万人次/月；短信平台发送量74万条/月；日程安排模块使用单位68家；会议室管理模块使用单位34家，累计申请达8.5万次；请示件模块累计流转5 659件文件；政务平台邮件系统收件量 42 万件/月，增长 36%，发件量 165 万件/月，增长 117%；在督查平台模块，各委办局共上报 11 764 件；用车申请模块共提交申请 10 876 件；请假单模块累计流转 3 888 件。

【区电子政务云建设】 闵行区进一步完善推进区电子政务云建设，开展信息系统上云迁移和部署，已实现全区政府机关（除公安、教育、卫健委、法院、检察院）信息化系统的政务云部署。2019 年，闵行区电子政务云平台已拥有算力 2 880 核物理 CPU，25 696 GB 内存，总存储容量近 700 TB；已部署 332 台虚拟主机服务器，承载全区各单位的信息系统 280 个，250 TB 政务数据资源。

【电子证照应用推进】 按照上海市"一网通办"总体部署，以及闵行区扩大开放 50 条要求，闵行区积极协调市大数据中心以及区行政服务中心，开展市电子证照库对接工作，并推进电子证照在区服务中心窗口的应用。区行政服务中心综合管理系统已完成电子证照调用功能开发建设，通过向市大数据中心申请各类高频证照调用权限，可提供食品经营许可证、营业执照、公民身份证、医学出生证明、居住证等 151 项证照的调用。根据闵行区实际工作及需求情况，已完成调用 56 项，涉及相关事项 293 项。2019 年，在市大数据中心的电子证照应用推进情况统计中，闵行区已调用证照种类 42 类（16 个区中排第 6 位），调用总次数 34 352 次（16 个区中排第 5 位），证照应用覆盖政务服务事项数 112 项（16 个区中排第 2 位）。从电子证照调用效果来看，全市已减材料比例为 49.27%，其中需调用电子证照和数据共享方可实现落地的占 70.08%。闵行区已减材料比例为 53.51%，其中需调用电子证照和数据共享方可实现落地的占 73.01%，均高于全市平均值。并且，闵行区积极落实电子证照归集工作，收集并向市大数据中心申请提交制作 19 张区级部门自发证。

【电子印章互信互认】 闵行区政务网电子签章系统于 2012 年 8 月建成并上线运行，提供电子印章全生命周期管理、电子签章以及验证服务。2019 年，闵行区进一步依托上海市电子印章公共服务平台，在闵行区形成电子印章认证体系，为企业和个人提供电子签章和验证的公共云服务，全方位满足各类信息系统对身份可信标识和鉴别、数据传输和存储安全、数据完整性保护、事后责任认定等要求，并具有可靠的法律依据，解决了电子印章无法互认互信的问题。2019 年，闵行区 67 家政府部门的 247 个电子印章已按要求提交上海 CA 进行备案。

【政务外网使用和管理】 为更好地维护

全区范围内网络和信息安全良好环境，闵行区网安办进一步规范了政务外网的使用和管理。根据《闵行区政务外网使用和信息安全管理规定》，闵行区继续做好政务网接入资格审核、政务网网络搬迁审核和协调等工作。2019年，共处理审核全区各委办局及街镇约114份政务网接入资格申请，并处理了88份政务网用户访问互联网审核表。

【信用平台和网站建设】2019年，闵行区信用信息平台四期建设已完成，54家联席会议成员单位全部纳入系统平台，并建立账户管理员制度。20家横向部门和单位定期向平台报送数据，共归集闵行区法人信用记录查询数据约17万余条、部门信用记录查询数据约75万余条。平台与市信用信息平台共享大数据，截至2019年11月，闵行区信用查询窗口共完成法人信用查询159次、自然人信用查询219次、企业人社版信用查询185次，异议申请上报21次；接受区内各委办局委托查询法人、自然人征信信息1 201条。同时，积极建设闵行区公共信用信息专栏，2019年新增3个栏目，通过网站对外公布信用动态、政策法规、红黑名单等信息。共上传红名单349条，黑名单104条，信用动态42条，行政许可信息32 012条，行政处罚信息2 149条，政策法规19条，联合奖惩51条，“信易+”资讯5条，“诚信建设万里行”栏目16条。信用网站的建设，加大了政府信息公开和数据开放的力度，帮助市民更便捷地掌握闵行区企业信用情况。

二、社会领域信息化

【智慧教育基础设施建设应用】2019年，闵行区持续夯实区域信息基础设施建设，完成8所学校网络配套建设，达标率达100%；完成714间教室互动多媒体建设，达标率达83%；完成900台教师移动终端配置，达标率达96%。加强网络安全保障工作，完成140所公办中小学校网络的“一校一档”工作，通过账号统一管理和使用规范要求，实现有效监管。同时，根据信息系统等保要求，推进区教育局及学校信息系统的等保备案、测评等工作；推动数据资源互联互通，优化升级学生个人成长空间，加快数据整合融通，实现公办小学阶段覆盖率95%以上；开展教育数据中心和教育云服务平台的建设和应用，做好搭建学生云、教师云和学校云等应用的前期准备工作，推动与区卫生数据的对接。

【教育教学信息化】2019年，闵行区教育局基于大数据“三级四类”数字化绩效评价体系，为教育管理决策和教学研究提供支撑；学生成长档案记录了学生成长数据、展现了学生发展空间、优化了小学素质评价等；“闵智学堂”“闵智教研”促进教师专业发展；电子书包应用覆盖全区95所中小学，创新教学模式；推进信息系统的集约化建设，统整教育服务应用，逐步打通学校、家庭和社会之间的数据壁垒。

【“捷医平台”二期建设】2019年，闵行区“捷医平台”二期在APP端增加康复护理机构信息查看、影像图像查询、家庭健康档案授权查询、慢性病在线处方配药及配送等功能，在自助机端增加人脸识别支付功能，同时开通微信小程序、支付宝小程序，并与上海闵行APP做好对接。截至10月10日，“捷医平台”累计注册绑卡27.71万人，快捷支付348.44万人次，支付金额32 080.36万元。

【智慧文化应用】2019年，闵行区文化云上服务持续推进，闵行文化云平台实名注册人数901 260人，发布活动23 346次，注册文化场馆数293个；云上发布全民艺术普及课程39门(共计1 722课时)；云上市民文化节活动参与人数逾600万人次；共有159家社会主体、483项文化产品入选《2019年闵行区公共文化供给产品资源库》，全年供给活动达138场；全区520个文化场馆、文体中心、居村文化活动室实现闵行文化云盒全覆盖，全区云盒播放时长达77 679.26小时。同时，探索公共文化设施智慧服务，通过全息投影、多媒体互动、场景修复等手段，开展闵行区博物馆新馆数字化建设；持续推进数字图书馆建设，为读者提供便捷服务，全区已建成城市书房11家。文化市场智能化监管手段也不断创新，建立闵行区文化市场监管信息管理平台，将信息化与文化市场行政执法工作融合，有效提升文化市场行政执法工作的便捷性；试点文化执法新功能，试点启用“码上查”功能，进一步巩固基层执法参与度。

【体育管理及服务信息化】2019年，闵行区体育设施管理信息化全面覆盖，借助上海市社区体育设施信息化管理系统，管理全区健身苑点信息。赛事活动信息化水平进一步提升，基本实现规模较大的赛事均可线上报名，路跑类赛事采用赛事芯片，半马(半程马拉松)完赛后还可下载电子版的成绩证书；体育场馆智能化建设逐步开展，推动区属场馆接入上海体育公共信息服务平台，试点场地预约、扫描入场等功能，提升场馆智能化服务水平。

三、 城市建设管理领域信息化

【水务监测监控设施建设】2019 年，闵行区水务局推进水务基础设施远程监控改造，完成 14 座污水泵站、15 座雨水泵站、14 座水闸和 1 座信息中心的提标改造；完成 152 处小型水质在线监测站、305 处管道积水监测站、4 座大型水质监测站的改造，实现 7 座防汛移动泵车远程调度，为水安全保障、水环境改善及水生态建设提供基础支撑；构建防汛智能感知监测网络，覆盖全区境内相关的 27 处河道水位、38 处实时雨量、32 处水闸泵闸工况、4 处道路积水、61 处下立交积水、53 处排水泵站工况、450 余处防汛点，并集成整合了气象预报、视频监控等信息；探索建立企事业单位、小区雨污混接辅助分析系统，在重点监控区域集中部署小区在线水位监测设备，制定闵行区小区雨水管道井水位监测点总体分布图，实现小区雨污混排自动识别的物联网感知体系；完善水务综合事务管理应用，完成水质在线监测系统、许可证批后监管系统（一期）、河长管理信息平台建设，其中河长制 APP 实现全区应用全覆盖，进一步完善了水务综合数据库，提高了水务管理服务能力。

【社会面安防感知系统建设】2019 年，闵行区公安分局从智能监控、移动端采集、社会资源获取等方面夯实前端基础支撑，扩大智能感知数据的种类和内容，提高感知水平。2019 年，全区已建成街面高清监控 11 348 路、WiFi 嗅探 6 449 套、全景摄像机 3 个、制高点监控 7 个、无人机 3 架、系留气球 1 个、移动车载监控 67 套，基本实现人、车、事件的感知覆盖；完成区内全部 1 054 个小区的 6 488 套感知设备安装。

【智慧公安应用】闵行区公安分局大力推进二维码、综合指挥、综合勤务管理、综合信息报送、智慧考核、智慧培训等应用，提高了社会治理和服务群众的能力。2019 年，110 下发指令总数为 397 637 起，同比下降 15.7%，辖区治安环境进一步净化。

【城管执法精细化管理平台建设】2019 年，闵行区城管执法精细化管理平台进入全面开发建设。“诉转案”平台新增统计分析功能；执法全程记录子系统建设完成；4G 执法记录仪平台上线运行。

【街镇居村网格化管理建设应用】2019 年，闵行区对 14 个街镇进行网格精细化划分，由基础网格向专业网格延伸；建立精细化管理标准样本，组织开展标准化网格达标创建，对610个居委村委网格进行达标创建验收；对接全区所有委办局、街镇及村居委，整合城管、房管、水务、安监等执法力量，实现不同来源城市管理问题统一管理、高效联动，从“发现问题”向“解决问题”跨越。截至2019年年底，通过网格化平台流转的案件共5 003 305件，已办结案件共4 999 731件，案件办结率为99.92%，进一步提升了闵行区城市精细化、智能化管理水平。

【公交智能化建设应用】 2019年，闵行区完善扩展公共交通智能化应用。闵行区公交智能化二期项目于2019年7月16日通过竣工验收，完成枢纽站客流自动识别与报警系统、车内安全报警分析系统、企业综合运行分析、候车设施辅助采集与管理等9个应用系统的开发部署；完成闵客运15个重点公交场站智能化建设、218台一体化车载终端、23套站点客流自动识别、5套车内客流仪及安全报警识别等建设内容；实现区属三家公交公司所属62条公交线路实时到站信息查询全覆盖；推进闵行区公交候车亭智能化建设应用，在进博会周边区域及古美街道地区先行试点公交显示屏建设工作，提供公交实时到站信息预报，为市民公交出行提供便捷的信息服务；完成第一批外环内32个公交信息屏的安装调试和信息发布工作。

四、 信息基础设施建设

【信息基础设施建设】 2019年，闵行区加快推进重点区域5G网络建设，共建设5G通信基站1 724座，基本实现重点区域5G信号全覆盖；家庭千兆光纤入户率达100%，实现千兆入小区，万兆到商务楼宇，互联网平均接入带宽163 Mbps；持续加快无线网络覆盖接入，无线局域网覆盖场所达1 575处，其中公众免费使用场所达107处。

【5G网络布局建设及应用示范】 2019年，闵行区规划布局5G网络建设，根据《上海市人民政府关于加快推进本市5G网络建设和应用的实施意见》的文件要求，制定闵行区5G网络建设和应用三年行动方案。同时，调研莘闵电信局、上海移动闵行分公司、上海联通闵行分公司、上海铁塔闵行分公司等通信运营单位，了解基站建设现状，重点向虹桥商务区、马桥智能小镇、紫竹高新区等重点区块聚焦，规划和布局5G网络建设。同时，以5G为引领，推进党

建、教育、传媒等领域的 8 个 5G 示范应用，其中“5G+”火车站、“5G+”华山医院智慧医疗示范基地分别投入运营，并取得较好的经济效益和社会效益，上海虹桥商务区新型城域物联网建设在全国起到引领示范效应。

五、 信息化环境建设

【区智慧城市发展水平评估】 为客观评价智慧城市建设的现状水平，闵行区开展了 2019 年闵行区智慧城市发展水平评估工作。根据 2019 年智慧城市发展水平评估指标，以调研和座谈的形式，深入掌握各部门 2019 年信息化项目建成情况、实施中的疑点难点及工作亮点，并梳理 2018 年“智慧闵行”建设情况，形成 2019 年闵行区智慧城市发展水平评估报告。

【网络与信息安全保障】 2019 年，闵行区构建网络安全综合监控和应急响应体系，依托专业第三方信息安全维护公司，建立覆盖全区重要网络和信息系统的安全监测预警系统；结合闵行区实际情况，修订完善《闵行区网络与信息安全事件专项应急预案》，定期开展应急演练，检验应急预案的有效性；开展 2019 年网络安全检查工作，于 2019 年 7 月 31 日组织召开 2019 年关键信息基础设施网络安全检查工作专题会议，明确了检查对象范围、检查内容、时间节点等相关要求；联合公安、上海电信、上海联通等单位继续加大对全区党政机关、行政单位、工业企业等网络信息安全的检查力度，及时发现问题、堵塞漏洞、消除隐患；鼓励闵行区工业制造业企业对工业控制系统、工业云平台等开展信息安全自查工作，及时对工业企业的工控系统安全漏洞进行排查，切实加强互联网信息安全防护工作。

【网络攻防演练】 2019 年 8 月 15—30 日，根据上海市公安局网安总队发起的“护网 2019—上海市网络攻防演习”的工作要求，针对闵行区电子政务云及区门户网站开展实时攻防演练。在为期 12 天的演习期间，共计受到 23 000 多次攻击，防守团封停 IP 段 28 个、IP 近 700 个，发现模拟黑客攻击行为并成功防守 1 次。整个护网期间未出现重大信息安全事件。

【国庆 70 周年网络安全防护保障】 2019 年，闵行区对全区政务网 700 台主机、90 个发布域名的应用及网站、107 个无域名的应用及网站完成安全检测。根据安全检测结果，临时关停存在较高风险的应用和网站共45个；加固政务网设备的安全策略配置；组建信息安全保障小组；制定保障方案。国庆期间实行24小时现场保障，现场保障人员通过实时检测平台共发现高危攻击875次、中危攻击989次、低危攻击105次，封闭外网高威胁IP共计57个，无有效攻击。

【智慧城市体验周活动开展】 为进一步加大智慧城市建设的宣传力度，积极落实“中国制造2025”和“互联网+”行动计划，根据市经济信息化委关于开展2019上海智慧城市体验周活动的相关要求，闵行区积极组织发动全区各镇、街道、莘庄工业区，于12月6—12日举办各项宣传体验活动，通过围绕“智”造上海、惠享生活的主题，聚焦人工智能、智能制造、工业互联网、物联网、大数据、两化融合等重点领域，积极引导社会力量参与智慧城市建设。共有5个街镇参与，并以讲座宣传、竞赛、参观展览、现场路演、广场宣传等形式开展了7项体验周活动，提高了市民对智慧城市建设的感受度。

（肖　越）

第十章 宝山区信息化建设

概 述

2019年，宝山区以党的十九大精神为指导，全面贯彻落实七届区委七次全会精神，紧抓新一代信息技术加速发展的机遇，围绕上海市委、市政府有关新型智慧城市建设的要求，不断加强新型智慧城市顶层设计，加快打造人工智能创新应用示范场景，大力推进区信息化重点项目建设，积极对接和推进区大数据中心和城市管理智能化平台建设。2019年，宝山区智慧城市发展水平继续蝉联全市非中心城区第一名。

一、政务领域信息化

【智慧政务建设】 2019年，宝山区建设全区统一的基础平台，初步启动区大数据中心建设，完成对全区40多个政府主要职能部门政府信息的数据汇聚，完成区政务外网网络架构的优化调整和传输性能的合理分配；初步完成区级城运平台部署工作，完成区级城运平台系统主体架构搭建；建成区移动办公系统，实现区府11类公文收发文、6类会议通知等的全生命周期网上流转与办理，以及办文办会、日程管理、文件查询的移动应用；完成区统一邮件系统自主化改造，加快整合区统一身份认证及授权系统、区短信平台、区邮件系统、区电子印章平台、区公务员门户等一系列基础支撑应用，形成全区一体化的基础支撑应用体系。

【“一网统管”实施】 2019 年，宝山区完成“一网统管”实施方案初稿，为加快建设数据汇集、系统集成，共享开放的城市运行“一网统管”数据管理体系，促进城市运行“一网统管”奠定了基础；修订发布《宝山区信息化项目管理办法》，进一步加强对全区信息化项目的归口管理，以信息化项目为抓手，进一步统筹全区信息化建设，信息化项目申报首次实现全区所有委办局的全口径覆盖。

【公共数据归集治理与共享开放】 2019 年，宝山区实现政务数据统一汇聚，加快推进视频、物联感知等社会治理数据汇聚共享；加快推进“一网通办”，落实公共数据共享交换，实现市人口库、法人库、办件库落地，累计落地办件库数据约 240 万条，法人库数据 1 600 万条，人口库数据 2 500 万条以及房屋信息数据 1 300 万条；以数据推送、接口调用、数据服务等模式为区“一网通办”应用共享法人、人口、办件类公共数据 323.302 万条。

【区水务局 12345 热线及南楼会议室改造信息化项目通过验收】 2019 年 1 月 29 日，宝山区水务局 12345 热线及南楼会议室改造信息化项目通过验收。项目打造了一个具有现代化智能会议及指挥功能的指挥中心，特别在汛期中承担了大量会议任务。通过建设此项目，综合运用 LED 大屏、移动视频监控、视频会议等一系列技术，实时展现各类水务信息，满足各类会议、会商需求，保障防汛应急和水务各类热线处置，保证抢险救灾工作有序高效进行。尤其在 2019 年 4 次台风影响宝山区时，对区领导防汛指挥决策起到了重要保障作用。已召开各类视频信息会议 20 余次，各单位与会约 1 000 人次，会议系统与防汛应急、水务管理有机结合，进一步提高了防汛及水务信息化管理水平。

【工作备忘、移动办公及搜索平台通过验收】 2019 年 3 月 7 日，宝山区电子政务应用系统——工作备忘、移动办公及搜索平台通过验收。系统主要功能包括：一是工作安排备忘系统，通过工作安排备忘模块录入、管理、跟踪区政府各项重点活动，提前准备，高效服务。二是搜索平台，可进行局域网内共享文件的全文搜索，并可由系统管理人员人工分组，提供最适当的搜索结果，实现高效知识管理。该平台运行后，能够满足区政府工作人员办公需求，提升工作效率，有助于推进无纸化办公、降低行政成本。

【区人大无纸化会议及代表履职综合应用平台通过验收】 2019 年 5 月 24 日，宝山区人大无纸化会议及代表履职综合应用平台通过验收。本项目的建设，通过建立 APP 和微信端履职平台入口，同时将网站现有模块与移动端通过接口进行数据对接,形成一个履职综合应用平台,对会议材料的呈现、管理等进行信息化处理。项目于2018年1月完成开发、测试并投入运行,主要建设内容包括PC端、微信端、APP端等多终端通知公告,及通讯录、资料阅读、消息群发、议案建议、履职档案、交流互动等。通过平台建设,提高了区人大的日常办公效率,增强了相互沟通和业务协同能力。应用情况方面,人大动态栏及时发布人大新闻信息,决定和任免栏及时公布区人大常委会人事任免情况;人大面向代表的所有通知,均通过履职系统发送,即时生成签到二维码,代表可通过系统多终端回复出席情况,会议材料实现与通知同步发送,不再寄送纸质文档,与会人员可以在线查阅文档、发送文档;人大代表、人大工作人员近350人信息全部录入通讯录系统,在APP端,代表之间可以互相发送信息,也可以按照组成人员、代表组、专工委、调研检查组等组建立固定和临时的交流群,群成员之间可以讨论专项工作;代表的履职记录与通知公告模块对接,会议通知自动转入对应履职档案。同时,对接"人大代表履职平台"履职情况管理模块;向全体代表征求对常委会审议议题、监督事项等的意见建议,开展问卷调查等。

【宝山党校录播系统建设项目通过验收】 2019年6月3日,宝山党校录播系统建设项目通过专家验收。本项目建设了一个基于区委党校校园网络的分布式高清录播系统,包括教室录播子系统和视频资源管理平台子系统。在区委党校的报告厅、多功能厅、三楼小教室分别安装了一套可独立运行的高清录播系统,可全真再现会议或课堂教学的全过程,形成的直播流和录制文件传递给中心机房的视频资源服务器,自动完成转码、适配工作,通过视频资源管理平台进行统一管理,提供直播、点播等功能。系统管理人员可通过网络集中管理各教室内的录播设备。录播系统在宝山党校的会务服务保障、教学及教务管理工作中发挥了较好的作用。一是为区内重要会议和培训提供服务,多次根据主办方的要求进行录播,音视频质量获得好评。二是大大丰富了区委党校的课程视频资源,截至年末,共录制了336堂课程。三是较好发挥了教学管理作用。通过校园网络直播,教学管理相关人员在办公室通过电脑终端就可以实时掌握教室内的情况,便于开展教学质量评估,有助于党校提高整体教学质量,提升核心竞争力。

【区政务信息资源共享平台通过验收】 2019年9月23日,宝山区政务信息资源共享平台通过专家验收。系统分为政务信息资源共享网站、资源共享平台、数据采集平台和数据治理平台四大模块。该系统主要功能是根据国家和上海市对公共数据共享开放的要求，为区级单位提供统一的公共数据共享交换的登记、查询、申请、使用一体化窗口。同时，平台还根据从各区级单位以及上海市大数据中心汇聚到的各类数据，通过严格的数据清洗、数据治理流程，形成宝山区人口基础库、法人基础库、自然资源和空间地理基础库及各类型部门库和专题数据库共计 53 个。平台接入区级部门 26 个，梳理编制公共数据资源目录 3 009 条，数据项 5.06 万个；累计采集数据 6.75 万次，涵盖数据表 324 张，数据文件 8 个；累计汇聚数据 5.1 亿条；累计提供数据接口 46 个，共享数据 16 万次。平台还承接了上海市大数据中心对宝山区下发的各类公共数据，成功落地上海市大数据中心下发的人口数据 2 800 万条、法人数据 2 100 万条、办件数据 540 万条、企业复工数据 90 万条，有效整合了各项公共数据资源，大幅提升了公共数据资源利用效率，为区级各单位现有的信息化系统使用和未来的信息化项目建设规划提供了坚实的数据基础。

【宝山区行政服务中心“一窗式”系统通过验收】 2019 年 10 月 17 日，宝山区行政服务中心“一窗式”系统通过验收。系统实现了企业办事“进一扇门、取一个号、到一个窗口、办成一件事”的目标，助推服务模式由“找部门”向“找政府”转变。主要建设内容包括：“单一窗口”受理、主题式套餐服务、移动应用服务、一区一网中心网站改版、“单一窗口”硬件配置、系统登录安全保障。系统上线运行以来，按照“一件事”标准，梳理形成涵盖 13 个领域、115 个行政审批事项的 138 个主题式服务套餐；为“前台综合受理、后台分类审批、统一窗口出件”服务模式的建成提供平台支撑，实现了综合业务、市场准入、工程建设项目、税务服务及统一出件 5 类“单一窗口”的对外运行。截至 2019 年年底，通过免费政务快递寄出各类证照 15 082 单；“单一窗口”累计收件 106 212 次、出证 52 327 张；系统“知识库”沉淀了关于 414 项政务服务事项的 2 030 张空表、1 757 张样表、1 695 个常见问题、394 条政策法规、84 条名词解释和 8 450 条咨询答复信息。

【区干部信息大数据工程项目通过验收】 2019 年 10 月 25 日，区委组织部宝山区干部信息大数据工程项目（干部信息管理综合研判平台）通过专家验收。系统采集了内部局域网中的干部人事信息系统、干部任免文号管理系统、干部测评系统及外部政务外网的干部教育系统的数据，围绕“分析研判 + 业务管理”理念，搭建以一门式综合门户网站为主体，以分析研判、干部任免、干部监督、综合管理为主要功能模块的“1 + 4”干部信息系统架构。系统上线以来，干部信息得以整合。系统还整合了全区近 2 800 名干部的信息数据，为干部工作提供了极大便利，对各级干部及年轻干部的相关信息统计也更为便捷。

【区档案管理信息系统建设项目通过验收】 2019 年 11 月 26 日，宝山区档案管理信息系统通过验收。项目建设内容包括对原使用了 15 年的档案目录中心系统升级改造为馆藏档案综合管理系统；对使用了 13 年的集中式档案室系统升级改造为虚拟档案室管理系统；新建电子档案移交接收系统等。系统建设涉及档案业务“收、管、用”的方方面面，系统功能与实体管理基本做到完全一致。系统于 2019 年 2 月试运行后，配合 2018 年至 2019 年档案进馆，涉及 48 家单位，11 855 卷、66 768 件文书和专题目录，158 万页扫描件数字化成果。宝山档案馆所有馆藏档案数字化后，都迁移到馆藏档案综合管理系统，包括 30 类业务档案数据，为档案进馆、民生档案“一网通办”、馆际联动、馆社联动提供了重要支持，实现了数字档案馆功能。

【区数字档案馆建设工程项目通过验收】 2019 年 11 月 26 日，宝山区数字档案馆建设工程项目通过验收。项目根据《数字档案馆系统测试办法》的相关硬件技术指标，建设新档案信息系统建设所需硬件支撑平台，完成网络交换机、服务器、备份一体机、安全设备、视频监控、门禁系统建设。通过“物理集中，逻辑分级”的管理，实现“电子档案规范化管理，纸质档案电子化管理”，从而实现档案馆核心信息资源安全利用。项目建设完成了全区 80 多家单位十年档案移交进馆，及档案扫描进馆后的数据储存问题，有效解决了新开发的两个档案信息系统所需的安装服务器。该项目将区档案馆打造成为一个以数据采集、数据存储、数据管理、数据利用为核心的安全可靠的档案信息中心，提供档案信息资源利用服务，并为数字档案馆的最终建成提供硬件支持。

【区融媒体中心“一区一网站”建设项目通过验收】 2019 年 12 月 19 日，宝山区融媒体中心“一区一网站”建设项目通过专家验收。根据《上海市人民政府办公厅关于推进本市政府网站集约化整合工作的通知》要求，项目于 2019 年 4 月完成开发、测试并投入运行。本项目优化网站页面设计，搭建统一内容保障平台，增加各专栏的资源管理、报送流程、统计排行、检索等功能；关停 52 家委办局、街镇网站，将各部门网站内容整合到区门户网站，根据各部门和街镇工作特点的新增内容和服务栏目建设需求，建设 18 个专栏（其中部门 6 家、街镇 12 家），并根据主题性、阶段性和时效性需求，开设 21 个专题；整合各部门原网站数据，完成专栏数据、应用数据迁移，并对站点模板代码进行了改造，符合新平台编码规范要求；整合信息公开平台，统一入口信息，实现单点登录；完善智能服务建设，系统自动采集网站页面内容，对采集的数据进行业务梳理，形成智能知识库，自动答复市民和企业等各类人群咨询的问题。“一区一网站”建设通过统一标准体系、统一技术平台、统一安全防护、统一运维监管，集中管理信息数据，集中提供内容服务，实现政府网站资源优化融合、平台整合安全、数据互认共享、管理统筹规范、服务便捷高效，实现所有专栏资源的统一管理，所有专栏应用部署统一出口。截至 2019 年 11 月 30 日，区门户网站共发布信息 42 144 条，其中信息公开 6 471 条，宝山动态、公众服务、营商环境和专题专栏等 35 673 条。

【区融媒体中心统一受理平台宝山区配套建设项目通过验收】 2019 年 12 月 19 日，宝山区融媒体中心统一受理平台宝山区配套建设项目通过专家验收。项目于 2019 年 5 月完成开发、测试并投入运行。根据“政务服务一张网”的总体要求，宝山区对原网上政务大厅的前台页面、区网上政务大厅通用审批平台以及其他区自建业务系统进行全面改造升级，以满足“统一受理平台”受办分离的总体要求。项目主要建设内容包括：宝山区级频道整体框架改造，取消原分厅概念，前台页面通用部分和区级特色两类构成，新增宝山区 12 个街镇频道，“一网通办”宝山频道增加宝山特色服务栏目“企业管家小宝”、邮轮产业、政务服务虚拟大厅、实时咨询服务，以链接入口方式，为大众提供宝山特色服务；对市条线事项进行承接，包括办事指南要素的拓展、事项网上申报入口的对接以及宝山区用户权限配置等内容，截至 8 月接入市级事项 627 项(包括子项、办理项)；对区已有业务系统进行梳理和调研，并根据系统的实际情况，选择采用标准化受办理一体应用模式、统一配置开发模式或系统改造迁入模式进行接入，截至 8 月，共接入区级事项 312 项(包括子项、办理项)，其中 4 个事项采用统一配置开发模式进行接入，并统一配置业务系统，提供申报、预审、收件、受理、办结的标准化业务流程；建设宝山区行政服务中心 360 度全景虚拟大厅，借助三维全景技术，线上线下深度融合，以实体大厅为模型，在线上 100% 还原实体大厅场景及服务功能，企业可以通过“虚拟总台”“虚拟客服”“虚拟窗口”，自助导览功能区、查阅办事指南，并进行在线咨询和在线申报，还可乘坐“虚拟电梯”，瞬间“漂移”到不同楼层，实现从辅助到办事的全流程仿真体验，同时开通企业管家小宝专栏服务，提供 18 项主题导引，企业可通过不同业务引导，最终形成一张办事清单，提升企业办事效率。统一受理平台建设为群众和企业提供了更方便的入口和优质服务。

【区行政服务中心统一受办理系统建设(二期)项目通过验收】 2019年12月26日,宝山区行政服务中心统一受办理系统建设(二期)项目通过验收。项目融合“一网通办”总门户、电子证照库、数据资源共享平台,推动减环节、减时间、减材料、减跑动次数,优化了企业的办事体验。主要建设内容包括:中心受办理系统改造、电子证照管理、统一制证、大厅集成管理平台、智能化设备应用深化、智能数据辅助决策系统、与市统一受理平台对接整合、与市政务服务事项管理平台对接、与区政务信息资源共享平台对接、中心受办理系统改造迁移、区现场服务系统对接。项目上线运行以来,完成了对140余项行政许可事项的业务流程改造,并对审批结果进行个性化改造以适应证照归集需求;完成市级电子证照库279类电子证照的对接应用,实现了电子证照在1 000余项政务服务事项中的共享应用;通过用证清单模式进行证照应用,覆盖110余项事项,累计调用165 645次;完成对13类事项的审批结果制证,通过市电子证照库归集 2 700余张证照;对接政务服务事项库落地1 300余项行政审批事项,实现线上线下事项同源。

二、社会领域信息化

【智慧健康建设】 2019年,宝山区大力推进“区域互联网+医疗健康”建设应用,在全市率先试点推进移动家庭病床,完成“健康云”区级平台升级。

【智慧交通建设】 2019年,宝山区完成全区公交电子站牌建设,在全市率先实现区域公交电子站牌全覆盖。建设区道路交通实时监控指挥系统、区共享停车公共服务平台、淞宝地区停车诱导系统等项目,进一步提升交通通行效率和智能交通管理水平,有效提升本区停车资源利用效率。

【社区智能微菜场建设】 2019年,社区智能微菜场连续四年被列为宝山区政府实事项目,已建设完成364个智慧微菜场,数量在全市排名第一。

【社区、农村和商务楼宇智能安防升级改造】 2019年,宝山区实施222个技物防薄弱小区升级改造工程,实现全区850个封闭式小区进出口“微卡口”(人脸识别系统、车牌识别系统、WiFi

嗅探）全覆盖。

【垃圾智能分类】2019 年，宝山区打造社区垃圾智能分类回收平台，真正推动城市居民生活垃圾的减量化、提高垃圾的循环利用率。

【“宝山科技”云服务平台通过验收】2019 年 1 月 24 日，“宝山科技”云服务平台建设项目通过验收。平台的建设旨在实现宝山科技创新项目申报全程网上操作，申报、立项、审批、过程监管等全流程管理，提高工作效率，提升服务能力。平台已实现统一用户身份线上认证，申报流程、申报表格统一管理，智能填表和数据输出等功能。截至 2019 年年底，平台已完成各类科技创新项目的实际申报，210 个企事业单位在申报系统上完成注册，并已接受 249 个科技创新项目的申报。系统运行使用良好，申报单位进行网上申报，各业务部门则能够实时查看、了解、审核项目申报内容，更新项目申报动态，充分发挥云服务平台的作用。

【区养老服务信息管理系统通过验收】2019 年 3 月 20 日，宝山区养老服务信息管理系统通过专家验收。该系统包含社区老人信息管理及采集、居家养老业务管理、日间照料中心管理、机构养老汇总管理、老伙伴计划管理、社区助餐点餐管理、养老从业人员管理、养老服务评价管理、第三方养老服务商服务数据管理等 11 个模块以及社区老人信息采集、居家养老业务管理 2 个 APP。系统将呼叫服务、生活服务和老年关怀数据接入第三方服务数据管理模块中，便于养老服务信息管理系统查询、共享，使服务更加精准，监管更加到位，养老服务管理水平得到显著提升。

【区食品安全风险控制电子监管地图系统通过验收】2019 年 4 月 19 日，宝山区食品安全风险控制电子监管地图系统通过专家验收。该系统通过对接宝山区事中事后综合监管平台系统，依据《食品生产经营风险分级管理办法》中的相关规定，制定各类风险因素分析规则，对食品生产经营者的基础信息、许可证信息以及动态的企业监管记录、隐患信息等进行综合评估。截至 2019 年 12 月，已对 18 794 户低风险、666 户较低风险、4 640 户中风险以及 434 户高风险食品经营单位开展分级监管，并在 Web 端、APP 端形成食品风险地图。系统可以设置食品许可证到期时间、新证检查频次、高风险隐患限期消除等警示功能，已存储食品经营单位平面图 6 669 份，进行隐患预警推送 21 097 次，新证必查预警推送 1 219 次，进一步提升了区域食品安全风险管控工作的科学性、规范性和实效性。

【区智慧化冷冻食品全程监管平台通过

验收】2019年4月19日，宝山区智慧化冷冻食品全程监管平台通过验收。平台对辖区内20余家食品冷链储运企业备案，对库存冷冻食品全程的温度、湿度等状态实时连续监控，对库存食品质保期进行实时预警。截至2019年12月，已累计记录出入库食品安全信息15.36万条，并进一步规范了冷库信息流程，扩大了冷冻食品的信息透明度及实时互享性。

【宝山社区文化中心及社区卫生服务中心公共场所无线覆盖工程通过验收】2019年5月14日，宝山社区文化中心及社区卫生服务中心公共场所无线覆盖工程通过验收。项目针对宝山区内10处社区文化中心及16处社区医院等共计26处场点公共部分进行WLAN覆盖，提供对市民和访客的24小时免费上网服务。中国电信按照《上海市公共场所无线局域网(i-Shanghai)覆盖建设指南V2.0》(以下简称“《建设指南》”)的规范，提供统一的公共服务标识(SSID)和服务图标，并按照《建设指南》的规范，提供中国电信上海公司覆盖场所登录的统一门户页面，使用者登录认证页面后，可输入个人手机号码，由认证页面通过短信发送登录密码，实现免费上网。

【上海文化云宝山子平台建设(一期)项目通过验收】2019年8月8日，上海文化云宝山子平台建设(一期)项目通过专家验收。项目按照《关于推进文化上海云平台建设的通知》和《关于推进“文化上海云”区县子平台建设的工作方案》的要求，整合宝山区所有公共文化资源和文化服务，实现展示平台、服务平台、交流平台的资源汇聚，为全区市民提供文化服务。项目主要完成了软件系统建设、云服务租赁、辅助设备硬件购置等。软件系统建设主要包含文化宝山云服务网站、移动终端APP、后台信息管理系统、多媒体终端系统以及与文化上海云和宝山区图书馆系统对接。“文化宝山云”平台已覆盖12家宝山区街镇社区文化活动中心及5家宝山区文化和旅游局下属单位。平台自2018年1月上线以来，共发布活动信息27 779场，其中可预约活动21 201场；注册用户14.1万；活动室总计102个，其中可预约活动室98个。同时，“文化宝山云”平台还配合开展运营了宝山区各类大型活动项目，包括宝山国际民间艺术节、宝山大剧荟、美育大课堂、广场舞大赛等。

【区工人文化活动中心智能化工程通过验收】2019年11月7日，宝山区工人文化活动中心智能化工程通过专家验收。项目围绕“工人的学校和乐园”的定位，结合中心场馆现有的硬件设备及网络实际情况，以先进成熟的计算机灯控系统及平台通信技术为主要手段，实施中心场馆灯光控制及平台改建工程。项目完成后,整个智能平台覆盖中心场馆的乒乓房、桌球房、健身房、书画馆、多功能厅、培训教室、劳模工匠风采馆等各类场馆,职工团体和个人都可以通过 APP、微信二维码,实现平台上展览场馆、活动场地的预约、付费、查看场地实时热度情况等功能。并可以通过绑定工会会员卡,实现身份认证、享受优惠。

三、 城市建设管理领域信息化

【区安全生产监管信息系统(二期)项目通过验收】2019 年 7 月 17 日,宝山区安全生产监管信息系统(二期)项目通过专家验收。该项目在一期的基础上,实现了安委会成员单位信息管理、成员单位管辖企业信息管理、管辖企业隐患上报、成员单位简易执法、事故公示及事故企业信息管理、成员单位信息联动、安全知识管理、数据展示及报表生成。本项目通过要求成员单位管辖企业自主开展日常隐患排查,让企业成为责任主体,同时建立成员单位间的信息共享和执法联动机制。项目自正式启动以来,区安委会有关单位通过系统上报隐患 212 条,检查单位 94 家次,第一时间消除安全隐患,杜绝安全生产事故的发生,在具体工作中落实和发挥每一个安委会成员单位在消除安全生产隐患中的重要作用,通过信息化手段为宝山区的安全生产保驾护航。

【区安全生产监管信息系统升级项目通过验收】2019 年 7 月 17 日,宝山区安全生产监管信息系统升级项目通过专家验收。项目建设包含两个模块。一是行政执法流程升级:新增日常检查方案、重点时段检查计划、重点企业检查计划、月检查计划、根据《安全生产监管执法手册》2017 版的内容进行文书调整。二是双随机检查:增加双随机检查模块,建立双随机企业名录库、双随机检查人员名录库,从双随机企业名录库及双随机检查人员名录库中抽取企业及检查人员,进行双随机检查。通过重塑行政执法流程、规范安监人员执法、进一步提升全区各级安监机构日常监管效率,及时发现消除安全生产隐患;建立健全被检查企业名录库和执法检查人员名录库,通过系统算法随机抽取等方式,从主体名录库中随机抽取检查对象,从执法检查人员名录库中随机选派执法检查人员,开展双随机检查,保证执法的公正公开。

【区城市管理行政执法局职级绩效管理系统及城管执法指挥中心建设项目通过验收】2019 年 9 月 6 日,宝山区城市管理行政执法局职级绩效管理系统及城管执法指挥中心建设项目通过专家验收。项目于2019年2月完成开发(建设)、测试并投入运行。本次项目建设主要包含城管职级绩效管理系统和区城管执法局指挥中心大屏系统,有效整合了宝山区城管信息资源,通过对执法案件等方面的考核细则进行细化和量化,逐步建立宝山城管综合绩效考核积分指标,从而提升了城管执法考核工作质量。截至2019年年底,城管职级绩效管理系统全年累计报勤2 520次、考勤45 974人次、问题发现处理8 466次、网上投诉处置11 464件、网上督察1 634件、网上办案5 792件。

【区智慧能源管理系统通过验收】2019年11月27日,宝山区智慧能源管理系统通过专家验收。系统总体分为智慧能源管理系统软件平台及智慧能源管理中心两个部分,其中智慧能源管理系统软件平台包括政府服务、企业服务、用能权管理及公共服务四大模块,按照“全区统一、分级管理、互联互通”原则,将现有分散、条块化能耗管理工作归拢到本平台。此外,系统还无缝接入了区公共建筑能耗在线监测系统、宝山工业园区智慧能源管理平台等分散式的系统。通过高起点的云架构和最新物联网、互联网和大数据技术设计,系统在线监测全面覆盖全区500吨标煤以上能耗单位,通过智能化分析为宝山区能耗双控管理工作提供科学有效的决策支撑,促进能耗双控精细化管理,助力完成能耗双控目标,减轻企业用能成本,促进节能减排。系统平台已累计产生业务数据1 200万条,其中能源统计数据5万条、占比0.4%,能耗在线监测数据1 100万条、占比99.6%。共产生约5万次查询,累计使用次数2 000次。其中能源综合分析查询2万次、占比36%,能源强度分析查询2万次、占比36%,能源在线监测数据查询1.5万次、占比28%。

四、 信息产业发展

【工业互联网及两化融合政策宣贯培训会举办】7月10日,2019年宝山区工业互联网及两化融合政策宣贯培训会举办。来自科研院所及企业的专家讲师团成员,结合当前企业广泛关注的工业企业转型升级、工业互联网实施路径等问题,与参会的近100名企业代表进行分享交流,帮助区内企业深化对工业互联网、两化融合管理体系的认识。培训会对于加快推进宝山区工业互联网发展,普及两化融合管理体系标准,加速产业技术创新和管理变革,提升全要素生产率和企业竞争力起到了积极作用。

【2019(第六届)中国产业互联网高峰论坛举办】2019 年 10 月 23 日,由中国互联网协会和上海市宝山区人民政府主办的 2019(第六届)中国产业互联网高峰论坛开幕。论坛上,中国产业互联网创新实践区重点园区和产业互联网创新示范企业被正式授牌,长三角产业互联网联盟揭牌成立。此次论坛重点围绕"智能·5G 应用·人工智能"主题,汇聚了来自政、产、学、研界的多位大咖以及各行业的资深专家,分享了产业互联网、人工智能、工业互联网、区块链、智慧城市等领域的诸多前沿技术和实践成果。

五、信息基础设施建设

【5G 和新型城域物联专网建设工作推进会召开】2019 年 5 月 10 日,宝山区信息委(以下简称"区信息委")组织区各通信运营企业和上海铁塔公司召开宝山区 5G 和新型城域物联专网建设工作推进会。会上,区信息委介绍了市经济信息化委《关于加快推进上海 5G 网络建设和应用的实施意见》,对 5G 创新应用示范项目和 5G 应用研发创新基地的申报工作进行布置。同时,对 5G 和新型城域物联专网建设工作提出以下要求:一是要求各通信运营企业和铁塔公司按照工作计划和工作要求,积极协调各方,确保 2019 年基站建设、应用推广、示范宣传等各项工作全面完成。二是形成常态化工作机制,区信息委每月召集各通信运营企业和铁塔公司召开工作例会,及时跟进 5G 基站建设和创新示范项目建设进度;三是各通信运营企业和铁塔公司明确,信息报送人员每月报送推进进度统计表,并形成工作简报。各通信运营商及铁塔公司相关负责人就工作进展、工作总体情况及遇到的问题与区信息委进行交流,并表示会全面配合宝山区 5G 和新型城域物联专网建设工作。

【5G 规划建设汇报会召开】2019 年 9 月 4 日,区信息委组织召开区"四大板块"5G 规划建设工作情况汇报会,区规划资源局、南大指挥部、宝山工业园区、地产北投、吴淞口国际邮轮港、区各通信运营企业、东方有线、铁塔公司、市邮电设计院等单位出席了此次会议。会上,首先由市邮电设计院具体介绍了"四大板块"5G 规划初步方案,随后,区南大指挥部、宝山工业园区、吴淞邮轮港和地产北投公司分别交流了各自区域开展 5G 规划编制的进度及遇到的问题。之后,三大

运营商、东方有线以及铁塔公司就自身5G基站建设需求和存在的问题做了简单交流。最后，区信息委提出要加速推进宝山区5G基站规划和建设工作，提升信息基础设施服务能级，更好地服务于宝山区产业发展。

【信息基础设施建设】 2019年，宝山区全年新建通信管线167沟公里，新建和共建共享5G移动通信基站1 288个、4G移动通信基站616个。至2019年年底，累计可用通信管线共4 131沟公里；累计建设公用移动通信基站4 171个，其中5G基站1 288个、4G基站3 309个；累计接入宽带用户约79.7万户，平均接入带宽达到200 M；无线覆盖热点649个，无线AP数6 330个。移动通信应用更加普及，移动电话用户约305.5万户；固定电话用户约37.2万户。IPTV用户数达33.4万户，增加5.4万户；数字电视线路覆盖全区74万户，增加1万户，全区覆盖率达100%。

六、信息化环境建设

【区智慧城市顶层设计和项目建设】 2019年，宝山区强化顶层设计与规划引领，初步形成"1+4+7+X"为基本框架的宝山区新型智慧城市总体建设方案和宝山区智慧城市场景布局蓝图，进一步明确智慧城市场景建设的核心和关键在于为区委、区政府中心工作服务，为全区产业发展服务；聚焦项目建设，全力提升智慧城市建设水平，积极打造社区、村庄智慧治理示范点，大场镇、罗泾镇塘湾村成功创建上海市首批智慧社区（村庄）建设示范点（全市15家，宝山入围2家）；积极提升智慧园区（商圈）建设水平，宝山区智慧园区建设水平评估位列全市第二名。

【上海智慧城市应用开放日活动举行】 2019年5月10日，宝山区开展第四期上海智慧城市应用开放日并发起"市民献计智慧宝山"活动。活动当天，宝山区各政府机关单位相关工作人员、智慧城市领域企业代表及市民参观了宝山区"雪亮工程"和"社区通"、大场镇城市运行中心平台、智能安防小区、智慧商圈等与市民生活相关的智慧应用场景，参与"市民献计智慧宝山"活动，充分调动市民参与智慧城市建设的积极性。通过此次活动，听取广大市民对"智慧宝山"建设的意见和建议，为宝山区开展下一步智慧城市建设出谋划策。

【2019年度上海市信息化发展专项资金项目申报政策宣贯培训会举行】 2019

年1月17日，由区信息委组织举办的2019年度上海市信息化发展专项资金(智慧城市建设和大数据发展)项目申报政策宣贯培训会举行，各街镇、园区的70家相关单位、企业参加会议。此次培训聚焦信息化建设和应用、工业互联网、人工智能专项支持等，旨在广泛动员宝山区内各相关单位申报上海市信息化发展专项资金(智慧城市建设和大数据发展)，加快推进宝山区新型智慧城市建设，加快培育智慧城市和大数据产业发展。

【“2019上海智慧城市进万家”系列宣传活动举办】2019年5月25日，由区信息委主办的以“探索城市新力量　寻找智慧新场景”为主题的“2019上海智慧城市进万家”系列宣传活动启动仪式、人工智能互动体验展暨“智慧宝山”定向赛活动拉开帷幕。市经济信息化委总工程师张英、宝山区副区长吕鸣出席活动并致辞，150名定向赛参赛选手、数百名市民参与活动。通过本次活动，进一步宣传了宝山区智慧城市建设成果，宣传了人工智能赋能经济高质量发展、城市高效率运行、市民高品质生活，提升了市民对宝山区智慧城市建设的感知度和体验度。

【宝山区信息化工作推进会召开】2019年7月17日，宝山区召开信息化工作推进会，区发改委、区公安分局、区网格化中心、区财政局、区教育局、区文旅局、区民政局、区行政服务中心等近40家相关委办局、各街镇园区的信息化分管领导和联络员出席了此次会议。会议详细说明了《2019年宝山区信息化建设项目实施计划》情况、《宝山区信息化项目管理办法》修订情况、2019年上海市智慧城市发展水平评估指标体系、2019年区目标管理绩效考核工作实施意见(智慧城市建设考核指标)，并部署了2020年宝山区信息化建设项目的申报工作及2019年软件正版化及电子印章应用推进工作。

【2019上海市智慧城市大讲坛智慧政务论坛举办】2019年7月12日，以“数智赋能　智慧政务”为主题的2019上海市智慧城市大讲坛智慧政务论坛在宝山区举办。论坛由市经济信息化委、宝山区人民政府主办，宝山区信息化委员会、上海市经济和信息化发展研究中心、上海市智慧城市建设促进中心承办，长三角智慧城市建设发展联盟(CSCA)协办，上海维仁文化传播有限公司执行。本届论坛以“智慧政务”为主题，与会的江浙沪皖三省一市领导和嘉宾做了深入探讨和广泛交流，助推长三角一体化国家战略落地实施。

(周隽婷)

第十一章　嘉定区信息化建设

概　述

2019年，在市经济信息化委的关心支持下，在区委、区政府的正确领导下，嘉定区智慧城市建设紧紧围绕“打造科创中心重要承载区，加快建设现代化新型城市”两大核心任务，抢抓5G、人工智能、工业互联网等技术发展契机，聚焦优势更优、特色更特、强项更强，进一步强化统筹领导与协同推进，不断推动智慧城市试点示范与创新应用建设，打造智慧城市区域品牌。嘉定区以完善新一代信息基础设施、推进新型城域物联专网建设、深化数据资源共享交换、服务智慧城市产业发展等为抓手，进一步提升民生服务能力，增强城市智能化感知能力，强化城市精细化管理水平，在各领域都取得了良好成绩。

一、政务领域信息化

【智慧政务建设深化】2019年，嘉定区智慧政务建设持续深化，嘉定区电子政务外网已实现区、镇、村三级光纤网络全覆盖，涉及2 331个接入单元，其中包括行政村172家，居委会69家，社区208家，镇企业141家，各委办局、职能部门及事业单位包括学校、医院、公安等各条线1 741家，接入网络用户达23 978名；区智慧政务办公平台用户总数达16 219人，日均在线办公人数约6 000人。智慧政务云计算中心规模不断扩大，完善区智慧政务云计算中心和区智慧政务数据网络中心。“两中心”承载全区各类网络设备2 325台、服务器227台，运行虚拟机247台、政务云主机 171 台，承载全区各类业务系统 127 个。大数据中心共有计算机资源 VCPU 1 868 个、内存 2.8 T、存储空间 188 T，基础资源平均使用率达 66.4%。

【全勤网格建设推进】 2019 年 4 月，嘉定区召开全勤网格建设动员部署会，总结部署相关工作。区委常委、区委政法委书记陆奕绎出席会议并讲话。陆奕绎在讲话中指出，推进全勤网格建设，是新形势下维护国家安全和社会安定的现实需要，要切实增强责任意识，充分认识全勤网格建设的重要意义；各单位要坚持问题导向，注重线上与线下相结合、规定动作与自选动作相结合、专项工作与系统推进相结合，围绕关键环节全面提升全勤网格实战能力；切实加强全勤网格建设的组织保障，加强统筹协调、优化考核评价、强化队伍建设、严格数据管理，提升全勤网格的实际效果。下阶段，嘉定将加快推进“雪亮工程”综治联勤应用平台上线，加速实现与智慧公安的互通共享，把视频资源、数据资源共享应用到城市管理、社会治理等领域。各街镇要依托联勤队员进行现场实地采集，协同推进城市管理部件类基础数据库建设；相关部门要把管理力量下沉到基层，共享部门资源并提出数据资源应用需求。

【“一网通办”工作推进】 2019 年 7 月，嘉定区召开“一网通办”工作推进会议，总结部署相关工作。中共嘉定区委书记章曦出席会议并强调，全区上下要按照中央和市委的要求，以更大决心把“一网通办”推向纵深，以更实举措打响“一网通办”品牌，以更强合力确保“一网通办”取得实效。根据部署，嘉定区将重点做好五方面工作：一是以“双减半”“双 100”为目标，推进业务流程再造，审批承诺时限和实际审批办理时限在法定时限基础上平均压缩 70% 和 75%，进一步精简审批证明材料，努力实现一批事项“零跑动次数”；二是以拓展政务服务深度广度为目标，继续拓展政务服务事项接入“一网通办”门户，不断深化政务服务事项标准化建设，继续推进电子证照的应用与归集，优化线上“一网通办”；三是以综合集成提效能为目标，结合新行政服务中心的投入使用，注重线上线下联动共通，逐步实现所有全市通办事项“单窗通办”，推动线下“只进一扇门”；四是以综合监管促公平为目标，构建政府主导、行业自律、企业自控、社会监督的“四位一体”监管格局；五是以创新突破有特色为目标，进一步深化“主题服务”，推进政务服务区域扩展，推动项目全程代办服务，探索开展“信易批”，做优“一网通办”政务服务体验。会上，嘉定区大数据中心揭牌，区大数据中心将承担全区政务数据资源的归集、共享、开放、应用、安全等工作，并负责“一网通办”平台、电子政务云、数据共享交换平台等的建设和运维，为“一网通办”工作顺利推进提供重要保障和有力支撑。

二、社会领域信息化

【干湿垃圾智能投放器使用试点】 2019年1月，南翔镇永翔社区率先试点使用全新的干湿垃圾智能投放器。居民投放干、湿垃圾时，只需找到相应的投放口，对准箱面上的扫描头，用绿色账户的二维码进行扫描，回收箱门即可打开，垃圾分类投放后自动完成绿账积分。与传统的投放方式相比，智能投放器减轻了志愿者人工逐户进行积分扫描的工作量，而且方便居民随时投放。该套干湿垃圾智能投放器试点启用后，每天来扫码丢垃圾的居民达到200多人次，每天湿垃圾回收量约200公斤，有效促进居民形成垃圾分类常态化的良好生活习惯。

【“3+X”新型家庭医生签约服务模式获奖】 2019年7月，在第三届全国基层卫生信息化创新大赛中，嘉定区“3+X”新型家庭医生签约服务模式荣获三等奖。嘉定区“3+X”新型家庭医生签约服务模式凸显了人本观念，实现了从“治疗为中心”向“健康为中心”的转变。通过业务流程的梳理和再造，将健康管理、诊疗服务和慢病管理在业务流程上进行整合，辅以信息化手段作为支撑工具，实现做实家庭医生签约服务的工作目标。同月，在嘉定举行的世界卫生组织(WHO)西太区经济转型期国家卫生人才培养制度创新第三次会议暨嘉定合作项目实践分享会议上，嘉定区“3+X”新型家庭医生服务模式引发各国代表的关注和热议，为全球初级卫生保健人员能力建设提供了新思路。截至2019年12月，嘉定区累计47.19万人签约家庭医生，签约居民共转诊8 928人次，区内二、三级医院通过“1+1+1”转诊平台共接收病人6 687人次；建设完成20家智慧健康小屋(其中5家市级标准)，充分利用互联网、大数据等新技术，帮助居民自我健康管理。

【安亭镇入智慧社区(村庄)示范点建设】 2019年11月，由市经济信息化委组织开展的上海市首批智慧社区和智慧村庄建设示范点评选中，以红梅社区为智慧社区建设试点的安亭镇入选上海市首批智慧社区(村庄)示范点。为加快推进区域内智慧社区试点建设，近年来，安亭镇以“红梅E家”智慧社区的试点建设为重点，围绕“1+4+N+X”(1

个大数据平台、4个业务方向、N个用户前端设备、X个智慧应用）的总体建设框架，在广泛收集各方需求的基础上，建立了智慧安亭公共服务平台“红梅E家”，通过“四屏一网”实现社区党建、社区安全、社区管理、社区服务等智慧社区应用功能，并运用人工智能技术，实现社区精细化管理。

三、 城市建设管理领域信息化

【智能停车系统建设】2019年3月，位于天祝路裕民南路路口的嘉定区首家无人值守智能停车场——天祝路1号停车场（33个车位）正式启用，通过“无人收费+集中管理”的服务理念与“云+人工智能”新型技术相结合，实现了智能进出、扫码缴费、空位提示、一键对讲、泊位共享等便民功能。根据需求，该停车场采取共享车位的方式，提供临时停放、月共享停放和年共享停放三种服务。下阶段，嘉定区将逐步建立覆盖全区的停车信息管理与停车诱导系统，在嘉定镇中心城区停车诱导系统（一期）已建设完成并投入运营的基础上，整合嘉定新城、南翔、菊园新区停车信息，建设嘉定区停车诱导系统（二期）工程。通过互联网、移动通信和区域停车信息显示屏等发布车位信息和停车诱导信息，从而减少车辆寻找车位的无效交通，提高车位利用率，改变“停车难”和“停车乱”现象。

【立体生态环境监测网络建设】2019年，嘉定区优化完善生态环境监测网络，推进环境监测预警体系建设，进一步提升环境监测能力，成为落实生态环境保护工作的有力保障。嘉定区通过不断完善全区监测站点布局，已逐步形成全要素、全方位、全天候的立体生态环境监测网络，为实时保障区域环境安全、提高区域环境质量发挥基础性作用。嘉定已建成7个环境空气自动监测站，并布局了100套PM2.5便携式监测设备，通过网格化管理，形成覆盖全区的空气质量监测网络；在“三横三纵”主干河流关键断面建造10座地表水水质自动监测站，初步形成区内主要河道常规水质自动监测网络；在交通主干道设置由4个功能区噪声自动监测点、14个区域网格噪声监测点组成的声环境质量监测体系；结合不断完善的废水污染源、烟气污染源及扬尘的实时监测监控系统，嘉定区已初步形成环境质量在线监测全覆盖，为环境污染突发事件的快速发现、响应和处置，奠定了坚实的基础。

【“平安边界”建设】自2018年开展“扫

黑除恶”专项斗争后，嘉定区华亭镇与江苏省太仓市浏河镇紧密协作，采取人防技防相配合的方式，进一步加强两地交界处各主要路口及无名道路的管控，推进“平安边界”建设。为加强对两地交界处无名道路的管控，除增加执法人员数量配比和执法频次外，公安部门还在相关道口安装高清监控设备，并将其纳入“雪亮工程”，提升道口监管水平。此外，华亭、浏河两地综治指挥中心建立了可视化信息对话交流系统，两地可及时将发现的治安管控问题通过视频互通，逐步建立联控、联防、联治的合作机制。并且借助该系统，两地还可实现重点人员信息互通、图像监控资源共享、治安案件协作等。

四、信息产业发展

【人工智能产业促进】2019 年 5 月，首届数据处理技术与产业峰会在嘉定工业区召开。会上，嘉定区、国家信息中心数字中国研究院与柏睿数据科技(北京)有限公司共同成立新一代数据库与人工智能研究中心。同时，嘉定区还与国家工业信息安全发展研究中心签署战略合作协议，共同在嘉定工业区打造智慧工业互联网园区。嘉定工业区正在抢占人工智能产业发展制高点，积极打造人工智能的跨界融合生态，搭建技术交流、产业交流、人才交流公共平台，促进共性技术研发联动、上下游企业创新协同。

【“氢能港”规划建设】2019 年 6 月，在嘉定区氢燃料电池汽车产业集聚区揭牌暨项目签约仪式上，《氢燃料电池汽车产业集聚区规划》和《鼓励氢燃料电池汽车产业发展的有关意见(试行)》发布。嘉定将全力支持氢燃料电池汽车技术研发、示范应用和产业化率先突破，努力打造具有世界竞争力的“氢能港”。

【上海智能传感器产业园启动】2019 年 12 月，“传感未来智行天下”上海智能传感器产业园启动会暨重点项目签约仪式在嘉定工业园举行，会上发布 39 条扶持政策，32 个重点项目签约，总投资 248 亿元。集成电路是嘉定区重点培育的四大新兴产业之一，嘉定区也将智能传感器产业作为区域经济发展重点之一。规划建设的上海智能产业园，着眼于弥补智能传感器“中国芯”短板，重点聚焦智能硬件、智能驾驶、智能机器人、智慧医疗、智慧教育等应用领域，发展基于 MEMS 半导体工艺，涵盖力、光、声、热、磁、环境等类目的智能传感器产业。会上还进行了重点项目签约，项目遍布传感器芯片设计、制造、材料、系统、应用、封装、测试等产业链不同环节，这些优质项目的集中入驻成为未来拉动嘉定区域经济实力的强大引擎。

【嘉定区人民政府与滴滴出行集团合作签约】 2019 年 4 月，嘉定区人民政府与滴滴出行集团举行合作签约仪式。协议明确，滴滴出行集团将在嘉定区建设创新中心，与嘉定区共同推动新能源汽车运营、自动驾驶创新技术研发、开展普惠出行运营试点建设。双方还将共同研究定制城市智慧公交等交通创新解决方案，探索公交系统降本增效方案。滴滴也将进一步发挥资源优势，推进智能交通调度、公交线路优化等技术和管理创新，协助嘉定区发展城市绿色共享出行。

五、 信息基础设施建设

【信息基础设施不断完善】 2019 年，嘉定区信息基础设施建设不断完善。全区家庭宽带用户覆盖率达 100%，实际在网用户总数达 52.44 万户；全区范围内，“光纤到户”家庭用户覆盖率达 100%，实际在网用户数达 52.14 万户，家庭光纤最高宽带速率可达 1 000 Mbps；全区累计建成并开通移动通信宏基站物理站址 1 751 处，累计建成移动通信室内分布系统 1 575 处，其中 5G 移动通信室内分布系统 67 处，极大提升了移动通信网络深度覆盖能力；全区在网手机用户总数达 265.5 万户，同比增长 2.39%，其中 4G 手机用户数达 218.4 万户，同比下降 1.28%。

【新型城域物联专网建设】 2019 年 1 月，嘉定区政府发布《关于加快推进嘉定区新型城域物联专网建设的实施意见》，明确各项具体目标及任务，确定以物联感知技术推动社会共治、城市精细管理、智慧生活服务等领域智慧城市建设发展方向。基于总体规划目标，嘉定区与中电科集团共同围绕社会治理共治、新一代智能交通、新型数字农业三个试点方向，分别以嘉定镇街道、国际汽车城、华亭镇为试点区域，积极推进“城市神经元”部署、物联感知应用建设；初步建成城域物联专网基础传输网络，形成区、街镇、小区三级联网结构，基本实现全区各街镇综治中心与城运中心的网络互通；形成多项物联专网创新示范应用，并结合各试点区域的实际需求，不断细化、打磨各项创新示范应用的业务流程及应用场景；打通物联感知数据资源的整合渠道，实现区内多个部门的数据资源与物联专网平台的数据交互，进一步加强城市运行态势监测、事件综合治理联动等功能的汇聚和分析能力。

【5G移动通信基站规划建设】2019年，嘉定区制定并发布《关于配合做好2019年嘉定区移动通信基站建设选址工作的通知》，明确156处移动通信基站选址点位，加强移动通信基础设施建设保障；在上海铁塔公司嘉定分公司的支持配合下，全年各运营商5G基站设施建设完工总量为1 048座，其中上海移动176座、上海联通542座、上海电信330座。同时累计完成1 711处天面、电力、通信传输等基站配套设施建设。嘉定区5G宏站覆盖区域主要集中于主城区、嘉定新城、国际汽车城、南翔镇等主要城镇化区域。同时，在智能网联汽车开放道路测试区范围内，各运营商均完成了相关应用场景的5G网络覆盖，为基于5G的智能驾驶数据传输营造了基础环境。

六、信息化环境建设

【区智慧城市体验周活动举办】2019年12月16—19日，2019嘉定区智慧城市体验周举办。活动周分别在嘉定区创新创业大厦、江桥亿达北虹桥创业城2个会场，开展了4场政策宣讲和技术分享专场活动，吸引了来自嘉定工业区、菊园新区、江桥镇、南翔镇等区域的上百家园区、经济城、企业参加，累计参与人数近400人，为提升产业协同创新能力、培植数字经济发展新优势营造了良好的宣传氛围和环境。本次活动主要以“5G创新应用巡展及技术分享”为主题，设置“5G+医疗”“5G+工业互联”“5G+智能制造”等巡展主题展台，为参会企业宣传展示智能制造、工业互联网、医疗、交通等领域的5G等新一代信息技术发展趋势；邀请来自上海电信、上海联通，以及行业内相关技术企业的专家，围绕“装备联网”“两化融合”“企业上云”等技术主题，与参会企业进行交流分享。

【2019世界智能网联汽车大会举行】为进一步推动智能网联汽车由测试端向产业端迈进，贯彻落实长三角区域一体化国家战略，切实丰富5G在应用领域的实践经验，2019世界智能网联汽车大会于2019年9月16—17日在上海汽车会展中心举行。本届大会由上海市人民政府、工信部共同主办，以“共创、共建、共赢”为主题，联结全球创新资源和长三角产业集群资源，展示智能网联汽车及智慧交通领域最新技术、产品成果和商业

模式，研讨全球智能网联汽车最新政策法规、标准规范，以及所需的开放式创新公共平台和生态体系，促进国际经验交流与产业合作。会议期间，全国首批智能网联汽车示范应用牌照发放、上海第三阶段智能网联汽车开放测试道路正式发布、5GAA 全球首个 5G 智慧交通示范项目也正式启动，嘉定乃至上海在推动智能网联汽车产业发展的道路上，又迈出坚实一步。

【第二届长三角科技成果交易博览会举行】2019 年 9 月 25 日，第二届长三角科技成果交易博览会在上海汽车会展中心开幕。开幕式上，嘉定区、苏州市、温州市和芜湖市的科技部门签署《深化长三角地区科技创新一体化发展战略协议》，发布长三角科技成果及创新需求。此次科交会旨在搭建长三角科技创新合作交流平台，打造长三角更高质量一体化创新发展的示范区。3 天会期中，聚焦“新能源汽车及汽车智能化”“精准医疗及高性能医疗设备”“集成电路、智能传感器与智能制造”和“科研创新”等领域，设置汽车创新日、医疗创新日、智造创新日和科研创新日四个主题日，400 余家具领域有行业号召力的企业参展，展会规模及影响范围进一步扩大。同期还举办了 2019 精准医学产业化（上海）高峰论坛、5G 创新应用发展高峰论坛等 40 余场专业论坛、路演、大赛、培训等，并为重点活动配套相应展区，以活动促进技术交流，以展览带动产业互动。

【5G 创新应用发展高峰论坛举行】为加快落实 5G 引领战略，推动 5G 应用创新发展和产业集群集聚，以“赋能新生态、创智新未来”为主题的 5G 创新应用发展高峰论坛在嘉定区举行。会上正式发布了《上海 5G 产业发展和应用创新三年行动计划（2019—2021 年）》，以及《5G＋智能制造白皮书（2019）》和《5G＋智慧医疗白皮书（2019）》。

【区级网络安全监测和工作体系打造】2019 年 7 月，上海市网络安全试点工作现场会在嘉定区召开，市委网信办主任姜迅，嘉定区委常委、宣传部部长顾惠文为“上海市网络安全态势感知平台嘉定监测中心”揭牌，成立全市首个区级网络安全监测中心。嘉定区委网信办通过搭载全市网络安全态势感知平台，积极构建“全面覆盖、高效运行”的重点网络设施安全监测系统，相继建成“全市网络安全态势感知平台嘉定子平台”和“嘉定区网络安全监测数据共享平台”，将全区重点网络设施日常运行情况纳入监管，通过实时监测，及时发现隐患，及时通报告知，使设施主管主办单位能够在第一时间整改问题、消除隐患、提升防护。并且，与市级平台实现上下联动、同步监管。同时，通过共享平台，使嘉定区公安局、区科学技术委员会(以下简称“区科委”)等多个部门在本行业、本领域的网络安全监测数据实现交互,打开相关成员单位间“左右协同”、齐抓共管的工作格局,初步构建起区级网络安全工作体系。

【科创产业发展合作联盟成立】 为全面推进嘉定打造创新活力之城,全力提升嘉定城市能级和核心竞争力,2019年12月,由嘉定国资集团主办的科创产业发展合作联盟成立暨项目签约仪式在上海举行。此次成立的科创产业发展合作联盟包括恒旭资本、联新资本、农商银行嘉定支行等成员单位。联盟将聚焦嘉定产业发展规划,以产业吸引资本,以投资聚焦产业,发挥产投联动效应,激发新动能,推动区域经济高质量发展。活动上,还举办了第二届“创享嘉”创新创业大赛总决赛。大赛聚焦文化、科技、金融的创新融合,累计参赛项目400余个,覆盖智能制造、生物医药、“互联网+”、文化创意等领域,为创业者、资本及行业圈层提供交流合作的通道,助力创业者加速成长。

【区无线电宣传月系列主题活动开展】 2019年9月20日,组织嘉定镇街道的社区中老年居民到上海无线电博物馆参观学习;9月26日,组织上海师范大学天华学院的40名通信专业学生,参加长三角5G创新应用发展高峰论坛;10月15日,组织学生走进上海地铁博物馆,了解上海地铁的发展历史、无线电技术在上海地铁中的应用;11月,嘉定区亲子无线电通信挑战赛在上海师范大学天华学院举行,作为2019年无线电宣传月主题活动重头戏之一,来自全区的18组家庭参加比赛,进一步强化公众对无线电技术及应用的正确认识,提高青少年对无线电的认知和兴趣。

(潘晓岷)

第十二章 金山区信息化建设

概 述

2019年，金山区智慧城市建设紧扣“两区一堡”战略定位，根据加快打造“三区”“五地”、全面建设“三个金山”工作要求，立足区域特色，聚焦城市管理创新、市民生活品质提升、经济转型发展等领域，积极落实《金山区智慧城市建设三年行动计划(2018—2020年)》，加快推动信息技术与城市发展全面深度融合。

2019年，金山区智慧城市发展水平稳步提高，发展水平指数达到94.58。其中，政务服务水平不断提升，建成“一网通办”金山特色服务平台；“一网一平台”成效显著，已有88个区级部门系统部署上云和数据整合统一；公共数据进一步开放共享，40个区级信息系统数据完成编目工作。

数字经济不断融合创新，新增工业互联网相关政策，实施“133255工程”；两化融合加快推进，7家企业通过工信部贯标评定；人工智能领域突破发展，1项战略合作协议和1个产业项目在2019世界人工智能大会上签约。

信息设施承载能力不断提升，实现光纤网络等基础网络“四个全覆盖”；5G网络加速建设，新建571个基站，推进8个5G应用。

一、政务领域信息化

【智慧政府建设框架形成】 2019年，金山区继续做好顶层设计，形成金山区智慧政府建设整体框架。贯彻落实《上海市公共数据和一网通办管理办法》《上海市加快推进数据治理促进公共数据应用实施方案》等相关要求，在《金山区落实推进“一网通办”加快建设智慧政府三年行动计划（2018—2020 年）》所提出的“金山区智慧政府基本框架”的基础上，编制《金山区落实上海市加快推进数据治理促进公共数据应用实施方案》，并形成全区整体建设框架。

【区信息化支撑体系打造】经过多年的统筹规划、集约共建，金山区已基本形成“一网、一云、三库、一平台”的信息化支撑体系。2019 年，金山区推进集约集聚建设，打造区智慧城市建设信息化支撑体系。一是持续优化“一网”，实现政务外网全区统一，形成“万兆核心、万兆到镇、百兆到村”的网络架构。二是持续完善“一云”，完成 88 个区级部门系统部署上云，实现基础设施集约化管理。三是推动“三库”基础数据共享应用，法人、人口数据在金山落地并在“一网一平台”、公共信用信息平台、村居台账系统、社区事务受理系统等中得到深度应用。

【跨部门信息共享和业务协同深化】2019 年，金山区推进数据共享应用，深化智慧城市建设跨部门业务协同。推动全区公共数据汇聚，与市平台建立数据共享通道，形成市区联动、数据互补的交换共享机制。围绕区智慧城市建设领域的数据共享需求，推动市级部门数据有效落地。开展区“一网一平台”（二期）建设需求调研，谋划“美丽街区”“地下管线”“住宅物业”等城市建设相关版面建设，在实现全区公共数据归集的基础上，深化跨部门信息共享和业务协同。

【“一网通办”建设推进】2019 年，金山区行政服务中心持续推进“一网通办”建设，围绕中心工作，加强智慧大厅建设，进一步促进线上线下一体化融合，扎实推进“互联网 + 政务服务”深化开展，为办事人提供高效、便捷的政务服务。1 月，重应用培训，牵头开展“一网通办”统一受理平台应用培训，确保线上办件及时办，线下办件及时录，审批环节实现网上流转。8 月，开通预约服务，对中心大厅办理的 209 个审批事项开通预约取号功能。9 月，推清单同步，梳理完善 73 个总项 185 个分项的自建系统事项的材料清单，并完成事项的一对一配置，做到“一网通办”前台服务指南和后台受理材料的数据同源。9 月，抓事项接入，完成 63 个新增依申请类政务服务事项 100% 按期接入，同步完成功能配置及线上申报测试，实现“一网通办”网上办理。11 月，49 个进驻中心事项实现线上线下单程物流或双程物流递送功能。12 月，根据市大数据中心要求，做好“一网通办”政务服务“好差评”数据对接，并对中心入驻窗口部门进行应用培训。

【**电子证照应用推进**】2019年，金山区行政服务中心加快推进已归集高频电子证照在中心大厅实现“电子亮证”“证照免带”等不同场景的深度应用和共享。1月，通过对接市大数据中心，率先在自助服务一体机上实现32类电子证照的查询打印。9月，为扩大便民利企改革措施的应用覆盖面，通过问卷填写、调查研究，在办事大厅定制展板等方式，加强“随申办市民云”APP电子用证的推广宣传，引导更多市民使用电子亮证取号和办事。11月，依托身份证读卡器及扫码设备，通过区电子证照查询系统与市平台的调用联通，实现身份证刷证或“随申办市民云”APP亮证即可调用所需证照。

【**“上海金山”门户网站建设运行**】2019年，金山区行政服务中心挂牌智慧政务与公共数据中心，新增“上海金山”门户网站管理职能，确保门户网站管理有序规范。1月，进一步做好“上海金山”门户网站集约化整合工作，开通11个街镇专栏和10个部门专题频道，统一平台集中展示部门服务内容。2月，根据市政府要求，及时规范“上海金山”政府网站域名结构，变更为http://www.jinshan.gov.cn。3月，针对全区政府网站“一区一网”后，部分网站域名未注销问题，经过排查梳理，完成25个不合规的域名注销工作。8月，完善《“上海金山”门户网站信息安全管理手册》，加强技术防护手段和紧急应对措施。9月，根据市大数据中心要求，认真对照“问题地图”检查目录，及时完成“问题地图”自查工作。11月，针对未公开办事统计数据问题，制定解决方案，完成办事数据公开工作。12月，为完善门户网站政民互动功能，新版民意征询系统和智能问答平台2.0版上线。在做好重点工作的基础上，中心确保日常保障工作有条不紊。全年门户网站发布信息17 748条，网站总访问量131 859 972次；智能问答平台咨询交互量149 744次；“上海金山门户网站”微信公众号发送图文消息210条，阅读量399 489次，微信菜单累积点击量8 891次，订阅数19 048个。

【**区电子政务设施改造和公共数据资源管理**】2019年，金山区行政服务中心挂牌智慧政务与公共数据中心，新增公共数据资源管理运维职能。为保障全区政务服务智能化水平提高，在抓好重点项目落实方面，2月，制定完成区到镇一级的政务网络双链路改造项目方案；4月，启动项目资金调整并于5月底完成项目招标工作；6—10月，完成各街镇的光纤资源接入和设备安装调试并投入使用。在办公系统改造方面，5月，在区政务平台增设“文件简报”和“会议通知”两大功能模块，规范文件简报和会议管理，并完成模块的开发和测试；6—9月在部分单位开展测试；10月全面部署上线使用。

在落实日常保障工作方面，做好 OA 办公平台、虚拟化平台、灾备系统、视频会议系统、两会系统、机房等运行保障，加强全区网络链路的管理和维护。并且配合区保密局，开展软硬件改造项目实施，按照工作要求和时间节点，制定方案、落实资金，并开展相应测试环境搭建。

【区“互联网＋监管”系统建设】 2019年，金山区市场监管局依托金山区事中事后综合监管平台，建设金山区“互联网＋监管”系统，与国家“互联网＋监管”系统、上海市“互联网＋监管”系统、上海市各有关部门监管业务系统互联互通，全面归集各类监管数据，推动实现规范监管、精准监管、联合监管。全面梳理形成监管事项目录清单，按照“谁审批、谁监管，谁主管、谁监管”的原则，区级各有关部门全面梳理本条线监管职能范围内的监管事项，形成金山区监管事项目录清单。并且，各有关部门按照国家“互联网＋监管”标准规范，梳理形成金山区行政检查事项对应的检查实施清单。建设统一的“双随机、一公开”监管子系统，供区各级监管部门使用，满足单部门随机抽查、跨部门联合随机抽查的需要。建设统一的联合监管子系统，全周期记录联合监管过程，实现联合监管任务执行全过程“看得见”、可追溯。建设无证无照治理子系统，协同开展无证无照治理，对执法管理过程中发现或通过其他渠道接收的无证无照线索，由查处部门实施规范指导、违法处罚、销户处理等治理工作。2019 年，全区 29 个委办局共自主开展双随机抽查 376 次，抽查市场主体 3.5 万户次，跨部门联合抽查 29 次，抽查市场主体 1 451 户次。

【区行政事业单位资产管理系统升级改造】 2019 年，为贯彻落实各级政府向本级人大常委会报告国有资产管理情况制度的要求，配合政府会计制度的实施，进一步加强行政事业单位资产管理，提升信息化水平，区财政局对行政事业单位资产管理信息系统进行升级改造，努力实现“配置科学、使用有效、处置规范、监督到位”的管理目标，着力提升行政事业单位国有资产管理能力和管理水平。一是全面对接政府新会计制度要求。建立健全资产管理与预算管理、财务管理信息系统之间依法合规、有机衔接和有效制衡的工作机制和业务流程。二是推进落实国有资产报告制度。强化资产基础数据治理，通过历史数据体检，确保资产信息的全面性、完整性和准确性，有效提升国有资产报告质量。三是强化数据分析利用和辅助决策。完善数据挖掘与对比分析功能，为资产管理决策、优化资产配置提供数据支撑。四是促进加强资产管理内控管理。充分发挥信息系统效能，强化资产管理的统一领导、分级管理、责任到人，推动各部门健全资产管理内控机制，形成管理合力，提高国有资产管理工作质量和效果。

【区国资监管信息系统开发建设】 2019年，金山区国资委围绕优化业务流程、提升监管实效这一目标，推动机关各业务科室协同开发金山区国资监管信息系统，建成产权架构、工资总额、资产管理、人事信息、法人治理、法律法规、改革发展七大监管信息模块。结合各业务科室信息化工作实际，反复沟通确认模块内容。11月，监管信息系统顺利通过区项目验收小组现场验收。该项目的建成和投入使用，为金山区国资委信息化建设奠定了坚实基础。

【“随申办市民云平台”区特色应用建设】 2019年，区科委结合落实“一网通办”相关工作，与政务服务办等单位协作，从公共服务信息资源可查、可约、可办三个维度加强“随申办市民云”金山区级平台建设和试点街镇特色应用，进一步提高市民获取政务服务的便捷性和体验度。主要调整优化了政务大厅等八大板块，设置了政府信息公开、闲是金山、金山铁路、公交到站、金山人社等一系列有关群众生活、出行、工作等的信息服务，进一步体现金山特色和信息时效性。街镇社区服务方面，朱泾、山阳、金山工业区社区三个试点街镇就各自镇内特色内容与平台对接。

二、社会领域信息化

【文化供给管理系统建设和应用服务】 为完善现代公共文化服务系统，打通文化服务最后一公里，金山区构建了文化供给管理系统，通过“网上点单、线下配送”菜单式服务，市民在家就可享受触手可及的文化服务。该系统集市民需求调研、项目申报、资源评审、菜单公布、基层点单、网络反馈为一体，实现文化供给信息的后台流程管理、日常督查反馈、信息检索查询、供给数据分析、内容数据库管理等大数据化处理。通过该平台将市民需求与供给主体无缝对接，实现市民点单，政府买单，剧团照单演出，并覆盖全区11个街镇（工业区）230个村居。截至2019年年底，该系统共有340家主体、553个项目，涉及演出、讲座、展览、电影等七大类，每年为百姓配送文艺演出等2 270多场、数字电影16 500多场次。

【旅游直通车智慧平台建设】 2019年，金山区文旅局持续推进金山旅游直通车智慧平台建设，不断完善平台功能布局，推进金山区全域旅游发展。9月，对原有板块进行更新调整，优化平台展示内容，完善民宿、酒店店铺信息，增加工业旅游点及线路推荐。全年多次推出优惠购票惠民活动，为市民游客提供更多实用资讯。金山旅游直通车智慧平台累计上线204家商户，其中包括28家旅游景区（点）、38家旅游饭店、28家民宿、70家餐饮饭店、9家特产购物商铺、30家农家乐及采摘点。

【“文旅金山”微信公众号建设】2019年3月，金山区文化和旅游局（以下简称“区文旅局”）成立，根据工作需要，原金山区文化广播影视局管理的“文化金山”微信公众号与原金山区旅游局管理的“金山旅游”微信公众号合并，区文旅局推出了“文旅金山”微信公众号，主要发布金山文化和旅游重要工作动态，宣传推介金山文化旅游资源信息，传播金山文旅形象，服务人民文化和旅游生活。2019年，“文旅金山”微信公众号共推送微信204期，735条内容，推送内容共有677 492人阅读，阅读次数1 034 523次，截至2019年年底，粉丝共44 208人。

【农业领域“互联网+”应用推进】作为“互联网+”在农业领域的应用项目，上海市科技兴农推广项目于2017年启动，2019年9月通过验收。该课题完成农用地信息化管理平台升级、农用地数据入库；完成区、镇、村自主图画及审核功能，新增12个区域特色板块和专题的系统开发；完善了农用地信息化管理平台与涉农补贴系统、农机购置补贴模块、土地流转模块等平台对接；完成植保大数据知识库的建立、专家诊断云平台的开发、农场协作平台以及农场总览系统的开发，并已在金光蔬菜专业合作社投入使用。

【信息进村入户工程深入推进】2019年，金山区继续推进信息进村入户工程。1月，区农委完成农民“一点通”设备更新43台；2019年5月，3家专业型益农信息社建设通过项目验收；继续推进上海联中食用菌专业合作社和上海敏蓝蓝莓种植专业合作社市级专业型益农建设；应用和推广上海市益农信息平台，完成前期的平台培训、考核制定、基础数据采集入库，并于2019年6月正式启用平台；推进阳光村务试点工作，推荐枫泾镇新义村、吕巷镇和平村阳光村务试点，并为两村安装阳光村务电视APP，对信息员进行培训和调研；完成益农信息社标牌制作和安装，完成26家益农信息社共计19块铜牌、82块制度板、2块门头的制作和部署。

【数字农业农村发展】2019年，金山区认真做好县域数字农业农村发展水平评价各项指标的填报工作和创新项目的申报。金山区在全国县域数字农业农村发展工作中成绩突出：2019 年 4 月，在农业农村部信息中心主办的 2019 全国县域数字农业农村发展论坛上，金山区被评为“2018 年度全国县域数字农业农村发展水平评价先进县”，金山区“互联网 + ”在农业领域的应用项目被评为“2018 年度全国县域数字农业农村发展水平评价创新项目”。

【张堰镇入选智慧村庄建设示范点】 2019 年，金山区科学技术委员会（以下简称“区科委”）积极组织相关单位参与上海市智慧社区和智慧村庄示范评选。其中，金山区张堰镇建农村入围上海市首批 4 家智慧村庄建设示范点。

【“智造金山”微信公众号建设】 为进一步优化营商环境，推动金山区招商引资工作迈上新台阶，区投资促进办创建“智造金山”微信公众号，及时发布招商政策、投资促进活动等内容。2019 年，共发布投资促进活动类信息 23 条、营商环境类信息 31 条、政策宣讲类信息 4 条。单篇阅读量平均 1 190 次，单篇最高阅读量达 4 650 次，不断扩大金山招商引资的辐射面。

【“网上国网”建设运营推进】 2019 年 12 月，“网上国网”APP 在各大应用商城正式上架。国网上海金山供电公司全力推进“网上国网”在金山区范围内的建设运营。通过“网上国网”APP 交费、办电、报修、咨询逐渐成为广大客户的首选，传统电力服务转移至线上平台成效初显。“网上国网”是国网上海金山供电公司供电服务主入口、泛在电力物联网客户服务主入口，承载着连接客户、汇聚资源、对接供需、创新业态、构建生态的重要功能。

【5G 智慧医疗联合创新实验室启用】 2019 年 12 月 20 日，由亭林医院联合上海移动金山分公司共同打造的全区首家“5G 智慧医疗联合创新实验室”正式启用，并成功开展“5G 远程手术示教”项目。借助 5G 大带宽、低时延、广连接的特点，实现医疗手术的“5G + VR”远程实时转播，还可以直接带上 VR 头盔“置身”手术现场。“5G 智慧医疗联合创新实验室”将继续开展如医疗智慧协同、数字图书馆、多点云诊疗、医疗可穿戴设备和多场景培训等多个“5G + ”智慧医疗项目，为 5G 远程急救、5G 远程会诊、5G 远程培训等 5G 医疗信息化在金山区的落地提供支撑。双方将进一步履行“5G + ”合作框架协议，以成熟的整体信息化解决方案和过硬的技术能力保障亭林医院 5G 智慧医院建设。

【融媒体 APP“上海金山”发布】 2019 年，上海金山东方有线网络有限公司利用自身在信息服务、平台运维等方面的优势，与金山区融媒体中心紧密合作，于6月在全市率先完成区级融媒体平台的搭建，发布手机APP“上海金山”。“上海金山”提供本地新闻、政府信息发布、电视在线直播、专题视频点播、在线广播、在线挂号、交通查询等服务，用户注册并绑定有线电视机顶盒后，还可以实现遥控机顶盒、查看本地平安监控等功能。“上海金山”发布后，注册用户数已超2万人。

【金山卫镇有线电视公开信息发布平台建成使用】2019年12月，由金山区金山卫镇与上海金山东方有线网络有限公司合作开发的金山卫镇有线电视村务公开信息发布平台建成使用，覆盖全镇14个行政村1万多户村民。平台为每个村定制了符合村务公开要求的专属首页和内容，村民打开电视机顶盒后，平台会根据村委提供的村民信息，自动将开机页面定位到本村的村务公开首页，村务公开平台与直播电视之间可以通过遥控器一键切换，操作便捷，信息可靠。平台还为每个村委都提供了上传信息的后台，并设置了上传、审核、发布三道程序，确保信息发布权威。同时，平台已与区融媒体中心实现了信息融合，能将村务公开的信息传送至融媒体中心，同时也从融媒体中心调用了“政声”“民生”“视听”“发现”等栏目到村务平台上，极大地丰富了村务公开的信息内容，为村民打开了一条特别的信息通道。

三、城市建设管理领域信息化

【网格化管理系统应用】2019年，金山区网格化中心加强信息系统建设和信息共享，拓展网格化管理范畴和发现渠道，加快部署城市运行管理平台，不断提升城市管理智能化水平。4月，与区绿化市容局商定将正在设置或拆除的户外广告设施纳入网格化日常巡查范围。8月，开通“小鱼易连”，通过“小鱼易连”连线外场网格监督员，将信息要素不全的案件以视频方式实时传送至内场指挥大厅，为内场信息员派单提供直观的现场依据，已有15名区级督查队员和86名专职监督员安装使用。9月，与区公安分局就“110”非警务类警情的分流范围、对接方式、处置机制、管理机制等方面达成了一致，完成城市网格化综合管理信息系统与公安系统接口对接工作，并开始试运行。10月，按照市、区、街镇三级架构，完成市住建委城市运行管理平台区级平台和11个街镇基础标准版平台部署工作。

【"智慧公安"智能监控项目建设】为进一步提升金山区高清监控系统智能化水平和监控覆盖率，根据市公安局《2019年智慧公安重点项目建设任务书》要求，金山公安分局开展了"智慧公安"智能监控项目建设，项目共计建设高清监控点位1 200个，进一步提高了金山区智能高清监控覆盖率。项目通过后端GPU算力设备扩容，完成了图像智能算法算力扩容。结合前端智能监控、后端算力分析设备及智能算法，实现了人脸、人体及车辆属性信息关联计算和人像布控，推动了全区高清视频监控向智能化监控的升级，为有效发挥智能视频监控在社会治安综合治理和智慧城市建设中的作用夯实了基础。

【公安环保卡口改造】2019年，根据市公安局《开展2019年度环保卡口改造建设工作》任务通知单的要求，金山公安分局启动了"环保卡口改造项目"建设。项目于10月完成山阳、金山卫、朱泾、象州、蒙山路派出所五个辖区共10个卡口断面前端设备改造。改造后的环保卡口抓拍单元可在夜间采用三合一补光灯进行红外爆闪补光。通过对环保卡口抓拍设备的改造建设，降低了卡口断面周围区域的光污染，避免了因灯光刺激驾驶人员眼睛而造成的瞬间视觉障碍，保障了行车安全。环保卡口采用900W环保卡口抓拍单元，对过往车辆及前排司乘人员特征信息进行采集，为公安机关侦破案件提供有力手段和支撑。

【区智能交通安全管理项目建设】根据《2019年上海智慧公安建设任务书》及金山区"十三五"规划等要求，金山公安分局积极推进智能交通安全管理项目。项目于9月完成主体项目招标工作，12月完成建设工作。共开展了30个智慧路口改造，新建10个路口的行人过街提示系统，并对27个路口红绿灯进行信号控制机升级工作。从而实现了交通信号灯智能控制、行人过街安全提示以及交通态势感知分析等功能，实现金山区重点道路交通智能化管理，提高了道路交通通行能力。

【区"一标六实"警用地理信息应用系统建设】根据《2019年上海智慧公安建设任务书》部署要求，大力推进"一标六实"警用地理信息应用系统项目建设。为更全面立体展示金山警用地理信息情况，金山分局在全区611平方公里三维倾斜航空摄影的基础上，对三维建筑模型进行"分层分户"处理，做到"一户一模型"，构建一标地址与六实数据在三维空间的对应关系，实现了"以图管房""以房管人"，为各类警务活动提供基础数据支撑。同时，实现了对人防管理、实有人口、实有单位、警力警情、感知数据的接入以及重点人员触网管控报警等功能，形成了面向智慧警务信息化的标杆性应用,为区级“城市大脑”提供了基础地图数据支撑。

【区危险化学品流动流向监控平台升级完善】2019年,通过升级完善金山区危化品流动流向监控平台,进一步提升金山区危险化学品监管能力。一是将平台架构由C/S架构升级为B/S架构,将地图模块整合进业务页面中,方便运单信息的连续交互与查询,优化数据统计分析功能,为系统提供更全面的大数据分析能力。二是针对金山第二工业区化工企业集中、危化品运输集中的特点,增加园区管理模块。完成平台与金山区第二工业区门禁系统的对接,完成企业运单、运输车辆与园区门禁的联动,提高园区管理效率。三是增加手机端APP,根据账号属性,可操作和查询相关运单信息,实时查看运输车辆的位置,预判货物送达时间。

【金山二工区危险化学品安全生产风险监测预警系统建设】按照《关于加快推进危险化学品安全生产风险监测预警系统建设的指导意见》工作要求,指导协调金山第二工业区加快危险化学品监测预警系统建设。2019年,完成系统建设和区内3家一级重大危险源、6家二级重大危险源企业的监测监控数据接入任务,形成企业、园区的分级管控与动态监测预警。管理部门可轮巡调阅企业罐区及值班监控室等重点部位的视频图像、监测报警数据,通过在线巡查、监督巡查等方式督促企业落实主体责任,并协助本级监管执法人员有针对性地开展执法检查,提升危险化学品安全监管的信息化、网络化、智能化水平,为事故应急处置提供数据支持。

【区安全生产综合管理信息系统建成】2019年,金山区安全生产综合管理信息系统2.0版项目建设完成,重点增加了“行政执法流程升级”“移动执法APP”“危险化学品安全生产规范管理”“平台管理优化”等内容,重塑行政执法流程,规范危险化学品管理,方便监管人员执法,进一步提升区、镇两级安全生产管理部门监管效率。2019年10月,项目通过验收。

【区环保违法违规企业管理平台建设】2019年,为促进金山区环保信息化管理“一张图”建设,实现环保违法违规建设项目管理等信息的可视化,金山区生态环境局持续推进信息化建设,创新“互联网+环保政务”服务模式,通过推进环保大数据建设和应用的方式,对违法违规企业污染源管理、审批项目管理、环保政策等数据融合和外部关联分析,着力建设金山区生态环境局环保违法违规企业信息管理平台,促进环境综合决策的科学化。11 月，系统通过区项目验收小组的现场验收。该平台的投入使用，使监管工作实现了区域一站式管理，强化了金山区环境保护各级管理人员对违法违规企业的实时监察监管，具有重要的环境治理保障作用和长效化管理意义。

【区大气污染监管综合指挥平台建设】 2019 年，为进一步提升金山区空气质量，实现大气污染防治精准施策和量化管理，金山区生态环境局开展了金山区大气污染监管综合指挥平台项目建设，用信息化手段支撑金山区空气质量精细化管理。该项目通过 118 个大气环境监测小微站，以“三镇一街道”为重点，科学布设，覆盖全区 12 个乡镇及工业区。同时，综合卫星遥感、气象、地面微站等各类数据，构建起了环境空气大数据网格化监管平台。2019 年年底完成项目基本建设，2020 年投入运行。该平台的启用将大气污染监控精细到“最后 500 米”，实现了环境污染治理的科技化支撑、网格化管理、实时化监管和精细化治理。

【市水务建设工程安全质量监督管理系统应用】 2018 年 12 月，金山区水务安质监站开始全面应用上海市水务建设工程安全质量监督管理系统，与全市水务监督系统共同推动网络现场一体化监管，实现对水务工程各类安全质量信息监管，有助于提高工作效率、助力科学决策，促进水务治理体系和治理能力现代化。2019 年，已有 67 项水务工程录入系统，通过系统累计开具监督记录 34 份、整改单 25 份、全面停工及局部停工单 11 份、警示约谈记录 16 份，确保水务建设和工程安全质量稳定受控。

【枫泾镇水闸自动化调水工作推进】 为推动传统水务向现代水务、数字水务、立体智慧水务的转变，实现精准、科学和智能调水，解决困扰已久的枫泾古镇区水质问题，保证古镇区河道水质、水位及游船正常通行和重大活动顺利举行，金山区枫泾镇水务站从 2017 年 6 月着手开展自动化调水工作，并委托上海宇发网络科技公司具体实施，制定了 8 座水闸“四进”（定光塘、白牛塘、陈家湾港、黄良甫港）“四出”（市河东、陆家村、宋浜佬、市河南）的自动化调水方案，实现闸门自动化启闭控制，调水时间从每天晚上 6 点至凌晨 5 点，既不影响古镇区游船通行，又能在白天游船通行时段将水位控制在 2.65 米左右。2018 年 10 月，完成初步调试，并针对潮差数据缺陷和汛期防洪除涝等问题再次进行数据完善，于 2019 年 6 月完成设置并运行至今。通过两年不断优化和改进自动化调水，弥补了人工调水的缺陷，保证了调水时间和效果，提升了古镇区整体水质。

【吕巷镇夹漏圩区远程监控自动化系统应用】 为解决泵闸管理人员不足,方便操作运行和提高设施运行效率,金山区吕巷镇于2018年完成夹漏圩区远程监控自动化改造并投入运行。2019年,吕巷镇水务站与中国电信签订了维修保养协议。该自动化管理系统是一套集视频监控系统、在线水位监测系统、泵站闸门自动化控制系统等多项功能于一体的综合信息化管理系统,总控制中心位于小张泾泵闸管理房内,通过总控制中心可以及时了解圩区内各河道内外河水位情况,并通过自动化控制系统开闭闸门及运行水泵,及时调整内外河水位。吕巷镇安排了4名圩区巡查管理人员,负责夹漏圩区的日常巡查工作及闸站管理区域内的绿化养护和保洁工作,其中总控制中心小张泾泵闸管理房24小时轮班值守,在降低人力成本的同时大大加强了吕巷镇的防汛能力。

【区城管执法绩效考核平台建成应用】 2019年,金山区城管执法局建成金山城管执法绩效考核平台并投入应用。4月,该项目通过区项目验收小组的现场验收。平台包括绩效管理子系统、移动勤务子系统、双随机一公开专项管理子系统、督察管理子系统、投诉管理子系统、案件考核子系统等。该项目通过信息化手段,实现中队报勤、任务交办、巡查发现、执法督查、诉件处置等相关功能,并通过"移动勤务"APP实时、客观地记录一线队员每天的工作情况。同时,系统对执法队员的日常工作情况进行数据化分析,从而为绩效考核提供有力支撑。金山城管执法绩效考核平台的建成为推进城管体制改革、强化行业管理职能奠定了坚实的基础。截至2019年年底,金山城管执法绩效考核平台共计收录876条考核数据、30 519条勤务日志、46 527条双随机一公开数据、1 242条督查数据、2 544条投诉数据。

【市政路网监控中心(二期)建成并投入使用】 市政路网监控中心(二期)项目于2019年10月通过验收并正式投入使用,该项目主要包括硬件建设和软件开发。市政道路监控点位在一期75个的基础上新增152个。同时,新增13处下立交积水水位监测设备和电子屏。此外,市政路网监控中心在原有设备及系统上进行了扩容,增加了防火墙、视频图像储存设备等。该项目投入使用后,实现了对区域内市政设施全方位信息化管理,成功缩短道路巡检时间和突发事件响应时间,提升市政道路养护管理水平和工作效率,真正实现发现及时、处置高效、监管有力、资源配置优化的目的,为区域内市政设施运行提供更安全更有效的保障。2019年,共快速有效处置19起城市道路井盖缺失、损坏事件,应急出动人员382人次、车辆55车次。

【公交和汽修行业信息化建设】一是加快推进智慧公交建设，在已建成的候车亭的基础上安装260块公交电子站牌，基本做到中心城区电子站牌全覆盖。二是推进汽修行业健康电子档案建设，指导108户一二类汽修企业上线，建立从购置到报废全过程维修信息记录，推进行业诚信体系建设。三是完成全部镇村公交线路的挂牌服务工作，在中途站公示车辆到站时刻表，切实解决农村居民出行难的问题。

【区桥梁桥洞智能监管系统建成投用】2019年，金山区公路管理所进一步加大公路桥梁巡查监管力度，针对易占用且不易巡查的大型桥下空间管理难题，研究推进桥梁桥洞智能监管系统建设项目，运用信息化管理技术辅助公路桥梁巡查监管。项目于2019年6月开工，8月竣工并投入使用。该项目利用了原有工地现场实时监控APP平台，在此基础上新增桥梁巡查打卡系统，通过安装59个无线视频监控点，对金山区24处大型桥下空间实施视频监控识别。该项目的建成并投入使用，强化了桥下空间管理能力，并有效减少日常巡查的人次、车次，提高桥梁巡检的管理力度，方便桥下空间管理及桥梁日常巡检的资料存档管理。

【路灯物联管控项目建设】2019年3月，在金山区建管委的统筹下，依托上海移动金山分公司物联管控技术，在区段路灯控制柜中为路灯监控远程终端单元提供联网，开通并安装500张物联网卡，通过无线网络完成物联网联网，实现对路灯的远程集中控制与管理。根据不同条件设定方案，达到远程照明控制、故障示警排查、远程抄表等功能，从而提升城市管理水平，有效控制能源消耗，大幅节省电力资源，降低维护与管理成本，为未来多杆合一智慧路灯的智能管控打下基础，实现城市及市政服务能力的提升。

【用电信息采集系统建设】国网上海金山供电公司持续推进用电信息采集系统建设。用电信息采集系统是利用通信技术、自动控制技术和计算机系统作为平台，实现负荷监测、电量采集、事件存储、信息传输等各类功能的功能数据库。系统实现了智能抄表出账，降低了人工抄表成本；通过远程监控用户用电负荷曲线，完善防窃电智能数据库；通过远程采集实时数据，对客户存在疑问的用电量可提供详尽的智能数据支撑；同时，对于大工业用户，采集设备还实现了根据用电负荷的需要，在提前告知用户的情况下开启远程停送电功能，尤其在用电高峰时段，达到错避峰的目的，合理分配用电。

四、信息产业发展

【区鼓励科技创新政策修订实施】工业互联网是信息化和工业化高层次深度融合发展的新方向。2019年，区科委对原《金山区关于进一步鼓励科技创新的若干政策规定》作了修订并在7月通过区政府发布实施。新政策增加了鼓励和支持工业互联网创新发展和两化融合管理体系贯标两方面的政策条款。主要包括支持工业互联网平台建设、工业互联网产业园区建设、工业互联网诊断服务和两化融合管理体系贯标四项内容。

【工业互联网"133255工程"推进】工业互联网"133255工程"是培育金山区工业互联网产业，助推制造业智能化发展的重要举措。2019年，金山区制定并落实《金山区推进工业互联网发展工作方案》，逐步提升全区基于互联互通的智能制造能力、基于数据驱动的创新发展能力、基于组织创新的资源动态配置能力。截至2019年年底，已打造完成2家行业级工业互联网平台、3家企业级工业互联网平台，培训32家智能化改造试点企业，评选20个智能化示范项目，启动50家企业智能化改造诊断服务，新增在役机器人522台。

【区两化融合管理体系贯标推进】2019年，区科委聚焦区内736家规上企业，在各镇（工业区）组织开展两化融合管理体系自评估培训会和贯标启动会。全年共完成自评估企业698家，全市排名第4；7家企业通过工信部贯标评定，较2018年增加6家，全市排名第6。

【区人工智能产业和应用推进】2019世界人工智能大会闭幕式上，金山区1项战略合作协议和1个产业项目实现签约；上海市第二批人工智能试点应用场景也在闭幕式上发布，金山区"AI+农业"周栅智慧农村上榜。同时，以展会为契机，金山区加强人工智能产业宣传，区科委牵头组织了上海湾区科创中心、金山工业区华东无人机基地参展。

【区信息技术产业项目招商落地】2019年，金山区投资促进办进一步加大信息技术产业招商力度，大力推进信息技术产业项目落地。全区2019年签约新一代信息技术产业项目2个，计划投资额1.4亿元，且均为内资项目。其中，土地出让项目1个，厂房租赁项目1个；计划用地面积约46.3亩，租赁面积1 829平方米。新一代信息技术产业项目开工 2 个，投资总额约 7.21 亿元。此外，为加快推进上海金山新型显示产业基地建设，促进产业链上下游资源整合与集群发展，成功举办第三届“金水湖”论坛暨 2019 全球柔性 AMOLED 供应链峰会。

五、 信息基础设施建设

【信息基础设施承载能力提升】2019 年，金山区信息基础设施承载能力不断提升，实现“四个全覆盖”，即光纤网络实现全覆盖，覆盖全区用户 18.5 万户；无线网络基本实现了重要公共场所全覆盖；4G 网络实现优质全覆盖，已建 4G 基站 1 319 个，全区共开通 692 个 5G 基站，基本完成金山区主要区域的 5G 覆盖，NB－IoT 基站已建 697 个，基本实现全区覆盖；下一代广播电视 NGB 网络实现全覆盖，全区 24 万户有线电视实现数字化整体转换。

【5G 基站建设】2019 年是金山区 5G 建设元年，区科委积极推动区内通信运营商全力投入 5G 基站建设工作。5 月 9 日，金山区第一座 5G 基站在上海化工区开通，同日打通首通 5G 视频电话，标志着金山区进入 5G 时代。

【5G 应用推进】积极挖掘 5G 技术行业的有机结合，推动“5G＋”项目建设。2019 年，金山区共有上海赛科 5G 专网智慧工厂项目、危化品流动流向监控平台、华东无人机基地、亭林医院 5G 智慧医疗等 8 个应用项目及 1 个开放实验室项目正在推进建设中。

【城域物联网建设覆盖】金山区共建设窄带物联网 NB－IoT 基站 697 个，基本实现 NB－IoT 网络全覆盖；远距离无线电 LoRa 基站 110 个，已形成重点区域覆盖。2019 年建设 60 个 LoRa 基站，实现全区覆盖。

【物联感知设备应用】2019 年，金山区加快建设智能安防小区，在石化街道、吕巷、枫泾等小区部署基于物联网、互联网技术的人脸、车牌识别系统及烟感、温感、消火栓水压监测等感知设备 1 530 多套，实现安全隐患有效预防、快速解决；建立井盖传感器监管平台，对中心城区 1 642 个窨井盖加装物联网感应器，结合地理信息技术，实时监控井盖状态，实现井盖数字化管理，保障出行安全；建设智慧水务，全区已拥有完善的水质监控、雨情监测和防汛指挥系统，实现水环境、水安全和水管理全方位智能化管理。

【区管路灯资源开放用于基站建设】 2019年9月30日，区科委、区建管委、上海铁塔金山分公司共同签订《深化城市基础设施综合利用框架协议》，全面开放区管路灯资源用于基站建设，标志着金山市政杆塔资源向通信行业全面开放，大幅降低5G基站建设成本。

六、信息化环境建设

【区智能制造论坛举办】 2019年，区科委举办金山区第二届智能制造创新论坛。论坛凸显借“智”、融“资”、搭“台”，集中展现金山区在构建工业互联网生态系统方面所做的工作，取得的成效，进一步促进智能制造领域供需有效对接、合作深入推进、资源快速集聚，共同推动金山区智能制造创新发展。

【金山智慧城市论坛举办】 在2019年金山区科技节上，以“科技点金，创新圆梦——携手长三角，智慧点亮科学生活”为主题，区科委举办2019年金山智慧城市论坛。论坛展望了智慧城市发展新思路、新趋势，并组织18家区内企业集中展示金山区在城市管理、社会治理、民生服务、智能产品研发等领域的先进案例，以及所取得的优秀成果。

【区智慧城市体验周活动组织】 2019年，区科委积极参与上海智慧城市宣传周活动，组织参加在中国联通南方基地举行的5G+工业互联网研讨会，结合智慧村庄、工业互联网等工作举办金山区智慧城市体验周活动。

【智慧城市战略合作落地】 2019年，金山区携手各通信运营商，共同围绕落实“两区一堡”的战略定位，充分发挥各自优势，打造更多精品工程、示范项目，共同推动金山智慧城市发展迈向更高水平。推进落实金山区与上海信投签署战略合作协议；与上海联通在城市精细化管理、智慧医疗、智慧教育等领域签署新的战略合作协议；与东方有线合作推进智慧村庄建设，张堰镇建农村入围2019年度上海市智慧村庄建设示范点。

（李　俊）

第十三章　松江区信息化建设

2019年，松江区加快电子政务云和网络建设；加快国家级工业互联网示范基地建设；成立长三角G60科创走廊人工智能产业联盟；加快建设5G基础设施，并营造良好的产业发展环境。

一、政务领域信息化

【区电子政务云资源布局】 2019年，松江区完成区委组织部、区发改委、区房管局等35家单位的41个新建及迁移应用系统的上云工作。编制了与政务云相配套的制度规范，规范上云流程，明确各方职责；拥有云资源总数为VCPU共2 320核、内存14 848 GB、数据存储空间388 TB、数据备份空间192 TB；2个政务云机房共开设虚机90个，已分配资源为VCPU共530核、内存1 502 GB、数据存储空间60 TB、数据备份空间20 TB，分别占各自类别总量的22.9%、10.1%、15.5%和10.4%。

【区政务网络升级改造】 2019年，松江区升级优化政务网络。10月，启动政务外网升级改造（一期）项目，已实现核心交换环状组网，核心层带宽达到4万兆，汇聚层及接入层带宽均达到万兆。

【区数据资源归集共享】 2019年10月，原松江区政务数据共享交换平台进行升级改造，重点完成平台基础框架搭建、市区数据级联平台建设、优化区内数据共享交换方式和主页展示功能。在市大数据中心的指导下，已落地人口信息329.3万条、法人信息992.4万条、办件信息1 004.7万条。

二、信息产业发展

【长三角G60科创走廊人工智能产业联盟成立】2019年，长三角G60科创走廊人工智能产业联盟揭牌成立，这也是G60科创走廊区域成立的第六个产业联盟。产业联盟将通过共享城市优质科技资源、创新资源、人才资源，探索创新要素跨境流动和区域融通的政策举措，实现G60科创走廊人工智能产业优势互补、资源共享、合作共赢，进一步推动区域内人工智能产业健康可持续发展，打造AI高地。

【长三角G60工业互联网创新应用体验中心建设启动】2019年8月30日，在以“AI变革　洞见工业未来”为主题的2019全球工业智能峰会上，举行了长三角G60工业互联网创新应用体验中心建设启动暨应用场景需求发布仪式。体验中心以“工业互联网赋能G60科创走廊，定义工业的未来”为主题，以“一核多点，一线二谱，一廊九城”的设计理念和“体验、测试、验证、服务、创新”五位一体的功能打造，推动松江区成为全国工业互联网解决方案输出策源地、应用体验集中地、专业人才输出地，并通过长三角G60科创走廊推动工业互联网的长三角一体化发展。

【首个国家级跨行业跨领域平台创新应用体验中心落户】2019年9月20日，首个国家级跨行业跨领域平台创新应用体验中心——COSMOPlat卡奥斯国家级工业互联网创新应用体验中心（长三角G60工业互联网创新应用体验中心分中心）落户临港松江科技城。COSMOPlat卡奥斯国家级工业互联网创新应用体验中心落户长三角G60科创走廊以来，借助松江智能制造产业加速发展、高端人才加速集聚等优势，打造全球引领的智能制造解决方案输出平台，为企业提供互联工厂模式、大规模定制方案、大数据服务等八大生态服务。

【工业互联网平台和专业服务商征集评选工作开展】2019年6月，上海市开展工业互联网平台和专业服务商征集评选工作，松江区7家企业列入上海市工业互联网平台和专业服务商推荐目录，助推“松江制造”迈向“松江创造”。

三、 信息基础设施建设

【5G网络建设和应用】2019年，松江区以加快推进5G网络覆盖为契机，初步形成了“网络+应用+产业”三位一体协同发展的5G建设格局，以“加快推进5G网络覆盖，大幅提升市民5G体验感，大力培育5G应用主体和场景，做大做强5G优势产业”为目标，发挥好政府引导作用，以企业为主体，以市场为导向，依托5G技术优势，赋能产业升级，为服务上海科创中心建设和长三角区域一体化发展国家战略做出贡献。

【全国首个“5G高校”建成】2019年3月25日，由上海联通、上海工程技术大学携手共建的“5G+人工智能应用创新实验室”正式投入使用，实验室围绕超高清8K视频编解码、数字版权保护、人工智能以及大数据等方面的技术应用需求，开展基于5G网络特性的行业应用研究合作。这标志着上海工程技术大学5G校园网已全部建成，成为全国首个实现5G网络深度覆盖的高校。

四、 信息化环境建设

【工业互联网及两化融合政策宣贯培训举办】7月25日，2019年第四场工赋学院公益巡讲之工业互联网及两化融合政策宣贯在松江区拉开帷幕。来自市经济信息化委、科研院所及企业的专家讲师团成员，结合企业广泛关注的工业企业转型升级、工业互联网实施路径、企业两化融合等问题，与参会的近80名学员进行分享交流，培训包含“两化融合管理体系贯标解读”“上海市工业互联网两化融合管理体系政策解读”和“企业实施工业互联网的路径及成功案例”“工业互联网平台助力制造业高质量发展”“企业两化融合水平评估流程与要点”等精彩内容。

【工业互联网主题交流会——现代装备产业专场活动举办】2019年12月18日，“产业聚焦　平台赋能”工业互联网主题交流会——现代装备产业专场活动举办。活动聚焦现代装备产业，旨在充分了解电子信息企业对工业互联网的认知与需求，了解工业互联网的痛点和难点，促进区内工业互联网供需对接，扎实推进松江区工业互联网发展。来自松江区科学技术委员会(以下简称"区科委")、临港松江科技城、赛迪工业研究院、工业互联网平台以及区内现代装备重点企业等的近40名代表参与本次会议,并进行深度交流与探讨。

(何月丽)

第十四章　青浦区信息化建设

概　述

2019年，青浦区信息化工作在区委、区政府的领导下，在市经济信息化委的指导下，聚焦社会领域、经济领域、城市建设管理领域，实施《青浦国民经济和社会信息化“十三五”规划（2016—2020）》。同时，推动信息产业、信息基础设施发展，优化信息化环境，在各方面取得了新成效、新突破。

广泛推动信息化和工业化深度融合，深化信息技术在各领域的集成应用，加快推动电子商务应用，引领智慧城市建设；推进信息化应用惠民工程，在智慧健康、智慧养老、智能交通、智慧教育等领域开展信息化惠民项目；做好重点区域信息基础设施规划编制，完善无线城市服务，推进5G网络建设，全面推进和保障进博会通信安全工作；强化重要信息系统安全管理，完善信息化应急管理机制，推进信息安全战略规划布局，保障信息安全；强化无线电安全保障，做好重要节点、重大活动的无线电安全保障工作，以信息安全保障区域经济社会稳定发展。

2019年，青浦区信息化建设以提高社会管理能力和公共服务水平为重点，以整合资源、深化应用、创新服务、绩效管理为主线，全面加强信息化建设与管理，努力构建与现代化行政管理要求相适应、与城市创新驱动和转型发展大局相一致、与信息网络技术发展水平相同步的信息化发展新格局，充分发挥信息化在国民经济和社会发展中的带动和促进作用。

一、政务领域信息化

【电子政务系统安全防范】2019年，青浦区进一步增强区电子政务云计算平台的安全防范能力，从技术和管理层面入手，有序落实整改措施，完善多层次、立体式、一体化的电子政务云安全防护体系；继续扎实推进两个三级信息系统（青浦区政务公共信息平台及“上海青浦”政府网站系统）安全等级保护整改工作，确保稳定高效运行；制订青浦区电子政务网络安全保障专项行动计划方案，加强基础信息网络和重要信息系统网络与信息安全保障工作，预防重大网络与信息安全事件发生，确保重要信息系统安全稳定运行，维护信息安全态势的整体可控。

【电子政务系统应急预案持续改进】2019年，青浦区充分考虑各种可能的突发事件，补充并优化相应处理措施，持续改进《青浦区政务外网系统应急预案》及《青浦区政府网站系统应急预案》，进一步明确全区各部门突发事件应对职责，规范应对流程，建立健全应急机制，积极构建多重防护结构，逐步完善区电子政务网络与信息安全防御体系，保障基础信息网络和重要信息系统的运行安全。

二、社会领域信息化

【区智慧社区和智慧村庄建设应用】2019年，青浦区推进“智慧社区”“智慧村庄”建设。完善银行卡、交通卡实名制社区一卡通，集聚社区公共服务资源、商业资源，向社区居民提供便利的智慧服务。继续开展智慧村庄试点建设应用，从村庄自治管理、公共服务、公共安全、旅游服务等各方面实施智慧试点应用。全面推进新版社保卡换发工作，开展新版社保卡换发宣传活动，全区各社保卡网点总计申领新版社保卡43.3万张、敬老卡8 352张。完善“青浦区社会保障卡服务中心”微信公众号服务功能，通过微信公众号发布信息105条。

【区村民信息化服务和管理】2019年，青浦区完善村民信息化活动室监管平台，加强对活动室硬件设施、使用情况的监管；建设青浦区村民信息化服务平台，为村民提供信息知识、信息安全、农业信息等服务；优化村民信息化服务点建设方案，开展村民信息化服务点申报、立项评审工作。开展移动互联网应用宣传培训，培训采用“统一组织、统一教材、统一培训点认定、统一考核、统一发证”的方式，面向全区居民开展移动互联网应用培训和科普宣传，共培训500人，宣传普及5 000人。

三、城市建设管理领域信息化

【区进博会服务保障】2019年，青浦区加强统筹谋划，全面推进第二届进博会服务保障工作。持续开展进博会信息化项目稽察工作，围绕3个信息化项目开展两轮五次稽察，发现问题14个。推进进博会信息化配套项目建设，组织协调通信运营商做好进博会通信保障工作。牵头召开市西软件信息园展览区协调会，对接区内软件企业与科创园区，研究制定市西软件信息园整体宣传方案，利用进博会加大市西软件信息园等重大项目宣传力度，培育发展软件信息服务业等特色产业的辐射带动效应。

四、信息产业发展

【区软件和信息服务业发展】2019年，青浦区全面推动市西软件信息园规划建设，推进产业政策制定和宣传、推广等工作，促进软件信息服务业持续快速发展。围绕新开办企业扶持、企业经营费用补助、“互联网＋”产业项目扶持等内容，加大对国家级、市级项目的配套扶持力度。全区软件和信息服务业实现销售额426.3亿元，同比增长37.6%；实现税收28.9亿元，同比增长29.9%。

【区两化融合促进】2019年，青浦区出台《关于积极打响青浦制造业品牌的实施办法》。推进800家企业上云上平台，690家企业完成两化融合管理体系自测评估，1家企业通过工信部两化融合管理体系贯标评定；开展4期2019年青浦区两化融合管理体系专题培训，区内100余家企业的250余名业务骨干参加培训；开展2019年青浦区两化融合扶持项目评审工作，1个项目获2019年度上海市工业互联网创新发展专项资金项目立项；23家企业被列入上海市大数据企业基本名录，1家企业被推荐为工业能源、物联感知领域大数据服务供应商。

五、信息基础设施建设

【区智能化高速网络打造】 2019年,青浦区推进“互联网+”战略合作框架协议,打造智能化高速网络,夯实“无线城市”和“移动互联网”业务应用的网络基础。会同华为公司编制完成《青浦区新型智慧城市顶层设计(2019—2025年)》及三年行动计划;严格按照时间节点要求,推进4G网络弱覆盖区域年度优化及5G网络建设;累计完成502个5G网络基站建设;全区固定电话总数达27.5万户,4G手机用户达118.1万户,城市光网接入用户31万户,数字整转用户25.8万户。

【区无线电知识普及和电磁环境监测】 2019年,青浦区探索区县无线电管理工作模式,利用门户网站、电视台、电梯广告及发放宣传册等形式,开展无线电知识进社区、进学校宣传活动,宣传有关无线电管理法律法规知识,向社区居民普及无线电管理和频谱资源基本常识,组织“社区居民无线电科普”主题教育活动,增强社区居民对无线电频谱资源和无线电管理工作的认知度、认可度;积极联系市无线电监测站对全区的高考考场进行电磁环境监测,在高考前夕对各考场听力考试的收听频率进行了考前测试和收听指导。

六、信息化环境建设

【区信息安全活动周举办】 2019年,青浦区举办了以“网络安全为人民,网络安全靠人民”为主题的信息安全活动周。包括信息安全专题培训、信息安全知识竞赛、市民信息安全宣传、信息安全应急演练等系列活动,增强了全民信息安全防范意识。同时,以信息化专管员队伍为抓手,开展专题集中培训,提高全区信息化安全技术水平。

(张　峰)

第十五章　奉贤区信息化建设

概　述

2019年，奉贤区信息化工作在区委、区政府的领导下，在市经济信息化委的指导下，积极实施《奉贤区推进智慧城市建设三年行动纲要(2017—2019)》，以“十大民生项目”为重点，持续推进智慧民生、智慧政务、智慧治理等领域的信息化项目建设，提升市民对智慧城市建设的感受度。

通过修订《奉贤区公共资金投资信息化项目建设管理办法》，强化对信息化项目的全生命周期管理；通过制定发布《2019年奉贤区公共数据共享工作方案》和《上海市奉贤区关于贯彻落实上海市公共数据和一网通办管理办法的实施意见》，促进公共数据归集共享；通过加大信息基础设施建设力度，夯实智慧城市建设基础；通过建设医疗健康信息查询系统，搭建区智慧健康移动服务平台；通过建设奉贤区城市大脑项目、区食品追溯管理和公众查询系统等，打造精细化城市治理；通过在环境治理、水务管理、政务服务等多领域进行信息技术推广，加大智慧应用建设力度。

一、政务领域信息化

【“一网通办”任务落地】 2019年，奉贤区全面推进“一网通办”平台建设，着眼透明高效，建设一体化智慧政务。一是持续深化统一受理平台建设，对接市级平台，动态调整行政许可类事项，全区404项上线事项已100%实现“最多跑一次”，区行政服务中心256项入驻事项实现全覆盖预约，线上预约量逾4.3万次；

二是扩大公共服务事项接入范围，全面梳理奉贤区公共服务事项接入“一网通办”目录，305 项已接入“一网通办”总门户，其中 263 项实现网上办理；三是推进电子证照归集与应用，已归集 237 类市级高频证照入库，完成 13 类区级自发证照的归集和 3 659 件历史证照数据的导入，电子证照场景应用事项已达 461 项，累计调用证照 16.7 万余次；四是推动政务服务广泛深度应用，对接市大数据中心，强化市、区两级联动，加快政务数据落地，已上报区级自建系统办件数 6 300 余条，同步落地市级办件库数据 11 万条。

【区政务自助终端升级切换】 2019 年，奉贤区政务自助终端平台完成从 1.0 到 2.0 版本的升级切换，已归集事项 1 093 项，部分事项实现证照打印、视频预审等功能。全区已投放终端机 80 台，建成“区—街镇—村居(生活驿站)”三级政务自助体系，业务办理量逾 12 万件次；实现群众办事“减跑动次数”“减时间”“减材料”；实现六项全市首创，分别是全市首个“24 小时不打烊”政务服务大厅、全市首台进商场的政务终端、全市首台延伸至村居的政务终端、全市首创“终端打印证照”、全市首创“两端融合”服务模式以及全市首创“奉贤自助终端网点”定位小程序。

【区政务云一期建设】 2019 年，奉贤区全面完成区政务云一期建设，实现区内各部门信息基础设施的共建共用和信息系统的整体部署，进一步强化奉贤区信息化项目集约化建设力度，为全区公共数据全面归集共享打下基础。根据市级方案，结合实际，制定区电子政务云建设方案。即奉贤区电子政务云采用“2 + 2 + X”的模式设计(一个“2”指政务外网主副中心、一个“2”指互联网主副中心、“X”指多个分中心)，在有效对接市政务云的基础上，切实保障奉贤区政务数据安全。

【区政务公共数据资源归集共享】 2019 年，奉贤区制定发布《2019 年奉贤区公共数据共享工作方案》和《上海市奉贤区关于贯彻落实上海市公共数据和一网通办管理办法的实施意见》，推进区已建政务应用系统的数据目录清单编制和数据归集，完成 58 个应用系统和 18 个表格类数据编目，新增编目 1 023 条，新归集各类公共数据 3 300 多万条；基于归集的公共数据，搭建奉贤区公共数据服务平台，将各部门资源数据进行脱敏处置后，面向公众和企业提供数据服务，并向市大数据中心上报拟开放公共数据 39 项；建成区信息资源云服务平台，形成定期更新的法人库、人口库、宏观经济运行库、基础地理信息库、遥感影像数据库、三维景观库等基础数据库群，总数据量约 2 800 多万条，为区内约 35 个部门应用提供基础数据（地理库、人口库、法人库等）支撑；配合市大数据中心开展公共数据资源目录编制及数据归集工作，完成 1 242 项区级数据资源目录编制、数据归集和数据挂载，归集数据量 2 800 多万条；完成市级办件库、法人库及人口库的申请订阅，落地“一网通办”办件库数据 173 万条、法人库数据 1 531 万条、人口库数据 1 352 万条，为“一网通办”应用和其他各部门应用提供数据支撑。

【区数字证书和电子印章发放管理】 2019 年，奉贤区完成全区数字证书的发放更新等管理工作。包括对接上海 CA，办理街镇、委办局申请的政务网 VPN 证书及手机端移动证书；根据区机构调整方案，区相关单位、部门、人员进行 CA 身份及权限调整。2019 年，共办理 VPN 证书 147 个，手机移动证书 680 个。按照“统一标准、分布实施、全面覆盖”的原则，积极建设区级电子印章平台，完善统一、通用的电子印章服务体系，梳理 100 项区级服务事项的电子印章应用清单，为全面服务“一网通办”提供有力的基础支撑。同时，配合区机构改革工作，完成各机关单位电子印章变更、制作共计 91 个。

二、社会领域信息化

【区智慧健康移动服务平台建成】 2019 年，奉贤区完成医疗健康信息查询系统建设。搭建区智慧健康移动服务平台，推进建设有奉贤特色的移动预约、移动支付、移动查询三大惠民应用；与“健康上海”“随申办”APP 进行对接，共享市、区两级资源；与区内 22 家社区医院的家庭医生进行上海市社区综改“1＋1＋1”签约联动；搭建区级预约专家号源池，预约号源已覆盖 5 家二、三级医院；完成全区 30 家医疗机构移动支付环境搭建。系统运行至 2019 年年底，已有超过 2 万名区内居民注册认证，全区 26 家医疗机构共开通可预约专家 272 名，开通可预约普通门诊科室 140 个，居民主动发起的咨询超过 1 000 次，在线预约超过 8 000 人次，院内移动支付总金额 1 亿多元。

【上海健康云奉贤应用项目建成投用】 2019 年 11 月，上海健康云奉贤应用项目完成验收。通过部署物联网体征感知设备、移动互联网软件（APP）、健康管理工作站系统等仪器设备及软件，为社区居民、家庭医生、卫生管理部门提供远程健康管理信息化服务工具，实现“居民预检、平台预警、临床参考、医生管理”的整体服务流程，实现血压、血糖、血氧、身高体重等健康体征数据测量和远程传输，为医生提供慢病异常体征数据查看和干预管理，对糖尿病、高血压等慢病，妇幼服务业务提供随访提醒等“互联网+”服务。该系统及300套设备全部安装至相应的社区，已全面推进使用。

【区智慧教育网络建设改造】2019年，奉贤区研究制定《奉贤区教育信息化五年发展规划（2020—2024年）》和《奉贤区教育信息化创新实践三年行动计划（2020—2022年）》。通过建设安全高效的教育城域网，优化信息化基础环境，完成“教育城域网出口双链路改造及新增带宽备线”信息化项目建设，为奉贤教育信息应用提供网络环境支撑。全区公办义务教育学校已实现学校无线网络全覆盖、互动式多媒体教室建设和教师移动终端配备。

【区智慧居家养老系统应用推进】2019年，奉贤区完成智慧居家养老系统微信端功能开发上线；完成与市民云对接；项目面向4 200名老人发放智能健康腕表；陆续完成75个居委会3 900户老年人的入户调查；组织线下活动32场，培训近4 000人次；累计受理紧急呼叫4 181个，处理报警近13 000起，主动外呼超30 000个，救助多名老人。同时，奉贤区荣获“全国第二批智慧健康养老示范基地”荣誉称号，智慧居家养老项目入选上海市智慧养老十大典型案例。

【区社保卡申领及补换工作推进】2019年，奉贤区开展新版社保卡集中换发工作。加强网点建设，指导区内18个网点完成设备更新改造，区社保卡中心和18个网点均具备即时补换卡功能；协调18家服务银行开设即时补换卡网点；加强业务培训，组织社保卡网点操作人员开展业务培训，组织网点骨干人员到松江参观学习，通过“请进来培训”“走出去参观”的方法提高网点人员服务和业务水平。已基本完成退休人员、中小幼人群的集中换发工作，在职人员集中换发进展顺利。截至2019年年底，全区已集中换发新版社保卡515 760张。

三、城市建设管理领域信息化

【区特色城市精细化管理模式形成】2019年，奉贤区完成城市大脑项目一期建设，突破城市管理信息系统的数据资源割裂壁垒，形成奉贤特色的城市精细化管理模式。按照“1+12+N+3”的总体框架构建区城市运行指挥体系，一期重点围绕“1”（区城市运行指挥中心）的“五个一”工作目标开展建设，包括一张涵盖地上、地面、地下的基础地理信息地图；一张由监督员巡查、12345热线投诉、雪亮工程监控、社会面智能安防感知、其他行业监管信息等组成的全域感知网；一支由300人组成的覆盖全区的市场化专职巡查员队伍；一套与城市运行相关的作业、管理、执法标准；一套基于城市网格化管理六步闭环的城市运行综合管理流程。奉贤区计划用两年时间，完成“12”所指向的12个街镇城市运行处置中心及村居工作站建设，实现街区、小区、农村、园区运行监管全覆盖、全过程、全天候。已打造完成建设“N”个智慧工地、民防空间等适合行业应用的智能化管理专题。已构建“3”所指向的日常、保障、应急三种指挥模式，可针对城市运行的不同状态，调取不同的信息资源，展示不同的应用界面，便于统一指挥。

【区食品追溯管理和公众查询系统应用覆盖】2019年，奉贤区升级食品追溯管理和公众查询系统，已全面完成区内食品生产、流通、餐饮服务9大类20项环节全覆盖。平台上完成注册并录入基本信息的企业数量达1 721家，其中食品生产企业76家、食品流通企业1 019家、餐饮服务企业626家，对区内食品生产企业的覆盖率达30%，食品流通、餐饮企业覆盖率均达15%。已录入追溯信息基础数据的食品生产、流通、餐饮企业总数达到1 000家。

【区环境监测与管理信息化系统建设】2019年，奉贤区完成“互联网+”环境监测与管理“一个中心三个平台”的软件系统开发建设。生态环境数据中心收录了环保相关的法律法规、科技标准、重点排污单位名录、污染源及环境质量监测数据、监测报告等，实现相关科室间数据融合共享、信息交互，为环境监管提供数据服务和信息共享支撑。污染源平台企业在线监控设备已完成安装联网114家，其中废气企业91家共140个排口，废水企业46家共60个排口，基本实现重点排污企业在线监测全覆盖。环境质量监测方面，接入空气站4个、地表水站8个、园区空气特征站6个、扬尘监测点220多个，均实现在线监测数据的实时传输。公众参与平台对接“奉贤市民云”APP，公众可随时查看奉贤区空气质量、主要河道水质情况、工地扬尘等实时监测数据；网页端还增加了环评信息、行政处罚、环境管理等信息展示。

【区河长制工作信息系统一期建成】2019年，奉贤区完成河长制工作信息系统(一期)建设,实现全区河道水系“一张图”,实现水文、环保信息实时监测,实现河长巡河信息化。截至 2019 年 12 月,河长 APP 启用以来共巡河 87 529 人次,上报有效巡河案件 856 件,动态结案率 96.5%;“奉贤河长”微信公众号关注数 1 360 人,公众共上报涉河案件 220 件,结案率 100%。区内 4 690 条河道信息、1 190 名河长信息、2.8 万个沿河排口信息、2 000 家用水企业信息全部导入信息平台,同时将水文 2 个自动监测点位数据和环保 9 个自动监测点位数据整合,接入河长制信息平台,实现数据共享,已累计生成 27 259 条水质数据。

四、 信息产业发展

【区软件和信息服务业发展】 2019 年,奉贤区软件和信息服务业保持平稳发展。2019 年度,奉贤区软件和信息服务业营业收入为 48.1 亿余元,比 2018 年略增 2.99%;组织区内企业申报区 2019 年软件和信息服务业专项奖励,上半年 33 家企业的 38 个项目通过审核;下半年 38 家企业的 43 个项目通过审核;区内上海圣熙信息技术有限公司获 2019 年度上海市软件和集成电路产业发展专项(软件和信息服务业领域)项目资助;推荐上海牵翼网络科技有限公司申报进入 2019 年电子商务“双推”平台名单。开展大数据产业专项统计工作,根据申报平台显示,奉贤区 2019 年度共有大数据企业 15 家,其中重点企业 5 家,年营业收入高于 1 000 万元的有 6 家。

五、 信息基础设施建设

【区信息基础设施建设规范和通信线缆架空线整治】 2019 年,奉贤区完成区内信息基础设施建设现状调研,编制并发布《奉贤区信息基础设施建设工作规范》,对建设工作中的职责、程序、要求等加以明确,规范通信行业有序发展,进一步提升信息基础设施管理服务能级,加快推进 5G、城域物联网、双千兆宽带等新型信息基础设施建设,夯实智慧城市建设基础。同时,开展通信线缆架空线杂乱问题解决试点,通过对农村、老旧小区通信线缆架空线问题的走访梳理,形成《关于奉贤区居民小区通信架空线整治工作的调研报告》;并牵头通信运营企业、东方有线等,针对整治难点探索新机制,协调各方完成试点小区的实施方案。

【区5G网络基站建设】 2019年,奉贤区推进5G网络建设和应用,打造"5G移动千兆+光网桌面千兆"的双千兆宽带城市建设。完成建设505个5G通信基站,完成11.8万户家庭和65栋商务楼宇千兆覆盖。依托上海铁塔奉贤分公司的成立,积极推进宏基站共建共享工作,已有1 483座移动通信宏基站向区内三家运营商开放,其中688座宏基站由2家以上运营商共享。2019年,由2家及以上共享的新建通信宏基站站数为21座;新建光缆10.29万芯公里,累计长度325.72万芯公里。

【区三网融合工作推进】 2019年,奉贤区完成全部光网覆盖工作,累计覆盖110.34万户;累计完成166个千兆小区覆盖;积极促进高清交互式网络电视发展,高清IPTV用户共计约21.9万户,有效完善了奉贤区数字电视与网络电视的战略布局;宽带用户共计65.9万户,移动通信用户共计170.3万户,有力支撑奉贤区智慧城市应用推进。

【区物联感知网络建设和应用】 2019年,奉贤区开展物联感知建设,全年完成2015个NB-IoT(窄带物联网)站点建设,主要包括奉贤区政府地标、重要交通枢纽、重点产业园物联网建设;应用于公共安全、公共管理、公共服务三大领域的10多个业务场景,包括:高空抛物领域模型、消防占道领域模型、车辆违停领域模式、智能烟感领域模型、可疑人员追踪领域模型、居家养老领域模型等;完善金海社区泛感知应用建设,探索智慧社区管理新模式。

六、 信息化环境建设

【区公共资金投资信息化项目建设管理办法完成修订】 2019年,奉贤区完成修订《奉贤区公共资金投资信息化项目建设管理办法》,强化对信息化项目的全生命周期管理。启动和完善5个工作机制:一是启动信息化项目前置初审工作机制,针对2020年信息化申报项目开展5批次前置初审工作,共初审项目114个,通过97个;二是启动信息化项目应用绩效评估机制,完成对2014—2017年建设完成的30个项目的绩效评估,涉及17个单位;三是完善信息化项目固定资产登记和移交工作机制,信息化项目产生的国有资产,在项目通过验收并完成验收款支付后 30 个工作日内完成移交工作；四是完善信息化项目集约化共建共享工作机制，遵循集约共享原则，对已建项目的数据资源进行整合共享，对待建项目的软硬件资源进行共建共享；五是完善信息化项目验收工作机制，组织区内单位和行业专家共同进行验收，严格验收要求，对验收不合格项目坚决予以整改。

【区网络和信息安全保障】2019 年，奉贤区完成信息安全检查、重要信息系统等保测评、应急演练、关键基础设施网络安全检查；完成政务内网相关安全保障；完成全国两会、市两会、十九大、国庆、进博会等重大活动区域网络安全保障；完成区两会、圆梦行动、东方美谷化妆品大会、MXGP 国际摩托车越野赛等活动的通信保障；积极组织参与国家网络安全宣传周上海地区活动，开展网络安全专题讲座，共张贴海报 70 余份，发放宣传册 3 000 余份；完成政务网防病毒服务项目；完成政务网安全服务项目建设；开展对全区政府机关及其直属事业单位的软件使用情况摸底统计，推进全区软件正版化工作。

【区“5G＋智慧城市”宣传周活动开展】2019 年，奉贤区开展以“智慧贤城、未来已来”为主题的“5G＋智慧城市”宣传周活动，通过主题日活动、智慧园区、智慧教育、智慧农业等专场，邀请专家宣讲 5G、新型智慧城市建设及各类应用场景等；通过张贴海报、电子屏显示以及相关新媒体宣传上海市智慧城市宣传体验活动，引导市民参与体验；组织电信运营企业开展智慧城市宣讲和体验活动，推动身边的智慧城市建设；结合区十大民生项目、“奉贤市民云”“上海市民云”开展推广宣传，让市民有更切实的体验。

【区无线电管理和知识普及】2019 年，奉贤区加强无线电管理，促进无线电事业持续健康发展。在奉贤海湾举行的 4A 级国际赛事 MXGP 国际摩托车越野赛中，大量使用无线转播、通信，奉贤区联系市经济信息化委频率处，共同规范管理，保障了赛事用频；积极开展科普宣传，庄行镇沙港湾居委、西渡街道浦江居委开展无线电科普进社区活动，青溪中学、奉教院附小开展无线电科普进校园活动，4 场宣传活动共发放宣传册 600 余份，受众 360 余人；培育无线电特色学校，通过赠予无线电教具，拓展学生们使用各类无线电设备的技能，提升奉贤区无线电特色学校综合竞争力；区汇贤中学奔腾无线电社团的 12 位同学，在 2019 上海市青少年无线电比赛中荣获“无线电测向 2 米波—初中男子组”团体第一名、“对讲机综合通信—初中组”团体第一名，并获得优秀组织学校等多项荣誉。

（季　俊）

第十六章 崇明区信息化建设

概 述

2019年,崇明区信息化工作根据世界级生态岛建设总目标,以第十届花博会和乡村振兴战略为契机,借助5G、人工智能、大数据、云计算等新兴技术,围绕智慧崇明建设任务,在市经济信息化委指导下,在区委、区政府的领导下,聚焦政务、社会、城市建设管理领域等信息化建设重点任务,同步推进信息基础设施建设,优化信息产业发展,营造良好的信息化建设环境,以打造与上海全球城市地位和功能相匹配的世界级智慧生态岛为目标,积极推进各领域信息化建设。

在政务领域信息化方面,崇明区坚定不移地推进政务服务便利化,全力推进"一网通办",推动政务服务更高效、更精准、更智能。在行政服务中心设立"一窗通""崇启专窗",简化办事流程,提高企业开办效率。

在社会领域信息化方面,崇明区利用现有信息化技术和资源,从综合旅游、智慧科普、智慧菜场到智慧灌溉、智慧家园、智慧用电,不断落地惠民应用。利用5G等新一代信息技术,探索推进5G远程医疗、5G智慧农机、5G智能环卫、5G马拉松等落地示范应用,不断实现从无到有的突破。

在城市建设管理领域信息化方面,在区委、区政府的指导下,城乡智能管理平台正式开通运行,使崇明城乡管理迈入科学化、精细化、智能化轨道。

在信息产业发展方面,2019年,崇明区参加网上直报的软件和信息服务类企业共计29家,整体营业额有所下降,但利润总体持平,从业人员也有所增加。科技型中小企业呈现快速良好的发展态势,高新技术企业数量不断增加。整体表现为各类创新创业载体增加,创新创业活力不断增强,服务力度不断加大。

在信息基础设施建设方面,崇明区与上海电信、上海移动、上海联通、上海铁塔签署战略合作协议,积极推进崇明5G基础设施建设,实现崇明三岛5G信号基础全覆盖。同时细分行业领域,稳步推进5G在各行业领域的深化部署。

在信息化环境建设方面,通过举办无线电相关科普活动,消除公众电磁知识误区,为区内基础网络和信息化建设工作营造良好氛围。通过发布《崇明区5G应用发展规划》,以及“从心出发——2019对话区委书记”等方式,让外界更好地了解崇明发展规划及相关政策,吸引高新技术企业来崇明发展。

一、政务领域信息化

【企业“一窗通”服务专区开通】2019年4月8日起,崇明区行政服务中心正式设立企业“一窗通”服务专区,实现“发放营业执照、领取税控盘、发放发票”一窗办理,让开办企业最快2天可营业。“一窗通”是崇明区市场监管局、区税务局、区行政服务中心多方合作的成果,通过简化办事流程,提高企业开办效率,基本实现“单窗受理、并联办理、一窗发放”。“一窗通”优化了企业办税流程,让数据多跑路,企业少跑路。此次优化之后,申请人首次领取发票不再要求提供公章,并且整合税控服务商进驻“一窗通”专区,实现涉税服务“统一引导、一窗受理、内部流转、一窗办结”。

【政务服务便利化工作推进】2019年4月9日,崇明区委、区政府召开专题会议,研究崇明区“一网通办”工作。区委书记唐海龙,区委副书记、区长李政,副区长郑益川参加会议。唐海龙指出,“一网通办”是上海探索推进“互联网+政务服务”的一项重大改革,是事关上海加快打造良好营商环境和建设服务型政府的重要举措。2018年以来,在全区各部门共同努力下,崇明区“一网通办”工作推进有力,已显现初步成效,但与先进地区相比还存在一定差距。全区上下要切实增强思想自觉和行动自觉,推动政务服务更高效、更精准、更智能,把“一网通办”作为推动工作作风转变的重要抓手,当好服务企业和群众的“店小二”,让企业和群众办事都能像“网购”一样便捷。李政指出,要以机构改革为抓手,进一步理顺做实“一网通办”工作机制,让群众和企业办事更方便、更快捷,不断提升崇明区政务服务水平。

【“崇启专窗”开通运行】2019年10月29日，在崇明区行政服务中心二楼43号登记窗口，崇明区长三角“一网通办”“崇启专窗”正式开通运行。这意味着此后上海崇明区、江苏启东市两地的企业及个人的30项政务服务均可在“崇启专窗”办理，不再需要驱车跨江奔波。2019年5月，上海崇明区与江苏启东市积极协同联动，在线上建立系统对接、信息互联、数据共享、服务集成的服务模式，充分运用互联网、人脸识别等新技术开展服务；在线下，两地分别开设“崇启专窗”，通过长三角政务服务“一网通办”专窗系统，真正实现政务信息交互沟通，方便群众就近办事。

二、社会领域信息化

【崇明区综合旅游服务中心启用】2019年1月23日，崇明区综合旅游服务中心正式启用，提供咨询、导览、维权、体验等高效便利的一站式旅游公共服务。作为2018年上海市政府实事项目之一，建成后的崇明区综合旅游服务中心设置咨询大厅、旅游网、旅游法庭、旅游厕所、特色旅游产品和智慧旅游展示等多个区域，是突出公益性和综合服务性的旅游咨询服务专业机构，为市民游客提供咨询、导览、维权、体验等高效便利的一站式公共服务，集中展现世界级生态岛的旅游公共服务水平。

【“智慧科普”盒子终端落地】在上海市科学技术协会和上海科技报社的支持下，崇明区首个“智慧科普”盒子终端在向化镇北港村科普广场建成供村民使用。“智慧科普”盒子是一个以“科普中国”权威科普资源为基础，在不增加基层科普工作者任何负担的前提下，利用社区已有的科普大屏资源，365天全时段自动更新科普资讯、科普视频和科普文章功能的智能终端。同时，“智慧科普”盒子可按需定制社区关心的科普热点，精准推送，并为基层科普工作的开展提供新型传播方式，挖掘科普宣传渠道潜力，让公众更方便地接触科普资源，助力公民科学素质提升。

【城桥镇智慧菜场试营业】2019年5月10日，城桥镇绿海路菜市场正式对外试营业，多功能的配套设施让菜市场更智能化、信息化。在菜场的每个摊位前都安装了显示屏，菜品、菜价，摊主的信息和营业执照，交易记录清楚在列，保证交易信息全部公开透明。菜场入口处放置了信息显示屏，菜场区域划分、产品信息以及产品检测情况等均清晰展示，为居住在周边的居民提供了更多便利。

【农业智慧大脑试运行】2019年7月，崇明区“农业智慧大脑”开始试运行。通过基于GIS的“农业智慧大脑”，在一张图、一块屏上就能直观、全面地了解崇明农业的整体情况，有利于科学管理农业生产，减少过多投入和环境污染，实现涉农资金的高效监管。此外，通过在北湖、新平、春润等五个试验基地中安装近百个传感器，实现对农户在农田中人工除草、病虫害防治、采收等农事行为的识别。同时，通过人工智能的方式，当识别出水稻病虫害类型后，系统会自动给出下一步的处置建议，经过农业专家的双重审核，指导农户及时处理。

【智慧环卫湿垃圾称重系统建设】2019年7月，崇明区逐步开始在湿垃圾处理站建设湿垃圾称重系统。作为崇明区智慧环卫管理平台的一项新系统，至10月底，全区21个湿垃圾处理站实现该系统全覆盖，崇明区智慧环卫管理平台功能显著提升。湿垃圾称重系统不仅能对全区湿垃圾日处理、日收运数量进行总体监控，还可将这些数据精确到每个村居。通过大数据分析，相关部门就可更精准地监测全区生活垃圾分类工作的推进情况，更有针对性地对各镇或村居的生活垃圾分类工作进行指导和加强。

【静南村智慧健康家园启动】2019年9月20日，由崇明区科协、港西镇联合举办的2019年全国科普日崇明区主题活动“礼赞共和国”静南村智慧健康家园启动仪式举行。在静南村智慧健康家园里，身高体重仪、中医体质辨识机、健康监测一体机设备、血压计、血脂检测仪等健康监测设备一应俱全，在此居民可实现自我健康管理。

【西新村大田灌溉控制系统投入使用】2019年10月22日，崇明区西新村的远近一体大田灌溉控制系统正式投入使用，该系统已实现大田灌溉阀门的现场控制、远程控制、现场与远程状态同步、土壤温湿度监测四大功能。其中现场控制运用了触摸屏技术，实现了虚拟按钮功能，比传统物理按钮更稳定、耐用、科技感强。远程控制依靠新开发的手机APP，通过网络传输控制命令，呈现成本更低且响应更及时的优点。

【5G远程超声诊断应用开展】2019年10月30日，在新华医院崇明分院5G超声诊断培训中心，超声科主任刘岚利用5G手机和移动超声仪，首次完成远程指导城桥社区卫生服务中心陆利菊医生进行甲状腺超声检查。在5G技术支持下，患者的超声报告数据、病情评估图像、急症病情记录等信息可以快速传输到上海崇明分院甲状腺疾病医疗中心，

专家可以立即进行远程检查和诊断，快速响应、实时沟通，提高了社区医生的业务技能，同时节省了患者往返大医院检查、拿报告、看病的时间。

【“5G+智慧农机”示范场景应用】2019年11月7日，国内首个“5G+智慧农机”创新示范场景在崇明区万禾有机农场千亩有机稻田开展演示。通过5G网络，稻田收割的现场视频实时流畅地回传至崇明区城乡智管平台远程控制中心。智慧农机则通过智能避障、远程遥控等无人驾驶技术，实现对农业生产中耕种管收等环节的全方位支撑。结合5G网络，智慧农机可摆脱对人的过多依赖，便捷实现远程一人对多机的操控与管理。同时，采用新能源动力的智慧农机，可以在作业过程中实时采集与分析生产数据，结合人工智能技术，助推农业精准作业，从而大大提升农业生产效率，保护生态环境。

【5G智能环卫车亮相】2019年11月11日，5G智能环卫车首次亮相崇明并进行各项功能展示。5G智能环卫车为纯电动新能源车，融合了智能驾驶技术，基本能够实现无人驾驶。基于安全的路径规划、远程监控、V2X等功能，5G智能环卫车可以广泛适用于城市园区、城市结构化道路和城际结构化道路等场景的智能清扫作业。相比传统的人工清扫，5G智能环卫车将大大提高作业效率、降低劳动力投入。

【5G赋能绿华小镇马拉松】2019年11月30日，由崇明区政府主办、区体育局、绿华镇政府承办的“生动马拉松，5G耀绿华”2019上海崇明绿华特色小镇半程马拉松举行。赛事聚焦5G技术赋能，全程IPTV高清直播，观众在IPTV的4K体育专区可观看现场直播，参与游戏互动。此次赛事首次引入5G和全程AI技术，采用刷脸领物、刷脸检录、5G直播、短视频等信息化手段。通过5G技术的应用，可以在起点、终点多功能显示屏看到实时成绩排名、对赛事服务人员以及佩戴智能手环的参与者进行位置监控，为每个参赛者拍摄比赛短视频，提升了比赛的参与性、趣味性和观赏性。

【5G智能道路作业车示范应用】2019年12月27日，崇明区5G智能道路作业车示范应用启动仪式举行。崇明区率先引进的两辆5G智能道路作业车，分别在区会议中心和东平国家森林公园正式投入使用。除了能够节省人力，5G智能道路作业车的智能化模式堪比机器人，车上匹配了多传感器融合的感知决策系统，对车辆周边的行人和物体能够提前感知，并进行有效避让，确保安全。同时，应用融合了“5G+AI”、高精度定位以及多维路面性能快速检测三大主要技

术，基本上能够实现无人驾驶、远程监控、车对外界的信息交换等功能。

【五镇智慧健康小屋对外开放】2019 年 12 月 16 日，位于城桥镇、堡镇、新海镇、东平镇和长兴镇的 5 个“智慧健康小屋”正式对外开放，市民们只需扫一扫身份证或社保卡，即可在家门口获得健康“一站式”服务。“智慧健康小屋”是提供居民健康自检自评和自我管理的载体，居民通过刷身份证或医保卡完成智能身份识别，就能参与包括身高、体重、体脂、血压、血氧、血糖、心电图等在内的 11 项体征指标的检测。小屋充分利用互联网、大数据等“智慧”技术进行健康数据的统计、监测和分析，并根据健康状况与疾病风险，为民众提供有针对性的健康、运动处方，引导有需求的民众及时对接家庭医生、专科医生、体育指导员等，提升民众自我健康管理能力和健康素养。

【堡镇“智慧用电”社区建设】2019 年 12 月 1 日，堡镇向阳社区成为上海首家“智慧用电”社区。“智慧用电”系统可 24 小时在线动态监测居民家中电气线路的温度、短路、过载等电气安全隐患参数，并不间断进行数据追踪与统计分析。居民通过登录微信小程序，可随时随地查看家庭用电情况。系统还接入居委会与第三方服务企业，一旦发生安全隐患，系统会根据情况先行切断电源，同时向三方发送预警信息，为居民用电保驾护航。

三、 城市建设管理领域信息化

【区城乡智能管理平台建设】2019 年 4 月 2 日，崇明区委副书记、区长李政赴区智能管理中心实地调研城乡智能管理平台建设情况。李政指出，区城乡智能管理平台在前期大量调查研究基础上，经过一年多规划设计，开发的平台架构和功能符合崇明社会治理的实际需求，平台建设推进情况成效显著。4 月 18 日，崇明区城乡智能管理中心揭牌，城乡智能管理平台正式开通运行，标志着崇明城乡管理迈入科学化、精细化、智能化轨道。崇明区城乡智能管理平台是根据市委、市政府关于加强上海市城市管理精细化工作要求，为全面提升崇明世界级生态岛智能管理水平，构建起的集数据共享、监控预警、运行处置为一体的城乡智能管理新体系。该平台以百姓服务需求为指引，以崇明地域特点为导向，围绕生态治理、社会治理、经济管理、应急管理四大主题，打造生态监测、社会综治、应急指挥、防汛防台、交通管理、水系管理、客流管理、市场监管、市容管理、房地管理、村居信息、网格管理十二大专题。

【合中智慧管理“大数据”平台设立】 2019 年 7 月,庙镇合中村探索坚持“利用科技手段”与“发动村民参与”双管齐下,新建集为民服务与议事协商于一体的“合中幸福苑”,设立合中智慧管理“大数据”平台。通过这两大平台,凝聚群众智慧,充分发挥村民自治作用,实现村庄智慧治理。该平台与村内各党群服务点的平板电脑、村内 80 岁以上老人佩戴的智能手环、网格点巡查员的手机等设备连通,运用科技手段优化人力资源配置,实现村庄智慧治理。此外,“合中幸福苑”还为村民议事提供了平台,充分保障村民的自治权利。

四、 信息产业发展

【区软件和信息服务业发展】 2019 年,崇明区参加网上直报的软件和信息服务类企业共有 29 家。其中,经认定的软件企业有 20 家,非认定企业 9 家。这 29 家企业,共计实现营业收入 123 859. 4 万元,与 2018 年同期 337 121. 6 万元相比减少 63. 26%,降幅明显;利润总额 14 784. 6 万元,与 2018 年同期 14 784. 6 万元相比持平;税金总额 771. 4 万元,与 2018 年同期 1 083. 8 万元相比减少 28. 82%;软件和信息服务业企业从业人员人数为 2 594 人,与 2018 年同期 2 417 人相比增加 7. 32%。

【区高新技术企业发展】 2019 年,崇明区科技型中小企业呈现快速良好的发展态势,高新技术企业数量不断增加。2019 年经认定企业 226 家,增长率名列全市前茅,继续保持高增长态势。2019 年,崇明区推进高新技术企业发展的主要成效包括:一是各类创新创业载体增加。长兴海洋家创客基地、智慧岛硅酉孵化器、工业园区的离岛孵化器和金宝创业园、富盛园区的创智产业园和基金小镇、森林园区的大森林部落、崇明农业科技创新中心等创客基地初具规模,六大园区各具特色的新型载体建设取得新成效。二是服务力度不断加大。包括结合科技企业实际需求上门开展科技会诊活动,加强与市级资源对接,开展专业化科技创新培训,积极组织科技企业参加各种大型科技活动,拓宽科技企业家的视野。

五、信息基础设施建设

【5G网络建设和重点应用实施战略合作协议签订】2019年8月30日，崇明区与上海电信、上海移动、上海联通、上海铁塔签署《共同推进5G网络建设和重点应用实施战略合作协议》，全力推进崇明三岛5G信号基础全覆盖。签约各方将围绕“物联、数联、智联”三位一体理念，在都市现代农业、船舶等装备制造、VR等数字产业、体育赛事转播、全域旅游、远程教育、医疗、城乡智能管理、物联网建设，以及2021年第十届中国花卉博览会等领域的5G产品研发和应用上开展深度合作。

【天然气主干网5G无人机专网巡线项目建成】上海联通与上海天然气管网公司签署天然气主干网5G无人机巡线战略合作协议，选定在崇明区开展试验，建设覆盖距离100公里的5G无人机专网。2019年9月25日，上海联通天然气主干网5G无人机巡线项目验收飞行仪式在崇明举行，这标志着上海联通在崇明区打造的全球首例5G工业无人机商业应用正式通过验收，崇明区推进5G网络建设和示范应用取得新突破。

六、信息化环境建设

【长三角智造私董会举行】2019年4月26日，2019年科创百企看崇明暨长三角智造私董会在上海智慧岛数据产业园隆重举行。来自全国高校T20联盟、兰生工业地产、冠恒控股集团等上百家知名企业的掌门人齐聚一堂，共同感受崇明的沧桑巨变，并就崇明科技生态城—智慧岛数据产业园孵化器的未来发展和科技创新展开高端对话。

【华为战略合作协议签署】2019年8月21日，崇明区人民政府和华为技术有限公司签署战略合作协议，双方将在智慧城市、智慧园区、5G、人工智能、城市运行管理中心、云服务、大数据、物联网、平安城市、云数据中心、智慧教育、智慧医疗、智慧农业等领域进行深度合作。

【区5G工作专班正式运行】2019年9月4日，崇明区5G网络建设与应用工作专班座谈会在陈家镇瀛东村召开，崇明区5G工作专班正式运行。区委书记唐海龙，区委副书记、区长李政，区委常委、副区长郭亚兵等出席会议。5G工作专班根据各领域专家研究方向，分别组成若干个应用研究小组，积极调研、对接崇明区5G发展需要，研究推进5G技术、产品、服务和商业模式创新，推进典型场景示范应用，打造适合崇明区应用特点的5G创新示范应用，为崇明生态发展带来好应用、好经济。

【区无线电与电磁辐射科普培训下乡活动举办】 2019年10月12日，为向广大村民普及无线电知识，消除公众对电磁辐射的误解，助力崇明区基础网络和信息化建设工作顺利进行，区科委深入崇明区中兴镇七滧村、新村乡新乐村等乡村开展无线电与电磁辐射科普培训教育活动。通过培训普及无线电与电磁辐射知识，消除市民对无线电、通信基站以及电磁辐射的认识误区。

【区5G应用发展规划发布】 2019年11月29日，《崇明区5G应用发展规划》发布会在上海智慧岛数据产业园举行。根据规划，崇明区将聚焦“5G＋人居生态”，着力推进垂直行业、综合类示范、城乡管理3个维度和16个方向的重点应用建设，打造以生态和智慧产业引领的全球首个5G基础全覆盖的人居生态岛。区委书记唐海龙，区委副书记、区长李政，市经济信息化委总工程师刘平，区委常委、副区长吴召忠等出席发布会。刘平与吴召忠共同为“上海5G人居生态应用示范区”揭牌。

【5G人居生态岛建设】 2019年12月17日，崇明区委书记唐海龙做客由上海发布和上海人民广播电台联合制作的“从心出发——2019对话区委书记”特别节目。唐海龙指出，崇明处于上海远郊，必须抓住5G这样的科技革命来实现跨越式发展。崇明正全力打造全球首个5G全覆盖的人居生态岛，筹建5G研究院、5G创新创业园、5G产业园、5G产业基金，努力成为中国5G创新发展的先行地。并且，好风景一定要有新经济，让“好风景”更具价值、成为“生产力”，吸引世界级选手，集聚世界级资源，打造世界级作品，服务上海、长三角乃至全国。

（施　华）

附 录

SHANGHAI INFORMATIZATION

2019 年上海市信息化建设大事记

1月

1月7日 特斯拉上海超级工厂在临港产业区正式开工建设。中共中央政治局委员、上海市委书记李强会见美国特斯拉公司首席执行官埃隆·马斯克一行。市委副书记、市长应勇出席开工仪式,并和埃隆·马斯克等共同宣布项目开工。市委常委、市委秘书长诸葛宇杰参加会见。副市长吴清在项目开工仪式上致辞。仪式由市政府副秘书长、上海市经济和信息化委员会(以下简称"市经济信息化委")主任陈鸣波主持。市经济信息化委副主任吴金城等出席仪式。

1月8日 副市长吴清赴嘉定区调研上海汽车产业发展情况。市政府副秘书长、市经济信息化委主任陈鸣波,市经济信息化委副主任吴金城,嘉定区副区长沈华棣等参加调研。

1月15日 上海人工智能战略咨询专家会议召开。第十届全国政协副主席、上海市人工智能战略咨询专家委主任徐匡迪院士,副市长吴清,第十二届全国政协常委、中国工程院原常务副院长、上海市人工智能战略咨询专家委副主任潘云鹤院士,国家信息化专家组咨询委员会委员邬贺铨院士,市政府副秘书长、市经济信息化委主任陈鸣波,中科院上海分院副院长张旭院士,中国人工智能学会理事长李德毅院士,东华大学校长、中国人工智能学会副理事长蒋昌俊,上海交通大学副校长毛军发院士,同济大学副校长吴志强院士,中国机器人产业联盟理事长、新松机器人有限公司总裁曲道奎,科大讯飞执行总裁胡郁,京东集团副总裁周伯文等专家委成员出席会议。专家们围绕前沿科技难题、AI 应用场景、国际合作交流、人才培养聚集,以及 2019 年世界人工智能大会等相关议题深入交流,为上海市人工智能发展建言献策。

1月30日 上海"两会"现场首次

通过5G技术实现重大会议的融媒体直播，成为上海“两会”的一大亮点。这是国内首次通过5G网络实现高清直播连线，以新一代信息基础设施为支撑，进一步推动传统媒体和新兴媒体深度融合。

2月

2月21日 上海市经济和信息化工作党委（以下简称“市经济信息化工作党委”）、市经济信息化委召开市经济信息化系统2019年工作会议。副市长吴清出席会议并讲话。市政府副秘书长、市经济信息化工作党委副书记、市经济信息化委主任陈鸣波主持会议，并做工作报告。市经济信息化工作党委书记陆晓春做党委工作报告。

2月21日 中国首条公里级高温超导电缆示范工程启动大会在宝山城市工业园区举行。这意味着高温超导电缆示范工程作为上海加快超导技术产业化的重要突破口，已经做好了技术储备、工程建设、人才团队、产业承载的各项准备，标志着我国超导电缆实用产业化正式起步。

2月28日 市信息化专家委员会2019年度战略咨询研讨会召开。市信息化专家委主任吴启迪、副主任傅文彪及各位专家委员听取2018年市信息化专家委工作汇报。市经济信息化委副主任阮力出席会议并讲话。

3月

3月20日 第十六届上海国际信息化博览会在沪举行。副市长吴清邀请国际知名企业代表召开座谈会，交流信息产业发展趋势并听取意见建议。会议由市政府副秘书长陈鸣波主持。市经济信息化委副主任傅新华介绍全市电子信息产业情况。上海市发展和改革委员会（以下简称“市发改委”）、上海市商务委员会、上海市科学技术委员会（以下简称“市科委”）、浦东新区政府等部门领导参会。20余家国际知名电子信息龙头企业和新兴企业代表参加座谈。

3月30日 “全球双千兆第一区”开通仪式在虹口区举行。副市长吴清拨通首个5G手机通话，中国移动集团副总裁简勤与市政府副秘书长陈鸣波共同宣布上海成为全国首个中国移动5G试用城市。市经济信息化委主任吴金城、市通信管理局局长陈皆重、虹口区委书记吴信宝、上海移动总经理陈力共同启动“5G全球创新港”建设。市经济信息化委副主任张建明、虹口区副区长袁泉、上海移动副总经理梁志强分别介绍上海市、虹口区、上海移动的5G建设和应用推进情况。

4月

4月10日 市委组织部、市委党校、市经济信息化工作党委、市经济信息化委共同举办的“领导干部推动人工智能高质量发展专题研讨班”在市委党校正式开班。副市长吴清做开班动员，市政府副秘书长陈鸣波、市经济信息化工作党委书记陆晓春、市经济信息化委主任吴金城等出席开班仪式。

4月23日 2019年上海5G创新发展峰会暨中国联通全球产业链合作伙伴大会在上海开幕。市委副书记、市长应勇出席。

4月25日 SAIL启航上海人工智能发展联盟发起成立仪式、2019世界人工智能创新大赛启动仪式、上海市首批人工智能试点应用场景发布仪式在杨浦区长阳创谷举行。

5月

5月20日 普陀区政府与阿里巴巴集团签订合作备忘录，此次签约标志着阿里本地生活服务中心正式落户普陀。

5月21日 全国首个人工智能创新应用先导区在上海启动建设。工业和信息化部（以下简称“工信部”）会同上海市政府召开人工智能产业发展院士专家座谈会暨人工智能创新应用先导区建设启动会。工信部总经济师王新哲、上海市副市长吴清、工信部科技司司长胡燕、浦东新区常务副区长姬兆亮共同为“上海（浦东新区）人工智能创新应用先导区”揭牌。第十届全国政协副主席徐匡迪、上海交通大学校长林忠钦、同济大学校长陈杰、市政府副秘书长陈鸣波、市经济信息化委主任吴金城、市经济信息化委总工程师张英、中科院上海分院副院长张旭等出席会议。

5月22日 为全面贯彻习近平总书记关于长三角地区更高质量一体化发展重要指示精神，落实《长江三角洲区域一体化发展规划纲要》，促进长三角地区智能网联汽车产业协同发展，在安徽芜湖举行的2019年长三角地区主要领导座谈会上，上海市经济和信息化委员会与江苏省工业和信息化厅、浙江省经济和信息化厅、安徽省经济和信息化厅共同签署《长三角地区智能网联汽车一体化发展战略合作协议》。

5月24日 微软亚洲研究院（上海）和微软-仪电人工智能创新院在沪正式揭牌。副市长吴清，市政府副秘书长陈鸣波，市经济信息化委主任吴金城，市经济信息化委总工程师张英，徐汇区区长方世忠，上海仪电集团董事长吴建雄，上海仪电集团总裁蔡小庆，微软全球执行副总裁、微软人工智能及研究事业部负责人沈向洋，微软全球资深副总裁、微软亚太研发集团主席兼微软亚洲研究院院长洪小文，以及市发展改革委、市科委等有关负责人，上海人工智能发展联盟成员企业代表等出席揭牌仪式。

5月25日 在2019中国国际大数据产业博览会期间，复旦大学联合国家信息中心数字中国研究院发布《2019中国地方政府数据开放报告》暨"中国开放数林指数"，对中国地方政府数据开放工作进行评估。在省级排名中，上海位列榜首。这已是上海连续第三年获得第一。

5月30日　上海市政府与中国电信集团有限公司在沪签署加快5G引领的新一代信息基础设施建设战略合作框架协议。中共中央政治局委员、上海市委书记李强会见中国电信董事长柯瑞文一行，市委副书记、市长应勇出席签约仪式。市委常委、市委秘书长诸葛宇杰等参加会见。副市长吴清与中国电信集团副总经理陈忠岳代表双方签署协议。仪式由市政府副秘书长陈鸣波主持。市政府秘书长汤志平、市经济信息化委主任吴金城、市经济信息化委副主任张建明等出席仪式。

6月

6月11日　杨浦区举行长阳创谷人工智能应用试点园区揭牌仪式，标志长阳创谷"AI+园区"建设初见成效，园区内多项AI服务平台正式向公众开放。市经济信息化委主任吴金城、杨浦区委书记李跃旗共同为长阳创谷"AI+园区"揭牌。市经济信息化委副主任张英发表讲话，杨浦区副区长丁欢欢出席会议。

6月21日　2019长三角产业电商与高端生产性服务业创新峰会暨上海市产业电商"双推"工程启动仪式在浦东新区举行。沪苏浙皖三省一市经济信息化主管部门、国家工业信息安全发展研究中心有关领导共同启动2019上海市产业电商"双推"工程，并为年度"双推"工程服务平台企业授牌。

6月24日　第十六届中国国际中小企业博览会(以下简称"中博会")在广东广州举行。工信部部长苗圩、广东省省长马兴瑞、工信息部副部长王江平、国家市场监管总局副局长唐军来到上海展区，参观上海微创医疗、小海龟科技、钛米机器人、蔚来汽车等公司展品。苗圩对上海中小企业在生物医药、高端装备、新能源汽车等领域取得的成绩予以高度评价，希望上海继续发挥示范引领作用，促进中小企业创新转型升级发展。市经济信息化委副主任戎之勤率领上海代表团出席开幕式并参加中博会有关活动。本届中博会上海展区共有42家企业参展，分为机器人、新能源汽车、生物医药、智能制造、日用科技、新材料六大板块。

6月24日　以拓展"智能+"打响"上海制造"品牌为主题的2019上海市智能制造推进大会在上海电气集团举行。大会上发布《上海市智能制造三年行动计划(2019—2021年)》。

6月25日　以"5G+共赢未来"为主题的中国移动5G+发布会在沪举行。副市长吴清、市政府副秘书长陈鸣波、市经济信息化委主任吴金城、市经济信息化委副主任张建明以及工信部、国务院国有资产监督管理委员会、国家互联网信息办公室相关领导出席大会。

7月

7月2日 上海第二批人工智能应用场景需求发布暨上海人工智能发展联盟揭牌仪式举行。市经济信息化委主任吴金城、上海人工智能发展联盟理事长、仪电集团董事长吴建雄为上海人工智能发展联盟揭牌。市经济信息化委副主任张英介绍应用场景建设情况。

7月2日 上海市人工智能产业安全专家咨询委员会成立仪式暨第一次会议召开。市政府副秘书长陈鸣波出席会议并致辞。会议由市经济信息化委主任吴金城主持。会议发布《人工智能安全发展上海倡议》,同时面向全球启动人工智能产业安全创新实践案例和优秀论文征集活动。

7月3日 上海市产业园区和结构调整领导小组第一次全体会议召开。副市长吴清出席会议并讲话。会议由市政府副秘书长陈鸣波主持。市经济信息化委主任吴金城、副主任吕鸣等出席会议。

7月4日 由市经济信息化委、上海市青年联合会、台北市政府资讯局共同主办的2019上海——台北城市论坛"青创与智慧城市分论坛"在沪举办。市经济信息化委主任吴金城、台北市政府资讯局局长吕新科出席分论坛并分别做主旨演讲。市经济信息化委副主任张英主持分论坛。

7月30日 2019世界人工智能大会(WAIC)倒计时30天合作伙伴发布暨志愿者授旗仪式在上海世博展览馆举行。市经济信息化委主任吴金城、市经济信息化委副主任张英、浦东新区副区长管小军、徐汇区副区长晏波、东浩兰生(集团)有限公司总裁曹炜、团市委副书记邬斌等出席会议。

8月

8月1日 中国自主研制的C919大型客机第4架试飞机完成首次试飞任务。

8月12日 工信部在上海中国商用飞机有限责任公司召开"5G+工业互联网"全国现场工作会议。会议的主题是深入贯彻落实党中央、国务院决策部署,加快5G商用步伐,加强工业互联网新型基础设施建设,不忘初心、牢记使命,大力推动"5G+工业互联网"融合创新发展。工信部党组书记、部长苗圩出席会议并讲话,工信部党组成员、总工程师张峰主持会议。中国工程院院士周济、邬贺铨、林忠钦,副市长吴清、市政府副秘书长陈鸣波出席会议。

8月16日 第二十一届中国国际工业博览会(以下简称"工博会")组委会秘书长工作会议召开。工博会组委会常务副秘书长、市政府副秘书长陈鸣波主持会议并讲话，工博会组委会办公室常务副主任、市经济信息化委主任吴金城，工博会组委会办公室副主任、市经济信息化委副主任戎之勤，以及工信部、国家发改委、中国工程院、中国机电产品进出口商会、中国机械工业联合会以及上海市有关部门负责人出席会议。

8月29—31日 2019年世界人工智能大会在上海召开。中共中央政治局委员、上海市委书记李强在开幕式上致辞。第十届全国政协副主席徐匡迪出席开幕式。市委副书记、市长应勇主持。联合国工业发展组织总干事李勇，中国科学技术协会党组书记、常务副主席怀进鹏，国家发展改革委副主任林念修先后致辞。大会以"智联世界，无限可能"为主题，将继续坚持"高端化、国际化、专业化、市场化"，并突出"智能化"的办会方针，持续打造世界顶尖的人工智能合作交流平台。大会设置"高端论坛、主题活动、应用展示、智能体验"四大板块，体现"三最一超"的特色。

9月

9月3日 由工信部、上海市政府指导，中国半导体行业协会、中国电子信息产业发展研究院主办的第二届全球IC企业家大会暨第十七届中国国际半导体博览会（IC China 2019）在上海新国际博览中心开幕。副市长许昆林，市政府副秘书长陈鸣波，工信部电子信息司司长乔跃山，中国半导体行业协会理事长、中芯国际集成电路制造有限公司董事长周子学，美国半导体行业协会轮值主席、美光科技公司总裁兼CEO桑杰·梅赫罗特拉出席开幕式并致辞。市经济信息化委副主任傅新华主持大会并做开幕演讲。

9月10日 全球首个综合性5G应用展示及联创平台——"5G全球创新港"在上海北外滩滨江正式开港。市委常委、副市长吴清出席开港仪式并启动"5G全球创新港"，市政府副秘书长陈鸣波和虹口区委书记吴信宝共同为虹口"上海5G综合应用先导示范区"揭牌，仪式由虹口区区长胡广杰主持，市经济信息化委副主任张建明出席活动并致辞。

9月12日 上海自贸区临港新片区首批23个重点项目集中签约开工，总投资110亿元。

9月12日 ABB集团位于上海的机器人新工厂和研发基地破土动工。新工厂还设立研发中心，以帮助加快人工智能领域的创新发展。

9月16日 2019世界智能网联汽车大会在上海汽车会展中心开幕。本次大会是上海举办的第三届智能网联汽车国际峰会，以"共创，共建，共赢"为主题。中国工程院副院长钟志华院士，上海市委常委、副市长吴清出席大会并致辞，市政府副秘书长陈鸣波、市经济信息化委主任吴金城、嘉定区区委书记章曦、长三角“三省一市”相关部门和城市领导，国际智能网联汽车合作联盟首席顾问约阿希姆·泰伯、世界汽车工程师学会联合会主席赵福全、中国汽车工业协会专务副秘书长曾光、中国汽车工程学会副秘书长张旭明、韩国机动车辆测试和研究中心自动车安全研究院首席运营官李玄友等世界知名研究机构学者、行业领袖以及企业高管出席大会。

9月17日 以“智能、互联——赋能产业新发展”为主题的第二十一届中国国际工业博览会开幕式暨颁奖仪式在国家会展中心(上海)举行。中共中央政治局委员、上海市委书记李强宣布第二十一届中国国际工业博览会开幕。第十届全国政协副主席、中国工程院原院长徐匡迪为10家获奖单位颁发“中国国际工业博览会大奖”。中国工程院院长李晓红，上海市委副书记、市长应勇致辞。中国工程院副院长钟志华，国家发展改革委、科技部、中国科学院、中国贸促会、中国机械工业联合会和浙江、辽宁、黑龙江、广西、云南、青海、新疆等省区市相关负责人出席。本届工博会为期5天，共设九大专业展，展区面积28万平方米，集中展示智能、互联驱动下的产业发展新成效和工业最新技术、产品和服务，来自27个国家和地区的2 600多家企业参展。其间举行2019创新与新兴产业发展国际会议、第八届中国机器人高峰论坛暨第五届CEO圆桌峰会等专题活动，中外专业观众参观人数超17万人次。

9月19日 上海市中小企业重点项目集中开工仪式暨中小企业高质量发展座谈会在松江区举行。市委常委、副市长吴清，市政府副秘书长陈鸣波，市经济信息化委主任吴金城、副主任戎之勤等出席会议。这是上海首次将中小企业重点项目以集中开工的形式呈现，23个项目全部来自专精特新企业，都是细分领域的“隐形冠军”，本批项目合计投资达75亿元，其中固定资产投资59亿元。

9月29日 作为市级五大重点整体转型区域之一的南大地区首发项目临港南大智慧城正式开工建设。市政府副秘书长陈鸣波、市经济信息化委主任吴金城出席开工仪式，与宝山区政府、临港集团等领导和嘉宾共同见证项目启动开发。

9月30日 市政府召开常务会议，部署建设上海智能传感器产业园，推进智能传感器和物联网芯片产业发展。

10月

10月30日 市委常委、副市长吴清、市政府副秘书长陈鸣波赴上海市西软件信息园调研园区建设和项目开工情况。市经济信息化委副主任傅新华、青浦区副区长倪向军等参加调研。

10月31日 上海5G商用启动仪式在上海市通信管理局举行。

11月

11月19日 上海市公共数据开放工作推进会召开。市委常委、副市长吴清出席大会并讲话,市政府副秘书长陈鸣波主持会议。会上,吴清、陈鸣波向中国科学院院士何积丰等第一届上海市公共数据开放专家委员会的8位专家代表颁发聘书,并向2019年度大数据联合创新实验室颁发铜牌。吴清正式开通上海市公共数据开放平台。市经济信息化委主任吴金城,市政府办公厅副主任、市大数据中心主任朱宗尧出席会议。

11月19日 在西班牙巴塞罗那举办的2019全球智慧城市大会上,上海大数据应用创新工程项目"大数据与城市精细化管理(静安)"项目获得全球智慧城市大会中国赛区"城市精细化治理奖"。

11月27日 上海节能环保产业投资促进服务平台揭牌仪式在花园坊节能环保产业园举行。市政府副秘书长陈鸣波、工信部节能与综合利用司司长高云虎为上海节能环保产业投资促进服务平台揭牌。

12月

12月3日 被誉为国际海事业技术发展趋势风向标的第二十届中国国际海事会展在上海新国际博览中心开幕。市经济信息化委主任吴金城、副主任吕鸣出席并陪同中外嘉宾巡馆。

12月13—15日 第三届中国工业设计展览会在湖北武汉国际博览中心开幕。本届展览面积达3.3万平方米,参展企业592家,国家级工业设计中心134家,是国内工业设计行业规模大、参展企业多、全国参与范围广的展览会。上海展区面积超过1 800平方米,连续三届成为全国各省市组团参展面积和特装布展面积最大的省市展区。

12月19日 市经济信息化工作党委、市经济信息化委召开2020年度务虚会,深入学习贯彻落实习近平总书记考察上海重要讲话精神和党的十九大、十九届四中全会精神,以及中央经济工作会议精神,按照市委学习讨论会的部署要求和市政府重点任务,谋划2020年产业和信息化高质量发展的工作思路和举措。

12月24日 "传感未来智行天下"上海智能传感器产业园启动会暨重点项目签约仪式在嘉定工业园举行,会上发布39条扶持政策,32个重点项目签约,总投资248亿元。市政府副秘书长陈鸣波出席大会并致辞。市经济信息化委副主任傅新华出席活动并为上海智能传感器产业园有限公司揭牌。

12月26日 上海市服务企业联席会议第三次全体(扩大)会议召开。市委常委、副市长吴清出席会议并讲话，市政府副秘书长陈鸣波主持会议。会议总结2019年全市企业服务工作，并对2020年工作做出部署。会上，开通“上海市企业跨区迁移服务专窗”，启动“上海百家重点企业政企双向联络行动”，并为“双向联络行动”政企代表与“上海中小企业海外中心”单位颁发证书。

2019上海市智慧城市发展水平评估报告

一、评估体系与方法

（一）评估体系概述

1. 评估体系框架

上海市智慧城市发展水平评估指标体系，包括一级指标3个，即网络就绪度指数、智慧应用指数与发展环境指数，权重比为20%：50%：30%；二级指标10个，即基础能力、应用感知、生活服务、数字经济、城市治理、绿色发展、政务服务、机制保障、创新应用、试点示范；三级指标40个。网络安全状况系数作为各区智慧城市发展水平指数系数。

各区智慧城市发展水平指数的平均值即为上海市智慧城市发展水平指数。

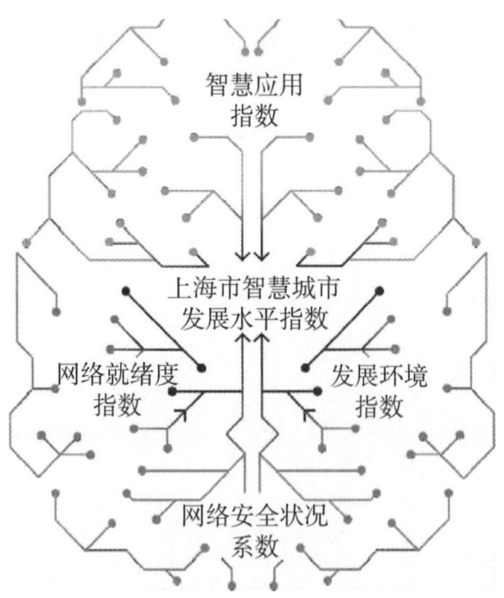

图1-1　上海市智慧城市发展水平评估体系

2. 评估指标构成

表 1－1 上海市智慧城市发展水平评估指标体系

一级指标	二级指标	序号	三级指标
网络就绪度指数	基础能力	1	5G 建设应用
	应用感知	2	固定宽带用户感知速率
		3	移动通信网络用户感知度
		4	物联感知建设应用
智慧应用指数	生活服务	5	智慧社区(村庄)建设水平
		6	公交电子站牌覆盖率
		7	公共停车场(库)系统联网率
		8	医疗数据互联度
		9	医疗服务数字化水平
		10	智慧学校发展水平
		11	文化上海云公共文化设施上线率
		12	随申办市民云区平台应用水平
	数字经济	13	智慧园区(商圈)建设水平
		14	工业互联网创新发展情况
		15	大数据产业发展情况
		16	人工智能应用场景培育度
		17	单位地区生产总值发明专利申请量(授权量)
		18	软件产业发展情况
	城市治理	19	公共设施监测情况
		20	电子警察监控点覆盖率
		21	城市网格化综合管理水平
	绿色发展	22	能耗计量覆盖率
		23	环境质量监测水平
		24	气象自动监测站覆盖率
	政务服务	25	“一网通办”服务能力
		26	公共信息资源社会开放水平
		27	政务数据资源共享水平
		28	政务云平台应用水平
		29	政府网站与政务新媒体服务水平

（续表）

一级指标	二级指标	序号	三级指标
发展环境指数	机制保障	30	制度规划
		31	支撑保障
	创新应用	32	信息基础设施能级
		33	生活服务
		34	数字经济
		35	城市治理
		36	绿色发展
		37	政务服务
	试点示范	38	工作试点
		39	项目培育
		40	宣传体验

网络就绪度指数、智慧应用指数以及网络安全状况系数的评估信息来自于市级各相关政府部门、事业单位、机构；发展环境指数的评估信息由各区信息化工作主管部门提供。

（二）评估测算方法

1. 指标测算标准

对于具体指标，即三级指标测算方法，为了消除各指标单位不同的问题，首先对数据进行无量纲化处理，计算出无量纲化后的相对值。处理方法为，对于每个具体量化指标的数值，记16个区的中位值为 $\overline{X}_i$（i = 指标），各评估指标原始值记为 $\overline{X}_i$，无量纲化后值记为 $\overline{Z}_i$。公式如下：

$$Z_i = \left[\log_2\left(1 + \frac{X_i}{\overline{X}_i}\right)\right] \times 100$$

对于逆向指标，具体计算方法为在以上公式中对调 $\overline{X}_i$ 与 X_i 的位置。对于可进行纵向比较的指标，计算方法与以上公式相似，对象变为该指标的不同年度中位值之间的比较。

2. 分级测算方法

三级指标以上的各级指标指数值测算采用线性加权方法，公式如下：

$$II=\sum_{i=1}^{n} w_i p_i$$

其中，II 为智慧城市发展水平总指数值，n 为构成总指数的指标个数，p_i 为第 i 个指标的指数值，w_i 为 p_i 的权重。

考虑到实际存在的多级指标，因此具体的计算分为多步，以两步计算为例，第一步公式为：

$$Q_i=\sum_{j=1}^{m} w_{ij} p_{ij}$$

其中，Q_i 为第 i 个一级指标（分指数）的指数值，m 为构成该一级指标的二级指标个数，p_{ij} 为第 i 个一级指标中的第 j 个二级指标的指数值，w_{ij} 为第 i 个一级指标中的第 j 个二级指标的权重。

第二步公式为：

$$II=\sum_{i=1}^{n} w_i Q_i$$

其中，II 为发展水平总指数的指数值，n 为一级指标（分指数）个数，Q_i 为第 i 个一级指标值，w_i 为 Q_i 的权重。

3. 发展水平指数形成

各区智慧城市发展水平指数乘以网络安全状况系数后的平均值即为上海市智慧城市发展水平指数。市级有关各级指标的指数值，则分别对应各区相关指标的平均值。

4. 关于区域划分

参考上海市的有关行政区域划分标准，在评估分析中将 16 个区分为中心城区与郊区等两类区域。其中，浦东、黄浦、静安、徐汇、长宁、普陀、虹口、杨浦为中心城区；宝山、闵行、嘉定、金山、松江、青浦、奉贤、崇明为郊区。

表 1－2　中心城区—郊区区域划分表

区	区域划分	区	区域划分
浦东	中心城区	宝山	郊区
黄浦	中心城区	闵行	郊区
静安	中心城区	嘉定	郊区

（续表）

区	区域划分	区	区域划分
徐汇	中心城区	金山	郊区
长宁	中心城区	松江	郊区
普陀	中心城区	青浦	郊区
虹口	中心城区	奉贤	郊区
杨浦	中心城区	崇明	郊区

二、评估总体情况

（一）智慧城市发展水平指数

评估结果显示，2019上海市智慧城市发展水平指数为105.86，相较上一年提高0.73。中心城区智慧城市发展水平指数为114.05，郊区智慧城市发展水平指数为97.67。

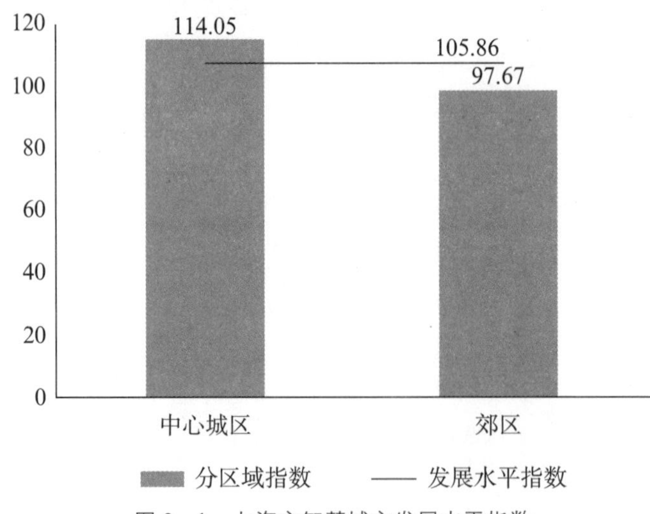

图2-1　上海市智慧城市发展水平指数

从一级指标来看，网络就绪度指数为 118. 75，相较上一年提高 1. 05；智慧应用指数为 112. 73，提高 2. 72；发展环境指数为 100. 37，提高 2. 68。网络安全系数均值为 0. 96，降低 0. 02。通过对本年度智慧城市评估的具体分析，现阶段本市智慧城市建设成效显著：5G 建设全面加速推进；智慧应用广泛普及，互联度、数字化程度提高；数字技术加速向各领域广泛渗透，助推实体经济高质量发展；城市管理"一网统管"，全面提升城市管理精细化水平；政务服务"一网通办"，智慧政务服务体系更加透明高效；智慧城市建设发展环境保障持续加强。

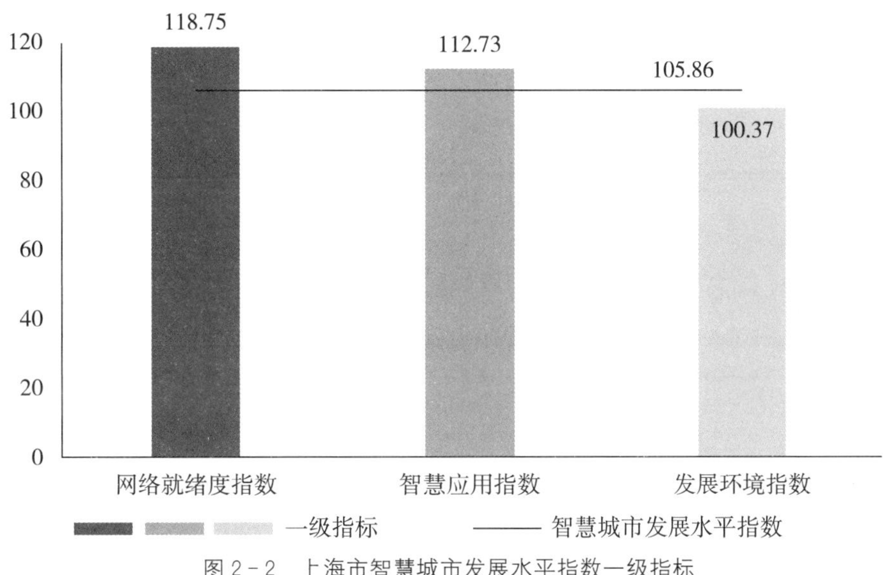

图 2 - 2　上海市智慧城市发展水平指数一级指标

（二）网络就绪度指数

1. 总体情况

上海市网络就绪度指数为 118. 75，相较上一年度提高 1. 05；按各区所属区域划分，中心城区网络就绪度指数为 128. 32，郊区网络就绪度指数为 109. 19。

上海信息基础设施能级持续巩固，5G 建设全面加速推进，上海已建成 14 406 个 5G 宏基站，开通 13 810 个，实现核心城区 5G 室外覆盖。固定宽带下载感知速率明显提高，截至 9 月底，上海固定宽带用户感知速率达到 41. 95 Mbps，较去年同期增长近 50%，连续 6 年领跑全国。移动通信网络用户感知进一步优化提升。物联、数联、智联三位一体的新型城域物联专网建设与应用服务持续创新。

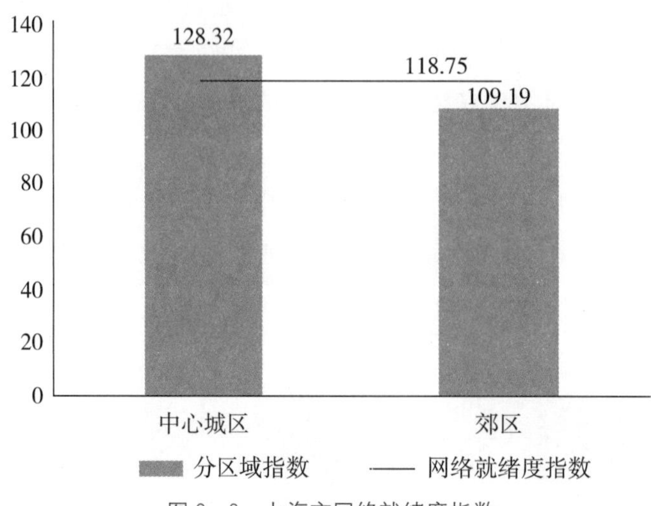

图 2-3　上海市网络就绪度指数

2. 二级指标

网络就绪度指数相关二级指标指数值如下：

表 2-1　上海市网络就绪度指数二级指标

二级指标	指数值
基础能力	116.77
应用感知	120.07

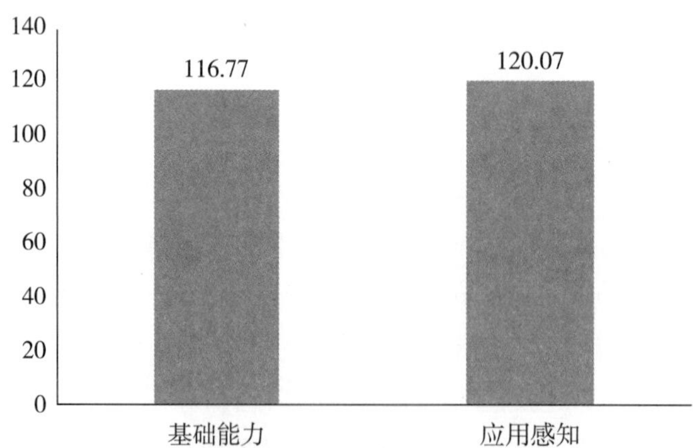

图 2-4　上海市网络就绪度指数二级指标

3. 三级指标

(1) 基础能力

基础能力相关三级指标指数值如下：

表 2-2 上海市网络就绪度指数——基础能力

三级指标	指数值
5G 建设应用	116. 77

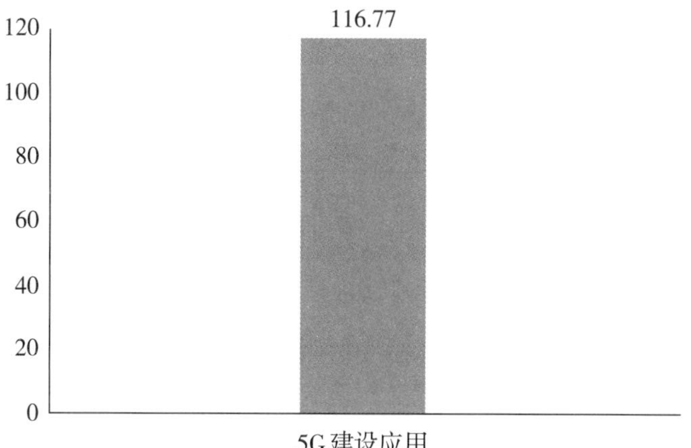

图 2-5 上海市网络就绪度指数——基础能力

(2) 应用感知

应用感知相关三级指标指数值如下：

表 2-3 上海市网络就绪度指数——应用感知

三级指标	指数值
固定宽带用户感知速率	133. 98
移动通信网络用户感知度	112. 39
物联网感知建设应用	113. 85

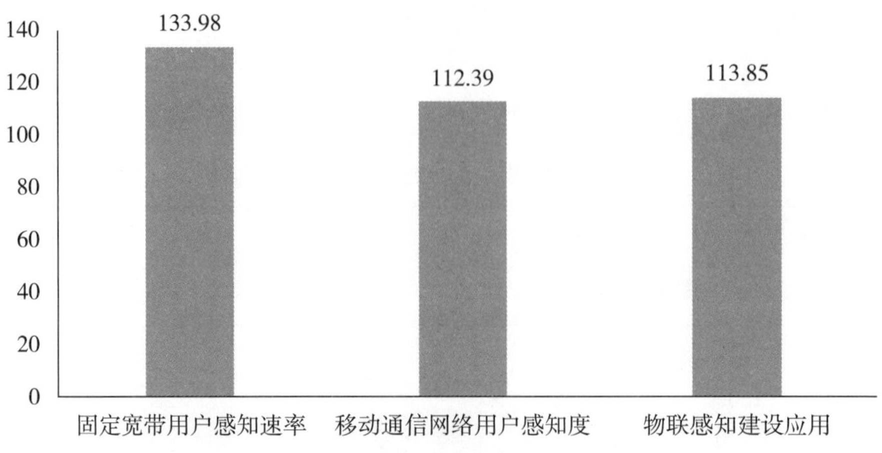

图 2-6　上海市网络就绪度指数——应用感知

（三）智慧应用指数

1. 总体情况

上海市智慧应用指数为 112.73，相较上一年提高 2.72。按所属区域划分，中心城区智慧应用指数为 123.18，郊区智慧应用指数为 102.28。

智慧应用指数的增长主要体现在社会生活领域各类智慧服务应用加速普及覆盖，政府服务效能提升，城市精细化管理全面提高。智能交通方面，全市已有超过 258 条公交线路，3 644 个站点实现公交实时到站信息预报服务，建成各类信息屏累计近万个。智慧医疗方面，全市 37 家市级医院实现检验检查结果互联互通互认。上海全

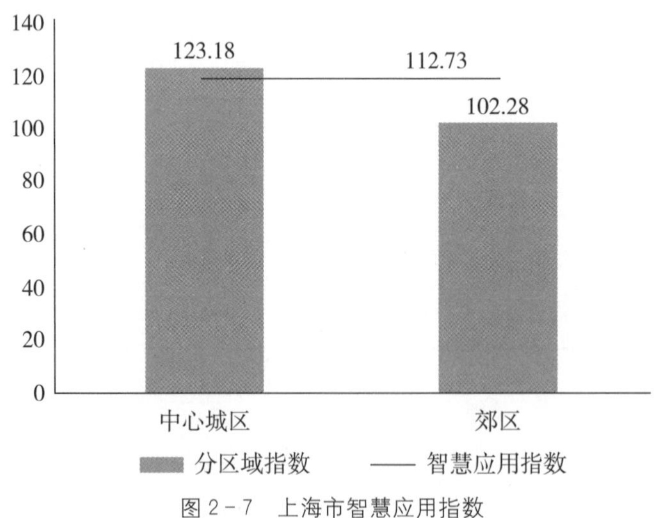

图 2-7　上海市智慧应用指数

面推进社会面智能安防建设，有效确保了社会治安持续稳定。在网格化基础上，打造纵深立体的智能城运体系。加快发展数字经济，推动了实体经济高质量发展。大数据产业形成生态集聚。公共数据立法，颁布生效《上海市公共数据开放暂行办法》。人工智能应用场景开放力度加大，全市已发布 30 个“上海市人工智能试点应用场景”。工业互联网创新发展，全面促进企业降本提质增效、推动传统产业转型升级。

2. 二级指标

智慧应用指数有关二级指标指数值如下：

表 2－4 上海市智慧应用指数二级指标

二级指标	指数值
生活服务	112. 95
数字经济	110. 92
城市治理	117. 63
绿色发展	120. 88
政务服务	106. 90

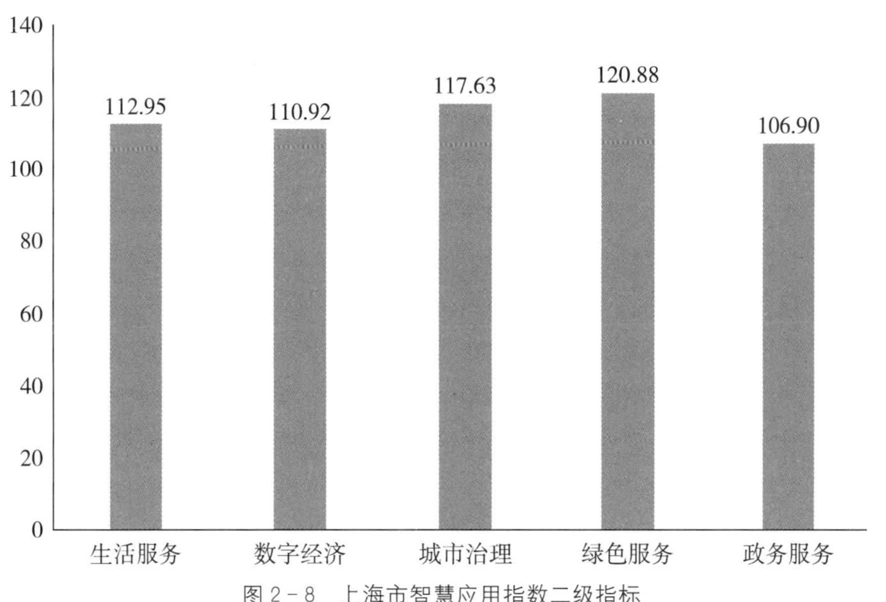

图 2－8 上海市智慧应用指数二级指标

3. 三级指标

(1) 生活服务

生活服务相关三级指标指数值如下：

表 2－5　上海市智慧应用指数——生活服务

三级指标	指数值
智慧社区(村庄)建设水平	84.37
公交电子站牌覆盖率	187.26
公共停车场(库)系统联网率	100.68
医疗数据互联度	100.00
医疗服务数字化水平	90.4
智慧学校发展水平	114.94
文化上海云公共文化设施上线率	100.00
随申办市民云区平台应用水平	119.48

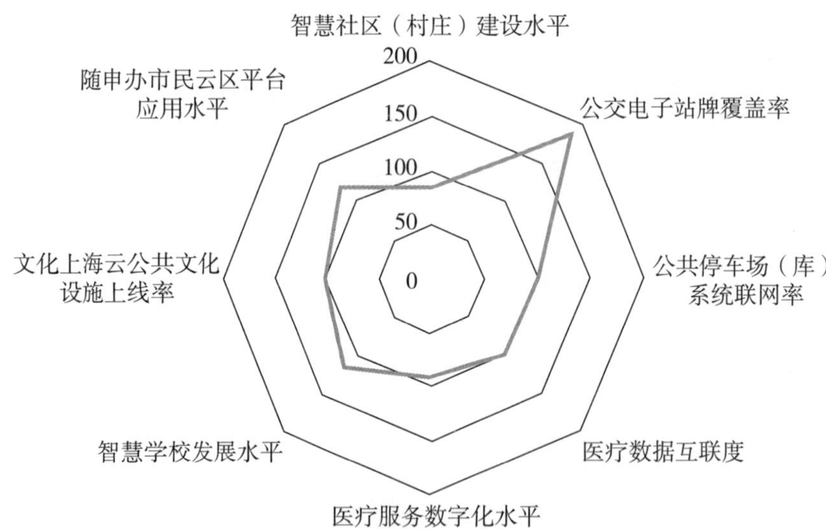

图 2－9　上海市智慧应用指数——生活服务

(2) 数字经济

数字经济相关三级指标指数值如下：

表 2-6 上海市智慧应用指数——数字经济

三级指标	指数值
智慧园区(商圈)建设水平	95.22
工业互联网创新发展情况	143.93
大数据产业发展情况	115.24
人工智能应用场景培育度	108.21
单位地区生产总值发明专利申请量(授权量)	111.13
软件产业发展情况	93.17

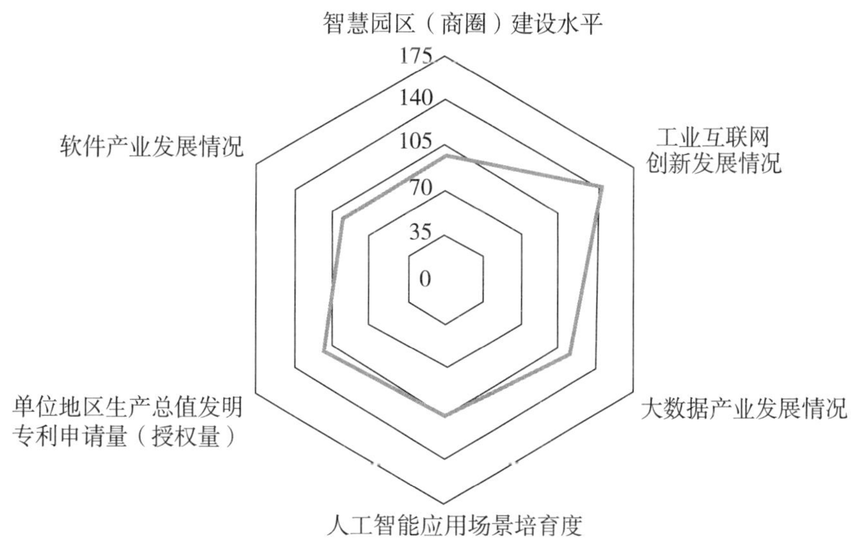

图 2-10 上海市智慧应用指数——数字经济

(3) 城市治理

城市治理相关三级指标指数值如下：

表 2-7 上海市智慧应用指数——城市治理

三级指标	指数值
公共设施监测水平	84.85
电子警察监控点覆盖率	157.74
城市网格化综合管理水平	110.29

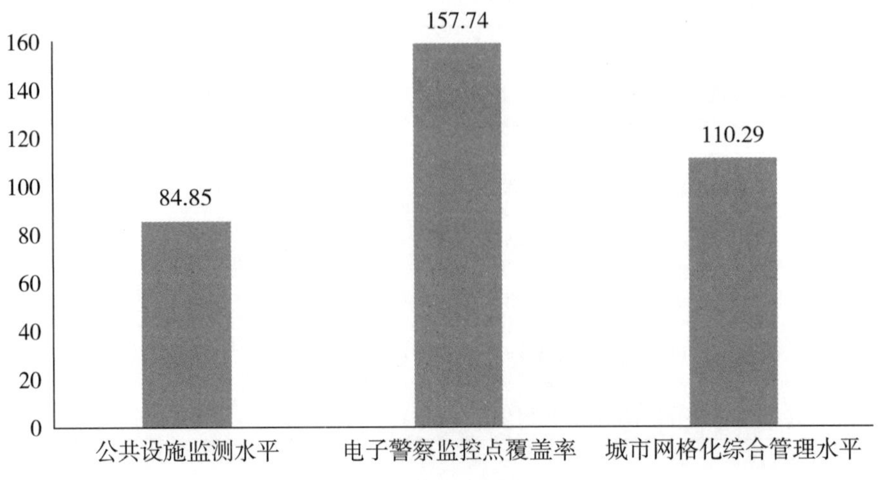

图 2－11　上海市智慧应用指数——城市治理

（4）绿色发展

绿色发展相关三级指标指数值如下：

表 2－8　上海市智慧应用指数——绿色发展

三级指标	指数值
能耗计量覆盖率	112. 21
环境质量监测水平	124. 37
气象自动监测站覆盖率	126. 06

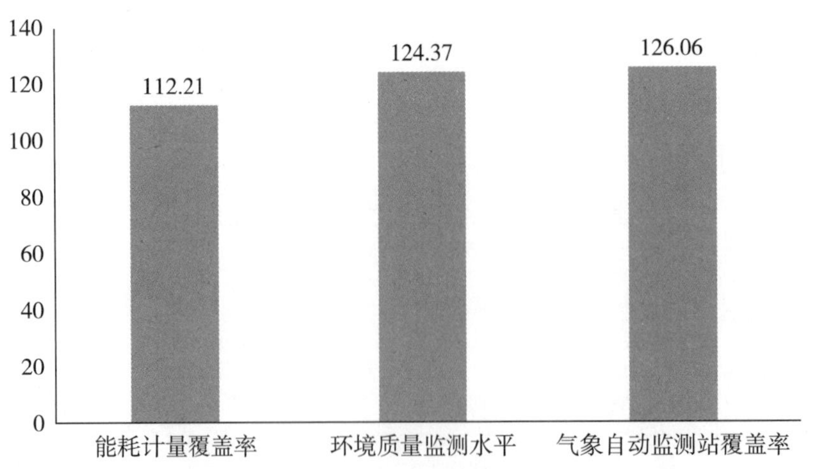

图 2－12　上海市智慧应用指数——绿色发展

(5) 政务服务

政务服务相关三级指标指数值如下：

表 2－9 上海市智慧应用指数——政务服务

三级指标	指数值
“一网通办”服务能力	120.16
公共信息资源社会开放水平	107.47
政务数据资源共享水平	103.55
政务云平台应用水平	103.33
政府网站与政务新媒体服务水平	100.00

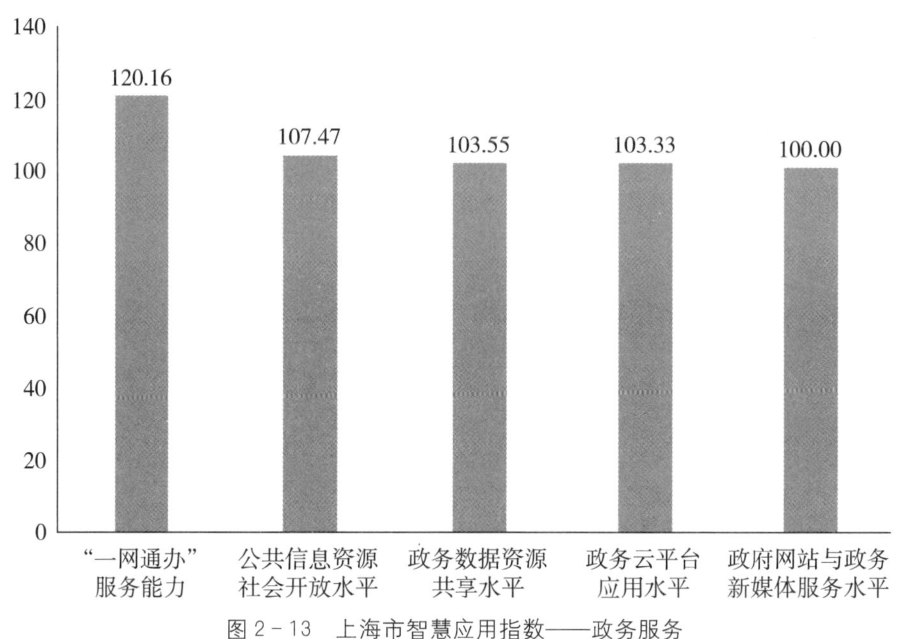

图 2－13 上海市智慧应用指数——政务服务

(四) 发展环境指数

1. 总体情况

上海市发展环境指数为 100.37，相较上一年提高 2.68。按各区所属区域划分，中心城区发展环境指数为 106.22，郊区发展环境指数为 94.51。

发展环境指数的增长主要体现在各区对于智慧城市保障机制的持续建设完善，各区智慧城市建设领域各种应用持续创新。目前各区都已成立由区委书记、区长担任组长的智慧城市建设领导小组，形成了关于智慧城市的顶层设计规划。通过各级财政资金支持智慧城市领域重大项目建设，引领多渠道、多元化资金推动区域应用服务拓展、产业发展升级。各区在生活服务、数字经济、城市治理、绿色发展、政务服务等方面打造了诸多各具亮点的创新应用。各区普遍积极承担国家级试点示范工作和宣传体验活动。

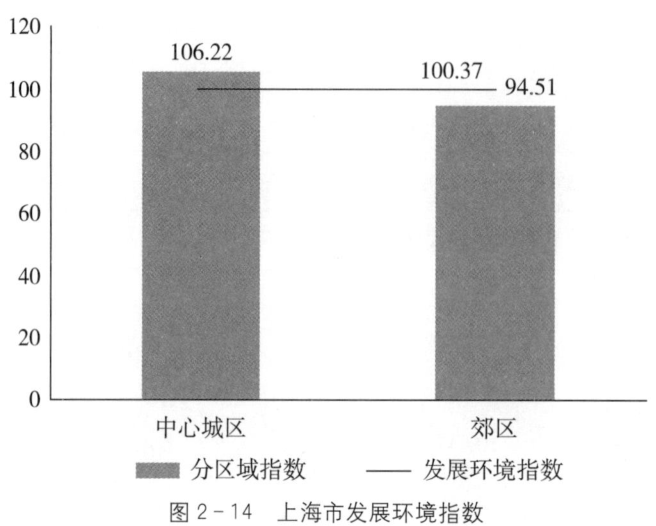

图 2－14　上海市发展环境指数

2. 二级指标

发展环境指数相关二级指标指数值如下：

表 2－10　上海市发展环境指数二级指标

二级指标	指数值
机制保障	103. 08
创新应用	102. 21
试点示范	89. 94

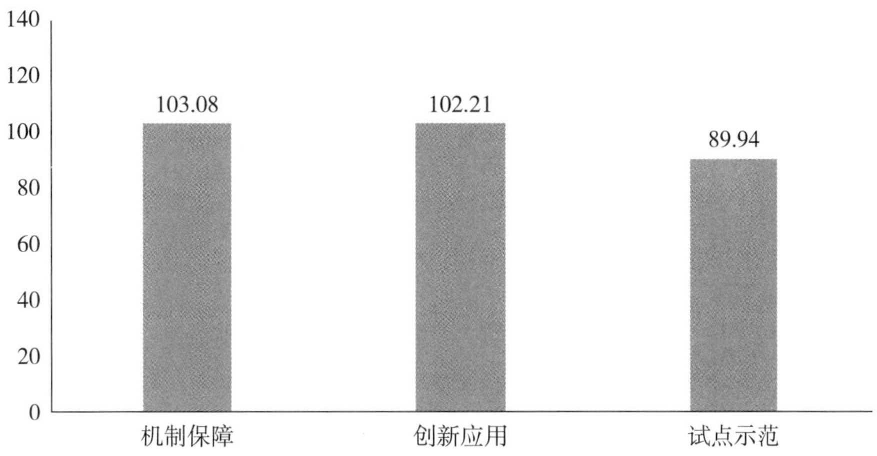

图 2-15 上海市发展环境指数二级指标

3. 三级指标

(1) 机制保障

机制保障相关三级指标指数值如下：

表 2-11 上海市发展环境指数——机制保障

三级指标	指数值
制度规划	101.42
支撑保障	105.29

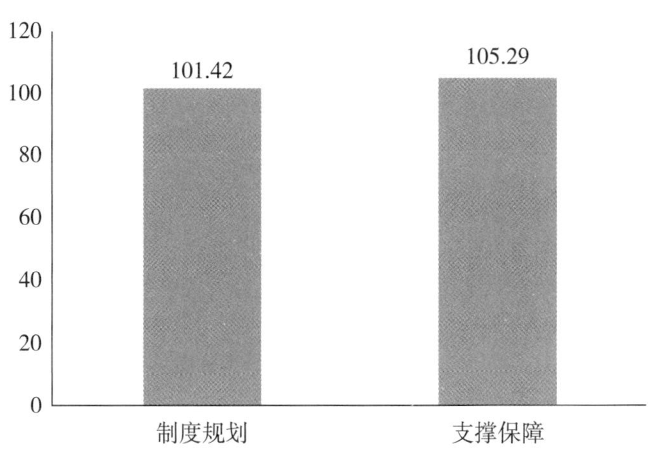

图 2-16 上海市发展环境指数——机制保障

(2) 创新应用

创新应用相关三级指标指数值如下：

表 2－12　上海市发展环境指数——创新应用

三级指标	指数值
信息基础设施能级	106.29
生活服务	99.72
数字经济	99.16
城市治理	104.45
绿色发展	104.26
政务服务	102.91

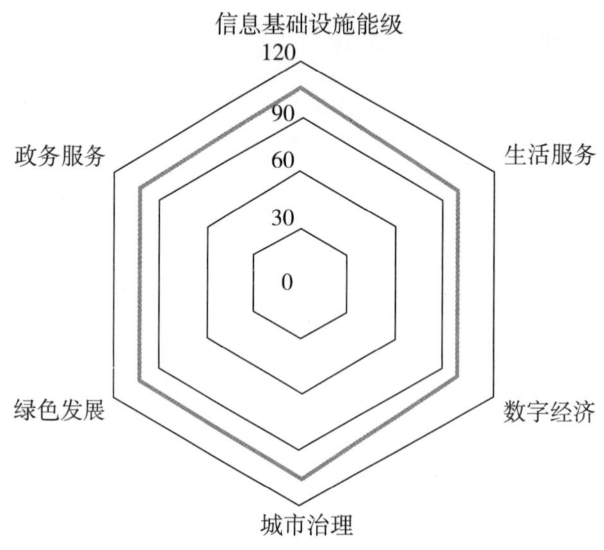

图 2－17　上海市发展环境指数——创新应用

(3) 试点示范

试点示范相关三级指标指数值如下：

表 2-13　上海市发展环境指数——试点示范

三级指标	指数值
工作试点	93.20
项目培育	86.45
宣传体验	91.81

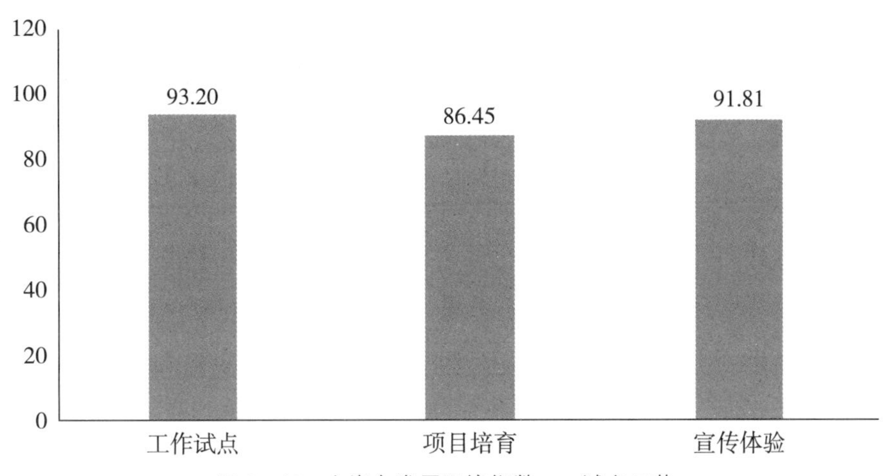

图 2-18　上海市发展环境指数——试点示范

三、各区评估结果

（一）智慧城市发展水平指数

按智慧城市发展水平指数从高到低依次排名，徐汇、静安、黄浦依次为智慧城市发展水平总指数的前三名，指数值分别为 121.59、116.87 和 115.88。其中，网络就绪度指数排名前三位的区分别是虹口、普陀和浦东，指数值分别为 151.34、138.21 和 137.23。智慧应用指数排名前三的区分别是徐汇、静安和黄浦，指数值分别为 140.07、127.63 和 125.6。发展环境指数排名前三的区分别是徐汇、长宁和浦东，指数值分别为 111.3、109.79 和 108.7。

表 3-1　智慧城市发展水平指数

序号	区	智慧城市发展水平指数	评估指标指数			
			网络就绪度指数	智慧应用指数	发展环境指数	网络安全状况系数
1	徐汇	121. 59	122. 81	140. 07	111. 30	0. 95
2	静安	116. 87	114. 85	127. 63	108. 23	0. 98
3	黄浦	115. 88	117. 99	125. 60	106. 15	0. 98
4	浦东	115. 73	137. 23	123. 54	108. 70	0. 95
5	长宁	112. 50	125. 99	120. 57	109. 79	0. 95
6	普陀	112. 06	138. 21	117. 77	104. 76	0. 95
7	杨浦	109. 36	118. 13	123. 36	99. 35	0. 95
8	宝山	108. 99	108. 26	123. 18	104. 95	0. 95
9	嘉定	108. 43	151. 34	106. 85	101. 48	0. 95
10	虹口	108. 01	115. 76	116. 21	108. 11	0. 95
11	闵行	105. 34	115. 69	102. 94	102. 44	1. 00
12	松江	98. 86	120. 37	98. 33	92. 13	0. 98
13	奉贤	94. 92	98. 83	101. 28	88. 18	0. 98
14	金山	94. 58	101. 36	105. 69	88. 12	0. 95
15	青浦	86. 01	108. 51	86. 44	85. 37	0. 95
16	崇明	84. 63	104. 73	84. 18	86. 81	0. 95

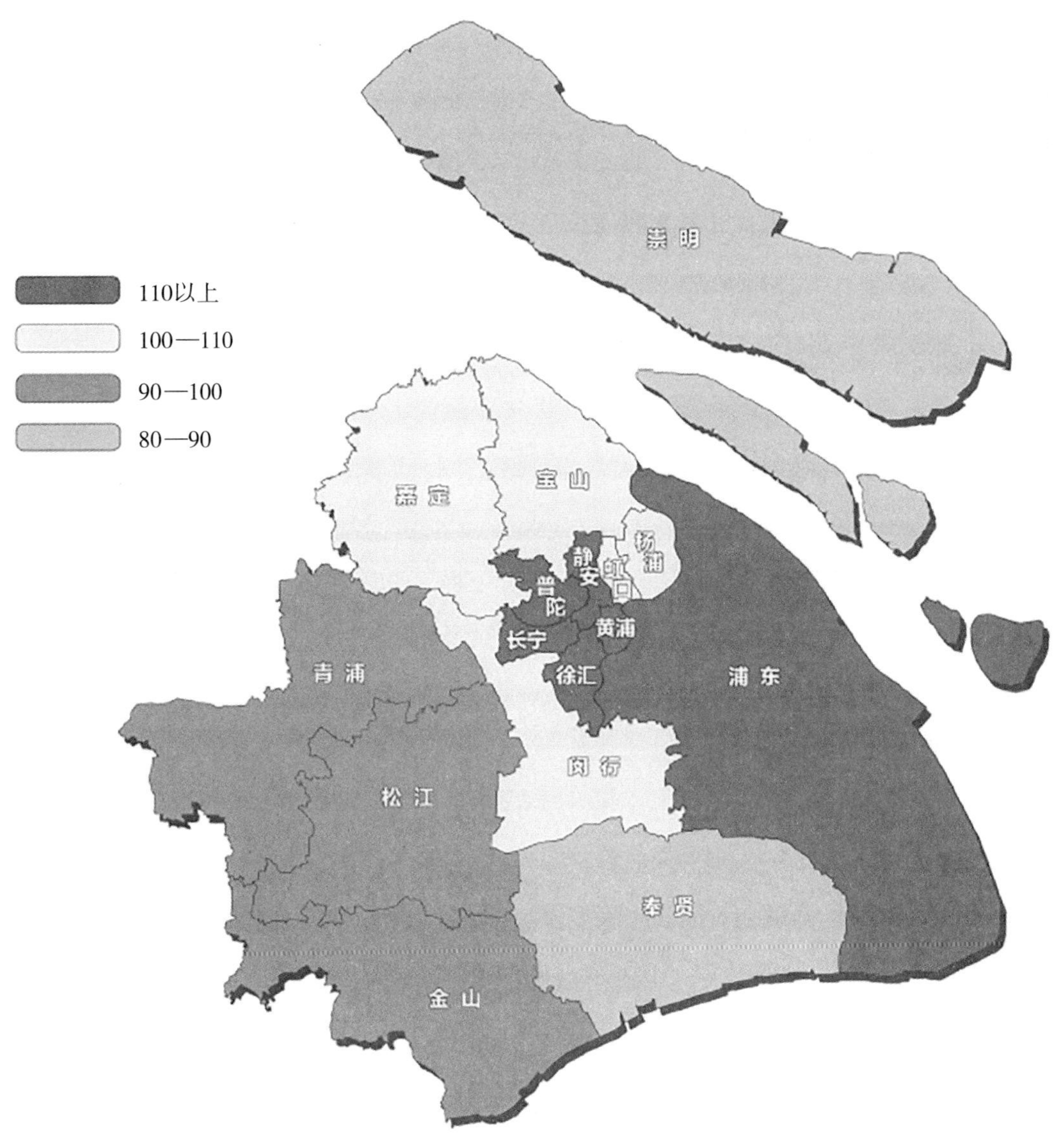

图 3－1 智慧城市发展水平指数

按所属区域划分，各区智慧城市发展水平指数如下：

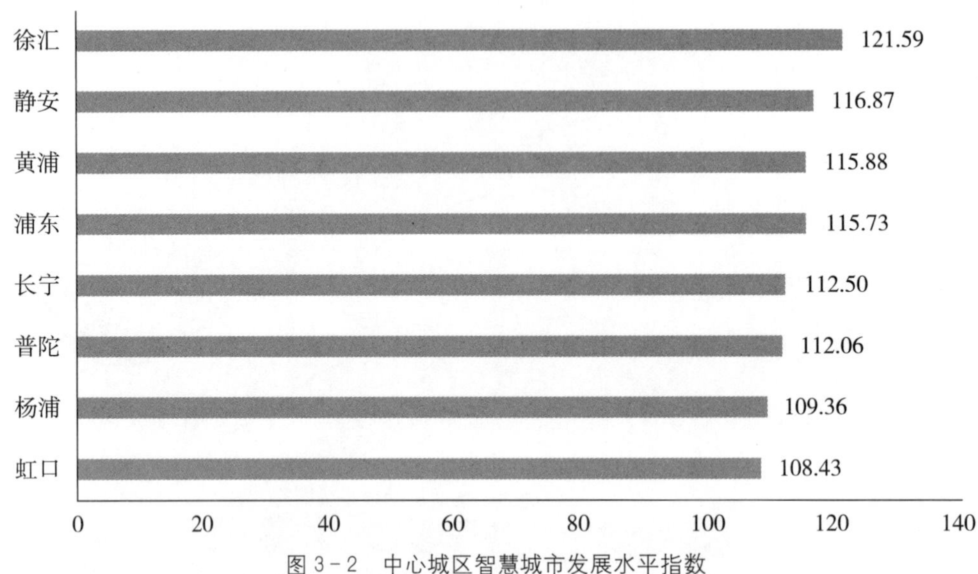

图 3－2　中心城区智慧城市发展水平指数

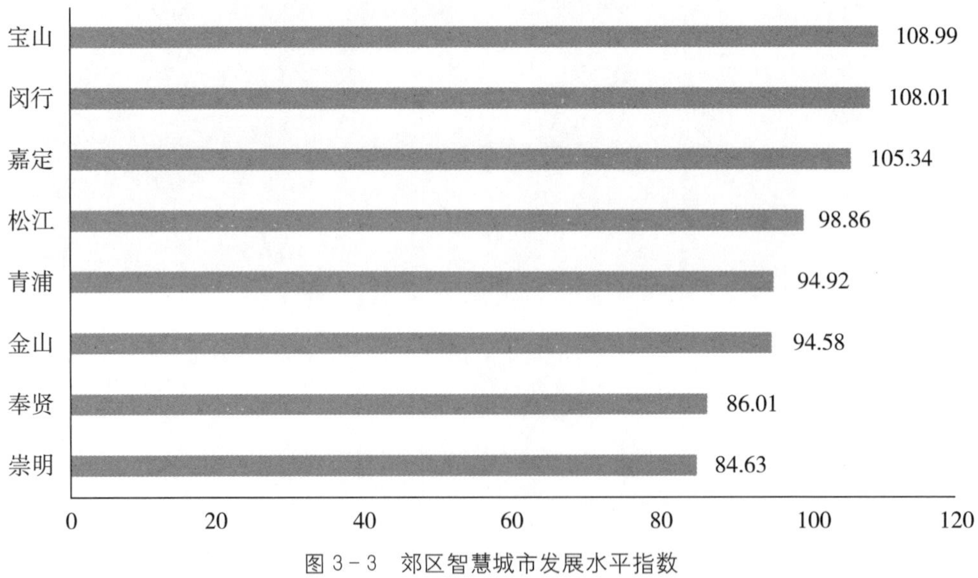

图 3－3　郊区智慧城市发展水平指数

（二）网络就绪度指数

网络就绪度指数高于上海网络就绪度指数的区有虹口、普陀、浦东、长宁、徐汇、松江。

表 3-2 网络就绪度指数

序号	区	指数值	序号	区	指数值
1	虹口	151.34	9	闵行	115.76
2	普陀	138.21	10	嘉定	115.69
3	浦东	137.23	11	静安	114.85
4	长宁	125.99	12	奉贤	108.51
5	徐汇	122.81	13	宝山	108.26
6	松江	120.37	14	崇明	104.73
7	杨浦	118.13	15	金山	101.36
8	黄浦	117.99	16	青浦	98.83

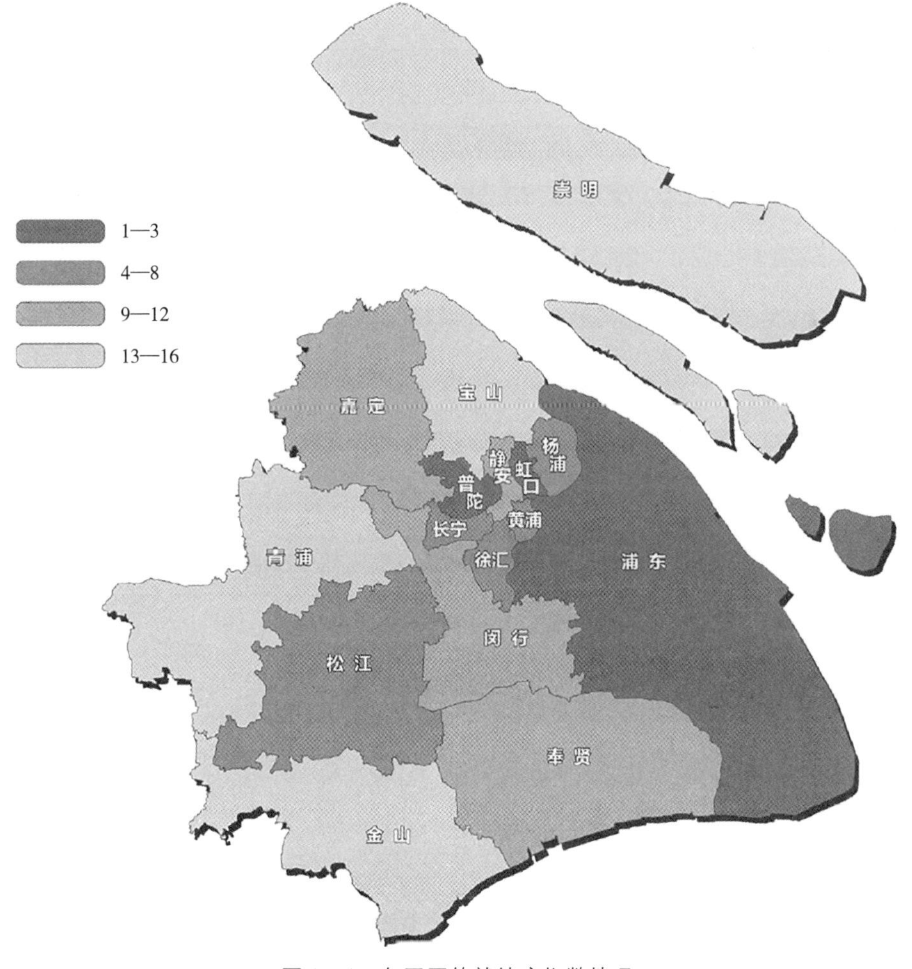

图 3-4 各区网络就绪度指数情况

表 3 - 3 中心城区网络就绪度指数

序号	区	指数值
1	虹口	151. 34
2	普陀	138. 21
3	浦东	137. 23
4	长宁	125. 99
5	徐汇	122. 81
6	杨浦	118. 13
7	黄浦	117. 99
8	静安	114. 85

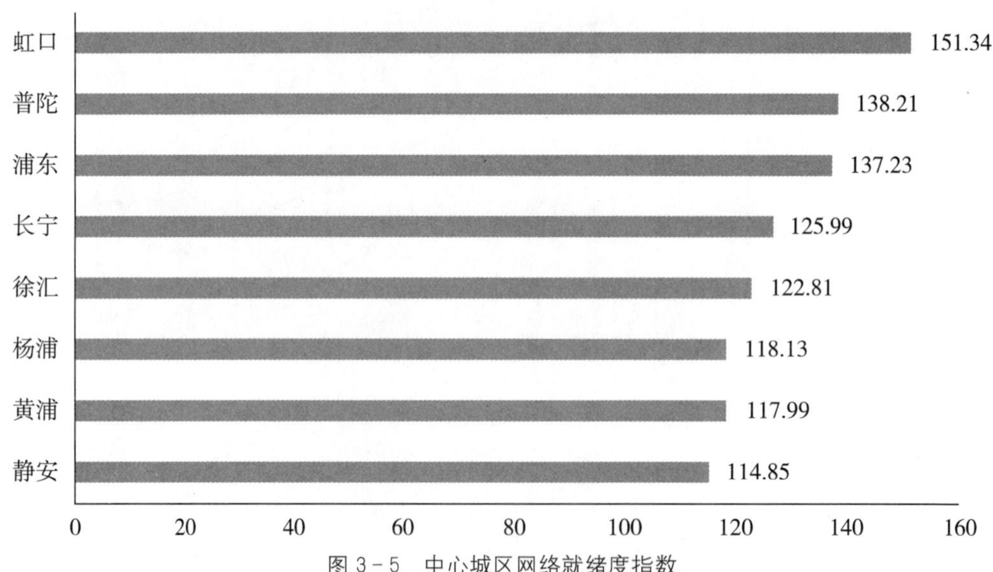

图 3 - 5 中心城区网络就绪度指数

表 3－4 郊区网络就绪度指数

序号	区	指数值
1	松江	120.37
2	闵行	115.76
3	嘉定	115.69
4	奉贤	108.51
5	宝山	108.26
6	崇明	104.73
7	金山	101.36
8	青浦	98.83

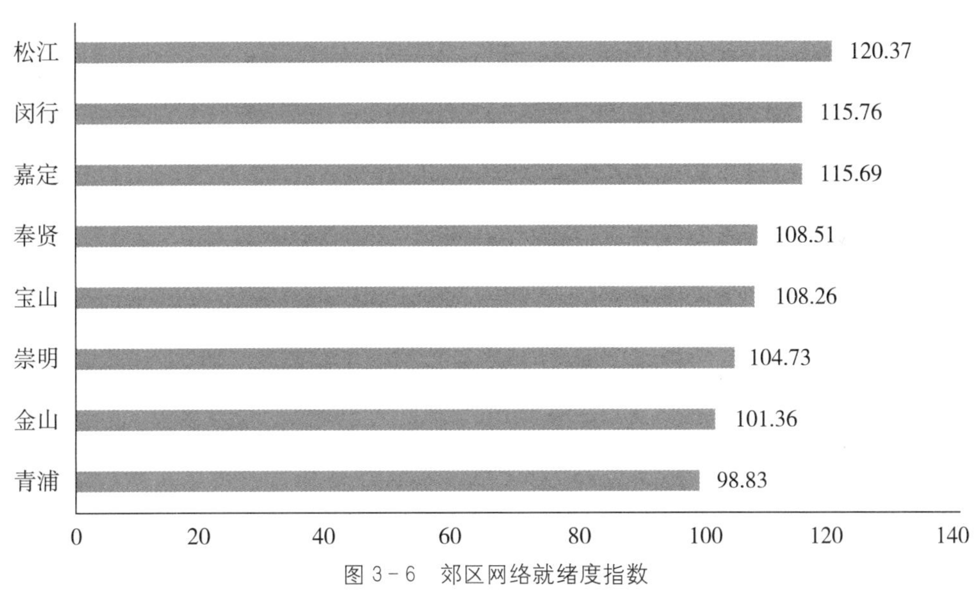

图 3－6 郊区网络就绪度指数

1. 基础能力

5G 作为信息基础设施的核心引领技术，是推动产业转型升级及经济社会发展的新引擎。上海强化新一代信息基础设施核心能力，充分发挥 5G 的网络支撑及应用赋能作用，打造“双千兆宽带城市”。

全球首个行政区域 5G 网络在上海虹口区建成并开始试用，虹口区已实现重点区域上海移动5G网络在城市级精品覆盖。广电率先在虹口建设首批5G测试基站。浦东新区在金桥、张江、世博、前滩、临港等区域开展5G网络应用场景示范。普陀区已初步形成区级5G应用创新示范项目清单,涉及11个领域共24项应用。

表3-5 基础能力

序号	区	指数值	序号	区	指数值
1	虹口	188.83	9	黄浦	107.17
2	浦东	159.66	10	静安	104.15
3	普陀	156.48	11	嘉定	101.87
4	长宁	144.57	12	奉贤	95.56
5	松江	125.43	13	宝山	91.97
6	徐汇	121.33	14	崇明	83.27
7	闵行	116.64	15	金山	80.25
8	杨浦	116.12	16	青浦	75.08

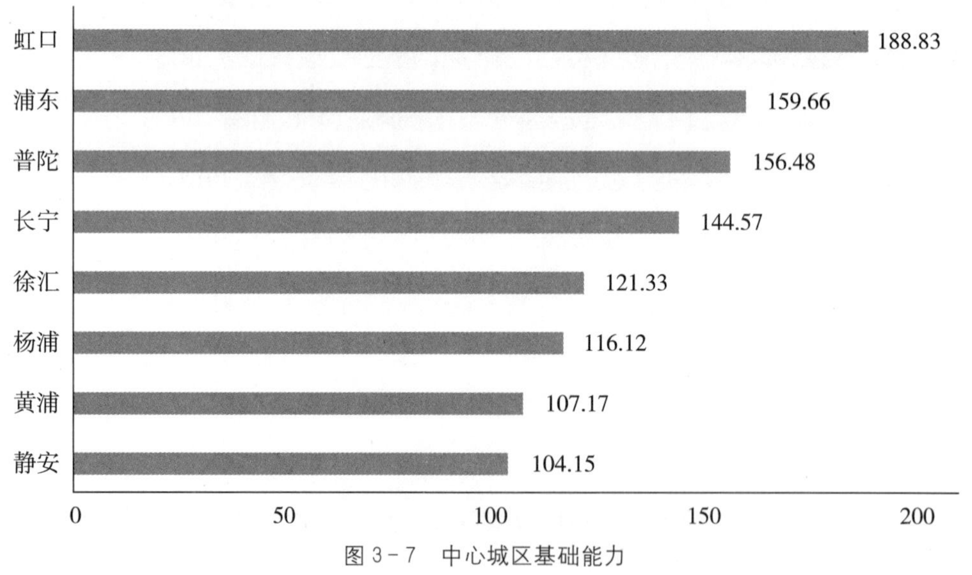

图3-7 中心城区基础能力

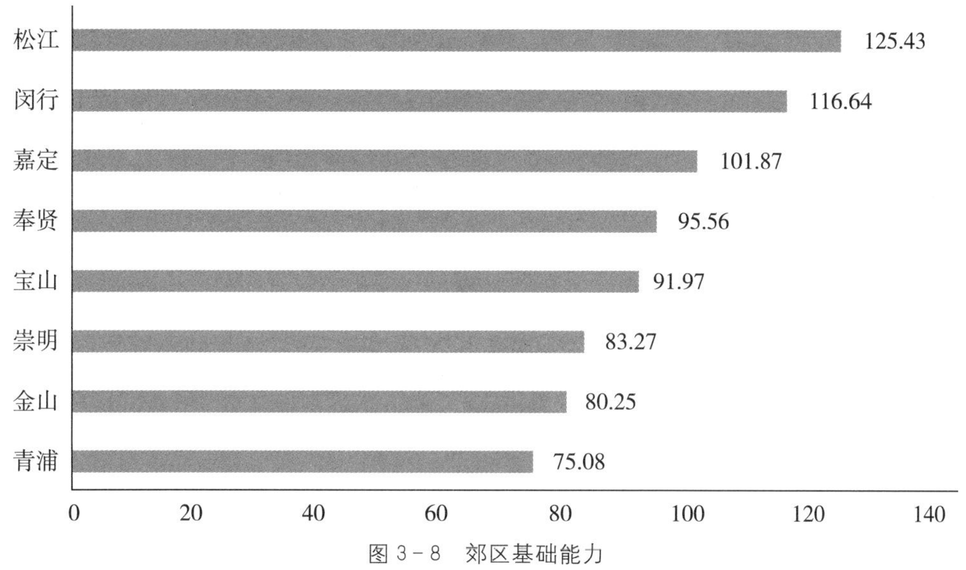

图 3－8　郊区基础能力

2. 应用感知

上海推进“物联、数联、智联”三位一体新型城域物联专网建设，通过部署感知灵敏、互联互通、实时共享的“城市神经元系统”，深化智慧应用，创建深度感知的新型智慧城市应用标杆。宽带网络能级和用户感知度持续提升。2019 年上半年，各区固定宽带下载感知速率相比去年同期均有明显提升，其中虹口区提升幅度最大，提升了 14. 35 Mbps，提升幅度接近 60%。静安区推进新型城域物联网专网建设，通过大数据与城市精细化管理项目，前端计划部署超过 12 万个感知设备，涉及 21 个应用场景。

表 3－6　应用感知

序号	区	指数值	序号	区	指数值
1	虹口	126. 35	9	宝山	119. 12
2	普陀	126. 03	10	崇明	119. 03
3	黄浦	125. 20	11	奉贤	117. 15
4	嘉定	124. 90	12	松江	116. 99
5	徐汇	123. 79	13	金山	115. 43
6	浦东	122. 27	14	闵行	115. 18
7	静安	121. 99	15	青浦	114. 66
8	杨浦	119. 47	16	长宁	113. 60

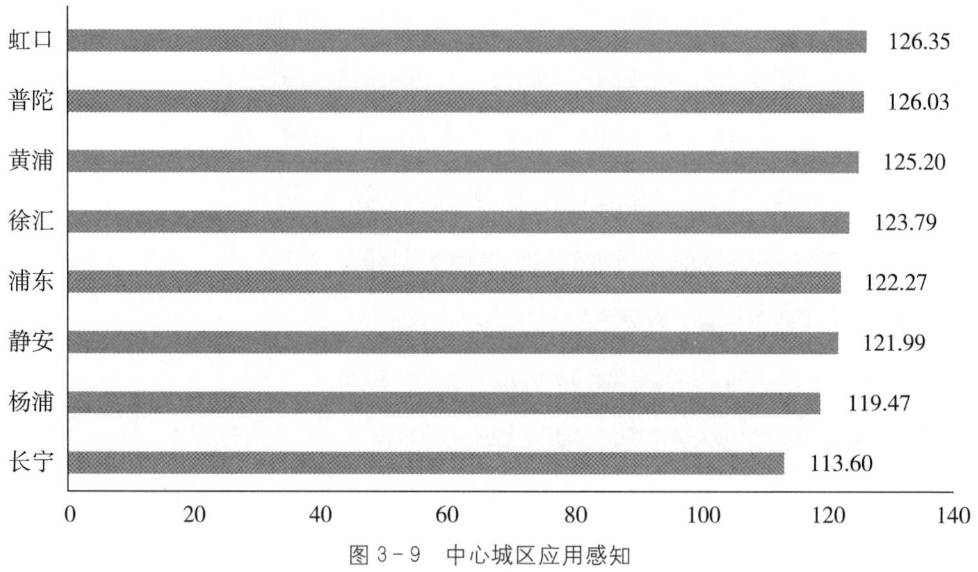

图 3－9　中心城区应用感知

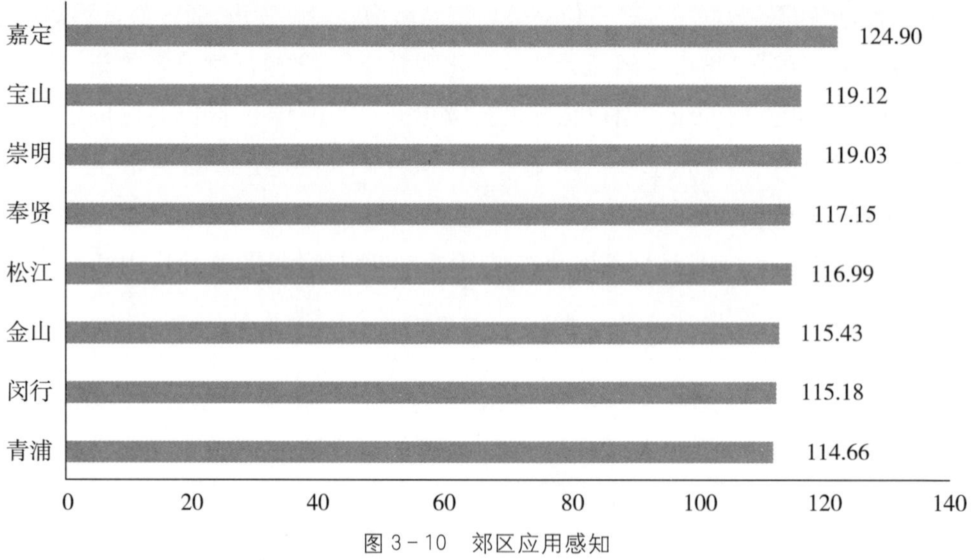

图 3－10　郊区应用感知

（三）智慧应用指数

智慧应用指数高于上海市智慧应用指数的区有徐汇、静安、黄浦、浦东、杨浦、宝山、长宁、普陀、闵行。

表 3-7 智慧应用指数

序号	区	指数值	序号	区	指数值
1	徐汇	140.07	9	闵行	116.21
2	静安	127.63	10	虹口	106.85
3	黄浦	125.60	10	金山	105.69
4	浦东	123.54	12	嘉定	102.94
5	杨浦	123.36	13	青浦	101.28
6	宝山	123.18	14	松江	98.33
7	长宁	120.57	15	奉贤	86.44
8	普陀	117.77	16	崇明	84.18

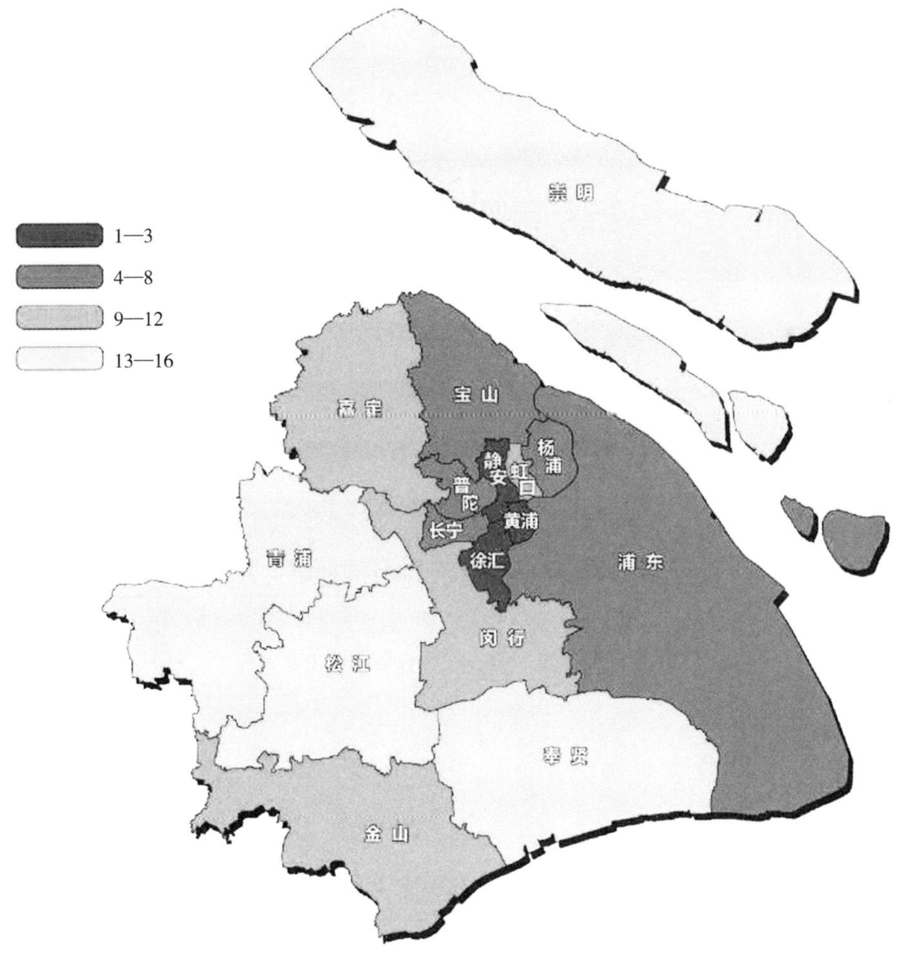

图 3-11 各区智慧应用指数情况

表 3－8　中心城区智慧应用指数

序号	区	指数值
1	徐汇	140. 07
2	静安	127. 63
3	黄浦	125. 60
4	浦东	123. 54
5	杨浦	123. 36
6	长宁	120. 57
7	普陀	117. 77
8	虹口	106. 85

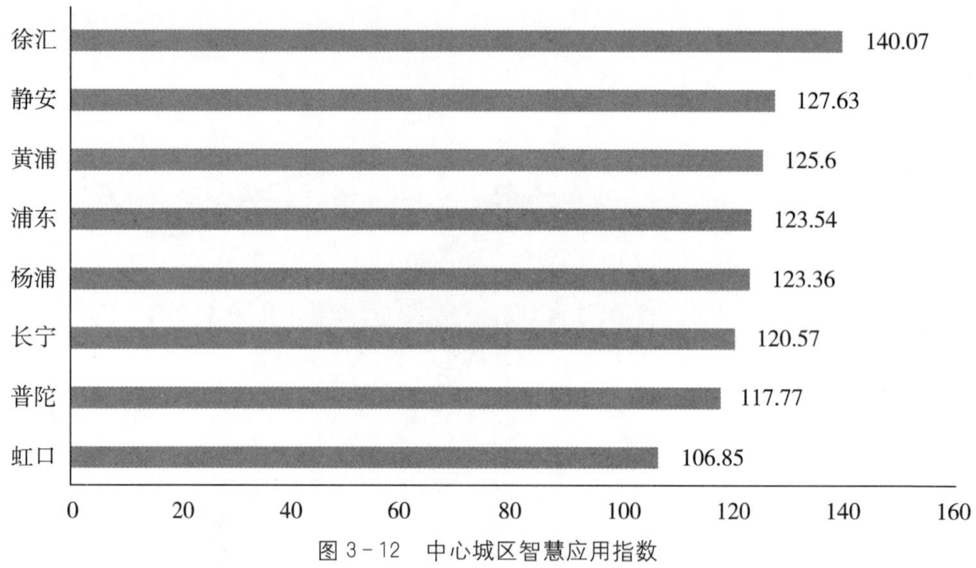

图 3－12　中心城区智慧应用指数

表 3－9 郊区智慧应用指数

序号	区	指数值
1	宝山	123. 18
2	闵行	116. 21
3	金山	105. 69
3	嘉定	102. 94
5	青浦	101. 28
6	松江	98. 33
7	奉贤	86. 44
8	崇明	84. 18

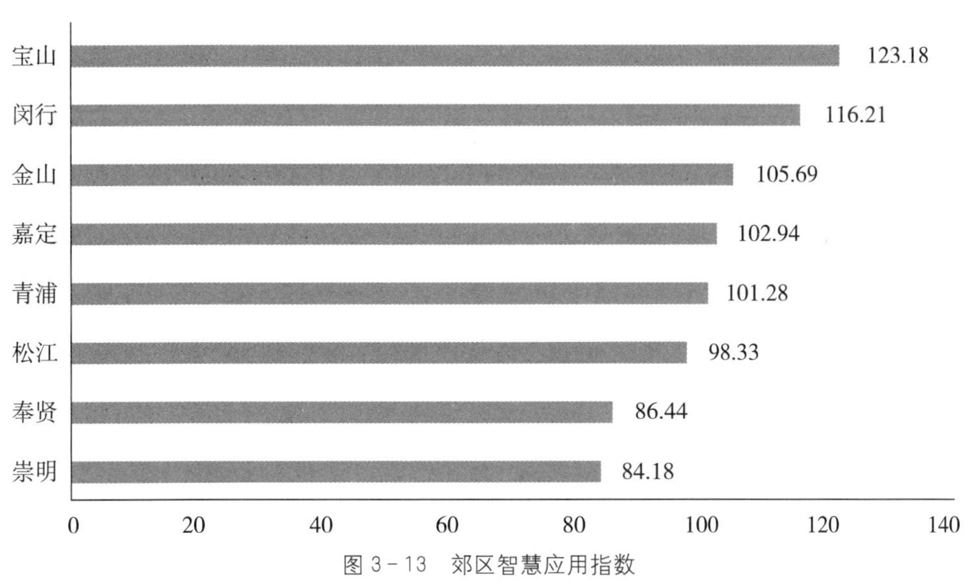

图 3－13 郊区智慧应用指数

1. 生活服务

上海聚焦民生服务需求，打造便民惠民的智慧生活服务体系，注重民生服务信息化应用建设，全面提升市民出行的便捷度和通达率，提高各类居住区的舒适程度，提升人民群众幸福感和满意度。上海 37 家市级医院检验检查结果互联互通互认。

表 3－10　生活服务

序号	区	指数值	序号	区	指数值
1	虹口	133. 66	9	杨浦	112. 42
2	宝山	130. 17	10	嘉定	108. 70
3	静安	128. 42	11	闵行	103. 48
4	徐汇	128. 17	12	崇明	100. 18
5	长宁	125. 01	13	松江	97. 60
6	普陀	124. 65	14	青浦	93. 37
7	黄浦	124. 23	15	金山	93. 09
8	浦东	115. 79	16	奉贤	88. 27

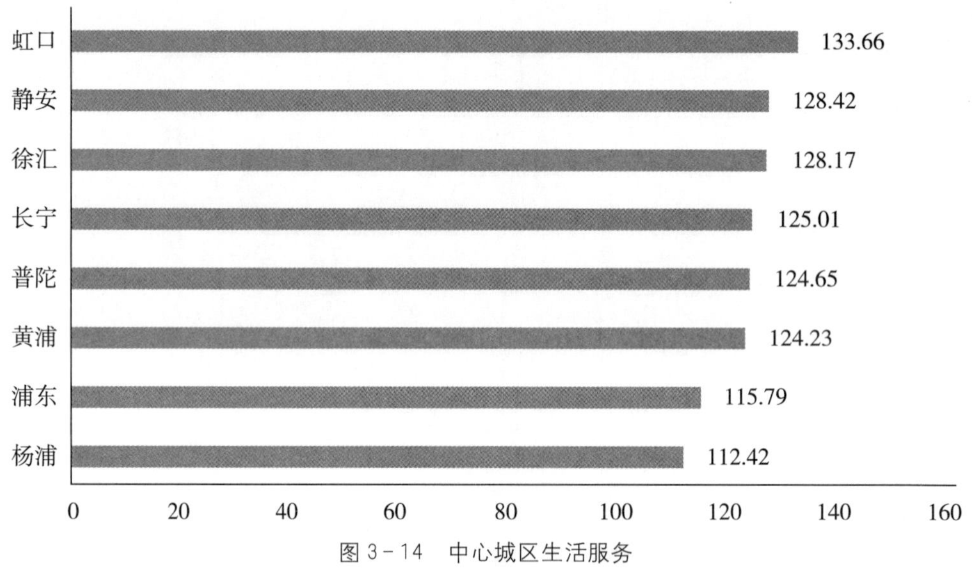

图 3－14　中心城区生活服务

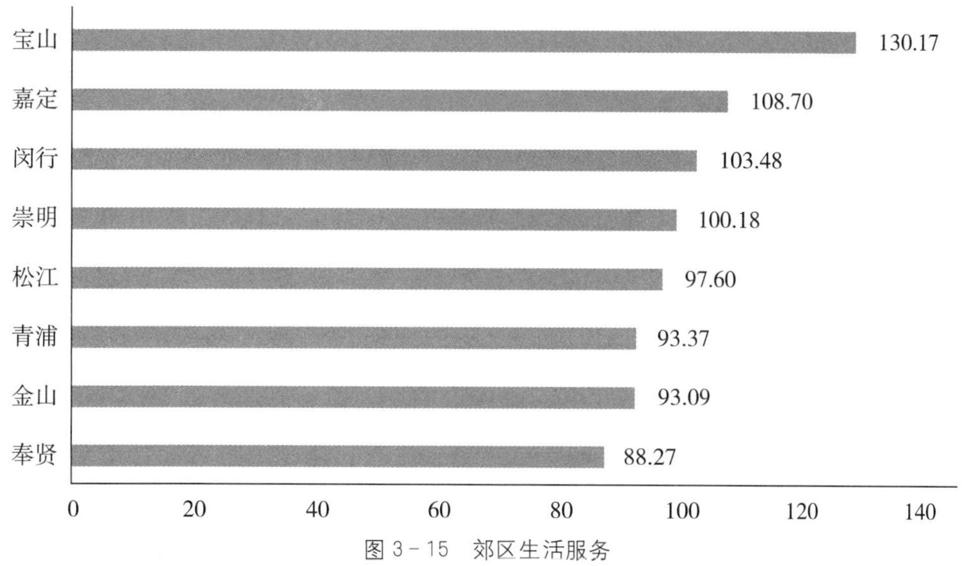

图 3-15 郊区生活服务

2. 数字经济

上海加快建设人工智能高地,加大人工智能应用场景开放力度。大数据产业形成集聚,公共数据立法、持续扩大数据开放。工业互联网创新发展,全面促进企业降本提质增效、推动传统产业转型升级。人工智能、大数据、工业互联网赋能实体经济,推动了实体经济高质量发展。

浦东新区打造国家人工智能创新应用先导区。徐汇区重点产业融合发展,依托新落成的央视长三角总部基地,深化科技与传媒跨界合作,打造“5G + AI + 4K”深度融合的国家级新媒体平台。闵行区开展马桥人工智能创新试验区建设。

表 3-11 数字经济

序号	区	指数值	序号	区	指数值
1	浦东	161. 84	9	松江	106. 46
2	徐汇	151. 79	10	长宁	102. 25
3	闵行	147. 54	11	普陀	96. 73
4	宝山	136. 36	12	嘉定	95. 83
5	金山	131. 94	13	黄浦	90. 99
6	杨浦	129. 91	14	奉贤	80. 83
7	静安	111. 80	15	崇明	65. 05
8	青浦	109. 67	16	虹口	55. 82

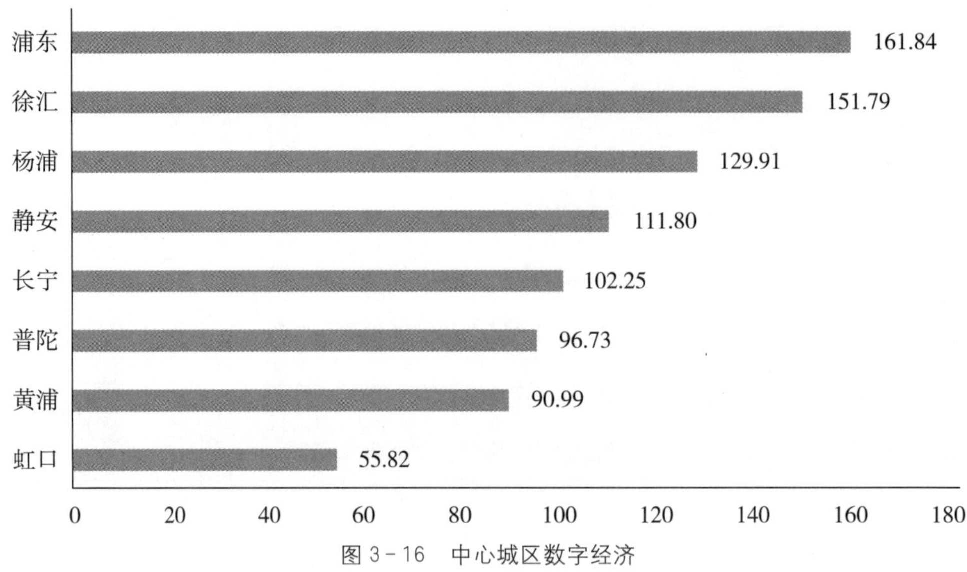

图 3-16　中心城区数字经济

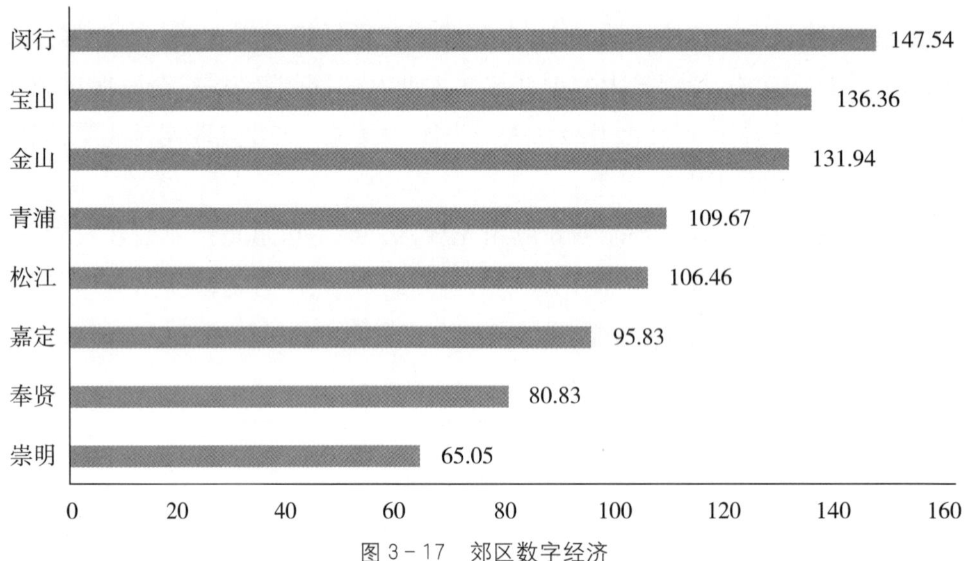

图 3-17　郊区数字经济

3. 城市治理

城市运行“一网统管”，上海践行城市精细化治理，注重在细微处下功夫，提高精细化水平。智能化支撑推进社会治理社会化，智慧社区（村庄）依托智能技术与平台融合、强化基层数据建设与共享，多方联动推进社会治理精细化，基层管理智能化趋势显著。全面推进社会面智能安防建设，持续提升市民幸福感、安全感。在网格化基础上，打造纵深立体的智能城运体系。

表 3－12 城市治理

序号	区	指数值	序号	区	指数值
1	徐汇	198.64	9	嘉定	102.77
2	黄浦	176.03	10	青浦	100.68
3	普陀	166.68	11	闵行	98.25
4	杨浦	156.97	12	宝山	92.74
5	静安	146.95	13	松江	90.43
6	长宁	143.54	14	金山	90.26
7	浦东	114.01	15	奉贤	53.57
8	虹口	103.45	16	崇明	47.07

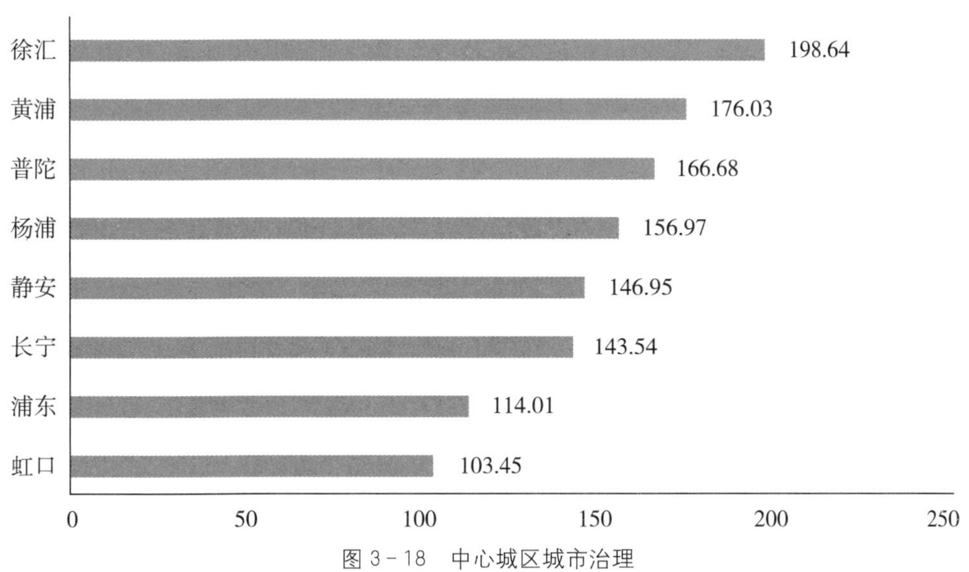

图 3－18 中心城区城市治理

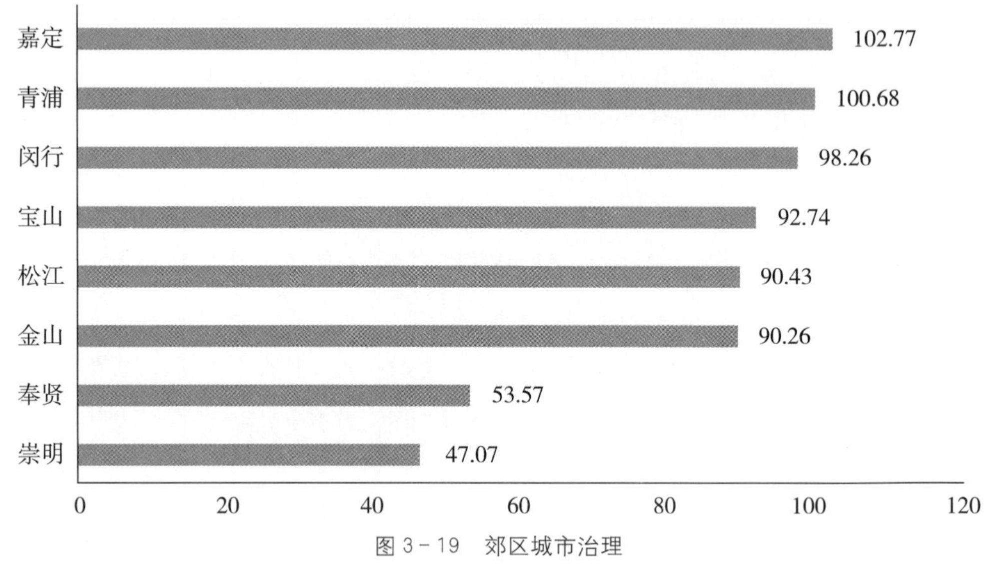

图 3－19 郊区城市治理

4. 绿色发展

上海持续推进公共建筑能耗监测平台建设和运行，直传楼宇属地化管理，提高了建筑能耗数据质量。已建成重点用能单位能耗在线监测系统，重点用能单位接入率超过 70%。加强对扬尘污染排放的监管，持续改善生态环境。

表 3－13 绿色发展

序号	区	指数值	序号	区	指数值
1	黄浦	178.59	9	闵行	110.82
2	静安	165.32	10	嘉定	101.81
3	虹口	151.97	11	松江	97.15
4	长宁	149.71	12	浦东	93.69
5	杨浦	137.77	13	金山	91.78
6	徐汇	135.17	14	奉贤	91.36
7	宝山	130.75	15	青浦	91.20
8	普陀	126.00	16	崇明	80.98

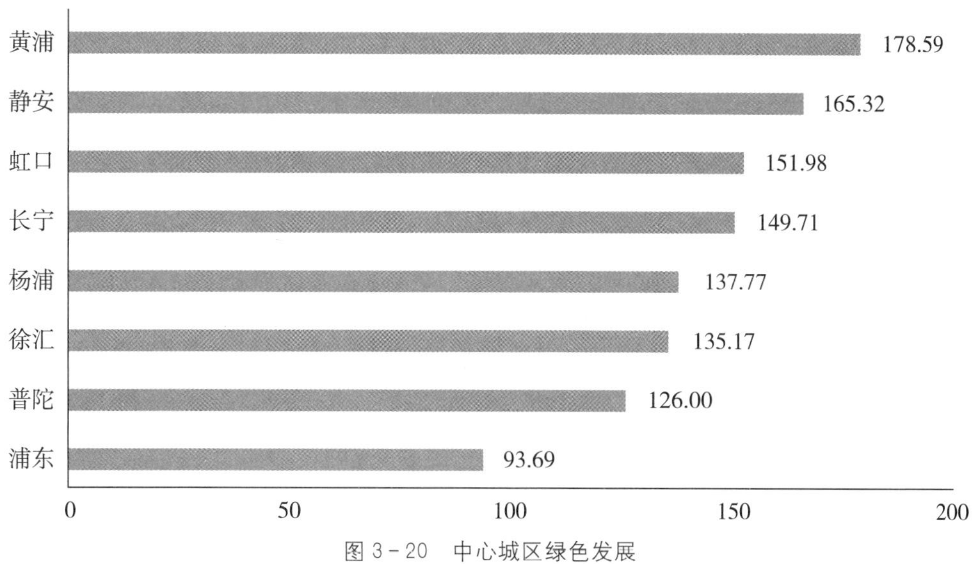

图 3-20 中心城区绿色发展

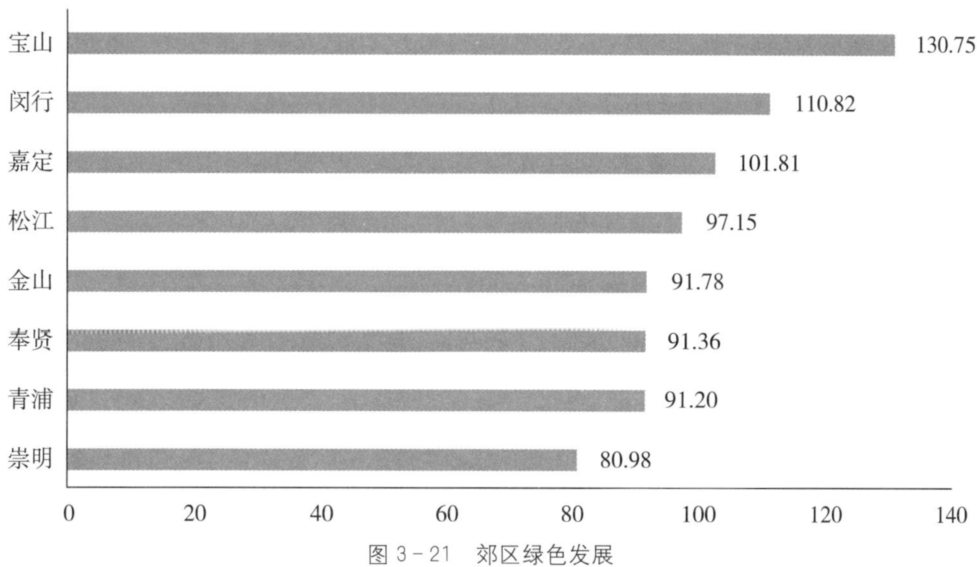

图 3-21 郊区绿色发展

5. 政务服务

政务服务"一网通办",是通过整合各级政府部门分散的政务服务资源和网上服务入口,推进线上线下业务流程再造,聚焦突破跨部门协同审批、并联审批事项,做到一网受理、只跑一次、一次办成。"一网通办"是上海市优化营商环境、深化"放管服"改革的关键环节,是实现政府治理能力现代化的重要举措,目前实现办理事项全接入,日均办理量达到 7.2 万件。

表 3-14 政务服务

序号	区	指数值	序号	区	指数值
1	静安	112. 84	9	金山	108. 07
2	黄浦	110. 58	10	虹口	107. 92
3	徐汇	110. 49	11	奉贤	107. 74
4	宝山	109. 27	12	长宁	106. 46
5	崇明	109. 21	13	嘉定	104. 34
6	浦东	108. 99	14	杨浦	102. 45
7	青浦	108. 63	15	普陀	100. 54
8	闵行	108. 59	16	松江	94. 31

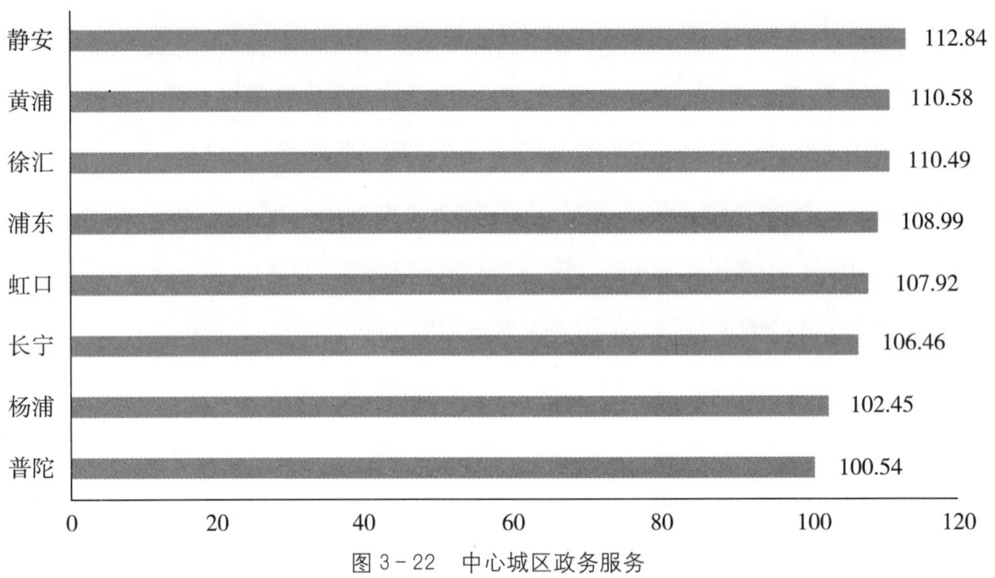

图 3-22 中心城区政务服务

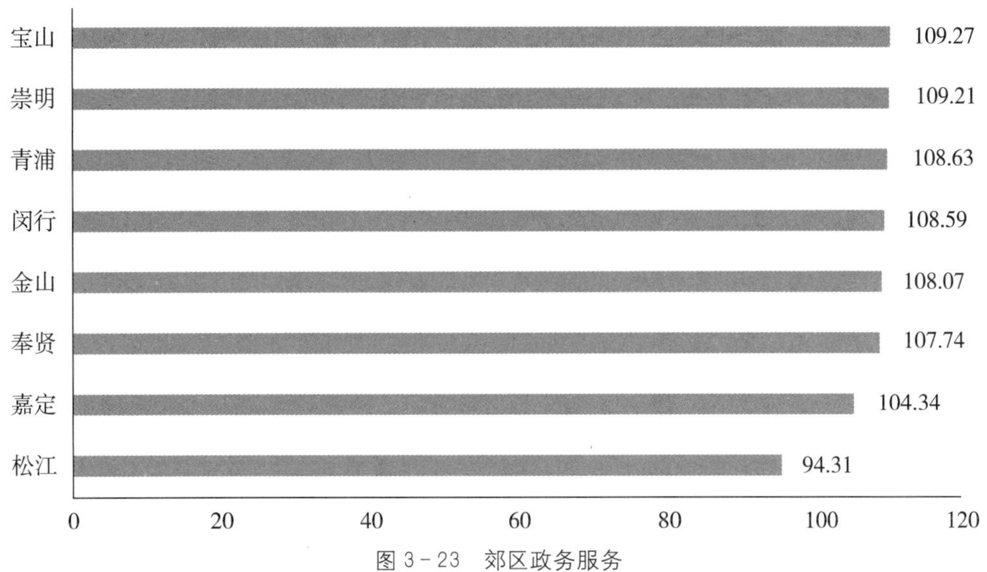

图 3－23 郊区政务服务

(四) 发展环境指数

发展环境指数高于上海市发展环境指数的区有徐汇、长宁、浦东、静安、闵行、黄浦、宝山、普陀、嘉定、虹口。

表 3－15 发展环境指数

序号	区	指数值	序号	区	指数值
1	徐汇	111.30	9	嘉定	102.44
2	长宁	109.79	10	虹口	101.48
3	浦东	108.70	11	杨浦	99.35
4	静安	108.23	12	松江	92.13
5	闵行	108.11	13	青浦	88.18
6	黄浦	106.15	14	金山	88.12
7	宝山	104.95	15	崇明	86.81
8	普陀	104.76	16	奉贤	85.37

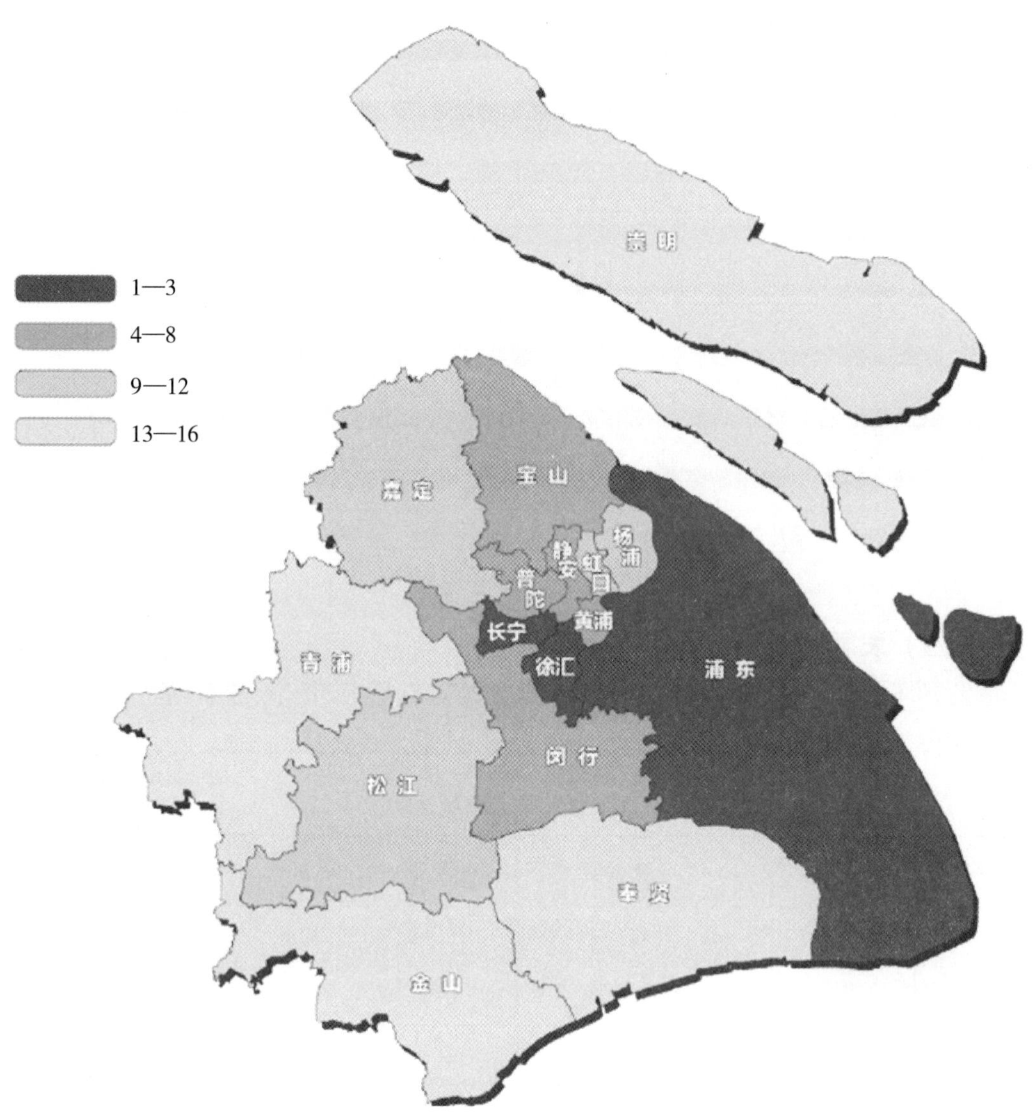

图 3-24 各区发展环境指数情况

表 3-16　中心城区发展环境指数

序号	区	指数值
1	徐汇	111. 30
2	长宁	109. 79
3	浦东	108. 70
4	静安	108. 23
5	黄浦	106. 15
6	普陀	104. 76
7	虹口	101. 48
8	杨浦	99. 35

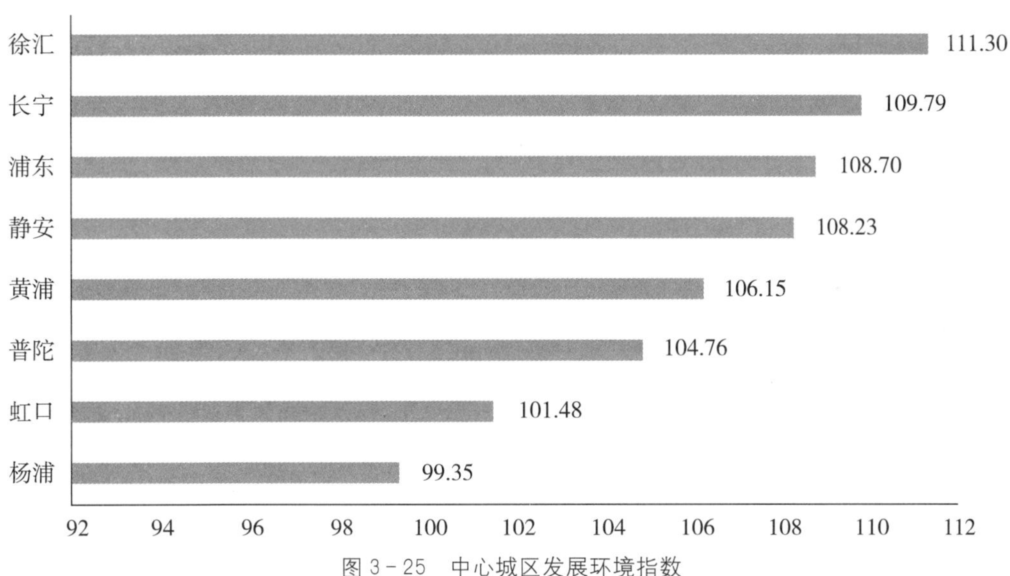

图 3-25　中心城区发展环境指数

表 3-17　郊区发展环境指数

序号	区	指数值
1	闵行	108.11
2	宝山	104.95
3	嘉定	102.44
4	松江	92.13
5	青浦	88.18
6	金山	88.12
7	崇明	86.81
8	奉贤	85.37

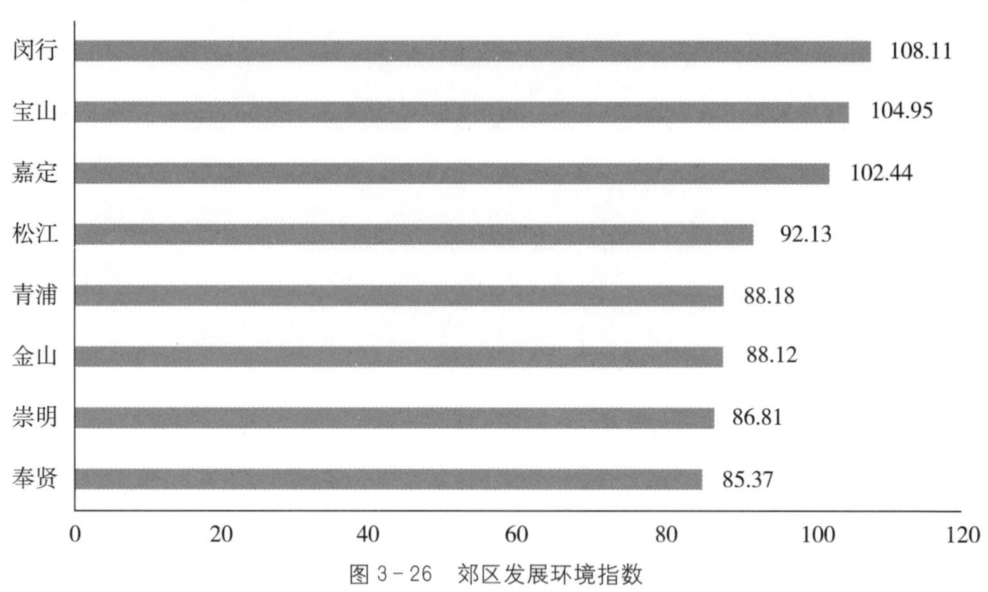

图 3-26　郊区发展环境指数

1. 机制保障

各区加强制度规划、支撑保障机制建设，智慧城市建设领导小组工作机制进一步完善、制定规划政策、开展“十四五”智慧城市规划预研、设立区级专项资金，多元主体加大创新投入，有效支撑保障了区域智慧城市建设的深入开展。

表 3-18 机制保障

序号	区	指数值	序号	区	指数值
1	普陀	110.04	4	杨浦	106.48
1	宝山	110.04	4	嘉定	106.48
1	闵行	110.04	11	金山	98.21
4	浦东	106.48	11	松江	98.21
4	黄浦	106.48	11	奉贤	98.21
4	静安	106.48	14	虹口	97.23
4	徐汇	106.48	15	青浦	93.47
4	长宁	106.48	16	崇明	88.45

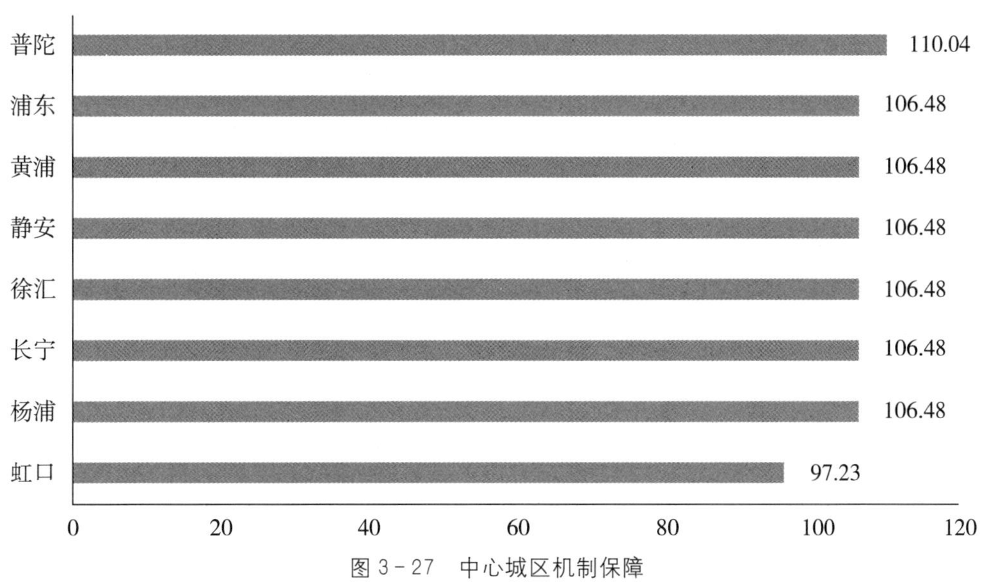

图 3-27 中心城区机制保障

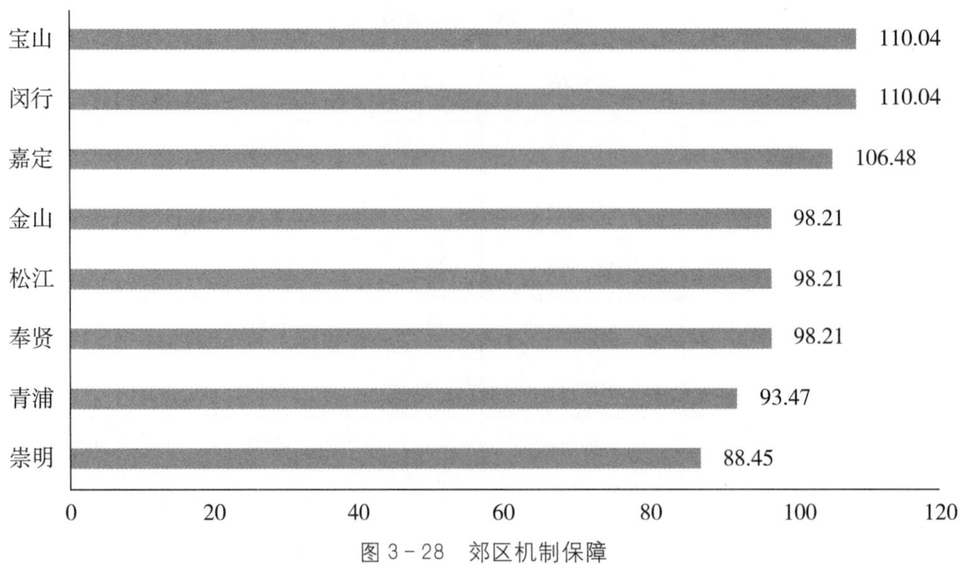

图 3－28　郊区机制保障

2. 创新应用

利用5G、人工智能、大数据等新一代信息技术各区在生活服务、数字经济、城市治理、绿色发展、政务服务等方面广泛开展了创新应用，创新能级持续提升。徐汇区推进社区楼宇智能安防建设，创新拓展智能感知物联网的建设和应用。静安区完成数据资源平台市区级联，区数据资源管理平台和市数据共享交换平台的级联，通过区级平台可查看市级平台的数据目录、申请市共享数据。黄浦区全面推动城区低碳能耗管理，推广外滩-滨江低碳发展示范区的建设成果，低碳商业商务区、低碳创意园区、低碳居住社区“三区联动”，将绿色发展理念覆盖全区。

表 3－19　创新应用

序号	区	指数值	序号	区	指数值
1	浦东	109.82	9	普陀	104.75
2	静安	109.35	10	虹口	103.18
3	长宁	108.92	11	崇明	98.08
4	宝山	108.70	12	松江	94.34
5	闵行	108.55	13	金山	94.25
6	徐汇	108.38	14	青浦	92.88
7	黄浦	105.97	14	杨浦	91.98
8	嘉定	105.48	16	奉贤	90.67

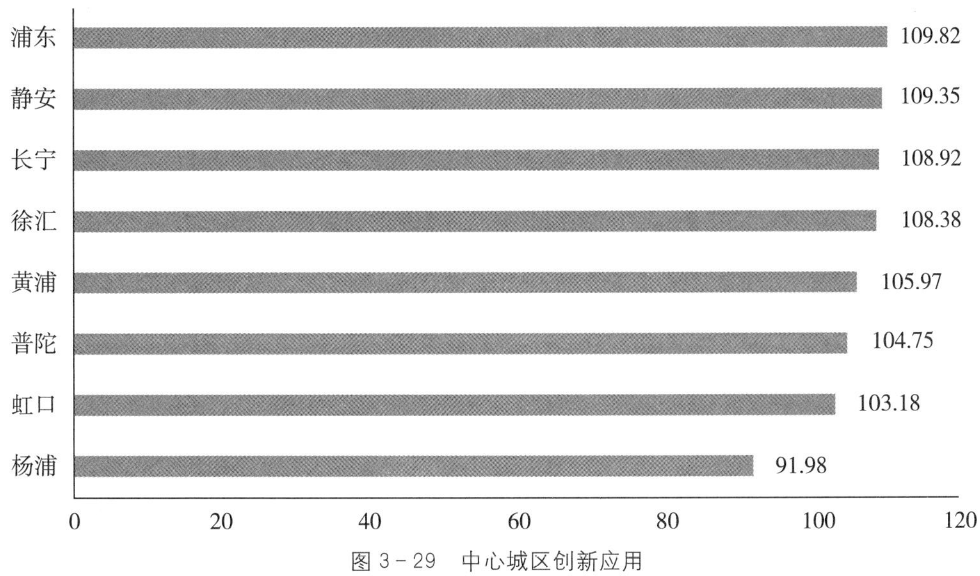

图 3－29　中心城区创新应用

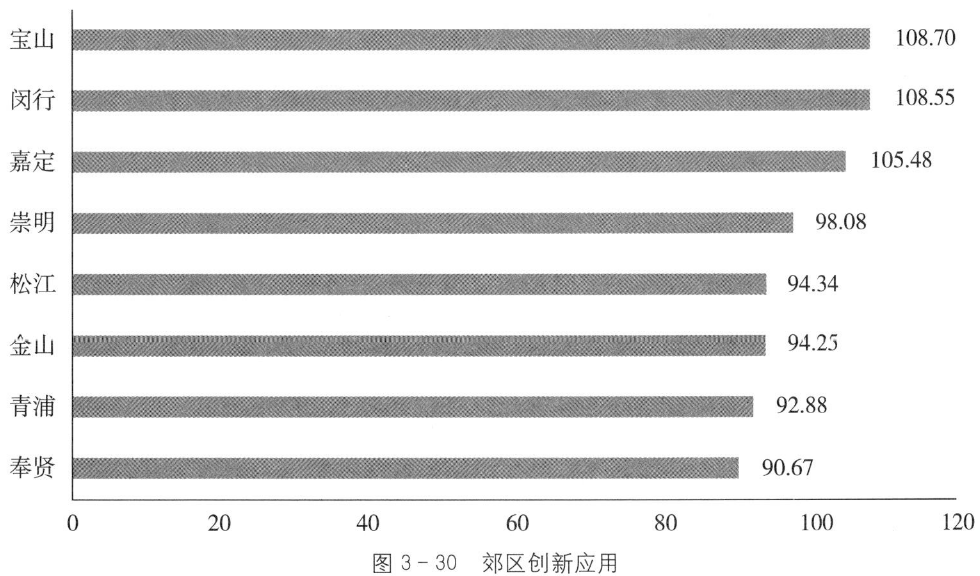

图 3－30　郊区创新应用

3. 试点示范

各区积极主动承担相关国家级及市级智慧城市项目，成效显著的区成为国家级的试验区、示范区、先导区。浦东新区授牌为国家人工智能创新应用先导区。徐汇采用智能技术将“一网通办”升级为“一窗综办”，持续深入创建国家“互联网＋政务服务”示范区。长宁区智慧健康养老产业集聚效应明显提升，持续打造国家智慧健康养老应用试点示范基地。

表 3－20 试点示范

序号	区	指数值	序号	区	指数值
1	徐汇	128.58	9	普陀	97.40
2	长宁	117.54	10	嘉定	85.82
3	杨浦	115.90	11	宝山	84.34
4	浦东	107.77	12	松江	75.68
5	静安	106.66	13	青浦	63.83
6	黄浦	106.34	14	金山	51.90
7	闵行	103.80	15	奉贤	48.33
8	虹口	101.32	16	崇明	43.92

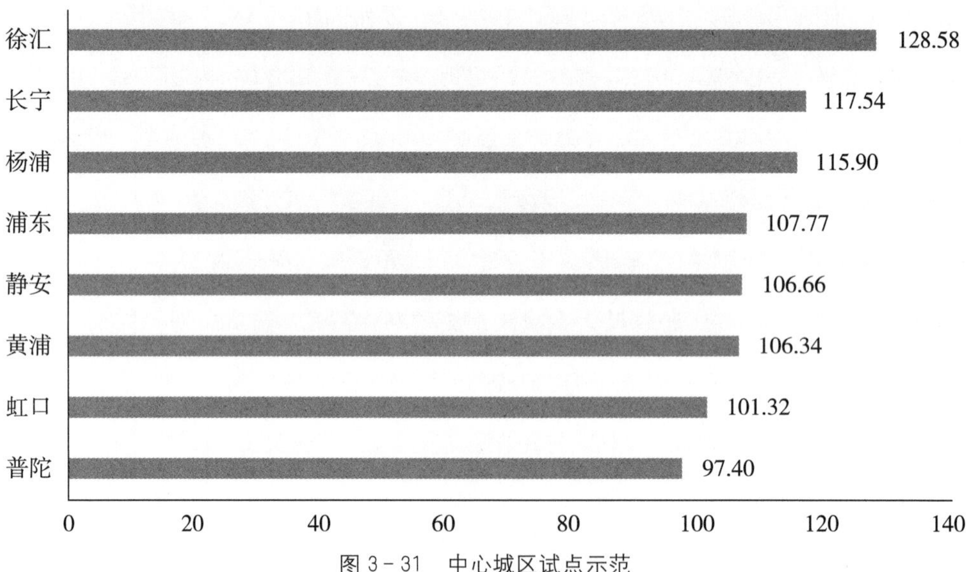

图 3－31 中心城区试点示范

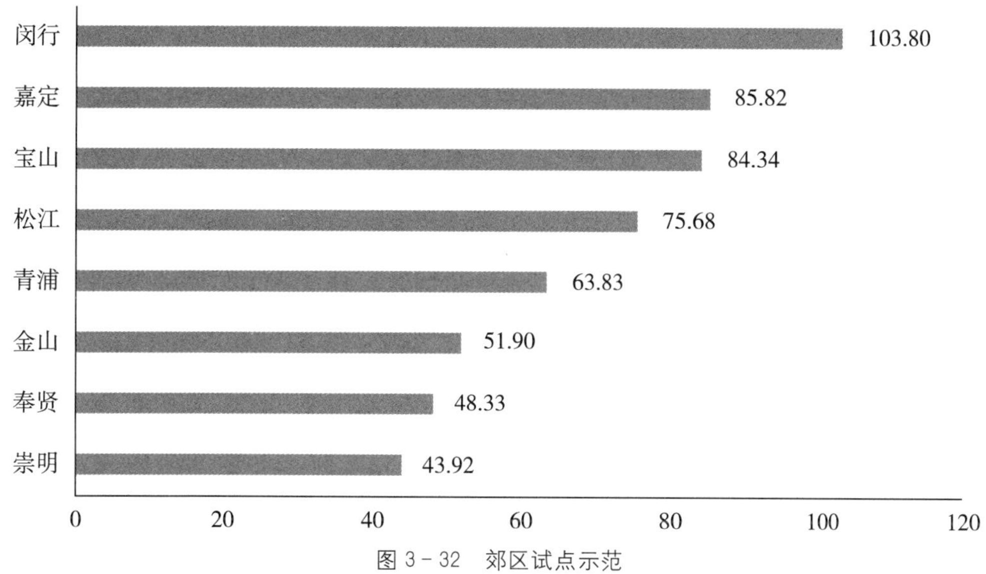

图 3－32　郊区试点示范

（五）网络安全状况系数

根据相关通报，2019 年 1 至 3 季度，上海各区各级政府部门、事业单位与重点企业共被通报存在网络安全高危风险数量为 179 个，比去年有所减少。11 个区发生网络安全事件 19 件。

表 3－21　网络安全状况系数

序号	区	指数值	序号	区	指数值
1	嘉定	1.00	9	普陀	0.95
2	黄浦	0.98	10	虹口	0.95
3	静安	0.98	11	杨浦	0.95
4	松江	0.98	12	宝山	0.95
5	青浦	0.98	13	闵行	0.95
6	浦东	0.95	14	金山	0.95
7	徐汇	0.95	15	奉贤	0.95
8	长宁	0.95	16	崇明	0.95

2019上海软件和信息技术服务业“百强”企业名单

序号	企业名称	区
1	支付宝(中国)网络技术有限公司	浦东新区
2	中国银联股份有限公司	浦东新区
3	国际商业机器(中国)有限公司	浦东新区
4	百度(中国)有限公司	浦东新区
5	上海寻梦信息技术有限公司	长宁区
6	思爱普(中国)有限公司	静安区
7	腾讯科技(上海)有限公司	徐汇区
8	上海华东电脑股份有限公司	嘉定区
9	上海宝信软件股份有限公司	浦东新区
10	银联商务股份有限公司	浦东新区
11	上海华讯网络系统有限公司	浦东新区
12	网宿科技股份有限公司	嘉定区
13	瑞庭网络技术(上海)有限公司	浦东新区
14	上海中通吉网络技术有限公司	青浦区
15	上海阑途信息技术有限公司	闵行区
16	咪咕视讯科技有限公司	浦东新区

（续表）

序号	企业名称	区
17	埃森哲（中国）有限公司	徐汇区
18	携程计算机技术（上海）有限公司	徐汇区
19	上海宝尊电子商务有限公司	静安区
20	上海二三四五网络科技有限公司	浦东新区
21	上海汇付数据服务有限公司	徐汇区
22	卡斯柯信号有限公司	静安区
23	上海中兴软件有限责任公司	浦东新区
24	开店宝支付服务有限公司	浦东新区
25	百视通网络电视技术发展有限责任公司	长宁区
26	上海汉得信息技术股份有限公司	青浦区
27	上海阅文信息技术有限公司	浦东新区
28	银联国际有限公司	浦东新区
29	万达信息股份有限公司	徐汇区
30	上海基分文化传播有限公司	嘉定区
31	携程旅游网络技术（上海）有限公司	长宁区
32	银联数据服务有限公司	浦东新区
33	上海蓝云网络科技有限公司	浦东新区
34	上海米哈游网络科技股份有限公司	嘉定区
35	花旗金融信息服务（中国）有限公司	浦东新区
36	上海嵩恒网络科技股份有限公司	浦东新区
37	东方财富信息股份有限公司	徐汇区
38	上海喜马拉雅科技有限公司	闵行区
39	鼎捷软件股份有限公司	静安区
40	思科系统（中国）研发有限公司	徐汇区

（续表）

序号	企业名称	区
41	世熠网络科技(上海)有限公司	普陀区
42	上海浪潮云计算服务有限公司	静安区
43	上海玄霆娱乐信息科技有限公司	浦东新区
44	上海电科智能系统股份有限公司	普陀区
45	携程旅游信息技术(上海)有限公司	浦东新区
46	盛趣信息技术(上海)有限公司	浦东新区
47	天翼视讯传媒有限公司	浦东新区
48	达索析统(上海)信息技术有限公司	浦东新区
49	上海优刻得信息科技有限公司	杨浦区
50	达疆网络科技(上海)有限公司	杨浦区
51	上海猎鹰网络有限公司	奉贤区
52	上海理想信息产业(集团)有限公司	浦东新区
53	上海中软华腾软件系统有限公司	徐汇区
54	上海电信科技发展有限公司	黄浦区
55	上海南洋万邦软件技术有限公司	长宁区
56	上海企源科技股份有限公司	杨浦区
57	上海新致软件股份有限公司	浦东新区
58	宝付网络科技(上海)有限公司	徐汇区
59	卫宁健康科技集团股份有限公司	浦东新区
60	上海连尚网络科技有限公司	浦东新区
61	上海泛微网络科技股份有限公司	奉贤区
62	珍岛信息技术(上海)股份有限公司	虹口区
63	上海富友支付服务股份有限公司	浦东新区
64	上海硬通网络科技有限公司	嘉定区

（续表）

序号	企业名称	区
65	上海延华智能科技(集团)股份有限公司	普陀区
66	上海华测导航技术股份有限公司	青浦区
67	上海商泰汽车信息系统有限公司	浦东新区
68	华勤通讯技术有限公司	浦东新区
69	上海金桥信息股份有限公司	浦东新区
70	上海七牛信息技术有限公司	浦东新区
71	上海微创软件股份有限公司	闵行区
72	易百信息技术(上海)股份有限公司	普陀区
73	易安信信息技术研发(上海)有限公司	杨浦区
74	富士通(中国)信息系统有限公司	浦东新区
75	上海安吉星信息服务有限公司	徐汇区
76	亿企赢网络科技有限公司	浦东新区
77	上海众源网络有限公司	徐汇区
78	赛韵网络科技(上海)有限公司	普陀区
79	上海博辕信息技术服务有限公司	长宁区
80	波克科技股份有限公司	普陀区
81	心动网络股份有限公司	闵行区
82	智阳网络技术(上海)有限公司	嘉定区
83	蓝沙信息技术(上海)有限公司	闵行区
84	中远海运科技股份有限公司	浦东新区
85	上海流利说信息技术有限公司	杨浦区
86	上海善之农电子商务科技股份有限公司	浦东新区
87	上海维音信息技术股份有限公司	黄浦区
88	上海海隆软件有限公司	徐汇区

（续表）

序号	企业名称	区
89	杉德银卡通信息服务有限公司	徐汇区
90	上海德启信息科技有限公司	青浦区
91	上海中信信息发展股份有限公司	静安区
92	上海喔噻互联网科技有限公司	普陀区
93	延锋伟世通电子科技（上海）有限公司	徐汇区
94	上海银联电子支付服务有限公司	长宁区
95	上海天擎天拓信息技术股份有限公司	普陀区
96	普华永道信息技术（上海）有限公司	浦东新区
97	上海宝康电子控制工程有限公司	宝山区
98	上海思芮信息科技有限公司	崇明区
99	亿贝软件工程（上海）有限公司	浦东新区
100	上海传英信息技术有限公司	浦东新区

2019上海软件和信息技术服务业高成长“百家”企业名单

序号	企业名称	区
1	上海妙克信息科技有限公司	虹口区
2	上海假面信息科技有限公司	长宁区
3	阿基米德(上海)传媒有限公司	长宁区
4	上海眼控科技股份有限公司	浦东新区
5	上海冰鉴信息科技有限公司	浦东新区
6	国讯新创软件技术有限公司	浦东新区
7	普元信息技术股份有限公司	浦东新区
8	上海新网程信息技术股份有限公司	浦东新区
9	上海聚水潭网络科技有限公司	静安区
10	上海享途网络科技有限公司	杨浦区
11	上海狂龙数字科技股份有限公司	浦东新区
12	上海域格信息技术有限公司	浦东新区
13	上海百及信息科技有限公司	徐汇区
14	上海卓盟信息科技有限公司	嘉定区
15	上海谦问万答吧云计算科技有限公司	杨浦区

（续表）

序号	企业名称	区
16	上海华博信息服务有限公司	浦东新区
17	上海欢乐互娱网络科技有限公司	宝山区
18	上海氪信信息技术有限公司	长宁区
19	阅霆信息技术(上海)有限公司	浦东新区
20	上海朝阳永续信息技术股份有限公司	浦东新区
21	上海洪昇智能科技有限公司	浦东新区
22	上海云蟾数码科技有限公司	普陀区
23	上海量投网络科技有限公司	浦东新区
24	上海元方科技股份有限公司	浦东新区
25	上海飞未信息技术有限公司	闵行区
26	猎熊座安全技术(上海)有限公司	浦东新区
27	上海英方软件股份有限公司	黄浦区
28	上海航动科技有限公司	徐汇区
29	上海益倍嘉信息技术有限公司	普陀区
30	上海势航网络科技有限公司	青浦区
31	算话智能科技有限公司	闵行区
32	上海腾达科技有限公司	奉贤区
33	上证所信息网络有限公司	浦东新区
34	上海新概念保险经纪有限公司	徐汇区
35	上海合合信息科技发展有限公司	杨浦区
36	上海致昕信息科技有限公司	宝山区
37	任拓数据科技(上海)有限公司	静安区
38	上海速锐信息技术有限公司	浦东新区
39	上海新炬网络信息技术股份有限公司	青浦区

（续表）

序号	企业名称	区
40	上海金蓝络科技信息系统股份有限公司	普陀区
41	上海艾麒信息科技有限公司	闵行区
42	上海哥特网络技术有限公司	浦东新区
43	上海睿铎智能科技有限公司	青浦区
44	上海天齐智能建筑股份有限公司	普陀区
45	上海道客网络科技有限公司	杨浦区
46	上海影卓信息科技有限公司	闵行区
47	上海视云网络科技有限公司	长宁区
48	上海高重信息科技有限公司	普陀区
49	依柯力信息科技(上海)股份有限公司	浦东新区
50	上海泰宇信息技术股份有限公司	闵行区
51	上海易景信息科技有限公司	闵行区
52	仟传网络科技(上海)有限公司	崇明县区
53	上海同磊土木工程技术有限公司	杨浦区
54	马衡达信息技术(上海)有限公司	浦东新区
55	上海碧虎网络科技有限公司	普陀区
56	悦锦软件系统(上海)有限公司	普陀区
57	上海神开石油科技有限公司	闵行区
58	上海筑想信息科技股份有限公司	静安区
59	上海恒锐智能工程股份有限公司	普陀区
60	维坤智能科技(上海)有限公司	徐汇区
61	上海友森信息科技发展有限公司	闵行区
62	上海哥瑞利软件有限公司	闵行区
63	上海集灵信息技术有限公司	浦东新区

（续表）

序号	企业名称	区
64	上海艺赛旗软件股份有限公司	长宁区
65	上海捷鑫网络科技股份有限公司	普陀区
66	上海梦之路数字科技有限公司	浦东新区
67	亦非云互联网技术(上海)有限公司	长宁区
68	上海复翼软件开发有限公司	杨浦区
69	上海八彦图信息科技有限公司	浦东新区
70	视辰信息科技(上海)有限公司	浦东新区
71	上海鹏越惊虹信息技术发展有限公司	浦东新区
72	上海齐屹信息科技有限公司	嘉定区
73	上海弘连网络科技有限公司	闵行区
74	上海齐科信息科技有限公司	青浦区
75	上海文军信息技术有限公司	闵行区
76	上海普坤信息科技有限公司	浦东新区
77	上海数策软件股份有限公司	虹口区
78	星环信息科技(上海)有限公司	徐汇区
79	上海载德信息科技有限公司	闵行区
80	上海肯耐珂萨人力资源科技股份有限公司	青浦区
81	银联智策顾问(上海)有限公司	静安区
82	上海昊育信息技术有限公司	虹口区
83	上海米健信息技术有限公司	浦东新区
84	上海昊沧系统控制技术有限责任公司	闵行区
85	上海方立数码科技有限公司	浦东新区
86	上海龙进天下信息技术有限公司	浦东新区
87	上海碧威网络科技股份有限公司	普陀区

（续表）

序号	企业名称	区
88	上海盛维网络科技有限公司	浦东新区
89	上海美东软件开发有限公司	浦东新区
90	上海速强信息技术股份有限公司	嘉定区
91	微创(上海)网络技术股份有限公司	闵行区
92	上海汇招信息技术有限公司	杨浦区
93	上海钦文信息科技有限公司	浦东新区
94	上海致宇信息科技有限公司	杨浦区
95	上海霍莱沃电子系统技术股份有限公司	浦东新区
96	上海智子信息科技股份有限公司	杨浦区
97	上海竞天科技股份有限公司	浦东新区
98	上海神添实业有限公司	杨浦区
99	上海万欣计算机信息科技有限公司	青浦区
100	如冈自动化控制技术(上海)有限公司	奉贤区

2020年度上海市网络与信息安全服务单位推荐名单

（排名不分先后）

上海观安信息技术股份有限公司
杭州安恒信息技术股份有限公司
上海市数字证书认证中心有限公司
万达信息股份有限公司
上海计算机软件技术开发中心
上海三零卫士信息安全有限公司
上海中信信息发展股份有限公司
上海市信息安全测评认证中心
深信服科技股份有限公司
中远海运科技股份有限公司
上海辰锐信息科技公司
上海宝信软件股份有限公司
上海斗象信息科技有限公司
上海上讯信息技术股份有限公司
上海谋乐网络科技有限公司
上海理想信息产业(集团)有限公司
新华三技术有限公司
格尔软件股份有限公司
上海卫道信息技术有限公司
上海天泰网络技术有限公司
上海鹏越惊虹信息技术发展有限公司
上海络安信息技术有限公司
上海派拉软件股份有限公司
上海创旗天下科技股份有限公司
上海安识网络科技有限公司
亚信科技(成都)有限公司
上海安言信息技术有限公司
优刻得科技股份有限公司
上海豌豆信息技术有限公司
北京网御星云信息技术有限公司
上海启明星辰信息技术有限公司
上海工业控制安全创新科技有限公司
上海嘉韦思信息技术有限公司
上海万雍科技股份有限公司
上海北信源信息技术有限公司
上海市软件评测中心有限公司

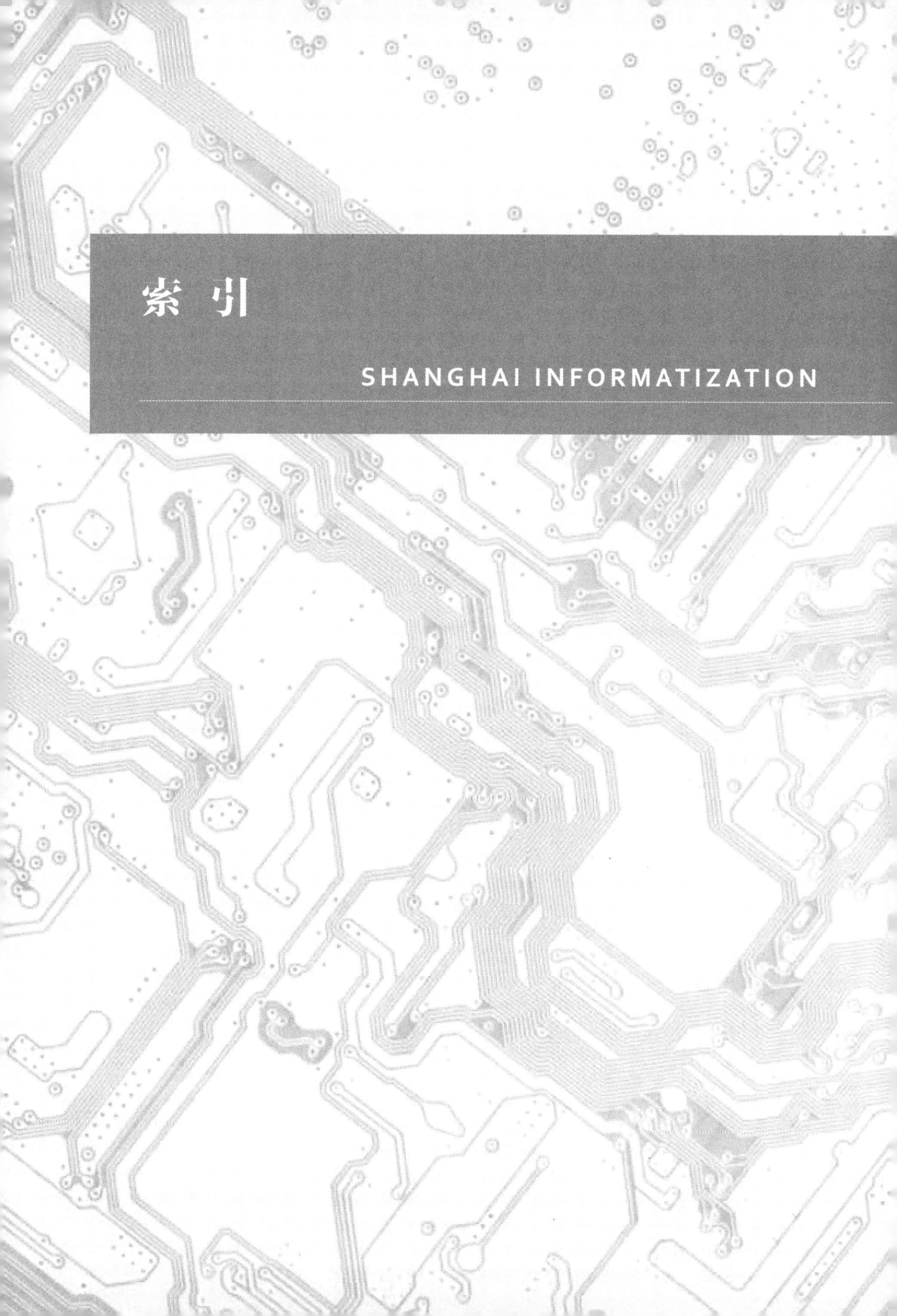

索 引

SHANGHAI INFORMATIZATION

C

D

E

F

G

H

L

M

N

Q

R

S

Z

图书在版编目(CIP)数据

2020上海信息化年鉴/《上海信息化年鉴》编纂委员会编. —上海：上海文化出版社，2020.9

ISBN 978-7-5535-2104-6

Ⅰ.①2… Ⅱ.①上… Ⅲ.①信息工作-上海-2020-年鉴 Ⅳ.①G202-54

中国版本图书馆CIP数据核字(2020)第172931号

出 版 人 姜逸青
责任编辑 张 彦
装帧设计 华 婵

2020上海信息化年鉴

编　者 《上海信息化年鉴》编纂委员会
出　版 上海世纪出版集团 上海文化出版社
地　址 上海市绍兴路7号 200020
发　行 上海文艺出版社发行中心
上海市绍兴路50号 200020 www.ewen.co
印　刷 上海盛通时代印刷有限公司
开　本 787×1092 1/16
印　张 40
插　页 34
字　数 500千
印　次 2020年11月第一版 2020年11月第一次印刷
书　号 ISBN 978-7-5535-2104-6/Z.038
定　价 450.00元

告 读 者 如发现本书有质量问题请与印刷厂质量科联系(T：021-37910000)

加强数据利用 推动技术升级

上海一中院持续深化智慧法院建设

2019年，上海一中院进一步深化智慧法院建设，加强数据整合分析，持续推动技术升级，开发了审判绩效考核系统和非法集资案件司法大数据平台，并对执行指挥中心进行了智能化升级改造，助力司法体制综合配套改革和审判执行工作顺利开展。

01 审判绩效考核系统

为配合法院司法责任制改革，上海一中院研发了审判绩效考核软件。软件遵循“质量优先、兼顾效率；分类考核、尊重差异；考核到人、全员覆盖”的考核理念，通过自动采集法院人事、审判执行、质量评查、卷宗档案等系统数据并按预设规则计算的方式，为政治部提供部门考核、个人考核、奖金计算等功能。对于考核流程、规则和指标，软件提供可视化配置功能，提高软件响应速度以满足考核需求。

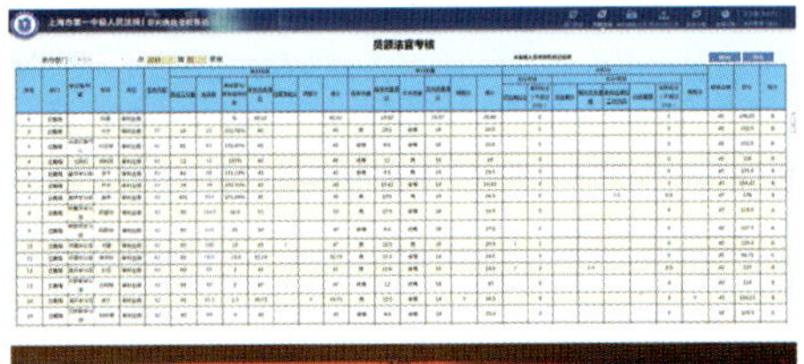

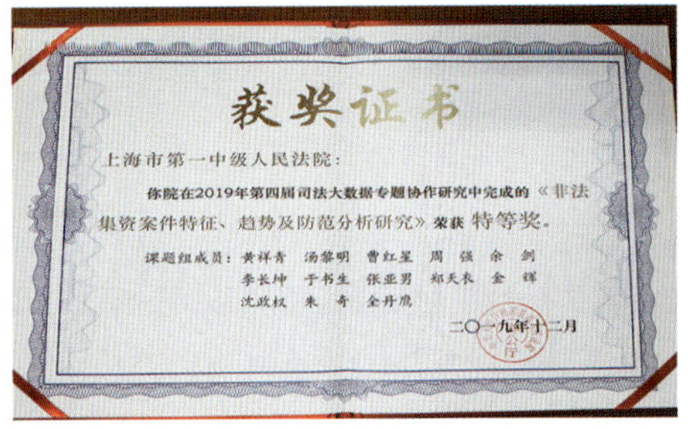

获奖证书

上海市第一中级人民法院：

你院在2019年第四届司法大数据专题协作研究中完成的《非法集资案件特征、趋势及防范分析研究》荣获特等奖。

课题组成员：黄祥青 汤黎明 曹红星 周强 余剑 李长坤 于书生 张亚男 郑天衣 金辉 沈政权 朱奇 全丹鹰

二〇一九年十二月

02 非法集资案件大数据分析平台

上海一中院承接了最高院第四届司法大数据专题协作任务——“非法集资案件特征、趋势及防范分析”研究专题，并开发了非法集资案件大数据分析系统，获评“全国特等奖”。该系统对全国法院近十年审结的非法集资案件进行大数据实证分析，提供案件基本情况分析、犯罪主体画像、量刑分析、文书检索等功能，并对特征趋势和对策建议加以直观展示，实现了服务社会治理，降低国家金融风险，增强投资者防范意识，最大程度保障人民群众合法权益的建设目标。

03 执行指挥中心智能化升级改造

上海一中院运行多年的执行指挥中心存在平台数据融合程度低、数据质量不高等问题，难以满足执行业务的需要。此次升级改造，通过对执行全流程数据的汇聚、分类，打造一站式全方位执行指挥数据平台，在收集、整合、梳理法院执行案件数据的基础上，注重执行数据在执行指挥中的应用成效，增加了智能推送、执行管控、执行态势、执行公开、执行指挥等功能，切实加强了执行指挥中心对执行工作的管理监督作用，提高了上海一中院执行工作效率。

5G启动，圆梦虹口

虹口打造数字经济新“基”遇

2019年，虹口区成为全市首个提前四个月并超额完成移动、联通、电信5G基站年度建设目标的行政区，5G基站密度全市第一。“五个率先”初显成效，率先打响“双千兆宽带城市”品牌，率先完成5G网络全覆盖，率先体验“千兆上桌面”，率先建成5G精品网络示范区、率先实现十大场景应用示范。获得了企业及市民的认可，并实现了“双冠”的可喜成绩，即移动用户感知度全市第一、固定宽带用户感知速率全市第一。与此同时，全球首个综合性5G应用展示及联创平台——“5G全球创新港”于2019年9月10日在虹口北外滩正式开港。市委常委、副市长吴清出席开港仪式，并启动了“5G全球创新港”。5G全球创新港将聚焦全球信息科技的发展前沿，集5G展示、联创、应用、科普等诸多功能于一体，满足以5G为代表的信息产业创新需求，通过发挥政府产业引导基金功能，推动一批信息产业前沿和共性关键技术转化，带动一批科技型中小企业成长壮大，培育一批具有国际影响力的行业领军企业。

长宁网上科技馆

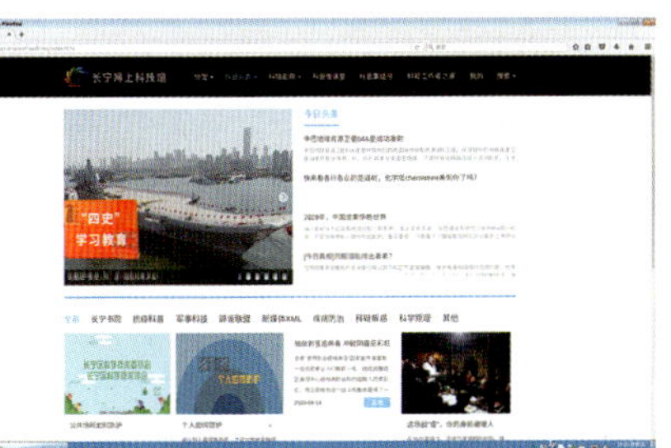

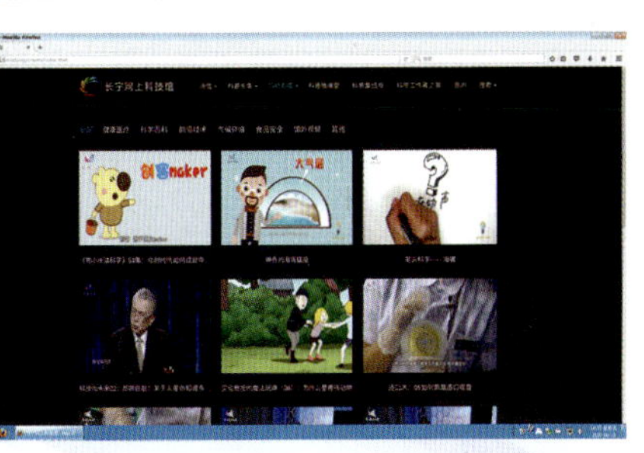

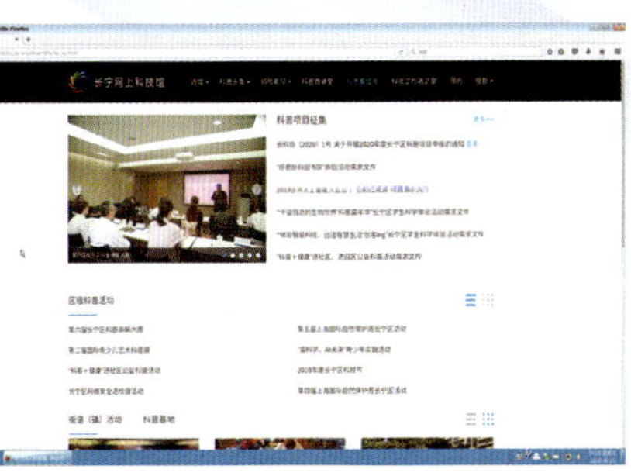

长宁网上科技馆以“五馆五服务”体系（“五馆”分别为长宁之光、人工智能馆、科技风貌馆、企业风采馆以及3D科普馆；“五服务”为科普头条、科技影院、科普微课堂、科普集结号以及科技工作者之家）践行“互联网＋科普”理念。尝试将互联网与科普有机结合，采用线上线下全面对接的模式，对接“科普中国”，在PC端、手机端、大屏端同步展示，目前整合了科普项目开展、科普资源对接等工作，实现“科普大脑”功能；针对不同受众特点，围绕应急科普、科技成果、创新文化、食品安全等内容，集合1000余部科普宣传作品，实现区域内资源共享、各项科普工作全程留痕、受众群体可追溯的“智慧科普”服务体系。

上海市农业科学院
上海数字农业工程技术研究中心
上海农业技术信息专业技术服务平台

ABOUT US

上海数字农业工程技术研究中心和上海市农业技术信息专业技术服务平台依托上海市农业科学院集聚人才和技术优势，对三农信息化和数字化发展中的关键性、基础性、公益性技术问题，开展系统化、配套化和工程化研究开发，不断推出符合上海农业需求的技术和产品。

目前主要围绕物联网、遥感、数据分析等技术在农业中的应用开展技术创新和应用服务。研究开发了基于物联网的农业环境信息采集技术、农业生产管理智能决策技术、农业自动控制技术及相关智能硬件和产品，在光明集团上海农场、上海市农业科学院庄行试验站等基地的大田作物生产管理、设施果蔬栽培管理中开展应用；开展了基于多尺度遥感技术的农业精准管理技术研发，在农作物养分和病虫害监测、农业灾害评估、农作物种植面积提取和作物表型信息解析等领域取得进展；与国家农业监测预警团队紧密合作，开展了基于大数据技术的蔬菜和生猪市场分析、预测和预警工作，通过农产品市场信息研究为上海农业生产布局决策提供技术支持。

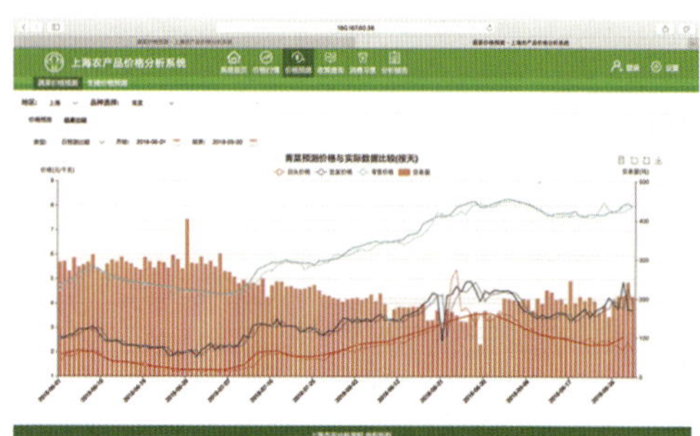

农产品价格分析预警

上海市农业科学院依托两个平台力争成为区域农业数字化技术、产品创新和信息服务的重要力量，以及国际国内先进技术及成果展示和转化的重要基地。

无人机农情监测

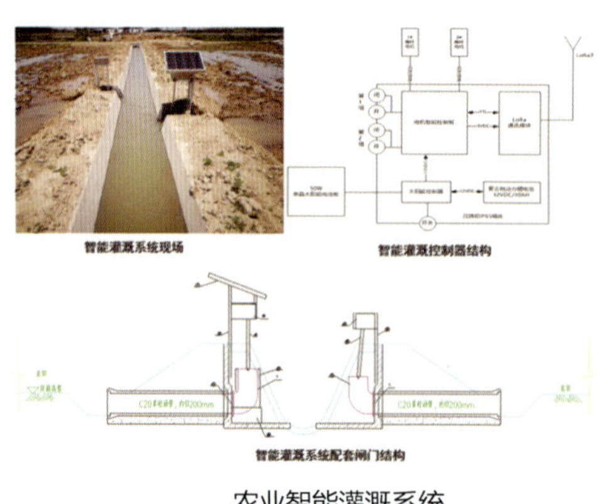

农业智能灌溉系统

地址：上海市金齐路1000号　邮编：201403　网址：www.saas.sh.cn　电话：021-62200281

上海市统计局数据管理中心

上海市统计局数据管理中心原名上海市统计信息计算中心，于1987年3月正式成立，业务上受国家统计局数据管理中心指导，主要职责是：制定统计信息化基本技术标准和运行规则；负责管理统计调查的数据资源；负责组织实施统计调查数据处理；负责统计数据及信息系统运行安全；负责统计信息网络系统运行的技术支持。

近年来，中心以建立现代统计信息化体系为目标，探索统计工作与信息技术的融合发展，不断提升统计数据管理能力和统计信息化服务水平。相继完成电子统计系统、联网直报系统、一套表平台、信息化综合改造项目、市经济社会发展综合数据平台等信息化项目建设和管理，建立了涵盖数据采集管理、数据共享交换和数据应用分析的全范围全流程统计业务应用体系。负责组织实施全市统计调查数据处理，管理全市统计调查数据资源，主要包括：每月数万调查对象的联网直报数据；每5年一次，百万级调查对象的经济普查数据；每10年一次，百万级调查对象的农业普查数据；每10年一次，千万级调查对象的人口普查数据等。

中国科学院上海微系统与信息技术研究所
Shanghai Institute of Microsystem and Information Technology Chinese Academy of Sciences

仿生视觉系统实验室

引领国际类脑人工智能发展，建设感知—智能—执行一体化研发平台——类脑智能平台“机器头脑”

中国科学院上海微系统与信息技术研究所仿生视觉系统实验室在上海市级重大专项的支持下，成功研制了以仿生视觉系统为主，结合智能语音模块、脖颈运动系统等多传感器多模块的第一代类脑智能平台“机器头脑”。搭载“机器头脑”的“小白”机器人作为专项的重要阶段性研究成果在张江人工智能岛A馆长期展示。

“机器头脑”以视觉生理学原理为基础，攻克了双眼控制系统的动态实时标定和协调控制技术难关，成功研制出国际上首例可实时标定的具备跳跃性眼球运动、滑动性眼球运动、前庭动眼反射（VOR）等功能的仿生双眼视觉系统。同时结合视网膜信号接收特性以及小脑、大脑等的信息处理功能，在类脑信息处理领域也取得了系列进展，研发了包括高精度三维重建、视觉里程计、视觉显著性、目标检测与跟踪、语义分割等在内的系列核心算法。同时实现了声源定位与视觉控制的联动、听觉语义与视觉语义的初级融合，建立了更贴近人类大脑机制的三维视觉显著性空间，从真正意义上模拟人类双眼及其大脑感知机制，并结合针对三维世界的全场景语义分割实现显著性三维语义空间重构，为机器头脑的全方位场景理解、类人自主环境感知与决策提供必要基础。

实验室介绍

中科院上海微系统与信息技术研究所仿生视觉系统实验室是国际上较早模仿人类视觉系统的科研团队，在视觉生理学、自动控制、人工智能、仿生系统等领域对视觉进行了30余年的探索和研究。主要研究方向包括：类脑仿生建模、仿生视觉系统、机器人导航及建图、图像识别与目标跟踪、多模态语义融合、群体智能计算等。

联系方式：brain-inspiredAI@mail.sim.ac.cn

评测中心作为中科院微小卫星创新研究院下属的独立三方评测单位，先后参与了多项重大航天型号任务的软件工程化咨询和指导。起草和修订了多份航天装备软件质量相关标准、规定、规范，有力地推动了装备型号软件研制单位的软件工程化工作。与此同时，评测中心陆续开展了多项重大型号软件的第三方评测工作。评测中心已获得以下认证、认可和授权证书：军用校准和测试实验认可（GJB2725A）；中科院战略科学先导专项软件评测认证；武器装备承制资格试验类资质（首批试点单位）；CNAS国家、DILAC国防实验室资质认证；另评测中心具有武器装备质量体系认证（GJB9001C）、军用软件研制能力成熟度模型（GJB5000A）、二级保密资质、军工产品生产许可证

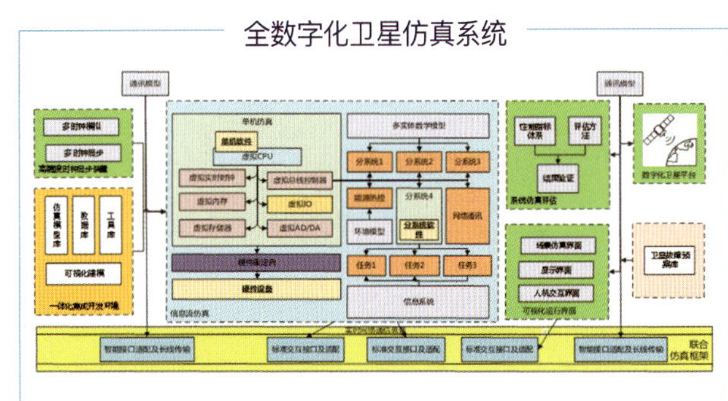

评测中心紧跟国家数字化发展战略步伐，针对卫星研制过程中方案论证手段缺乏、任务演练缺少高保真仿真平台等诸多问题所导致的测试不充分、研制周期长等难题，项目团队采用虚拟CPU/硬件仿真、复杂高性能分布式通讯、数学建模组件化等关键技术，提出了全数字高保真通用卫星信息仿真系统。

该技术成果已成功保障了包括北斗导航卫星、悟空号卫星、墨子号卫星等在内的相关型号任务，为其研制、试训和在轨运行等任务提供了极大帮助。同时，该项目已用于测控、运控、工程总体、科普教育等多个方面，有效推动了数字化技术在航天领域的应用。该成果得到院士专家们的高度评价，并获得2019年度上海市浦东新区科技进步一等奖。

数字化仿真学研究

- 数字卫星三维可视化系统
- 虚拟现实VR太空仿真平台
- 陆海空天联合系列仿真系统
- 卫星半实物仿真平台

数字化太空科普实践

SATC 上海市防伪技术产品测评中心

上海市防伪技术产品测评中心（以下简称“中心”）成立于2004年，属全额拨款事业单位，直属于上海市科学技术委员会。中心下设办公室、质量管理部、测评室、市场部4个内设机构，拥有一支专业技术能力雄厚的检测和鉴定队伍。中心租赁办公及实验用房面积2000平方米，配备国际知名品牌的检测和鉴定仪器。

中心坚持以“诚实守信、科学严谨、公正准确、优质高效、持续改进” 为质量方针。作为一家专门从事防伪技术产品检测与评估的第三方独立检测鉴定机构，中心从事防伪技术产品的检测与评估以及相关技术培训与咨询服务，坚持司法鉴定客观、独立和公正的原则，为司法诉讼提供司法鉴定服务。中心的司法鉴定业务范围涉及仲裁委员会、市场监督管理局、上海区县法院以及江、浙、皖地区所辖50余家法院。

中国工商银行上海市分行金融支持上海科创中心建设

中国工商银行紧密围绕上海建设成具有国际影响力科创中心的国家战略，积极支持上海集成电路、人工智能、生物医药三大产业发展，切实履行国有大行责任，于2018年11月在上海设立了总行级科创企业金融服务中心（上海）。中心立足上海，辐射长三角，通过专属客户的信贷标准、专项跨区域信贷政策、专门融资审批通道、全生命周期金融服务体系等措施，不断探索科创金融服务新模式，提升金融服务能力。

为进一步丰富融资渠道，加大对重点科创领域及科创板拟上市企业的信贷支持和金融服务力度，工行上海分行于2019年11月联合中金设立了中金工银长三角科创股权基金，重点投资长三角区域内的“硬核”科技企业。此外，工行上海分行还充分利用工银集团品牌、渠道、牌照等资源优势，跨界融合，积极构建赋能科创的生态圈，广泛参与了上海“浦江之光”行动、“科创企业上市贷”、“知识产权金融联盟”等，支持了一大批科创板拟上市企业，并取得了积极的成效。

截至目前，在科创企业客户覆盖方面，工商银行上海分行提供信贷融资的企业近900户，建立信贷关系的企业超过5000户，提供金融服务的企业突破万家，科创企业目标库覆盖企业超过1.4万户；在金融服务方面，科创企业贷款余额近540亿元，投资余额40余亿元，担保承诺类业务余额470亿元，合计全口径金融服务总额已突破1000亿元。其中，针对集成电路、人工智能、生物医药、高端装备、数据中心等产业通过“基金+并购+发债”“并购+项目”“场景应用+融资+投资”“项目融资+ABS”等金融服务模式，为一大批科创重点领域优质企业发展提供金融支持，助力企业成功上市。

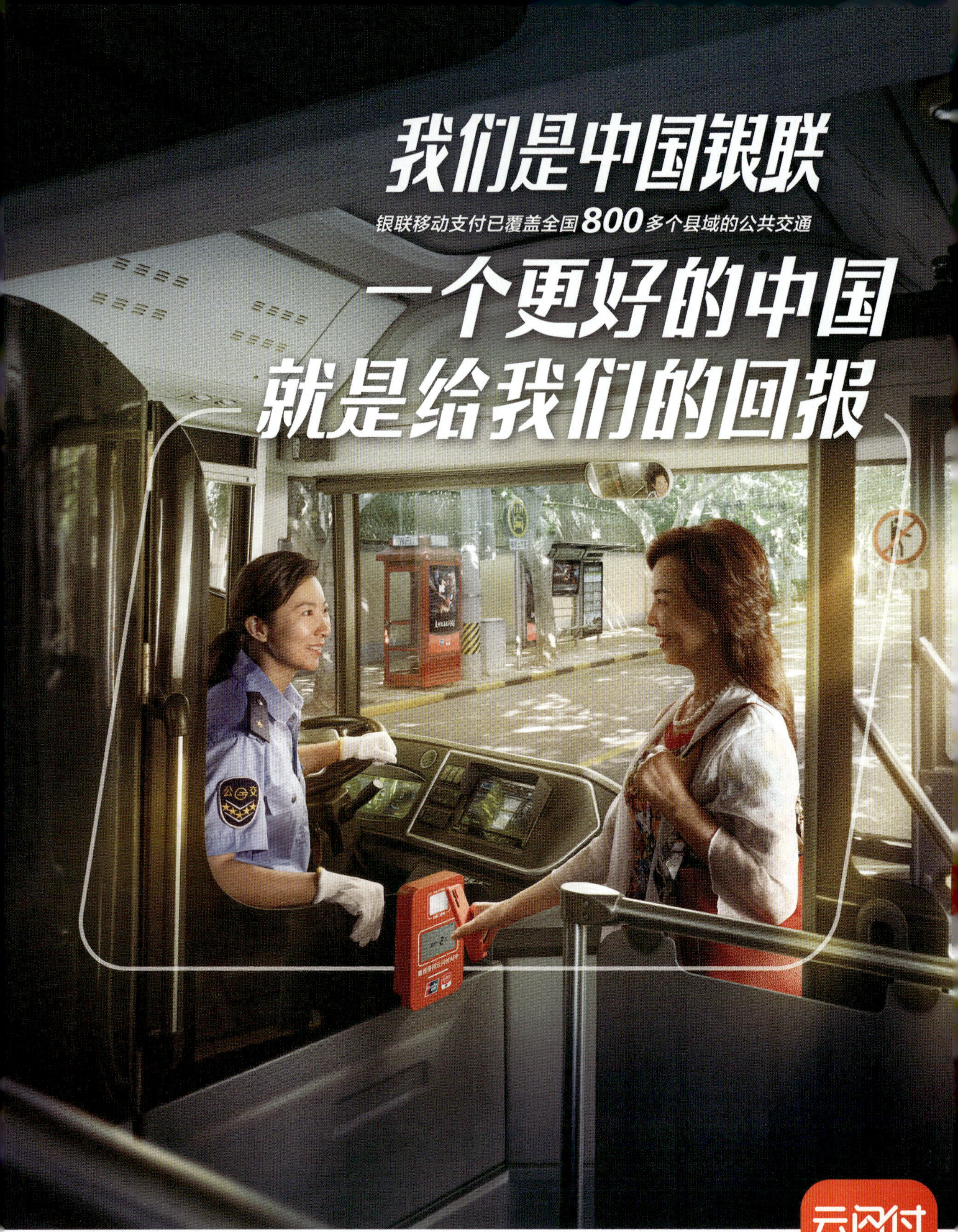
我们是中国银联
银联移动支付已覆盖全国800多个县域的公共交通
一个更好的中国
就是给我们的回报

SHANGHAI INSURANCE

LAN:AI 上海人寿

公司简介

上海人寿保险股份有限公司是注册在中国（上海）自由贸易试验区内的首家全国性人身保险公司。

上海人寿紧紧依托中国（上海）自贸区先行先试的政策环境，创新实践，努力探索走一条传统保险与资产管理相结合、人寿保险与健康保险相结合、保险服务与医疗服务相结合、保险功能与生命产业相结合、国际经验与国人需求相结合的人寿保险公司发展新路。上海人寿将以国际化的平台，个性化的产品，以人为本的服务理念，为广大客户提供全新的保险服务体验。

上海人寿成立五年来，始终秉持“先行先试”的创新发展理念，推进科技赋能保险业务的发展战略，逐步加大创新科技的项目投入和公司数字化转型的力度，着力布局云计算、大数据、人工智能、移动互联等先进科技与保险产业的融合。

云数据中心

2019年4月上海人寿云数据中心正式启用，标志着上海人寿“科技赋能、创新驱动”的战略发展取得了标志性进展。

上海人寿云数据中心秉持绿色环保、共享服务、安全智能的先进理念，在行业中独树一帜。中心采用了混合云技术，即内部集成为私有云，外部接腾讯、阿里等公有云，在保证稳定性和安全性的基础上，兼顾业务波峰波谷以及互联网业务所需要的弹性和灵活性，提升整体效率效能；中心采用了最新的云集成技术，增加云数据中心单位效能，提高单机柜的负载容量，并实现集中管理监控，实时监控、声光报警、实时事件记录，能迅速定位故障，大幅提高运营效率；中心按照国家A级机房技术标准进行设计施工，基础设施系统达到CQC国家A级（最高等级）；中心参照了国际能源平衡标准，采用先进的设计理念和产品以实现环保、节能的绿色机房，对于机房的热交换进行了精细设计，冷热气流充分隔离循环，达到风冷数据中心的领先水平。

大数据平台

大数据平台的建设是上海人寿信息化战略的重要组成部分。它的建成有利于实现基于公司业务统计、管理要求、监管要求的数据集中管理，开发智能分析报表快速满足各部门使用需求，有效提高业务人员办公效率，降低公司运营成本，全面提升信息化和经营管理水平。

上海人寿大数据平台在技术架构层面，集成了系列容器化组件集群，支持分布式事务处理，具有高吞吐量实时流数据处理能力，支持拖拽式自助数据分析及可视化机器学习等智能应用。在创新应用层面，客户分层体系为360度客户画像和精准营销奠定了基础，管理驾驶舱通过形象化、直观化、具体化指标体系，实时反映企业的运行状态，大屏通过丰富的图形化界面搭建起专业、美观、富有感染力的数据可视化展示平台。

2019年11月8日在北京召开的中国金融创新年会暨第十四届中国金融CIO年会上，上海人寿的“大数据平台应用实践”被评为保险行业大数据应用领域的优秀案例，荣获“2019年度金融科技创新应用优秀案例奖”。

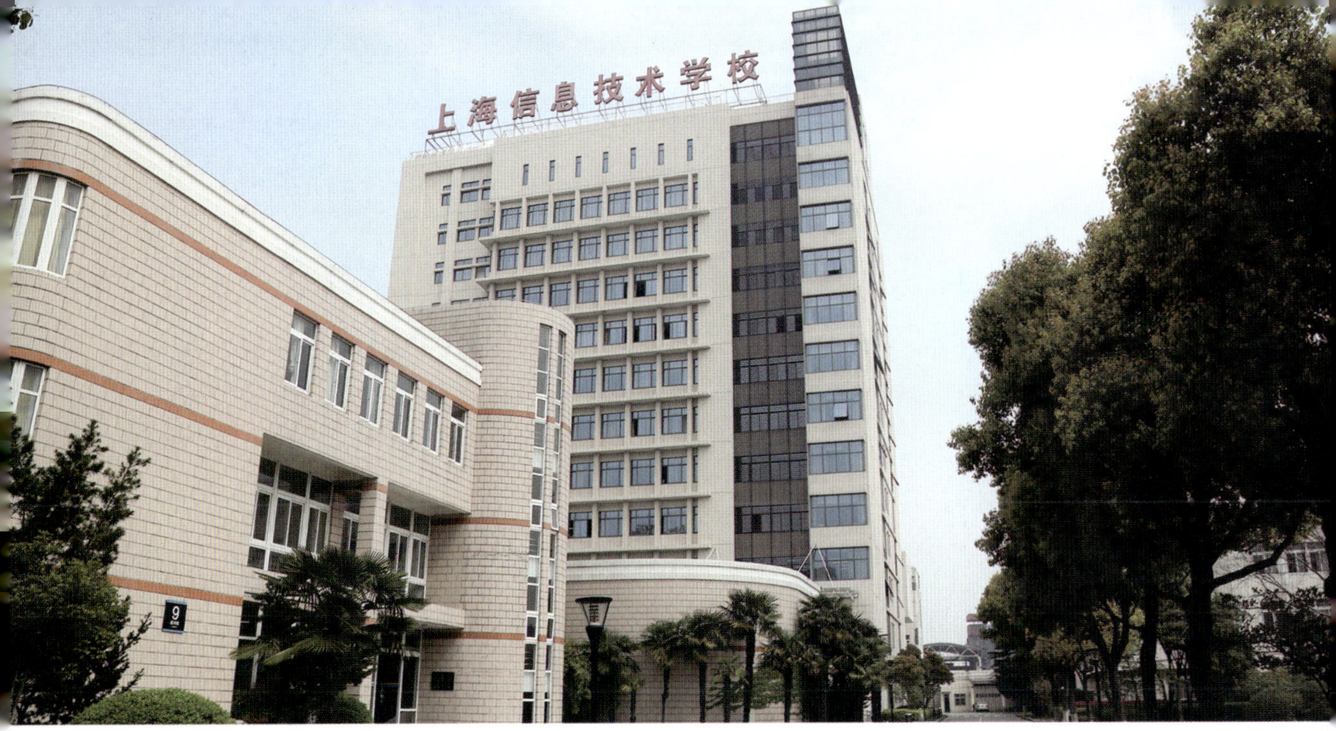

上海信息技术学校创建于1959年，是国家级重点中等专业学校、全国职教先进单位、全国教育系统先进集体。学校的教育信息化水平在上海乃至全国处于领先地位，2019年被评为上海市首批教育信息化应用标杆培育校。学校信息化建设以先进理念进行顶层设计，以“互联网+”、物联网、大数据、人工智能等新技术为引擎，已初步建成智慧学习、智慧教学、智慧管理、智慧服务、智慧决策五位一体的应用体系，体现了信息技术赋能教育变革、服务学生全面发展的鲜明特色。

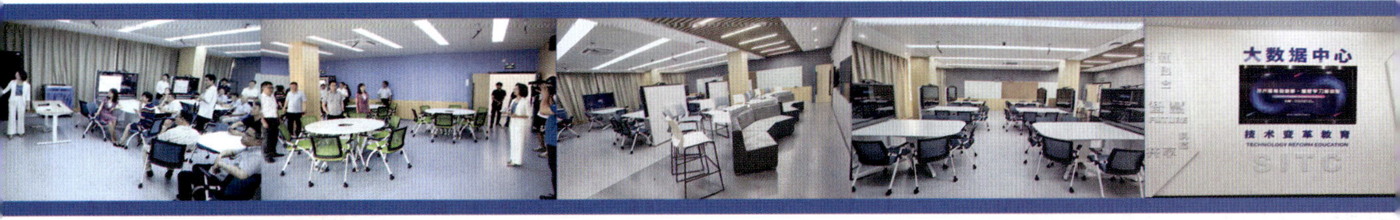

上海市贸易学校

SHANGHAI TRADE SCHOOL

——用信息化手段实现项目建设全过程管理

为了有效适应学校项目管理发展的要求，改变当前项目管理的业务现状，上海市贸易学校启动了项目管理平台建设，优化项目建设的管理手段，用信息化手段提高学校管理水平。

对于该系统的搭建实施，学校确立了明确的目标：建设一套以进度为主线、合同为约束、预算为基础、资金管理为核心、科学决策为目标的信息化项目管理平台。

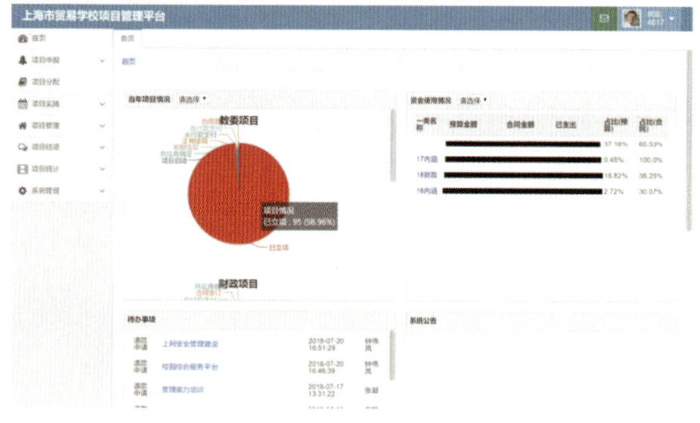

利用现代化的信息技术管理项目进展，实现数据集中，提供决策依据。

项目管理平台以项目过程管理为核心，根据学校的标准项目管理机制与流程，贯穿项目启动、计划、执行、监控和验收的整个生命周期，覆盖项目管理的各个要素，从而为学校提供更规范化、科学化、精细化的项目管理方式。

平台建设围绕四项“控制”： 成本控制；进度控制；过程控制；质量控制。

平台建设围绕四项“管理”： 合同管理；支付管理；专项管理；质量管理。

通过项目管理平台的建设

★ 实现学校项目管理信息化及网络化，及时传递、交流信息。

★ 实现项目管理流程的集中管理，确保信息真实可靠。

★ 监控项目执行及管理全过程，并留存全部活动资料和各种文件。

★ 学校项目相关信息统一建档，提供丰富的统计功能、查询功能、辅助决策功能。

上海商业会计学校

——信息化助力学校专业转型

物联网、大数据、人工智能……不断涌现的信息技术给社会带来了巨大变化，推动着产业更新迭代，所以社会对人才的需求也在不断地变化，而职业院校作为技能人才培养的主阵地，改革成了发展的主旋律。

上海商业会计学校作为一所传统的老牌中专，拥有会计、金融这样国内顶尖、国际一流的专业，也有商务英语、国际商务等社会主流专业，在这波信息化改革浪潮中，学校除了努力做精做强传统专业，也积极探索新兴领域。近几年，学校积极把握信息化发展带来的机遇，通过前期深度调研，精准把脉市场需求，依托上级单位上海市经济和信息化委员会的产业优势和行业资源，先后开发了网络与信息安全、新媒体技术应用专业。

在信息化不断深化过程中，网络信息安全已成为全社会关注的焦点，各行业对专业人才的需求急剧上升。2016年，学校与上海市信息安全行业协会合作，在全市首次开设了网络与信息安全专业，并与协会下属的上海众人网络安全技术有限公司、上海市信息安全测评认证中心等行业龙头企（事）业单位进行深度合作，实现校企融合、专业共建。该专业一经推出便广受欢迎，学生报名积极踊跃，原定一个班招生变成了两个班。这几年，学校在上级单位和相关单位的全力支持下，在全体教师的努力下，在学生和家长的积极配合下，专业建设取得了丰硕的成果，国赛、市赛、行业赛，一座座金色的奖杯被收入囊中。2018年学校还成功获得了信息安全中高职贯通培养试点，为培养更高层次的信息安全专业技能人才而努力。

在信息技术的推动下，以微信、微博、抖音、简书等为代表的新媒体企业蓬勃发展，即时、交互、超时空、便捷等特性开始让更多的人接触新媒体、使用新媒体，大量的传统媒体也在积极转型，社会对新媒体专业人才的需求也呈现爆炸式增长。2018年，学校与上海市数字内容产业促进中心合作，开发了新媒体技术应用专业，由行业独角兽企业——上海证大喜马拉雅网络科技有限公司冠名建班，以喜马拉雅公司的岗位需求为标准培养专业技能人才。目前，演播室、航空无人机4S科创中心、专业机房，这些现代化、智能化的实训空间已全部建成。短视频大赛、数字故事大赛普及了专业知识，提升专业了知名度；无人机航拍已服务学校各类大型活动，在全市的各类专业比赛中，新媒体专业的学生也已崭露头角。

获奖证书

上海市代表队

在2019年全国职业院校技能大赛中职组"智云杯"网络空间安全比赛中荣获一等奖。

学校名称：上海商业会计学校

选手姓名：

指导教师：

全国职业院校技能大赛组织委员会

编号：201904091

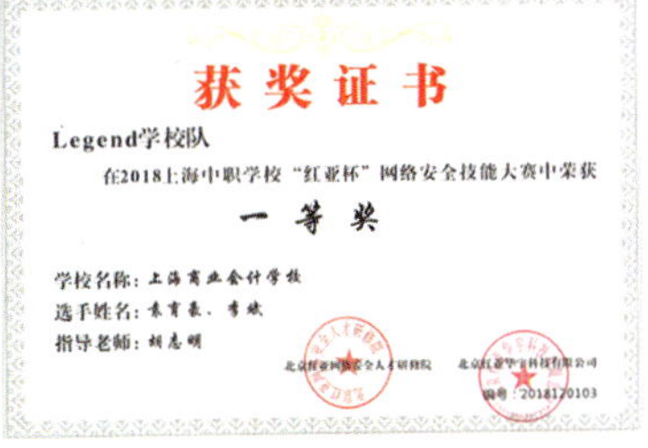

获奖证书

Legend学校队

在2018上海中职学校"红亚杯"网络安全技能大赛中荣获

一等奖

学校名称：上海商业会计学校

选手姓名：

指导老师：

编号：2018120103

上海市中医医院

——多院区信息一体化项目建设

2019年新中国成立七十周年之际，上海市中医医院多院区信息一体化项目正式实施，在芷江路院区和石门路院区同步进行信息系统切换，医院领导高度重视，分管领导赴现场亲自督导，经医院信息中心、综合办、财务处等相关部门通力协作，整个系统切换进展顺利，经历10月4日和5日两个院区超3千人次的日均门诊量考验，系统运行平稳，患者就诊秩序井然，项目建设取得阶段性成果。

多院区一体化项目由申康拨付专项资金建设，也是医院2019年度信息化建设重点项目。早在2018年年末就开始前期准备工作，整个项目工作量巨大而且繁琐，涉及网络安全、数据标准化、医师工作站、医技系统、药品管理等，范围广，时间紧，任务重。项目建设伊始，信息中心即按照PDCA项目管理方法，分解任务，直观跟进，通过专项协调会、现场办公会等形式，对各个部门在工作中遇到问题在专项会议提出并解决，以确保项目建设的及时性、完整性、正确性和可追溯性。医院领导多次以项目专题会形式，组织协调项目推进，为项目建设保驾护航。

多院区一体化建设实现了芷江路院区和石门路院区信息同质化管理，患者不但实现跨院区预约服务，而且能够实现跨院区的收费、退费、检验、检查、预约、药物配送等医疗服务；实现两院区之间医技报告和PACS影像的统一管理与共享调阅。

这一项目的成功部署及完全上线，有效实现了核心业务跨院区的协同，助力多院区同质化医疗、优化就医流程，并实质性提升患者就诊体验，方便临床医务人员，提升医院管理效益。此项目也为嘉定新院的信息化建设提供了探索思路，为临床科研、临床诊疗、患者服务、医院管理提供更好的支撑和协助。

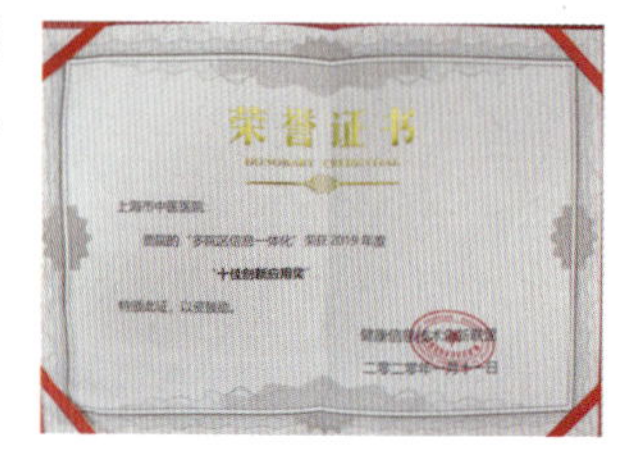
荣誉证书

项目获2019年度上海市医疗信息行业技术创新联盟“十佳创新应用奖”。

上海健康医学院

迈出人才培养智慧提升之路

上海健康医学院诞生于“健康中国”新时代，是一所上海市属应用技术型本科医学院校。学校定位为“应用型、特色性、国际化”医学本科院校，坚持“医工结合、医养结合、医保结合”的发展方向，培养具有健全人格与心理，能够解决实际问题，具有行业引领潜质的人类健康促进者。

学校依托智慧校园建设思路与方案，推进“一体系四平台”建设，以基础设施及支撑体系建设为关键，边建设边调整，开拓信息化基础环境发展格局；以统一融合、智慧应用、综合管理、可视化平台四大平台建设为重点，注重规范数据标准，深入推进数据整合共享和服务，制定并推行一系列标准，将共性需求通过平台化实现，充分加以共享；以高度集成的资源管理和数据管理实现资源有效应用，为教育教学和教育管理决策提供了有力支撑；探索建立安全有效、可持续的保障机制，推动学校各项工作，提升学校的管理水平和服务水平，提升全校师生的信息素养，打造具有鲜明特色的“互联网+健康”云化智慧校园。

教学管理，智慧全程 上海健康医学院的教学中处处有“智慧”。如打造互动虚拟实训室、直播互动教室、智能考场等，并致力将在线课程“引进来”再“走出去”。基于现代化管理理念和互联网信息技术，学校实现教务信息管理一体化，包括课程管理、教学计划管理、排课管理、学生管理、选课管理、成绩管理、考试管理、教材管理、实践管理、教师门户和学生门户等功能。同时增设学籍证明、成绩单自助打印系统，利用信息化管理手段为学生、教师及管理人员提供更快捷的服务。

主办论坛，引领发展 2019年1月，上海健康医学院是中国卫生信息与健康医疗大数据学会2019年工作会暨首届大健康大数据与人工智能（AI4H）峰会的东道主。来自全球的医学专家参观了位于上海健康医学院、被称为“未来医院”的实践教学中心的四大功能实践区——灾难和院前急救模拟实践区、社区诊室及OSCE考场、康复和居家照顾、生命科普及母婴。2019年6月，上海健康医学院参加以“智慧赋能 变革创新，以教育信息化推进教育现代化”为主题的第十九届中国教育信息化创新与发展论坛。上海健康医学院作为参展代表参与了学校教育信息化应用成果展示交流活动。

校园应用，服务师生 依托智慧校园建设平台，学校建设了“E办事服务大厅”与微信门户“i-健康”，从服务场景出发，重新梳理了师生事务的办事流程，为学校“一门式”服务建设“最多跑一次”提供线上办理的基础保障。2019年10月，上海健康医学院“E办事服务大厅”荣获“2019年度上海市高校信息化建设与应用优秀案例银奖”。同时，在2019年，学校迎新首次试用了一款基于精准数据驱动、能24小时解决师生日常咨询的智能机器人──校园百事通。不但进一步精简了学校迎新报到流程，还首次启用了“刷脸报到”和“移动迎新”应用。此外，学校还在各类大型会议上使用了人脸识别签到系统。

数据集成，智能监控 上海健康医学院“网络智能监控管理平台”被评为“2019年度上海市高校信息化建设与应用优秀案例”。网络智能监控管理平台采用数据挖掘、清洗、筛选等方式充分关联现有系统中各项数据。面向校领导、学院领导及各个业务部门，从数据的角度了解整个学校，并以报表、图表等方式清晰、快速、直观地反映各个指标情况，为决策起到了一定的辅助作用。未来，上海健康医学院还将继续大力建设无纸化图书馆等系列引领示范性基地，将互联网、物联网、大数据、云计算、移动物联和人工智能等融入实践，并与师生进行互动。

上海健康医学院正在通过探索新技术应用提升教育内涵，关注人类与人工智能的融合，增加模拟及虚拟场景和增强现实技术的应用，走出一条健康人才培养的智慧之路。

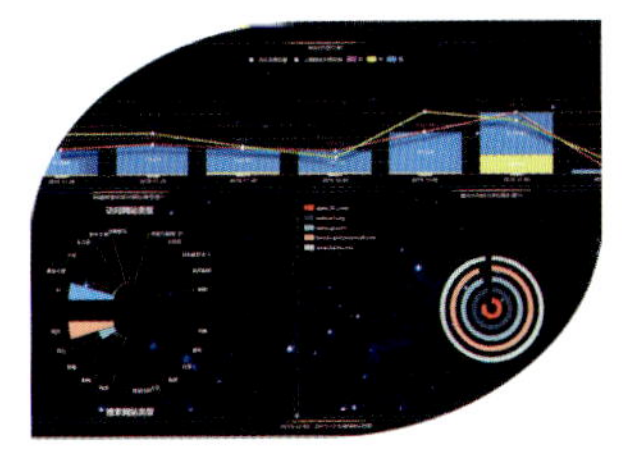

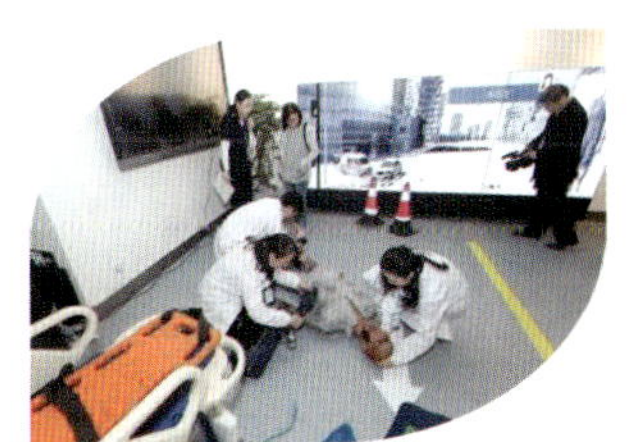

科技菊园、品质菊园

菊园新区成立于1997年，是嘉定区最年轻的一个行政区域，辖区面积18.61平方公里，呈半月形环绕嘉定古城，菊园传承了八百年教化嘉定的文化底蕴，全嘉定一半的国家级科研院所集聚在这里，菊园承载了嘉定科技卫星城的尖端科技。菊园新区作为嘉定“一核四区”发展规划之一的科技城自主创新产业化示范区，坚持“人民城市人民建，人民城市为人民”的原则，居民安全感和满意度连续多年全区第一。菊园新区按照“一轴两带多点”发展格局，以社会和谐发展为根本出发点，完善城市服务功能，提升生活品质，加速推动商务、娱乐、休闲、科研一体化的菊园特色城市化进程，高质量、高水平、高效率建成现代化新型城区，全面推动“科技菊园、品质菊园”的内涵提升和功能强化，塑造面向科技前沿的技术策源力，培育独具特色的“菊园创新生态”、建设宜居宜业的科技品质之城，全力打造科技创新活跃、人文精神丰富、生态环境优美的“科技菊园、品质菊园”。

菊园新区2019年全年实现税收25.24亿元、地方财政收入6.3亿元，规模工业总产值36亿元，战略性新兴产业产值26.5亿元，四大产业集群产值8.9亿元，社会消费品零售总额33亿元，固定资产投资20亿元。目前，菊园科技企业由2014年年底的272家增加至965家，实现税收从2.07亿元增长至6.13亿元。截至2019年年底，年税收达到千万及以上的科技企业有12家，税收增速达10倍及以上的有25家；院所相关企业由2013年年底的17家增加至目前的170家，税收从0.17亿元增长至目前的1.99亿元；科技服务企业由2016年年底的286家增加至目前的536家。

Lingang Industrial Area
临港產業區

钻石园 >>>

钻石园——智能制造产业园位于临港产业区核心区域，南至沧海路（规划D1路），西近云水路（规划E8路），毗邻特斯拉上海超级工厂，总占地面积169029.8平方米（约合253.54亩），总建筑面积229958平方米，容积率1.88。基地范围内新建11栋大跨度双层厂房、4栋混凝土高层厂房、1栋高层生活服务设施以及相关配套设施。项目定位为发展新能源汽车、集成电路、民用航空、绿色再制造等相关高端研发制造基地。

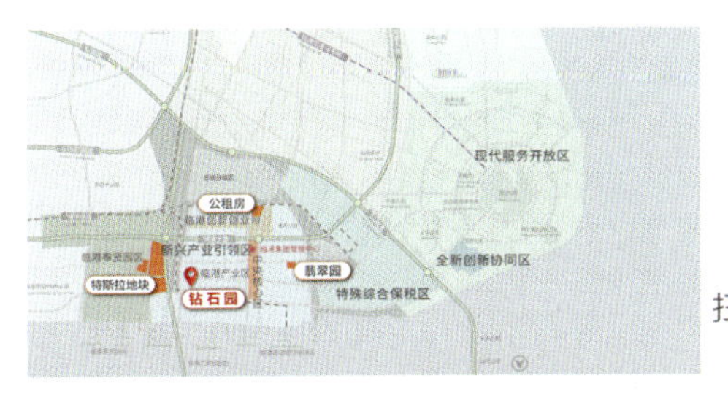

扫一扫了解更多

上海临港产业区经济发展有限公司
钻石园 — 智能制造产业园

地址：临港产业区沧海路2828号
招商热线：021-38298886

中国石化上海石油化工股份有限公司

中国石化上海石油化工股份有限公司（以下简称“上海石化”）是中国石油化工股份有限公司的控股子公司，位于上海市金山区，是中国最大的炼油化工一体化综合性石油化工企业之一，也是中国重要的成品油、中间石化产品、合成树脂和合成纤维生产企业。2017年，上海石化围绕发展战略，加快推进“两化”深度融合，强化“六统一”管理（即统一规划、统一标准、统一设计、统一投资、统一建设、统一管理），按照“统筹推进、融合发展，集成共享、协同智能”工作方针，全面推进信息化建设，推动集成共享的经营管理平台、互联智能的生产运营平台和敏捷安全的基础设施平台等智能工厂建设，每年投入投资、科研经费3000余万元，重点在操作管理、先进控制系统、DCS报警管理、客户服务系统、两化融合管理体系等方面开展工作。

上海石化按照“创新、协调、绿色、开放、共享”的发展战略和总部信息化工作部署，根据企业炼化一体化特征，持续推进两化深度融合。2013年，上海石化被工信部评为国家级两化深度融合示范企业。2014年，被工信部选为两化融合管理体系贯标试点单位。2014年12月22日，上海石化两化融合体系完成建设，并试运行。2015年4月25日通过评定并获得两化融合体系证书。2016年，上海石化被评为中国石化两化深度融合优秀实践单位。2017年，获两化融合管理体系贯标示范单位称号。2018年，被工信部评为“2018年智能制造试点示范”。2019年，《以信息化与工业化融合为核心的智能工厂建设实践》被上海市评为企业管理现代化创新成果一等奖。

2018年11月，上海市质量管理科学研究院对上海石化进行贯标工作监督审核再评定，经过各部门、单位努力，通过了现场监督审核，并向两化融合服务平台提交了评定申请。2019年6月21日，评定申请通过了合规性审查和复核，至公示阶段。公示期自2019年6月24日至7月5日。7月8日，公示结束，上海石化通过了两化融合再评定。7月30日，上海石化收到两化融合通过再评定证书。

SAQM

两化融合管理体系评定证书

Integration of Informationization and Industrialization Management System Certificate

中国石化上海石油化工股份有限公司

(GB/T 23001-2017)

2019年是上海市5G商业化，且各家运营商发布5G套餐的日子。为加深双方的合作，使上海移动在今后的5G技术应用上成为上海石化的最优选择，上海石化与上海移动签署了“5G+”战略合作备忘录，旨在充分发挥上海移动在基础资源、业务运营、优质服务等方面的优势，进一步支持上海石化的信息网络基础建设，推进通信和信息技术在上海石化智能工厂的深度应用，探索未来5G技术引领石化行业发展方向。

中国石油西气东输管道公司

中国石油西气东输管道公司成立于2000年3月，是中国石油天然气股份有限公司直属的地区公司，负责所辖范围内管道生产运行和工程建设。现有员工2800余人，资产总额近千亿元，运营管道总长超12000公里，途经16个省(市、区)和中国香港特别行政区，管网一次管输能力超1200亿方/年。下游用户达472家，覆盖160多个城市、3000多个大中型企业，近4亿人口从中受益，为促进天然气工业和地方经济发展，调整能源结构、改善生态环境、提高人民生活质量做出了贡献。先后荣获全国“五一劳动奖状”“新中国成立六十周年百项经典暨精品工程”“全国文明单位”等荣誉，连续多年荣获上海市经济和信息化系统“上海市文明单位”荣誉称号。

上海亿通国际股份有限公司
SHANGHAI E&P INTERNATIONAL INC.

上海亿通国际股份有限公司（以下简称“亿通公司”）是上海市政府第 99 次常务会议批准设立的专事于电子口岸建设与运营的国有股份制企业，成立于 2001 年 7 月 28 日，注册资本 1 亿元人民币。公司目前所在地位于浦东新区博霞路 185 号。

在上海市委、市政府支持下，亿通公司大力推动上海口岸物流信息资源整合，积极参与上海国际航运中心建设，先后承担上海大通关平台（上海电子口岸平台）、特殊区域联网监管、洋山深水港、世博会物流指挥系统、上海国际贸易单一窗口等重点任务建设。

围绕口岸信息化建设一张蓝图，亿通公司经过近 20 年的不断努力，建成并运营全国最大地方电子口岸平台，连接海关、海事、边检等口岸监管单位，以及税务、外汇管理等部门，并与国内外相关金融机构对接。业务覆盖上海所有海港、空港及所有特殊监管区域，并服务长三角和长江流域。服务功能贯穿“贸易”“监管”“物流”“金融”四大业务环节，为上海国际航运中心战略的实施提供了统一也是唯一的信息化基础平台。

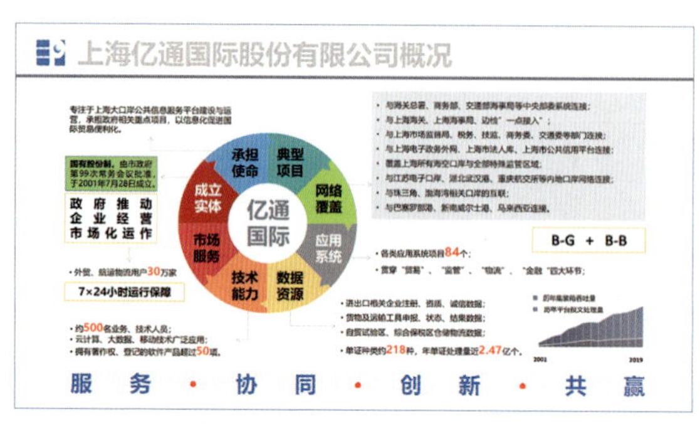

未来，亿通公司将在上海市委、市政府领导下，打造上海“两港一区”信息化体系，促进智慧口岸建设，服务长三角、长江经济带，打响上海服务品牌，努力成为国际一流口岸数据服务商。

上海外高桥造船有限公司

上海外高桥造船有限公司成立于1999年，是中国船舶工业集团有限公司旗下的上市公司中国船舶工业股份有限公司的控股公司。公司全资拥有上海外高桥造船海洋工程有限公司，控股上海外高桥造船海洋工程设计有限公司，参股中船邮轮科技发展有限公司。发展至今，公司已成为业内最具规模化、现代化、专业化和影响力的造船企业之一。造船完工量、手持订单量、新接订单量造船三大指标已连续多年跻身世界造船企业前列。

公司累计承建并交付的好望角型散货船占全球好望角散货船船队比重的16%，是中国船舶出口“第一品牌”；30万吨级超大型油轮VLCC累计交付量占全球VLCC船队的9%；公司建造并交付了世界上最大的第二代超大型40万吨矿砂船，18000TEU、20000TEU超大型集装箱船和8.3万、8.5万立方米大型液化气运输船，15.8万吨苏伊士型油轮和10.9万吨冰区加强型阿芙拉型油轮等。

在海工装备领域，公司承建并交付的产品有海上浮式生产储油轮（FPSO）、深水半潜式钻井平台、自升式钻井平台（Jack-up）、海工辅助船（PSV）等。截至2019年上半年，公司累计交付的各类船舶、海工产品超过450艘（座）。根据中国船舶工业集团公司的统一部署，公司已全面投入国内首艘大型邮轮的设计和建造。

公司以“筑梦海洋、造福人类”为使命，以“中国领先、世界一流”为愿景，积极倡导“员工与企业共同发展”的价值观，大力弘扬“学习创新、务实执行、和谐发展、追求卓越”的企业精神，推行绿色造船，创立安全环境，建造优质产品，在推进建立现代造船模式的进程中，走出了一条锐意进取的跨越式发展之路。

美迪科（上海）包装材料有限公司是专业生产医疗器械灭菌包装及包装材料、消毒器械及医疗器械的企业，集研发、生产、销售为一体的国家高新技术企业、上海医疗器械行业协会会员单位、中国医疗器械包装协会理事单位、中国卫生监督协会消毒专业委员会理事企业、上海市高新技术企业协会初始会员单位。公司已通过 ISO13485 体系认证及 CE 认证，已荣获上海市品牌产品、上海市名牌、国际质量信用5A企业、2009年上海包装行业企业竞争力50强企业、上海安全生产标准化三级企业、2014至2017年度合同信用等级AAA级企业、2014至2017年度上海市守合同重信用企业、2016年奉贤区印刷协会销售状元称号、2016年奉贤区印刷协会爱心企业称号；2016年建立上海市奉贤区技术研发中心；2016年荣获上海市奉贤区小巨人培育型企业称号；2016年荣获奉贤区“四新”企业称号。

美迪科研发生产的多个产品已获得上海市自主创新产品、上海市专利新产品、国家科技型中小企业技术创新基金等多项国家级和市级的科技项目资助。公司现有已授权发明5件、实用新型专利15件、软件著作3件、审核中的发明专利2件。

美迪科是美国杜邦公司在中国地区的Tyvek材料唯一授权经销商和指定加工商；生产的医疗器械——防护服和消毒器械已销售到国内2000家三甲医院；医疗器械灭菌包装材料及包装已拥有1000多家客户，其中境外客户20多家。

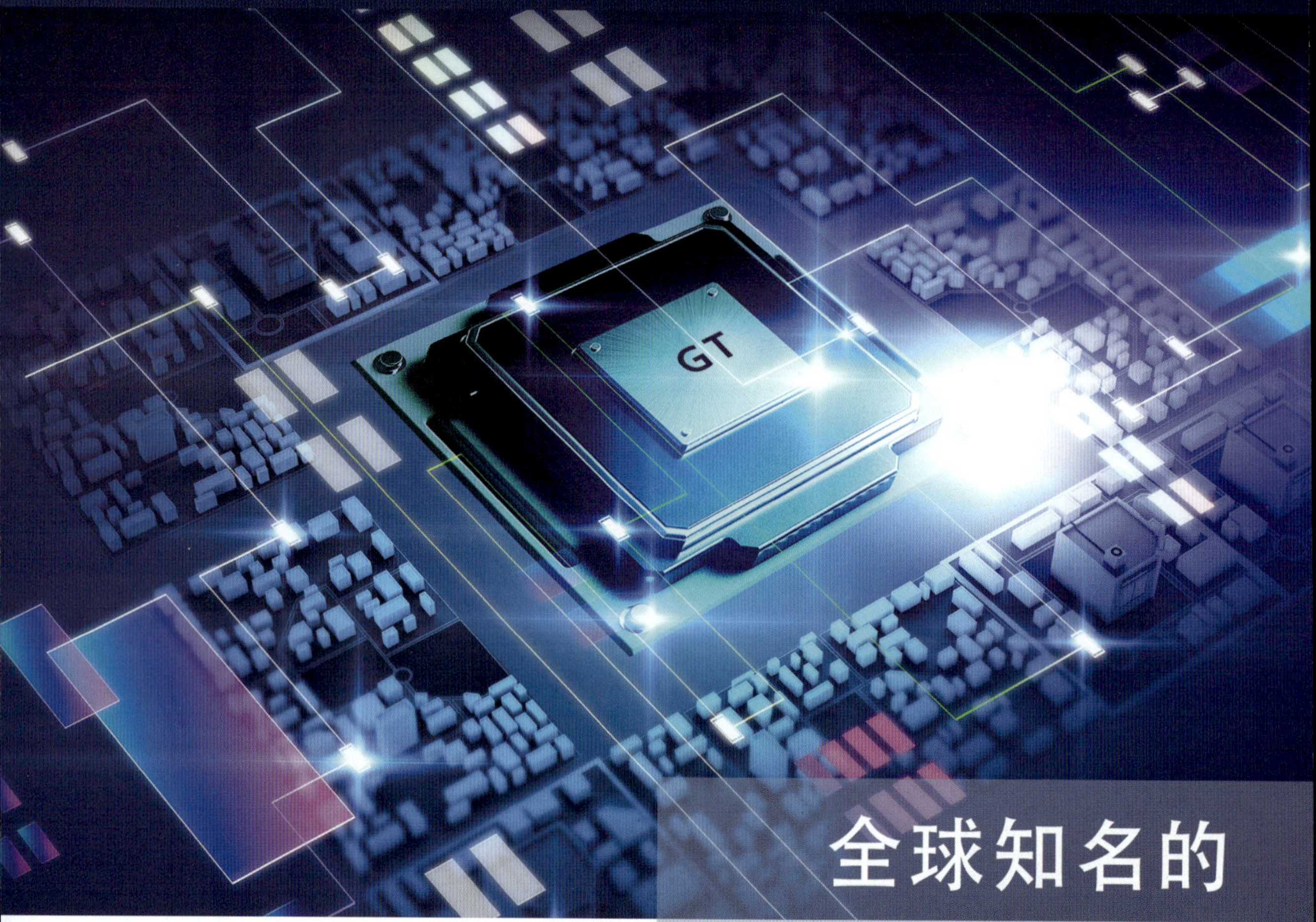

上海西郊国际农产品交易有限公司

上调资源、中拓平台、下接渠道、搞活终端
用“智慧食安”保障市民舌尖上的安全

上海西郊国际农产品交易有限公司（以下简称“西郊国际”）隶属于上海蔬菜（集团）有限公司（以下简称“上海蔬菜集团”），是落实上海市委、市政府“确保农产品供应、确保食品安全和确保价格基本稳定”的重大工程、民主工程，总规划占地1528亩，总体规划、分步实施。目前已建成并运营827亩，建筑面积25万平方米。

西郊国际坚持公益性批发市场的定位，履行城市保供社会责任，突出以国有经济为主导，按照“上调资源、中拓平台、下接渠道”的发展目标，成为一级批、全覆盖、现代化、国际化的上海唯一的主中心批发市场和全国性大市场。

2019年10月，上海蔬菜集团旗下的西郊国际和上海市江桥批发市场经营管理有限公司（以下简称“江桥公司”）进行行政归并、整合融合。江桥公司是上海目前最大的蔬菜一级批发市场、上海菜篮子工程重点保供单位、上海市农业产业化龙头企业，承担了上海60%以上的蔬菜供应任务，日均蔬菜批发交易量达6000吨，全年交易量在220万吨以上，是集团主业市场中的主力。西郊国际、江桥公司整合融合是上海蔬菜集团创新变革、转型升级的一项重大举措，强强联手，持续放大平台、规模效应，努力成为新时代上海主副食品保障的主力军、长三角城市主副食品集成供应商、全国农产品流通行业的先行者。

多年来，西郊国际秉持“高效流通为农民，安全诚信为市民”的企业宗旨，深刻认识到保障市民菜篮子的根本在于农民的菜园子，以市民、农民“双满意”作为衡量工作成效的标准，组织骨干力量深入全国主要蔬菜产区，下农村、跑田头、进农户，送种子、送技术、送信息，对接建设了全国170多家蔬菜生产基地。截至2019年年底，对接了山东、海南、江苏等18个上海市外延蔬菜生产基地，以及云南、贵州等24个精准扶贫基地和50个主供应基地，以“规模化、信息化、冷链化、标准化、品牌化”的基地建设理念，以大数据分析为依据，探索解决供需平衡的难题，用“互联网+智慧食安”的技术，实现市场与基地在食品安全、田间管理、食品追溯上的共建共享。每逢重要节日、灾害性气候出现菜价波动时，来自全国各地的基地蔬菜源源不断地供应上海、平抑物价，呈现出蔬菜供应“北方有灾南方补，南方受灾北方来”、市民消费者“跟着纬度吃菜”的全国供应大格局。

2017年，西郊国际被国家商务部命名为全国公益性农产品批发示范市场。2018年，被指定为2018年中国国际进口博览会“6+365”常年展示交易平台，已有88个国家和地区的2160个单品在西郊国际登陆，进口农产品覆盖肉类、乳类、冰鲜冷冻水产品、水果、加工食品、原粮、酒类等多个品类。由上海蔬菜集团西郊国际负责运营“云品中心”致力于打造沪滇产销对接、孵化服务开放性平台，并深入云南国家级贫困县进行指导、签约，通过西郊批发大市场走进上海百姓的“菜篮子”。2018年，云品中心助力贵州遵义等地区打赢脱贫攻坚战，推进“黔品入沪”产销对接帮扶项目，打响黔菜品牌。2019年国家扶贫日上，上海蔬菜集团云品中心对口帮扶地区“百县百品”项目入选上海市精准扶贫十大典型案例榜首。

食品安全是重中之重，西郊国际建立了完整的检测体系，对所有商品均设置基地检测、市场入口检测、政府第三方检测三道安全防线。在批发市场，严把农产品的准入关、检测关，不合格商品处置关、追溯关。同时，建有国家级进口商品质量检测实验室，政府质量监管部门与权威检测机构入驻市场，确保农产品质量安全。除此之外，西郊国际已通过席位二维码实现经营户资质和商品流向信息台账电子化，只需轻松一扫，便可实现商品来源可追、去向可查、过程可控、责任可究，为市民“舌尖上的安全”再添一道保障。

中国印钞造币

上海造币有限公司

SHANGHAI MINT CO., LTD.

1983版熊猫金币　1982版熊猫金币

上海造币有限公司（原上海造币厂，以下称“上币”）是隶属于中国人民银行的国家造币企业。上币创立于1920年，是近代以来唯一存续至今的国家级造币厂，是我国近代重要的金融机构和上海工业文明的历史见证。2020年，上币迎来了成立100周年的重要时刻。

如今，上币已成为国内屈指可数的现代化程度高、竞争优势强的造币企业之一，拥有唯一国家级硬币设计中心。主营国家流通硬币、金属纪念币的设计生产；兼营金属纪念章、奖牌、工业金银、机械设计制造等加工业务。

2019年，上币深入学习贯彻习近平新时代中国特色社会主义思想，开展了“不忘初心，牢记使命”主题教育，全面完成生产、科技研发和企业党建等各项工作任务。

公司推动党建工作与业务工作深度融合，取得显著成效。成功举办首届“上海硬币设计论坛暨硬币设计大赛”，扩大硬币设计国际影响力；高质量完成国家定制任务，践行“为国造币”的使命；入选“国家工业遗产”和“中国工业遗产保护名录”，扩大品牌影响力。

“为国造币”的精神，激励着上币人在硬币的方寸之间，创造出精美绝伦的“国家名片”。屹立于苏州河畔一个世纪，上币先后铸造四套人民币流通硬币，以及我国第一套贵金属纪念币、第一套熊猫金币、第一套普通纪念币，并建成国内唯一的钢芯镀镍坯饼生产基地，开启人民币硬币材质的新纪元。历年设计铸造的熊猫金银币、“双龙”银币、“孔雀开屏”银币先后荣获世界“最佳金币奖”“最佳银币奖”等荣誉。普通纪念币、贵金属纪念币、章及奖牌等产品均享誉国内外。2019年武汉军运会奖牌、2008年北京奥运会金镶玉奖牌等国家定制产品，都是上币荣誉出品。上币人以报国为使命，以创新为动力，以艺术为追求，为上海制造、上海品牌、上海文化贡献力量，向世界造币产业的新高峰不断攀登。

2020年上币正迈向百年新起点，上币人将坚持党对国有企业的绝对领导，坚持走高质量发展之路，为建设成为具有全球竞争力的世界一流造币企业而不懈奋斗。